Richard Jacobi/Dieter Zeh

Die Geschichte der Düsseldorfer Straßenbahn

Von der Pferdetram zur Rheinbahn

EISENBAHN-KURIER VERLAG

Titelbild:
Bis 1965 prägten die schweren Trieb- und Beiwagen aus den 20er Jahren das Bild auf der Fernlinie K: Tw 19 mit zwei Bw am 5. August 1964.
Aufnahme: Dieter Höltge

Rücktitel:
Tw 390 mit zweiachsigem Bw am Jan-Wellem-Platz, 6. April 1972; der Zug fährt auf der SL 4 zum Bahnhof Neuß.
Aufnahme: Dieter Höltge

ISBN 3-88255-401-0

Eisenbahn-Kurier Verlag – Postfach 5560 – 7800 Freiburg

Inhaltsverzeichnis

Vorwort

Düsseldorf zählt zu den wenigen Städten in der Bundesrepublik Deutschland, die in den letzten dreißig Jahren ihre Straßenbahn-Netze im wesentlichen behalten haben. Einst eine kleine Residenzstadt, wurde Düsseldorf ab Mitte des vorigen Jahrhunderts aber nach und nach zu einem bedeutenden Mittelpunkt der eisenschaffenden und verarbeitenden Industrie, dazu noch zu einem Verwaltungszentrum, vor etwa sechzig Jahren bereits »Schreibtisch des Ruhrgebiets« genannt.

Begreiflicherweise setzte auch hier der öffentliche Nahverkehr frühzeitig Akzente, so 1876 durch die Düsseldorfer Pferdeeisenbahn; 1896 fuhr in einigen Vororten bereits die »Elektrische«, bis daß im Jahre 1900 auch in der Innenstadt die Elektrifizierung beendet war. Meilensteine in der Stadtentwicklung setzten ab 1896 die Gründer der »Rheinischen Bahngesellschaft AG« durch Industrialisierung der linksrheinischen Gemeinden und durch Inbetriebnahme mehrerer Fernbahn- und Straßenbahnlinien.

Dieses Buch will nicht nur die verkehrsmäßige Entwicklung von der Pferdeeisenbahn bis zur heutigen Stadtbahn aufzeigen, sondern stellt das Verkehrsgeschehen in den Rahmen der Düsseldorfer Stadtgeschichte. Es ist – wenn man so will – damit auch ein Heimatkunde-Buch. Es befaßt sich fast ausschließlich mit dem Verkehrsträger Straßenbahn innerhalb und außerhalb Düsseldorfs Stadtgrenzen, Fern- und Vorortbahnen eingeschlossen. Auf die Darstellung des Autobusverkehrs, der Schiffahrt und sonstiger Aktivitäten der Rheinischen Bahngesellschaft wird bewußt verzichtet, sie wurden durch frühere Publikationen bereits bekanntgemacht. Der historische Bildteil dieses Buches zeigt größtenteils Aufnahmen, die bisher noch nicht veröffentlicht wurden.

Im heutigen Düsseldorf, nach dem Zweiten Weltkrieg Landeshauptstadt und außerdem Modezentrum geworden, pulsiert nicht nur starker Autoverkehr, sondern immer noch ein sehr reger Straßenbahnbetrieb. 1981 wurde hier die erste Untergrundstrecke mit drei Stadtbahnlinien eröffnet; weitere Linien sollen in einigen Jahren folgen. Aber – und das läßt sich schon heute sagen – der Oberflächen-Bahnverkehr, nun verstärkt auf eigenen Gleiskörpern, wird bleiben. Man wird also weiterhin Straßenbahn- und Stadtbahn-Züge auf Düsseldorfs Straßen sehen können. Deshalb ist diese Stadt – nicht nur ihres bekannten »Flairs« wegen – für den auswärtigen Bahn-Interessierten immer »eine Reise wert«.

Im Februar 1986 **Die Verfasser**

Düsseldorf eröffnet eine Pferdeeisenbahn

Nach Beendigung des deutsch-französischen Krieges 1870–71 setzte in allen deutschen Landen eine Belebung bzw. ein wirtschaftlicher Aufschwung ein. Nicht daß die Industrialisierung erst jetzt begonnen hätte, sie hatte bereits vor etwa 40 Jahren ihren Anfang genommen. Aber Handel und Wandel bekamen in diesen Jahren einen spürbaren Auftrieb.
Düsseldorf hatte in dieser Zeit noch den Status einer kleinen Residenzstadt, mehr den Künsten als der Industrie zugetan. Aber das sollte sich ändern. Die Industrie siedelte sich auch in Düsseldorf an, nicht nur in den Ruhrgebietsstädten wie Duisburg, Essen und Dortmund. 1872 errichtete die Lokomotivfabrik Hohenzollern in Grafenberg ihr Domizil, 1874 folgten Haniel & Lueg, 1878 die Fa. Henkel, zuerst in der Schützenstraße, dann ab 1880 in der Worringer Straße und ab 1899 in Holthausen, damals noch vor den Toren der Stadt. Die Fa. Jagenberg begann 1878 mit dem Bau ihrer Werkshallen an der Himmelgeister Straße, um nur einige der bekannten Industrie-Unternehmen zu nennen. Andere Werke waren am Rande des Düsseldorfer Stadtgebietes damals bereits voll in Aktion, z. B. die beiden Waggonfabriken in Lierenfeld. Düsseldorfs Einwohner nahmen in den Jahren von 1871 bis 1875 um etwa 15 % zu, waren es 1872 erst ca. 70.000, 1875 aber bereits 81.000, die innerhalb der seinerzeitigen Stadtgrenzen wohnten. Die Bebauungsdichte lag 1875 zwischen Rheinufer und Oststraße, im Norden von der Golzheimer Insel bis zur Bilker Allee im Süden.
Das Geschäftsleben spielte sich Mitte der siebziger Jahre des vorigen Jahrhunderts hauptsächlich in der Düsseldorfer Altstadt ab, dort waren die Ämter, die Läden, in der Flingerstraße bereits kleinere Kaufhäuser. Auf dem Karlplatz, dem Burgplatz und vor dem Rathaus schlugen die Gemüsebauern jeden Tag ihre Marktstände auf und verkauften ihre Erzeugnisse. Auch Kleinvieh fehlte nicht.
An Verkehrswegen gab es damals die 1839 errichtete Schiffsbrücke mit ausfahrbarem Mittelteil (dampfbetrieben), um Schiffe passieren zu lassen. Im Anschluß daran lag auf dem Oberkasseler Ufer in Höhe der heutigen Jugendherberge der alte Bahnhof mit den Eisenbahn-Verbindungen nach Neuss und Aachen. Am Graf-Adolf-Platz, also südlich der Altstadt, waren die Bahnhöfe der Köln-Mindener und der Bergisch-Märkischen Eisenbahnen mit ihren Linien in Richtung Ruhrgebiet, Köln und Elberfeld. Die erste feste Eisenbahnbrücke über den Rhein wurde 1870 bei Hamm in Betrieb genommen. Die Strecke überquerte am Bergisch-Märkischen Bahnhof die Friedrichstraße (Bahnübergang durch Schranken gesichert), führte parallel zur Haroldstraße und am jetzigen Hafen-Güterbahnhof vorbei zur Brückenrampe. Neben Handkarren aller Art bestimmte das Pferd damals das Straßenbild, der „Hafermotor" mußte für alle Transportleistungen herhalten.
Es ist verständlich, daß sich seinerzeit auch in Düsseldorf der Wunsch regte, ein öffentliches Verkehrsmittel zu haben, um z. B. von der Altstadt schneller zu den Bahnhöfen am Graf-Adolf-Platz zu kommen oder um das Wohnviertel an der Nordstraße bequemer zu erreichen. Die sonntäglichen Ausflugsziele der Düsseldorfer, wie z. B. die Flora, der zoologische Garten, der Grafenberger Wald spielten auch eine Rolle. Man wollte nicht alles zu Fuß erledigen müssen. Die Pferdedroschken waren für die meisten Düsseldorfer zu teuer. Man sah und hörte damals von anderen Städten, daß dort bereits Pferdebahnen fuhren, so in Berlin, London und Paris. Und Düsseldorf als „Klein-Paris" wollte da nicht nachstehen.
Die Düsseldorfer Stadtverwaltung ließ in den Jahren 1873–75 die Errichtung einer Pferdebahn in den Zeitungen öffentlich ausschreiben. Man prüfte die inzwischen eingegangenen Angebote und fand 1875 das Anerbieten des Belgiers Leopold Boyaert als das Günstigste. Heutzutage wird die Errichtung eines öffentlichen Verkehrsweges mit staatlichen Geldern wesentlich bezuschußt. Damals war es anders! Um ein Pferdebahn-, später Straßenbahnnetz einzurichten, mußte sich eine kapitalkräftige Gruppe von Geschäftsleuten, Banken und wohlhabenden Bürgern zusammenschließen, damit die hohen Summen für ein solches Vorhaben zur Verfügung standen. Die Geldgeber wollten dann auch eine gewisse Rendite sehen.
Die Bauanträge für die Düsseldorfer Pferdebahn, sowie technische Einzelheiten des Bahnbetriebes wurden von den zuständigen Behörden eingehend geprüft, bevor sie ihr Ja-Wort gaben. Herr Boyaert mußte den Düsseldorfer Ratsherren außerdem einen Kontostand von 100.000 Mark nachweisen, vorher durfte er mit dem Gleisbau nicht beginnen. Weiterhin wurde er verpflichtet, jährlich eine Konzessionsabgabe, die sich nach Wageneinsatz und gefahrenen Kilometern richtete, an die Stadt zu leisten. Herrn Boyaert wurde am 29. August 1875 die Konzession für 25 Jahre erteilt. Beim Vertragsabschluß sicherte sich die Stadt das Kaufrecht der Bahn in einem gewissen Zeitabschnitt zu, vereinbarte eine kostenlose Benutzung der Gleise bei Straßen- und Säuberungsarbeiten und bei Leichen-Transporten, was aber später nicht in Anspruch genommen wurde, und verlangte die Stellung einer Kaution von 120.000 Mark bei wirtschaftlichen Fehlleistungen, „Fehlern des Managements" würde man heute sagen.
Im Sommer sollte 14 Stunden und im Winter 12 Stunden täglich gefahren werden. Die Fahrgeschwindigkeit durfte 12 km/h nicht überschreiten.
Man wählte in Düsseldorf für die zu bauende Pferdeeisenbahn, wie sie offiziell genannt wurde, die Normalspur (1435 mm) mit Rillenschienen in den Straßen. Es gab damals auch andere Spurweiten für Pferdebahnen und andere Gleissysteme. Braunschweig z. B. legte 1879 eine Pferdebahn in 1100-mm-Spurweite mit Lochschienen an. Die Wagenräder hatten keinen Spurkranz, sondern etwa 25 mm lange Zapfen, die in diese Löcher eingriffen, einem Zahnrad ähnlich. Dieses System war sehr störanfällig und laut, die Wagen entgleisten oft. Nach zwei Jahren schafften es die Braunschweiger wieder ab.
Düsseldorf wählte also von vornherein die richtige Spurweite und die bestmögliche Gleisform. 1875 begann die Gleisverlegung in Düsseldorfs Straßen.
Am 1. Februar 1876 fand die erste Probefahrt auf dem Abschnitt Burgplatz – Bergisch-Märkischer Bahnhof statt, am 3. Februar auf der Strecke Burgplatz – Tonhalle. Die ersten Pferdebahnwagen wurden am 19. Januar 1876 geliefert, und zwar die Wagen Nr. 1 und 2. Am 4. Februar folgten die Wagen Nr. 3 bis 5, am 31. März die Wagen Nr. 6 bis 8.
Am 6. Februar 1876 war es soweit, die Düsseldorfer Pferdeeisenbahn wurde auf zwei Linien eröffnet. Fünf Pferdebahnwagen waren an diesem Tage vorhanden, die voll eingesetzt wurden. Viele wollten ja mal mit diesem neuen Verkehrsmittel fahren. Die zwei ersten Linien waren folgende:

> Burgplatz – Flingerstraße – Mittelstraße – Kasernenstraße – Haroldstraße – Bergisch-Märkischer Bahnhof,
>
> Burgplatz – Flingerstraße – Flinger Tor – Elberfelder Straße – Schadowstraße – Tonhalle.

Am Burgplatz wurde eine behelfsmäßige Remise für Wagen und Pferde errichtet. Die Strecken lagen eingleisig am Straßenrand mit Ausweichen in Streckenmitte. Feste Haltestellen gab es nicht. Wer ein- und aussteigen wollte, mußte dem Pferdeführer oder Schaffner ein Zeichen geben, der Wagen hielt dann.
Weitere Gleisarbeiten auf der Mühlenstraße und Königsallee

waren am 20. Februar beendet, so daß nach diesem Datum auch die dritte Strecke in Betrieb genommen werden konnte:

Burgplatz – Mühlenstraße – Alleestraße/Ostseite – Elberfelder Straße – Corneliusplatz – Königsallee – Bergisch-Märkischer Bahnhof.

Die Streckenlänge der Düsseldorfer Pferdebahn betrug nun 2,65 km. Die Gleisverlegung ging weiter. Am 31. März war die Linie Bergisch-Märkischer Bahnhof – Bahnstraße – Oststraße – Wehrhahn – Rethelstraße – Rheinischer Bahnhof betriebsbereit. Gleichzeitig wurden Gleise vom Corneliusplatz über Hofgarten- und Kaiserstraße zur Nordstraße/„Am Luftballon" verlegt und diese Strecke ebenfalls am 31. März eröffnet. Nachdem alle Bahnhöfe ans Pferdebahnnetz angeschlossen waren, wurde am 4. Juni 1876 die Zoostrecke über Tonhalle hinaus, weiter den Wehrhahn entlang (hier lag ja schon die Strecke zum Rheinischen Bahnhof), über die Grafenberger Allee und Tiergartenstraße eröffnet. Diese Linie wurde allerdings nur sonntags bei schönem Wetter befahren. Die Straßenbrücke über den Eisenbahnkörper im Zuge des Wehrhahn existierte übrigens bereits seit 1873. Die damalige Tiergartenstraße war länger als heute und verlief im Zuge der jetzigen Hans-Sachs-Straße bis zur Grafenberger Allee. 10 Tage später, am 14. Juni 1876, war die Verbindungsstrecke vom Rheinischen Bahnhof, der an der heutigen Ahnfeldstraße lag, bis zur Tiergartenstraße fertig.

In den Monaten Juni bis August 1876 wurden Sommerwagen angeliefert, die Wagen Nr. 9 und 10 am 11. Juni, Nr. 11 und 12 am 5. Juli und Nr. 14 bis 16 Mitte August. Die Wagen-Nr. 13 war einem Salonwagen für besondere Anlässe vorbehalten, er wurde am 16. Juli 1876 fertiggestellt. Die Sommerwagen waren nicht nur auf den Plattformen, sondern auch im Wagenabteil sehr luftig, was an heißen Tagen als angenehm empfunden wurde.

Am 16. Oktober 1876 verlängerte man die Pferdebahnstrecke vom Bergisch-Märkischen Bahnhof ein Stückchen weiter über die Friedrichstraße zum Köln-Mindener Bahnhof. In den letzten Monaten des Jahres 1876 wurde an der Nordstraße ein neuer Betriebshof für Pferde und Wagen gebaut und am 22. Dezember in Betrieb genommen. Gleichzeitig legte man den provisorischen Schuppen am Burgplatz still und baute ihn später ab.

Die nächste Streckenverlängerung erfolgte über den Köln-Mindener Bahnhof hinaus, über Friedrichstraße, Bilker Allee zum Floragarten in Bilk. Wie die Zoostrecke, wurde auch diese neue Verbindung nur sonntags befahren, außerdem am Mittwochnachmittag, wenn die Beamten ihren freien Nachmittag hatten.

Die 1876 beschafften Pferdebahnwagen waren etwa 6–7 Meter lang, 2,2 Meter breit, hatten zwei Laufachsen, eine handbetätigte Backenbremse, vier Seitenfenster und vorn und hinten offene Plattformen, zum Wagenabteil mit Schiebetüren verschlossen. Die Wagen besaßen 12 Sitz- und 18 Stehplätze. Die Holzbänke waren längsseitig angeordnet. Die offenen Perrons wurden durch Ketten gesichert. Auf dem Wagendach befand sich ein Lüftungsaufsatz. Die Perron- und Seitenbleche waren dunkelgrün lackiert, die Fensterpartie und der Seitenstreifen über dem Fahrgestell beige. In der Mitte unter den Fenstern war das Düsseldorfer Stadtwappen aufgemalt.

Die Wagenkästen der Sommerwagen waren seitlich offen und hatten quer-durchgehende Holzsitze. Die Trittbretter verliefen vom vorderen zum hinteren Wagenende, so daß man auch vom Sitzplatz aus den Wagen verlassen oder besteigen konnte. An den seitlichen Dachrändern der Sommerwagen waren eingerollte Segeltuchbahnen mit Lederriemen befestigt, rundherum am Dachrand außerdem weißrote (Düsseldorfer Stadtfarben), gezackte Segeltuchlitzen. Bei Regenwetter wurde das Segeltuch heruntergerollt, und der Wagenkasten war gegen Wind und Wetter einigermaßen dicht.

Die drehbaren Zielschilder vorn und hinten am Dachrand zeigten mit weißer Schrift auf schwarzem Grund an, wohin es ging. Bei Dunkelheit hatte die 1. Linie vorn eine grüne Laterne, die 2. Linie ein weißes und die 3. Linie ein rotes Licht. Rechts und links über den Seitenfenstern priesen Reklameschilder irgendwelche Erzeugnisse an, meistens handelte es sich um „Maggis Suppen". Linien-Nummern gab es damals noch nicht. An den Endstellen wurde das Pferd nach dem Ausspannen zum anderen Wagenende geführt und dort angeschirrt. Gleiswechsel waren noch nicht erforderlich.

In den ersten Jahren der Pferdebahn existierten die 1. und 2. Wagenklasse, die 1. Klasse war grundsätzlich 5 Pfennig teurer. Im Februar 1876, also bei Inbetriebnahme der Pferdebahn, kosteten 1–2 Teilstrecken in der 1. Klasse 15 Pfennig, in der 2. Klasse 10 Pfennig, jede weitere Teilstrecke 5 Pfennig mehr. Jede der noch kurzen Strecken hatte mehrere Teilstrecken.

Die 1. Wagenklasse hatte auf den Holzsitzen lose Sitzpolster liegen, die stets im hinteren Wagenabteil zu finden waren. An den Endstellen mußte der Schaffner diese Sitzpolster zum anderen Wagenende tragen. Die Stehplätze auf den Perrons gehörten zur 2. Klasse. Eine Tür im Wagenabteil zwischen 1. und 2. Klasse gab es nicht. Aus damaligen Berichten geht hervor, daß die 1. Klasse verhältnismäßig wenig verlangt wurde. Überhaupt waren die Fahrpreise für die seinerzeitigen Preis- und Einkommensverhältnisse sehr hoch. Kinder bis zu 3 Jahren in Begleitung Erwachsener fuhren frei, zwischen 3 und 8 Jahren mußte der halbe Fahrpreis gezahlt werden. Die Klassenunterteilung wurde 1892 abgeschafft.

Die Düsseldorfer Pferdebahn hatte übrigens bereits in der ersten Woche ihres Bestehens eine „gute Presse", z. B. „...die grün lackierten Wagen mit dem Düsseldorfer Wappen haben ein elegantes Aussehen und sind sehr bequem eingerichtet." Und: „In den letzten Tagen bemerkte man eine große Pünktlichkeit im Dienste der hiesigen Tramways und hat dies die Ursache wahrscheinlich darin, daß am Bergisch-Märkischen Bahnhof Reserve-Wagen nach in jeder Richtung fahrend aufgestellt sind. Die Kreuzungen sind sehr genau und geschehen alle 8 bis 10 Minuten." So stand es damals in Düsseldorfs Zeitungen zu lesen.

Ende August 1876 wurde der Tarif geändert und die Anzahl der Teilstrecken reduziert, jede Linie hatte jetzt nur 2–3 Teilstrecken. Die neuen Fahrpreise bewegten sich in der 1. Wagenklasse je nach Teilstrecken nun zwischen 15 und 35 Pfennig, in der 2. Klasse zwischen 10 und 30 Pfennig. Z. B. kostete damals eine Fahrt vom Burgplatz zum Zoo in der 1. Klasse 35 Pfennig, in der 2. Wagenklasse 30 Pfennig. Schüler und Berufstätige konnten Dauerkarten mit einer 25%igen Ermäßigung kaufen.

Ab 1. Dezember 1876 eröffnete die Pferdebahn einen Transport von Gemüsekörben vom Burgplatz und von der Endstelle Nordstraße zum Bergisch-Märkischen Bahnhof. Damit wurde schon damals ein kleiner Güterdienst eingerichtet, der den Marktleuten zugute kam.

Auch den Kritikern des neuen Verkehrsmittels wurde in den ersten Betriebsmonaten deutlich, daß ein auf glatten Eisenschienen laufender Wagen wesentlich mehr Lasten befördern konnte bei gleicher Zugkraft als eine Kutsche oder ein Pferdekarren, der sich mühsam über holpriges Straßenpflaster quälen mußte.

Im Anfang des Jahres 1877 existierten bei der Düsseldorfer Pferdeeisenbahn bereits fünf Linien:

1. Burgplatz – Hohe Straße – Kasernenstraße – Bergisch-Märkischer Bahnhof,
2. Burgplatz – Mühlenstraße – Alleestraße – Königsallee – Bergisch-Märkischer Bahnhof – Köln-Mindener Bahnhof – Friedrichstraße – Flora,
3. Bergisch-Märkischer Bahnhof – Bahnstraße – Ost-

straße – Wehrhahn,
4. Bergisch-Märkischer Bahnhof – Königsallee – Kaiserstraße – Nordstraße,
5. Burgplatz – Flinger Tor – Schadowstraße – Wehrhahn, teils über Rethelstraße zum Rheinischen Bahnhof, teils über Tiergartenstraße zum Zoo.

Die Streckenlänge der Pferdebahn betrug zu diesem Zeitpunkt etwa 11,1 km. Im Sommer 1877 gab es eine Änderung. Der Zoo wurde jetzt über die Herderstraße angefahren und die Strecke über die Tiergartenstraße stillgelegt und abgebaut. Die Streckenlänge ging damit auf 9,8 km zurück. Die Ausweiche am Flinger Tor wurde verlängert und damit die Ausweichmöglichkeit verbessert. 1878, ein Jahr später, wurde der 10-Minuten-Betrieb allgemein eingeführt. Gleichzeitig mußte man aber die Anzahl der Ausweichen im Streckennetz erweitern.

1880 eröffnete die Stadt Düsselorf neben dem Zoogelände eine große Ausstellung, die „Rheinisch-Westfälische Industrie- und Gewerbeausstellung", mit 20 großen und 80 kleinen Hallen. 3049 Firmen stellten ihre Produkte aus. Für die damalige Zeit tatsächlich eine umfangreiche Leistungsschau. Verständlich, daß die Pferdebahn auf ihrer Zoostrecke in diesem Jahre stark benutzt wurde. Sie hatte jetzt 124 Pferde und 28 Wagen. Herr Boyaert brachte 1880 seine Pferdebahn in eine neue Firma: „Société Anonyme des Tramways de Dusseldorf" ein. Auf dem Ausstellungsgelände wurde später ein neuer erweiterter zoologischer Garten errichtet, die „Scheidt-Keim-Stiftung", mit einem neuen Eingang am heutigen Brehmplatz.

In den Jahren 1883–84 wurden die Gleisanlagen in den Straßen verbessert bzw. erneuert und zum Teil längere doppelgleisige Strecken angelegt, um die Wartezeit an den Ausweichen zu verringern. Dabei ersetzte man die ursprünglichen Schienen durch stärkere Profile mit besserem Unterbau.

Die weitere Entwicklung der Pferdeeisenbahn

Gewerbe- und Industrie-Ansiedlungen machten in den letzten 20 Jahren des vorigen Jahrhunderts in Düsseldorf weitere Fortschritte. 1880 begann das Losenhausenwerk in Grafenberg mit der Produktion. 1889 folgte die Fa. Rheinmetall in Derendorf. Im gleichen Jahr ließ sich die Brückenbau-Firma Hein, Lehmann & Co. in Oberbilk nieder. Die industriellen Schwerpunkte Düsseldorfs lagen an der Stadtgrenze, also in den Gebieten Rath, Grafenberg, Flingerbroich, Oberbilk, Lierenfeld und Reisholz. Der letztere Bezirk gehörte seinerzeit noch nicht zu Düsseldorf. Linksrheinisch wurde damals fast nur Landwirtschaft betrieben, wenn man einmal von einigen kleineren Betrieben am Heerdter Hafen absieht. Das Heerdter Hüttenwerk mußte 1884 seine Produktion wegen Verringerung der Rasenerzvorkommen in der Umgebung aufgeben. Die Landwirtschaft war also weiterhin vorherrschend. Die Dörfer Niederkassel, Oberkassel und Lörick gehörten zur Gemeinde Heerdt.

Im Jahr 1882 wurde Düsseldorf zur Großstadt. 1885 zählte man bereits 113.500 Einwohner.

Der Unternehmer Boyaert war mit dem aus dem Pferdebahnbetrieb erwirtschafteten Gewinn nicht zufrieden. Er blieb hinter den Erwartungen zurück, die Konzessionszahlungen an die Stadt Düsseldorf waren ziemlich hoch. Seine Versuche, mit der Stadtverwaltung einen günstigeren Vertrag auszuhandeln, führten zu langwierigen Prozessen. Die Stadt ihrerseits warf Herrn Boyaert vor, die Bahnlinien nicht dem wachsenden Verkehrsbedürfnis angepaßt zu haben. Es sollten Pferdebahn-Verbindungen nach Grafenberg, Oberbilk, Unterbilk und zum Derendorfer Markt angelegt werden. Dazu fehlten Herrn Boyaert aber die Mittel. Auch der in der ersten Baustufe befindliche neue zentrale Bahnhof am Ende der Bismarckstraße sollte an das Pferdebahnnetz angeschlos-

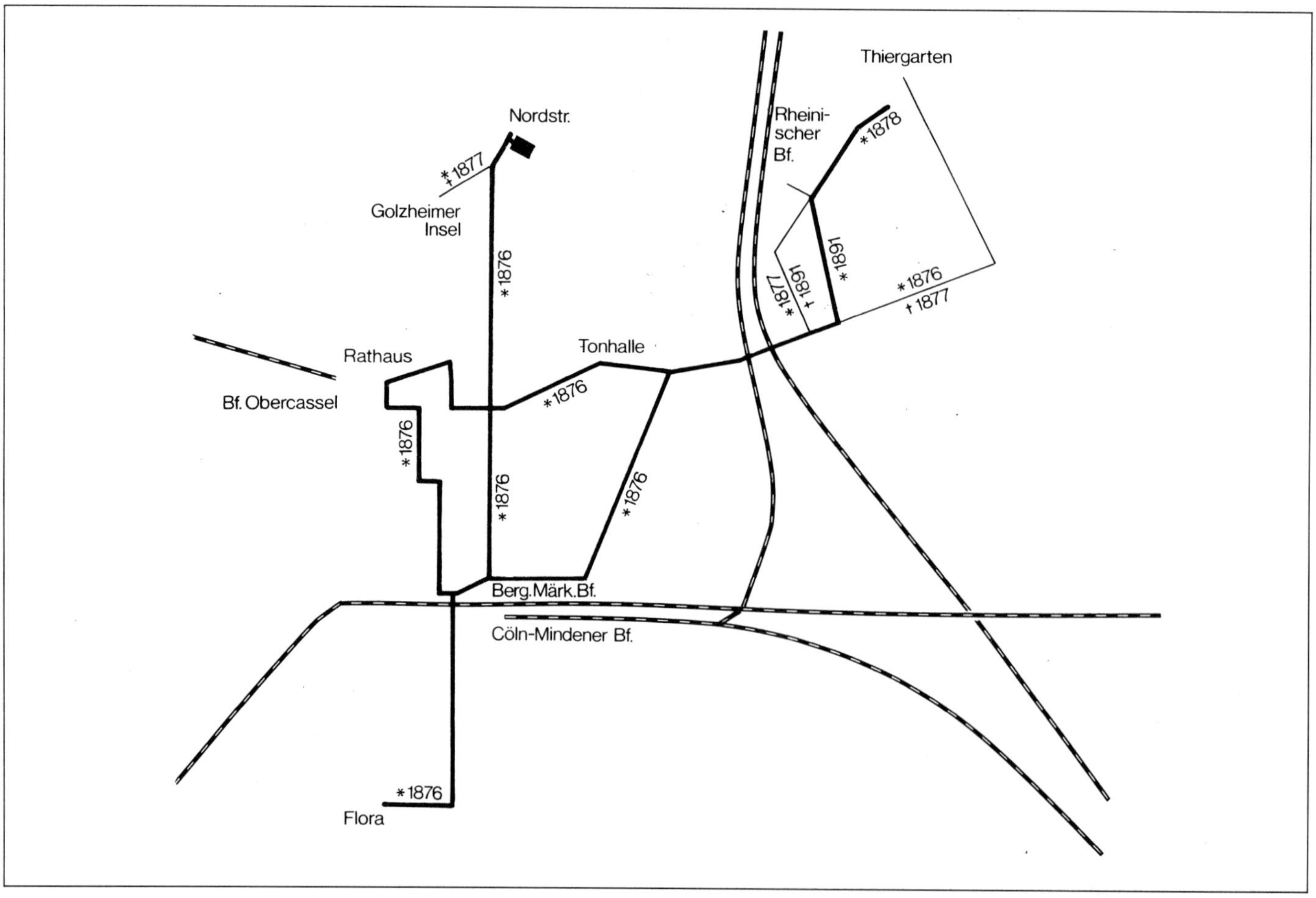

Streckennetz der Düsseldorfer Pferdeeisenbahn um 1880 **Zeichnung: Schild**

sen werden. Die Stadt drohte, in eigener Regie zu bauen und Strecken zu betreiben. Im Rechtsstreit siegte zunächst Boyaerts Auffassung. Die städtische Drohung, den Vertrag aufzukündigen, blieb aber im Raume stehen.
Am 6. September 1888 wurde die Pferdebahnstrecke zum Rheinischen Bahnhof stillgelegt, weil nach Verstaatlichung der drei Düsseldorf berührenden Eisenbahn-Gesellschaften an der Franklinbrücke ein neuer Personenbahnhof „Düsseldorf-Derendorf" gebaut und der Rheinische Bahnhof an der Ahnfeldstraße daraufhin abgetragen wurde. 1891 war der neue Zentral-Bahnhof am heutigen Konrad-Adenauer-Platz fertig.
Die Strecke der Pferdebahn über die Friedrichstraße zur Flora mußte einige Zeit nach ihrer Eröffnung wieder stillgelegt werden, da es mit der Eisenbahn-Direktion wegen Befahrens des Bahnübergangs am Bergisch-Märkischen Bahnhof Schwierigkeiten gab. Am 10. August 1888 wurde die Pferdebahnstrecke auf der Friedrichstraße wieder in Betrieb genommen, aber nun von den übrigen Linien getrennt. Erst 1891, als der neue Zentralbahnhof die beiden Bahnhöfe am Graf-Adolf-Platz ablöste und der Bahnübergang auf der Friedrichstraße seine Dienste getan hatte, konnten die Pferdebahnen wieder durchgehend zur Flora fahren.
1892 betrug die Länge des Düsseldorfer Pferdebahnnetzes 9,5 km, war seit 1877 also nicht länger geworden. 38 Pferdebahnwagen und 72 Pferde wurden im Bestand geführt.
Im Jahre 1892 kündigte die Stadt Düsseldorf Herrn Boyaert den Vertrag gegen Zahlung einer Kaufsumme von 1,15 Mill. Mark, 200.000 Mark sofort, den Rest in jährlichen Raten von 100.000 Mark. Die Stadt betrieb die Pferdebahn aber nicht in eigener Regie, sondern verpachtete sie am 1. Juli 1892 an Herrn von Tippelskirch, den Direktor der Koblenzer Pferdebahn. Der Vertrag wurde auf 10 Jahre festgelegt mit einer sechsmonatigen Kündigungsfrist. Der neue Pächter führte nun den Betrieb und stellte Pferde und Wagen. Den Bau und die Unterhaltung von Gleisen und Depotanlagen übernahm die Stadt Düsseldorf selbst.
Jetzt ging der Netzausbau zügig voran. Vom Graf-Adolf-Platz über die neu ausgebaute Graf-Adolf-Straße wurde jetzt eine Bahnstrecke zum Vorplatz des neuen Hauptbahnhofs gelegt und gleichzeitig die Strecke in der Bahnstraße stillgelegt. Am 3. Juli 1892 baute man eine neue Doppelgleis-Strekke vom Corneliusplatz durch die Blumen- und Bismarckstraße zum Hauptbahnhof, am 13. August wurde sie verlängert über Worringer Platz und Oberbilker Markt zur Hildener Straße. Damit bekam Oberbilk eine Verbindung zur Innenstadt, der Hauptbahnhof war jetzt aus drei Richtungen zu erreichen.
Am 13. November 1892 verlegte man die Pferdebahnstrecke aus der Rethel- in die Uhlandstraße. Außerdem wurde auf der Haroldstraße eine Doppelgleisstrecke vom Graf-Adolf-Platz bis zur Poststraße angelegt, die vorerst linienmäßig aber nicht benutzt wurde. Das am Straßenrand vorbeilaufende Eisenbahngleis zur Hammer Brücke war in diesem Jahre abgebaut worden.
Ab 1892 wurden feste Haltestellen für die Pferdebahn eingerichtet, sie hielt also nicht mehr auf Anruf. Jetzt fuhr sie auch schneller. Kritische Zeitgenossen behaupteten damals, die Pferdebahn würde mehr halten als sie führe. Junge und andere Leute, denen das Gehen keine Schwierigkeiten bereiten würde, wären eher am Ziel als die Pferdebahn.
Am 10. November 1893 wurde ein zweiter und größerer Betriebshof an der Erkrather Straße neben der Eisenbahnstrekke nach Elberfeld in Betrieb genommen. Die angefangene Strecke zur Poststraße verlängerte man über Kavalleriestraße und Lorettostraße zur Bilker Kirche. Diese neue Pferdebahn-

Pferdebahnwagen Nr. 6 präsentiert sich um 1890 auf der Lorettostraße.

linie vom Graf-Adolf-Platz bis zur Bilker Kirche wurde ebenfalls am 10. November eröffnet. Der langgehegte Wunsch der Unterbilker war somit erfüllt. Die Pferdeeisenbahn hatte jetzt 72 Wagen und 120 Pferde bei einer Streckenlänge von 18,7 km, sie wurde in den letzten beiden Jahren also verdoppelt.
Der hohe Pferdebestand erklärt sich aus dem häufigen Pferdewechsel, der auf den Bahnlinien von frühmorgens bis abends notwendig war. Auf Steigungsstrecken, wie z. B. zur Wehrhahnbrücke, mußten zwei Pferde angeschirrt werden. Selbst der neue Betriebshof Erkrather Straße reichte für den vergrößerten Wagenbestand nicht aus. Die Wagen wurden daher in zwei Ebenen aufgestellt, ein elektrischer Aufzug am Ende der Wagenhalle brachte eine Anzahl Wagen in den Keller, z. B. im Winter die Sommerwagen.
1894 legte man von der Nordstraße bis zum Dreieck eine neue Strecke an, außerdem bekamen verschiedene Strecken Doppelgleise. 1895 verlängerte man die Pferdebahnstrecke von der Uhlandstraße über die Grafenberger Allee in Etappen bis Grafenberg, und zwar am 23. Mai bis Haniel & Lueg und am 29. September bis zum Bahnübergang an der Gutenbergstraße (Eisenbahn-Güterstrecke Rath–Eller). Ein Jahr später sollte hier die erste elektrische Straßenbahn verkehren.
Im gleichen Jahr, 1895, wurde auf einigen Linien ein 5-Minuten-Takt eingeführt, ein Jahr später auf allen Linien, abgesehen von den Außenstrecken nach Grafenberg und zum Zoo.
Im Jahre 1896 ergänzte man das Pferdebahnnetz wie folgt: Dreieck – Derendorfer Markt, Haroldstraße – Hafenamt und Bilker Allee/Ecke Friedrichstraße – Bahnhof Bilk, der im Zuge der Neuanlegung von Eisenbahnstrecken gerade fertiggestellt war. Außerdem wurde eine Strecke vom Worringer Platz zum Wehrhahn über die Kölner Straße angelegt. Die Düsseldorfer Bürger konnten mit ihrer Pferdebahn nun weiterliegende Ziele erreichen.

1898 wurde die Bahnstrecke aus der Kasernen- in die Hohe Straße verlegt, die Strecke führte jetzt gradlinig von der Flingerstraße über Mittel- und Hohe Straße zum Schwanenmarkt und damit zur Haroldstraße.
In den Jahren 1897/98 legte man eine weitere wichtige Bahnverbindung an, und zwar vom Hauptbahnhof über die jetzige Friedrich-Ebert-Straße, Oststraße, Tonhalle, Duisburger, Blücher-, Roßstraße zum Nordfriedhof. 1897 wurde das Teilstück Dreieck-Nordfriedhof bereits von der Nordstraße her befahren. Eröffnet wurde die Gesamtstrecke am 5. September 1898.
Außerdem verband man im Jahre 1897 den Floragarten über Bilker Allee mit der Bilker Kirche. Jetzt waren Schleifenfahrten vom Graf-Adolf-Platz über Friedrichstraße, Bilker Allee, Loretto-, Kavallerie-, Haroldstraße zurück zum Graf-Adolf-Platz möglich. Die kurze Verbindung Bilker Allee – Bahnhof Bilk wurde am 31. Juli 1897 wegen zu schwacher Auslastung wieder eingestellt, sie war also nur ein Jahr lang in Betrieb.
Das Pferdebahnnetz hatte 1898 seine größte Ausdehnung erreicht, es war nun 23,7 km lang. Der Betrieb umfaßte 370 Pferde und 88 Wagen, davon 15 Sommerwagen. Die geschlossenen Pferdebahnwagen unterteilten sich in vier verschiedene Typen, die sich im großen und ganzen aber ziemlich ähnlich sahen. Die 15 Sommerwagen stellten nur einen Bautyp dar. 1899 waren für den Pferdebahnbetrieb nur noch 57 Wagen verfügbar, der Rest wurde bereits als Beiwagen für den elektrischen Betrieb umgerüstet.
In den letzten beiden Jahren wurden die Tarife gesenkt, ab 1. Mai 1899 kostete eine Teilstrecke nur noch 5 Pfg., der höchste Fahrpreis stellte sich auf 25 Pfg. Dadurch erhöhten sich die Fahrgastzahlen weiter. Im letzten Betriebsjahr der Pferdebahn wurden etwa 10 Millionen Fahrgäste befördert.
Das Jahr 1900 bedeutete für den Pferdebahnbetrieb nun das Ende, am 21. Juni 1900 um 7 Uhr abends fuhr der letzte Pferdebahnwagen. Von da an ging es nur noch elektrisch.

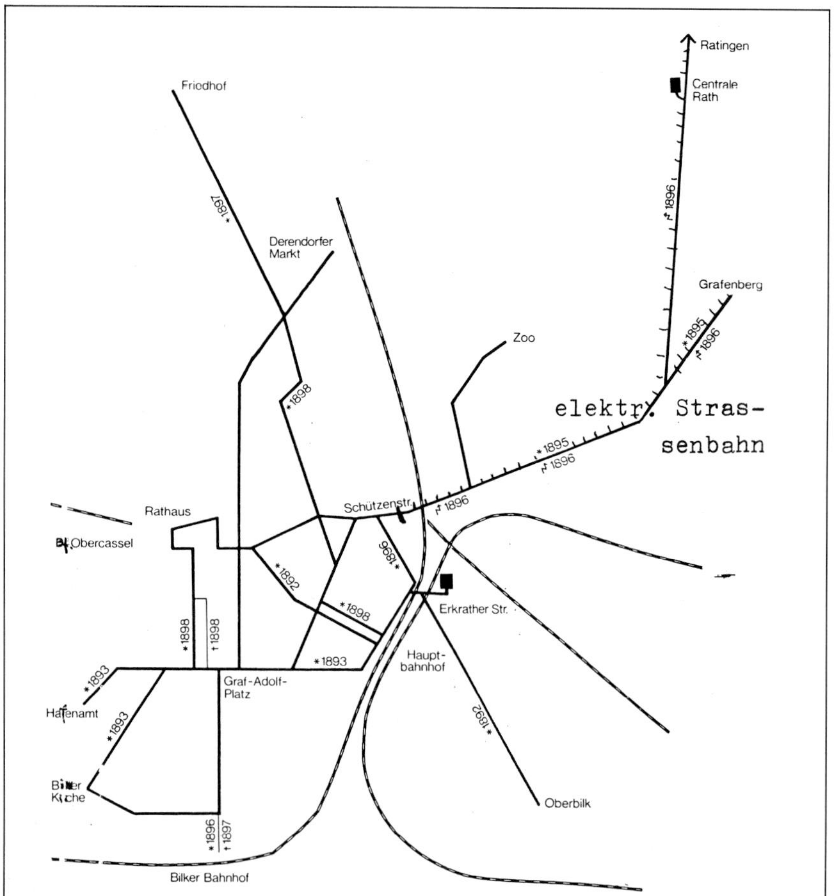

Streckennetz der Düsseldorfer Pferdeeisenbahn um 1896 **Zeichnung: Schild**

Die erste „Elektrische"

Pferde als Zugkraft für Schienenwagen waren, auf lange Sicht gesehen, zu teuer und zu langsam. Der elektrische Strom machte es billiger und schneller. Trotzdem warf der Pferdebahnbetrieb in Düsseldorf unter von Tippelskirchs Leitung in den letzten Betriebsjahren noch Gewinn ab, obwohl die Fahrpreise gesenkt und zuletzt sogar 370 Pferde gehalten werden mußten. Die Tarifpolitik und die starke Benutzung der Pferdebahn durch die Düsseldorfer Bevölkerung machten es möglich. Das Kriterium für die Aufnahme des elektrischen Straßenbahn-Betriebes in Stadtstraßen war die Stromzuführung. Sie mußte einfach, sparsam und ungefährlich sein. Der Berliner Modellversuch von 1881 mit Stromzu- und Ableitung über beide Fahrschienen war für Stadtstraßen ungeeignet. Die Straßenbahn Frankfurt a. M.–Offenbach fuhr 1884 bereits mit Oberleitung, aber mit nachgezogenem Kontaktschlitten, was sich nicht als ideal herausstellte. Erst das Spraquesche System mit aufgehängter Oberleitung und Stromabnahme durch Schleifbügel oder Kontaktstange schaffte hier Wandel. Nach diesem Prinzip eröffnete Halle/Saale als erste deutsche Stadt 1891 einen elektrischen Straßenbahnbetrieb. In Westdeutschland folgten 1893 Essen und Remscheid. Dann ging es von Stadt zu Stadt weiter.
Auch in Düsseldorf wurde die neue Verkehrstechnik erörtert. Aber viele Düsseldorfer Bürger wollten damals keine Fahrleitungen in ihren Straßen dulden, die Drähte würden „die Straßen verschängelieren", so war ihre Meinung. Auch Rosetten und Haken für die Querverspannung mochten etliche Hausbesitzer nicht an ihren Häusern sehen. So kam es, daß der erste Versuchsbetrieb in Düsseldorf außerhalb des damaligen Bebauungskerns errichtet wurde, und zwar von der Schützenstraße über die Grafenberger Allee bis Grafenberg.
Am 15. Oktober 1894 wurde mit den ersten Bauarbeiten begonnen. Bauherr war die Düsseldorfer Stadtverwaltung. Ab Mai 1895 fuhr zunächst noch die Pferdebahn nach Grafenberg. Ab Uhlandstraße bis zum Bahnübergang am Staufenplatz war die Strecke eingleisig mit Ausweichen. Am 27. Januar 1896, als die Elektrifizierungsarbeiten beendet waren, 20 Jahre nach Eröffnung des Pferdebahnbetriebes, fuhr auch in Düsseldorf die erste elektrische Straßenbahn, kurz „Elektrische" genannt.
Die ersten Trieb- und Beiwagen wurden im Betriebshof an der Erkrather Straße untergebracht. Dazu mußten zwei Hallen entsprechend umgebaut werden. Beim Aus- und Einrükken über die Erkrather, Kölner Straße und Wehrhahn mußten Pferde die „Elektrische" zur Schützenstraße ziehen. Zwecks Vermeidung von Bürgerprotesten wagte man es 1896 noch nicht, in diesen Straßen Fahrleitungen anzulegen.
Der Pächter, von Tippelskirch, dachte aber bereits weiter und baute gleichzeitig eine Straßenbahnstrecke von der Fabrik Haniel & Lueg über Rath nach Ratingen auf eigene Rechnung. Das erste Teilstück von Haniel und Lueg nach Rath wurde am gleichen Tage wie die Grafenberger Strecke, also am 27. Januar 1896, in Betrieb genommen, das Reststück bis Ratingen folgte am 20. November 1897.

Von Tippelskirchs Linie lief zunächst parallel zur Eisenbahn-Güterstrecke Grafenberg-Rath. In Rath wurde diese Bahnstrecke niveaugleich gekreuzt, ein wenig später überquerte die Kleinbahn, als solche war sie zugelassen, die doppelgleisige Güterstrecke Rath-Eller mittels einer Brücke. Weiter auf eigenem Bahnkörper fuhr sie bis Oberrath am Waldrand entlang und benutzte dann bis Ratingen die Landstraße, und zwar den östlichen Straßenrand. Bei dem Streckenstück Rather Broich – Hubertushain handelte es sich übrigens um die stillgelegte Trasse der früheren Berg.-Märkischen Eisenbahn. Die Strecke von Haniel & Lueg bis Ratingen war eingleisig mit einigen Ausweichen. Auf der Grafenberger Allee vor dem Verwaltungsgebäude der Firma Haniel & Lueg entstand eine Umsetzanlage, ebenso in Ratingen am Ende der Düsseldorfer Straße. Auf dem Gelände des Grafenberger Güterbahnhofs errichtete man 1896 für die Ratinger Linie eine provisorische Wagenhalle.
Die Grafenberger Strecke hatte zwischen Wieland- und Schützenstraße auf dem Wehrhahn ihre End- und Umsetzstelle. Beide Linien benutzten für die Stromabnahme die Trolleystange. Die Grafenberger Linie war 2,6 km und die Ratinger etwa 7,4 km lang. Der Fahrpreis stellte sich je nach Fahrtlänge zwischen 10 und 30 Pfennig.
Zur Eröffnung des Fahrbetriebes wurden 1896 für beide Linien insgesamt 14 Trieb- und 16 Beiwagen, darunter auch Sommer-Beiwagen, beschafft. Jede Strecke bekam die Hälfte der Wagen, die alle zweiachsig waren. Die Triebwagen waren etwa 7 Meter lang und 2,2 Meter breit, die Beiwagen nur 6 Meter lang. Sie hatten 14 Sitz- und 10 Stehplätze. Damals wurden die Stehflächen noch nicht so extrem belastet wie heutzutage. Die Plattformen waren offen, die Einstiege mit Scherengittern verschlossen. Seitlich hatten die Triebwagen 5 Fenster mit gerundetem Oberrand, die Beiwagen nur 4 Fenster. Die Triebwagen führten die Wagennummern 78 bis 96, allerdings mit Lücken.
Die Ratinger Linie bekam einige Monate später vier neue Triebwagen mit etwas stärkeren Motoren (Nr. 97–100). Im Aussehen und in den Abmessungen stimmten sie mit den vorher gelieferten Wagen überein. Alle Straßenbahnwagen waren dunkelgrün lackiert. Seitlich am unteren Wagenkasten war auf beigem Grund die Eigentumsbezeichnung: „Düsseldorfer Straßenbahn" zu lesen. Die Zielschilder befanden sich ebenfalls seitlich unter der Fensterreihe, also nicht an den Stirnseiten. Das Aussehen der Beiwagen ähnelte den Pferdebahnwagen. Unter der Fensterreihe führten alle Wagen außerdem das Düsseldorfer Stadtwappen.
Werktags verkehrten die beiden Linien alle 20 Minuten, an schönen Sonntagen, also bei Bedarf, alle 10 Minuten. Dies betraf hauptsächlich die Grafenberger Linie. Fotos aus jenen Jahren zeigen sogar Dreiwagenzüge, also Trieb- mit zwei Beiwagen. Man kann aber annehmen, daß der Solo-Triebwagen wohl die gängigste Betriebsform war.
In den nächsten Jahren baute man für die Kleinbahn nach Ratingen am Rather Broich (Rather Zentrale genannt) ein Elektrizitätswerk, eine Wagenhalle für insgesamt 16 zweiachsige Straßenbahnwagen, sowie eine Reparatur-Werkstätte. Die Anlagen wurden am 1. Juli 1899 in Betrieb genommen. Die Ratinger Strecke erhielt ihren Strom jetzt nicht mehr vom Düsseldorfer Stadtnetz, sondern von der Rather Zentrale.
In Rath stationierte man 7 Beiwagen und 7 Triebwagen. Es waren die zuletzt gekauften 4 Triebwagen mit verglasten Plattformen und stärkeren Motoren, Nr. 97–100, sowie 3 Triebwagen mit offenen Perrons. Die Wagen Nr. 97–100 hatten gegenüber den zuerst beschafften Motorwagen zwei Sitzplätze mehr. Als 1903 der Grafenberger Betriebshof eröffnet wurde, benutzte man die Wagenhalle am Rather Broich nur noch zum Abstellen von Beiwagen.
Nach längeren Verhandlungen mit der Preußischen Staatsbahn durfte die Grafenberger Linie den Gleiskörper der Güterstrecke Rath-Eller am Staufenplatz überqueren, natürlich mit entsprechenden Sicherungen. Am 28. Juli 1898 wurde die Verlängerung von der Burgmüllerstraße bis zum Jägerhaus in Betrieb genommen. Am Jägerhaus, am Ende der Ludenberger Straße, lag jetzt eine Umsetzanlage.
Die Ratinger Stadtverwaltung hatte 1897 den Wunsch geäußert, die Straßenbahn nicht in der Düsseldorfer Straße, also am Stadtrand, enden zu lassen, sondern sie bis zum Markt-

Am Graf-Adolf-Platz herrschte schon vor der Jahrhundertwende ein reger öffentlicher Nahverkehr.

Ein Wagen der ehemaligen Kleinbahn Grafenberg – Rath – Ratingen im Jahre 1901 in Ratingen. Von der städtischen Straßenbahn übernommen, zeigt dieser Wagen schon das Stadtwappen, aber noch keine Eigentumsbezeichnung.

Für den »Ausflugsverkehr« nach Grafenberg wurden gerne Sommerwagen herangezogen.

platz (Kirche) durchzuführen. Dabei hätte die Bahn die schmale Oberstraße, die außerdem eine Steigung aufwies, durchfahren müssen. Die Bahnverwaltung lehnte die Verlängerung ab, weil die Stromspannung in Ratingen für die Steigungsfahrt auf der Oberstraße zu niedrig sei. In den nächsten Jahren wurde die Stromzuführung verbessert. Aber spätere Verhandlungen führten ebenfalls nicht zum Ziel, es blieb bei der Endstelle am Ende der Düsseldorfer Straße.
Die beiden ersten elektrischen Strecken Düsseldorfs werden auch heute noch befahren, die Verbindung Schützenstraße – Grafenberg ist ein Teilstück der heutigen Linie 703 nach Gerresheim. Von der Innenstadt bis Ratingen fährt auf fast gleicher Trasse die Linie 712. Im Jahre 1982, nach 85 Jahren, wurde auf Ratinger Stadtgebiet die letzte eingleisige Strecke doppelgleisig ausgebaut. Das Depot der Grafenberger Linie an der Erkrather Straße, zuerst für Pferdebahnen eingerichtet, ist heute die Hauptwerkstatt der Rheinbahn. Der Betriebshof am Rather Broich wurde wahrscheinlich noch vor dem Ersten Weltkrieg aufgegeben. Anfang der dreißiger Jahre war von diesem Depot jedenfalls nichts mehr zu sehen.
Was ist aus den ersten elektrischen Straßenbahnwagen geworden? Im Jahre 1906, also 10 Jahre nach Betriebseröffnung, waren von den ersten 14 Triebwagen noch 10 Stück vorhanden, die dann zu Beiwagen Nr. 401–410 umgebaut wurden. Ihre motorische Leistung war wohl zu schwach. Anfang der zwanziger Jahre verkaufte man diese Beiwagen größtenteils nach Aachen. Die vier Triebwagen Nr. 97–100 mit den etwas stärkeren Motoren wurden später zu Arbeitswagen umgebaut. Einer dieser Arbeits-Triebwagen, Nr. 99, war in den dreißiger Jahren noch im Grafenberger Betriebshof, und zwar in der Gleis- und Streckenbau-Abteilung, stationiert.
Die Beiwagen wurden nach der Jahrhundertwende in die Beiwagenserie Nr. 251–333 übernommen. Im Ersten Weltkrieg baute man einige Wagen dieser Serie zu Krankentransportwagen und zum Suppentransport um. Bis Mitte der zwanziger Jahre verkaufte die Rheinbahn fast alle Beiwagen der Ursprungsserien an andere Verkehrsunternehmungen. Einzelstücke verwendete man in den zwanziger und dreißiger Jahren noch als Arbeits-Beiwagen.

Gründung der Rheinischen Bahngesellschaft, der Brückenbau

Düsseldorf hatte von 1839 an eine Schiffsbrücke, und zwar vom Altstadt-Ufer zum damaligen Dorf Oberkassel. Diese Brücke besaß ein ausfahrbares Mittelstück mit Dampfantrieb, um die Rheinschiffe durchfahren zu lassen. 1853 wurde auf dem Oberkasseler Ufer in Höhe der heutigen Jugendherberge, also ziemlich nahe der Schiffsbrücke, ein Bahnhof für die Eisenbahnlinie Oberkassel-Heerdt-Neuss-Aachen angelegt. Wie bereits früher erwähnt, endeten auf der Düsseldorfer Seite die Bahnstrecken der Berg.-Märkischen und der Köln-Mindener Eisenbahnen am Graf-Adolf-Platz, zwischen diesen und dem Oberkasseler Bahnhof klaffte also eine große Lücke, wenn man von Ost nach West reisen wollte. Der Zwischenraum mußte zu Fuß und mittels Schiffsbrücke bewältigt werden.
Auf die Dauer befriedigte diese Schiffsbrücke am Altstadtufer nicht, zumal durch das Herausfahren des Mittelstückes bei Schiffspassagen immer eine geraume Zeit verlorenging. Schon 1852, also noch vor Eröffnung der Eisenbahn Oberkassel-Neuss, wurde von Seiten der Düsseldorfer Stadtverwaltung die Errichtung einer festen Rheinbrücke erwogen. Aber die Stadt hatte dazu kein Geld.
Anfang bis Mitte der neunziger Jahre wurde der Brückenbau-Gedanke wieder aufgegriffen. Jetzt waren es Herren der Industrie und des Handels, die nicht nur diese Brücke, sondern auch eine elektrische Kleinbahn von Düsseldorf nach Krefeld bauen wollten, was seinerzeit als notwendig erachtet wurde. Außerdem war an eine Erschließung des linken Rheinufers für neue Industrie-Ansiedlungen gedacht. Die Pläne wurden den zuständigen Behörden vorgetragen. Als erste gab die Stadt Krefeld am 21. Februar 1896 ihre Zustimmung zum Bau einer Fernbahn Düsseldorf-Krefeld, die Düsseldorfer Stadtverordneten gaben am 10. März 1896 ihr Ja-Wort. Am 25. März wurde nun die Rheinische Bahngesellschaft in Form einer Aktiengesellschaft gegründet. Die Initiatoren waren, um nur die Bekanntesten zu nennen: Kommerzienrat Heinrich Lueg, Kommerzienrat Franz Haniel, Geheimrat Friedrich Vohwinkel, Kommerzienrat August Bagel. Die Begründer brachten 6 Mill. Mark Kapital ein, namhafte Banken gaben weitere 6 Mill. Mark.
Die notwendigen Grundstücke für Brücken-, Bahn- und Straßenbau mußten nun beschafft werden. Von der Bürgermeisterei Heerdt, dazu zählten auch Oberkassel, Niederkassel und Lörick, wurden etwa 1300 Morgen Land erworben, außerdem von den Bauern der genannten Dörfer weitere Ländereien zu einem niedrigen Quadratmeter-Preis. Einigen verkaufsunwilligen Bauern drohte sogar die Enteignung. Die billig erworbenen Grundstücke, die für Bahn- und Straßenbau nicht benötigt wurden, verkaufte die Rheinbahn in den nächsten Jahren bis zum Ersten Weltkrieg an Bauwillige, die Wohnhäuser und andere Bauten errichten wollten, und an Industrie-Unternehmungen zu einem wesentlich höheren Preis. Dieser Gewinn diente ebenfalls der Finanzierung der umfangreichen und kostenträchtigen Bauvorhaben. In damaliger Zeit waren von behördlichen Stellen keine öffentlichen Gelder zu bekommen.
Bebauungspläne für Straßen, Plätze, Wohn- und Industriegebiete wurden erstellt. Die Luegallee, die Mittelachse des neuen Wohngebietes zwischen Ober- und Niederkassel, sollte 35 Meter breit werden und die Fernbahn aufnehmen. Die elektrische Bahn wollte man auf freien Strecken eisenbahnmäßig, in den Städten aber als Straßenbahn verkehren lassen. Damals waren es neue Ideen.
Alle angelegten Straßen mußten aufgeschüttet werden. Sand und Kies wurden am Rheinknie abgebaggert, so daß es zu den heute bestehenden Oberkasseler Rheinwiesen kam. Die jetzigen Ringstraßen bildeten den neuen Rheindeich, das immer wiederkehrende Hochwasser erhielt zwischen Düsseldorf, Oberkassel und Heerdt somit eine größere Ausdehnungsmöglichkeit. Früher lag die Oberkasseler Uferhöhe nämlich in etwa der Düsseldorfer unteren Rheinwerft gleich. Die Rheinbahn betrieb linksrheinisch auch Ziegeleien. Die ersten neuen Fabriken siedelten sich noch 1898 an. Im übrigen entstand in diesen Jahren auch das Löricker Wäldchen, das aber am Ende des Zweiten Weltkrieges abgeholzt und erst in den sechziger Jahren zum Teil wieder aufgeforstet wurde. Bei den Baggerarbeiten auf dem linken Rheinufer mußten natürlich der Bahnhof und die Wirtschaftsgebäude abgerissen werden.
Der Standort der geplanten Brücke war umstritten. Die meisten Düsseldorfer wollten die neue stählerne Rheinbrücke von der Altstadt aus, etwa in Höhe der Schiffsbrücke, gebaut wissen. Die Rheinbahn sah von Anfang an einen Brückenschlag nördlich der Altstadt an der Kunstakademie vor. Die Altstadtstraßen, etwa die Flingerstraße, wären für einen Brückenverkehr zu schmal gewesen. Die Bausubstanz der Düsseldorfer Altstadt wäre bei der Durchführung dieser Gegenpläne sehr stark angegriffen worden. Außerdem hätten sich die Baukosten wesentlich erhöht.

Die Bahngesellschaft konnte sich schließlich durchsetzen, mußte sich aber verpflichten, nach Abbau der Schiffsbrücke zwischen Altstadtufer (Zollstraße) und Oberkassel einen Fährverkehr, seinerzeit mit Dampfbooten, zu betreiben. Diese Boote trugen, wie auch spätere, die Namen „Düssel" und „Erft". Zwei waren meistens unterwegs. Erst 1950 wurde dieser Fährbetrieb eingestellt. Von 1898 bis 1910 führte die Rheinbahn außerdem einen Fährbetrieb mit nur einem Dampfboot von einer Anlegestelle an der Haroldstraße bis zum Oberkasseler Anleger durch. Der Sicherheitshafen vor der Kunstakademie, zur Zeit Napoleons angelegt, mußte der neuen Brückenrampe weichen und wurde zugeschüttet. Am 1. Juli 1896 begann man mit dem Bau der neuen Rheinbrükke. Nach zwei Jahren und vier Monaten, am 12. November 1898, wurde sie bereits dem Verkehr übergeben. Es war eine Bogenkonstruktion mit zwei Seiten- und einem Strompfeiler in der Flußmitte. Die Vorlandbrücken auf der Düsseldorfer und Oberkasseler Seite wurden von tiefgelegten Stahlbögen getragen. Die Seitenpfeiler hatten, wie damals üblich, Toraufbauten, der Mittelpfeiler einen Bergischen Löwen auf hohem Sockel mit Blick nach Süden. Ähnliche Bogenkonstruktionen fanden sich bereits an der 1870 eröffneten Hammer Eisenbahnbrücke. Die Baukosten der Oberkasseler Rheinbrücke beliefen sich auf etwa 5,2 Mill. Mark. Die Bauzeit war erstaunlich kurz, selbst der Einsturz eines östlichen Brükkenbogens konnte die Fertigstellung nicht wesentlich hinauszögern. Heutzutage bringt man bei viel besseren technischen Möglichkeiten keine Rheinbrücke in nur zwei Jahren und vier Monaten „auf die Beine".

Die Brückenfahrbahn war dreispurig mit seitlichen Fußgängerwegen. Die Doppelgleisstrecke der Fernbahn lag im Brükkenbereich an der südlichen Seite. Die Fernbahn, zwischen Lörick und Dießem als Kleinbahn konzessioniert, nahm erst am 15. Dezember 1898 ihren Betrieb zwischen Ratinger Tor und Krefeld/Rheinstraße auf. Die Staatsbahn baute nicht nur ihren Bahnhof am Oberkasseler Ufer, sondern auch den Schienenweg entlang der heutigen Cheruskerstraße bis zum Belsenplatz ab und errichtete 1898 westlich des Belsenplatzes ein neues Bahnhofsgebäude, das allerdings nur vier Jahre in Betrieb sein sollte. 1898 wurde auch die alte Schiffsbrücke abgefahren. Nördlich des Belsenplatzes bis zum Heerdter Sandberg baute die Rheinbahn ihren Betriebshof mit einer Wagenhalle. Zunächst waren es nur 6 Gleise, später aber 12 Betriebshofgleise. Die Wagenhalle beherbergte hauptsächlich die Triebwagen. Hinter diesem Depot errichtete man die Verwaltung, sowie das Kraftwerk mit drei Kühltürmen, das im Oktober 1898 in Betrieb ging. 1899 war bereits eine Kesselhaus-Erweiterung notwendig, zumal nicht nur die Schnellbahn, sondern auch die ersten angesiedelten Fabriken und Wohnhäuser mit Strom versorgt werden mußten. Die Straßenbahn-Haltestelle in der Nähe des Elektrizitätswerkes nannte sich „Centrale".

Die Benutzung der neuen Rheinbrücke war seinerzeit nicht kostenlos, es mußte „Brückengeld" gezahlt werden, für Fußgänger 5 Pfennig. Fahrzeuge zahlten mehr. An den Brückenrampen standen sogenannte Zollhäuschen. Die Rheinüberquerung mittels der neuen Brücke ließ sich aber gut an. 1906 waren es etwa 1,1 Mill. Fußgänger, etwa 180.000 Fahrzeuge (Fuhrwerke, Karren und Autos) und 123.000 Straßenbahnzüge. Bis 1913 stiegen die Zahlen auf etwa 1,4 Mill. Fußgänger, 298.000 Fahrzeuge und 218.000 Straßenbahnzüge.

Die Einwohner der Bürgermeisterei Heerdt beliefen sich 1895 auf 4.397 Personen, 1900 waren es bereits 6.000. Infolge weiterer Werks- und Wohnungsneubauten kletterte die Einwohnerzahl 1909 auf etwa 13600. Den damaligen Initiatoren muß man auch heute noch Achtung zollen. Sie haben der Stadt Düsseldorf das linksrheinische Gebiet erschlossen und der Stadt durch die Betriebsansiedlungen entlang der Hansa-Allee und in Heerdt ein zweites Industrie-Standbein verschafft, zumal das erstere in den Vororten Oberbilk, Grafenberg, Lierenfeld und Reisholz damals bereits weitgehend ausgelastet war. Im Jahre 1909 erfolgte dann die Eingemeindung der Bürgermeisterei Heerdt mit Oberkassel, Niederkassel und Lörick nach Düsseldorf.

Die linksrheinischen Bahnlinien

Die Bahnstrecke zwischen Düsseldorf und Krefeld wurde gleichzeitig mit dem Brückenbau in den Jahren 1896–1898 angelegt. Sie begann in Düsseldorf am Ratinger Tor, obwohl eine Streckenführung bis zum Graf-Adolf-Platz, dem seinerzeitigen städtischen Mittelpunkt, schon damals beabsichtigt war. Aber die Düsseldorfer wollten in jenen Jahren in ihren Straßen noch keine Fahrdrahtleitungen dulden. Am Ratinger Tor entstand somit eine Umsetzstelle mit zwei Gleiswechseln. Die Strecke führte nun doppelgleisig über die neue Brücke, über die südliche Straßenseite der eben erst angelegten Lueg-Allee, die dazu noch eine Mittelpromenade mit zwei Baumreihen aufwies, vom Belsenplatz eingleisig weiter über die Hansa-Allee bis Lörick. Von dort querfeldein auf besonderem Bahnkörper an Büderich vorbei nach Meererbusch, Bovert und Osterath. Hinter Osterath wurde die Staatsbahn Neuss–Krefeld auf einer Brücke überquert, anschließend benutzte die Fernbahn die frühere Bahntrasse der Staatsbahn, die 1877 über Oppum bis Krefeld eine neue Streckenführung erhielt, bis zum Krefelder Vorort Dießem. Für einen Halbstundenbetrieb waren unterwegs Ausweichen angelegt. In Krefeld wurde die elektrische Schnellbahn wieder zur Straßenbahn und fuhr über die Dießemer Straße, Bahnstraße, Canalstraße, über den Ostwall bis zur Rheinstraße.

Im Jahre 1907 legte man die Eisenbahn in Krefeld auf Dämme, ein neuer Hauptbahnhof wurde gebaut und neue Straßen-Unterführungen geschaffen. Ab August 1909 schwenkte die Fernbahn in Dießem nicht mehr nach rechts, sondern nach links in Richtung der neuen Straßen-Unterführung ab und nahm folgenden verkürzten Weg: Eisenbahn-Unterführung, Hansastraße, Krefeld-Hauptbahnhof, Ostwall bis Rheinstraße.

Zwischen Lörick und Dießem wurde die Fernbahn eisenbahnmäßig durch Formsignale gesteuert, auch die Weichen stellte man vom Stationsgebäude aus mittels Drahtzug. In Lörick, Büderich, Meererbusch (damals Forsthaus Meer), Osterath und Fischeln befanden sich Stationsgebäude mit Fahrscheinverkauf, Wartehallen und Restauration. Aufsichtsbeamte fertigten die Schnellbahnen auf diesen Bahnhöfen ab, gaben telefonisch Zugmeldungen weiter und stellten Signale und Weichen. Formsignale gab es an Gleiswechseln, Stationseinfahrten und Blockabschnitten, ein- und zweiflügelig. Aus Richtung Krefeld befand sich vor der Station „Haus Meer" aus Platzgründen sogar ein Reitersignal. Die Kreuzungen mit Land- und Dorfstraßen, außer Feldwegen, hatten größtenteils eisenbahnmäßige Schranken, meistens von den Stationsgebäuden gesteuert. Die Strecke wurde mit 600 V betrieben. Neben der Stromeinspeisung an der „Centrale" in Oberkassel existierte am Forsthaus Meer ein weiteres Umspannwerk. Die Höchstgeschwindigkeit der Fernbahn war zunächst auf 40 km/h festgelegt.

Die Strecke von Düsseldorf bis Krefeld war ca. 22,2 km lang. Die Zugfolge betrug von Anfang an 30 Minuten, gefahren wurde von 5 Uhr früh bis 1 Uhr nachts. Es gab „Schnellzüge", die nur wenige Unterwegshalte hatten, und „Personenzüge", die natürlich an jeder Station und an jedem Haltepunkt Fahrgastwechsel gestatteten. Die beiden Zugarten wechselten sich alle 30 Minuten ab.

Da der Verkehr in Stadtnähe dichter wurde, richtete man nach kurzer Zeit Lokal-Linien zusätzlich ein. Diese Lokalzüge wurden mit zweiachsigen Trieb- und Beiwagen befahren im Gegensatz zur Schnellbahn. Von Düsseldorf/Ratinger Tor fuhr bereits 1899 eine Lokallinie alle 10 Minuten bis zum Belsenplatz, eine andere Linie besorgte in Krefeld den Lokalverkehr von der Rheinstraße bis zur Bahnstraße, 1909 wurde diese Linie bis Dießem verlängert. In Düsseldorf dehnte man den Lokalverkehr ab 20. März 1901 stundenweise bis Lörick aus, um die Werke an der Hansa-Allee besser bedienen zu können. In den verkehrsschwachen Stunden fuhren die Lokallinien solo.

Die Endstelle der Fernbahn am Ratinger Tor war begreiflicherweise nicht von Dauer, die Rheinbahn wollte ihre Fahrgäste ja von Anfang an bis zur Stadtmitte bringen. Die Düsseldorfer Stadtväter duldeten in jenen Jahren aber noch keine Fahrleitungen in ihren Straßen. Die Rheinbahn bekam die Erlaubnis, zwischen Ratinger Tor und Graf-Adolf-Platz eine elektrische Unterleitung anzulegen. Die Strecke wurde nun doppelgleisig über Alleestraße/Ostseite (auf der Westseite verkehrte die Düsseldorfer Pferdebahn), Breite Straße an den Kasernen vorbei bis zum Graf-Adolf-Platz verlängert und am 25. November 1899 in Betrieb genommen. In Gleismitte befand sich im Straßenpflaster ein Stromkabel bzw. eine Stromschiene in einer isolierten Vertiefung. Ein unter dem Triebwagen angebrachter Schlitten leitete den Strom vom versenkten Kabel zu den Motoren bzw. zu den Widerständen. Von der Benrather Straße bis zur Endstelle Graf-Adolf-Platz ging es aber wieder mit Oberleitung. Ein Rangieren über Gleiswechsel mit Stromschlitten wäre wohl nicht möglich gewesen. Das Abziehen des Fahrleitungsbügels und das Einrasten des Stromschlittens mußte vom Fahrpersonal auf einer Fahrstrecke somit zweimal vorgenommen werden, nicht nur umständlich, sondern auch zeitraubend.

Die Umsetzstelle am Ende der Breite Straße bzw. am Graf-Adolf-Platz wurde in den ersten Jahren nach der Jahrhundertwende dreigleisig ausgebaut. Das dritte Gleis befand sich als Aufstell- bzw. Wartegleis neben dem Bürgersteig am Postamt 6. Ein Zwei- oder Dreiwagenzug konnte nach dem Umsetzen rückwärts in dieses Wartegleis einfahren, um dem nächsten Zug das Rangieren zu ermöglichen.

Am 5. August 1901 eröffnete die Rheinbahn eine neue Strekke, und zwar vom Forsthaus Meer bis Uerdingen/Markt. Jetzt wurde aber keine Schnellbahn auf eigenem Bahnkörper gebaut, sondern eine Überlandstraßenbahn am Rande der Landstraßen eingleisig mit Ausweichen angelegt. Die Strecke zweigte am Schloß Meer von der Krefelder Strecke ab und führte über Strümp, Lank, Stratum, Uerdingen/Rheinhafen zum Uerdinger Markt, Streckenlänge etwa 12 km. Da die Stromversorgung noch nicht sichergestellt war, fuhr man bis zum 25. April 1902 mit Dampf. Es wurden vier Kasten-Dampfloks, wie sie damals auch andere Städte im Straßenverkehr verwendeten, und zusätzlich zu den 1899–1901 gebauten Beiwagen zwei weitere vierachsige Beiwagen beschafft. Die Dampfbahn verkehrte alle zwei Stunden von Haus Meer bis Uerdingen, Fahrzeit etwa 40 Minuten. Auf einem alten Bild sieht man in Stratum eine Kasten-Dampflok mit zwei Personenwagen.

Auch eine Straßenbahnverbindung mit Neuss stellte sich in diesen Jahren als notwendig heraus. Die Eisenbahnlinie Oberkassel-Heerdt-Neuss wurde den gestiegenen Verkehrswünschen nicht mehr gerecht: Geringe Fahrplandichte, zu große Bahnhofsabstände, nicht alle Wohngebiete wurden erfaßt, so lauteten die Klagen. Anfang 1901 begann die Rheinbahn mit dem Gleisbau nach Neuss. Die neue, meist eingleisige Strecke führte vom Belsenplatz zum Neusser Bahnhof, sie wurde am 21. Dezember 1901 eröffnet, Streckenlänge etwa 7,8 km.

Über Belsenstraße und Düsseldorfer Straße erreichte die Straßenbahnlinie den Heerdter Deich und die Heerdter Hafenanlagen. Im Verlauf der heutigen Heerdterbuschstraße gelangte sie weiter zur Düsseldorfer Straße in Neuss und setzte vorerst am Neusser Bahnhof um. Die neue Linie, die ebenfalls den Charakter einer Überlandstraßenbahn hatte, wurde im Gegensatz zur Uerdinger Linie vom Graf-Adolf-Platz bis Neuss geführt. Die Uerdinger Dampfbahn ließ man nur bis Meererbusch fahren, dort mußte nach Düsseldorf in die Krefelder Linie umgestiegen werden. Nach Neuss fuhren zweiachsige Trieb- und Beiwagen, zunächst alle 45 Minuten, ab 1905 alle 30 Minuten.

Nach 1905 verlängerte man die Neusser Linie vom Bahnhof über die Neusser Niederstraße, Büchel und Oberstraße bis zum Obertor, wo an der Zitadellstraße eine neue Umsetzstelle entstand. Damit wurde auch die Neusser Innenstadt an das Straßenbahnnetz angeschlossen.

Die Staatsbahnstrecke Oberkassel-Neuss hatte nun keine Chance mehr. Der Personenverkehr wurde am 1. Oktober 1902 aufgegeben. Die Strecke dient seitdem nur noch dem Güterverkehr. Der Oberkasseler Bahnhof am Belsenplatz, erst 1898 erbaut, beherbergte jetzt nur noch die Güterkasse, sowie den Restaurationsbetrieb.

Die Überlandstrecke Meererbusch-Uerdingen wurde am 25. April 1902 auf elektrischen Betrieb umgestellt. Gleichzeitig begann auch die Uerdinger Linie ihre Fahrt am Düsseldorfer Graf-Adolf-Platz. Die Kasten-Dampfloks wurden auf der Güterbahn Belsenplatz-Lörick eingesetzt. Auf der elektrifizierten Strecke liefen nun zwei- und vierachsige Triebwagen, je nach Verkehrsaufkommen. In verkehrsstarken Stunden werden wohl auch Beiwagen eingesetzt worden sein. Die Zugfolge verbesserte sich auf 90 Minuten, auch die Fahrzeit verkürzte sich.

1899 beförderte die Rheinbahn auf ihrem Schienennetz etwa 1,08 Mill., im Jahre 1904 bereits 4,16 Mill. Fahrgäste. 1906 führte die Rheinbahn für ihre Linien Buchstaben ein:

Linie A: Düsseldorf/Graf-Adolf-Platz – Oberkassel – Lörick – Büderich – Forsthaus Meer – Osterath – Fischeln – Dießem – Krefeld,

Linie B: Düsseldorf/Graf-Adolf-Platz – Oberkassel – Heerdt – Neuss,

Linie C: Düsseldorf/Graf-Adolf-Platz – Oberkassel – Lörick – Büderich – Forsthaus Meer – Strümp – Lank – Stratum – Uerdingen,

Linie D: Düsseldorf/Graf-Adolf-Platz – Oberkassel – Belsenplatz bzw. Lörick.

Außerdem wurden folgende Farbkennzeichen geführt:

Linie A: rot, Linie B: grün, Linie C: weiß, Linie D: gelb.

Die ersten Fernbahn- und Straßenbahnwagen der Rheinbahn

Für die neue Schnellbahn Düsseldorf-Krefeld beschaffte die Rheinbahn in den Jahren 1898–1902 von der Waggonfabrik Weyer & Co, Düsseldorf, 16 vierachsige Triebwagen und eine entsprechende Anzahl baugleicher Beiwagen. Die Triebwagen führten die Wagennummern 1–16. Es waren Holzkastenwagen mit Laternendach und verglasten Perrons, aber offenen Türen, die während der Fahrt durch einfache Klappriegel, teils auch mit Ketten, gesichert wurden. Die beiden Drehgestelle (keine Maximum-Gestelle) hatten einen Achsstand von 1,6 m und zwei Motoren von je 30 kWh, die in den nächsten Jahren mehrfach verstärkt wurden. Bis zum Jahre 1908 hatten die Triebwagen Tatzlagermotoren von 70 kWh. Im übrigen wurden bereits 1901 zwei Triebwagen

Die alte Anlage vor dem Staatsbahnhof Oberkassel – links verläuft die Strecke nach Neuß, rechts die Fernstrecke nach Krefeld.

mit solchen Motoren von der Waggonfabrik angeliefert. Das Wagen-Eigengewicht erhöhte sich auf etwa 24 t.
Die Wagen waren 11,7 m lang und 2,4 m breit, sie hatten 34 Sitz- und 22 Stehplätze. Das Seitenfensterband war dreigeteilt mit der seinerzeit üblichen Fensterbreitenfolge: schmal-breit-schmal usw. Gebremst wurde mit Druckluft, außerdem waren eine Handbremse und eine Feststellbremse vorhanden. Im Gegensatz zur Düsseldorfer Straßenbahn und anderen Verkehrsbetrieben hatten die Rheinbahn-Triebwagen keine Rollenstromabnehmer, sondern von Anfang an zwei Bügelstromabnehmer, auch Lyrabügel genannt. Die Motorwagen hatten weiterhin auf den Stirndächern drehbare Zielschilder, eine Linienkennzeichnung gab es in den ersten Jahren noch nicht. Gekuppelt wurden die Wagen mit Pufferteller-Kupplungen, seitlich mit Dornen, Ösen und Stellrädchen. Auf den Seitenblechen war als Eigentumsbezeichnung: „Rheinische Bahn-Gesellschaft" zu lesen, teils gab es auch Wappen, darunter die Wagennummer, die auch auf den Stirnblechen angeführt wurde.
Die Triebwagen hatten Klassen-Einteilung, ein Drittel des Wagen-Innern gehörte der 2. Wagenklasse, die übrigen zwei Drittel der 3. Klasse, was außen auf den Seitenblechen angegeben war. Die 3. Klasse besaß Holzsitze. Die durch eine Zwischentür abgeteilte 2. Klasse war eine gut ausgestattete Polster-Wagenklasse mit Teppichboden, zwei Sesseln, einem Sofa, dazwischen ein ovaler Clubtisch. Daneben befanden sich weitere Polstersitze, darüber Gepäckablagen, die natürlich auch in der 3. Klasse zu sehen waren. In beiden Wagenklassen war je eine Kohle-Ofenheizung eingebaut, die im Winter vom Schaffner versorgt wurde. Bis zum Jahre 1908 wurden die Ofenheizungen nach und nach durch elektrische Heizungen abgelöst. Die in den Laternendächern angebrachten Fensterchen konnte man aufklappen. In jenen Jahren besaßen die Rheinbahnwagen Fenstervorhänge, seitlich gerafft, die bei Dunkelheit und Sonnenlicht geschlossen werden konnten.

Die baugleichen vierachsigen Beiwagen führten meistens nur die 3. Klasse, einige Wagen waren aber wie die Triebwagen in 2. und 3. Klasse unterteilt. Das Wageninnere der 3. Klasse stand „Rauchern" und „Nichtrauchern" zur Verfügung, was von außen zu lesen war. Die Holzbänke standen quer als Einzel- oder Doppelsitze. Auch die Beiwagen hatten Ofenheizungen. Es waren 36 Sitz- und 13 Stehplätze vorhanden, Wagengewicht etwa 12 t. Alle Rheinbahnwagen waren damals dunkelbraun lackiert.
Nach der Motoren-Verstärkung konnte ein Schnellbahn-Triebwagen bis zu vier Beiwagen ziehen. In verkehrsschwachen Stunden fuhren die Triebwagen meistens solo, beim Berufsverkehr mit zwei Beiwagen.
Der Betriebshof Oberkassel nahm an den ersten Vierachswagen in den nächsten Jahren mancherlei Änderungen vor, nicht nur an den Motoren. Es wurden Triebwagen zu Beiwagen umgebaut, weil die Beiwagen anscheinend nicht ausreichten, was bei der Baugleichheit ohne weiteres möglich war. Einige Beiwagen sind später wieder zu Triebwagen umgerüstet worden. Z. B. hatte die Rheinbahn 1902 nur noch 14 Triebwagen, die Wagen Nr. 4 und 6 warten jetzt Beiwagen. Im Jahre 1902, als die letzten Wagen dieses Typs beschafft wurden, waren 15 Vierachs-Beiwagen vorhanden: Nr. 4, 6, 14–20 und 41–46. Man sieht es an diesen Wagennummern, es gab keine getrennten Nummern-Serien für Trieb- oder Beiwagen, auch nicht in späteren Jahren bei Vergrößerung des Wagenparkes. Die Wagennummern gingen „quer Beet", im Gegensatz zur benachbarten Düsseldorfer Straßenbahn. Die eben erwähnten 15 Beiwagen wurden später in Nr. 41 bis 50 und 61 bis 65 „umgetauft". Die ersten Vierachswagen dieses Typs musterte man bereits in den zwanziger Jahren aus.

Im Oberkasseler Depot befanden sich seinerzeit noch zwei weitere Vierachsbeiwagen, Nr. 80 und 81. Wahrscheinlich waren es Wagen aus dem Dampf-Vorlaufbetrieb Meererbusch-Uerdingen. Sie wurden bis 1908 anderweitig veräußert.
Auf der Industrie- und Gewerbe-Ausstellung 1902 in Düsseldorf wurde von der Waggonfabrik Uerdingen ein vierachsiger Schnellbahnwagen mit der Wagennummer 26 ausgestellt, der in seinem Äußeren den Rheinbahn-Vierachsern glich, jedoch stärkere Drehgestelle mit vier Tatzlagermotoren von je 55 kWh aufwies, die Perrons waren rundherum durch Falttüren geschlossen. Länge 12,08 m, Breite 2,3 m, Eigengewicht etwa 24 t mit 38 Sitz- und 22 Stehplätzen. Dieser Wagen war der Rheinbahn zugedacht, von ihr aber erst 1906 gekauft und den übrigen Wagen angeglichen. Er bekam die Wagennummer 6, später 253 (nach 1922 Nr. 1253) und wurde bereits 1932 verschrottet.
Auf der gleichen Ausstellung sah man 1902 einen weiteren Vierachs-Schnellbahnwagen ohne Wagennummer, der schon Schiebetüren, ein seitliches Fensterband mit fünf gleichgroßen Fenstern und Längspolstersitzen ohne Klassen-Einteilung hatte. Er war in der äußerlichen Bemalung und der inneren Ausstattung dem seinerzeitigen Jugendstil angepaßt. Auch er war der Rheinbahn zugedacht, wurde von ihr aber nicht übernommen. Lediglich die Drehgestelle wurden in späteren Jahren von der Rheinbahn gekauft.
Für den Lokalverkehr vom Graf-Adolf-Platz bis zum Belsenplatz beschaffte man in den Jahren 1898–1902 zehn zweiachsige Triebwagen, Wagen-Nr. 21–30, mit 6,4 m Länge, 2,3 m Breite, Achsstand 1,6 m. Diese Wagen waren also relativ klein, hatten zwei Motoren mit je 20 PS, einen Lyrabügel und 16 Sitz- und 12 Stehplätze. Die Perrons waren rundherum offen, ein Wetterschutz für den Fahrer fehlte. Die Seitenfenster waren breit-schmal-breit angeordnet, auf dem Stirndachrand befanden sich drehbare Zielschilder. Die Wagen hatten die gleichen Kupplungen wie die Schnellbahnwagen.
Außerdem kaufte die Rheinbahn zur Behängung dieser Lokal-Triebwagen zwei zweiachsige Beiwagen und zwei Sommerbeiwagen, deren Bestand in den nächsten Jahren allerdings vergrößert wurde. Die Beiwagen hatten das gleiche Aussehen und gleiche Abmessungen wie die Triebwagen.
Als im Jahre 1901 die Neusser Linie eröffnet wurde, waren weitere zweiachsige Triebwagen erforderlich. 1901–1902 kaufte man sieben solcher Wagen, Nr. 31–37, mit einer Länge von 7,7 m, einer Breite von 2,3 m und zwei Motoren von je 20 kWh. Sie hatten 20 Sitz- und 12 Stehplätze. In den Jahren 1911–12 wurden diese Triebwagen umgebaut, sie erhielten größere, teils geschlossene Plattformen, neue Drehgestelle mit größerem Achsstand und stärkeren Motoren. Die Seitenfensterfront mit der Breitenfolge: schmal-breit-schmal-breit-schmal blieb allerdings. Zwei Wagen wurden 1916 nach Düren verkauft, der Rest später in 161–165 umgenummert, ab 1922 1160–1164.
Der Verkehr nach Neuss verstärkte sich, auch die Uerdinger Linie benötigte zweiachsige Triebwagen. Die Rheinbahn kaufte daher in den Jahren 1905–1908 weitere 10 Triebwagen, die den früheren Wagen Nr. 31–37 glichen. Sie waren also auch 7,7 m lang, 2,3 m breit und hatten 20 Sitz- und 12 Stehplätze. Die beiden Motoren dieser neuen Serie konnten aber bereits 44 kWh aufweisen. Bei der Nummerngebung kletterte man jetzt in die 100er Reihe. So bekamen die neuen Triebwagen die Nummern 101–110. Für den Einsatz auf der Uerdinger Linie richtete man die Wagen 101–103 für die 2. und 3. Wagenklasse ein. Die Lokallinien nach Neuss und Lörick hatten keine Klassen-Einteilung, waren also mit Holzsitzen ausgestattet. Auch die Triebwagen 101–110 wurden in den Jahren 1911–12 wie ihre Vorgänger entsprechend umgebaut und ihre Leistungsfähigkeit somit verstärkt. Der Wagen Nr. 101 mußte nach wenigen Betriebsjahren nach einem schweren Unfall bereits verschrottet werden. Nach 1912 existierten aus dieser Serie noch 6 Triebwagen, die in 131–136 umgenummert wurden, ab 1922 Nr. 1129–1134.
Zu den ersten beiden Lokal-Beiwagen, Baujahr 1898, mußten weitere Beiwagen beschafft werden. Bis zum Jahre 1907 wurden insgesamt 18 Zweiachsbeiwagen zum Teil gekauft, zum Teil durch Wagenumbauten in eigener Werkstatt erstellt. Die 1898 beschafften Sommerbeiwagen z. B. wurden ebenfalls zu normalen Beiwagen umgebaut. Die Beiwagen führten die Nummern 51–67 und 81. Nach verschiedenen Änderungn zeigten 6 Wagen nach dem Ersten Weltkrieg vergrößerte und verglaste Plattformen und seitlich fünf gleich große Fenster. Sie erhielten die Wagennummern 81–86, nach 1922 1081–1086. Die übrigen Beiwagen wurden teils verkauft, teils im Ersten Weltkrieg zu Werkstattwagen umgebaut, teils verschrottet.
Die Triebwagen Nr. 101–110 bekamen in den Jahren 1906–1908 ähnliche zweiachsige Beiwagen mit den Nummern 111–119. Auch sie wurden in späteren Jahren umgebaut wie ihre Vorgänger Nr. 81–86 und erhielten größere Plattformen und seitlich fünf gleich große Fenster. Die ursprünglichen schmalen und breiten Seitenfenster verschwanden somit. Zwei Wagen verkaufte man 1916. Die restlichen sieben erhielten die neuen Wagennummern 87–93, ab 1922 Nr. 1087–1093.

Der Rheinbahn-Güterverkehr

Mit Aufnahme des Personenverkehrs auf der Strecke Düsseldorf-Krefeld beantragte die Rheinbahn bei den zuständigen Behörden gleichzeitig die Durchführung eines Güterverkehrs auf ihrem Gleisnetz bis zur Düsseldorfer Altstadt bzw. bis zum unteren Rheinwerft. Die Genehmigung wurde am 1. November 1899 erteilt. Die Stadt Düsseldorf baute 1899 auf Rechnung der Rheinischen Bahngesellschaft vom Ratinger Tor über die Ratinger Straße bis zum unteren Werft eine meist eingleisige Güterstrecke, die am 6. November 1899 in Betrieb genommen wurde. Die Benutzungsgenehmigung wurde für 75 Jahre gegeben.
Diese Gleisstrecke zweigte am Ratinger Tor von der Fernbahnstrecke rechts ab, war auf der Ratinger Straße bis zur Ursulinengasse doppelgleisig, dann führte sie eingleisig über „Altestadt“, am Stiftsplatz vorbei und am Douvenhaus mit einer Linkskurve in die Krämerstraße in Richtung Burgplatz. Das Gleis in der Krämerstraße war sozusagen das Ausziehgleis. Jetzt ging es am Douvenhaus über eine Weiche zurück über die Schloßufer-Rampe zum unteren Rheinwerft. Dort wurde eine viergleisige Abstellanlage geschaffen zum Beladen und Abstellen von Güterwagen und für das Umsetzen der Triebwagen. Die Gleise führten bis in Höhe des heutigen Ulanen-Denkmals. An dieser Stelle errichtete man eine Lager- und Umschlagstelle für Sand und Kies. Die Sand- und Kieshaufen mit den großen Ladekranen prägten bis in die sechziger Jahre das Düsseldorfer Altstadtbild mit. Parallel zur Schloßufer-Rampe baute die Rheinbahn zwei Güterschuppen mit Büro und Rampengleisen für den Stückgüterumschlag. Die Güterhallen lagen direkt am Rheinufer, so daß ein Umschlag mittels Ladekran in Rheinkähne möglich war. Ein Schuppen wurde später an eine hiesige Spedition vermietet bzw. verkauft, der zweite brannte im Zweiten Weltkrieg aus.
Für den Verkehr zur Düsseldorfer Industrie- und Gewerbe-Ausstellung 1902 im heutigen Rheinpark-Gelände mußte die Düsseldorfer Straßenbahn über Mannesmann-, Rathaus- und

Triebwagen 5 (Baujahr 1898) im Urzustand im damaligen Betriebshof Oberkassel, dem Gelände, wo sich heute das Rheinbahn-Haus erhebt.

Das Ratinger Tor kurz nach 1900: Pferdekarren und ein Zweiachser der Rheinischen Bahngesellschaft bestimmen das Straßenbild.

Schloßufer eine neue Straßenbahnstrecke anlegen. Das Ausziehgleis in der Krämerstraße lag nun im Wege und wurde abgebaut. Gleichzeitig baute man, aus der „Altestadt“ kommend, einen neuen nach rechts führenden Gleisbogen zur Schloßufer-Rampe. Die Rheinbahn-Güterzüge konnten nun aus der Ratinger Straße ohne Rückwärtsfahrt direkt zum unteren Rheinwerft fahren.
Als im Jahre 1901 die Neusser Linie eröffnet wurde, konnte die Rheinbahn ihren Güterdienst auch auf den Heerdter Hafen und auf die dort angesiedelten Firmen ausdehnen. Am Heerdter Hafen entstand ebenfalls eine mehrgleisige Anlage mit Umsetzmöglichkeiten. Im Jahre 1912 verlegte man die Strecke der Linie B über Alt-Heerdt und Handweiser. Die eingleisige Strecke von der Düsseldorfer Straße zum Heerdter Hafen diente ab 1912 nur noch dem Güterverkehr der Rheinbahn.
Im Jahre 1898 besaß die Rheinbahn 8 Güterwagen, im Jahre 1912 15 Stück. Dazu wurden vierachsige Güter-Triebwagen und auch vierachsige Güter-Beiwagen mit Schiebetüren in Wagenmitte angeschafft. In dieser Ausführung gab es auch zweiachsige gedeckte Güter-Beiwagen. Solche Wagentypen beförderten Stück- und Expreßgüter, sowie landwirtschaftliche Erzeugnisse, einschließlich Milchkannen. Für Kohle, Steine, Sand und Kies gab es Hochbordgüterwagen. Im Ersten Weltkrieg erhöhte sich die Anzahl der Güterwagen und erreichte 1924 die stattliche Zahl von 208. Die beförderten Güter beliefen sich 1900 auf etwa 3300 t, im Jahre 1904 bereits auf etwa 6000 t.
Die Güterwagen hatten ursprünglich Tellerpuffer-Kupplungen, wie alle Rheinbahn-Fahrzeuge. Später waren auch Güterwagen mit eisenbahnmäßigen Seitenpuffern und Schraubenkupplungen zu sehen, um ein Kuppeln mit Güterwagen der Städtischen Hafenbahn und Staatsbahn zu ermöglichen. Solche Wagen wurden im Stadtverkehr mit längeren Eisenstangen gekuppelt, um den Seitenpuffern in engen Kurven genügend Bewegungsraum zu geben.
Die Rheinbahn-Güterwagen besaßen aber keine Luftdruckbremsen, so daß am Zugende ein Rheinbahn-Bediensteter das Bremsmanöver des Fahrers durch Betätigung der Handbremskurbel unterstützen mußte. Alle Güterwagen hatten daher an einer Stirnseite einen offenen Bremsersitz mit Bremskurbel. Nicht nur Güter-Triebwagen, sondern auch Personen-Triebwagen wurden damals für das Schleppen von Güterwagen herangezogen. Auch sah man eine Anzahl firmeneigener Hochbord-Guterwagen linksrheinischer Sand- und Kiesbaggereien, sowie Ziegeleien, auf Rheinbahngleisen, z. B. Franz Schmitz & Co., Lank, und Lanker Ringofenziegelei, Lank. Für den Rangierdienst auf dem Rheinwerft baute die Rheinbahn in eigener Werkstatt seinerzeit einen kleinen zweiachsigen Triebwagen, der später an die Düsseldorfer Stadtwerke in Flingern abgegeben wurde und dort bis in die sechziger Jahre Verschubdienste leistete.
Obwohl sich der Rheinbahn-Güterverkehr ganz gut anließ, blieb aber der erhoffte große Wagenladungsbetrieb mit Industriegütern aus. Die linksrheinischen Industrie-Firmen ließen meistens Stück- und Expreßgüter, auch Roh- und Fertigteile, zum Düsseldorfer Rheinwerft transportieren. Den Wagenladungsverkehr der Oberkasseler Firmen zum Güterbahnhof am Belsenplatz wickelte die rheinbahneigene Güter-Eisenbahn ab. Die Heerdter Firmen hatten den Staatsbahn-Anschluß. Auf dem unteren Rheinwerft verlud man das Transportgut von den Rheinbahnwagen in die Waggons der Städtischen Hafenbahn oder in Lastkähne.
Die Krefelder Strecke brachte fast nur Stückgüter und landwirtschaftliche Erzeugnisse, ebenso die zunächst als Dampfbahn eröffnete Uerdinger Strecke. Hier wurden ab 1901 auch Milchkannen in größeren Mengen bis Meererbusch transportiert, dort erfolgte dann die Umladung in Richtung Düsseldorf. Nach der Elektrifizierung der Uerdinger Strecke wurden Anschlußgleise zu Baggereien und Ziegeleien angelegt und es kam zu den bereits genannten Kies- und Steintransporten. Nicht nur zum Düsseldorfer Rheinwerft, auch zu anderen Bedarfsstellen wurde Material befördert.
Ab 1906 erhielten einige Bahnhöfe der Krefelder Strecke Güterladegleise, so z. B. in Dießem. Bauern und Landarbeiter konnten für mehrmalige Fahrten mit den Rheinbahn-Güterzügen verbilligte Fahrkarten erwerben. Die Rheinbahn beförderte Gemüse, Obst und Kleinvieh in Kisten und Körben schneller als der eigene Pferdekarren zur Düsseldorfer Altstadt mit ihren Märkten. Auf einer Ansichtskarte aus dem Jahre 1912 sieht man in der langgestreckten Kurve zwischen Brückenrampe und Ratinger Tor (Luftaufnahme) zwei sich kreuzende Güterzüge, die jeweils aus Vierachs-Gütertriebwagen, einem Vierachs-Güterbeiwagen und einem zweiachsigen Personen-Beiwagen zusammengesetzt waren. Der Güterverkehr über die Ratinger Straße zum Schloßufer muß wohl ziemlich rege gewesen sein und nach festen Fahrplänen durchgeführt worden sein, hauptsächlich in den Morgenstunden.
Der Stückgutverkehr aus Richtung Uerdingen hatte wohl nicht den Erwartungen entsprochen. Er wurde nämlich 1911 eingestellt. Landwirtschaftliche Erzeugnisse, Sand und Kies wurden zwischen Uerdingen und Düsseldorf aber weiterhin befördert.
Nach 1911 gab es bei der Rheinbahn einen kombinierten Güter- und Personen-Triebwagen, Wagennummer 90, später 241, nach 1922 Nr. 1241. Es war der Vierachser Nr. 1, Baujahr 1898, der nach einem Brandunfall im Jahre 1911 entsprechend umgebaut wurde. In der Wagenmitte befand sich der Güterraum mit Schiebetüren rechts und links, hinter den Plattformen lagen die Personen-Abteile mit Holzbänken. Auch er befuhr, gelegentlich mit Güterbeiwagen behängt, die linksrheinischen Güterstrecken in Richtung Ratinger Straße und Rheinufer. Er wurde 1939 verschrottet.
Die Rheinbahn-Güterwagen waren damals wie die Personenwagen dunkelbraun lackiert, die Hochbordgüterwagen auch schwarz.
Im Ersten Weltkrieg ab 1917 kamen umfangreiche Kohlentransporte mit Hochbord-Güterwagen hinzu, da die Preußische Staatsbahn kriegsbedingte Transportschwierigkeiten hatte. Zu diesem Zweck wurde in Lintfort (heute Kamp-Lintfort) ein Anschlußgleis von der Straßenbahn Moers-Kamp-Rheinberg zur Zeche Friedrich-Heinrich verlegt. Die Kohlenzuge, meistens drei bis vier Waggons mit einem Rheinbahn-Triebwagen, benutzten zunächst die Gleise der Straßenbahn Moers-Kamp-Rheinberg bis Moers/Königlicher Hof, dann ging es über die Rheinbahn-Fernstrecke über Uerdingen, Meererbusch bis Oberkassel, dann weiter zu den Empfängern. Die Kohle wurde auch rechtsrheinischen Firmen angeliefert, hauptsächlich aber den Düsseldorfer Stadtwerken in Flingern.
Zum Schluß wäre noch die Rheinbahn-Güterbahn vom Bahnhof Oberkassel zu den einzelnen Werken entlang der Hansa-Allee bis Lörick zu erwähnen. Der Betrieb auf dieser separaten Güterstrecke mit Aufstellgleisen und Ausweichen wurde am 19. März 1901 eröffnet. Die größte Ausdehnung erreichte die Industriebahn im Jahre 1916, als in Lörick das Stahlwerk Böhler in Betrieb genommen wurde. Das Gleisende lag jetzt auf Büdericher Gebiet. Insgesamt existierten 17 Industrie-Anschlüsse. Die Rheinbahn überstellte den Werken in Staatsbahn-Waggons Wagenladungen aller Art. Rohstoffe wurden hin- und Fertigprodukte zurücktransportiert. Auch Expreß- und Stückgüter beförderte man. Eine Elektrifizierung dieser Güterbahn zwischen Güterbahnhof Oberkassel und Lörick erfolgte nicht. Zunächst wurden kleine Dampfloks der früheren Uerdinger Dampfstrecke eingesetzt, ab 1906 aber neue stärkere Dampftenderloks, Achsfolge C und D, die längere Güterzüge bewältigen konnten. Diese Güter-

bahn existiert auch heute noch und erfüllt die gleichen Transportaufgaben wie früher. Sie wurde Anfang der sechziger Jahre auf Dieselbetrieb umgestellt.

Der Anfang des Benrather Meterspur-Straßenbahnnetzes

Als Pläne für das spätere Benrather Straßenbahnnetz erörtert wurden, baute man in diesen Jahren bereits eine Anzahl Straßenbahn- bzw. Kleinbahnstrecken im Bergischen und Niederbergischen Land. Angefangen hatte es im Jahre 1893 in Remscheid, 1896 fuhren die ersten Bahnen zwischen Neviges und Elberfeld. 1898–1899 kamen die Solinger Stadtbahn und Kreisbahn hinzu. So war es nicht verwunderlich, daß auch Städte wie Benrath, Hilden, Ohligs und Vohwinkel den Beschluß faßten, zwischen ihren Orten ein zusammenhängendes Schienennetz zu bauen. Man dachte seinerzeit nicht so sehr an die Personen-Beförderung, es drehte sich in erster Linie um Güter aller Art, die zwischen den einzelnen Ortschaften und Fabriken transportiert werden sollten.
Der Anstoß kam aus Benrath. Pläne und Anträge wurden den zuständigen Behörden 1895 vorgelegt. Man gewann die „Continentale Gesellschaft für elektrische Unternehmungen, Nürnberg" als Bauherrn. Die Konzession wurde für 45 Jahre erteilt. Obwohl die Großgemeinde Benrath den Anschluß der neu zu bauenden elektrischen Bahn an das Düsseldorfer Netz im Auge hatte, wurde die Bahn nicht in Normal-, sondern in Meterspur geplant und ausgeführt, wohl aus dem Grunde, weil auch in anderen Regionen des Niederbergischen Landes Meterspurbahnen betrieben wurden. Außerdem gestattet die Meterspur die Anlage kleinerer Gleisradien.
In den Jahren 1895 bis 1898 wurden nun Gleise und Fahrleitungen zwischen Düsseldorf-Oberbilk, Wersten, Holthausen (damals zu Benrath gehörend), Benrath, Hilden, weiter bis Ohligs und auf der anderen Seite bis Haan und Vohwinkel eingebaut bzw. angelegt. Die Streckenlänge zwischen Oberbilk und Vohwinkel mit Abzweigung nach Ohligs betrug insgesamt 30,5 km, für die damalige Zeit eine stolze Länge. Die größte Steigung lag bei 6 %. Die Kosten beliefen sich auf etwa 3,4 Mill. Mark. Miteigentümer der neuen Bahn waren die Städte Hilden, Haan, Ohligs und Vohwinkel, sowie einige private Geldgeber.
Als die neuen Strecken nach und nach in Betrieb genommen wurden, ging das Unternehmen an die „Bergischen Kleinbahnen A.-G.", Sitz in Elberfeld, welche auch die Elberfelder und Niederbergischen Meterspur-Straßenbahnen betrieben. Eine Gleisverbindung zu diesen Streckennetzen gab es aber nicht, auch nicht in späteren Jahren. Das Benrather Netz war für die Bergischen Kleinbahnen also ein Inselbetrieb. Man konnte allerdings über die Solinger Straßenbahnstrecken Wagen zwischen Elberfeld und Benrath austauschen. Elektrizitäts-Werk, Betriebshof, Werkstatt und Verwaltung des neuen Unternehmens lagen in Benrath auf einem Gelände südöstlich des Staatsbahnhofes. In der Ohligser Innenstadt wurde außerdem ein kleines Depot für Straßenbahnwagen des Ohligser Streckenzweiges errichtet. Es war bis 1932 in Betrieb, anschließend diente es einer Kohlenhandlung als Lagerplatz.

Die Strecken des Benrather Netzes, die ersten Wagen

Die neu angelegten Strecken wurden nun nacheinander in Betrieb genommen, am 10. Dezember 1898 als erste die Verbindung zwischen Benrath und Hilden. Zwei Tage später, am 12. Dezember, folgte die lange Strecke Benrath-Holthausen-Wersten-Oberbilk/Schmiedestraße. Zwischen Oberbilk und Hilden waren es etwa 13,2 km. Am 12. Januar 1899 konnte die Gleisverbindung zwischen Hilden und Ohligs eingeweiht werden, ca. 5 km lang. Die Strecke von Hilden nach Haan war am 25. März 1899 an der Reihe (6,3 km), und im Sommer, am 10. Juli, wurde das letzte Streckenstück von Haan bis Vohwinkel mit einer Länge von 6 Kilometern dem Verkehr übergeben. Gleich zu Beginn hatte das Benrather Netz somit seine größte Ausdehnung erreicht.
Bei der letzten Strecken-Eröffnung vom Bahnhof Haan bis Vohwinkel gab es einige Schwierigkeiten, weil das Elberfelder Elektrizitätswerk, das den Strom für diesen Abschnitt liefern sollte, nicht rechtzeitig fertiggestellt werden konnte. Die Kleinbahn-Gesellschaft hatte bereits 1898 bei der Aufsichtsbehörde die Genehmigung eingeholt, für eine Übergangszeit den Verkehr auf diesem Teilabschnitt mit Dampflokomotiven, behängt mit vierachsigen Personenwagen, durchführen zu können. Es sollten Dampfloks von der niederbergischen Strecke Hösel-Heiligenhaus eingesetzt werden. Die eingeholte Genehmigung wurde später verlängert, weil sich der Streckenbau zwischen Haan und Vohwinkel ebenfalls verzögerte. Am 10. Juli 1899 wurde die Reststrecke nun in Betrieb genommen, und zwar als Dampfbahn. In den nächsten Wochen wurde aber das neue Elektrizitätswerk Elberfeld fertig, und die Strecke konnte nach 20 Tagen Dampfbetrieb, am 29. Juli 1899, auf elektrische Traktion umgestellt werden. Die Dampfloks kehrten nach Hösel zurück.
1899 befand sich auf der Haaner Straße an der Weiche Porten eine niveaugleiche Kreuzung mit der Eisenbahnstrecke Vohwinkel-Gräfrath-Wald-Solingen. Einige Jahre später baute die Preußische Staatsbahn eine neue Eisenbahnstrecke weiter westlich, welche die Landstraße zwischen Haan und Vohwinkel und auch die Straßenbahnstrecke bei Wibbelrath unterquerte. Der niveaugleiche Bahnübergang bei Porten entfiel nun.
Ein strittiger Punkt war der Bahnübergang am Benrather Bahnhof, hier durfte die Kleinbahn die Eisenbahngleise nicht niveaugleich überqueren. Man baute daher über diesen Eisenbahnkörper eine fünf Meter hohe Eisenbrücke, die nur das Straßenbahngleis aufnahm. Die Brücke lag mit ihren Rampen südlich der Hildener Straße. Für die Kleinbahn war es außerdem eine zeitsparende Lösung, sie brauchte nicht vor geschlossenen Bahnschranken zu warten.
Auch am Hildener Bahnhof gab es seinerzeit einen Bahnübergang in gleicher Ebene, den die Straßenbahn aber ohne Einschränkungen passieren durfte. In den zwanziger Jahren legte man die Eisenbahngleise höher und baute gleichzeitig die jetzt noch am Hildener Bahnhof vorhandene Straßenunterführung. Damit verschwand für das Benrather Netz die letzte niveaugleiche Kreuzung mit Staatsbahnschienen.
Alle Strecken des Benrather Netzes lagen eingleisig am Straßenrand mit Ausweichen. Um die Jahrhundertwende waren seitlich verlegte Gleise noch kein Problem. Autos fuhren damals noch sehr selten, und Pferdefuhrwerke mußten der Straßenbahn rechtzeitig Platz machen. Die Fahrleitungen wurden in den kleinen Städten größtenteils an Hauswänden aufgehängt. Noch heute kann der „Straßenbahn-Archäologe" in Hilden, Ohligs und Vohwinkel an einigen Häsuern die Haken und Rosetten der Fahrdrahtaufhängung entdecken. Am Rande der Landstraßen standen die bekannten Gittermasten mit einfacher Fahrdrahtanbringung, also ohne Hochketten-Anlagen. Nachgespannte Fahrdrähte gab es damals ebenfalls nicht. Die Gittermasten standen somit ziemlich dicht beieinander.
In Düsseldorf-Oberbilk lag die Endstelle mit Umsetzgleis in der Kölner Straße an der Schmiedestraße. Die Düsseldorfer Pferdeeisenbahn (Elektrifizierung erst 1900) hatte an glei-

cher Stelle ihre Endstation. Folgen wir nun dem Streckenverlauf: Von Oberbilk ging es über die Eisenbahnbrücke an der Straßenkreuzung Oberbilker Allee/Kölner Straße (diese Brücke verschwand übrigens bei der Höherlegung der Eisenbahn 1929), weiter über die Kölner Landstraße und Bonner Straße nach Wersten, Holthausen und Benrath, stets eingleisig, dann und wann an den Ausweichen auf den Gegenzug wartend. In Niederheid wurde die Reisholzer Industriebahn gekreuzt. An der Benrather Rheinfähre bog die Strecke links ab, umrundete den Spiegelweiher des Benrather Schlosses und überquerte am Benrather Bahnhof auf der Eisenbrücke die Staatsbahn-Strecke nach Köln. An der Rheinfähre befanden sich Ausweichen und Industrie-Anschlußgleise für den Güterverkehr. Auch an der Urdenbacher Allee lag eine Ausweiche. Nun fuhr die Bahn über die Hildener Straße weiter in die Hildener Geschäftsstadt, vorher am Bahnhof Hilden vorbei. Am Ostende Hildens gabelte sich die Strecke, einmal nach Vohwinkel, zum anderen nach Ohligs. Hier lag auch die Haltestelle „Gabelung". Über den linken Abzweig gelangte die Bahn am Hildener Wald entlang nach Haan. Dieses Städtchen wurde in ganzer Länge durchfahren. Ausweichen befanden sich seinerzeit an der Waldschenke und am Haaner Markt.

Am Rathaus Haan an der Walder Straße bog die Überlandstraßenbahn in einer engen Kurve nach Norden in Richtung Oberhaan ab. Die Landstraße nach Vohwinkel beschrieb in der Gegend von Oberhaan einige S-Kurven mit starkem Gefälle. Aber diese Kurvenfahrt wollte die Bahn nicht mitmachen. Am Thienhaus trennte sich die Bahn von der Straße, vorher machte sie noch einen kleinen Schlenker nach links an der Häuserreihe entlang, wo sich auch die Haltestelle „Thienhaus" befand, überquerte dann die Landstraße und fuhr auf eigenem Bahnkörper bis zur Gräfrather Straße. Dort gab es eine weitere Ausweiche. Anschließend wurde über eine Steinbogenbrücke die neue Eisenbahnstrecke Vohwinkel-Solingen überquert. An dieser Eisenbahnstrecke entlang und an Hinterhöfen vorbei fuhr die Bahn später mit einer Linkskurve über eine kleine Bachbrücke, hier befand sich die Haltestelle „Wibbelrath". Am Krickhaus wurde die Landstraße nach Vohwinkel wieder erreicht, die eigene Gleiskörperstrecke war zu Ende. Nach einer weiteren Haltestelle kam die Ausweiche Porten, später hieß sie „Kinderbusch".

Weiter ging es am Rande der Landstraße bis Vohwinkel. Unter dem Schwebebahngerüst war die End- und Umsetzstelle. Die Schwebebahn nach Elberfeld und Barmen nahm 1901 ihren Betrieb auf. Von 1899 an fuhr ab Schwebebahnhof Vohwinkel auch die Solinger Kreisbahn in Richtung Gräfrath und Solingen-Mitte. In Vohwinkel bestand seit jeher ein starker Umsteige-Verkehr, zumal 1909 auch die Mettmanner Kreisbahn hinzukam.

Die an der Hildener Gabelung abzweigende Strecke nach Ohligs war etwa 5,5 km lang. Sie führte am Heidekrug und Trotzhilden vorbei über die Hildener, Eller- und Düsseldorfer Straße in die Ohligser Altstadt und Geschäftsstadt. Auf der Düsseldorfer Straße vor dem Bahnhof Ohligs lag die Endstelle, umgesetzt wurde aber auf Gleisen neben der Solinger Kreisbahn in der Bahnstraße, wobei die Solinger Gleise überquert wurden. Umsteigen konnte man jetzt in die Solinger Kreisbahn in Richtung Merscheid/Solingen und in Richtung Wald-Solingen/Central. Ab Ohligs fuhr die Solinger Kreisbahn bereits ab 1898. Außerdem bestand am Bahnhofsvorplatz Anschluß an die normalspurige Straßenbahn nach Langenfeld und Opladen, und zwar ab 1911.

Die Benrather Bahnen fuhren in den ersten Jahren von Oberbilk durchgehend bis Vohwinkel. Damalige Fotos von den Triebwagen 20 und 38 zeigen Streckenschilder „Düsseldorf – Vohwinkel über Benrath-Hilden-Haan". Später wurde die Ohligser Linie bis Oberbilk durchgeführt. Dafür endete die Vohwinkler Linie am Hildener Markt. Die Fahrzeit auf dem Teilstück Oberbilk–Benrath betrug seinerzeit 42 Minuten. Von Oberbilk bis Vohwinkel brauchte man 1 Stunde und 51 Minuten und von Oberbilk bis Ohligs 1 Stunde und 26 Minuten. Die Höchstgeschwindigkeit war damals auf 25 km/h festgesetzt. Gefahren wurde alle 30 Minuten, in der Hauptverkehrszeit zwischen Oberbilk und Wersten alle 15 Minuten. An schönen Sommer-Sonntagen wurde die Zugfolge streckenweise ebenfalls auf 15 Minuten verdichtet, so von Oberbilk bis Benrath, oft auch durchgehend bis Ohligs, und von Vohwinkel bis Hilden. Auch an Mittwoch-Nachmittagen (freier Nachmittag für Behörden-Bedienstete) war oft ein verstärkter Bahnbetrieb zu beobachten. Der Straßenbahnbetrieb begann um 5 Uhr früh und endete kurz vor Mitternacht.

In den Anfangsjahren bestanden seitens der „Continentalen" Pläne, eine Meterspur-Straßenbahn zwischen Oberbilk/Schmiedestraße, Lierenfeld, Eller, Vennhausen, Gerresheim bis Grafenberg/Jägerhaus anzulegen. Aber dieses Vorhaben wurde nicht ausgeführt, es scheiterte am Widerstand der Düsseldorfer Stadtverwaltung. Statt dessen verlängerte die Düsseldorfer Straßenbahn 1902 ihre Linie Altstadt-Mintropplatz-Oberbilk bis Lierenfeld/Eller. Die Grafenberger Strecke wurde ebenfalls 1902 bis Gerresheim/Bahnhof verlängert. Eine Verbindung Eller-Vennhausen-Gerresheim schaffte man aber erst Anfang der fünfziger Jahre durch eine Omnibuslinie.

Da das Umsteigen in Oberbilk nicht ideal war, wollte die Kleinbahn-Gesellschaft ihre Meterspurlinie von Oberbilk über die Eller- und Harkortstraße bis zum Düsseldorfer Hauptbahnhof verlängern. Über die Kölner Straße bis zum Worringer Platz und Hauptbahnhof fuhr damals schon die normalspurige Düsseldorfer Pferdebahn, die dann 1900 elektrifiziert wurde. Außerdem sollte eine Strecke über die Oberbilker Allee, Bilker Allee und Gladbacher Straße zum Hafengebiet geführt werden. Auf dieser Meterspurstrecke wollte man hauptsächlich Güter befördern. Die Stadt Düsseldorf stellte sich auch in diesen Fällen quer, weil sie Pläne mit eigenen Straßenbahnlinien verfolgte. Die Pläne der Kleinbahn-Gesellschaft wurden somit zu den Akten gelegt.

Die Bergischen Kleinbahnen setzten 1898 Zweiachs-Trieb- und Beiwagen aus ihrem niederbergischen Netz ein, es waren die Triebwagen-Nummern 18–27, 33, 34, 36, 41, 42, 45 und 46, insgesamt 17 Stück. Die Wagen waren etwa 7 Meter lang, 2, 1 Meter breit und hatten 16 bis 18 Sitz- und 20 Stehplätze. 1899 kamen 6 neue Vierachs-Triebwagen, Nr. 101–106, hinzu, Wagenlänge 12,5 Meter, Breite 2,15 Meter, Eigengewicht etwa 14,3 t mit 27 Sitzplätzen. 1906 folgten die Triebwagen Nr. 108–109. Im Jahre 1907 wurden wieder Zweiachs-Triebwagen angeschafft, Wagennummern 78 und 79, Länge etwa 9 Meter, Breite 2,15 Meter mit 21 Sitz- und 18 Stehplätzen. Jetzt standen längere Wagen zur Verfügung.

Der Wagenpark mußte dem stärkeren Fahrgastaufkommen angepaßt werden.

An Beiwagen standen in den Jahren 1898–1901 23 Stück zur Verfügung. Fünf Beiwagen wurden anschließend an das niederbergische Netz zurückgegeben, so daß ab 1902 noch 17 Beiwagen, Nr. 153–164, 192, 193, 199, 200, alle zweiachsig, und auch vierachsige Beiwagen Nr. 180 und 182 von der Dampfbahn Hösel-Heiligenhaus in Benrath beheimatet waren.

Die Wagen der Bergischen Kleinbahnen hatten von Anfang an zum Teil verglaste Plattformen, an den Einstiegen befanden sich Scherengitter. Die Stirnfronten waren eckig, das Laternendach zur Stirnfront heruntergezogen. Die Triebwagen hatten Stangenstromabnehmer. An den Seiten wechselten schmale und breite Fenster miteinander ab. Einige Vierachser hatten elf schmale Seitenfenster. Alle Wagen waren dunkelgrün lackiert. Seitlich über dem Fahrgestell war als Eigentumsbezeichnung: „Bergische Kleinbahnen" zu lesen, in Düsseldorfs Süden somit eine nichtstädtische Bahngesellschaft.

Güterverkehr auf dem Benrather Streckennetz

Wie bereits erwähnt, richtete die Kleinbahn-Gesellschaft ein besonderes Augenmerk auf den Güterverkehr, der mit Betriebsbeginn gleich konzessioniert wurde. Anfangs waren 12 Güterwagen vorhanden, 1903 bereits 21 Stück: gedeckte Güterwagen, Hochbord- und Niederbordwagen. Gezogen wurden sie von Personentriebwagen.
In den an der Strecke liegenden Städten wurden Güterannahme- und Ausgabestellen eingerichtet. In Oberbilk befand sich auf dem Grundstück Kölner Straße 327 ein Güterschuppen, in Benrath auf dem Betriebshofgelände, in Hilden eine Güterstelle in der Nähe der Gabelung, sowie in Haan, Ohligs und in Vohwinkel am Schwebebahnhof. Der Stückgutverkehr wurde im August–September 1900 aufgenommen. Außer Stückgütern wurden auch Eil- bzw. Expreßgüter transportiert, sowie Wagenladungen mit Kohle, Steinen, Holz und landwirtschaftlichen Erzeugnissen. Es ging schneller als mit dem Pferdefuhrwerk. Einige Firmen ließen Anschlußgleise legen. Eine Holzverarbeitungsfirma z. B. erhielt in Benrath an der Rheinfähre Baumstämme per Floß. Sie wurden an Ort und Stelle mittels Sägegattern zu Brettern zersägt und diese mit der Kleinbahn zu der Firmen-Niederlassung nach Vohwinkel transportiert. Von Haan aus gingen Ziegelstein-Ladungen in die Umgebung. Die metallverarbeitenden Werke erhielten Rohstoffe und ließen Fertigprodukte zum Staatsbahnhof Benrath transportieren, von wo aus der Weiterversand erfolgte.
Sofern kein Anschlußgleis vorhanden war, wurden die Waren am Hause des Empfängers abgeladen, oder ein Vertrags-Fuhrunternehmer beförderte die Güter von der Kleinbahn-Güterstelle mit Pferdefuhrwerken zu den Bestimmungsplätzen.
Das Elberfelder Wasserwerk an der Benrather Rheinfähre benötigte Kohlen, die vom Staatsbahn-Güterbahnhof Benrath, wohin bereits im ersten Jahr ein Anschlußgleis verlegt wurde, mit Kleinbahn-Hochbordwagen zum Wasserwerk befördert wurden. Dazu war ein Umladen per Hand vom Eisenbahnwaggon in die Kleinbahn-Güterwagen erforderlich.
Nach der Umspurung auf Normalspur verlegte man in Benrath die Güterstelle 1917 vom Betriebshof zur Hildener Straße am Gleisdreieck. Hier befand sich nun die Abfertigungsrampe und das Umladegleis für Wagenladungen. Im Ersten Weltkrieg wurde nämlich ein durchgehender Güterverkehr von Orten des Benrather Netzes über die Gleise der Düsseldorfer Straßenbahn bis zum Streckenbereich der Rheinbahn am linken Niederrhein und zum Düsseldorfer Rheinufer unterhalten, um die Preußische Staatsbahn zu entlasten. Der Güterumschlag von der Normal- zur Meter-Spur fand an der Hildener Straße statt.
Nach der Umspurung und nach dem Einbau von Drei-Schienen-Gleisen zwischen Rheinfähre und Bahnhof Benrath mußten die Kleinbahn-Triebwagen die Strecke zur Rheinfähre mit Lyrabügeln befahren. Die betreffenden Triebwagen, die für den Güterdienst eingesetzt wurden, führten auf dem Wagendach beide Stromabnehmer, also Trolleystange und Lyrabügel.
In den ersten Jahren des Güterverkehrs ließ die beförderte Menge zu wünschen übrig, stieg aber in späteren Jahren stark an, z. B. waren es in den Jahren 1900–01 nur 1256 t, 1907–08 aber schon 35 887 t. Der Erste Weltkrieg brachte eine weitere Steigerung der anfallenden Gütermengen. In der Nachkriegszeit verringerte sich aber der Güterverkehr, wie auch bei anderen Verkehrsunternehmen. Der im Kriege eingerichtete durchgehende Güterverkehr vom Benrather zum Düsseldorfer und Rheinbahnnetz führte Mitte der zwanziger Jahre zu Beschwerden der Deutschen Reichsbahn bei damaligen Preußischen Regierungsstellen, die den konkurrierenden Güterdienst unterbinden sollten. Außerdem machten sich Mitte bis Ende der zwanziger Jahre die neuen Lastwagen als Konkurrenten bemerkbar. Manche Firmen ließen jetzt ihre Güter vom Werkshof zum Güterbahnhof oder einem naheliegenden Empfänger mit diesen neuen Benzin-Fuhrwerken befördern.
Die Rheinbahn, seit 1911 Nachfolger der Bergischen Kleinbahnen, wollte nun die Stückgut-Beförderung einstellen. Als Grund wurden die weiter sinkenden Gütermengen genannt, die den Güterdienst als nicht mehr lukrativ erscheinen ließen. Aber die Anlieger-Städte wollten nicht. Sie machten der Rheinbahn den Vorwurf, am Güterverkehr kein Interesse mehr zu haben und auf Werbemaßnahmen bewußt zu verzichten. Schließlich genehmigte die Aufsichtsbehörde den Rheinbahn-Antrag auf Einstellung des Güterdienstes, allerdings mit dem Zusatz: „Auf Widerruf". Am 1. Juli 1928 wurde dann der Stückgutverkehr aufgegeben und im April 1932 auch der Wagenladungsverkehr. Lediglich der Kohlentransport zum Elberfelder Wasserwerk blieb erhalten.
Die Güterstationen in den einzelnen Städten wurden geschlossen, die Grundstücke vermietet oder verkauft und die Güterschuppen abgebaut. Auch die Anschlußgleise verschwanden bei Gleisarbeiten nach und nach.
In den Jahren um 1910 existierten Pläne, die Güterstrecken sogar noch zu erweitern, was die Einstellung des Güterverkehrs in den dreißiger Jahren wohl nicht verhindert hätte. Aber damals konnte man die Entwicklung nicht vorausahnen. Man wollte 1910 zusätzliche Gebiete industriell erschließen, weitere Firmen an das Güternetz anschließen und neue Arbeitsplätze schaffen. Ein Plan sah eine Abzweigung von der Kleinbahnstrecke bei Haan am Schlagbaum in nördliche Richtung nach Millrath vor. Hier sollte ein Steinbruchbetrieb Transportmöglichkeiten zu einer Umladestelle an der Benrather Rheinfähre erhalten, später sollten entlang der Millrath-Strecke neue Firmen angesiedelt werden. Auch erhoffte man sich einen Personenverkehr, besonders an Sommer-Sonntagen, zur Millrather Mühle.
1912 wurde eine neue Güterstrecke bei den Aufsichtsbehörden beantragt, die von Hilden durch die Südstadt, am Haus Horst vorbei und südöstlich durch Urdenbach an den Rhein geführt werden sollte. In der Nähe der Benrather Rheinfähre wollte man eine Umschlagstelle für Industriegüter aller Art auf Lastkähne errichten. Weiter sollte in Hilden eine Abzweigung über Richrath nach Immigrath gebaut werden. Man sieht, bei Durchführung dieser Pläne wäre an der Rheinfähre neben Reisholz auch ein Benrather Rheinhafen entstanden. Der Ausbruch des Ersten Weltkrieges und die damit verbundene Personal- und Materialknappheit setzte aber allen Plänen ein Ende.

Die Düsseldorfer-Duisburger Kleinbahn

Die ersten Erörterungen, zwischen Düsseldorf und Duisburg eine Kleinbahnverbindung zu schaffen, fielen in das Jahr 1896. Zu dieser Zeit wurde auch die Rheinische Bahngesellschaft ins Leben gerufen. Der erste Plan sah eine normalspurige Strecke über Kaiserswerth und Huckingen für Personen- und Güterverkehr vor, betrieben mit Dampflokomotiven. Die Orte an dieser Strecke hatten außer Postkutschen noch keinen Verkehrsanschluß. Die Aufsichtsbehörden versagten sich aber diesem Plan, um für die Staatsbahnstrecke Düsseldorf-Duisburg über Unterrath und Angermund keine Konkurrenz aufkommen zu lassen.

Im Mai 1898 legte der damalige Leiter der Düsseldorfer Pferdeeisenbahn, von Tippelskirch, einen neuen Plan für eine normalspurige, aber elektrisch betriebene Kleinbahn zunächst von Düsseldorf bis Kaiserswerth, zu einem späteren Zeitpunkt bis Duisburg vor. Die Aufsichtsbehörden genehmigten am 28. März 1899 dieses Vorhaben mit der Einschränkung, daß nur Personen und Stückgüter befördert werden dürften und keine Gleisverbindung zu Duisburger und Düsseldorfer Bahnhöfen angelegt werden sollten. Wagenladungen waren also nicht gestattet. Durch diese Einschränkungen ist es zu einem ausgesprochenen Güterbetrieb auch in späteren Jahren nicht gekommen.
Vorher, am 15. September 1898, wurde die „Düsseldorf-Duisburger Kleinbahn GmbH“ gegründet. Das Kapital wurde je zur Hälfte von den Städten Düsseldorf und Duisburg aufgebracht. Die Düsseldorfer Stadtverordneten stimmten diesem Vertrag am 2. Januar 1899 zu, die Duisburger am 2. Februar des gleichen Jahres.

Nun wurden Gleise und Fahrleitungen verlegt. Das Elektrizitätswerk baute man in Kaiserswerth in der Nähe der Kalkumer Schloßallee, außerdem entstanden dort der Betriebshof und die Verwaltung. Die Strecke war eingleisig mit Ausweichen und lag am Rande der Stadt- und Landstraßen. Sie begann in Düsseldorf an der Ecke Kaiserswerther- und Nordstraße, wo eine dreigleisige Umsetzanlage gebaut wurde. Immer der Kaiserswerther Straße entlang ging es über Stockum, Lohausen bis Kaiserswerth. Die Eröffnung dieses Streckenteils erfolgte am 31. Oktober 1899. Von Kaiserswerth wurde nun weiter gebaut, die Genehmigung lag inzwischen vor, über Wittlaer, Froschenteich, Kesselsberg, Huckingen, Wanheim bis Duisburg. Dort lag die Umsetzstelle an der Ecke Düsseldorfer und Königstraße. Die vollständige Kleinbahnstrecke war nun etwa 24 km lang. Das Teilstück Kaiserswerth-Duisburg wurde am 16. August 1900 in Betrieb genommen. Die Fahrzeit betrug 78 Minuten, Betriebsdauer von 6 Uhr früh bis etwa 10 Uhr abends, Zugfolge alle 20 Minuten. An Sonn- und Feiertagen wurde bei Bedarf streckenweise auch alle 10 Minuten gefahren, und zwar von der Nordstraße bis Kaiserswerth. Ab 1901 verkehrten die Triebwagen der Kleinbahn, nachdem sie den Beiwagen an der Nordstraße abgekuppelt hatten, bis zur Sternstraße. Vorher hatte die Düsseldorfer Straßenbahn die Strecke aus Richtung Jägerhof von der Sternstraße über die Duisburger Straße bis zur Nordstraße verlängert.

Die Kleinbahn-Gesellschaft beschaffte 1899 von der Waggonfabrik Weyer & Co. 21 zweiachsige Trieb- und 10 Beiwagen. Die Triebwagen Nr. 1–21 waren etwa 9 Meter lang, nur 2 Meter breit, hatten einen Achsstand von 2,5 Metern, zwei Motoren von je 25 kWh und ein Gewicht von etwa 9,9 t. Auf dem Laternendach war ein Rollenstromabnehmer installiert. Der Einstieg war jeweils nur hinten, verschlossen mit halbhohen Klapptüren. Vorn rechts beim Fahrer war kein Einstieg. Unter dem Mittelfenster der verglasten Plattformen befand sich das Zielschild, eine Liniennummer führte die Kleinbahn nicht. An den Stirnfronten waren über der Rammbohle sowie unter dem Dachrand Scheinwerfer angebracht. Seitlich wechselten schmale und breite Fenster miteinander ab. Die Lackierung war dunkelgrün mit beigen Absetzungen. Unter dem seitlichen Fensterband war als Eigentumsbezeichnung: „Düsseldorf-Duisburger Kleinbahn GmbH“ aufgemalt. Alle Wagen hatten Pufferteller-Kupplung wie die Rheinbahnwagen. Die zweiachsigen Beiwagen hatten im Gegensatz zum Triebwagen Mitteleinstiege mit hohen Falttüren und waren rundherum verglast, was um 1900 eine Seltenheit war. Die damals staubigen Landstraßen wurden als Grund für diese Verglasung angegeben. Der Beiwagen als letztes Fahrzeug zog die Staubfahne hinter sich her, war also staubanfälliger als der Triebwagen. Die 10 Beiwagen hatten übrigens die gleichen Maße wie die Motorfahrzeuge, aber einen Radstand von nur 2,2 Metern. Sie wogen etwa 5,5 t. Auch sie führten am hinteren Perron in der Mitte ein Zielschild.
Später kamen noch vier Vierachsbeiwagen, Baujahr 1888, Wagen-Nr. 50–53, von der früheren Dampfbahn Duisburg-Mülheim/Broich hinzu. Die Stirnfronten dieser Wagen wurden bis 1910 nachträglich verglast. Sie waren etwa 10,9 Meter lang und hatten Holzlängssitze. In den Jahren 1913–14 modernisierte man diese Vierachswagen weiter, die Plattformen wurden verlängert mit neuer Verglasung, das Innere mit Quersitzen ausgestattet und an beiden Wagenseiten sechs große Fenster eingebaut. Die Wagenlänge betrug jetzt etwa 11,5 Meter. In dieser Ausführung liefen die Vierachs-Beiwagen in Duisburg noch bis 1955.

Für den Vorortverkehr in Duisburg wurden Zwischenwagen eingesetzt, die von der Endstelle Königstraße bis zur Fischerstraße pendelten. 1910 fuhren die Vorortwagen bis Sittardsberg. Somit verdichteten sich die Zugabstände auf diesem Streckenabschnitt auf 10 Minuten. Zwischen Düsseldorf/Nordstraße und Kaiserswerth wurde an schönen Sommer-Sonntagen, wie bereits erwähnt, ebenfalls ein 10-Minuten-Betrieb eingerichtet. Kaiserswerth war für die Düsseldorfer also schon immer ein begehrtes Ausflugsziel.
1903 wurde an der Golzheimer Kapelle ein großer Abwasser-Kanal gebaut. Diese Straßenbau-Arbeiten sperrten den Kleinbahnbetrieb vom 19. April bis zum 15. September bis zur Endstelle Nordstraße. Die Kleinbahn fuhr während dieser Zeit auf einem provisorischen Gleis von der Uerdinger Straße bis zum Nordfriedhof, wo die Fahrgäste in die Düsseldorfer Friedhofslinie in Richtung Innenstadt umsteigen mußten.
Im Jahre 1906 erwarb das Rheinisch-Westfälische Elektrizitätswerk alle Anteile der Kleinbahn-Gesellschaft. Das RWE strebte in jenen Jahren eine Monopolstellung innerhalb der Elektrizitätswirtschaft an, was aber nicht gelang. Gleichzeitig wollte man alle kleineren Bahngesellschaften, die Strom verbrauchten, unter einen Hut bringen. Das RWE betrieb in Westdeutschland bereits eine Anzahl Straßenbahnnetze. Nach zwei Jahren war wieder ein Besitzwechsel fällig. Am 15. April 1908 gingen die Anteile an die Allgemeine Lokal- und Straßenbahn-Gesellschaft in Berlin, die 10 Jahre vorher die Duisburger Stadtlinien angelegt hatte.
1908 baute man nun eine Gleisverbindung von der Endstelle in der Düsseldorfer Straße zur Duisburger Straßenbahn in Richtung König-Heinrich-Platz. Außerdem benutzte die Kleinbahn jetzt auch den Strom aus der Duisburger Fahrleitung, die Vorortwagen stellte man in der Wagenhalle an der Mülheimer Straße unter, um die Anfahrt aus Kaiserswerth zu sparen.

1910 richtete die Düsseldorf-Duisburger Kleinbahn im südlichen Abschnitt ebenfalls einen Lokalverkehr ein, und zwar von der Nordstraße bis Stockum, der aber nur ein Jahr dauern sollte. Es muß seinerzeit zwischen dem neuen Kleinbahn-Besitzer und der Stadt Düsseldorf wohl einige Differenzen gegeben haben. Im Jahre 1911 kaufte nämlich die Stadt Düsseldorf den auf ihrem Stadtgebiet liegenden Streckenteil auf. Ab April 1911 wurde dann die Düsseldorfer Linie 10, die bisher an der Klever Straße endete, bis Stockum verlängert. Im August 1911 stellte man den Kleinbahnverkehr zwischen

Stockum und Nordstraße ein. Die Fahrgäste mußten jetzt in Stockum umsteigen und in der Düsseldorfer Innenstadt je nach Fahrziel noch einmal, ein Umstand, der die Kleinbahnbenutzer aus Richtung Duisburg und Kaiserswerth auch nicht glücklicher machte.

Am 24. Dezember 1912 eröffnete die Kleinbahn-Gesellschaft eine neue Strecke von der Kulturstraße, Nähe Grunewald, bis Wanheim/Kirche. Diese Strecke zweigte von der Kleinbahnstrecke nach Westen ab, führte über die Kulturstraße bis zum Rheinhafen-Gelände in Hochfeld-Süd und bog dann nach Süden in Richtung Wanheim/Ort ab.

1914 wurde die neue Linie bis Angerbach verlängert, ein wenig später bis Hüttenheim „An der Batterie". In den zwanziger Jahren verkürzte man die Strecke bis Hüttenheim/Mannesmannwerk. Später wurde die Strecke von der Duisburger Linie 8 befahren. 1913 errichtete die Kleinbahn-Gesellschaft in Grunewald ein neues Depot. Die Anlagen in Kaiserswerth reichten für zwei Linien nicht mehr aus.

Ebenfalls im Jahre 1913 wechselte die Kleinbahn wieder den Besitzer. Am 30. Juni 1913 erwarb die Stadt Duisburg für 2,1 Mill. Mark von der Allgemeinen Lokal- und Straßenbahn-Gesellschaft die Anteile der Kleinbahn sowie die der Duisburger Straßenbahn und übernahm gleichzeitig die Betriebsführung. Auf Düsseldorfer Stadtgebiet blieb die Betriebsführung aber weiterhin bei der Düsseldorfer Straßenbahn. Die Kleinbahnverwaltung verlegte man zu diesem Zeitpunkt von Kaiserswerth nach Duisburg.

Die Einnahmen der Kleinbahn gingen um 1913 herum merklich zurück. Man führte dies zum Teil auf die Streckenverkürzung bis Stockum zurück. Die Kleinbahn fuhr daraufhin neben der Linie 10 wieder bis zur früheren Endstelle Nordstraße durch. Im übrigen waren die Fahrgäste damals mit ihrer Kleinbahn gar nicht zufrieden. Es gab sehr oft Verspätungen; verschiedene meinten, es bestünde überhaupt kein Fahrplan mehr. Die Gleisbettung ließ auch zu wünschen übrig, die Wagen rumpelten ziemlich. Manche sprachen seinerzeit von einer „Kurz- und Kleinbahn".

1914 bis 1915 erhielt die Düsseldorf-Duisburger Kleinbahn, wie auch die Duisburger Straßenbahn, von der Waggonfabrik Herbrand & Co., Köln, 10 neue zweiachsige Triebwagen, Wagennummer 22–31, und vier baugleiche Beiwagen. Das Fahrgestell der Triebwagen, Achsstand etwa 2,75 m, lieferte aber die Düsseldorfer Waggonfabrik Weyer & Co. Die neuen Wagen waren 9,5 m lang, 2 m breit und hatten ein Eigengewicht von 10,1 t. Sie besaßen geschlossene Plattformen mit Schiebetüren, zur Stirnseite heruntergezogene Laternendächer und seitlich vier gleichgroße Fenster. Der Rollenstromabnehmer blieb vorerst. Ab 1910 wurden auch in Duisburg alle Wagen hellbeige lackiert, ebenso die Kleinbahnwagen. Zierleisten und Rammbohlen zeigten sich in grüner Farbe.

Ab 1915 wurden einige Triebwagen der ersten Serie in eigener Werkstatt (Kaiserswerth) zu Beiwagen umgebaut, die Plattformen erhielten hohe Falttüren, wobei vorn und hinten Einstiege entstanden. Die Wagenlänge, sowie die Seitenfenster-Anordnung blieben unverändert. Die umgebauten Wagen bekamen nun die 50er Nummernreihe. In diesen Jahren wurden im Betriebshof Kaiserswerth auch für die Duisburger Straßenbahn Beiwagen gebaut, seitlich mit drei Fenstern.

Der Beginn des Ersten Weltkrieges brachte der Kleinbahn sogleich Betriebseinschränkungen. Obwohl Frauen als Schaffnerinnen eingestellt wurden, bestand ein ziemlicher Personalengpaß. Der Lokalverkehr bis Sittardsberg wurde eingestellt. In den Kriegsjahren stiegen jedoch die Fahrgastzahlen beträchtlich, weil die Staatsbahn weniger Züge fahren ließ und Reisende zur Düsseldorf-Duisburger Kleinbahn abwanderten, deren Wagen oft überfüllt waren. Im Jahre 1915 verlegte man in Duisburg die Endstelle von der Düsseldorfer Straße in die Königstraße in Richtung Duisburg Hbf.

Die Elektrifizierung der Düsseldorfer Pferdeeisenbahn

Kurz vor der Jahrhundertwende setzte sich auch in Düsseldorf die Einsicht durch, daß der Pferdebahnbetrieb in der Innenstadt auf die Dauer nicht zu halten sei. In vielen deutschen Städten fuhren zu diesem Zeitpunkt bereits seit einigen Jahren elektrische Straßenbahnen und seit 1896 in Düsseldorfs Außenbezirken ebenfalls die elektrischen Bahnen nach Grafenberg und Ratingen. Die Nein-Sager, die die Innenstadt-Straßen nicht durch Fahrleitungen „verschängeliert" wissen wollten, konnten überstimmt werden. Die Stadt Düsseldorf schloß mit der Elektrizitäts-Gesellschaft Schuckert & Co. am 30. Januar 1899 einen Vertrag zur Elektrifizierung des Pferdebahnnetzes ab.

Die Elektrifizierung kostete insgesamt 3,2 Mill. Mark. In neun Monaten wurden 28,8 km Streckengleise überspannt. Wo Häuserzeilen für die Anbringung der Spanndrähte fehlten, mußten Oberleitungsmasten gesetzt werden. Straße um Straße wurde nun von Kupferfahrdrähten durchzogen. Unterwerke für die Stromeinspeisung mußten errichtet werden. Mit den Verdrahtungsarbeiten wurden auch verschiedene Pferdebahnstrecken gleismäßig neu ausgebaut, es wurden schwerere Gleisprofile verlegt und einige Strecken doppelgleisig angelegt.

Am 1. Juli 1900 waren die Arbeiten beendet, die Pferdebahn hatte zu bestehen aufgeführt. An diesem Tage übernahm die Stadt Düsseldorf die Straßenbahn in eigene Regie. Die neue Düsseldorfer Straßenbahn befand sich jetzt voll in städtischem Besitz, von Tippelskirch wurde ihr erster Direktor.

Die Umstellung auf elektrischen Betrieb ging verständlicherweise in Etappen vor sich, und zwar auf folgenden Strecken:

Am 5. September 1899	Rathaus – Schadowstraße – Zoo,
am 18. Oktober 1899	Kölner Straße – Worringer Platz – Hauptbahnhof, Worringer Platz – Erkrather Straße (Betriebshof),
am 2. Februar 1900	Hauptbahnhof – Oststraße – Blücherstraße – Roßstraße – Nordfriedhof,
am 9. Februar 1900	Schützenstraße – Oststraße – Graf-Adolf-Platz,
am 14. April 1900	Hauptbahnhof – Bismarckstraße – Hofgartenstraße – Nordstraße – Derendorf/Markt,
am 12. Juni 1900	Oberbilk – Hauptbahnhof – Flingerstraße – Rathaus,
	Corneliusplatz – Graf-Adolf-Platz – Friedrichstraße – Flora, westliche Alleestraße – Mühlenstraße – Rathaus,
	Hauptbahnhof – Graf-Adolf-Platz – Haroldstraße – Hafen,
am 22. Juni 1900	Inbetriebnahme der elektrifizierten Strecken vom Hauptbahnhof bis Bilker Kirche und bis zum Hafen.

Am 12. Juni war die Strecke, jetzt doppelgleisig, über die Flingerstraße von der Alleestraße bis zur Mittelstraße fertig, so daß in beiden Richtungen Schleifenfahrten der Linien aus Richtung Schadowstraße und Hauptbahnhof über Flinger-, Markt-, Mühlenstraße und Alleestraße möglich wurden. Am 18. September 1900 konnte die elektrifizierte und doppelgleisige Strecke von der Graf-Adolf-Straße über Mintropstraße, Ellerstraße bis zur Kölner Straße/Ecke Schmiedestraße, eröffnet werden. Nun hatte Oberbilk zwei Verbindungen zur Innenstadt, einmal über den Hauptbahnhof, zum anderen über Graf-Adolf-Platz zur Altstadt.

Ende 1900 verkehrten in Düsseldorf acht elektrische Straßenbahn-Linien:

1. Hauptbahnhof – Graf-Adolf-Platz – Friedrichstraße – Bilker Allee – Flora – Bilker Kirche – Kavalleriestraße –

Graf-Adolf-Platz – Hauptbahnhof,
2. Derendorf/Markt – Corneliusplatz – Königsallee – Graf-Adolf-Platz,
3. Hauptbahnhof – heutige Friedrich-Ebert-Straße – Tonhalle – Marienhospital – Dreieck – Nordfriedhof,
4. Hauptbahnhof – Worringer Platz – Kölner Straße – Wehrhahn – Uhlandstraße – Grafenberg,
5. Rathaus – Corneliusplatz – Wehrhahn – Uhlandstraße – Zoo,
6. Rathaus – Corneliusplatz – Hauptbahnhof – Worringer Platz – Oberbilk,
7. Rathaus – Hohe Straße – Graf-Adolf-Platz – Mintropplatz – Ellerstraße – Oberbilk,
8. Schützenstraße – Oststraße – Graf-Adolf-Platz – Hafen.

Alle Linien wurden damals von 7.30 Uhr morgens bis 10 Uhr abends im 5-Minuten-Abstand betrieben, von 5 bis 7.30 Uhr morgens und von 10 bis 12 Uhr abends alle 10 Minuten.

In den Monaten bis zur Fertigstellung aller Fahrleitungen war ein Mischbetrieb von Pferdebahnen und elektrischen Straßenbahnen auf einigen Streckenabschnitten unvermeidlich. Ein Foto aus dieser Zeit läßt am Graf-Adolf-Platz auf der Strecke zum Hauptbahnhof Pferde- und Straßenbahnen hintereinander fahrend erkennen, was der Fahrgeschwindigkeit der neuen elektrischen Wagen sicher nicht dienlich, aber nicht zu umgehen war.

1900, im ersten Jahr der Elektrifizierung, wurden bereits 23 Mill. Fahrgäste befördert; zu dieser Zeit zählte Düsseldorf 213 000 Einwohner.

Für die ersten elektrifizierten Strecken wurden 1899 von der Waggonfabrik Weyer & Co. 20 zweiachsige Triebwagen, Nr. 101–120, beschafft. Einige Monate später waren 28 Trieb- und 45 Beiwagen verfügbar und Ende 1900 sogar 118 Trieb- und 107 Beiwagen.

Von den zweiachsigen Triebwagen beschaffte von Tippelskirch eine Serie von 140 Stück, Wagennummern 101–240, Baujahre 1899–1902, alle von Weyer & Co. geliefert. Für die Wartung der Fahrzeuge und Vorratshaltung von Ersatzteilen ist eine Großserie von großem Vorteil.

Die Triebwagen waren etwa 7 m lang, 2,2 m breit, hatten zwei Motoren von je 20 kWh, 16 Sitz- und 10 Stehplätze, außerdem das übliche Laternendach. Gefahren wurde mit Stangen-Stromabnehmern. Die Plattformen waren rundherum offen, die Einstiege wurden mit Scherengittern verschlossen. Erst einige Jahre später erhielten die Fahrer an den Stirnfronten einen Wetterschutz mit Glaseinsatz. Die Seitenfenster hatten die Größenfolge: schmal/breit/breit/schmal und innen Sonnenschutz-Vorhänge, die seitlich gerafft wurden. Das Wageninnere, zu den Perrons mit Schiebetüren abgeschirmt, hatte Holzlängssitze. Der Anstrich war dunkelbraun mit hellbeigem Fensterband und seitlichen beigen Schürzen über dem Fahrgestell mit der Eigentumsbezeichnung: „Düsseldorfer Strassenbahn". Unter den Seitenfenstern war das Düsseldorfer Stadtwappen angebracht. Auf den Stirndächern

Die Hauptwerkstatt Erkrather Straße wurde im Jahre 1893 erbaut; die Aufnahme zeigt sie im Jahre 1901 als Depot.

befanden sich drehbare Zielschilder, rechts und links davon runde Beleuchtungslämpchen, die bei Dunkelheit nicht nur das Zielschild erhellten, sondern je nach Linie ein farbiges Licht nach vorn warfen. Ein weiteres Zielschild war unterhalb des Fahrerstandes zu sehen. Liniennummern gab es damals noch nicht. Dafür führte jede Linie auf den Zielschildern eine andere Farbe.

In den ersten Betriebsjahren verkehrten die neuen elektrischen Triebwagen meistens solo, einige Linien dagegen den ganzen Tag über mit einem Beiwagen, also nicht nur in den Hauptverkehrsstunden. Die Wagen der Düsseldorfer Straßenbahn hatten Bolzen-Kupplungen. Beim Umsetzmanöver mit Beiwagen mußte der Beiwagen-Schaffner das Kupplungsflacheisen zum anderen Wagenende tragen. Da das Flacheisen mit Schmierfett – die beiden Bolzenlöcher an den Enden waren eingefettet – behaftet war, erhielt er für diese Tätigkeit dicke Fausthandschuhe.

Die ersten Zweiachs-Beiwagen, Wagen-Nr. 251–325, Bau- bzw. Umbaujahre 1899–1902, waren fast ausschließlich offene Sommerbeiwagen. Die Nummernreihe enthielt verschiedene Wagentypen aus mancherlei Quellen, die heute nicht mehr rekonstruierbar sind. Wie bereits erwähnt, wurden 16 Pferdebahnwagen zu elektrischen Beiwagen umgebaut. Alle Arbeiten führte man in der Werkstatt Erkrather Straße aus. Nach Ende der Industrie-Ausstellung 1902 kamen von der Ausstellungslinie durch Kauf 8 Sommerbeiwagen zur Düsseldorfer Straßenbahn (Wagen-Nr. 326–333). In späteren Jahren baute man eine große Anzahl Wagen zu geschlossenen Beiwagen um. Im Ersten Weltkrieg wurden verschiedene Wagen der Nummernserie 251–333 zu Verwundeten-Transporten und zur Beförderung der Massenverpflegung herangezogen. Acht Beiwagen gingen 1924 nach Schwerin, weitere nach Aachen. Etwa 20 Sommerwagen wurden in den zwanziger und dreißiger Jahren nach Umnumerierungen auf einigen Düsseldorfer Linien noch eingesetzt. Die übrigen Beiwagen dieser Nummernreihe sind in den zwanziger Jahren verschrottet worden.

Von den Pferdebahnwagen wurden etwa 1902–03 weitere vier zu elektrischen Beiwagen umgerüstet, Wagen-Nr. 334, 337–339. 1924 verkaufte man sie nach Mainz (dort Nr. 145–148). Für die Hechtsheimer Linie mit Gefälle-Strecke suchte die Mainzer Straßenbahn damals leichte Beiwagen. Nach etwa 10 Jahren wurden sie in Mainz verschrottet. Die Nummern 335 und 336 belegte die Düsseldorfer Straßenbahn 1906 mit Prototyp-Wagen. Aus 22 Pferdebahnwagen erstellte die Straßenbahn-Werkstatt 11 elektrische Beiwagen, Wagen-Nr. 340–350. Diese 11 geschlossenen Wagen waren wohl etwas länger als die zuerst umgebauten Wagen. Man kann sich gut vorstellen, daß bei solchen Umbauten nicht alle Wagenteile mehr verwendbar waren; vieles mußte neu und auch zusätzlich angefertigt werden. Heutzutage würde man solche Arbeiten als kostenmäßig nicht vertretbar bezeichnen.

Eine weitere Anzahl Pferdebahnwagen diente in den Jahren bis zum Ersten Weltkrieg als Arbeits-Beiwagen. Einer davon ist als Turmwagen Nr. 14 (spätere Nr. 5371) bis 1981 erhalten geblieben. Die restlichen Pferdebahnwagen wurden um 1904 verschrottet.

Aber auch neue geschlossene Beiwagen wurden 1901 von Weyer & Co. bezogen. Es waren 50 Stück mit den Nummern 351–400, die den beschafften Triebwagen glichen. Sie hatten also die gleichen Wagenabmessungen und das gleiche Aussehen. 16 Sitz- und 15 Stehplätze waren vorhanden. Da der Fahrerstand wegfiel, fanden auf den Beiwagen-Perrons mehr Fahrgäste Platz. Die geschlossenen Beiwagen verkehrten hauptsächlich in der kühlen Jahreszeit, in den Sommermonaten wurden Sommer-Beiwagen eingesetzt. In den zwanziger Jahren verkaufte man die geschlossenen Wagen dieser Beiwagenreihe nach Berlin und Rostock.

»Aus zwei mach eins« lautete 1904 das Motto, als aus 22 Pferdebahnwagen elf Beiwagen für den elektrischen Betrieb entstanden.

Wagen 172 aus der Serie 101 - 240 im Urzustand, mit noch völlig offenen Perrons und dunkel lackierter Seitentafel.

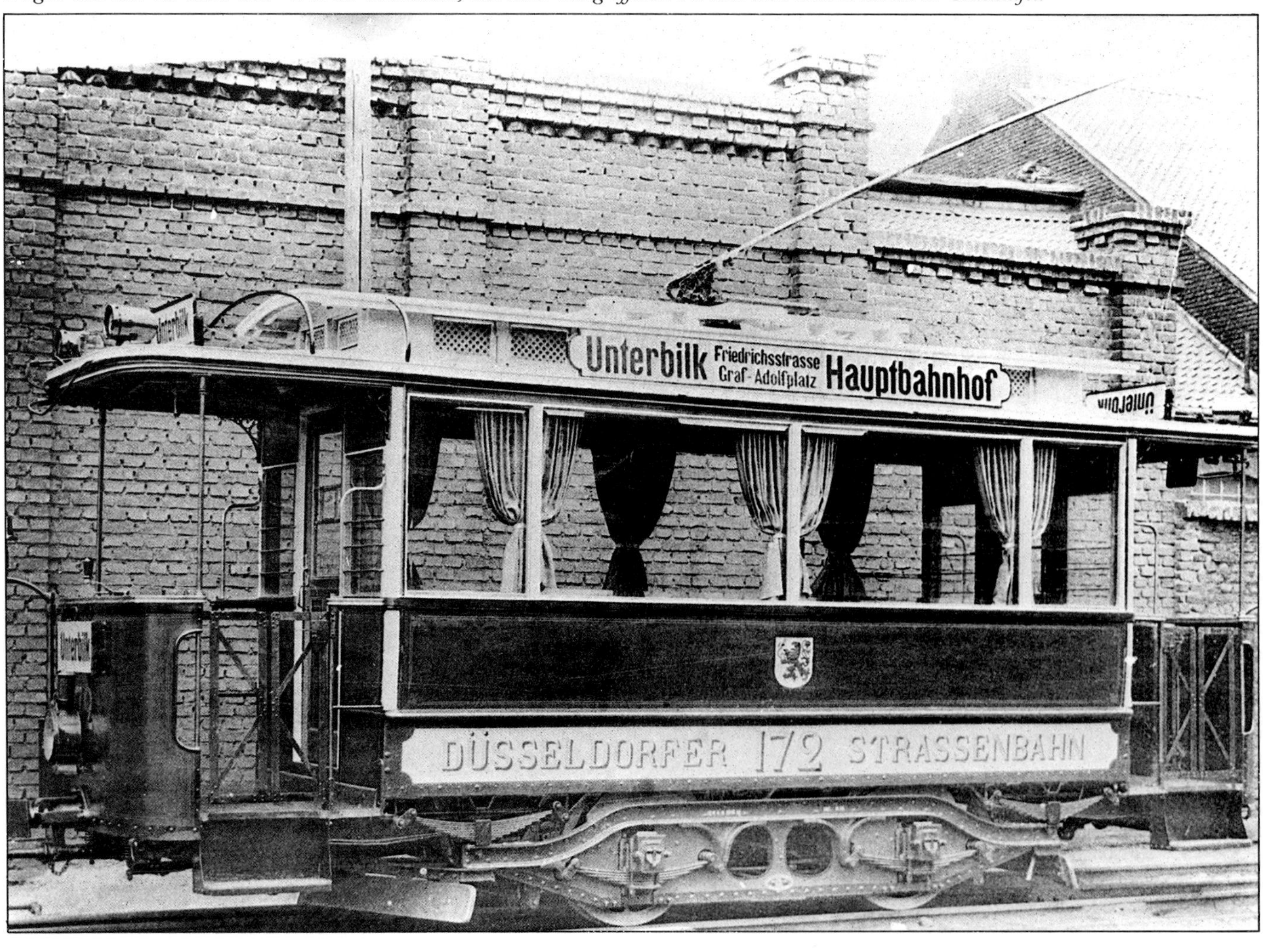

Aus der Triebwagen-Serie 78–96 der Kleinbahn nach Ratingen und Grafenberg, Baujahr 1896, kamen weitere 10 Stück nach entsprechenden Umbauarbeiten im Jahre 1904 zum Beiwagenpark der Düsseldorfer Straßenbahn. Sie erhielten die neuen Wagennummern 401–410 und wurden Anfang der zwanziger Jahre an die Aachener Kleinbahn verkauft.
Am 1. April 1901 kaufte die Stadt Düsseldorf die private Kleinbahnlinie Haniel & Lueg–Oberrath–Ratingen auf, die der Unternehmer von Tippelskirch 1896 auf eigene Rechnung hatte bauen lassen. Die Düsseldorfer Straßenbahn übernahm auch hier die Betriebsführung. Im gleichen Jahr kam noch eine kurze Neubaustrecke auf der Duisburger Straße von der Nord- bis zur Sternstraße hinzu. Sie wurde beim Umsetzmanöver an der Ecke Nord- / Duisburger Straße von den Triebwagen der Düsseldorf-Duisburger Kleinbahn befahren, die damit ihre Fahrten bis Sternstraße verlängerten.
1901 bewegten sich die Düsseldorfer Fahrpreise je nach Entfernung zwischen 10 und 40 Pfennigen.

Das Ausstellungsjahr 1902

Anfang Mai 1902 eröffnete die Stadt Düsseldorf auf dem Gelände der früheren Golzheimer Insel die „Große Industrie-, Gewerbe- und Kunstausstellung" mit 160 Bauten und 2500 Ausstellern. Sie übertraf die letzte große Ausstellung im Zooviertel im Jahre 1880. Das frühere Inselgelände mußte vorher aufgeschüttet und für eine Bebauung hergerichtet werden. Die neue Ausstellung war 2 km lang und hatte eine Breite von etwa 350 m. Sie zog sich am Rheinufer entlang von der neuen Oberkasseler Brücke bis zur heutigen Uerdinger Straße. Ein eigenes Elektrizitätswerk wurde gebaut, außerdem am Nordende ein Bahnhof mit einer Verbindung zur Staatsbahnstrecke Düsseldorf–Duisburg.
Die Düsseldorfer Stadtverwaltung errichtete im Ausstellungsgelände einen normalspurigen Straßenbahn-Rundkurs von etwa 3 km Länge. Zunächst wurde beraten, welche Betriebsart für die Rundbahn wohl als geeignet erschiene. Man kam zu der Überzeugung, daß eine Oberleitung das Ausstellungsgelände, insbesondere die Gartenanlagen, verunzieren würde. Eine Unterleitung wie auf der Alleestraße erschien zu aufwendig und auch zu gefährlich, so daß man sich für den Akkumulatorenbetrieb entschloß, der z. B. seit 1895 in Hagen/Westfalen praktiziert wurde. Zuletzt liefen dort 44 Akku-Triebwagen. Jetzt war eine Fahrleitung mit Querverspannungen und Oberleitungsmasten in der Ausstellung nicht erforderlich.
Die ausführende Firma G. Hagen, Köln-Kalk, war auch für Unterhaltung, Säuberung usw. der gesamten Betriebsanlagen, einschließlich Wagen, Ladestation und Wagenhalle, während der Ausstellungsdauer verantwortlich. Die Gleisanlagen bestanden aus gebrauchten Vignolschienen. 10 Akku-Triebwagen und 8 Sommer-Beiwagen wurden beschafft. Die letzteren entsprachen in Form und Aussehen den Sommerwagen der Düsseldorfer Straßenbahn. Unter den Akku-Triebwagen befanden sich ebenfalls Sommerwagen, sie hatten fünf Quersitzreihen in Holzausführung und an beiden Seiten durchlaufende Trittbretter. Die Akkuwagen lieferte die Firma Helios-Elektrizitäts-A.-G., Köln-Ehrenfeld, sieben Sommerbeiwagen stammten von der Firma Weyer & Co., Düsseldorf, einer von der Waggonfabrik Talbot bei Aachen. Die Wagenhalle befand sich hinter dem Pavillon der Gutehoffnungshütte und der Motorenfabrik Deutz.
Mit dieser Ausstellungsbahn konnten die Besucher ihren Weg zu den einzelnen Hallen verkürzen und sich gleichfalls einen Überblick über das Ausstellungsgeschehen verschaffen. Bei späteren Großausstellungen verrichteten Liliput-Eisenbahnen diesen Dienst. Auf der Ausstellungs-Straßenbahn waren täglich 8 Triebwagen, meistens mit Beiwagen behängt, unterwegs. Sie beförderte insgesamt 1,4 Mill. Fahrgäste, die Ausstellung selbst hatte 5 Mill. Besucher.
Von den Ausstellungswagen übernahm die Düsseldorfer Straßenbahn, wie bereits erwähnt, 8 Sommerbeiwagen. Das übrige Wagenmaterial wurde anderweitig veräußert.
In späteren Jahren ließ die Stadt Düsseldorf auf dem früheren Ausstellungsgelände den Kaiser-Wilhelm-Park anlegen, der 1926 von der „Gesolei"-Ausstellung wieder verdrängt wurde.
Durch die Ausstellung bekam die Düsseldorfer Straßenbahn 1902 einen starken Verkehrszuwachs. Anfang des Jahres wurden für die nötigen Ausstellungslinien neue Strecken angelegt: Von der Alleestraße/Westseite über die Bendemannstraße (heutige Fritz-Roeber-Straße) zum Schloßufer, von dort weiter über Rathaus- und Mannesmann-Ufer zur Haroldstraße, außerdem eine eingleisige Strecke auf der Karlstraße, ausgehend von der Graf-Adolf-Straße über Immermannstraße zum Bahnhofs-Vorplatz. Gleichzeitig wurden Abzweigungen von der Bismarck- und von der Kaiser-Wilhelm-Straße (heutige Friedrich-Ebert-Straße) zur Karlstraße eingebaut. Die späteren Ausstellungslinien sollten von der Graf-Adolf- oder Bismarckstraße in die Karlstraße fahren, dann über Immermannstraße zum Hauptbahnhof, anschließend zurück zur Ausstellung. Bei dieser Schleifenfahrt berührten sie den Bahnhofs-Vorplatz nur einmal, was den Verkehrsfluß an dieser Stelle begünstigte.
Die neuen Strecken waren am 26. April 1902 fertig. Bei Ausstellungsbeginn eröffneten die Sonderlinien folgenden Rundkurs: Hauptbahnhof–Bismarckstraße–Corneliusplatz–Alleestraße / Westseite – Bendemannstraße – Ausstellungseingang (unter der Oberkasseler Brücken-Unterführung)–Schloßufer – Rathausufer – Mannesmannufer – Haroldstraße – Graf-Adolf-Platz – Karlstraße – Immermannstraße – Hauptbahnhof. Die Rheinfront vom Hafengelände bis zur Oberkasseler Brücke hatte somit in voller Länge Straßenbahnverkehr.
Ab 26. April bis zum Ende der Ausstellung fuhr die Friedhofslinie vom Schloß Jägerhof aus über Duisburger und Nordstraße zum Dreieck, statt über Marienhospital und Blücherstraße. Diese Linie diente vom Hauptbahnhof aus somit ebenfalls dem Ausstellungsverkehr, Ausstieg an der Nordstraße.
1902 wurden in Düsseldorf noch weitere Strecken eröffnet. Zunächst beendete man am 11. Januar den doppelgleisigen Ausbau der Strecke Schützenstraße–Grafenberg. Die Grafenberger Linie, die seit knapp zwei Jahren vom Wehrhahn über Kölner Straße und Worringer Platz zum Hauptbahnhof verkehrte, ließ man nun vom Wehrhahn über die Schadowstraße zum Schadowplatz fahren. Dafür richtete man vom Hauptbahnhof über Worringer Platz, Kölner Straße zum Wehrhahn eine neue Linie ein.
Am 15. März 1902 wurde an der Münsterstraße östlich des Dreiecks ein neuer Betriebshof eröffnet (nicht identisch mit dem heutigen Depot Derendorf in der Nähe der Grashofstraße). Sehr geräumig war dieser Betriebshof nicht. Der Enge wegen mußten nämlich die Straßenbahnwagen über zwei Drehscheiben in die Hallengleise geschoben werden.
Am 1. Mai 1902 konnten Neubau-Strecken von Grafenberg/Jägerhaus bis Gerresheim/Markt und von Oberbilk/Schmiedestraße über Hildener Straße (heute Heerstraße) und Gumbertstraße bis Lierenfeld/Eller in Betrieb genommen werden. Diese beiden Streckenverlängerungen wurden zunächst im 20-Minuten-Rhythmus befahren. Die bisherige Grafenberger Linie übernahm nun die Strecke vom Schadowplatz über Grafenberg hinaus bis Gerresheim. Die Oberbilker Linie fuhr jetzt von der Altstadt (Rathaus) über Graf-Adolf-Platz, Mintropplatz, Ellerstraße, Oberbilk, Hildener Straße, Lierenfeld bis Eller.
Bei der neuen Strecke nach Eller gab es einige Schwierigkeiten. Die Preußische Staatsbahn wollte nicht dulden, daß der niveaugleiche Bahnübergang auf der Hildener Straße über die Güterstrecke Grafenberg-Lierenfeld von besetzten Stra-

Wagen 417 an einer der Drehscheiben im alten Betriebshof Münsterstraße

Endstation der Düsseldorfer Straßenbahn an der Oberkasseler Brücke – im Hintergrund Arbeits- und Güterfahrzeuge der Rheinischen Bahngesellschaft.

Wagen 142 an der Endhaltestelle »Friedhof«. – Die Bezeichnung »Nordfriedhof« wurde erst eingeführt, nachdem 1908 der Südfriedhof eröffnet worden war.

ßenbahnwagen befahren wurde, lediglich Leerwagen durften bei Ein- und Ausfahrten den Bahnübergang passieren. Deshalb mußten die Fahrgäste nach Eller vor dem Bahnübergang den Wagen verlassen und auf der anderen Seite mit einem zweiten Wagen weiterfahren. An der Gumbertstraße in Lierenfeld errichtete man eine kleine Wagenhalle. Am 21. Oktober 1902 wurde in Gerresheim die Strecke vom Rathaus bis zum Gerresheimer Bahnhof verlängert. Damit hatte nicht nur Gerresheims Altstadt, sondern auch das Industrieviertel an der Glashütte Anschluß zur Düsseldorfer Innenstadt. Am Ende des Jahres 1902 besaß die Straßenbahn 154 Trieb- und 176 Beiwagen, einschließlich Werkstatt- und Arbeitswagen.
Nachdem die große Industrie-Ausstellung ihre Pforten geschlossen hatte, wurde ab 1903 der Linienbetrieb auf der Bendemannstraße und am Rheinufer entlang bis zur Haroldstraße eingestellt. Am 1. Mai 1903 eröffnete die Düsseldorfer Straßenbahn in Grafenberg an der Limburgstraße neben der Eisenbahngüterstrecke Rath-Eller einen neuen Betriebshof. Den Wagenpark der Gerresheimer Linie konnte man im Depot Erkrather Straße nicht mehr unterbringen. Größere Leerfahrten fielen jetzt fort, der neue Betriebshof lag an der Grafenberger bzw. Gerresheimer Strecke. Auch die Wagen der Ratinger Linie fanden im neuen Grafenberger Depot mehr Platz als in Rather Broich.

Weiterer Ausbau der Düsseldorfer Straßenbahn, Einführung von Liniennummern

Die nächsten Jahre brachten der Stadt Düsseldorf weiteren Aufschwung. Kleinere und größere Unternehmungen fanden in Düsseldorfs Vororten ein neues Domizil. Die Wohnflächen dehnten sich weiter aus, auch außerhalb des damaligen Stadtgebietes. Die Verkehrsnachfrage stieg.
Die Düsseldorfer Straßenbahn mußte sich den steigenden Verkehrswünschen anpassen und ihre Strecken von der Innenstadt in die Außenbezirke verlängern, was natürlich weitere Investitionen notwendig machte. Das Ergebnis waren weiter steigende Beförderungsziffern.
Im Jahre 1904 erhielten die Triebwagen an den Stirnseiten die langersehnten, in Leder gefaßten Schutzscheiben vom Dachrand bis zur Perronbrüstung, damit die Fahrer gegen Wind und Wetter nun geschützt waren. Eine Anzahl der zu Beiwagen umgebauten früheren Pferdebahnwagen erfüllten wohl nicht die gestellten Bedingungen und mußten aus dem Verkehr gezogen werden. 1904 hatte die Düsseldorfer Straßenbahn daher nur noch 157 Beiwagen im Bestand. Um dem aufkommenden Mangel zu begegnen, setzte man verstärkt Sommer-Beiwagen auch bei kühlem Wetter ein. Die damalige Straßenbahn-Leitung war in dieser Hinsicht nicht zimperlich. Auf alten Düsseldorfer Ansichten kann man Straßenbahnzüge mit Sommer-Beiwagen sehen, auch wenn die Bäume noch kahl waren und die Straßenpassanten warme Wintermäntel trugen.
Die Strecke vom Worringer Platz über die Kölner Straße zum Wehrhahn bog dort rechts ab und endete in einer Umsetzanlage auf der Wielandstraße. 1904 wurden neue Gleise über den Wehrhahn hinaus auf der Pempelforter und Derendorfer Straße bis zur Schloßstraße verlegt. Vom Hauptbahnhof konnte man 1905 bis zum Vinzenz-Krankenhaus fahren. Am 10. November 1905 verlängerte man die Bilker Linie über Worringer Platz, Acker- und Beethovenstraße bis zur Uhlandstraße, dann weiter über die bereits liegenden Gleise zum Zoo/Brehmplatz. Damit bekamen das Wohnviertel an der Grafenberger Allee und die Bewohner der Zoogegend eine direkte Verbindung zum Hauptbahnhof. Am Graf-Adolf-Platz entstand um den Häuserblock Friedrichstraße–Adersstraße–Königsallee eine Gleisschleife. Die Einfahrt lag an der Adersstraße, die Ausfahrt an der Königsallee.
Die Streckenverlängerungen in diesen Jahren reichten aber

Linie 13 im Jahre 1910 am Staufenplatz

Am »Jägerhaus« in Grafenberg mußte man früher von der 3 in die 13 umsteigen, wenn man nach Gerresheim wollte.

Stolz präsentiert sich das Personal vor einem Zug an der Haltestelle Staufenplatz.

nicht aus. Düsseldorfs Bevölkerung wuchs von Jahr zu Jahr weiter, ebenso die Wohn- und Gewerbe-Viertel. Die Industriegebiete und Wohnblocks in Rath, Unterrath, Flingern, das Viertel Erkrather, Kettwiger und Königsberger Straße hatten noch keinerlei Verkehrsanschlüsse, ebensowenig die neuen Städtischen Krankenanstalten, Unterbilk und der Karolingerplatz.
Einige Jahre vorher hatten andere Bahngesellschaften von Norden, Westen und Süden Straßenbahn-Strecken, als in Düsseldorfs Innenstadt noch Pferdebahnen verkehrten, an die Stadt herangeführt, so daß dadurch Verbindungen nach Stockum, Kaiserswerth, Oberrath, Ratingen, Wersten, Holthausen, Benrath, nach Oberkassel, Lörick und Heerdt entstanden. Aber dies reichte nicht aus. Bemühungen der Bergischen Kleinbahnen A.-G., weiter in den Innenstadtbereich und nach Eller, Vennhausen und Gerresheim vorzudringen, wurden von der Stadtverwaltung bekanntlich abgeblockt. Mittlerweile hatte sie selbst Strecken nach Eller und Gerresheim anlegen lassen. Bis 1905 waren im benachbarten Bergischen Land und im Ruhrgebiet bereits Bahnnetze großen Umfangs entstanden. In Düsseldorf hatte man zu lange den Pferdebahn-Betrieb im kleinen Innenstadtbereich unterhalten.
Die Düsseldorfer Stadtväter und die Straßenbahn-Leitung erörterten in diesen Jahren Möglichkeiten, die fehlenden Verkehrsverbindungen durch Automobil-Omnibusse, wie man es damals nannte, herzustellen. Von diesen Plänen wurde einige Jahre später, 1908, aber nur die Buslinie Hafenamtstraße–Hamm realisiert. Im übrigen war dieser Busbetrieb nicht kostendeckend. Die Verluste mußten durch den Straßenbahnbetrieb abgedeckt werden.
Die Bewohner der Außenbezirke machten in jenen Jahren noch viele Wege zu Fuß, sei es zur Arbeitsstätte, sei es zum Einkaufen in der Stadt. 3–4 km zu Fuß zum Arbeitsplatz zurückzulegen, war keine Seltenheit. Im allgemeinen wohnte man in der Nähe der Arbeitsstätte, was aber nicht immer möglich war. Die Firmen ließen daher in ihrer Nähe Wohnungen bauen. Werks-Siedlungen von damals bzw. deren Reste sind noch heute in einigen Düsseldorfer Vororten zu finden. Für die Stadtväter und für die Düsseldorfer Straßenbahn gab es in den nächsten Jahren noch viel zu tun.
Lukrativ arbeitete der stadteigene Düsseldorfer Bahnbetrieb nicht. Anfängliche Hoffnungen erfüllten sich nicht, es mußte immer wieder Geld zugeschossen werden. Selbst das verkehrsreiche Ausstellungsjahr 1902 schloß mit einem Verlust ab. Die von der Stadt gezahlten Löhne lagen außerdem höher als bei vergleichbaren privaten Verkehrsunternehmungen. Erst das Geschäftsjahr 1904 brachte dem Straßenbahnbetrieb einen kleinen Gewinn.
Im Jahre 1905 war auf Düsseldorfs Schienen ein Prototyp zu sehen. Wie die Städte Mönchengladbach und Krefeld beschaffte die Düsseldorfer Straßenbahn einen Verwandlungs-Beiwagen, Nr. 335, der für Sommer- und Winterbetrieb gedacht war. Die Seitenwände dieses Wagens waren unterteilt in verschiebbare Türen und festmontierte Wandstreifen, beides mit Glasscheiben in Sitzhöhe. Bei schönem Wetter wurden die drei seitlichen Türen über die Wandstreifen geschoben, damit erhielt das Wageninnere reichlich Frischluft. Die Plattformen waren offen, die Einstiege hatten Scherengitter. Der Wagen war etwa 7 m lang, 2,2 m breit, hatte Holzquersitze mit Mittelgang und wog etwa 4,5 t, geliefert wiederum von Weyer & Co. Seitlich waren durchgehende Trittbretter angebracht, wie bei den Sommerwagen. Die Sommerwagen hatten übrigens allemal Flachdächer, also keine Laternendächer, was bei der großen Frischluftzufuhr auch nicht nötig war.
Der Verwandlungswagen Nr. 335 blieb ein Einzelstück, Nachbestellungen erfolgten nicht. In den zwanziger und dreißiger Jahren wurde er als Werkstattwagen verwendet und im August 1938 verschrottet.
Im Sommer 1906 führte die Düsseldorfer Straßenbahn Linien-Nummern ein. Die Farbunterscheidungen reichten wohl nicht mehr aus, sie wurden aber beibehalten. Auf den Stirndächern der Triebwagen wurden über dem drehbaren Zielschild Halter angebracht, in die man runde Emailleschilder steckte, die auf weißem Grund schwarze Linienziffern zeigten.
Die Bautätigkeit wurde im Jahre 1906 verstärkt fortgesetzt. Die Linie zum Derendorfer Markt verlängerte man ein kurzes Stück bis zur Rather Straße, im Süden von der Bilker Allee über den Bilker Bahnhof, wie schon mal zu Pferdebahnzeiten, über die Brunnenstraße zum Karolingerplatz. Die Arbeiten waren am 1. Dezember 1906 beendet, ebenso an einer Neubaustrecke von der Bilker Kirche über die Volmerswerther Straße zur Fährstraße in Unterbilk, außerdem an einer weiteren neuen Strecke von der Graf-Adolf-Straße über die Corneliusstraße, Bilker Allee bis zur Bilker Kirche. Auf dem Teilstück von der Friedrichstraße zur Bilker Kirche lagen die Gleise bereits. Die Hafenlinie wurde von der Wupperstraße (Hafenamt) zur Hafenamtstraße verlängert (Kreuzung Hammer Straße/Gladbacher Straße).
Vorher, am 14. August 1906, waren die Gleisarbeiten vom Brehmplatz auf der Rethel-, Stockkamp- und Sternstraße bis zur Kaiserstraße beendet, also eine weitere Neubaustrecke. Alle neuen Strecken wurden gleich nach Fertigstellung von verlängerten oder neuen Linien befahren. Ende 1906 verkehrten in Düsseldorf 11 Straßenbahnlinien:

Linie 1: Derendorf/Rather Straße – Nordstraße – Corneliusplatz – Graf-Adolf-Platz – Friedrichstraße – Bahnhof Bilk – Karolingerplatz,
Linie 2: Hauptbahnhof – Oststraße – Tonhalle – Marienhospital – Dreieck – Roßstraße – Nordfriedhof,
Linie 3: Rathaus – Corneliusplatz – Schadowstraße – Grafenberger Allee – Grafenberg – Gerresheim/Bahnhof,
Linie 4: Schadowplatz – Wehrhahn – Uhlandstraße – Zoo/Brehmplatz,
Linie 5: Rathaus – Corneliusplatz – Bismarckstraße – Hauptbahnhof – Worringer Platz – Oberbilk/Schmiedestraße,
Linie 6: Altstadt – Hohe Straße – Graf-Adolf-Platz – Mintropplatz – Ellerstraße – Oberbilk – Lierenfeld – Eller,
Linie 7: Bilker Kirche – Bilker Allee – Corneliusstraße – Oststraße – Wehrhahn – Uhlandstraße,
Linie 8: Fährstraße – Bilker Kirche – Kavalleriestraße – Graf-Adolf-Platz – Hauptbahnhof – Worringer Platz – Uhlandstraße – Zoo/Brehmplatz,
Linie 9: Hafenamtstraße – Haroldstraße – Graf-Adolf-Platz – Hauptbahnhof – Worringer Platz – Pempelforter Straße – Schloßstraße,
Linie 10: Nordstraße – Sternstraße – Marienhospital – Stockkampstraße – Zoo/Brehmplatz,
Linie 11: Haniel & Lueg – Oberrath – Ratingen.

Im Jahre 1907, am 14. Mai, erlebte die Linie 1 eine weitere Ausdehnung vom Karolingerplatz über die Himmelgeister Straße zum Moorenplatz, dem Haupteingang der Städtischen Krankenanstalten. Die Linie 3 verkürzte man vom Rathaus bis zum Staufenplatz, wie in den Anfangsjahren, und führte für die Strecke Grafenberg–Gerresheim/Bahnhof eine neue Linie 13 ein. Die Linie 11 (Haniel & Lueg–Ratingen) wurde in 12 umgenummert. Im gleichen Jahr erhielt die Linie 2 am Nordfriedhof eine Gleisschleife.
Im Jahre 1908 verlängerte man die Strecke der Linie 9 von der Schloßstraße über Sommers- und Rather Straße zum Schlachthof. Die 9 verkehrte jetzt zwischen Hafenamtstraße und Derendorf/Schlachthof. Auch der Vorort Rath wurde an das Straßenbahnnetz angeschlossen, die Derendorfer

Im Mai 1912 ist ein Zug der Linie 1 mit Sommer-Beiwagen auf der Moorenstraße vor den Städtischen Krankenanstalten auf damals noch eingleisiger Strecke unterwegs.

Strecke verlängerte man von der Rather Straße über Mörsenbroich zum Bahnhof Rath. Eine neue Linie 14 übernahm diesen Abschnitt, und zwar von Derendorf/Yorkstraße bis Rath/Bahnhof. Die Linie 13 fuhr 1908 in den Hauptverkehrsstunden über Grafenberg hinaus, über Wehrhahn und Oststraße zum Hauptbahnhof.
Die erste Buslinie der Düsseldorfer Straßenbahn wurde 1908 eröffnet. Es war nur ein Omnibus, der den Pendeldienst zwischen Hafenamtstraße über die Hammer Dorfstraße bis zur Kirche in Hamm verrichtete. 1924 wurde er von der verlängerten Straßenbahnlinie 8 abgelöst. Der Ortsteil Wersten wurde 1908 dem Düsseldorfer Stadtgebiet zugeschlagen.
Die große Eingemeindungswelle kam im Jahre 1909. Am 1. April vergrößerte sich Düsseldorf um die Gemeinden bzw. Dörfer Stockum, Rath mit Unterrath im Norden, um Gerresheim, Ludenberg und Eller im Osten, um Himmelgeist im Süden und um Heerdt mit Oberkassel, Niederkassel und Lörick im Westen. Düsseldorf hatte damit einen großen Gebietszuwachs erhalten und gleichzeitig auf der anderen Rheinseite Fuß gefaßt. Die Einwohnerzahl kletterte auf etwa 350 000.
1909 wurde von der Ackerstraße über die Birken- und Flurstraße eine Doppelgleisstrecke nach Flingern zur Bruchstraße verlegt. Damit erhielt nun das Wohn- und Gewerbegebiet in Flingern eine Verkehrsverbindung. Die Linie 2 befuhr ab 15. November 1909 vom Hauptbahnhof aus diesen neuen Streckenabschnitt. Sie verkehrte nun vom Nordfriedhof über Hauptbahnhof nach Flingern, wo sie um den Häuserblock Flur-, Bruch- und Lichtstraße eine Schleife machte.
Außerdem baute die Düsseldorfer Straßenbahn vom Graf-Adolf-Platz über Aders- und Hüttenstraße eine neue Gleisstrecke zur Volksgartenstraße, gleichzeitig eine weitere vom Luftballon (Ecke Nord- und Kaiserstraße) über die Fischerstraße zur Klever Straße mit einer Gleisverbindung zur Düsseldorf-Duisburger Kleinbahn. Die Linie 10 änderte nun ihren Weg gänzlich und fuhr ab 15. November 1909 von der Klever Straße über Fischer-, Kaiser-, Hofgartenstraße, Corneliusplatz, Königsallee, Aders-, Hütten- zur Volksgartenstraße (Oberbilk). Dieser Stadtteil hatte nun drei Linienanschlüsse.
Den verwaisten Abschnitt Sternstraße–Stockkampstraße–Zoo/Brehmplatz übernahm vom Burgplatz (Altstadt) aus die Linie 6. Vorher erhielt die durch den Hofgarten führende Max.-Weyhe-Allee vom Ratinger Tor bis zur Kaiserstraße eine Straßenbahnstrecke. Die beiden Gleise lagen neben den Fußgängerwegen auf eigenen Bahnkörpern.
Das Umsteigen in Derendorf von der Linie 1 in die 14 nach Rath war unbequem. Man verlängerte jetzt die Linie 1 bis Rath/Bahnhof und stellte die 14 ein. 1909 sah man auf dem Brehmplatz vor dem Zoo-Eingang für die Linie 8 eine Gleisschleife.
Die erste elektrische Weiche wurde von der Düsseldorfer Straßenbahn ebensfalls 1909 in Betrieb genommen. Das war schon ein großer Fortschritt. Ansonsten mußte der Triebwagen-Schaffner die Weichen mit dem Stelleisen in die gewünschte Richtung stellen. Diese manuelle Betätigung erforderte auch Zeit. Bei der elektrischen Weiche wurde u. a. vor dem Abzweig ein Fahrdraht-Kontakt angebracht, der vom Fahrer mit oder ohne Strom durchfahren werden mußte. Rechts ab ging es mit Strom, links ab ohne Strom.
Auch die Betriebshöfe mehrten sich. Ein neues Depot wurde 1909 an der Himmelgeister Straße, „Am Steinberg", eröffnet. Durch die Schaffung neuer Strecken und neuer Straßenbahnlinien in den letzten drei Jahren hatte sich Düsseldorfs Verkehrsvakuum wesentlich aufgefüllt.
Am 15. Mai 1910 wurde die Linie 1 wegen Straßenbau-Arbeiten vorübergehend geteilt. Die 1 fuhr von Bilk aus nur bis zur Heinrichstraße, dort mußte man für einige Zeit in die nächste 1, im Fahrplan mit Linie 1 A bezeichnet, bis Rath/Bahnhof umsteigen. Auch die Linie 6 wurde fahrplanmäßig in drei Linien aufgeteilt: Linie 6, Linie 6 A und Linie 6 B, was sich an der Nummernbeschilderung aber nicht äußerte. Alle Wagen führten als Liniennummern-Schilder die „6". Die eigentliche 6 verkehrte von der Altstadt/Schloßufer über

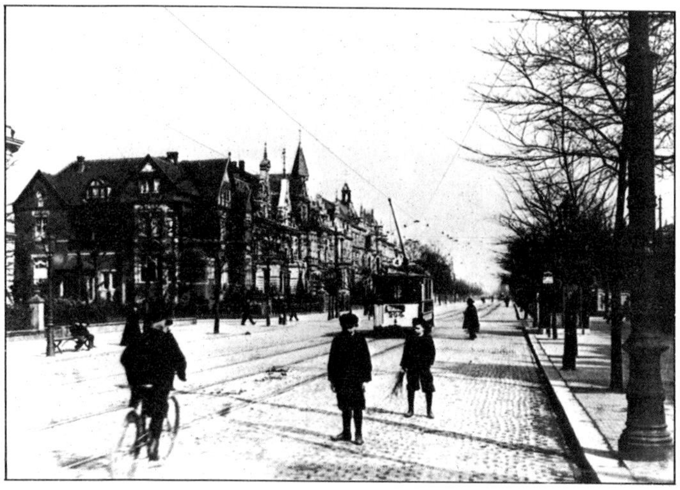

Graf-Adolf-Platz, Mintropplatz, Oberbilk bis zur Hildener Straße/Bahnübergang. Dort mußte bekanntlich aus Verweigerungsgründen seitens der Staatsbahn in die nächste 6 (fahrplanmäßig 6 B genannt) bis Lierenfeld und Eller umgestiegen werden. Die im Fahrplan als 6 A bezeichnete Linie fuhr vom Rathaus über Mühlenstraße, Ratinger Tor, Kaiser-, Stern-, Stockkampstraße zum Zoo/Brehmplatz.

Linie 4 biegt auf ihrer Fahrt zum Zoo von der Grafenberger Allee in die Uhlandstraße ein, etwa 1908.

Die zweite Wagen-Generation der Düsseldorfer Straßenbahn

Durch die notwendigen Strecken-Ausdehnungen waren neue Trieb- und Beiwagen erforderlich. Die in den Jahren 1899–1902 beschafften 140 Triebwagen reichten nicht mehr aus. 1907 wurde von der Waggonfabrik Weyer & Co. ein zweiachsiger Triebwagen mit der Wagennummer 411 beschafft, der gegenüber der Ursprungsserie ein ganz anderes Aussehen hatte.

Die Plattformen waren verglast, vorn war ein Einfach-, hinten ein Doppeleinstieg, an den Seitenwänden fünf gleich große Fenster. Der Doppeleinstieg hatte rechts am Trittbrett ein Emailleschild „Einstieg" links ein Schild „Kein Einstieg". Innen an der Wagendecke des Perrons fand man entsprechende Hinweisschilder: „Kein Ausgang" und „Ausgang". Man dachte also damals schon an „Fahrgastfluß". Auch der Prototyp Nr. 411 hatte ein Laternendach, gefahren wurde weiterhin mit Stangenstromabnehmern. Der Anstrich war jetzt beige/elfenbein mit grauen Absetzungen an Zierleisten und Rammbohlen und mit Schnörkeln an den Seitenwänden, wie es dem seinerzeitigen Jugendstil entsprach. Das Dach war weiß, das Fahrgestell und die Trittbretter rostbraun. Das Düsseldorfer Stadtwappen fehlte ebensowenig wie die Eigentumsbezeichnung „Düsseldorfer Strassenbahn" an den Seitenblechen.

Der Prototyp entsprach den Erwartungen. In den nächsten Jahren wurden etwa 200 Trieb- und 200 Beiwagen dieses Typs bei Weyer & Co. für die Düsseldorfer Straßenbahn hergestellt. Die Wagen der zweiten Generation, letztes Beschaffungsjahr 1925/26, prägten bis in die fünfziger Jahre das Bild der Düsseldorfer Straßenbahn. Geringe Änderungen ergaben sich bei späteren Wagenanlieferungen, insbesondere im Leistungsbereich.

In den Jahren 1909–1910 wurden 37 Triebwagen, Nr. 412–448, in Dienst gestellt. Sie hatten eine größere Länge von jetzt 9,4 m, eine Breite von 2,2 m, waren etwa 11,2 t schwer und hatten 18 Sitz- und 40 Stehplätze. Angetrieben wurden sie von zwei Motoren von je 42 kWh. Die Einstiege

Wagen 411 – hier um 1930 – war der Prototyp der 400er-Serie und besaß daher ein anderes Fahrgestell als die später gelieferten Wagen.

Wagen 442 der Düsseldorfer Straßenbahn wurde nach seiner Fertigstellung mit Stadtwappen und Jugendstil-Verschnörkelungen im Werksgelände aufgenommen

der zweiachsigen Wagen wurden teils mit hohen Falttüren, teils mit halbhohen Klapptüren verschlossen. Die Türen an der rechten Wagenseite blieben während der Fahrt natürlich offen, im Gegensatz zu heutigen Betriebsvorschriften. Der Doppeleinstieg hatte niedrige und hohe Klapptüren, getrennt durch eine Vierkant-Holzstange (bis Wagen-Nr. 448). Spätere Wagenlieferungen hatten eine Messing-Rundstange in der Mitte des Doppeleinstiegs. Die Emailleschildchen „Einstieg“ und „Kein Einstieg“ der ersten Serie wurden in den zwanziger Jahren wieder entfernt.
An beiden Seiten des Fahrgestells, also vorn und hinten, waren Fangvorrichtungen aus Lattenrosten angebracht, die bei Unfällen das Überrolltwerden der Verunglückten verhindern sollten. Durch einen Fußtrittbolzen am Boden des Führerstandes wurde die Sicherung ausgelöst und die Fangvorrichtung rutschte über das Straßenpflaster. Der Führerstand hatte Messing-Fahrschalter mit 10 Fahr- und 8 Bremsstufen, einen Hebel für Vor- und Rückwärtsfahrt mit Feststellbremse, rechts eine Spindelhandbremse und einen Sandstreuer. Die Seitenfenster waren im oberen Viertel geteilt, das untere größere Stück konnte bei schönem Wetter vom Schaffner in die Seitenwand versenkt werden. Emailleschilder am Fensterrand mahnten: „Nicht hinauslehnen“.
Die ersten 400er Triebwagen besaßen Sitze mit Korbflechtbezügen, später Lederpolster. Einige Wagen sollen noch Holzsitze gehabt haben, die aber in späteren Jahren durch Lederpolster ersetzt wurden. Die Trennwände zu den Plattformen hatten Doppelschiebetüren mit einer Zahlklappe für den Schaffner. Die schmalen Fenster des Oberlicht-Aufsatzes (Laternendach) hatten Ornamentglas und konnten durch Schrägstellung geöffnet werden. Seiten- und Dachfenster sorgten somit für frische und kühle Luft im Wageninnern an warmen Sommertagen. Auf dem Wagenboden lagen Holzlängsroste, die beim Säubern der Wagen herausgenommen werden konnten. In den dreißiger Jahren wurden diese Roste durch festeingeschraubte Holzleisten ersetzt. Die Wagen-Trennwände besaßen gegenüber den Sitzbänken im unteren Teil einen Glasschutz, damit die Schuhspitzen der Sitzenden das Holzfurnier nicht beschädigen sollten. Außerdem zeigten die Trennwände hinter Glastüren Werbeplakate. Über den Sitzreihen und unter dem Laternendach sorgten Lampen mit matten Glaskuppeln im damaligen Jugendstil bei Dunkelheit für gute Beleuchtung. Die Lampenfassungen waren aus dunklem Bronzeguß. Stehende Fahrgäste konnten sich an seitlichen Haltegriffen und an Schlaufen, die an Holzstäben von der Wagendecke herunterhingen, festen Halt verschaffen.
Auf den Stirndächern befanden sich, wie bei den Ursprungstypen, Liniennummern und drehbare Zielschilder, an beiden Seiten leuchteten bei Dunkelheit farbige Lampen. Vorn an der Triebwagen-Brüstung und hinten am Beiwagen zeigten Umsteckschilder nochmal das Fahrziel an. Über den Seitenfenstern waren am Dachrand längliche Schilder mit Liniennummer und Fahrstrecke angebracht, z. B.: „1 Rath–Derendorf – Graf-Adolf-Platz–Karolingerplatz – Krankenanstalten 1“.
In den Jahren 1911–12 wurden die Triebwagen Nr. 449–495 ausgeliefert. Die beiden Motoren hatten nun eine Leistung von je 49 kWh. 1912 folgten die Wagennummern 496–515 in der gleichen Ausführung. Die motorische Leistung lag jetzt bei 50 kWh, Wagen-Eigengewicht etwa 12 t. Der Triebwagen Nr. 500 nahm viele Jahre eine Sonderstellung ein. Er wurde als Salonwagen eingerichtet und bei Empfängen und Besuchen eingesetzt, vom Personal als „Direktionswagen“ bezeichnet. Erst 1930 wurde er nach Anpassungsarbeiten in den normalen Liniendienst übernommen.
1913 kamen 10 Triebwagen von der Waggonfabrik Schöndorff, Lierenfeld, also nicht von Weyer & Co., Wagennum-

Der 1906 gebaute Wagen 336 war ein Prototyp und kann als Vorläufer der späteren 600er-Serie angesehen werden.

mern 516–525. Weitere 20 Motorwagen, Nr. 526–545, folgten bis 1914. Diese hatten abweichend von ihren Vorgängern an den Doppeleinstiegen zwei bis zum Wagendach reichende Falttüren.

Neue Beiwagen wurden im angegebenen Zeitraum ebenfalls beschafft. Zunächst bestellte die Düsseldorfer Straßenbahn im Jahre 1906 bei Weyer & Co wiederum ein Probefahrzeug, Wagen-Nummer 336. Es war ein zweiachsiger Beiwagen mit sechs, also nicht fünf, Seitenfenstern. Er war etwa 8 m lang, 2,2 m breit und hatte 18 Sitz- und 30 Stehplatze, Eigengewicht ca. 6 t. Die einreihigen Quersitze hatten Korbflechtbezüge. Die Sitzlehnen konnte man umlegen, wie bei den Schienenbussen der Deutschen Bundesbahn in den fünfziger Jahren. Es war also möglich, stets in Fahrtrichtung zu sitzen. Das Wageninnere war zum Perron durch Doppelschiebetüren verschlossen. Im übrigen hatte er die gleiche Ausstattung wie der ein Jahr später angeschaffte Probe-Triebwagen Nr. 411. Gegenüber den Wagen der Ursprungsserie wurde jetzt mehr Komfort geboten.

Der Wagen blieb ein Einzelstück. Die später angelieferten Beiwagen entsprachen in Form und Aussehen den 400er Triebwagen.

1907 baute die Düsseldorfer Straßenbahn einen Sommerwagen in eigener Werkstatt zu einem Verwandlungs-Beiwagen Nr. 315 um. Die Seiten wurden verblecht und eine Fensterpartie, aber ohne Scheiben, geschaffen. An den Fensterrahmen befanden sich seitlich geraffte Segeltuchvorhänge, die bei kaltem oder nassem Wetter geschlossen werden konnten. Die Plattformen blieben unverändert. Im Wagenabteil waren Holzquersitze mit Mittelgang. Wahrscheinlich hatten sich viele Fahrgäste wegen des Einsatzes von Sommerwagen bei kaltem Wetter beschwert. In den nächsten Jahren wurden weitere offene Sommerwagen in gleicher Weise umgebaut.

Im Jahre 1911, also zwei Jahre nach den ersten neuen Triebwagen, erhielt die Düsseldorfer Straßenbahn 20 Beiwagen, Nr. 600–619, Länge etwa 8,7 m, Breite 2,2 m, Eigengewicht etwa 6,9 t, mit 18 Sitz- und 40 Stehplätzen. Mit der Beiwagen-Numerierung ging man jetzt in die 600er Reihe. Die Sitzbänke hatten aber keine umlegbaren Lehnen mehr wie beim Prototyp Nr. 336. Man saß nun wieder Rücken an Rükken in Abteil-Anordnung bzw. sich gegenüber. Der Wagenboden dieser ersten 20 Beiwagen lag etwas tiefer als bei den 400er Triebwagen. Die halbkreisförmigen Wagenpuffer mußten daher am oberen Rand der Rammbohlen angeschraubt werden. Die Beiwagen Nr. 600–619 wurden übrigens im Zweiten Weltkrieg nach Warschau abgegeben.

In den Jahren 1912–15 folgten weitere Beiwagen mit den Wagennummern 620–655, alle wurden von der Waggonfabrik Weyer & Co. geliefert. Der Wagenboden dieser Serie lag nun mit den Triebwagen in gleicher Höhe. Auch sonst entsprachen sie in ihrem Aussehen den bereits in Betrieb befindlichen Motorwagen.

Die Beiwagen-Beschaffung ging in den Kriegsjahren weiter. 1915 wurden noch die Wagennummern 656–669 in den Verkehr gebracht. Bei den Wagen Nr. 670 bis 705, die in den Jahren 1916, 1917 und 1919 in Dienst gestellt wurden, vergrößerte man die Breite der Wagen auf 2,35 m. Das Längenmaß mit 8,7 m blieb. Die neuen Beiwagen hatten ein Eigengewicht von 7,3 t und neben 18 Sitz- etwa 46 Stehplätze.

Im Jahre 1911 waren die ursprünglichen 140 Triebwagen Nr. 101–240 nicht mehr vollzählig, ein paar schieden durch Unfälle aus, andere verrichteten Werkstattdienste. Die meisten der Ursprungs-Triebwagen baute man in den Jahren 1911 bis 1921 um. Sie erhielten längere Plattformen mit Rundum-Verglasung, hinten Doppeleinstiege, teils mit hohen Falttüren verschlossen. An den Einfacheinstiegen wurden Schiebetüren eingebaut. Links neben dem Fahrer verblieb eine halbhohe Klapptür. Auch neue Fahrgestelle mit größerem Achsstand und stärkeren Motoren wurden für diese Umbau-Triebwagen beschafft. Sie waren jetzt 8,3 m lang und hatten

16 Sitz- und 23 Stehplätze.
Das Wageninnere mit den Holzlängssitzen blieb unverändert, ebenso die Seitenfenster-Unterteilung. Auch die älteren Trieb- und Beiwagen hatten in den letzten Jahren statt der dunkelbraunen Farbe die freundlichere beige Lackierung mit grauen Absetzungen erhalten. Einige Triebwagen bekamen innerhalb der 100er Reihe andere Wagennummern.
Düsseldorf wuchs weiter und damit auch die Verkehrsanforderungen. Waren es 1909 nach der umfangreichen Eingemeindung etwa 350000 Einwohner, so stieg die Zahl 1910, also nach einem Jahr, auf über 360000. Damit hatte Düsseldorf innerhalb eines Jahres 10 000 Neubürger dazugewonnen.

Streckenänderungen bei der Rheinischen Bahngesellschaft

Im Jahre 1907 erwarb die Düsseldorfer Stadtvertretung Rheinbahnaktien in Höhe von etwa 5,5 Mill. Mark. Im Aufsichtsrat dieser Gesellschaft war Düsseldorf nun mit 5 Sitzen vertreten und konnte die zu treffenden Entscheidungen wesentlich beeinflussen.
Ein großes Handicap war nach wie vor die ebenerdige Stromzuführung auf der Alleestraße zwischen Ratinger Tor und Benrather Straße Die Düsseldorfer Straßenbahn fuhr auf der Westseite der Alleestraße seit 1900 bereits mit Oberleitung. Die Rheinbahn auf der Ostseite dieser Straße war also ziemlich benachteiligt. Außerdem war diese Art der Stromzuführung nicht ungefährlich. Die Altstadtjungen und andere hatten bald heraus, wie man ein kleines Feuerwerk bzw. einen Funkenregen herbeiführen konnte, indem man einen entsprechend gebogenen Eisendraht zugleich auf Stromkabel und Schiene fallen ließ. Damit war die 600-V-Fahrleitung kurzgeschlossen. Daß seinerzeit kein ernstlicher Unfall zu verzeichnen war, erscheint heute noch als ein Wunder. Eine derartige Anlage würde in unserer Zeit von den Aufsichtsbehörden nicht genehmigt werden.
1907 durfte nun auch die Rheinbahn vom Ratinger Tor aus mit Oberleitung fahren, die ebenerdige Stromzuführung wurde beseitigt. Gleichzeitig verlegte man in der Allee- und Breite Straße neue Gleise mit schwereren Profilen. Die Stadt Düsseldorf baute außerdem die Breite Straße am Kasernengelände vorbei als Verkehrsstraße aus. Am 11. Mai 1907 war die Strecke mit der neuen Oberleitung fertig.
Es wäre noch zu erwähnen, daß die Rheinbahn hin und wieder starke Wagenausfälle wegen technischer Defekte zu verzeichnen hatte, im Jahre 1905 z. B. waren es einmal 21 Triebwagen zur gleichen Zeit. Ob es an der komplizierten elektrischen Unterleitung lag, oder ob bei der Typenvielfalt der Rheinbahn-Kleinserien nicht immer die nötigen Ersatzteile kurzfristig zur Verfügung standen, läßt sich heute nicht mehr ergründen.
Die Umsetzstelle auf der unteren Breite Straße war auch nicht ideal. Es sollte eine Gleisschleife gebaut werden. Vorher wurde am Graf-Adolf-Platz eine Gleisverbindung von der Breite Straße zu den Gleisen der Düsseldorfer Straßenbahn in Richtung Hauptbahnhof hergestellt. Am 19. November 1907 fuhren die Rheinbahn-Linien vorübergehend über die Graf-Adolf-Straße bis zum Hauptbahnhof. Gleichzeitig erstellte man in der Grünanlage vor der Oberpostdirektion eine einfache Gleisschleife, die am 1. April 1908 in Betrieb genommen wurde. Vorher hatte die Rheinbahn am 24. Februar 1908 die Fernlinie A wegen Überfüllung der Endstelle Hauptbahnhof bis zum Ratinger Tor zurückgezogen. Ab 20. Juli 1908 fuhr die Linie A wieder bis zum Graf-Adolf-Platz durch. Die einfache Gleisschleife erfüllte auch nicht ihren Zweck, zumal die vier Rheinbahn-Linien unterschiedlich lange Wartezeiten an der Endstelle Graf-Adolf-Platz hatten. Die Schleife wurde daher doppelgleisig ausgebaut, die Arbeiten waren am 1. November 1909 beendet.
1908 wurde auf der Alleestraße vor dem Opernhaus ein drittes Gleis, das sogenannte Theatergleis, angelegt. Hier warteten Einsatzwagen, um die Opernbesucher nach Ende der Vorstellung in Richtung Oberkassel, Neuss und Krefeld nach Hause zu bringen, ein Service, den man heutzutage nicht mehr bietet. Für andere Fahrtrichtungen, z. B. zum Graf-Adolf-Platz oder zum Hauptbahnhof, wurde das Theatergleis nicht benutzt. Bis zum Jahre 1927 wurden Theaterwagen gefahren. 1928, beim Umbau der Alleestraße, wurde dieses Gleis abgebaut.
Die Fernlinie C sollte, den Wünschen der Ortsansässigen zufolge, vom Uerdinger Markt in Richtung Waggonfabrik und Kaldenhausen verlängert werden. Die Strecke durch die Uerdinger Altstadt wurde nun nach Norden weiter verlegt, am Mühlenturm vorbei, über die Rampe der Staatsbahnstrecke Krefeld–Duisburg bis nach Kaldenhausen. Die Eröffnung war am 9. Dezember 1909. Dies war aber nicht der endgültige Schlußpunkt, nach etwa zwei Jahren ging es weiter. Man baute die eingleisige Strecke, immer am westlichen Straßenrand, weiter über Rumeln, Trompet, Schwafheim bis in die Moerser Innenstadt, wo am damaligen „Königlichen Hof“ neben dem Stadtpark eine Umsetzstelle errichtet wurde, die von der Straßenbahn Moers–Kamp–Rheinberg mitbenutzt wurde. Unterwegs befanden sich Ausweichen, der stündlichen Zugfolge entsprechend. Die neue Strecke Kaldenhausen–Moers nahm man am 16. Dezember 1911 in Betrieb.
Vom Forsthaus Meer bis Moers waren es nun 23 km, vom Düsseldorfer Graf-Adolf-Platz bis Moers sogar 32,7 km. Die Fernlinie C war damals eine der längsten deutschen Straßenbahnlinien. Da der Oberkasseler Betriebshof nicht mehr alle Rheinbahnwagen beherbergen konnte, baute man 1911 in Trompet für die Moerser Linie ein neues Depot, Eröffnung am 1. Oktober 1911.
Auf der Neusser Linie gab es ebenfalls Änderungen. In der Neusser Innenstadt zwischen Bahnhof und Obertor wurde die Strecke der Linie B zweigleisig ausgebaut. Dies war auch eine Vorbedingung für die Inbetriebnahme der Neusser Straßenbahn am Heiligabend des Jahres 1911 zwischen Neusserfurth und Alexianerkloster. Sie benutzte in der Innenstadt die Rheinbahngleise mit.
Die Linienführung der B über den Heerdter Deich und am Heerdter Hafen entlang erfüllte nicht alle Wünsche. Sie ging an Heerdt vorbei, außerdem mißbilligte die Deichverwaltung die Streckenführung über den Deich. Die schweren Rheinbahnwagen würden die Festigkeit des Deiches erschüttern. Bei einem starken Hochwasser im Januar 1920 brach der Heerdter Deich tatsächlich, große Teile von Heerdt wurden überschwemmt. Aber zu diesem Zeitpunkt war die Strekke der Linie B bereits verlegt. Die Gleise der Güterstrecke zum Heerdter Hafen wurden stellenweise freigespült.
In den Jahren 1911/12 legte die Rheinbahn von der Düsseldorfer Straße in Oberkassel durch die engen Heerdter Straßen an der Bürgermeisterei vorbei, über Handweiser und über die Eisenbahnrampe „Am Kaiser“ eine neue Strecke zum Neusser Bahnhof. Jetzt wurden mehr Wohnviertel verkehrsmäßig erschlossen. Außerdem entfielen die zahlreichen Kreuzungen mit Hafen- und Werksbahnen im Industriegebiet. Am 25. Februar 1912 wurde die neue Strecke über Alt-Heerdt und Handweiser eröffnet.
Die Strecke zwischen Belsenplatz und Lörick wurde in diesen Jahren doppelgleisig ausgebaut. Zugleich errichtete man am Belsenplatz vor dem stillgelegten Staatsbahnhof eine Gleisschleife mit Verbindungen zum Betriebshof und in Richtung Neuss. Für die Lokallinie D gab es in Lörick ebenfalls eine Gleisschleife. Im Jahre 1916 baute man auch den Abschnitt Lörick – Forsthaus Meer zweigleisig aus. Außerdem wurde am Bahnhof Büderich östlich des Gleiskörpers ein Abstellgleis eingebaut, das noch in den sechziger Jahren zu sehen war. Zwei Gleiswechsel wurden ebenfalls in Büde-

rich angelegt. Vielleicht bestand damals ein Plan, die Linie D in den Hauptverkehrsstunden bis Büderich durchzuführen. Der Kriegsausgang verhinderte aber solche Absichten.
Während des Krieges bekam die Luegallee zwischen Rheinbrücke und Belsenplatz neue Gleise in Straßenmitte, wo vorher die Promenade zu sehen war. Die beiden Baumreihen blieben aber erhalten. Die Gleise auf der südlichen Straßenhälfte wurden anschließend ausgebaut. Im November 1918, als die deutschen Truppen von der Westfront zurückgeführt wurden, befanden sich alle Gleise bereits in der Mitte der Luegallee.

Eröffnung der Kreis Mettmanner Straßenbahn im Jahre 1909

Östlich des Düsseldorfer Stadtgebietes tat sich auch einiges, das Liniennetz der Kreis Mettmanner Straßenbahn wurde angelegt. Diese war nicht nur in ihrem Aussehen eine typische RWE-Bahn, sondern das Rheinisch-Westfälische Elektrizitätswerk besaß bis zum Jahre 1937 auch alle Anteile dieser Verkehrsgesellschaft im Gegensatz zu anderen Unternehmen, an denen das RWE mit nur einem bestimmten Prozentsatz beteiligt war.
Um die Jahrhundertwende bemühte sich das RWE, seinen Stromabsatz zu steigern, namentlich in Kleinstädten und ländlichen Gebieten. Nachdem in fast allen westdeutschen Großstädten elektrische Bahnen ihren Betrieb aufgenommen hatten, wollten auch Kleinstädte an dieser neuen Entwicklung teilhaben. Die Verbindung zu industriellen Großräumen war für die Kleingemeinden wirtschaftlich lebenswichtig. Das RWE kam diesen Wünschen entgegen und legte in Westdeutschland eine Reihe von Überlandbahnen zum Teil in eigener Regie an, in der engeren Umgebung so die Kleinbahn Langenfeld–Monheim–Hitdorf, die Straßenbahn Opladen–Ohligs–Höhscheid–Lützenkirchen, die Solinger Kreis- und Stadtbahn und die Straßenbahn Moers–Kamp–Rheinberg. Mit dem Betrieb von Straßen- und Kleinbahnen wollte das RWE den Stromverbrauch erhöhen. Es war somit nicht nur Erzeuger, sondern auch Stromverbraucher.
Die RWE-Bahnen waren meistens normalspurig, hatten solide Straßenbahnwagen mit geschlossenen Plattformen und Schiebetüren, Gleisstrecken am Straßenrand und einheitliche Fahrleitungsmasten mit Blechnummernschildchen.
1906, im Zuge der Koordination des Elektrizitätswesens, übernahm das RWE die Elektrizitätswerke Heiligenhaus und Wülfrath sowie die Städtische Gasanstalt in Mettmann. Im gleichen Jahr, am 5. August, wurde zwischen dem RWE und den Städten Mettmann, Wülfrath und Vohwinkel ein Vertrag zum Bau einer elektrischen Bahn von Mettmann bis Vohwinkel abgeschlossen. Ursprünglich war der „Continentalen Gesellschaft für elektrische Unternehmungen, Nürnberg“, der Bau einer Meterspur-Straßenbahn angetragen worden. Diese Firma hatte aber Rentabilitätsbedenken.
Am 18. Dezember 1908 erhielt das RWE eine weitere Konzession für eine Bahnverbindung Vohwinkel–Wülfrath–Tönisheide. Die neuen Straßenbahnstrecken sollten auf Wunsch des RWE in Normalspur ausgeführt werden, also nicht in Meterspur, wie es vor über 10 Jahren im Bergischen und Niederbergischen Land begonnen hatte.
In den nächsten zwei Jahren baute man die geplanten Strekken. Die Gleise lagen, wie schon gesagt, seitlich am Straßenrand, in gewissen Abständen mit Ausweichen. Eine längere Doppelgleisstrecke wurde im Mettmanner Netz nie angelegt, auch nicht in den Städten Mettmann und Wülfrath. Die Fahrleitungs-Gittermasten hatten leicht geschwungene Ausleger mit ausgestanzten Nummernschildchen. Die fortlaufende Masten-Nummernreihe begann für jede Strecke in Mettmann. Die Anlage wurde mit 800 V Gleichstrom betrieben. Am westlichen Ende Mettmanns an der Bismarckstraße errichtete man ein Depot mit fünf Hallengleisen, außerdem ein Umspannwerk für die Stromversorgung der Straßenbahn. Die Verwaltung befand sich ebenfalls in Mettmann. Eine Güterbeförderung war anfänglich ins Auge gefaßt, wurde aber später fallengelassen. So blieb für die Mettmanner Straßenbahn eine mögliche Einnahmequelle ungenutzt.
Am 19. Juli 1909 wurden die ersten Strecken eröffnet, und zwar Mettmann–Dornap und Wülfrath–Dornap–Vohwinkel, es waren insgesamt 15 km. Am 6. September 1909 folgte die nächste Strecke in Richtung Tönisheide von Wülfrath bis Schlupkothen. Die Stadt Mettmann zielte auch auf eine Bahnverbindung mit Düsseldorf. Nach Westen wurden daher ebenfalls Gleise und Fahrleitungen verlegt. Am 16. Dezember 1909 ging es von Mettmann bereits zum Bürgermeisteramt in Hubbelrath.
Am 3. März 1910 wurde die Kreis Mettmanner Straßenbahn GmbH gegründet, vorher gab das RWE dem Unternehmen seinen Namen. Das Anlagekapital von etwa 1 Mill. Mark besaß das RWE. Der Kreis Mettmann beteiligte sich indirekt durch den Kauf von RWE-Aktien in Höhe von 500.000 Mark.
Am 13. März 1910 wurden weitere Strecken in Betrieb genommen, und zwar von Schlupkothen bis Tönisheide und von Hubbelrath bis Düsseldorf/Auf der Hardt. Damit war der Streckenbau vorerst abgeschlossen, die Streckenlänge betrug jetzt 30,2 km. Die Mettmanner Bahnen fuhren meistens mit Solo-Triebwagen im Abstand von durchweg 30 Minuten. Die Strecken hatten Überlandcharakter mit einigen Ortsdurchfahrten. Sie führten vorbei an Feldern und Wiesen, an einzelnstehenden Gehöften. Die am Landstraßenrand fahrenden Bahnen scheuchten schon mal Gänse und Hühner auf, hinterm Weidezaun reckten dann und wann Kühe und Rinder ihre Mäuler der Straßenbahn entgegen, landschaftliche Idylle, die heutzutage weitgehend verschwunden sind. Durch Mettmann, Wülfrath und andere kleine Ortschaften führten seinerzeit enge Straßen, manchmal nur Gassen, mit kleinen und größeren Fachwerk- und Schieferhäusern. Pferdefuhrwerke und Handkarren belebten mit den Straßenpassanten das Bild, und mittendurch fuhren nun eingleisig die Straßenbahnwagen, verhältnismäßig langsam, oft die Glocke betätigend, um sich Platz und Vorfahrt zu verschaffen. Romantische Verkehrsbilder, die damals in vielen bergischen Städtchen zu finden waren.
Ein ausgesprochener Stadtverkehr existierte in den kleinen Städten nicht, die Wege innerhalb der Städtchen waren kurz. Wer allerdings am Westrand Mettmanns wohnte und zum Staatsbahnhof Mettmann wollte, der im Osten der Stadt lag, dem brachte natürlich die Fahrt mit der Straßenbahn Zeitgewinn. Es wurden folgende Linien (ohne Liniennnummer) befahren:

> Auf der Hardt – Hubbelrath – Mettmann – Dornap – Wieden – Vohwinkel sowie Dornap – Düssel – Wülfrath – Schlupkothen – Tönisheide.

In Dornap befand sich neben der Straße kurz vor der Eisenbahn-Unterführung ein Umsteigebahnsteig mit einer bahnhofsmäßigen Überdachung. Die Gleise führten rechts und links an diesen Bahnsteig heran, so daß ein bequemes Umsteigen von Mettmann in Richtung Wülfrath oder von Wülfrath in Richtung Vohwinkel möglich war. Eine Direktverbindung zwischen Mettmann und Wülfrath bestand damals noch nicht. Der Umsteigebahnsteig Dornap war noch in den sechziger Jahren als Bushaltestelle in Betrieb.
Die Beförderungszahlen lagen im Anfangsjahr bei 302.706 Personen, stiegen aber im Jahre 1912 auf 1.270.385, im letzten Kriegsjahr 1918 sogar auf 3.411.819 Fahrgäste.
Am Eröffnungstag, also am 19. Juli 1909, standen 15 zweiachsige Triebwagen zur Verfügung, die im gleichen Jahr von der Waggonfabrik Uerdingen und von Weyer & Co., Düsseldorf, geliefert wurden. Wagennummern 1–17 (Nr. 11 und 12 noch unbesetzt). Diese Triebwagen hatten Laternendach, seitlich schmale und breite Fenster und an den vergla-

Wagen 102 aus der Serie 101 - 110 der Rheinischen Bahngesellschaft in der im Jahre 1908 errichteten kleinen Wendeschleife vor der Oberpostdirektion am Graf-Adolf-Platz

Wagen 17 der Kreis Mettmanner Straßenbahn während des Ersten Weltkrieges an der Endhaltestelle »Auf der Hardt«

Linie 14 in der Endschleife am Karolingerplatz

sten Plattformen nur hinten einen Einstieg, der mit einer halbhohen Klapptür verschlossen wurde. Als Stromabnehmer hatten sie zwei Schleifbügel in Lyraform. Man sah sie unterwegs mal mit zwei angelegten Stromabnehmern, mal mit dem hinteren Lyrabügel fahren, wobei der vordere zur Stirnfront abgezogen war.
Die Wagenlänge betrug 10,3 m, für die damalige Zeit eine stattliche Größe, Eigengewicht etwa 12,5 t, mit 20 Sitz- und 37 Stehplätzen. Die Zielschilder befanden sich an den Stirnfronten über den Rammbohlen. Der Anstrich war zunächst dunkelgrün, ab Mitte der zwanziger Jahre aber hellbeige mit grünen Absetzungen an Leisten und Rammbohlen.
1910 wurden 6 zweiachsige Beiwagen, Wagennummern 30–35, beschafft. Die Länge belief sich nur auf 7,7 m, Eigengewicht etwa 5,4 t. Sie hatten 18 Sitz- (Längssitze) und 22 Stehplätze. Die Mettmanner Wagen Nr. 1–17 waren dagegen mit Quersitzen ausgestattet, aber Holzausführung in allen Wagen.
Ab 1913 verfolgte die Mettmanner Straßenbahn Pläne, eine Bahnverbindung über Dornap und Wieden hinaus bis nach Elberfeld einzurichten. Aber dieses Vorhaben stieß auf Widerstände. Erst 1929 eröffnete die Elberfelder Schwebebahngesellschaft eine Straßenbahnlinie von Elberfeld über Varresbeck nach Wieden. Vor der Gleiskurve der Mettmanner Straßenbahn in Richtung Vohwinkel war Endstation. Bis Mettmann wurde diese Normalspur-Linie nicht durchgeführt. In Wieden mußte also umgestiegen werden.
Im Kriegsjahr 1917 ereignete sich auf der abschüssigen Strekke am Betriebshof Mettmann ein schwerer Unfall. Vermutlich durch Bremsversagen rollte ein Triebwagen auf der Düsseldorfer Straße zurück, entgleiste in der engen Kurve oberhalb des Depots und stürzte um. Dabei wurde die Außenwand eines der dort stehenden Häuschen eingedrückt. Der Triebwagen Nr. 3, Baujahr 1909, war so stark deformiert, daß er an Ort und Stelle, also neben dem Betriebshof, verschrottet wurde.

Das Düsseldorfer Straßenbahnnetz wird weiter ausgebaut

Auch im Jahre 1910 ging der notwendige Streckenausbau weiter. Die Brehmstraße bekam vom Zoo-Eingang bis zur Heinrichstraße Straßenbahngleise. Die Linie 4 verkehrte ab 25. November vom Schadowplatz über Wehrhahn, Uhlandstraße, Brehmplatz zur Heinrichstraße in Mörsenbroich. Die Mendelssohnstraße zwischen Uhlandstraße und Wehrhahnbrücke erhielt 1909 eine Umsetzanlage mit zwei Gleiswechseln.
Am 15. Mai 1910 verlängerte man die Linie 12 über Haniel & Lueg hinaus bis zur Mendelssohnstraße, ebenfalls die Linie 13 von Gerresheim/Bahnhof über Grafenberg, die dann ebenfalls in der Mendelssohnstraße wendete.
Am 12. August 1910 wurde eine neue eingleisige Strecke von der Fährstraße über die Volmerswerther Straße und Bedburger Straße zum Haupteingang des kürzlich angelegten Südfriedhofes eröffnet. An der Wohnsiedlung „Aders Stiftung“ befand sich eine Ausweiche. Die Strecke wurde von der Linie 8 befahren. Jetzt konnten die Friedhofsbesucher von Bilk aus ihr Ziel mit der Straßenbahn erreichen.
Ebenfalls 1910 wurde am östlichen Teil des Staufenplatzes eine kleine Gleisschleife in Betrieb genommen, um das Umsetzen am Jägerhaus über Gleiswechsel zu vermeiden.
Das Jahr 1911 brachte weitere Verbesserungen. Am 15. April war der doppelgleisige Ausbau der Strecken über die Fischer- und Kaiserswerther Straße fertig. Ab 15. Mai ließ die Düsseldorfer Straßenbahn ihre Linie 10 von der Ecke Klever/Kaiserswerther Straße weiter nach Golzheim und Stockum fahren. Hier wurden die Gleise der Düsseldorf-Duisburger Kleinbahn mitbenutzt. Anschließend nahm die Kleinbahn ihre Strecke für einige Jahre bis Stockum zurück. Die Linie 10 mußte nun auch den Fernverkehr aus Richtung Duisburg mitbefördern.
Am 16. Juli 1911 verlängerte man die Linie 1 vom Moorenplatz über die Witzelstraße bis zur Christophstraße, am Stoffeler Kapellchen entstand eine Gleisschleife. Gleichzeitig wurde der Abschnitt Karolingerplatz–Himmelgeister Straße–Moorenplatz doppelgleisig angelegt, die Arbeiten waren am 28. Juli abgeschlossen.
Am 1. November verlängerte die Düsseldorfer Straßenbahn die Linie 13 von der Mendelssohnstraße bis zum Schadowplatz Der Abschnitt Grafenberg–Uhlandstraße–Wehrhahn–Schadowstraße wurde von den Linien 3 und 13 nun gemeinsam befahren, also mit 5-Minuten-Abstand. Ab Uhlandstraße kam dann noch die Linie 4 hinzu, die jetzt in der Elberfelder Straße umsetzte.
Die Düsseldorfer Straßenbahn setzte den zweigleisigen Ausbau verschiedener Strecken fort, damit entfiel an den Ausweichen der eingleisigen Strecken das Warten auf den Gegenzug und die Fahrgeschwindigkeit erhöhte sich, so den Abschnitt der Linie 1 vom Rather Kreuzweg bis Bahnhof Rath und die Strecke der Linie 13 von der Hardt über die Benderstraße zum Gerresheimer Rathaus. Die Streckenarbeiten waren am 2. Dezember bzw. am 16. Dezember fertig.
Außerdem wurden im Jahre 1911 zwei wichtige Straßenbahnstrecken neu angelegt, einmal vom Betriebshof Erkrather Straße über die gleichnamige Straße, an den Stahl- und Röhrenwerken vorbei bis Lierenfeld und Eller, wo auf der Gumbertstraße vor dem damals noch niveaugleichen Bahnübergang bereits eine Umsetzstelle bestand (Linie 6). Zum anderen vom Hauptbahnhof über die Harkort-, Helmholtzstraße, am Fürstenplatz vorbei, weiter über die Morse- und Heresbachstraße zum Karolingerplatz. Dort wurde um eine Grünanlage herum eine Gleisschleife mit Verbindung zur Linie 1 angelegt. Die letztere Strecke wurde am 1. November mit einer neuen Linie 14 (diese Liniennummer lebte somit wieder auf) in Betrieb genommen: Flingern/Bruchstraße – Birkenstraße – Ackerstraße – Worringer Platz – Hauptbahnhof – Fürstenplatz – Karolingerplatz. Am Abend vorher, am 31. Oktober, nahm man die Linie 2, die bis dahin zur Bruchstraße gefahren war, wieder bis zum Hauptbahnhof zurück.
Die neue Strecke nach Eller wurde am 20. Dezember 1911 durch eine neue Linie 15 eröffnet. Sie fuhr von der Elberfelder Straße über die 1910 erbaute Teilstrecke Eck- und Klosterstraße über Worringer Platz, Erkrather Straße, Lierenfeld nach Eller. Damit waren die Stahlwerke, Waggonfabriken und Röhrenwerke in Lierenfeld mit der neuen Linie 15 vom Hauptbahnhof (hier war allerdings Umsteigen nötig) und Worringer Platz schneller erreichbar als mit der Linie 6, die auch weiterhin von Oberbilk aus nach Lierenfeld fuhr. Sie erhielt an der Ecke Jäger-/Gumbertstraße eine neue Umsetzstelle.
Für die am Corneliusplatz endenden Straßenbahnzüge war damals ein drittes Gleis zwischen Blumenstraße und Königsallee auf der unteren Schadowstraße neben dem heutigen Lederwarengeschäft angelegt worden. Die Weiche lag vor der Blumenstraße, war also nur von den Bahnen aus Richtung Tonhalle zu befahren. Hier auf dem dritten Gleis konnten die Straßenbahnwagen eine Pause einlegen und über Abzweigung zur Königsallee und zum Schadowplatz in Richtung Eckstraße und Tonhalle zurückfahren. Auch die Linie 3 wendete hin und wieder bei Verspätungen am Corneliusplatz, anstatt bis Rathaus zu fahren.
Wie in den letzten Kapiteln erwähnt, legte die Düsseldorfer

Straßenbahn in den Jahren vor dem Ersten Weltkrieg bevorzugt Gleisschleifen als Endstellen an, um das Umkuppeln beim Beiwagenbetrieb zu sparen und um die Reisegeschwindigkeit zu steigern.
1912 konnte man in Düsseldorf eine „Städte-Ausstellung für Rheinland, Westfalen und andere Gebiete" besuchen. Es wurden Entwürfe und Modelle für einen künftigen Städtebau gezeigt. Für Düsseldorf lag ein Gesamt-Bebauungsplan bis zum Jahre 1930 vor. Man ging davon aus, daß die Stadt Düsseldorf 1930 eine Million Einwohner haben würde, es wurden neue Flächen für Wohnungen und Industrien ausgewiesen. Man plante im Raum Düsseldorf neun (!) Rheinbrücken, außerdem Hochbahnen nach Hamburger Muster und sogar Unterpflaster-Straßenbahnen. In bezug auf die heutige Stadtbahn-Planung kann man somit nur sagen: „Alles schon mal dagewesen!"
Am 26. Mai 1912 wurde am Staufenplatz in Grafenberg eine neue große Gleisschleife in Betrieb genommen. Für den stärker gewordenen Sonntags- und Pferderennbahn-Verkehr reichte die bisherige kleine Schleife am Jägerhaus nicht mehr aus. Die neue Gleisschleife bog vor dem Jägerhaus nach links ab, wurde am Rande der Stadtwaldstraße (heute Ernst-Poensgen-Allee) doppelgleisig mit zwei Doppelkreuzweichen, bog am Nordende des Staufenplatzes weiter nach links, führte an der Turnhalle vorbei und nach einem Schlenker um ein Grünrondell kurz vor dem Bahnübergang zurück in Richtung Innenstadt. Die beiden Doppelkreuzweichen erlaubten bei starkem Verkehr das gleichzeitige Abfertigen und Abfahren von zwei oder drei Straßenbahnzügen, wie heute an der neuen Endschleife Messe/Stadion. Zur Steuerung der Fahrgastströme wurden an der Stadtwaldstraße entsprechende Eisengitter eingebaut.
Eine neue Linie 16 wurde auf Wunsch der Preußischen Bezirksregierung am 25. Juni 1912 ins Leben gerufen, sie führte vom Hauptbahnhof über Bismarckstraße, Corneliusplatz, Hofgarten-, Kaiser-, Fischer- zur Klever Straße (Regierung). Hier war die Endstelle. Am 28. Juni war in der Alststadt die Mühlenstraße nun durchgehend zweigleisig ausgebaut. Am 1. August eröffnete man eine neue Strecke von der Bruchstraße in Flingern über die gerade fertiggestellte Lichtstraße, zum Lichtplatz an der Grafenberger Allee. Die Linie 14 wurde jetzt bis Grafenberg verlängert. Vom Licht- bis zum Staufenplatz lagen ja bereits Gleise. Sie fuhr aber nur an Sonntagen, wenn der Güterverkehr auf der Eisenbahnstrecke Rath–Eller ruhte, bis zur Schleife Staufenplatz. Die Preußische Eisenbahnverwaltung schränkte, wie wir bereits wissen, den Straßenbahnverkehr über die Bahnkreuzung am Staufenplatz ein, um etwaige Unfälle zu verhindern. Die 14 erhielt daher für den Wochentagsbetrieb an der Burgmüllerstraße vor dem Bahnübergang eine zusätzliche kleine Gleisschleife.
Am 1. März 1912 wurde in Stockum eine neugebaute Umsetzstelle dem Verkehr übergeben, welche die Linie 10 und auch die Düsseldorf-Duisburger Kleinbahn benutzten, die bekanntlich zu dieser Zeit nur bis Stockum verkehrte. Im Jahre 1914 fuhr die Kleinbahn aber wieder bis zur Nordstraße durch und setzte dort um.
Nach wenigen Wochen, am 21. August 1912, verlängerte man den Linienweg der 14 bis Gerresheim/Rathaus. Die Linie 3 endete jetzt in der Gleisschleife Burgmüllerstraße. Auf der Hardt an der Endstelle der Mettmanner Straßenbahn konnten die Fahrgäste aus Vohwinkel und Mettmann sowohl in Richtung Schadowplatz (Linie 13), als auch in Richtung Hauptbahnhof (Linie 14) umsteigen. Beim letzteren Fahrtziel wurde nunmehr ein nochmaliges Umsteigen an der Burgmüllerstraße überflüssig.
Neue Gleise wurden 1912 auch von der Bilker Kirche auf der Gladbacher Straße bis zur Hafenamtstraße verlegt. Ab 21. August fuhr die Linie 7 über ihre bisherige Endstelle an der Bilker Kirche hinaus bis Hafen. Das Hafengebiet hatte jetzt zwei Straßenbahn-Anschlüsse (Linie 7 und 9).

Linie 3 am Ende der Grafenberger Allee steht im Jahre 1912 abfahrbereit zur Fahrt zum Rathaus.

Am 1. November 1912 setzte die Düsseldorfer Straßenbahn eine neue Linie 11 vom Zoo/Brehmplatz über Stockkamp-, Sternstraße, Ratinger Tor, Mühlenstraße zum Rathaus ein. Am 1. Dezember, vier Wochen später, benutzt die 11, aus der Mühlenstraße kommend, südlich des Burgplatzes eine neue Umsetzstelle. Dadurch wurde die Haltestelle und Endstelle Altstadt/Rathaus entlastet. Am gleichen Tage verlängerte man die Linie 6 vom Burgplatz/Schloßufer bis zur Bendemannstraße bzw. Rheinbrücke. Ein kleines Stück der früheren Ausstellungsstrecke aus dem Jahre 1902 wurde jetzt wieder linienmäßig benutzt.
Im Jahre 1913, am 1. Oktober, verlängerte man die Linie 11 über eine Neubau-Strecke auf der Graf-Recke-Straße vom Brehmplatz bis Düsseltal. Der neue Linienabschnitt hatte an der Tiergartenstraße einen Zwischenhalt. Ein weiteres Teilstück des Zoo-Viertels war nun verkehrsmäßig erschlossen. Die neue Endstelle befand sich an der Düsselthaler Anstalt die, aus einem früheren Kloster hervorgegangen, zu dieser Zeit ein großes diakonisches Werk sowie eine Pflegestätte beherbergte.
1914 ging man daran, eine Straßenbahnstrecke nach Unterrath zu bauen. Man kam infolge des Kriegsausbruchs von der Abzweigung Roßstraße (Linie 2) aber nur bis zum Spichernplatz. Erst 1924 konnte die Strecke bis Unterrath fertiggestellt werden. Der Abschnitt bis zum Spichernplatz blieb bis dahin ohne Linienverkehr.
In Oberbilk erhielt die Linie 5 von der Schmiedestraße eine Verlängerung bis zur Stoffeler Straße/Ecke Oberbilker Allee mit einer neuen Umsetzstelle. Außerdem verlängerte man die Linie 10 am 1. Juli 1914 von der Schmiedestraße bis zur Kölner Straße an der Eisenbahn-Überführung. Hier wurde nun umgesetzt. Bereits am 14. Dezember 1912 war die Strecke der 10 von der Volksgartenstraße über die Oberbilker Allee zur Schmiedestraße verlängert worden. An der neuen Endstelle der 10 konnte man jetzt in die Kleinbahn nach Benrath und Hilden umsteigen.
Die Linie 5 erhielt vor dem Ersten Weltkrieg noch eine zusätzliche Verlängerung vom Rathaus über Burgplatz und Schloßufer zum Kaiser-Wilhelm-Park. Dort entstand in den Parkanlagen in Höhe der heutigen Rheinterrasse eine einfache Gleisschleife. Der Abschnitt Burgplatz–Rheinbrücke wurde in diesen Jahren also von zwei Linien, der 5 und der 6, befahren.
Was 1914 und in späteren Jahren nicht zur Ausführung kam, war eine Straßenbahnstrecke zur Pferderennbahn im Grafenberger Wald, um die vielen Pferdesport-Freunde an Renntagen besser und schneller ans Ziel zu bringen. Die Genehmigung der Aufsichtsbehörde lag im Sommer 1914 vor. Die Strecke sollte wohl auf der Hardt von der Gerresheimer Linie nach links abzweigen und über die heutige Rennbahnstraße bis Wandershof führen. Aber Material- und Arbeitskräftemangel verhinderten diesen Plan.
Das Fahren mit der Straßenbahn war den Düsseldorfern in jenen Jahren zur angenehmen Gewohnheit geworden. Keiner dachte mehr an die teilweise erregten Diskussionen vor etwa 15 Jahren über das Thema, ob in der Innenstadt Fahrdrahtleitungen angelegt werden sollten oder nicht. Die Fahrpreise bewegten sich immer noch zwischen 10 und 40 Pfennigen, je nach Streckenlänge. Wenn man das damalige Lohn- und Preisgefüge mit dem heutigen in Relation setzt, muß man aber feststellen, daß das Straßenbahnfahren seinerzeit nicht billiger war als heute, im Gegenteil, bei längeren Strecken war es relativ teurer. Übergangs-Fahrscheine zu benachbarten Verkehrsgesellschaften, die eine Tarifverbilligung brachten, gab es seit einigen Jahren zur Rheinbahn, zum Benrather Netz und zur Düsseldorf-Duisburger Kleinbahn.

Das »Düsselschlösschen«, das »stille Weinhaus gerade vis-à-vis« aus einem Karnevalsschlager. – Linie 5 passiert dieses schmucke Gebäude.

Endhaltestelle Nordfriedhof im Jahre 1910

Linie 11 der Düsseldorfer Straßenbahn passiert das Ratinger Tor; von rechts kommt ein Triebwagen der Serie 21 - 30 der Rheinischen Bahngesellschaft.

Im Jahre 1912 wurde die Linie 11 (Rathaus – Zoo) eingerichtet; die Aufnahme zeigt zwei Wagen dieser Linie am Ratinger Tor.

Um 1914 wurde die Straßenbahn zum Kaiser-Wilhelm-Park verlängert. – Ein Zug der Linie 5 biegt in Höhe der heutigen Rheinterrasse in die Endschleife ein.

Zwei Züge der Linie 1 haben die Schleife am Stoffeler Kapellchen passiert und stehen abfahrbereit in Richtung Innenstadt.

Wagen 418 der Linie 1 steht an der Endhaltestelle Witzelstraße, die damals noch ein besserer Feldweg war.

Das Benrather Straßenbahnnetz wechselt den Besitzer

Im Jahre 1911 kaufte die Stadt Düsseldorf der Bergischen Kleinbahnen AG ihren Anteil am Benrather Verkehrsnetz für 3,6 Mill. Mark ab und verpachtete den Verkehrsbetrieb am 26. September 1911 an die Rheinische Bahngesellschaft. Die Anliegerstädte Hilden, Benrath usw. behielten ihre Anteile. Die Oberkasseler Rheinbahn war jetzt Pächter und Betriebsführer des Benrather Netzes.

Sie übernahm von den Bergischen Kleinbahnen folgende Trieb- und Beiwagen: Die Zweiachs-Triebwagen Nr. 18–27, Baujahr 1897, die Wagen Nr. 33, 34, 36, 41, 42, 45, 46, Baujahr 1899, sowie die Wagen Nr. 78 und 79, Baujahr 1907, außerdem die Vierachs-Triebwagen Nr. 101–106, Baujahr 1899, und Nr. 108 und 109, Baujahr 1906, insgesamt 27 Triebwagen. Außerdem blieben die Zweiachs-Beiwagen mit offenen Perrons Nr. 153–164, die Wagen mit Perron-Verglasung Nr. 192, 193, 199, 200, sowie die Vierachs-Beiwagen Nr. 180 und 182, insgesamt 18 Beiwagen in Benrath. Alle Wagen wurden nun einheitlich beigefarben lackiert und bekamen als neue Eigentumsbezeichnung seitlich den Schriftzug: „Rheinische Bahngesellschaft". Die übrigen Trieb- und Beiwagen gingen ins niederbergische Netz zurück.

Um den Wagenpark zu ergänzen bzw. zu erneuern, bestellte die Rheinbahn bei Weyer & Co. 7 neue zweiachisge Motorwagen, die 1913–14 geliefert wurden. Sie bekamen die Wagennummern 120–126, Wagenlänge 9,3 m, Breite 2,1 m, Eigengewicht etwa 12 t. Sie hatten 20 Sitz- und 35 Stehplätze. Die Stirnfronten besaßen eckige Formen, wie die bergischen Wagen, und seitlich die gleiche Fenstereinteilung wie die im selben Jahr für das Oberkasseler Netz beschafften Triebwagen Nr. 121–127, also fünf Fenster mit einem breiteren in der Mitte. Die Einstiege hatten Schiebetüren, die Wagen waren also rundherum verschlossen. Gefahren wurde weiterhin mit Stangenstromabnehmern.

1908 wurde Wersten und 1909 Teile von Holthausen, die bis dahin zur Großgemeinde Benrath gehörten, nach Düsseldorf eingemeindet. Benrath und die übrigen Bezirke Holthausens sollten erst 20 Jahre später folgen.

Die Meterspurstrecke zwischen Oberbilk und Holthausen war am meisten frequentiert. Übergangsfahrscheine zwischen Düsseldorfer Straßenbahn und Benrather Netz gab es bereits seit der Jahrhundertwende. Das Umsteigenmüssen an der Schmiedestraße wurde zunehmend als lästig empfunden. Die Düsseldorfer Behörden faßten daher den Entschluß, die Strecke von Oberbilk bis Benrath nach und nach auf Normalspur umzubauen und eine Düsseldorfer Linie 18 bis Benrath verkehren zu lassen.

Mit den Gleisarbeiten wurde noch vor Kriegsbeginn angefangen. Mit der Umspurung baute man die Strecke bis Wersten/Burscheider Straße doppelgleisig aus, so daß auf diesem Abschnitt das Warten an den Ausweichen entfallen und die Fahrgeschwindigkeit erhöht werden konnte. Zwischen 1914 bis 1917 wurde die neue Normalspurstrecke abschnittsweise in Betrieb genommen: am 26. Oktober 1914 bis Holthausen, am 21. August 1916 bis Niederheid, am 1. Dezember 1916 bis Benrath/Rheinfähre und am 1. Juni 1917 bis Benrath/Bahnhof. Gleichzeitig wurde das alte Meterspurgleis ausgebaut, ausgenommen der Abschnitt zwischen Rheinfähre und Bahnhof, um den Güterverkehr der Kleinbahn nicht lahmzulegen.

1917 war das Benrather Meterspurnetz nur noch 22 km lang. Die Ohligser und Vohwinkler Linien bekamen mit der Normalspurlinie 18 am Benrather Bahnhof auf der Hildener Straße eine neue Gleiskehre. Zwischen Rheinfähre und Bahnhof Benrath wurden um 1930 bei Gleisverlegungen mit zweigleisigem Ausbau Dreischienengleise eingebaut, damit die Kleinbahn weiterhin Kohlen zum Elberfelder Wasserwerk an der Rheinfähre transportieren konnte.

1923 eröffnete die Rheinbahn in Vohwinkel an der Haaner Straße einen neuen Betriebshof mit drei Depotgleisen, um die Wagen der Vohwinkler Linie nicht bis Benrath zurückführen zu müssen.

Von den Trieb- und Beiwagen der Ursprungsserien wurden in den zwanziger Jahren einige zu Arbeitswagen umgebaut, z. B. die Vierachstriebwagen Nr. 106 und 108, die jetzt Güter beförderten. Nach Aufgabe des Stückgutverkehrs wurden sie nicht mehr benötigt und verkauft: ATW. 106 nach Iserlohn (dort Wagen-Nr. 69) und ATW. 108 nach Mainz (dort Wagen-Nr. 200).

Im Personenverkehr liefen in den zwanziger Jahren die verbliebenen Vierachs-Triebwagen vornehmlich auf der Vohwinkler Linie, in der Hauptverkehrszeit mit einem kleinen Beiwagen behängt. Die 1913–14 beschafften Zweiachser Nr. 120–126 verkehrten meistens zwischen Benrath und Ohligs. Sie führten bei starkem Verkehr ein oder zwei der früheren bergischen Beiwagen mit.

Neue Wagen für die Rheinische Bahngesellschaft

Im Jahre 1912 rollten neue und leistungsstärkere Vierachser über die Fernbahngleise zwischen Düsseldorf und Krefeld. Es waren 6 Triebwagen, Nr. 200–205, mit Mitteleinstiegen und 5 baugleiche vierachsige Beiwagen, Nr. 221–225. In Form und Aussehen stellten sie etwas Neues dar. Ähnliche Wagen fuhren in diesen Jahren auch auf der Köln-Bonner Rheinuferbahn. Gegenüber den Ursprungs-Vierachsern wirkten sie stabiler und schwerer. Die neuen Triebwagen hatten eine Länge von 13,3 m, eine Breite von 2,27 m, ein Eigengewicht von etwa 30 t (!) und 40 Sitz- und 40 Stehplätze. Der Doppeleinstieg lag, wie gesagt, in der Wagenmitte. Der Wagenboden hatte eine Höhe von 1,2 m über Schienenoberkante und wurde an den Einstiegen mit drei Trittstufen erreicht.

An den Stirnfronten befanden sich vom Fahrgastraum abgeteilte Fahrerkabinen, die von beiden Wagenseiten mit kleinen Türen zu erreichen waren. Das Laternendach hatte nach vorn heruntergezogene Enden mit beleuchteten Liniennummer-Rundkästen und einem Scheinwerfer in der Mitte des Dachrandes. Der Triebwagen hatte zwei Scheren-Stromabnehmer, also keine Lyrabügel, was damals auch eine Neuheit war. Das Stirnfenster war dreigeteilt, an den Seiten befanden sich breite und etwas schmalere Fenster. Der Mitteleinstieg hatte zwei Drehtüren. Die Wagen wurden mittels Druckluft gebremst. Die Triebwagen waren in 2. und 3. Wagenklasse eingeteilt, der Mitteleinstieg war die Trennungslinie. Die Klasseneinteilung auf den Rheinbahn-Fernlinien blieb also weiterhin erhalten. Die 2. Klasse der neuen Wagen hatte samtgepolsterte Quersitze, die 3. Klasse Holzquersitze. Die Zielschilder waren seitlich unter der Fensterreihe an kleinen Haken aufgehängt, ähnlich den Eisenbahn-Personenwagen. An der Stirnfront über den Rammbohlen befand sich ein weiterer Scheinwerfer. Die Triebwagen erhielten in späteren Jahren die Wagennummern 1–6, ab 1922 Nr. 1001–1006.

Die Beiwagen waren etwa 18,1 t schwer und hatten nur die 3. Wagenklasse mit 40 Sitz- und 68 Stehplätzen. Die Holzsitze waren quer angeordnet. Die Frontscheiben waren im Gegensatz zu den Triebwagen ungeteilt. Statt der Fahrerkabinen befanden sich vorn und hinten Stehplätze. Alle Wagen waren hellbeige lackiert mit grauen Absetzungen an Leisten und Rammbohlen. Trieb- und Beiwagen wurden mit automatischen Kupplungen, dem heutigen Scharfenberg-System ähnlich, gekuppelt, damals eine weitere Neuheit. Nur die Druckluftbremse hatte eigene Kupplungen. Die Beiwagen erhielten später die Wagennummern 66–70, ab 1922 Nr. 1066–1070, ab 1924 Nr. 1064–1068.

Nachdem die neuen Vierachser ihren Dienst aufgenommen hatten, konnte man mit der Renovierung der alten Vierachser, Baujahr 1898, beginnen. Diese Wagen hatten sowieso

schon einige Änderungen hinter sich. An den Drehgestellen wurden Verbesserungen durchgeführt, die Perrons wurden mit hohen Falttüren verschlossen, seitlich auf dem Stirndachrand erhielten sie wie die neuen Wagen beleuchtete Liniennummern-Rundkästen. Die Salon-Einrichtung der 2. Wagenklasse war 1912 schon ziemlich abgenutzt. Sie wurde durch gepolsterte Quersitze ersetzt. Auf Sofa und Polstersessel mußten die Fahrgäste nun verzichten. Die Vierachsbeiwagen der Ursprungsserie wurden aber nicht geändert, sie behielten auch ihre halbhohen Klapptüren an den Einstiegen.
Alle Rheinbahnwagen, auch die Zweiachser, wurden in diesen Jahren hellbeige mit grauen Absetzungen lackiert.
Wie bereits in einem früheren Kapitel erwähnt, wurden im gleichen Zeitraum auch die in den Jahren 1901–1908 für die Neusser und Moerser Linien beschafften Zweiachs-Triebwagen (spätere Nummern 1129–1134 und 1160–1164) umgebaut. Sie bekamen längere Plattformen mit Falttüren und größere Fahrgestelle mit stärkeren Motoren. Auch die neuen Liniennummern-Rundkästen auf dem Stirndach wurden nicht vergessen.
Vorher, im Jahre 1910, wurde in eigener Werkstatt ein Triebwagen mit der Nummer 38 erstellt. Er hatte das gleiche Aussehen wie die Reihe Nr. 100–110, Baujahr 1905–08. Wahrscheinlich stammte er ursprünglich aus diesen Baujahren, vielleicht ein Triebwagen Nr. 101–103 der Moerser Linie mit 2.- und 3.-Klasse-Einteilung, der dann entsprechend umgebaut auf den Lokallinien eingesetzt wurde. Später wurde er in 128 umgenummert, ab 1922 Nr. 1128. Mit anderen Triebwagen wurde er Anfang der dreißiger Jahre umgespurt und im Benrather Netz eingesetzt. 1936 wurde er verschrottet.
Kurz vor dem Kriege kaufte die Rheinbahn auch für die Lokallinien neue Zweiachswagen. 1913 kamen zunächst 6 Triebwagen, Nr. 150–155, nach Oberkassel, erbaut von der Waggonfabrik Uerdingen. Sie hatten jetzt längere Plattformen mit hohen Falttüren an den Einstiegen, ein Einfacheinstieg lag vorn, hinten ein Doppeleinstieg. Sie waren 9,4 m lang, 2,35 m breit und etwa 12,5 t schwer. 18 Sitz- und 39 Stehplätze waren vorhanden. Die motorische Leistung stellte sich auf 48 kWh. Die Wagen-Seitenwände hatten fünf gleich große Fenster. Von den schmalen und breiten Seitenfenstern der Ursprungsserien war man inzwischen abgekommen. Nach 1922 führten fünf Wagen die Nummernreihe 1151–1155.
Im Jahre 1914 erhielt die Rheinbahn die Triebwagen Nr. 156–158, ab 1922 Nr. 1156–1158. Sie wiesen die gleichen Abmessungen und Leistungsdaten wie ihre Vorgänger Nr. 150–155 auf. Der Wagenboden lag aber etwas höher, und die Stirnfronten waren rundlicher ausgeprägt. Sie wirkten alles in allem schwerer und wuchtiger als die 1913 gebauten Triebwagen.
In den gleichen Jahren, also von 1913–1914, wurden weitere 7 Zweiachs-Triebwagen mit den Nummern 120–126, ab 1922 Nr. 1121–1127, bei der Waggonfabrik Weyer & Co. gekauft. Sie waren ebenso rundherum verglast, waren 9,5 m lang, 2,35 m breit und 12,5 t schwer. Sie hatten 20 Sitz- und 39 Stehplätze, sowie zwei Motoren von je 48 kWh. Von den fünf Seitenfenstern war das mittlere etwas breiter als die übrigen. Umsteckzielschilder befanden sich weiterhin unter der mittleren Frontscheibe. Am Dachrand hatten sie beleuchtete Liniennummern-Rundkästen. Das Kuppelsystem mit Puffertellern blieb bestehen.
Wie die Düsseldorfer Straßenbahn, mußte auch die Rheinbahn in den angegebenen Jahren nennenswerte Kapitalmengen in ihr Bahnsystem investieren, um den gestiegenen Verkehrsbedürfnissen gerecht zu werden. Neue Zweiachs-Beiwagen waren ebenfalls notwendig. 26 Stück wurden in den Jahren von 1914–1918 in Dienst gestellt, Wagennummern 175–200 ab 1922 Nr. 1175–1200. Die Länge dieser Wagen betrug 8,7 m, Breite 2,35 m, Eigengewicht 7,6 t. 18 Sitz- und ca. 40 Stehplätz waren vorhanden. Die Wagen Nr. 175–180 hatten fast das gleiche Aussehen wie die Düsseldorfer 600er Beiwagen, nur die Einfacheinstiege der Rheinbahnwagen waren ebenfalls mit hohen Falttüren verschlossen, was die Düsseldorfer Beiwagen nicht hatten. Die Wagennummern 181–200 besaßen ein anderes Fahrgestell mit größerem Achsstand als die Beiwagen Nr. 175–180. Auch der Wagenkasten wirkte wuchtiger. Alle Beiwagen hatten seitlich fünf gleich große Fenster. Die in jenen Jahren beschafften Trieb- und Beiwagen führten weiterhin Laternendächer.
Der Rheinbahn-Wagenpark zeigte damals ein buntes Bild verschiedenster Wagentypen. Es wurden auch Züge mit Zweiachs- und Vierachswagen gefahren, ausgenommen die neuen Vierachser des Baujahres 1912. Die Lokallinie D (Graf-Adolf-Platz–Lörick) z. B. führte in den Hauptverkehrsstunden neben den Zweiachs-Triebwagen Nr. 104–110 einen Vierachs-Beiwagen der Ursprungsserie mit. Auf einem Foto aus dem Jahre 1925 kann man auf der Oberkasseler Rheinbrücke einen Drei-Wagen-Zug aus Zweiachs-Triebwagen, Vierachs-Beiwagen und Zweiachs-Beiwagen erkennen. Das gleiche Kuppelsystem machte es möglich.
Im Jahre 1916 verkaufte die Rheinbahn an die Dürener Eisenbahn die Zweiachs-Triebwagen Nr. 35 und 36, Baujahr 1901–02, außerdem an die Kleinbahn Bückeburg-Bad Eilsen die Zweiachs-Beiwagen Nr. 52, 53, 56 und 68 aus den gleichen Beschaffungsjahren. Der Wagen Nr. 68 wurde bereits 1895 gebaut und von der Rheinbahn 1907 oder 1908 zugekauft. In Bückeburg erhielten die Beiwagen die Nummern 1–4. 1918 verkaufte man sie bereits an die Hannoversche Straßenbahn weiter. Dort bekamen die Wagen Nr. 53, 56 und 68 die neuen Wagennummern 531–533. Über den Verbleib des Beiwagens Nr. 52 ist nichts bekannt.

Düsseldorfer Linienplan im Jahre 1914

Im Frühjahr 1914, also vor Ausbruch des Ersten Weltkrieges, verkehrten folgende Linien der Düsseldorfer Straßenbahn:

Linie 1: Rath – Derendorf – Luftballon – Corneliusplatz – Graf-Adolf-Platz – Friedrichstraße – Bahnhof Bilk – Karolingerplatz – Krankenanstalten – Stoffeln,
Linie 2: Nordfriedhof – Dreieck – Marienhospital – Tonhalle – Oststraße – Hauptbahnhof,
Linie 3: Grafenberg – Uhlandstraße – Tonhalle – Corneliusplatz – Rathaus,
Linie 4: Heinrichstraße – Brehmplatz – Uhlandstraße – Tonhalle – Elberfelder Straße
Linie 5: Oberbilk/Stoffeler Straße – Worringer Platz – Hauptbahnhof – Bismarckstraße – Corneliusplatz – Rathaus – Kaiser-Wilhelm-Park,
Linie 6: Schloßufer – Rathaus – Hohe Straße – Graf-Adolf-Platz – Mintropplatz – Ellerstraße – Hildener Straße – Lierenfeld – Eller,
Linie 7: Hafen – Bilker Kirche – Corneliusstraße – Oststraße – Wehrhahn – Uhlandstraße,
Linie 8: Südfriedhof – Fährstraße – Bilker Kirche – Haroldstraße – Graf-Adolf-Platz – Hauptbahnhof – Worringer Platz – Uhlandstraße – Brehmplatz,
Linie 9: Hafenamtstraße – Haroldstraße – Graf-Adolf-Platz – Hauptbahnhof – Worringer Platz – Pempelforter Straße – Schloßstraße – Schlachthof
Linie 10: Stockum – Golzheim – Kaiserswerther Straße – Fischerstraße – Luftballon – Corneliusplatz – Graf-Adolf-Platz – Hüttenstraße – Oberbilker Allee – Oberbilk/Kölner Straße,
Linie 11: Düsseltal – Brehmplatz – Stockkampstraße – Sternstraße – Ratinger Tor – Mühlenstraße – Burgplatz,
Linie 12: Ratingen – Oberrath – Haniel & Lueg – Grafenberger Allee – Mendelssohnstraße,

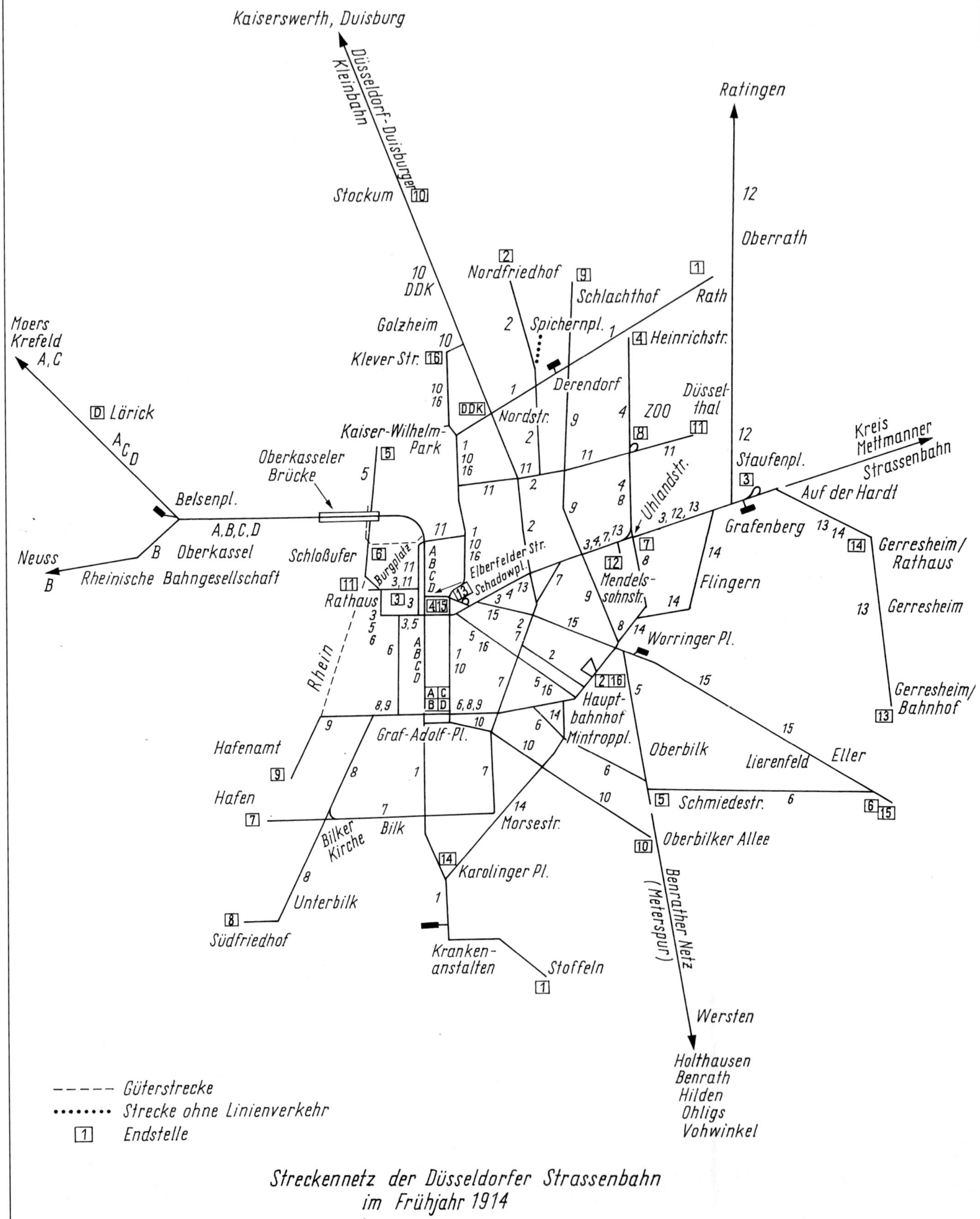

Streckennetz der Düsseldorfer Strassenbahn im Frühjahr 1914

Linie 13: Gerresheim/Bahnhof – Auf der Hardt – Grafenberg – Uhlandstraße – Wehrhahn – Tonhalle – Schadowplatz,
Linie 14: Gerresheim/Rathaus – Auf der Hardt – Grafenberg – Flingern – Hauptbahnhof – Mintropplatz – Fürstenplatz – Karolingerplatz,
Linie 15: Eller – Lierenfeld – Erkrather Straße – Worringer Platz – Klosterstraße – Schadowplatz – Elberfelder Straße,
Linie 16: Hauptbahnhof – Bismarckstraße – Corneliusplatz – Luftballon – Fischerstraße – Klever Straße.

Zu den Ziffernkennzeichnungen gab es weiterhin Farbunterscheidungen bei den einzelnen Linien. Diese Farbunterschiede bezogen sich auf die Grundfarben der Zielschilder, Farben der Buchstaben und auf das farbige Licht der Signallampen rechts und links des drehbaren Zielschildes. Die Dachlampen beleuchteten nicht nur das Zielschild, sondern gaben auch nach vorn ein farbiges Licht. Folgende Farbunterschiede waren zu beachten:

Linie	*Zielschild-Grundfarbe*	*Zielschrift*	*Farbe der Signallampen*
1	blau	weiß	blau
2	rot	weiß	rot
3	weiß	schwarz	weiß
4	diagonal grün/weiß	schwarz	grün/weiß
5	braun	weiß	braun
6	violett	weiß	violett
7	gelb	schwarz	gelb
8	hellgrün	schwarz	hellgrün
9	diagonal blau/weiß	schwarz	blau/weiß
10	diagonal rot/weiß	schwarz	rot/weiß
11	grün	weiß	grün/rot
12	weiß	rot	weiß mit rotem Stern
13	weiß	grün	weiß mit grünem Strich
14	diagonal gelb/weiß	schwarz	gelb/weiß
15	diagonal violett/weiß	schwarz	violett/weiß
16	weiß	blau	blau/rot
17 (noch nicht besetzt)	diagonal rot/gelb	schwarz	rot/gelb
18 (erst ab Okt. 1914 besetzt)	diagonal grün/gelb	schwarz	grün/gelb

Die kritische Frage, ob diese komplizierten Farbkennzeichnungen bei den jetzt vielen Linien noch einprägsam und damit überhaupt noch sinnbringend waren, möge hier offenbleiben. In den Anfangsjahren, als es noch keine Liniennummern gab, waren Farbunterschiede bei den einzelnen Straßenbahnlinien notwendig. Jedenfalls sind Ziffern einprägsamer als Farbunterschiede. Im Laufe der Zeit verblaßten übrigens auch die Farben auf den Zielschildern witterungsbedingt. Bis Mitte der zwanziger Jahre waren alle Farbkennzeichen verschwunden. Die Zielschilder aller Linien zeigten sich nun weißgrundig mit schwarzen Buchstaben.
Auf Düsseldorfs Straßen fuhr neben der Düsseldorfer Straßenbahn auch die Rheinische Bahngesellschaft mit folgenden Linien:
Linie A: Graf-Adolf-Platz – Oberkassel – Lörick– Büderich – Forsthaus Meer – Osterath – Fischeln – Dießem – Krefeld/Rheinstraße, Farbkennzeichen: Rotes Schild mit weißer Schrift,
Linie B: Graf-Adolf-Platz – Oberkassel – Heerdt – Handweiser – Bahnhof Neuss – Neuss/Obertor, Farbkennzeichen: Grünes Schild mit weißer Schrift,
Linie C: Graf-Adolf-Platz – Oberkassel – Lörick – Büderich – Forsthaus Meer – Strümp – Lank – Stratum – Uerdingen – Kaldenhausen – Rumeln – Trompet – Schwafheim – Moers, Farbkennzeichen: ? Schild mit weißer Schrift,
Linie D: Graf-Adolf-Platz–Oberkassel–Belsenplatz–Lörick, Farbkennzeichen: Gelbes Schild mit weißer Schrift.

Ab Nordstraße/Ecke Duisburger Straße verkehrte die Düsseldorf-Duisburger Kleinbahn:
Nordstraße – Golzheim – Stockum – Kaiserswerth – Wittlaer – Kesselsberg – Huckingen – Wanheim – Duisburg.
Farbkennzeichen: Weißes Schild mit schwarzer Schrift.
Ab Haltestelle „Auf der Hardt“ fuhr die Kreis Mettmanner Straßenbahn: Auf der Hardt–Hubbelrath–Mettmann–Dornap–Wieden–Vohwinkel, Farbkennzeichen: Weißes Schild mit schwarzer Schrift.
Ab Oberbilk/Schmiedestraße verkehrten die Benrather Meterspurlinien, 1914 bereits zur Rheinischen Bahngesellschaft gehörend:
Oberbilk – Wersten – Holthausen – Benrath – Hilden – Ohligs bzw. Oberbilk-Wersten – Holthausen – Benrath – Hilden – Haan-Vohwinkel, Farbkennzeichen: Weißes Schild mit schwarzer Schrift. Für eine gewisse Zeit führte die Linie nach Vohwinkel auf dem Zielschild einen diagonalen grünen Querstreifen.

Ein Drei-Wagen-Zug an der Endhaltestelle am Bahnhof Rath während des Ersten Weltkriegs

Düsseldorfer Straßenbahn im Ersten Weltkrieg

Gleich bei der allgemeinen Mobilmachung in den letzten Julitagen des Jahres 1914 wurde eine große Anzahl Fahrer und Schaffner der Düsseldorfer Straßenbahn, wie auch bei anderen Verkehrsbetrieben, zum Kriegsdienst einberufen, und zwar 64 % des Fahrpersonals. Um dem auftretenden Mangel zu begegnen, stellte man sofort Frauen ein und bildete sie kurzfristig zu Schaffnerinnen aus. Eine Anzahl älterer Schaffner mußte Fahrerdienste verrichten. Es ließ sich aber nicht vermeiden, auch im Hinblick auf später eintretende Materialbeschaffungs-Schwierigkeiten, daß einige Linien und Außenstrecken stillgelegt wurden.
Als erste mußte die Linie 16 (Klever Straße–Hauptbahnhof) dran glauben. Nach etwa zwei Jahren Betriebszeit wurde sie am 1. August 1914 eingestellt. Die Linie 5 endete wiederum am Rathaus, der Teilabschnitt zum Kaiser-Wilhelm-Park blieb nun ohne Linienverkehr. 1915 stellte die Linie 4 (Elberfelder Straße–Zoo–Heinrichstraße) vorläufig ihren Dienst ein. Auf dem verwaisten Abschnitt Brehmplatz–Heinrichstraße fuhr zeitweilig ein Pendelwagen. Im Frühjahr 1918 wurde diese Linie gänzlich eingestellt.
Ebenfalls im Jahre 1915 sollen die Teilabschnitte Fährstraße–Südfriedhof (Linie 8) und Graf-Adolf-Straße–Corneliusstraße–Bilker Allee (Linie 7) nicht mehr befahren worden sein. 1916 verkehrte die Linie 11 nicht mehr über die Strecke Brehmplatz–Düsseltal. 1917 wurde das Straßenbahnfahren teurer, es wurde je Fahrschein zusätzlich ein Kriegstarif von 15 Pfennigen erhoben, Arbeiter- und Wochenkarten ausgenommen. In den Kriegsjahren nahmen die Beförderungsleistungen trotz Verkehrseinschränkungen weiter zu. Die Straßenbahnen waren meistens überfüllt. Auch im Ersten Weltkrieg gab es schon Trittbrettfahrer.
Aber der Streckenausbau wurde trotz Krieg nicht ganz aufgegeben. Der Umsteigezwang in Oberbilk in die Wagen der Benrather Kleinbahn sollte beseitigt werden. Die Stadt Düsseldorf hatte schon vor dem Kriege den Beschluß gefaßt, die Düsseldorfer normalspurige Straßenbahn etappenweise bis Benrath zu verlängern und die Meterspurbahn auf die Abschnitte Benrath–Hilden–Ohligs bzw. Hilden–Haan-Vohwinkel zu beschränken. Am 26. Oktober 1914 wurde der erste umgespurte Streckenabschnitt Oberbilk/Schmiedestraße–Holthausen eröffnet. Bis Wersten ging es zweigleisig, während die Meterspurbahn stets eingleisig fuhr; ab Wersten/Burscheider Straße wurde die neue Normalspurstrecke allerdings auch eingleisig. An der Ecke Burscheider Straße/Werstener Feld legte man eine Gleisschleife für Einsatzwagen an. Eine neue Linie 18 befuhr ab 26. Oktober die Strecke von Oberbilk bis Holthausen.
Im Jahre 1916 wurden weitere Abschnitte umgespurt dem Verkehr übergeben, am 21. August von Holthausen bis Niederheid und am 1. Dezember von Niederheid bis zur Benrather Rheinfähre. Während die Meterspurbahn am Straßenrand fuhr, legte man die neuen Normalspurgleise in die Straßenmitte oder am gegenüberliegenden Rand, so daß der Verkehr nicht unterbrochen wurde. Die Linie 18 fuhr nun bis zur Rheinfähre. Für die Wagen der Benrather Linie war ein neuer Betriebshof nötig. Er wurde am 1. Juli 1916 in Wersten in der Nähe der Gerberstraße eröffnet.
Im Dezember 1916 baute man die Normalspurstrecke bis zur Ausweiche am Benrather Schloß weiter und im Frühjahr 1917 bis Benrath/Bahnhof, dem Endpunkt der Umspur-Aktion. Zwischen Rheinfähre und Bahnhof blieb die Meterspurstrecke neben dem neuen Gleis erhalten, um den Kleinbahn-Güterbetrieb nicht zu unterbinden. Stellenweise gab es bereits dreischienige Gleise, zumal an den Ausweichen. Südlich des Bahnhofes entstand an der Hildener Straße in Benrath für die Linie 18 und für die Meterspurlinien ein Wende-Gleisdreieck.
Vom 1. Juni 1917 an verkehrte die Linie 18 nicht mehr von Oberbilk, sondern vom Düsseldorfer Hauptbahnhof aus über Oberbilk, Wersten, Holthausen bis zum Benrather Bahnhof. In Düsseldorf benutzte die 18 die Endstelle vor dem Bahnhofsgebäude, über die einige Jahre vorher die Linie 9 aus Richtung Schloßstraße (Derendorf) umsetzte. Die Linie 5 fuhr weiterhin zwischen Rathaus, Hauptbahnhof und Oberbilk/Stoffeler Straße, in Oberbilk existierte somit ein 5-Minuten-Verkehr.
In den Jahren 1914–15 wurden weitere Gleisarbeiten durchgeführt. Auf der Hardt entstand eine Gleisverbindung von der Gerresheimer Linie 13 zur Mettmanner Straßenbahn, um, wie es damals hieß, das Umladen der Lebensmittel-Transporte in Richtung Mettmann an der Haltestelle „Auf der Hardt“ zu vermeiden. Am Güterbahnhof Bilk erstellte man für Lazarett-Transporte von der Friedrichstraße über die Rampe an der Bachstraße eine Verbindung zu den Staatsbahngleisen, außerdem zwischen Bach- und Burghofstraße neben der Linienstrecke ein drittes Gleis zum Abstellen von Wagen. Die Altstadtstraße „Reuterkaserne“ erhielt 1915 Gleise für eine geplante spätere Ausstellung, die infolge des Kriegsausganges aber nicht stattfand.
1918 baute man für die Mettmanner Straßenbahn zur großen Gleisschleife am Staufenplatz von der Ludenberger Straße aus einen Abzweig ein, damit die Mettmanner Wagen bis zum Staufenplatz durchfahren und dort umsetzen konnten, was aber nur für eine kurze Zeit in Anspruch genommen wurde. Der Gleisabzweig am Staufenplatz und die Gleisverbindung auf der Hardt wurden Mitte der zwanziger Jahre wieder ausgebaut.
Der Umbau von offenen Sommer-Beiwagen in geschlossene Beiwagen wurde im Kriege fortgesetzt. Außerdem richtete man Sommerwagen für Verwundeten-Transporte und Lebensmittel-Lieferungen her, so daß der Bestand an ursprünglichen Sommer-Beiwagen in diesen Jahren wesentlich zurückging.
Die Linie 9 bekam 1917 über den Schlachthof hinaus eine kurze Verlängerung auf der Rather Straße bis zur Heinrich-Ehrhardt-Straße, wo eine mehrgleisige Umsetz- und Abstellanlage entstand, die für den starken Berufsverkehr zu den Rüstungswerken erforderlich wurde.
In den Kriegsjahren fuhr die Düsseldorfer Straßenbahn bei starkem Verkehr auch Vier-Wagen-Züge, nachdem ein diesbezüglicher Antrag von den Aufsichtsbehörden schon vor 1914 genehmigt worden war. Auf den Linien nach Derendorf, Oberbilk und Eller wurden in der Hauptverkehrszeit 500er Triebwagen mit drei Beiwagen (600er Wagen und Beiwagen aus der Anfangsserie) eingesetzt. Auf einem Werksfoto, das in jenen Jahren aufgenommen wurde, sieht man die Linie 5 (Oberbilk–Rathaus) als Vier-Wagen-Zug: TW 515 mit BW 654, 652 und 655.
1916–17 reichten der einsatzfähige Wagenbestand und das verfügbare Personal nicht mehr aus, um in der Hauptverkehrszeit zusätzliche Einsatzzüge zu fahren. Um die Arbeiter bei Schichtwechsel zu ihren Firmen (besonders zu den Rüstungswerken in Derendorf) fahren zu können, mußten die Linien 4, 7 und 11 ihren Dienst einstellen. Die Linie 15 verkehrte dann nur bis Hauptbahnhof. Die freigewordenen Wagen setzte man nun als E-Wagen bzw. E-Züge ein.

Kriegsaufgaben für die Düsseldorfer Straßenbahn

Da im Kriege nicht nur Soldaten benötigt wurden, sondern auch Pferde, und die wenigen Automobile eingezogen wurden, entstand ein starker Beförderungsengpaß. Auch hier mußte die Straßenbahn einspringen.
Ab August 1914 wurden Verwundeten-Transporte in die Heimatlazarette von den Ausladestellen der Eisenbahn in die

Ein Vier-Wagen-Zug steht vor dem Hauptbahnhof in der Umsetzstelle der ehemaligen Linie Hauptbahnhof – Grafenberg.

Im Ersten Weltkrieg übernahmen Straßenbahnen den Transport Verwundeter zu den einzelnen Lazaretten; die Aufnahme zeigt einen Drei-Wagen-Zug von der Rampe am Bilker Bahnhof in die Friedrichstraße einbiegend.

Die »Straßenbahn-Güterzug Studien-Gesellschaft« war eine Notlösung im Ersten Weltkrieg.

städtischen Kliniken von Straßenbahnwagen durchgeführt. In Düsseldorf lagen die Umladestellen an der Rampe des Bilker Güterbahnhofes, am Hauptbahnhof an der Harkortstraße und auf dem unteren Rheinwerft. 1914 wurden Sommer-Beiwagen und geschlossene Motor- und Beiwagen aus den Ursprungsserien, Baujahre 1899–1902, entsprechend umgerüstet. Sie erhielten im Wageninnern Aufhänge-Vorrichtungen für Tragbahren, stets doppelstöckig übereinander. Insgesamt 9 Trieb- und 23 Beiwagen baute man für diesen Zweck um. Die Triebwagen führten statt des Liniennummernschildes auf dem Wagendach ein rundes Schild mit dem roten Kreuz. Während des Ersten Weltkrieges wurden insgesamt etwa 11 500 verwundete Soldaten mit Straßenbahnwagen von den Eisenbahn-Umladestellen zu den einzelnen Düsseldorfer Krankenhäusern transportiert. Meistens verkehrten Drei-Wagen-Züge.

Der Güterverkehr hatte mit großen Schwierigkeiten zu kämpfen. 1915 bildete sich in Düsseldorf eine „Straßenbahn-Güterzug-Studien-Gesellschaft". Nach deren Vorstellungen sollten Straßenbahn-Triebwagen einen oder zwei Fuhrwerkskarren mit vier Vollgummirädern und Spurrollen ziehen – die Karren erhielten entsprechende Kupplungen – und Güter aller Art von Staatsbahnhöfen oder anderen Stellen zu den Empfängern befördern. Dort kuppelte man die Karren ab und rollte sie auf Werkshöfe oder zu anderen Orten. Welche Gütermengen auf diese Art und Weise transportiert wurden, ist nicht bekannt. Jedenfalls wurden mindestens fünf solcher Spurrollen-Güterwagen beschafft.

Um zwischen Eisenbahn und Straßenbahn bessere Anschlußstellen zu schaffen, baute die Stadt Düsseldorf 1916 auf dem hochliegenden Teil des Bilker Güterbahnhofes eine Güterabfertigung für die Düsseldorfer Straßenbahn mit Schuppen und Ladegleisen für Straßenbahngüterwagen. Das Anschlußgleis war bereits 1914 für das Umladen von Verwundeten angelegt worden, es führte von der Friedrichstraße über die Rampe an der Bachstraße zum Güterbahnhof. Vorher, ebenfalls im Jahre 1914, war bereits ein gleicher Straßenbahn-Güterbahnhof in Oberbilk an der Kölner Straße gebaut worden.

Hier wurden Güter von Fuhrwerken in die Güter-Straßenbahn verladen und umgekehrt.

Die Güterwagen der Straßenbahn wurden von Personen-Triebwagen gezogen, wobei alle vorhandenen Typen eingesetzt waren. Stückgüter, Lebensmittel und dergleichen transportierte man hauptsächlich in zweiachsigen gedeckten Güterwagen mit Mittelschiebetüren. Die offenen Güterwagen beförderten Massengüter, wie Bausteine, Kohlen, Sand usw. Im Herbst und Winter 1914 begannen bereits die Lebensmittel-Transporte, 1916 kamen auch Munitionslieferungen hinzu. Auch von und zum unteren Rheinwerft beförderte die Düsseldorfer Straßenbahn Güter. Dazu erhielt sie Anfang des Krieges vom Berger Ufer (heute Mannesmann-Ufer) eine Gleisverbindung zu den Kasematten, der Hafenbahn und den Rheinschiffen. Die Rheinische Bahngesellschaft besaß bereits seit 1899 am Schloßufer ihre Verbindung zu den Werftanlagen. 1917 kaufte die Düsseldorfer Straßenbahn je einen zwei- und vierachsigen Gütertriebwagen mit seitlichen Schiebetüren, außerdem noch 1918 zusätzliche 15 Güterwagen, teils gedeckte, teils offene. Der Anstrich der Güterwagen war grau/schwarz.

Wie in anderen Städten, so mußte auch im Düsseldorfer Straßenbahnnetz für Gütertransporte eine Anzahl Gleisanschlüsse und Stichstrecken angelegt werden, die in den zwanziger Jahren allerdings wieder abgebaut wurden. So entstand z. B. von der Umsetzanlage auf der Wielandstraße eine Stichstrekke zum Derendorfer Güterbahnhof und eine Gleisverbindung vom Spichernplatz zum Städtischen Fuhrpark an der Metzer Straße. Noch 1982 konnte man Spanndraht-Rosetten an Hauswänden, die der Zweite Weltkrieg noch übrigließ, beobachten, die von solchen Güterstrecken herrührten, und zwar am Eckhaus Wieland-/Schirmerstraße und am Haus Metzer Straße 9.

Weitere Gleisanschlüsse wurden zur Glashütte in Gerresheim, zum Grafenberger Walzwerk und zur Lokomotivfabrik Hohenzollern auf der heutigen Schlüterstraße angelegt. Hier mußten von der Grafenberger Allee am Bahnübergang Haniel & Lueg bis zur Lokomotivfabrik knapp 700 m

Gleis eingebaut werden.
1917 kamen umfangreiche Kohlentransporte, vornehmlich zu den Stadtwerken in Flingern, hinzu. Die Preußische Staatsbahn konnte in den letzten Kriegsjahren mit Gütertransporten nicht mehr Schritt halten. Von der Strecke der Linie 15 an der Erkrather Straße wurde eine eingleisige Abzweigung in die Ruhrtalstraße verlegt, die über Höher Weg zu den Städtischen Elektrizitäts- und Gaswerken führte. Das Gleis lag am südlichen Rand des Höher Weges bis zur Ronsdorfer Straße in Flingerbroich. In der gleichen Zeit hatte die Rheinische Bahngesellschaft in Lintfort ein Verbindungsgleis zur Zeche Friedrich-Heinrich verlegt. Die Kohlenzüge rollten nun von Lintfort über Moers, Uerdingen, Oberkassel, durch die Düsseldorfer Innenstadt nach Flingerbroich.
Die Kohlenzüge rollten auch nach dem Kriege weiter, da die 1920 gegründete Deutsche Reichsbahn infolge Reparations-Leistungen einen ziemlichen Mangel an Güterwagen hatte. Erst 1924–25 normalisierte sich der Eisenbahn-Güterverkehr, und die Straßenbahn-Kohlentransporte konnten eingestellt werden.
Ein weiteres Betätigungsfeld für die Düsseldorfer Straßenbahn waren die sogenannten „Suppentransporte" vom November 1916 an bis Anfang der zwanziger Jahre. Einige Großküchen besorgten in dieser Zeit die Verpflegung verschiedener Düsseldorfer Werke, Behörden und Fürsorgestellen. Gleisanschlüsse wurden auch zu diesen Großküchen verlegt: in der Altstadt von der Marktstraße (Rathaus-Strecke) zur Berger Straße, von der Ecke Cornelius-/Heresbachstraße zur Küche in der Hildebrandtstraße, in Oberkassel zum Haus Luegallee 114, Nähe Belsenplatz. Weitere Gleisanschlüsse befanden sich an der Birkenstraße in Flingern, an der Lessingstraße, am Depot Münsterstraße in Derendorf und auf dem Gelände der Städtischen Krankenanstalten.
In den Vormittagsstunden brachten 100er Triebwagen, mit einem Güterbeiwagen oder einem umgebauten Personen-Beiwagen der Ursprungsserie behängt, Essensbehälter und Suppenkessel von den Großküchen-Anlagen zu den einzelnen Empfangsstellen. Anschließend wurde das Leergut zurücktransportiert. In Oberkassel führte die Rheinbahn diese Lieferungen durch.

Die Zeit nach dem Waffenstillstand in Düsseldorf

Das Ende des Krieges im November 1918 brachte den Düsseldorfer Bürgern, wie auch anderen Stadten im damaligen Deutschen Reich, neben den bestehenden wirtschaftlichen Schwierigkeiten auch innenpolitische Verwicklungen. Der „Steckrübenwinter 1917" war noch nicht vergessen, da setzte der Kampf Deutscher gegen Deutsche ein.
Anfang Januar 1919 besetzte der in Düsseldorf gebildete Arbeiter- und Soldaten-Rat, eine linksmarxistische Bewegung, verschiedene öffentliche Gebäude mit dem Ziel, neue Stadtverordnete und einen anderen Oberbürgermeister aus ihren Reihen einzusetzen. Im Februar kam es zu größeren blutigen Zusammenstößen mit der Polizei, die jetzt ebenso wie die Aufrührer bewaffnet war. Ende Februar marschierte das „Freikorps Lichtschlag", gebildet aus staatstreuen ehemaligen Soldaten, in Düsseldorf ein und entsetzte einige Verwaltungsgebäude. Die Schießereien zwischen diesem Freikorps und den Arbeiterräten bzw. den Spartakisten gingen weiter, sie zogen sich bis April 1919 hin, wobei z. B. im Stadtteil Oberbilk auch leichte Artillerie eingesetzt wurde, ehe die Spartakisten vertrieben und die Ordnung einigermaßen wiederhergestellt war.
Außerdem besetzten belgische Truppen in Auswirkung des Waffenstillstandes ab Dezember 1918 das linksrheinische Ufer mit Oberkassel, Heerdt, Neuss usw. Die Oberkasseler Brücke wurde für den allgemeinen Verkehr gesperrt. Nur wer einen besonderen Passierschein vorweisen konnte, durfte von hüben nach drüben. Selbstverständlich konnten auch die Straßenbahnen der Rheinbahn nicht mehr über die Brücke fahren. Die Rheinische Bahngesellschaft baute am Luegplatz eine Schleife ein, die am 1. April 1919 fertig war, damit die Bahnen von Krefeld, Moers und Neuss vor der Oberkasseler Brücke wenden konnten. Der Stau der umsetzenden Linien am Gleiswechsel Luegplatz wurde zu groß.
Als Paßbüro am Oberkasseler Brückentor diente ein Rheinbahn-Vierachser, Wagennummer 5, später Nr. 251, Baujahr 1898. Erst am 9. Oktober 1919 durfte die Fernlinie A wieder über die Brücke bis zum Graf-Adolf-Platz verkehren, mit ihr auch die Wagen der Verstärkungslinie D. Am 21. Januar 1920 fuhr die Linie C (Düsseldorf–Moers) und am 26. Januar 1920 auch die Linie B (Düsseldorf–Neuss) wieder über die Rheinbrücke.
Man kann sich gut vorstellen, daß die bürgerkriegsähnlichen Zustände in Düsseldorf, sowie die ausländische Besatzung der Aufrechterhaltung des Straßenbahn-Betriebes größte Schwierigkeiten brachten. Oft mußte für kürzere oder längere Zeit der Betrieb auf einigen Streckenabschnitten eingestellt werden, so z. B. über die Mühlenstraße zum Rathaus (Besetzung der öffentlichen Gebäude). Außerdem ruhte der Straßenbahnverkehr in Düsseldorf 1918 und 1919 einige Tage wegen Streiks. Auch Kohlenmangel legte zeitweilig den Bahnbetrieb lahm. Durch die Brückensperrung war die Kohlenzufuhr aus Lintfort abgeschnitten.
Ende 1919 wurde die Linie 5 (Oberbilk-Rathaus) eingestellt, die Linie 15 fuhr jetzt statt über Klosterstraße über Hauptbahnhof, Bismarckstraße und Corneliusplatz zum Rathaus. Von 1919 bis 1920 verkehrte die Linie 3 vom Staufenplatz nur bis zum Corneliusplatz, also nicht bis Rathaus. Die Linie 13 wurde von Gerresheim/Bahnhof bis zum Staufenplatz verkürzt.
Fast alle deutschen Straßenbahn-Betriebe hatten zu dieser Zeit einen großen Nachholbedarf, da während des Krieges wegen Personal- und Materialmangels nur die notwendigsten Arbeiten verrichtet werden konnten. Manche Gleisstrecken waren stark abgenutzt, viele Wagen renovierungsbedürftig.
In den ersten Nachkriegsjahren begann zudem, wenn auch vorerst nur langsam, eine Geldentwertung, die Arbeitslosenziffer stieg, zumal jetzt die deutschen Soldaten nach und nach in ihre Heimat zurückkehrten. Die Verkehrsbetriebe konnten daher die Frauen, die während des Krieges als Schaffnerinnen ihren nicht leichten Dienst ausgeübt hatten, wieder durch männliche Kollegen ablösen.
Geldnöte, Arbeitslosigkeit und Schießereien auf den Straßen waren begreiflicherweise nicht dazu angetan, den öffentlichen Nahverkehr zu beleben. Man blieb zu Hause und beschränkte seine Mobilität auf das Notwendigste. Bei der Rheinbahn und der Düsseldorfer Straßenbahn sanken die Fahrgastzahlen und damit die Einnahmen.

Der Zusammenschluß

Während die Düsseldorfer Straßenbahn in den Friedensjahren und auch noch im Kriege mehr oder weniger Gewinne abwarf, trotz anhaltender Investitionen, entstanden in den Jahren 1919–21 Verluste in Millionenhöhe. Zwei getrennte Verkehrsunternehmen für eine Stadt waren jetzt zuviel. Man mußte Einsparungen vornehmen. Der damalige Betriebs-Direktor der Rheinischen Bahngesellschaft, Max Schwab, übernahm am 15. Februar 1920 auch die Betriebsführung der Düsseldorfer Straßenbahn, deren technischer Leiter bereits 1919 ausgeschieden war. Zu dieser Zeit besaß die Stadt Düsseldorf bereits die Hälfte der Rheinbahn-Aktien, konnte bei allen Beschlüssen dieser Verkehrsgesellschaft mitreden bzw. mitbestimmen.
Neu angeschaffte und frisch lackierte Wagen der Düsseldorfer Straßenbahn trugen ab sofort seitlich die neue Eigentums-

Wagen 228 im Betriebshof Grafenberg um 1920

1920 hatte die Rheinbahn die Betriebsführung der Düsseldorfer Straßenbahn übernommen. In dieser Zeit neu beschaffte Wagen trugen die Eigentumsbezeichnung »Rheinische Bahn-Gesellschaft (Stadt Düsseldorf)«.

bezeichnung: „Rheinische Bahngesellschaft (Stadt Düsseldorf)". Dies konnte man an einigen Wagen noch bis 1926 lesen.
Die neue Straßenbahn-Leitung wollte bereits im Jahre 1920 die beiden Verkehrsnetze verschmelzen und durchgehende Linien-Verbindungen schaffen. Eine Linie sollte von Neuss über Oberkassel, Corneliusplatz nach Grafenberg fahren, eine andere von Lörick über Oberkassel, Breite Straße, Graf-Adolf-Platz, Hauptbahnhof nach Benrath verkehren. Für die Linie Neuss–Grafenberg wurde 1920 von der Alleestraße/Ostseite zur Theodor-Körner-Straße, also am heutigen Kaufhof, ein Doppelgleisbogen eingebaut. Die Alleestraße hieß übrigens seit 1915 Hindenburgwall, die Theodor-Körner-Straße damals Basarstraße.
Für dieses Vorhaben waren aber einige Wagen-Umbauten notwendig, da im Düsseldorfer Stadtgebiet mit Stangenstromabnehmern und mit einer geringeren Stromspannung gefahren wurde (Rheinbahn etwa 660 V, Düsseldorfer Straßenbahn 550 V). Einige Triebwagen aus beiden Verkehrsnetzen wurden entsprechend geändert, von der Düsseldorfer Straßenbahn waren es 500er Triebwagen. Auf dem Wagendach wurden Lyrabügel montiert, jeweils nach vorn abzuziehen. Der Schaltkasten der Düsseldorfer Wagen erhielt eine zusätzliche Spule. Am Graf-Adolf-Platz vor dem Postamt 6 wechselte man den Stromabnehmer der Benrather Linie, die Grafenberger Linie mußte am Kaufhof den Wechsel zum Stangenstromabnehmer oder, je nach Fahrtrichtung, zum Lyrabügel vollziehen.
Die Versuchsfahrten verliefen aber nicht zufriedenstellend. Die Lederschnur der Lyrabügel verhedderte sich während der Fahrt oft im heruntergezogenen Stangenstromabnehmer. Die Auffangvorrichtungen der Düsseldorfer Triebwagen mußten festgebunden werden, da sie durch die Schaukelbewegungen auf den linksrheinischen Gleisen sonst herunterklappten. Die zweiachsigen Rheinbahnwagen entgleisten zuweilen in den damals sehr engen Einlaufkurven am Benrather Schloßteich. Vielleicht lag es an den breiteren Bandagen und stärkeren Spurzapfen der Rheinbahnwagen, die zum Befahren der linksrheinischen Strecken, die teilweise Vignolschienen und eisenbahnmäßige Weichen aufwiesen, notwendig waren. Die durchgehenden Fahrten wurden daher wieder aufgegeben, sie dauerten vom 1. Dezember 1920 bis September 1921. Im Fahrplan wurden sie als Kleinbahnlinien bezeichnet, und zwar ohne Liniennummern.
Sobald es möglich war, begann man mit Erneuerungsarbeiten. Die Gleise wurden ausgebessert und an einigen Stellen ausgewechselt, neue Weichen und Schienenkreuzungen eingebaut. So konnte man 1920 als Endstelle der Linie 7 auf der Grafenberger Allee an der Uhlandstraße eine neue dreigleisige Umsetzanlage beobachten. Das mittlere Gleis diente der Linie 7, rechts und links fuhren die Linien 3 und 12 vorbei. Die 7 benutzte damals auf ihrem Weg von der Corneliusstraße zur Uhlandstraße das Verbindungsgleis auf der Oststraße zwischen Tonhallenstraße und Wehrhahn, das heute linienmäßig nicht mehr befahren wird. Lediglich die Linie 27 verkehrte 1938–39 nochmals auf diesem Streckenabschnitt. Die Düsseldorfer Straßenbahn nahm 1920 stilliegende Linienabschnitte wieder in Betrieb. Auch die Mühlenstraße wurde wieder befahren.
Ab 1. Oktober 1921 kam es aber wieder zu Linien-Einschränkungen. Aus Rationalisierungsgründen wurde das Düsseldorfer Straßenbahnnetz neu geordnet. Dabei wurden Linien, die erst vor einem Jahr oder einigen Monaten ihren Dienst aufgenommen hatten, teilweise wieder eingestellt, und zwar Linie 4 (Heinrichstraße–Elberfelder Straße), Linie 5 (Oberbilk–Rathaus), Linie 11 (Düsseltal–Altstadt) und Linie 13 (Grafenberg–Gerresheim/Bahnhof). Die Linie 14 (Karolingerplatz–Gerresheim/Rathaus) wurde bis Grafenberg verkürzt. Die Linie 3 übernahm über Grafenberg hinaus die Strecke zum Gerresheimer Bahnhof anstelle der 13. Die Linie 7 fuhr anstelle der 4 zur Heinrichstraße. Den Verkehr nach Oberbilk, dann weiter bis Benrath, besorgte die Linie 18 anstelle der 5 (Altstadt–Oberbilk). Die 18 fuhr bereits seit 1917 zwischen Hauptbahnhof und Benrath. Die Strecke vom Burgplatz über Sternstraße zum Zoo blieb vorerst ohne Linienbetrieb.
Die Rheinbahn-Linien nach Neuss und Lörick bekamen am 1. Oktober 1921 Nummern: Linie B nach Neuss wurde in 16 umgetauft, Linie D nach Lörick in Linie 17. Außerdem ließ man die neue Linie 16 von Neuss über Oberkassel, Corneliusplatz, Bismarckstraße zum Hauptbahnhof fahren. Die übrigen Oberkasseler Linien behielten ihren Weg, die beiden Fernlinien nach Krefeld und Moers auch ihre Buchstaben-Kennzeichnung. Die Linie 15 fuhr zeitweilig über die Theodor-Körner-Straße, Alleestraße/Ostseite, Rheinbrücke bis zum Oberkasseler Belsenplatz.
Mitte Dezember 1921 tauschte man die Endstellen der Linien 8 und 9 aus: Linie 8 fuhr jetzt vom Zoo zur Hafenamtstraße und die Linie 9 von Rheinmetall (Derendorf) zur Fährstraße.
Der Straßenbahn-Güterverkehr ging auch in den Nachkriegsjahren weiter. Die Düsseldorfer Straßenbahn beförderte im Geschäftsjahr 1920/21 folgende Gütermengen:

Stückgüter	8 613 t
Lebensmittel, Küchenkost	1 629 t
Kohlen und Baumaterial	18 044 t
Dienstgüter	3 330 t.

Im Frühjahr 1921 setzte sich der Wagenpark der Düsseldorfer Straßenbahn wie folgt zusammen:

321	Triebwagen
262	Beiwagen
12	Salzwagen
2	Sprengtriebwagen
2	Gütertriebwagen
4	Gerätetriebwagen
1	Schienenschleif-Triebwagen
1	Schweißbeiwagen
46	Güterbeiwagen (offene und gedeckte)
5	Rollschemelwagen.

Im Dezember 1921 beschlossen die Düsseldorfer Stadtverordneten, die beiden Verkehrsbetriebe nun endgültig zusammenzulegen. Durch Pachtvertrag übernahm die Rheinische Bahngesellschaft ab 1. Januar 1922 offiziell die Düsseldorfer Straßenbahn. Alle Wagen wurden bei Hauptuntersuchungen und neuer Lackierung an beiden Längsseiten mit „Rheinische Bahngesellschaft" beschriftet. Der Zusatz „Stadt Düsseldorf" entfiel. Die Gesellschafts-Bezeichnung „A.-G." trat erst Mitte der dreißiger Jahre aufgrund eines neuen Aktien-Gesetzes hinzu.
Nach der Zusammenlegung bekamen die Düsseldorfer Triebwagen nach und nach wie die Rheinbahnwagen Lyrabügel. Vorher mußten natürlich einige Änderungen an den Düsseldorfer Fahrleitungen vorgenommen werden, so daß die Umstellung vom Stangenstromabnehmer zum Lyrabügel streckenweise erfolgte. Jetzt konnte es nicht mehr passieren, daß bei Fahrleitungskreuzungen die Trolleystange mal „aus der Reihe tanzte". 1922 wurden 35 Triebwagen der Düsseldorfer Straßenbahn mit den neuen Stromabnehmern ausgerüstet, 1923 89 Wagen und zuletzt 1924 191 Triebwagen.
Die zweiachsigen Trieb- und Beiwagen der Rheinischen Bahngesellschaft erhielten in den nächsten Jahren die Düsseldorfer Bolzenkupplung statt der Puffertellerkupplung. Jetzt war es möglich, die Düsseldorfer und Rheinbahnwagen im Zugverband zu fahren. Die Stromspannung der Fahrleitung wurde einheitlich auf 550 V gebracht. Die vierachsigen Trieb- und Beiwagen der Fernlinien behielten aber ihr eigenes Kupplungssystem.

Die Inflationsjahre

Die damaligen innenpolitischen und wirtschaftlichen Schwierigkeiten im Deutschen Reich wurden noch verschärft, als französische Truppen ins Rheinland einmarschierten. Frankreich nannte es „Sanktionen“ wegen fehlender Reparationszahlungen des Deutschen Reiches. Am 8. März 1921 wurde das Düsseldorfer Stadtgebiet von französischen Militäreinheiten besetzt. Verschiedene öffentliche Gebäude, Schulen usw. wurden beschlagnahmt. Auch der Straßenbahnverkehr erlitt wiederum Einbußen. Im Oktober 1921 kam es dann zu den bereits erwähnten Sparmaßnahmen der Düsseldorfer Straßenbahn-Betriebsleitung.
Am 10. Januar 1923 wurde auch das Ruhrgebiet besetzt. Frankreich wollte sich die Ruhrkohle selbst holen, um seine Reparationsansprüche zu befriedigen. Die Eisenbahnen im Rhein-Ruhr-Gebiet kamen als sogenannte „Regiebahn“ unter französische Oberhoheit. Auf deutscher Seite wurde der „passive Widerstand“ ausgerufen, der bis etwa Ende September 1923 andauerte. Es kam von einigen Freischärlern auch zu Sabotage-Akten gegen französische Kohlenzüge. Einige Deutsche, darunter auch Arbeiter aus dem Revier, wurden erschossen. Albert Leo Schlageter, der in späteren Jahren als Märtyrer gefeiert wurde, gehörte dazu.
Die „Regiebahn“ wurde von der Bevölkerung wenig benutzt. Wer damals z. B. von Düsseldorf nach Essen wollte, fuhr mit Straßenbahnen, und zwar mit der Düsseldorf-Duisburger Kleinbahn ab Nordstraße bis Duisburg, von dort mit der Duisburger Straßenbahn-Linie 2 bis Mülheim/Rathaus, dann mit der Essener Straßenbahnblinie 18 über Heißen bis Essen/Hauptbahnhof. Dieser Fahrweg war zwar zeitraubend, aber man hatte „Widerstand“ gezeigt.
Ab 1922 wurde die „Mark“ zusehends entwertet, die Preise kletterten immer schneller in die Höhe. Im Januar 1922 mußte man in Düsseldorf für einen Straßenbahn-Fahrschein 2 Mark bezahlen, ab 1. April 1922 bereits 3 Mark. Und so ging es weiter. In der zweiten Jahreshälfte 1923 überschritten die Preise und Löhne die Milliarden-Grenze und steigerten sich in Billionen und Trillionen. Die Notenpressen konnten mit dem Bedarf an neuen Geldscheinen nicht Schritt halten, so daß viele Städte und Körperschaften dazu übergingen, selbst „Notgeld“ zu drucken und auszugeben.
Die Straßenbahn-Betriebe hatten wiederum weniger Einnahmen, man ging oft längere Strecken zu Fuß. Wer hatte immer so viel Geld bei sich, um die astronomischen Fahrpreise zu bezahlen? Die Schaffner waren in jenen Monaten zu bedauern, wenn sie das „viele Geld“ in ihren Taschen unterbringen mußten. An den Endstellen nahmen daher Angestellte der Verkehrsbetriebe von Zeit zu Zeit die Berge von Banknoten in Empfang und verstauten sie in großen Behältern.
Alles atmete auf, als am 15. November 1923 die Rentenmark eingeführt wurde und man wieder mit „Groschen“ rechnen konnte. Die „Trillionen“ waren nur noch Makulatur.

Die Neuwagen-Beschaffung nach dem Kriege

Die im Jahre 1909 eingeleitete Beschaffung neuer Straßenbahnwagen der zweiten Wagen-Generation wurde nach dem Kriege fortgesetzt. Die Waggonfabriken stellten in den Jahren 1918–19 für die Düsseldorfer Straßenbahn die Triebwagen Nr. 546–569 fertig, allerdings wurde die elektrische Ausrüstung erst später, bis 1921, nachgeliefert, so daß die neuen Wagen erst Anfang der zwanziger Jahre zum Einsatz kamen. Es waren wiederum Zweiachser mit einer Länge von 9,5 m und zwei Tatzlager-Motoren von je 50 kWh, also stärkere Triebwagen, die noch in den sechziger Jahren mühelos zwei Beiwagen ziehen konnten. Die Doppeleinstiege waren mit hohen Falttüren verschlossen, nur die Einfacheinstiege hatten halbhohe Klapptüren.

1920 reduzierte die Düsseldorfer Straßenbahn ihren Sommerwagenbestand weiter und verkaufte 11 dieser Beiwagen an die Aachener Kleinbahn. Nach Umspurung auf 1000 mm erhielten sie die Wagen-Nr. 639, 641–650; bis 1939 wurden sie in Aachen verschrottet.
Im Jahre 1921 ging es mit neuen Wagen in Düsseldorf weiter. Nachdem die elektrische Ausrüstung geliefert und eingebaut war, kamen 30 neue Triebwagen, Nr. 570–599, zum Einsatz. Diese Serie hatte an den Einfacheinstiegen statt der niedrigen Klapptür Schiebetüren. Die Doppeleinstiege waren jeweils mit einer niedrigen Klapptür und einer hohen Falttür verschlossen. Links vom Fahrer ließ die niedrige Klapptür ungehindert Luft herein, außerdem blieb die rechte Schiebetür damals während der Fahrt offen. Nur bei kaltem und nassem Wetter drückte entweder der Fahrer oder ein Fahrgast die Schiebetür zu. Die ebenfalls 9,5 m langen Triebwagen hatten bereits ein Eigengewicht von etwa 12,5 t.
1922 wurden die Motorwagen Nr. 901 und 902 in Dienst gestellt, außerdem neue Beiwagen mit den Nummern 706–730. Sie waren 8,7 m lang und wogen ca. 7,3 t. Auch diese Beiwagen hatten, wie die vorher gelieferten, an den Einstiegen halbhohe Klapptüren, nur der Doppeleinstieg konnte eine hohe Falttür aufweisen. Ansonsten waren die Plattformen verglast. Die Düsseldorfer Straßenbahn und die Rheinbahn behielten bei ihren Neubauten bis Ende der zwanziger Jahre das sogenannte Laternendach bei. Das Wageninnere zeigte das gleiche Bild wie das seiner Vorgänger.
Die Fahrgäste aus jener Zeit müssen zum Teil schlechte Manieren gezeigt haben, im Wagen mahnten Emaille-Schilder mit den Worten: „Nicht in den Wagen spucken“. Weiter war „das Mitbringen glimmender Zigarren und Pfeifen verboten“. Über der Schiebetür im Wagenabteil zeigten neben der Wagennummer Emaille-Schildchen an, daß 18 Sitz- und 13 Stehplätze vorhanden waren. Auf den Perrons waren ebenfalls je 13 Stehplätze zu verzeichnen, so daß die Wagen nach seinerzeitigem Index 18 Sitz- und insgesamt 39 Stehplätze aufweisen konnten. Später setzte man die Stehplatzziffern herauf. Alle Sitzplätze waren ab 1920 gepolstert und mit Leder bezogen.
Nach Indienststellung dieser neuen Wagen konnte die Düsseldorfer Straßenbahn eine Anzahl Trieb- und Beiwagen aus den Anfängen der Elektrifizierung entbehren und verkaufte der Aachener Kleinbahn weitere 10 Beiwagen Nr. 401–410, Baujahr 1896. Es waren ursprünglich Triebwagen der ersten Ratinger und Grafenberger Strecken, die 1904 zu Beiwagen umgebaut wurden. Nach Umspurung bekamen sie in Aachen die Nummern 630–638 und 640, dort letzte Verschrottung bis 1939. Vier Beiwagen gingen an die Mainzer Straßenbahn, dort Nr. 145–148. Zwei Triebwagen erhielt die Stadt Rostock, dort Nr. 24 und 25, sowie 12 Beiwagen.
1923–24 kaufte die Rheinbahn, die 1922 die Düsseldorfer Straßenbahn übernommen hatte, bei der Lierenfelder Waggonfabrik weitere Zweiachs-Triebwagen in der gehabten Ausführung, es waren die Wagennummern 903–917, die ab 1928 bis zur ihrer Ausmusterung in den sechziger Jahren hauptsächlich im Werstener Depot stationiert waren. 1924 kamen auch wieder Beiwagen hinzu, Wagennummern 731–745, mit einer Länge von 8,7 m und einem Eigengewicht von 7,3 t, die den Bestand des Betriebshofes Grafenberg erweiterten. Außer Personen-Trieb- und Beiwagen wurden 1923 noch 56 zweiachsige Güterwagen beschafft.
Die Rheinbahn nahm aus ihrem Bestand weitere Wagen der Baujahre 1900–02 heraus. 63 Trieb- und Beiwagen wurden nach Berlin verkauft, die dort alle nur als Beiwagen mit den Nummern 1588–1650 eingesetzt wurden. Ein Beiwagen ging an die Straßenbahn in Minden, acht Sommer-Beiwagen nach Schwerin.
Ende 1924 besaß die Rheinbahn (zusammen mit der früheren Düsseldorfer Straßenbahn) folgende Wagen:

343 Triebwagen
274 Beiwagen
46 Arbeits-Triebwagen
6 Güter-Triebwagen
172 offene Güterwagen
36 gedeckte Güterwagen.

Die Streckenlänge betrug damals 162,7 km.

Im Laufe des Jahres 1925 lieferten die Waggonfabriken weitere Triebwagen an, Wagennummern 918–927. Diese Serie hatte zum ersten Mal rundherum geschlossene Plattformen, die Einfacheinstiege hatten Schiebetüren, die Doppeleinstiege hohe Falttüren. Außerdem änderte man die bisherige Linien-Beschilderung an den Stirnseiten. Das Linienziel (z. B. Rathaus) war nun an der mittleren Frontscheibe innen unterhalb des Wagendaches angebracht, an den rechten und linken Frontscheiben die Liniennummer. Die Beschilderung vorn auf den Wagendächern fiel also fort. Diese 10 neuen Wagen setzte man zunächst auf verschiedenen Linien ein, vorwiegend auf der 16 nach Neuss, die seinerzeit noch mit 1100er Wagen betrieben wurde. Der neue Beschilderungsversuch setzte sich aber nicht durch. Zwei Jahre später hatten auch diese Triebwagen die bei der Rheinbahn üblichen Dach-Linienschilder. Ab 1928 bis etwa 1941 wurden diese Triebwagen Nr. 918–927 fast ausschließlich auf der Linie 18 nach Benrath eingesetzt.

Auch neue Beiwagen nahmen 1925 ihren Dienst auf, und zwar Wagennummern 746–810. Die Beiwagen Nr. 786–799 waren rundherum mit hohen Falttüren verschlossen, dagegen erhielten die Wagen ab Nr. 800 wieder halbhohe Klapptüren, wobei der Doppeleinstieg wenigstens eine hohe Falttür vorweisen konnte.

Die Emailleschildchen „Einstieg“ und „kein Einstieg“ an den Trittbrettern der Doppeleinstiege konnte man bei verschiedenen Wagen auch Mitte der zwanziger Jahre noch beobachten, auch bei Neuwagen, z. B. bei den Wagennummern 756–759. Wenige Jahre später wurden diese Schildchen aber sämtlich entfernt.

Im Frühjahr 1926 beschaffte man die letzten Straßenbahnwagen der seit 1909 laufenden Aktion, es waren 20 Beiwagen mit den Nummern 811–830. Sie entsprachen den bisher in Dienst gestellten Wagen, waren aber, wie die Wagennummern 786–799, an den Plattformen durch hohe Falttüren verschlossen. Auch sie waren bis zu ihrer Ausmusterung hauptsächlich im Depot Wersten beheimatet. Mit den Triebwagen Nr. 918–927 bildeten sie auf der Linie 18 in der Hauptverkehrszeit Drei-Wagen-Züge.

Verkauft wurden 1926 von der Rheinbahn je drei Trieb- und Beiwagen der Ursprungsserien nach Landsberg/Warthe, die dort die Nummern 13–15 und 16–18 (Beiwagen) erhielten.

Linien-Änderungen Mitte der zwanziger Jahre

Nach Einführung der Rentenmark, die nur eine Zwischenlösung darstellte, wurde Anfang 1924 die „Reichsmark“ ins Leben gerufen. Es kamen nun wieder „stabile Verhältnisse“. „Handel und Wandel“ gerieten wieder in Bewegung, wenn auch vorerst nur langsam. Die französische Besatzung war zwar noch da, aber die deutschen Industrien produzierten wieder, Kohle wurde auch wieder gefördert, und man hatte jetzt stabiles Geld in den Händen.

Man fuhr wieder öfter mit der Straßenbahn. Die Rheinbahn konnte nicht nur im linksrheinischen Streckennetz, sondern auch im rechtsrheinischen Düsseldorf einige Verbesserungen treffen.

Am 12. April 1924 wurde eine Neubau-Strecke eröffnet, und zwar von der Hafenamtstraße nach Hamm/Kuhstraße. Die Linie 8 fuhr nun bis Hamm und löste den in einem früheren Kapitel genannten Pendel-Omnibus Hafen–Hamm ab. Die Hammer brauchten an der Hafenamtstraße also nicht mehr umzusteigen.

Die 1921 stillgelegten Strecken kamen wieder in Betrieb, am 1. Mai 1924 z. B. der Abschnitt Graf-Adolf-Straße–Corneliusstraße–Bilker Allee der Linie 7, das Streckenstück der Linie 9 von der Fährstraße zum Südfriedhof. Außerdem fuhr die Linie 15 über Corneliusplatz, Mühlenstraße zum Rathaus, anstatt in der Elberfelder Straße umzusetzen. Die Linie 3 endete in der Gleisschleife Corneliusplatz, Schleifenfahrt Schadowstraße–Königsallee–Schadowplatz–Schadow-

Im Februar 1925 rollten neue Beiwagen an, hier Beiwagen 756 - 760.

straße. Am 16. Juli 1924 verlängerte die Rheinbahn die Linie 18 vom Hauptbahnhof über Corneliusplatz zum Rathaus, die 15 verkehrte nun wieder über Kloster- und Eckstraße zur Elberfelder Straße.
Am 7. September 1924 wurde eine weitere Neubaustrecke dem Verkehr übergeben: Vom Spichernplatz über Ulmen- und Kalkumer Straße nach Unterrath, die bereits vor dem Ersten Weltkrieg begonnen wurde, aber nur bis zum Spichernplatz ausgeführt werden konnte. Für die Neubaustrecke war die Linie 7 ausersehen, sie fuhr nun nicht mehr über Uhlandstraße, Zoo zur Heinrichstraße, sondern vom Hafen über Bilker Allee, Corneliusstraße, Tonhallenstraße, Marienhospital, Dreieck, Spichernplatz bis Unterrath. Die Strecke über die Ulmen- und Kalkumer Straße wurde bis zur Unterrather Straße (heute Eckenerstraße) doppelgleisig ausgeführt, von dort ging es eingleisig weiter bis zur Umsetzstelle an der Eisenbahnstrecke Düsseldorf–Duisburg, Nähe Bahnhof Unterrath. An der Haltestelle „Am Röttchen" wurde eine Ausweiche angelegt, die beim 10-Minuten-Verkehr benötigt wurde.
Eine neue Linie 5 übernahm, von Oberbilk kommend, anstelle der 7 die Verbindung über Worringer Platz, Kölner Straße, Wehrhahn, Brehmplatz zur Heinrichstraße, wenn auch nur für kurze Zeit. Damit wurde straßenbahnmäßig eine Nord-Süd-Diagonale geschaffen. 1924 verband man die Gleise auf der Elberfelder Straße durch einen Gleisbogen mit der Alleestraße in Richtung Breite Straße. Vom 7. September an ließ die Straßenbahn-Leitung die Linie 12 von Ratingen über Elberfelder Straße, Breite Straße zum Graf-Adolf-Platz fahren, was sich aber wohl nicht bewährte, denn am 6. Oktober 1924 wurde die 12 wieder bis zum Schadowplatz zurückgenommen.
Am 20. September erlebte die Linie 4 ein „Comeback", sie fuhr vom Corneliusplatz wieder ihren gewohnten Weg über Wehrhahn, Uhlandstraße zum Zoo. Am 1. Dezember 1924 verlängerte man sie bis zur Heinrichstraße. Gleichzeitig gab man der Linie 5 eine andere Fahrstrecke. Sie verkehrte nun von Wersten/Schleife Burscheider Straße über Oberbilk, Worringer Platz, Pempelforter, Schloßstraße zum Schlachthof.
Die Linie 6 übernahm am 1. Dezember 1924 die frühere Strecke der 11 über Ratinger Tor, Stockkampstraße, Brehmplatz bis Düsseltal als Verlängerung. Die Endstelle an der Oberkasseler Rheinbrücke/Bendemannstraße wurde nicht mehr angefahren. Auch die Streckenteilung an der Hildener Straße am niveaugleichen Bahnübergang war inzwischen beseitigt worden, so daß die Linie 6 jetzt folgenden durchgehenden Linienweg hatte: Lierenfeld–Hildener Straße–Oberbilk – Ellerstraße – Mintropplatz – Graf-Adolf-Platz – Hohe Straße–Rathaus–Kunsthalle–Ratinger Tor–Sternstraße–Marienhospital–Bahnhof Derendorf–Brehmplatz–Düsseltal.
Ebenfalls am 1. Dezember 1924 verlängerte man die Linie 16 vom Hauptbahnhof über Worringer Platz, Birkenstraße bis Flingern/Bruchstraße. Aber auch die Linienführung der 16 auf den Gleisen der Linie 14 wird nicht den erhofften Erfolg gehabt haben, denn ab 1. Mai 1925 endete die 16 wieder am Hauptbahnhof.
Im Jahre 1924 übernahm die Stadt Düsseldorf – ein Zeichen für die verbesserte Finanzlage – einen Anteil an der Düsseldorf-Duisburger Kleinbahn in Höhe von 50 %. Außerdem wurden Pläne erörtert, um die Streckenführung zwischen Düsseldorf und Duisburg zu bessern und damit die Fahrzeit zu reduzieren.
Im gleichen Jahr beschloß die Düsseldorfer Stadtvertretung weiterhin, die Oberkasseler Rheinbrücke zu verbreitern und die Arbeiten dazu anlaufen zu lassen. 1924 war auch das Wilhelm-Marx-Haus am früheren Allee-Plätzchen fertig und konnte bezogen werden. Dieses Hochhaus war der erste Düsseldorfer „Wolkenkratzer".
Am 6. April 1925 wurde die im Vorjahr wieder errichtete Linie 4 vom Corneliusplatz über Alleestraße, Rheinbrücke zum Oberkassseler Belsenplatz verlängert. Die Rheinbahn eröff-

Wagen 527 der Linie 9 in der alten Endschleife am Südfriedhof um 1926

nete am 1. Oktober 1925 einen neuen Betriebshof an der Münsterstraße, Nähe Heinrichstraße, wo er auch heute noch steht, allerdings wesentlich erweitert. Das alte Derendorfer Depot, Nähe Dreieck, wurde geschlossen und abgetragen.
1925 ließ man die Linie 15 am Schadowplatz vorbei, über Elberfelder Straße, Alleestraße, Theodor-Körner-Straße, Schadowstraße, zurück zur Eck- und Klosterstraße fahren. Die Umsetzstelle auf der Elberfelder Straße hatte ihren Dienst getan, die 15 machte jetzt „eine Schleife".
Am 25. August 1925 erlebte Düsseldorf den Abzug der Besatzungstruppen, was natürlich gebührend gefeiert wurde. Kurze Zeit danach wurde das Rheinstadion nördlich von Stockum eröffnet. Am 18. April 1926 verlängerte man die Linie 10 von Stockum (heutige Haltestelle „Stockumer Kirchstraße") über die Amsterdamer Straße, die neue Beckbuschstraße bis zum Stadion, wo eine Gleisschleife errichtet wurde. Auf der Beckbuschstraße legte man einen dreigleisigen Bahnkörper an, zwischen den beiden Fahrgleisen ein Abstellgleis für E-Züge bei Stadion-Veranstaltungen. Diese Anlage existiert auch heute noch.
Im Sommer 1925 begann die Rheinbahn an bestimmten Tagen, die in den Tageszeitungen genannt wurden, mit Ausflugsfahrten per Straßenbahn „ins Blaue". Ausgangspunkt war stets die Umsetzstelle auf der Mendelssohnstraße an der Grafenberger Allee. Die Fahrten ins Blaue führten meistens über Oberrath am Waldrand entlang nach Ratingen. Auf Spazierwegen durch die Waldgebiete um Ratingen, Hösel bis nach Kettwig wurden unterwegs einige Lokalitäten besucht. Manchmal ging es auch nach Gerresheim zu den Höhenwegen bis Unterbach oder durch Wald und Feld nach Erkrath und Neandertal.

Umsetzstelle der Linie 12 auf der Düsseldorfer Straße in Ratingen

Linie 4 während des Verbreiterungsumbaus 1925 auf der Oberkasseler Brücke. Man sieht hier eines der eckigen Linienschilder, ein Versuch, der sich nicht durchgesetzt hat.

Versuche mit Dach-Linienschildern

1925 machte die Rheinbahn verschiedene Versuche mit neuen Linien-Beschilderungen. Fahrgäste hatten sich beschwert, weil die Ziffern auf den Wagendächern teilweise nicht gut lesbar seien. In diesem Jahre konnte man auf einigen Triebwagendächern an den Stirnseiten Linienschilder in eckigen Formen beobachten. Die Linie 1 hatte ein längliches Schild über dem drehbaren Zielschild, die 2 ein quadratisches, die 3 ein Dreieck, die 4 ein Sechseck. Es soll sogar ein Fünfeck erprobt worden sein. Die jeder Linie zugedachte eckige Schildform sollte der Linien-Erkennung Vorschub leisten.
Aber diese eckigen Schilder vorn auf den Wagendächern wollten die Düsseldorfer auch nicht, nach kurzer Zeit war von den Vielecken nichts mehr zu sehen.
Statt dessen entwarf die Fa. Brose in Wuppertal für die Rheinbahn neue kreisrunde Emaille-Schilder mit stark durchgezogenen Linienziffern. Die Zahlen reichten vom oberen zum unteren Schildrand. Alle Linien bzw. Triebwagen außer den Fernlinien wurden damit ausgerüstet. Während der Dunkelheit beleuchteten verdeckte Lampen am Dachstirnrand über der mittleren Frontscheibe das neue Linienschild und das drehbare Zielschild. Die ursprünglichen Lampen rechts und links des Zielschildes wurden entfernt.
In den folgenden Jahren änderte die Rheinbahn auch die Linienweg-Schilder, die über den Seitenfenstern am Dachrand aufgesteckt waren. Außer dem Linienweg sah man an beiden Seiten des länglichen Schildes oder mittig darüber auch die Liniennummer. Darunter kam oft noch ein Reklameschild. Bei der Linie 1 z.B. zeigte das Schild folgenden Weg an: „1 Rath – Derendorf – Graf-Adolf-Platz – Bilk – Krankenanstalten 1". Diese Aufsteckschilder waren wohl nicht mehr betriebssicher. Jetzt setzte man in das obere Mittelfenster der seitlichen Fünf-Fenster-Reihe ein neues eingerahmtes Schild mit Liniennummer und Endstellen der betreffenden Linie, bei der Linie 1 z. B. „1" „Rath–Krankenanstalten". Die Reklameschilder, meistens handelte es sich um Zahnpasta und Waschmittel, saßen nun allein auf dem Seitendachrand. Vom Rand des Laternendaches wurden sie mit Haken und Ösen gehalten.

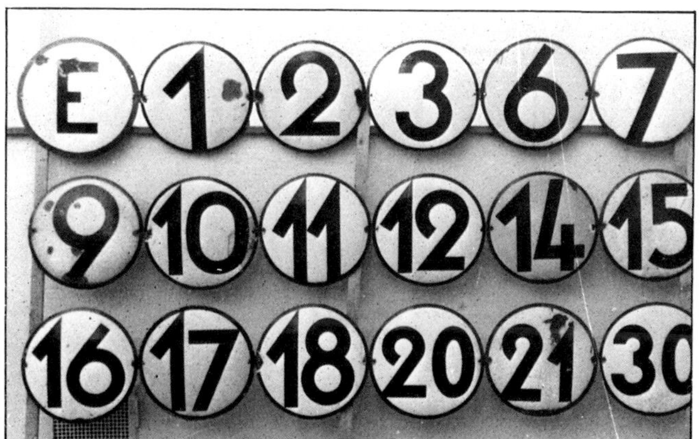

Nach dem mißglückten Versuch mit Dach-Linienschildern wurden 1926 neue, kreisrunde Linienschilder entwickelt, von denen die Abbildung eine Auswahl zeigt. – Düsseldorf hatte wohl die schönste Beschilderung aufzuweisen.

Die linksrheinischen Fernlinien in den zwanziger Jahren

Der bereits vor dem Ersten Weltkrieg begonnene zweigleisige Ausbau der Krefelder Strecke wurde in den ersten zwanziger Jahren fortgesetzt. Bis 1924 fuhr man bis Fischeln doppelgleisig, die Reststrecke bis Krefeld folgte bis 1930.

Ab 1922 entfiel die Aufteilung der Wagenabteile in 2. und 3. Klasse. Die Zwischentüren wurden entfernt, die Fernbahn-Triebwagen bekamen einheitlich Polstersitze, mit Leder bezogen. Nach dem Zusammenschluß von Rheinbahn und Düsseldorfer Straßenbahn erhielten die ursprünglichen Rheinbahnwagen 1000er Wagennummern, um Doppel-Numerierungen mit den Düsseldorfer Wagen zu vermeiden. Die bisherige Wagennummer bekam eine „1“ vorgesetzt, z. B. wurde aus dem Beiwagen Nr. 181 die neue Wagennummer 1181. Es entstanden somit die 1000er, die 1100er und die 1200er Baureihen. Den 1912 beschafften sechs vierachsigen Triebwagen der Linie A (Düsseldorf–Krefeld) gab man die neuen Nummern 1001-1006.

1924 wurden für die Fernlinie A acht neue Vierachs-Beiwagen Nr. 1070–1077 gekauft, drei gleiche Beiwagen folgten ein Jahr später, Wagennummer 1078–1080. Der Fahrgastverkehr nach Krefeld hatte nämlich zugenommen, die 1912 beschafften Beiwagen (typengleich mit Motorwagen) Nr. 1064–1068 reichten nicht mehr aus. Die neuen Vierachsbeiwagen hatten ein ganz anderes Erscheinungsbild: Es waren Ganzstahl-Aufbauten mit Tonnendach, also kein Laternendach mit Lüftungsklappen mehr, seitlich hatten sie sieben Rundbogen-Fenster nach damaligem amerikanischem Vorbild. Die Plattformen wurden klein gehalten, sie besaßen an jeder Seite Doppeldrehtüren mit Drehgriffen. Die Wagen waren 13,7 m lang, das Wageninnere fiel mit 40 ledergepolsterten Sitzen günstig aus. Den Rundbogenteil der Seitenfenster konnte man zum Lüften schräg stellen. Das Tonnendach war stirnseitig heruntergezogen, hier befanden sich Lüftungsflügel. Auch diese Wagen hatten automatische Kupplungen.

Von den 1924 beschafften Beiwagen wurden drei, Nr. 1070, 1071 und 1072, als Speisewagen eingerichtet, und zwar mit einer kleinen Küche in Wagenmitte. Das Seitenfenster, hinter welchem sich die Küche befand, hatte Ornamentglas. Zwischen den Abteilsitzen waren schmale Tische eingebaut. Es wurden während der Fahrt kleine Gerichte, Kaffee, Tee, Bier und Spirituosen angeboten. Die Speisewagen fanden regen Zuspruch. Ein vierter Speisewagen, Nr. 1069, war vor seinem Einsatz auf der „Gesolei“ als Ausstellungsstück zu sehen. Erst 1929 wurde der Wagen Nr. 1069 dem Rheinbahn-Wagenbestand zugerechnet. Die Bauserie 1069–1080 umfaßte jetzt 8 Vierachsbeiwagen in Normalausführung sowie 4 Speisewagen.

Speisewagen im Straßenbahnverkehr, dies stellte für die damalige Zeit etwas Besonderes dar und wurde von der Stadt Düsseldorf für die Eigenwerbung redlich genutzt. Die Speisewagen hatten ursprünglich an jeder Seite ein Anhängeschild: „Restaurationswagen.“ Später wurde das Wort „Speisewagen“ seitlich unter den Fenstern mit Farbe aufgetragen und die untere Hälfte des Wagenkastens rot lackiert.

Im Jahre 1924 wurde der im Kriege unterbrochene Schnellzug-Verkehr auf der Linie A wieder aufgenommen. Jede Stunde fuhr nun wieder ein Zug mit Motor- und einem Beiwagen bzw. Speisewagen mit seitlichen Zielschildern „Schnellzug nach Krefeld“ mit wenigen Zwischenhalten vom Graf-Adolf-Platz nach Krefeld und umgekehrt. Zwischendurch verkehrte ein „Personenzug nach Krefeld“, der, wie üblich, an jeder Station hielt. 1924 wurde in Dießem für den Wagenpark der Fernlinie A ein neuer Betriebshof eröffnet.

Die Vierachs-Motorwagen der Ursprungsserie wurden, wie bereits früher beschrieben, seit ihrem Bestehen mehrfach umgebaut und umgenummert. Vier Wagen erhielten vor dem Ersten Weltkrieg stärkere Motore, damit sie mit den 1912 gekauften Triebwagen auf der Linie A mithalten konnten. Die sechs neuen Triebwagen reichten nämlich für die Krefelder Strecke nicht aus. Die vier verstärkten Triebwagen, Bj. 1898, erhielten 1922 die Wagennummern 1007–1010. Damit wurden sie für den Einsatz auf der Fernlinie A kenntlich gemacht. Die übrigen noch vorhandenen Vierachs-Triebwagen, Bj. 1898–1902, bekamen die Nummern 1251–1259. 1925 beschaffte die Rheinbahn für die Linie A drei weitere Mittel-

Tw 1007 mit einem Speisewagen auf der Luegallee um 1933

Der Speisewagen 1069 wurde im März 1929 dem Rheinbahn-Bestand zugeschlagen ...

... war aber auf der Ausstellung »Gesolei« im Jahre 1926 schon zu sehen.

Ursprünglich waren die Speisewagen seitlich noch nicht rot lackiert, wie diese Aufnahme zeigt, die im Betriebshof Heerdt entstand.

Im April 1925 wurden für die Fernlinie nach Krefeld drei neue Mitteleinstieg-Triebwagen 1011 - 1013 (später 1007 - 1009) geliefert; keiner dieser drei Wagen hat den Zweiten Weltkrieg überlebt.

Wagen 1256 aus der Ursprungsserie von 1901 (nach Umbau) ist als Linie C nach Moers unterwegs.

Die Beiwagen der 1040er-Serie waren baugleich mit den Triebwagen aus der Ursprungsserie von 1901.

einstiegs-Triebwagen, die mit den 1912 gekauften Wagen bautypengleich waren, lediglich die drei Frontscheiben waren tiefer gezogen. Sie bekamen die Wagennummern 1011–1013. Später, 1930, wurden sie in 1007–1009 umgenummert. Die Wagen der Anfangsserie mit den verstärkten Motoren Nr. 1007–1010 erhielten die neuen Nummern 1260–1263, so daß jetzt 13 Vierachs-Triebwagen Nr. 1251–1263 Bj. 1898–1902 vorhanden waren.

Die neun großen Mitteleinstiegs-Triebwagen reichten nun für die Krefelder Linie aus. In der Hauptverkehrszeit fuhr die Linie A mit zwei Beiwagen, einer davon war meistens ein Speisewagen. Morgens von 7 bis 8 Uhr kamen auch Vorzüge mit Trieb- und einem Beiwagen zum Einsatz, die 30-Minuten-Zugfolge wurde somit verstärkt. Bei Sonderveranstaltungen in Düsseldorf mit starkem Publikumsverkehr konnte man oft die Fernlinie A mit drei Vierachs-Beiwagen beobachten, wobei der letzte meistens aus der Reihe 1064–1068, Bj. 1912–13, stammte.

Die Moerser Fernlinie wurde in den zwanziger Jahren alle 60 Minuten gefahren. In der Hauptverkehrszeit gab es Zwischenkurse vom Graf-Adolf-Platz bis Uerdingen. Zum Einsatz gelangten die Vierachs-Triebwagen Nr. 1251–1259, Bj. 1898–1902, ab 1930 ergänzt durch die Wagen Nr. 1260–1263, die fast nur solo fuhren. An Werktagen morgens zwischen 7 und 8 Uhr sah man mal einen Zug der Fernlinie C mit einem Vierachs-Beiwagen der 1040er Reihe, die ebenfalls aus den Anfangsjahren stammten.

Mitte der zwanziger Jahre verlängerte man die Linie C über Moers hinaus auf der Strecke der Straßenbahn Moers-Kamp-Rheinberg über Utfort, Repelen bis Lintfort/Marktplatz. Jetzt mußte die C vom Königlichen Hof durch die enge Moerser Altstadt und über den Markt fahren. Sie ergänzte nun mit der Moers-Kamp-Rheinberger Straßenbahn den Zugabstand auf der Teilstrecke Moers–Lintfort auf 30 Minuten. Diese etwa 45 km lange Strecke zwischen Düsseldorf/Graf-Adolf-Platz und Lintfort dürfte wohl eine der längsten Straßenbahnlinien im damaligen Deutschland gewesen sein. Die Fahrzeit betrug etwa 100 Minuten. Anfang der dreißiger Jahre wurde der Gemeinschaftsverkehr mit der Moers-Kamp-Rheinberger Straßenbahn wieder aufgegeben.

Auf der Fernlinie A waren bei einem 30-Minuten-Abstand vier Züge im Einsatz, auf der C bei 60-Minuten-Verkehr zwischen Düsseldorf und Moers drei Wagen bzw. Züge, bis Lintfort vier Wagen.

Büderich bekommt eine Straßenbahn

Die Gemeinde Büderich, nordwestlich von Düsseldorf, besaß seit 1898 eine Station an der Rheinbahn-Fernstrecke Düsseldorf–Krefeld. Dieser Bahnhof lag bzw. liegt aber im östlichen Wohngebiet in der Nähe der alten Büdericher Kirche. Die Häuserviertel am Deutschen Eck, in Niederdonck und Necklenbroich befanden sich weit ab von diesem Bahnhof, also nur durch längere Fußwege erreichbar. Der Wunsch nach einer Straßenbahn-Verbindung über die Hauptstraße Büderichs war somit verständlich. Am 11. Oktober 1925 war es dann soweit, die Rheinbahn eröffnete eine neue Linie D von Meererbusch über Büderich zum Handweiser (Heerdt). Die neue Strecke, etwa 4 km lang, lag eingleisig am östlichen Straßenrand. In der Nähe der Haltestelle „In der Meer“ wurde eine Ausweiche angelegt. Die neue Linie D besorgte nicht nur die Anbindung Büderichs an die Städte Neuss und Düsseldorf (Umsteigen am Handweiser in die Linie 16), sondern stellte auch eine kürzere Strecken-Verbindung von den Fernlinien A und C zur Neusser Innenstadt dar. Die Fahrgäste aus Richtung Krefeld und Moers mußten in Meererbusch in die D und am Handweiser in die 16 umsteigen. Der Umweg über Lörick und Belsenplatz war dann nicht nötig.

Die Gleisseitenlage auf der Hauptstraße Büderichs wurde in den zwanziger und dreißiger Jahren für den übrigen Verkehr noch nicht zur Belastung. Der Autoverkehr war damals noch gering und Ausweichmanöver ohne Schwierigkeiten möglich. Anfangs fuhr die D alle 30 Minuten, später alle 15 Minuten, abends wieder alle 30 Minuten. Es wurden nur Solo-Triebwagen eingesetzt, und zwar die Zweiachs-Lokaltriebwagen Nr. 1128–1134, Bj. 1905, auch solche der Reihe Nr. 1121–1127, Bj. 1913. Beim 15-Minuten-Verkehr waren zwei Wagen nötig, die sich an der Ausweiche „In der Meer“ trafen. In den dreißiger Jahren war die Fahrzeit zwischen Handweiser und Meererbusch auf 10 Minuten festgelegt, nach dem Zweiten Weltkrieg bei einem 20-Minuten-Intervall auf 12 Minuten. An den Haltestellen wurde in beiden Fahrtrichtungen stets an der östlichen Seite ein- und ausgestiegen. Der Schaffner brauchte die Falttüren an den Endstellen nicht zu wechseln.

Nach wenigen Monaten, am 1. Juni 1926, wurde die Linien-Bezeichnung in „B“ geändert, nachdem der Buchstabe D an die neue Schnellbahn nach Duisburg abgegeben worden war. Am 6. Dezember 1926 verlängerte man die Linie B über den Handweiser hinaus zum Bahnhof Neuss, um den Fahrgästen in Richtung Neuss das Umsteigen zu ersparen. Anscheinend rentierte sich diese Verlängerung nicht, denn am 1. Mai 1928 wurde die B wieder bis zum Handweiser zurückgenommen. Wahrscheinlich trug der höhere Fahrpreis zwischen Neuss/Bf. und Handweiser zu dieser schwachen Auslastung bei. Die B galt als Fernlinie, während man auf der Linie 16 den billigeren Lokaltarif bezahlte.

Am 21. Juni 1932 gab man der Büdericher Linie die Ziffer 20. Von da an fuhr auch sie zum Lokaltarif. Am 15. Mai 1935 bei der Schaffung neuer Straßenbahn-Ergänzungslinien wurde aus der 20 die Linie 30. Diese Ziffer behielt sie nun bis zu ihrem Ende Anfang Mai 1954 bei.

Am 1. März 1945, als die Amerikaner sich der Rheinlinie näherten, stellte die Linie 30 vorübergehend ihren Betrieb ein.

Verbreiterung der Oberkasseler Rheinbrücke

Der stetig zunehmende Verkehr veranlaßte die Stadt Düsseldorf und die Rheinbahn, den Plan zur Verbreiterung der Oberkasseler Rheinbrücke in die Tat umzusetzen. Fünf Straßenbahn- und Fernlinien passierten seinerzeit die Brücke, die drei Fahrbahnen, davon zwei mit Gleisen, waren zuwenig. Außer Automobilen waren damals noch zahlreiche Pferdefuhrwerke unterwegs, die die Bahnen behinderten. Stauungen entstanden schon dadurch, daß an den Auffahrten nach wie vor Brückenzoll erhoben wurde, der dann 1926 endgültig wegfiel.

Diese Situation verdeutlicht den Engpass auf der Oberkasseler Brücke vor ihrem Umbau.

Die Oberkasseler Brücke kurz vor Vollendung des Umbaues Anfang 1926

Zu Beginn der Bauarbeiten wurden 1925 zunächst die steinernen Brücken-Portale entfernt. Auch der bergische Löwe auf dem Mittelpfeiler mußte seinen Platz räumen. Da die vorhandenen Brückenkonstruktionen die neue Last nicht allein tragen konnten, wurde jedem Bogen außen ein weiterer angebaut, es entstanden somit nebeneinander liegende Doppelbogen. Dem seinerzeitigen technischen Stand entsprechend, mußten dicke Baumstämme an beiden Seiten der Pfeiler ins Flußbett gerammt werden, um die neuen angebauten Konstruktionen bis zu ihrer Fertigstellung zu tragen. Gleichzeitig wurden auch die Brückenpfeiler verbreitert. Das Rekord-Hochwasser des Rheins an der Jahreswende 1925/26 konnte den Bauarbeiten nichts Wesentliches anhaben.

Für die Straßenbahnen entstanden außerhalb der Brückenbogen besondere Bahnkörper, anschließend kamen die Fußgängerwege, zur Straßenbahn hin mit Eisengeländer abgetrennt. Die dreispurige Brückenfahrbahn stand nun dem allgemeinen Straßenverkehr zur Verfügung. Die Radfahrer erhielten den Raum zwischen den Doppelbogen zugewiesen, der war aber ziemlich schmal, es gab einige Unfälle. Daraufhin durften die Radfahrer auch die Autofahrbahn mitbenutzen.

Vor den Brücken-Auffahrten am Eiskellerberg und am Luegplatz gabelten sich die Straßenbahn-Strecken, um zu den seitlichen Bahnkörpern zu gelangen. Der allgemeine Verkehr mußte also die Bahngleise zweimal kreuzen, ein Umstand, der sich nach Lage der Dinge aber nicht vermeiden ließ. Hin und wieder kam es zu Zusammenstößen zwischen Autos und Straßenbahnen. Die Breite der Oberkasseler Brücke betrug jetzt 26,5 m, vorher nur 14,2 m.

Die Straßenbahnen fuhren am 9. April 1926 zum ersten Mal auf ihren neuen Strecken. Die feierliche Einweihung der verbreiterten Rheinbrücke fand am 20. April 1926 statt, rechtzeitig zum Beginn der „Gesolei"-Ausstellung.

Die Düsseldorf-Duisburger Kleinbahn wird zur Schnellbahn

Auf der Düsseldorf-Duisburger Kleinbahn liefen bis 1926 hauptsächlich die 1914 beschafften zweiachsigen Trieb- und Beiwagen, außerdem die umgebauten Wagen der Ursprungsserie. Die Strecke zwischen beiden Städten war bekanntlich eingleisig mit Ausweichen an Straßenrändern angelegt, wenn man mal von dem doppelgleisigen Abschnitt Nordstraße–Stockum absieht. Die Fahrzeit betrug 78 Minuten bei einem 20-Minuten-Intervall. Die Züge setzten sich meistens aus Motor- und einem Beiwagen zusammen. Auf Düsseldorfer Gebiet lag die Endstelle immer noch an der Ecke Kaiserswerther/Nordstraße, so daß zur Innenstadt weiterhin Umsteigezwang bestand.

Anfang der zwanziger Jahre mehrten sich die Klagen der Kleinbahnbenutzer, die in verschiedenen Leserbriefen an die damaligen Düsseldorfer Tageszeitungen zum Ausdruck kamen. Die Wagen der Kleinbahn seien gegenüber den Düsseldorfer Straßenbahnwagen in schlechtem Zustand und schmutzig. Es käme immer wieder zu großen Verspätungen.

In den Jahen 1923–24 faßten die Städte Düsseldorf und Duisburg den Beschluß (die Stadt Düsseldorf hatte ja 1924 50 % der Kleinbahnanteile übernommen), die Bahn neu zu trassieren und einen schnellbahnähnlichen Verkehr einzurichten. Frühere Renovierungspläne der Kleinbahn-Gesellschaft (nur stellenweise zweigleisiger Ausbau, weitere Modernisierung der vorhandenen Wagen) wurden nun endgültig verworfen.

Zwischen Duisburg/Neuer Friedhof und Düsseldorf/Uerdinger Straße entstand ein neuer doppelgleisiger Bahnkörper, der durchweg querfeldein verlief. Straßenübergänge wurden durch Warnzeichen gesichert. Der Abschnitt zwischen der Duisburger Innenstadt und dem neuen Friedhof wurde nun durchgehend zweigleisig ausgebaut. In Buchholz lief der neue separate Gleiskörper an Hausgärten vorbei bis zum östlichen Stadtrand von Huckingen, dann weiter über Kesselsberg, am Heltorfer Schloßpark vorbei bis Wittlaer. Dieser Ort wurde ebenfalls östlich umfahren bis zur Kalkumer Schloßallee. Jetzt ging es ins Zentrum Kaiserswerths zum Clemensplatz, der von der Kleinbahn bisher gemieden wurde. Zwischen Kaiserswerth und Lohausen wurde wiederum „freies Feld" benutzt, der seinerzeitige Flugplatz Lohausen westlich gestreift, und über die Golzheimer Heide erreichte man die Uerdinger Straße, wobei Stockum „links liegengelassen" wurde.

Entlang dem neuen Bahnkörper wurden folgende Haltestellen eingerichtet: Duisburg/Neuer Friedhof, Buchholz/Münchener Straße, Sittardsberg, Huckingen, Kesselberg/Angerhof, Froschenteich, Wittlaer, Kaiserswerth, Lohausen, Uerdinger Straße.

Neue vierachsige Trieb- und Beiwagen wurden bei den Waggonfabriken Weyer & Co. und Gebr. Schöndorff gebaut. Die zehn Triebwagen, Nr. 12 bis 21, waren etwa 15 m lang, wogen ca. 27,6 t und hatten einen Holzaufbau mit genieteter Stahlverkleidung sowie Tonnendach mit Lüftungsflügel, zwei Scheren-Stromabnehmer, gerundete Fronten mit je 5 Fenstern und zwei Motoren zu je 60 kWh. An den Stirnfronten befanden sich Doppelscheinwerfer, was damals etwas

1926 erhielt die Düsseldorf-Duisburger Kleinbahn neue Schnellbahnzüge für die Linie D. Ein Teil dieser Züge war im Betriebshof Oberkassel, später Heerdt, beheimatet.

Neues war. Die Plattformen hatten beidseitig Schiebetüren, die Seitenwände sieben gleichgroße Fenster mit Oberlichtklappen. Auf dem Wagendach über dem mittleren Stirnfenster saß ein runder beleuchteter Kasten mit dem neuen Linienkennzeichen „D". Die Wagen hatten 40 ledergepolsterte Sitze in Abteilanordnung und 74 Stehplätze, sie boten also viel Platz. Die Zielschilder befanden sich seitlich am Wagenkasten.

Gleichzeitig wurden 8 typengleiche Beiwagen, Nr. 55 bis 62, geliefert, diese allerdings in Ganzstahl-Ausführung. Alle Wagen waren seitlich mit „Düsseldorf-Duisburger Kleinbahn GmbH" beschriftet.

Am 1. Mai 1926 wurde die neue Strecke Düsseldorf-Duisburg feierlich eröffnet. Von Duisburg kommend traf als erster festlich geschmückter Zug der Triebwagen 12 mit Beiwagen 55 in Düsseldorf ein. Vorerst war die Höchstgeschwindigkeit auf 40 km/h festgelegt. Die Fahrzeit betrug jetzt 63 Minuten bei verlängerter Strecke, früher waren es 78 Minuten bis Nordstraße. Bei einem 30-Minuten-Abstand waren 5 Züge erforderlich. Vier Jahre später durften 60 km/h gefahren werden. In verkehrsschwachen Stunden verkehrte die neue D mit Solo-Triebwagen, in der Hauptverkehrszeit mit einem Beiwagen. In den Morgenstunden zwischen 7 und 8 Uhr wurden auch Züge mit zwei Beiwagen eingesetzt.

In Duisburg endete die neue Linie D ab 1. Mai 1926 in der Saarstraße in der Nähe des Hauptbahnhofs. Die gleiche Umsetzstelle benutzte auch die 1912 errichtete Linie 8 (Duisburg – Wanheim – Hüttenheim), die ja ebenfalls zur Düsseldorf-Duisburger Kleinbahn gehörte. Da die D nur den Fernverkehr besorgte und große Haltestellen-Abstände hatte, sie fuhr auch nur alle 30 Minuten, während die bisherige Kleinbahn alle 20 Minuten verkehrte, wurde für den Lokalverkehr zwischen Duisburg/Hbf. und Huckingen eine neue Linie 9 eingerichtet. Für die 9 entstand in Huckingen eine Doppelgleisschleife. Auf Düsseldorfer Seite wurde für den Lokalverkehr eine neue Linie 11 zwischen Düsseldorf/Hbf., Tonhalle, Duisburger Straße, Golzheim, Lohausen und Kaiserswerth ins Leben gerufen. Sie verkehrte alle 20 Minuten. In Kaiserswerth baute man für die neue 11 an der Kalkumer Schloßallee ebenfalls eine Gleisschleife. Sie benutzte selbstverständlich den neuen Gleiskörper der Fernlinie D mit.

Zwischen neuem Streckenabzweig an der Uerdinger Straße und der alten Strecke auf der Kaiserswerther Straße entstand außerdem eine neue Gleisschleife „Uerdinger Straße", deren Scheitelpunkt vor den Häusern Uerdinger Straße 42–44 lag. Sie wurde am 26. Juni 1931 in Betrieb genommen. Rechts neben dem Haus Nr. 44 führte die neue Strecke in Richtung Lohausen. Die Gleisschleife lag also unter der heutigen Stelzenstraße, hier setzten die Fünf-Minuten-Wagen der Linie 10 um.

Das alte Streckenstück zwischen Uerdinger Straße und Stokkum befuhr jetzt nur noch die Linie 10. Die heutige breite Kaiserswerther Straße wurde erst 1936–37 gebaut. Die Gleisanlagen auf der alten Düsseldorf-Duisburger Landstraße zwischen heutigem Freiligrathplatz und Duisburg/Friedhof wurden anschließend abgebaut, ebenfalls der Betriebshof in Kaiserswerth. Die Landstraße zwischen Duisburg und Düsseldorf legte man in den nächsten Jahren neu auf und verbreiterte sie. Es ist die heutige B 8. In Kaiserswerth ist ein Stück der früheren Landstraßen-Trasse als Wohnstraße erhalten geblieben, „Alte Landstraße" genannt. Von dem alten Kleinbahngleis war bis zum Zweiten Weltkrieg noch ein kurzes Stück am früheren Betriebshof Kaiserswerth gegenüber der Walburgisstraße zu sehen.

Die Kreis Mettmanner Straßenbahn in den zwanziger Jahren

Die Endstelle der Mettmanner Straßenbahn in Düsseldorf/Auf der Hardt sollte nicht das absolute Streckenende bedeuten, man wollte schon von Beginn an in die Düsseldorfer Innenstadt hineinfahren. Dazu war aber das Einverständnis der damaligen Staatsbahn zum Befahren der Eisenbahn-Straßen-Kreuzung am Staufenplatz nötig. Diese Genehmigung wurde aber nicht erteilt. Die Mettmanner Straßenbahn ließ daraufhin am 7. August 1918 ihre Linie über die Hardt hinaus wenigstens bis zum Staufenplatz/Schleife fahren. Diese Strekkenverlängerung muß sich wohl nicht bewährt haben, nach kurzer Zeit wurde der frühere Zustand wiederhergestellt, und die Mettmanner Linie endete wiederum „Auf der Hardt".

Da der Beiwagenpark nicht ausreichte, wurden 1924 vier zusätzliche Zweiachsbeiwagen gekauft, Wagennummern 36–39. Sie waren jetzt länger als ihre Vorgänger, und zwar 10,4 m, Eigengewicht 8,8 t, sie hatten 26 Sitz- und 38 Stehplätze.

In den Jahren 1924–25 kamen außerdem 14 neue Triebwagen hinzu, gebaut wiederum von der Waggonfabrik Uerdingen, Wagennummern 11, 12, 18–29. Sie unterschieden sich von den früheren Motorwagen durch eckige Stirnfronten und Schiebetüren an den Einstiegen, seitlich hatten sie fünf gleichgroße Fenster. Die neuen Triebwagen waren 10,8 m lang, hatten ein Eigengewicht von etwa 14 t, wiederum zwei Lyra-Schleppbügel und 20 Sitz- und 43 Stehplätze. Es sollte die letzte Wagenbeschaffung der Kreis Mettmanner Straßenbahn sein.

Von den Triebwagen der Ursprungsserien, Bj. 1909, waren noch 14 Stück vorhanden. Sie wurden in den Jahren 1926 und 1929 den neuen Wagen, Bj. 1924–25, baumäßig angepaßt, sie erhielten ebenfalls eckige Stirnfronten und Schiebetüren an allen vier Eingängen. Die 10 Beiwagen wurden baulich nicht verändert. Eine zweiachsige E-Lok, Nr. 100, besorgte den Rangierbetrieb.

Die Direktverbindung zwischen Mettmann und Wülfrath stellte in den zwanziger Jahren eine Omnibuslinie her. Im November 1926 beschloß das RWE bzw. die Mettmanner Straßenbahnleitung, zwischen beiden Städten eine Straßenbahnstrecke zu bauen. Ein Jahr später begannen die Bauarbeiten. Nach einem halben Jahr, am 7. Juni 1928, wurde die 5,9 km lange neue Strecke Mettmann-Wülfrath eingeweiht. Um eine Spitzkehre an der Ecke Freiheits-/Breite Straße in Mettmann zu vermeiden, wurde durch die enge „Kleine Mühlenstraße", also mitten durch die Mettmanner Altstadt, ein Gleis verlegt. Dieses Gleis füllte die Fahrbahn der Kleinen Mühlenstr. gänzlich aus, rechts und links blieben für die Fußgänger noch schmale Bürgersteige übrig. Die neue Strecke nach Wülfrath führte nun weiter über die Johannes-Flintrop-Straße bis zur Ötzbachstraße. Dort gelangte sie mit einer Linkskurve auf den neu angelegten Bahnkörper. Diese Bahntrasse war ca. 4 km lang und wurde in Schnellbahn-Manier mit schwerem Schienenprofil (Vignolschienen) und nachgespannter Hochketten-Fahrleitung an Leitungsmasten angelegt. Der eigene Gleiskörper, er war eingleisig, führte an Unteroetzbach und Oberoetzbach vorbei und mündete nach Kreuzung der Provinzialstraße mit einer Rechtskurve in die Wülfrather Goethestraße ein. Unterwegs, an der „Schönen Aussicht", wurde eine Ausweiche mit eisenbahnmäßigen Weichen angelegt. In Wülfrath erreichte die Straßenbahn über Goethestraße und der Straße „Am Diek" die Wülfrather Altstadt. Hier stieß sie an der Parkstraße mit einer Gleisverbindung auf die aus Richtung Düssel kommende Linie Dornap – Wülfrath – Tönisheide.

Die neue Strecke Mettmann-Wülfrath wurde in 20 Minuten durchfahren. Das Mettmanner Netz war jetzt 36,1 km lang und hatte damit seinen höchsten Stand erreicht.

1928 gab es bei der Mettmanner Straßenbahn eine weitere Streckenverbesserung, der Abschnitt Wieden – Vohwinkel wurde bis Tesche auf einen eigenen Bahnkörper gelegt. Dieser eingleisige Bahnstrang lag am östlichen Straßenrand. Alle

Am 6. Juni 1928 eröffnete die Kreis Mettmanner Straßenbahn die neu gebaute Strecke Mettmann – Wülfrath. Ein festlich geschmückter Wagen kommt auf der Wilhelmstraße in Wülfrath an.

Verkehrsteilnehmer konnten nun ungehindert aneinander vorbeifahren.
1929 wurde zwischen Dornap, Wieden und Vohwinkel nach Anlage zusätzlicher Ausweichen ein 15-Minuten-Verkehr eingerichtet, in dem die Mettmanner Straßenbahn die Linien Tönisheide – Wülfrath – Vohwinkel und Mettmann – Dornap – Vohwinkel „auf Lücke" fahren ließ, der 30-Minuten-Betrieb beider Linien ergänzte sich zwischen Dornap, Wieden und Vohwinkel somit auf einen 15-Minuten-Abstand. Die bisherige „Zusammenfahrt" entfiel.
Im gleichen Jahr wurden bei einer kommunalen Neugliederung einige bis dahin selbständige Kleinstädte benachbarten Großstädten zugeschlagen. Da die Landkreise jetzt kleiner waren, faßte man die Reste der Landkreise Düsseldorf und Mettmann zu einem neuen „Landkreis Düsseldorf-Mettmann" zusammen. Ende der zwanziger Jahre verstärkte sich der Verkehr zwischen beiden Städten. Die Straßenbahn-Leitung wollte ihre Linie von der Hardt über Grafenberg, Wehrhahn, Elberfelder Straße, Alleestraße, Breite Straße bis zum neuen Fernbahnhof am Graf-Adolf-Platz (Gleis 4) fahren lassen und stellte bei der Deutschen Reichsbahn einen neuen Antrag. Aber alle Pläne scheiterten wiederum an der unnachgiebigen Haltung der Eisenbahn-Direktion Wuppertal, die das Überfahren der Staufenplatz-Bahnkreuzung durch Mettmanner Straßenbahnen nicht gestatten wollte.
Um 1930 herum wurde die bisherige Tönisheider Landstraße zwischen Schlupkothen und Kocherscheidt einem sich ausdehnenden Steinbruchbetrieb einverleibt und weiter westlich eine neue Straße zwischen Hammerstein und Kocherscheidt angelegt. Die Straßenbahn-Linie nach Tönisheide bog nun bereits bei Hammerstein nach Norden ab und benutzte auf ihrer Weiterfahrt den östlichen Randstreifen der neuen Straße.

Neuer Fernbahnhof am Graf-Adolf-Platz

Die 1908 gebaute Wendeschleife am Graf-Adolf-Platz vor der Oberpostdirektion erwies sich für die Dauer als zu klein. 1925 endeten hier zwei Fern- und eine Lokallinie. Ab 1. Mai 1926 kam die neue Schnellbahnlinie D hinzu. Eine neue großzügige Haltestellen-Anlage sollte nun gebaut werden.
Bis zur Eröffnung des neuen Fernbahnhofs am 1. Juni 1926 war der alte Gleisbogen dem Wendeverkehr von vier Linien nicht mehr gewachsen. Die neue Fernlinie D mußte daher oft über zwei Gleiswechsel am Ende der Breite Straße umsetzen.
Beim Bau der neuen Anlage wurde die Grünfläche zwischen Karl-Theodor-Straße und Graf-Adolf-Straße in einen viergleisigen Bahnkörper mit Bahnsteigen umgewandelt. In Höhe der Toreinfahrt zum Postamt 6 baute man auf der Breite Straße vier Weichen ein, die zu den einzelnen Bahnsteigen führten. Am Auslauf der Königsallee/Westseite sammelten sich die vier Gleise und führten über den südlichen Bürgersteig der Karl-Theodor-Straße in die Breite Straße zurück. Wenn eine Bahn über das Bürgersteig-Gleis fuhr, mußten die Fußgänger auf den Parkstreifen ausweichen.
Am ersten Bahnsteig hielt die Fernlinie A, am zweiten die C und am dritten Bahnsteig die neue Fernlinie D. Am vierten Bahnsteig sollten die Wagen der Mettmanner Straßenbahn ihre Endstelle haben, anstelle der Hardt. Aber daraus wurde nichts, da die Deutsche Reichsbahn den Mettmanner Wagen das Überqueren des Staufenplatz-Bahnüberganges nicht erlaubte, auch nicht in späteren Jahren. Das vierte Gleis benutzte dann ab Mitte Oktober 1926 die Linie 17, bevor sie bis Volmerswerth verlängert wurde.
Die Linie 17 bot in den Jahren bis 1927 oft ein buntes Bild, was die eingesetzten Wagentypen betrifft. Mal fuhr sie mit den Vierachs-Triebwagen Nr. 1251–1259, Bj. 1898–1902,

1926 entstand am Graf-Adolf-Platz ein neuer viergleisiger Fernbahnhof. Die Aufnahme zeigt den Stand der Bauarbeiten am 8. Mai 1926.

Der Fernbahnhof Graf-Adolf-Platz um 1928 mit den Linien A nach Krefeld, C nach Moers und D nach Duisburg.

Der Fernbahnhof am Graf-Adolf-Platz im Jahre 1938. Gleis 4 wurde als Abstellgleis für Beiwagen benutzt, auf diesem Bild sogar auch Gleis 3.

E-Wagen mußten eingesetzt werden, um den großen Besucherandrang zur Ausstellung »Gesolei« 1926 zu bewältigen.

wie die Fernlinie C, mal mit Zweiachs-Triebwagen Nr. 1160–1163, Bj. 1905, behängt mit einem Zweiachs-Beiwagen. Manchmal führte solch ein Triebwagen Nr. 1160–1163 auch einen Vierachs-Beiwagen der 1040er Reihe im Schlepp, ein typenähnliches Bild, wenn man die Seitenfenster betrachtete. Einige Zweiachs-Triebwagen hatten damals noch Pufferteller-Kupplungen, wie die Vierachswagen der ersten Serien.
Zurück zum neuen Fernbahnhof! Am Kopf der Fernbahnsteige standen zunächst vier Holztafeln mit Linien-Buchstaben und Linienwegen, sie hatten die Form einer Fahnenstange. 1929 wurden sie durch beleuchtete viereckige Haltestellen-Säulen ersetzt. Sie enthielten Linienkennzeichnung, Fahrpläne, Tarife, Linienwege und Reklamefelder.
Eine Unterstellmöglichkeit für Fahrgäste bot der neue Bahnhof aber nicht. Als die Linie 17 verlängert wurde, stationierte die Rheinbahn auf Gleis 4 ab 22. Dezember 1927 einen Vierachs-Beiwagen des Baujahres 1912, Nr. 1065, als „Warteraum nur für Fahrgäste", wie es auf dem Längsschild über dem Mitteleinstieg hieß. Dieser Wagen stand bis 1934 dort, er wurde am späten Abend natürlich zum Oberkasseler Betriebshof zurückgeschleppt, einige Jahre später zum Depot Handweiser. Der nötige Licht- und Heizstrom für diesen rollenden Warteraum wurde aus der Fahrleitung geholt und über einen Transformator geleitet. Eine Bambusstange leitete das Stromkabel vom Fahrdraht zum Wagendach. Der östliche Teil des vierten Gleises diente in verkehrsschwachen Stunden den Beiwagen der D als Abstellplatz.
Bis zum Herbst 1962 erfüllte dieser Fernbahnhof, wenn auch später in abgewandelter Form, seinen Zweck. Andere Verkehrs-Unternehmen kopierten ihn, so gut es die jeweilige Situation zuließ.

Das „Gesolei"-Jahr 1926

Am 8. Mai 1926 eröffnete die neue Düsseldorfer Ausstellung für „Gesundheit, Sozialfürsorge und Leibesübungen" (Gesolei) ihre Pforten, wiederum am Rheinufer von der Oberkasseler Brücke bis zur Uerdinger Straße. Die Gesolei setzte die Düsseldorfer Ausstellungserfolge (zuletzt 1902) fort und lockte große Besuchermassen nach Düsseldorf. Der Ausstellungsname umfaßte nicht alle Bereiche des Dargebotenen. Die Industrie z. B. zeigte in einem großen Rahmen ihre neuesten Erzeugnisse. Auch die Verkehrs-Industrie, die Verkehrsgesellschaften und die Deutsche Reichsbahn waren anwesend und stellten ihr neues rollendes Material vor. Die Rheinbahn zeigte von den zuletzt beschafften Baureihen 918–927 und 811–830 je einen Trieb- und Beiwagen, außerdem den gerade fertiggestellten Speisewagen Nr. 1069 der Fernlinie A, der große Beachtung fand. Der Haupteingang der neuen Ausstellung lag an der Oeder Allee, ein Nebeneingang an der Unterführung der Oberkasseler Rheinbrücke.
Anstelle des im Jahre 1902 angebotenen Straßenbahn-Rundkurses fuhr auf der neuen Gesolei-Ausstellung eine Liliput-Bahn, Spurweite 381 mm, mit Dampfloks und offenen Personenwagen. Sie wurde von der Rheinbahn betrieben. Das Besondere an ihr waren die Dampfloks mit der seinerzeit noch neuen Achsfolge „2 C 1" und den hochliegenden Kesseln, also in der Art der „Pazific"-Loks der Deutschen Reichsbahn. Die Liliput-Loks wurden regelrecht mit Kohle und Dampfzylinder gefahren. Der Lokführer saß vorn auf dem Schlepptender und bediente Armaturen und Kohle-Zufuhr.
Die Liliput-Bahn durchfuhr das Ausstellungsgelände in einem langgestreckten Oval. Vier Bahnhöfe wurden angelegt.

Während der Ausstellung »Gesolei« verkehrte eine Linie G zwischen Hauptbahnhof und Ausstellungsgelände. Im Hintergrund das Planetarium, die heutige Tonhalle.

Ein 1100er Triebwagen mit zwei Beiwagen aus dem linksrheinischen Netz auf der Linie 16 vor dem Wilhelm-Marx-Haus.

Diese Bahn wurde ein Jahr vorher in München eingesetzt, dann 1926 in Düsseldorf auf der Gesolei-Ausstellung und 1928 bei einer neuen Kölner Ausstellung. Anschließend gelangte sie an die Elbe nach Dresden. Etwa eine Million Ausstellungsbesucher ließen sich 1926 von der Liliput-Bahn durchs Gelände fahren.
Für den starken Besucherverkehr zwischen Hauptbahnhof und Ausstellung wurde ab 8. Mai 1926 bis zum 17. Oktober eine „Gesolei"-Linie, die „G", eingesetzt. Sie hatte Linien-Buchstaben und Zielschilder mit hellgelbem Untergrund und wurde mit Trieb- und Beiwagen der 500er und 900er bzw. der 700er und 800er Baureihen gefahren bei einer 10minütigen Zugfolge. Normalerweise verkehrte sie mit Motor- und einem Beiwagen, bei Hochbetrieb auch mit zwei Beiwagen. Die Strecke war folgende: Hauptbahnhof, Bismarckstraße, Corneliusplatz, Hindenburgwall/Westseite, Bendemannstraße, Schleife um das Pfandhaus (im Frühjahr 1926 angelegt), Reuterkaserne, Bendemannstraße und zurück zum Hauptbahnhof. An der Oeder Allee und an der Unterführung der Rheinbrücke befanden sich die Haltestellen zur Ausstellung. Bei Bedarf wurden auch E-Züge gefahren.
Die Züge der Linie 16 beförderten ebenfalls Ausstellungsbesucher vom Hauptbahnhof zur Haltestelle „Planetarium" auf der Brückenrampe. Auch die 17 wurde für die Gesolei eingespannt, sie fuhr ab 1. Juni bis zum 17. Oktober von der Endstelle Graf-Adolf-Platz weiter über die Graf-Adolf-Straße zum Hauptbahnhof. In diesen Monaten führten die 1100er Triebwagen der 17 stets zwei Beiwagen der Reihe 1181–1200 mit. Die Linien 16 und 17 hatten während der Ausstellungszeit neben dem Fahrerplatz zur Orientierung ein gelbes Steckschild „Zur Ausstellung".

Am 1. Juni 1926 wurde die Linie 10 verlängert, und zwar über Oberbilk hinaus bis Holthausen, um die Linie 18 (Altstadt-Benrath), die den Ausstellungsverkehr aus Richtung Hilden, Ohligs und Vohwinkel weiterbefördern mußte, zu entlasten. Dafür nahm man die Linie 5 von Wersten bis Oberbilk/Stoffeler Straße zurück. Am 17. Oktober nach Ausstellungsende wurde die 10 dann wieder auf Oberbilk zurückgezogen. Ab 18. Oktober 1926 ließ die Rheinbahn nun die Linie 5 als Entlastung der 18 zwischen Oberbilk und Schadowplatz verkehren, also nicht mehr bis Schlachthof. Die Linie 4 aus Richtung Heinrichstraße verlängerte man am 6. November über den Belsenplatz hinaus bis zu einer neu angelegten Schleife Heerdt/Wiesenstraße. Von langer Dauer war die Linienverlängerung aber nicht, ab 1. Mai 1928 endete die 4 wieder am Belsenplatz.
Weitere Linien-Änderungen gab es 1926 bei der Linie 2, sie fuhr in der Hauptverkehrszeit zur Unterstützung der 15 über Hauptbahnhof weiter nach Eller. Die Linie 14 verkehrte über den Karolingerplatz hinaus zu den Städt. Krankenanstalten bis Stoffeln. Die Krankenhausbesucher brauchten nun am Karolingerplatz nicht in die 1 umzusteigen. An Besuchertagen, auch an Sonntagnachmittagen, war eine ziemliche Fahrgastzunahme in Richtung Krankenanstalten zu beobachten.
Am 19. Dezember 1926 waren auf Düsseldorfs Straßen erstmals Arbeits-Triebwagen der 100er Reihe mit seitlicher Außenwerbung zu sehen. Sie sollte zur Verkehrserziehung bzw. zum richtigen Verhalten im Straßenverkehr beitragen. Über die ganze Seitenfläche der Wagen waren rechts und links große Bilder unter dem Motto „Ich warne Dich" angebracht. Kurze Texte erläuterten das bildhaft Dargestellte.

Mit Reklamewagen wollte man auf Disziplin im Straßenverkehr hinwirken.

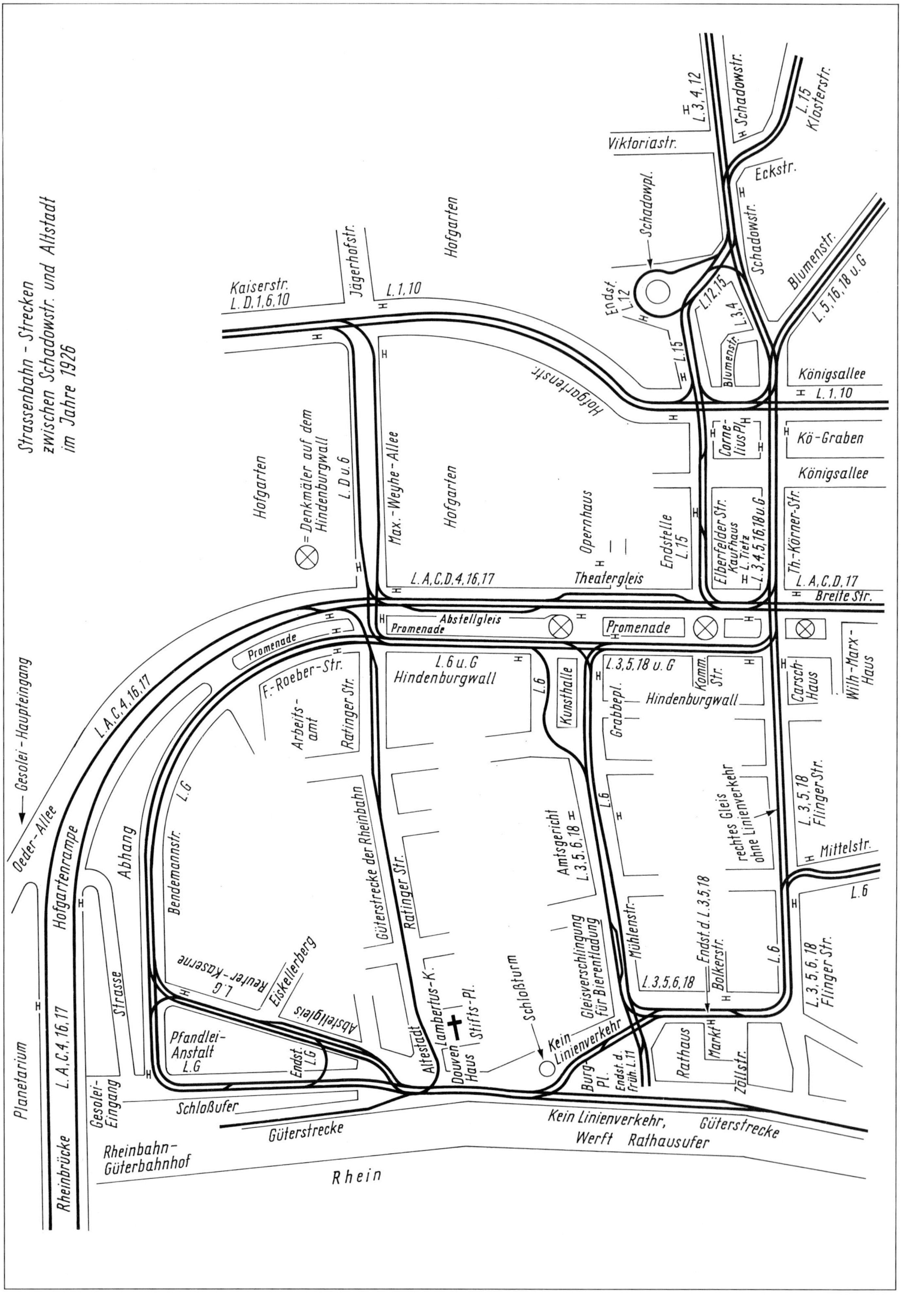

Strassenbahn - Strecken zwischen Schadowstr. und Altstadt im Jahre 1926

Die Strecken der Düsseldorfer Lokallinien im Jahre 1926

Ende 1926 liefen auf Düsseldorfer Stadtstrecken 17 Linien wie folgt:

Linie 1: Rath/Bf. (Umsetzstelle) – Westfalenstraße – Münsterstraße – Nordstraße – Kaiserstraße – Königsallee – Graf-Adolf-Patz – Friedrichstraße – Bilk/Bf. – Brunnenstraße – Himmelgeister Straße – Moorenstraße – Städt. Krankenanstalten – Stoffeln (Schleife),

Linie 2: Nordfriedhof (Schleife) – Roßstraße – Dreieck – Blücherstraße – Marienhospital – Duisburger Straße – Tonhallenstraße – Oststraße – Friedrich-Ebert-Straße – Hauptbahnhof (Schleife), in der HVZ weiter bis Eller,

Linie 3: Gerresheim/Bf. (Umsetzstelle) – Heyestraße – Gerresheim/Rathaus – Benderstraße – Ludenberger Straße – Staufenplatz – Grafenberger Allee – Wehrhahn – Schadowstraße – Corneliusplatz – Hindenburgwall/Westseite – Schleifenfahrt: Mühlenstraße – Rathaus – Flingerstraße – Corneliusplatz,

Linie 4: Heinrichstraße (Umsetzstelle) – Brehmstraße – Brehmplatz – Herderstraße – Uhlandstraße – Wehrhahn – Schadowstraße – Corneliusplatz – Hindenburgwall/Ostseite Oberkasseler Brücke Luegallee – Belsenplatz – Pariser Straße – Heerdter Landstraße – Wiesenstraße (Schleife),

Linie 5: Oberbilk/Stoffeler Straße (Umsetzstelle) – Kölner Straße – Worringer Platz – Klosterstraße – Eckstraße – Schadowplatz (Schleife),

Linie 6: Düsseltal (Umsetzstelle) – Graf-Recke-Straße – Brehmplatz – Rethelstraße – Bf. Derendorf (damals an der Franklinbrücke) – Stockkampstraße – Sternstraße – Kaiserstraße – Max.-Weyhe-Allee – Ratinger Tor – Hindenburgwall/Westseite – Kunsthalle – Mühlenstraße – Rathaus – Flingerstraße – Mittelstraße – Hohe Straße – Schwanenmarkt – Graf-Adolf-Platz – Graf-Adolf-Straße – Mintropplatz – Ellerstraße – Heerstraße – Hildener Straße – Gumbertstraße (Umsetzstelle),

Linie 7: Unterrath (Umsetzstelle) – Unterrather Straße – Kalkumer Straße – Ulmenstraße – Dreieck – Blücherstraße – Marienhospital – Duisburger Straße – Tonhallenstraße – Oststraße – Corneliusstraße – Bilker Allee – Bilker Kirche – Gladbacher Straße – Hafen (Umsetzstelle),

Linie 8: Zoo/Brehmplatz (Schleife) – Herderstraße – Uhlandstraße – Beethovenstraße – Ackerstraße – Worringer Platz – Hauptbahnhof – Graf-Adolf-Straße – Graf-Adolf-Platz – Haroldstraße – Stromstraße – Hafen – Hamm/Kuhstraße (Umsetzstelle),

Linie 9: Derendorf/Straßburger Straße (Schleife) – Schlachthof – Rather Straße – Schloßstraße – Derendorfer Straße – Pempelforter Straße – Kölner Straße – Worringer Platz – Hauptbahnhof – Graf-Adolf-Straße – Graf-Adolf-Platz – Haroldstraße – Kavalleriestraße – Lorettostraße – Bilker Kirche – Volmerswerther Straße – Adersstiftung – Südfriedhof (Schleife),

Linie 10: Stadion (Schleife) – Beckbuschstraße – Amsterdamer Straße – Stockum – Kaiserswerther Straße – Klever Straße – Fischerstraße – Kaiserstraße – Hofgartenstraße – Königsallee – Adersstraße – Hüttenstraße – Oberbilker Allee – Oberbilk/Kölner Straße (Umsetzstelle),

Linie 11: Kaiserswerth/Kalkumer Schloßallee (Schleife) – Klemensplatz – auf eigenem Bahnkörper über Lohausen bis Uerdinger Straße– Kaiserswerther Straße – Duisburger Straße – Tonhallenstraße – Oststraße – Friedr.-Ebert-Straße – Hauptbahnhof (Schleife),

Linie 12: Ratingen (Umsetzstelle) – Düsseldorfer Straße – Reichswaldallee – auf eigenem Bahnkörper am Waldrand über Oberrath bis Rather Broich – auf eigenem Bahnkörper neben der eingleisigen Güterstrecke Rath – Grafenberg über Honigheim bis Hanial & Lueg – Grafenberger Allee – Wehrhahn – Schadowstraße – Schadowplatz (Schleife),

Linie 14: Grafenberg/Burgmüllerstraße, sonntags Staufenplatz (Schleifen) – Grafenberger Allee – Lichtstraße – Flurstraße – Birkenstraße – Ackerstraße – Worringer Platz – Hauptbahnhof – Harkortstraße – Mintropplatz – Helmholtzstraße – Fürstenplatz – Morsestraße – Heresbachstraße – Karolingerplatz (Schleife), zu Besucherzeiten bis Krankenanstalten – Stoffeln,

Linie 15: Eller/Gumbertstraße (Umsetzstelle) – Zeppelinstraße – Erkrather Straße – Worringer Platz – Klosterstraße – Eckstraße – Schleifenfahrt: Elberfelder Straße – Hindenburgwall/Ostseite – Corneliusplatz – Eckstraße,

Linie 16: Neuss/Obertor (Umsetzstelle) – Oberstraße – Niederstraße – Neuss/Bf. – Bahnstraße – Düsseldorfer Straße – Handweiser – Heerdter Landstraße – Heerdt/Rathaus – Pariser Straße – Belsenstraße – Belsenplatz – Luegallee – Oberkasseler Brücke – Hindenburgwall/Ostseite – Corneliusplatz – Blumenstraße – Bismarckstraße – Hauptbahnhof (Schleife),

Linie 17: Lörick (Schleife) – Hansa-Allee – Belsenplatz – Luegallee – Oberkasseler Brücke – Hindenburgwall/Ostseite – Breite Straße – Graf-Adolf-Platz (Schleife),

Linie 18: Benrath/Bf. (Gleisdreieck) – Heubesstraße – Benrather Schloßallee – Bonner Straße – Holthausen – Kölner Landstraße – Wersten – Kölner Straße – Oberbilker Markt – Worringer Platz – Hauptbahnhof – Bismarckstraße – Blumenstraße – Corneliusplatz – Hindenburgwall/Westseite – Schleifenfahrt: Mühlenstraße – Rathaus – Flingerstraße – Corneliusplatz.

Das Düsseldorfer Straßenbahnbild wurde in den zwanziger Jahren weitgehend von der zweiten Wagen-Generation, Baujahr 1909 bis 1926, geprägt. Die 100er und 200er Triebwagen, Bj. 1900–02, Umbau 1912–18, setzte die Rheinbahn noch auf den Linien 4, 5, 8, 11 und 12 ein, ansonsten fand man diesen Wagentyp 1926 im E-Dienst mal solo, mal mit einem, manchmal auch mit zwei Beiwagen. Die auf den Linien 11 und 12 eingesetzten 100er und 200er Triebwagen wurden mit einem Beiwagen der 700er Reihe behängt, sonntags ebenfalls mit zwei dieser Beiwagentype. Auch an Werktagen in den Morgenstunden waren zwei Beiwagen zu schleppen. Das Tempo eines solchen Drei-Wagen-Zuges war nicht gerade schnell, aber die verstärkten Ursprungs-Triebwagen hatten Ausdauer.

Mit den 400er Triebwagen wurden hauptsächlich folgende Linien bestückt: Linie 2, 6, 7, 8 und 9, behängt mit Beiwagen der 600er und 700er Baureihen. In der Regel war nur ein Beiwagen zu ziehen. Die 500er Triebwagen fanden sich 1926 auf folgenden Linien: Linie 3, 4 (teilweise), 10, 14 und 15, behängt mit einem, in der Hauptverkehrszeit mit zwei Beiwagen der 600er und 700er Reihen. Von den 500er Triebwagen waren die Wagennummern 516–525 im Betriebshof Wersten stationiert und wurden für die Fünfminutenwagen der Linie 10 und für E-Dienste herangezogen. Die motorische Leistung dieser Wagen muß nicht ausreichend gewesen sein, sie wurden nur mit einem Beiwagen „belastet“. Die 400er Triebwagen verwendete man oft auch für E-Züge.

Die relativ neuen Triebwagen der Reihe 901–927 liefen auf den Linien 1 und 18 mit einem oder zwei Beiwagen der 700er Baureihe oder aus der Reihe 800–830. Die 1 und 18 mußten schon damals große Laufleistungen erbringen.
Im Oberkasseler Betriebshof, der 1926 noch bestand, befanden sich u.a. die 1100er Triebwagen sowie die 1000er und 1100er Beiwagen, also ursprüngliche Rheinbahnwagen (zweiachsig), die bis 1914 beschafft wurden. Eingesetzt fand man sie auf den Linien 4 (teilweise), 16 und 17 und auf der Linie B (Meererbusch – Handweiser). Bei den Triebwagen waren es die Wagennummern 1121–1134 und 1151–1163, bei den Beiwagen die Wagennummern 1081–1093 und 1175–1200.
Im Jahre 1926 waren die Düsseldorfer Straßenbahn-Linien auf folgende Betriebshöfe verteilt: Derendorf/Münsterstraße Linien 1, 2, 4 (teilweise) und 11; Grafenberg Linien 3 und 12, manchmal auch Linie 14; Wersten Linien 5, 6, 10, 15 und 18; Am Steinberg Linien 7, 8, 9, 14; Oberkassel Linien 4 (teilweise), 16, 17 und B, außerdem die Fernlinien A, C und D. Die neuen Vierachs-Triebwagen der D waren zur Hälfte in Oberkassel und zum anderen im Duisburger Depot Grunewald untergebracht.

Die Verlängerung der Linie 17 bis Volmerswerth

Nachdem im September 1924 Unterrath an das Straßenbahnnetz angeschlossen wurde, wünschten auch die am Aachener Platz und die in Flehe Wohnenden eine Verkehrsanbindung zur Innenstadt. 1926 nach abgeschlossener Planung begannen die Bauarbeiten. Vom heutigen Ludwig-Hammers-Platz aus wurde auf der Aachener Straße bis zum Aachener Platz und weiter bis zur Volmerswerther Chaussee (wie es damals noch hieß) eine doppelgleisige Strecke in Straßenmitte verlegt. An der Einmündung der Aachener Straße in die Volmerswerther Straße legte man ein Gleisdreieck an, damit die Zwischenzüge der Linie 17 dort ohne Kuppelmanöver wenden konnten. Vom Gleisdreieck bis zum Volmerswerther Deich sollte im 20-Minuten-Abstand, von Lörick bis zur Volmerswerther Straße jedoch alle 10 Minuten gefahren werden. Auf dem Aachener Platz baute man zwischen den beiden Fahrgleisen ein drittes zum Abstellen von Beiwagen.
Auf der Volmerswerther Straße ging es bis zum Deich nun eingleisig in Seitenlage weiter. Südlich des Krahkampweges wurde eine Ausweiche angelegt. An der Endstelle, die sich unterhalb des Deiches befand, wurde eine Umsetzstelle mit Gleiswechsel errichtet. Vom Deich aus gelangte man über drei in Wagenlänge nebeneinander liegende Treppen zur Haltestelle.
Am 14. April 1927 eröffnete die Rheinbahn die verlängerte Strecke der Linie 17 vom Graf-Adolf-Platz über Friedrichstraße, Bilk/Bf. bis Volmerswerth. Den ersten festlich geschmückten Zug stellte der Triebwagen Nr. 550, Bj. 1921, mit zwei Beiwagen.
Die Haltestellen auf der neuen Strecke waren folgende: Heutiger Ludwig-Hammers-Platz, Suitbertusstraße, Im Dahlacker, Zonser Straße, Aachener Platz, Volmerswerther Straße, Krahkampweg, Abteihofstraße, Volmerswerther Deich. Der Südring (heute Haltestelle) existierte seinerzeit noch nicht.
Die neue Strecke wurde gut genutzt. An schönen Sommersonntagen mußte bis zur Endstelle Volmerswerth alle 10 Minuten, oft mit zwei Beiwagen, gefahren werden. Dazu wurde die Ausweiche am Krahkampweg benötigt. Die Gegend um

Wagen 1130 mit einem Beiwagen auf der Linie 17 an der Endstelle Volmerswerther Deich im Jahre 1928.

Der Betriebshof am Steinberg war zu klein geworden und mußte links um eine weitere Halle ergänzt werden, die 1928 fertig wurde.

Die Linie 17, hier am Volmerswerther Deich, fuhr in betriebsschwachen Stunden solo.

Hamm, Volmerswerth, Flehe und Himmelgeist hatte begehrte Spazierwege. Außerdem befand sich auf der anderen Rheinseite seinerzeit das Strandbad Grimlinghausen, durch eine Fähre gut zu erreichen. 1938 wurde das kurze eingleisige Streckenstück zwischen Gleisdreieck und Ausweiche Krahkampweg doppelgleisig ausgebaut.
1927 gab es weitere Linien-Änderungen. Am 15. Mai wurde die Linie 5 werktags von Oberbilk bis Holthausen verlängert, um die Linie 18 zu entlasten. In der Innenstadt fuhr die 5 nun über Hauptbahnhof und Bismarckstraße bis Rathaus. Außerdem nahm man den Abschnitt Brehmplatz – Düsseltal durch die 6 wieder in den Linienbetrieb auf. Nach einem knappen Jahr, am 30. April 1928, stellte man den Betrieb nach Düsseltal aber wieder ein. Die Auslastung war zu schwach. Die Strecke Brehmplatz – Düsseltal wurde seit 1913 des öfteren stillgelegt und wieder eröffnet. Auch Pendelwagen verkehrten zeitweise auf diesem Abschnitt.
Einige Betriebshöfe faßten den erweiterten Wagenpark nicht mehr. 1928 bekam das Depot am Steinberg eine zusätzliche Halle. Der Betriebshof Oberkassel aus den Anfangsjahren der Rheinbahn war veraltet und zu eng. Die Rheinbahn konnte in Heerdt am Handweiser ein geeignetes Grundstück erwerben und baute dort einen neuen erweiterungsfähigen Betriebshof mit verschiedenen Werkstätten, darunter ein Gleislager, auf. Ende 1928 wurde dieser neue Betriebshof eingeweiht und die Anlagen in Oberkassel stillgelegt. Allerdings blieben die Gleise der früheren „Zentrale" noch bis Ende der sechziger Jahre liegen und wurden gelegentlich als Abstellplätze benutzt.

Der Umbau der Heinrich-Heine-Allee

Dieser Straßenzug, seinerzeit mit einer breiten Mittelpromenade ausgestattet, wechselte im Laufe der Zeit mehrmals seinen Namen. Zuerst hieß es Alleestraße, dann Lindenallee, vom Ersten Weltkrieg bis zum Zweiten Hindenburgwall, anschließend wieder Alleestraße, heute Heinrich-Heine-Allee.
Kurz vor der Jahrhundertwende wurde diese Straße bahnmäßig aufgeteilt, die Westseite benutzte die Düsseldorfer Straßenbahn, die Ostseite die Rheinbahn. Nach dem Zusammenschluß beider Betriebe am 1. Januar 1922 änderte sich an dieser Streckenführung zunächst nichts, lediglich Gleisbogen mit Weichen wurden von der Theodor-Körner-Straße zur Ostseite des Hindenburgwalls in Richtung Oberkassel eingebaut, außerdem von der Elberfelder Straße in Richtung Graf-Adolf-Platz. Der Straßenzug mit der breiten Mittelpromenade wurde für den Allgemeinverkehr allmählich zu eng, zumal beide Fahrstraßen in Nord- und Südrichtung benutzt wurden. Die westliche Straßenseite war nur zweispurig und wurde von den Straßenbahngleisen gänzlich ausgefüllt.
Den früheren östlichen Befestigungswall der Festung Düsseldorf baute die Stadt vom Wilhelm-Marx-Haus bis zur Oberkasseler Rheinbrücke nun um. Von den vier Baumreihen der Mittelpromenade holzte man die beiden äußeren ab. Östlich der nun schmaler gewordenen Promenade erhielt die Straßenbahn für alle Linien einen eigenen Bahnkörper. Die Streckenführung von der Theodor-Körner-Straße in die Flingerstraße zur Altstadt blieb erhalten, ein neuer Gleisbogen zum Hindenburgwall wurde eingebaut. Die Strecke Schadowplatz – Elberfelder Straße bekam südlich und nördlich Anschluß an den neuen Gleiskörper. An der Kunsthalle (Haltestelle Opernhaus) führten vom Ratinger Tor und aus Richtung Wilhelm-Marx-Haus Doppelgleisbogen in die Mühlenstraße. An der Haltestelle Ratinger Tor ging es mit Abzweigen nach rechts in die Außen-Bahnkörper der Max.-Weyhe-Allee.
Bei den Planungserörterungen wollten einige Stadtverordnete die Gleise genau in die Straßenmitte legen, dann hätten aber die Denkmäler Kaiser Wilhelm I., Bismarcks und Moltkes weichen müssen, was die Mehrzahl der Stadtväter aber nicht wollte. Die alten Gleise wurden nach Fertigstellung des neuen Bahnkörpers entfernt und rechts und links des Mittelstreifens für den Autoverkehr dreispurige Richtungsfahrbahnen angelegt. Die Mittelpromenade mit den zwei Baumreihen blieb den Fußgängern erhalten, wurde damals also nicht als Auto-Parkplatz zweckentfremdet. Natürlich hatten die Haltestellen auch Einsteige-Inseln bekommen. Die Güterstrecke auf der Ratinger Straße erhielt übrigens einen doppelgleisigen Anschluß an die neue Straßenbahnstrecke in Richtung Oberkasseler Brücke.
Was verlorenging, war die Strecke zur Bendemannstraße. Die Gleise auf der Bendemannstraße, Reuterkaserne und Schloßufer blieben bis in die vierziger Jahre aber noch liegen. Die nördliche Umfahrung der Kunsthalle durch die Linie 6 in Richtung Rathaus entfiel. Dieses Gleis neben der Kunsthalle wurde später vom Gerichtsgebäude aus gelegentlich zum Abstellen von E-Zügen benutzt, es wurde also nicht abgebaut. In den fünfziger Jahren bis 1962 diente es bei Bauarbeiten noch als provisorische Strecke.
1928 waren die Arbeiten beendet. Die neue Strecke wurde von den Fernlinien A, C, D und von den Lokallinien 3, 4, 5, 6, 12, 15, 16, 17 und 18 befahren, eine stattliche Anzahl, die meisten Linien fuhren aber nur ein kurzes Stück über die neue Strecke. So die 12 und 15, die ab 16. Januar 1928 nach Fertigstellung der Gleisanschlüsse beide bis zur Elberfelder Straße verkehrten. Ihr Weg führte von der Theodor-Körner-Straße über ein Stückchen Hindenburgwall in die Elberfelder Straße, dort vor der Königsallee/Westseite war jetzt die Endstelle. Dann ging es vorbei am Schadowplatz zur Schadowstraße und Eckstraße zurück. Die Linien 3, 5 und 18 benutzten den Hindenburgwall nur zwischen Theodor-Körner-Straße und Kunsthalle, die Linie 6 zwischen Kunsthalle und Ratinger Tor. Die 1928 geschaffene Anlage blieb bis zum Herbst 1962 in Betrieb. Als der Knotenpunkt Jan-Wellem-Platz ins Leben gerufen wurde, mußte auch der Hindenburgwall, jetzt wieder Alleestraße genannt, erneut umgebaut werden.
In den zwanziger und dreißiger Jahren verkehrte nur die Linie 6 in beiden Richtungen durch die Düsseldorfer Altstadt, die Linien 3, 5 und 18 benutzten die Altstadtstraßen nur für ihre Schleifenfahrt. Am Rathaus war ihre Endstation. Sie fuhren über Hindenburgwall, Mühlen-, Markt- und Flingerstraße zurück zur Theodor-Körner-Straße. Hin und wieder aus besonderen Gründen ging es auch mal umgekehrt, also zuerst über die Flingerstraße. Die Kurve an der Berger Straße von der Markt- in die Flingerstraße war damals sehr eng. Aber zu Unfällen kam es nicht. Alle Wagentypen schafften diese enge Kurve, und die Schaufenster der seinerzeitigen Metzgerei an der Ecke Berger Straße blieben heil.
Die Linie 6 fuhr also in beiden Richtungen von der Kunsthalle durch die Mühlenstraße zum Rathaus. Hier wurde sie von den wartenden Linien 3, 5 und 18 oft an der zügigen Weiterfahrt gehindert. Von der Flingerstraße bog sie dann in die Mittelstraße ein und fuhr über Hohe Straße, Schwanenmarkt zum Graf-Adolf-Platz, dann weiter nach Oberbilk und Lierenfeld. Die Altstadt konnte damals folgende Haltestellen vorweisen: Amtsgericht, Rathaus, Mittelstraße und Wilh.-Marx-Haus. Die 6 hielt außerdem am Karlplatz und am Schwanenmarkt.
Auf der Mühlenstraße befanden sich übrigens vor einer Altstadt-Gaststätte Ausweichen mit einer Gleisverschlingung zum südlichen Gegengleis. Die Mühlenstraße war seinerzeit ziemlich schmal und wurde von beiden Straßenbahngleisen ausgefüllt. Wenn vor der genannten Gaststätte von einem Fuhrwerk Bierfässer abgeladen wurden und das Straßenbahngleis somit blockiert war, fuhr die Straßenbahn mittels Fahrdrahtkontakt über die Gleisverschlingung ins Gegengleis und ließ den Bierwagen „rechts liegen".
Die für die seinerzeitige Linie 11 (Altstadt – Zoo) errichtete

Ein Blick vom Rhein her gesehen in die Mühlenstraße zeigt, daß die Straßenbahnschienen die Straße in voller Breite ausfüllten.

Umsetzanlage südlich des Burgplatzes wurde in späteren Jahren dann und wann von E-Zügen benutzt. Das aus Richtung Rathaus kommende Doppelgleis quer über den Burgplatz am Schloßturm vorbei, durch den Engpaß am Douvenhaus zum Schloßufer führend, blieb auch in den dreißiger Jahren erhalten. Es war die frühere Strecke der Linie 6 zur Endstelle an der Oberkasseler Rheinbrücke, wie bereits in einem früheren Kapitel erläutert. Auf dem Burgplatz war stets Markttag. Die Marktstände mußten aber den Raum des Doppelgleises immer freihalten. Einen Linienverkehr vom Rathaus in Richtung Rheinbrücke oder Reuterkaserne hat es auch in späteren Jahren nicht mehr gegeben.

Die „13" als Rundlinie

Die Linienziffer 13 wurde ab 1. November 1928 wieder benutzt, und zwar für eine Rundlinie zwischen Bilk und dem Zoo-Viertel. Die Rheinbahn wollte mit dieser neuen Linie verschiedenen Fahrgästen das Umsteigen ersparen. Jetzt war übrigens die Liniennummern-Reihe von 1 bis 18 vollständig.
Vorher gab es in den seinerzeitigen Düsseldorfer Tageszeitungen aufgrund von Leserzuschriften Erörterungen darüber, ob nun die neue 13 eine Unglücksbahn werden würde oder nicht. In jenen Jahren war wohl die Zahl der Abergläubischen größer als heute. Die Ängstlichen wurden aber beschwichtigt, und ab 1. November drehte die neue Linie 13 ihre Runden. Sie fuhr alle 10 Minuten und stets solo mit Triebwagen der 400er Baureihe und den Motorwagen aus der Reihe Nr. 516–525.
Der Linienweg begann in der Gleiskurve neben der Bilker Kirche von der Lorettostraße zur Bilker Allee, dort wurde für die 13 für beide Fahrtrichtungen eine Haltestelle errichtet. Zusammen mit der Linie 7 fuhr sie zunächst über Bilker Allee, Corneliusstraße zur Graf-Adolf-Straße, wo damals eine Gleisverbindung in Richtung Hauptbahnhof bestand. Die 13 bog nun rechts ab und entlastete auf ihrer weiteren Fahrt die Linie 8 über Hauptbahnhof, Worringer Platz, Acker-, Uhlandstraße bis zum Brehmplatz. Während die 8 in der Gleisschleife Brehmplatz kehrt machte, fuhr die Linie 13 auf dem Wege der 6 weiter über Rethel-, Stockkamp- zur Sternstraße. Dort gesellte sich die 13 zu den Linien 1 und 10 und gelangte über Hofgartenstraße, Corneliusplatz und Königsallee zum Graf-Adolf-Platz. Nun begleitete die 13 die Linie 9 über Harold-, Kavallerie- und Lorettostraße wieder zur Bilker Kirche. Nach einer Pause von etwa 10 Minuten begann für sie die nächste Runde. Auf dem Nebengleis legte der Gegenkurs gleichzeitig eine Verschnaufpause ein.
Am 22. April 1929 wurde die Linie 13 vom Brehmplatz über die Graf-Recke-Straße bis Düsseltal verlängert. Die Linie 6 nahm man bis zum Brehmplatz zurück. Die 13 war jetzt keine echte Rundlinie mehr, an der Endstelle Düsseltal mußte sie „Kopf machen". Die Düsseltaler Strecke hatte unterwegs einen Zwischenhalt an der Tiergartenstraße. Die Endstelle lag in Höhe der heutigen Klopstockstraße, wo sich damals beiderseits der Graf-Recke-Straße die Düsselthaler Anstalt befand, die nach wie vor verschiedenen sozialen Zwecken diente. Mitte der dreißiger Jahre wurde die Anstalt aufgegeben, die Gebäude abgetragen und auf dem freien Gelände neue Wohn- und Geschäftsbauten errichtet.
Nicht weil sie „13" hieß, aber es gab mit dieser Linie doch einige Unfälle, z. B. 1930 an der Straßenkreuzung Bilker Allee/Kronprinzenstraße. Hier befand sich seinerzeit noch keine Haltestelle. Die Linien 7 und 13 hielten an der Flora- und Wissmannstraße. Ein Bierlastwagen mit Vollgummireifen war beim Überqueren der Bilker Allee wohl nicht schnell genug oder die Linie 13 zu flott, jedenfalls gab es an der Kreuzung einen Zusammenprall. Der Bierwagen stürzte um, die 13 wurde aus den Schienen getragen, die Bierfässer rollten über die Straßen. Alles lief noch einigermaßen glimpflich ab.
Anfang der dreißiger Jahre verschlechterte sich die wirtschaftliche Lage, und die Rundlinie 13 wurde am 15. Februar 1932 wieder eingestellt. Die Linie 6 übernahm jetzt wieder den Abschnitt Brehmplatz – Düsseltal.

Eine neue Gleisschleife Auf'm Hennekamp

Die seit 1911 bestehende Gleisschleife bzw. der Gleiskreis am Karolingerplatz erwies sich immer mehr als Verkehrshindernis. In der Zwischenzeit hatte man die anfängliche kreisrunde Grünanlage in der Platzmitte abgebaut, so daß der Verkehr

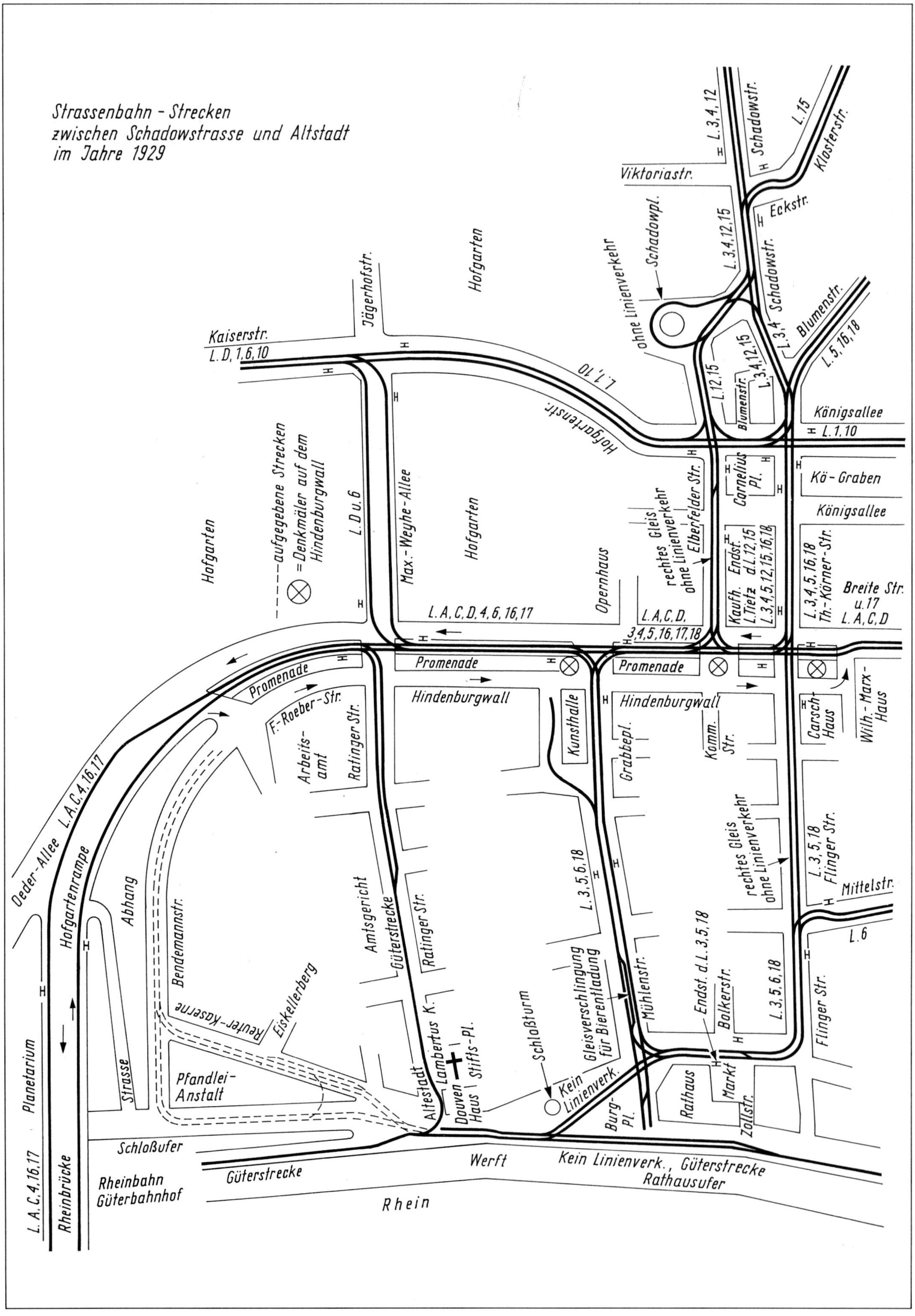

Strassenbahn-Strecken zwischen Schadowstrasse und Altstadt im Jahre 1929

Der umgebaute Triebwagen 230 im Betriebshof am Steinberg

ohne Rundfahrt durch die Brunnenstraße rollen konnte. Der Platz war in den zwanziger Jahren gänzlich gepflastert. Auch die Linie 1 fuhr geradeaus über den Platz.

Der Gleiskreis beanspruchte den ganzen Raum zwischen Brunnen-, Karolinger- und Feuerbachstraße. Insgesamt waren acht Weichen eingebaut. Die Linie 14 hatte hier ihre Endstation. Aus der Heresbachstraße kommend fuhr sie rechts in den Kreis ein, weiter ins Gleis der Linie 1, mit der nächsten Weiche aber wieder aus diesem Gleis heraus in Richtung Feuerbachstraße und mit einem weiteren Bogen kam sie wieder zur Heresbachstraße zurück, wo sie eine Pause einlegte. Nach etwa 6–8 Minuten ging es wieder nach Grafenberg. Beim Fünfminutenverkehr standen meistens zwei Züge der Linie 14 hintereinander.

Zu gewissen Tageszeiten verlängerte die 14 alle 10 Minuten

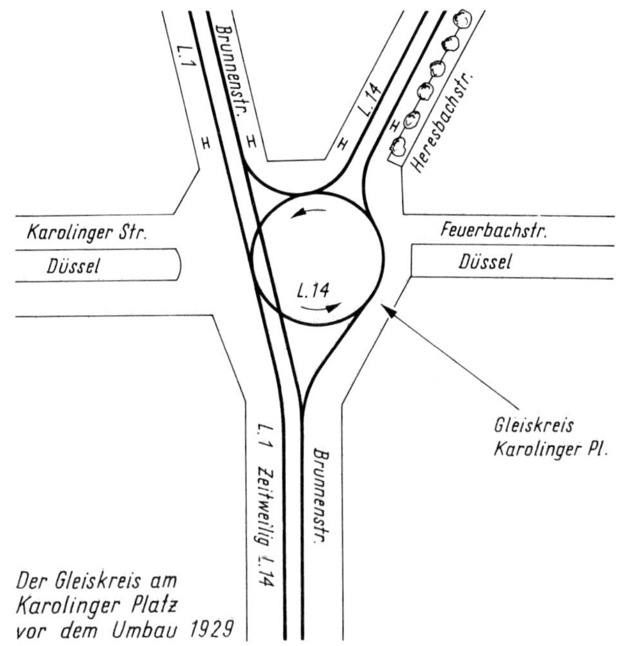

Der Gleiskreis am Karolinger Platz vor dem Umbau 1929

Linie 12 passiert die Kreuzung Schadow-/Tonhallenstraße im Jahre 1930. Ein umgebauter Triebwagen, Baujahr 1902, zieht zwei Beiwagen der 700er-Serie.

Wagen 536 als Linie 14 auf der Witzelstraße; während heute auf dieser Schnellstraße Autoschlangen üblich sind, ist zum Zeitpunkt dieser Aufnahme noch kein einziger PKW zu sehen.

ihren Fahrweg über die Himmelgeister- und Moorenstraße zu den Städt. Krankenanstalten bzw. bis zur Gleisschleife Stoffeln. Sie beförderte dann die aus Richtung Hauptbahnhof und Fürstenplatz kommenden Krankenhaus-Besucher. Auf ihrer Rückfahrt zum Karolingerplatz gelangte sie über den östlichen Teil des Gleiskreises wieder zur Heresbachstraße in Richtung Hauptbahnhof.
Nicht nur die 14, auch der Fünfminutenwagen der Linie 1 (Derendorf–Karolingerplatz), die spätere 1 mit dem roten Strich, wendete über den gleichen Gleiskreis. Die Verschnaufpause dieser Verstärkungszüge lag in der Brunnenstraße in Richtung Bilker Bahnhof. Die Fünfminutenwagen und die Planzüge der 1 standen sich oft im Wege.
1928 änderte man die Lage, und zwischen Himmelgeister Straße und Witzelstraße wurde eine neue Gleisschleife angelegt. Das Gleis lag in einer schmalen Gasse, „Auf'm Hennekamp" genannt, damals ein besserer Feldweg mit kleinen und mittleren Fabrikationsbetrieben. Durch diese schmale Gasse zwängte sich nun auch die Straßenbahn, und zwar in Richtung Witzelstraße, wo auch die Endstelle lag. Auf der Witzelstraße zur Suitbertuskirche hin wurde gleichzeitig ein Abstell- bzw. Überholgleis angelegt, was aber selten gebraucht wurde. An der Ecke Suitbertus-/Witzelstraße erreichten die Bahnen wieder die Strecke der Linie 1 zum Karolingerplatz.
Am 4. Juli 1928 wurde die neue Anlage von den Fünfminutenwagen der 1 und den Zügen der Linie 14 in Betrieb genommen. Diese Linien hätten als neues Zielschild jetzt den Schriftzug „Auf'm Hennekamp" führen müssen. Aber es dauerte noch mehrere Jahre, ehe dies geändert wurde. Bis dahin hieß es weiterhin „Karolingerplatz", obwohl dieser seinen Gleiskreis längst verloren hatte und nur noch eine Streckengabelung aufwies.

1927–1929, Beschaffung neuer Straßenbahnwagen

Nach einer kurzen Pause kaufte die Rheinbahn bei den Düsseldorfer Waggonfabriken wieder neue Straßenbahnwagen, und zwar 50 Trieb- und 60 Beiwagen. Sie waren länger als ihre Vorgänger. Die Wagenlänge betrug jetzt 10,7 m, das Eigengewicht der Triebwagen etwa 14,8 t, das der Beiwagen etwa 9,3 t. An den Längsseiten dieser neuen zweiachsigen Wagen sah man 6 Fenster, bisher waren es nur fünf. Die Plattformen waren durch hohe Falttüren verschlossen, an jeder Seite lagen Doppeleinstiege. Im Fahrbetrieb war die erste Falttür vorne rechts aber stets geschlossen, es blieb praktisch beim Einfacheinstieg vorn. 26 Sitz- und etwa 54 Stehplätze hatten diese neuen Wagen anzubieten. Das Laternendach wurde beibehalten. Folgende Nummern bekamen die neuen Wagen: Triebwagen Nr. 928–977, Beiwagen Nr. 831–890. Die Dach-Linienbeschilderung wurde ebenfalls nicht geändert, nur die Zielschilder unter der mittleren Frontscheibe mußten seitlich gezogen werden, sie wurden also nicht mehr vertikal gewendet. Der Zielschild-Kasten war jetzt „dicker", es konnten mehrere Schilder untergebracht werden.
Das bisherige Erscheinungsbild der Düsseldorfer Straßenbahn, der „zweiten Wagen-Generation", blieb auch durch die neuen Wagen weitgehend erhalten.
Der erste Triebwagen Nr. 928 wurde bereits 1927 geliefert; mit ihm konnten Erprobungen durchgeführt werden. 1928 folgten die Triebwagen Nr. 929–962, im Jahre 1929 die Wagennummern 963–977. Sie hatten bereits Scheren-Stromabnehmer, die 1927–28 gelieferten noch Lyrabügel.
Neue Beiwagen sah man bereits im Sommer 1927 auf der Linie 1; es waren die Wagennummern 831–850. In den ersten Tagen fuhr bei Drei-Wagen-Zügen ein neuer großer Beiwa-

Es war ein Brauch von alters her: neue Wagen kamen immer zuerst zur Linie 1. Bei den Sechs-Fenster-Wagen wurden die Beiwagen vor den Triebwagen geliefert und verkehrten auf der Linie 1 mit Triebwagen der kleinen 900er-Serie.

gen stets in der Mitte. Durch seine größere Länge fiel er jedem Betrachter auf. 1928 kamen dann auch die neuen Triebwagen in den Verkehr, zunächst gleichfalls auf der Linie 1. Auch die Fünfminutenzüge der 1 wurden zum Teil mit den neuen Wagentypen gefahren. Die weiteren Wagen-Anlieferungen gingen an die Linien 16 und 17. Die letzten neuen Beiwagen, Nr. 851–890, wurden 1929 in Betrieb genommen.
Vorher, und zwar Anfang 1929, konnte man einige Wochen lang die Linie 9 (Derendorf–Südfriedhof) mit den neuen Wagentypen beobachten. Der Ausnutzungsgrad auf der 9 war wohl nicht optimal, denn anschließend sah man die Sechsfensterwagen auf der Linie 17. Die 17 fuhr daraufhin in den verkehrsschwachen Stunden mit den neuen Triebwagen solo, morgens und ab Mittag mit einem Beiwagen. Dies bedeutete eine Wagen-Einsparung, denn mit den 1100er und 500er Zügen wurden bis dahin den ganzen Tag über Zwei-Wagen-Züge gefahren, morgens waren schon mal Drei-Wagen-Züge zu sehen.
Die Triebwagen der neuen Serie wurden 1929 wie folgt aufgeteilt: Nr. 928–946 kamen zur Linie 1 (Depot Derendorf), Nr. 947–965 zur Linie 16 (Betriebshof Heerdt) und Nr. 966–977 zur Linie 17 (Depot Am Steinberg).
Nachdem alle Wagen ihren Betrieb aufgenommen hatten, wurden die letzten 100er und 200er Triebwagen der Ursprungsserie aus dem Linienbetrieb genommen. Sie verrichteten jetzt nur noch E-Dienste oder wurden für Arbeitszüge herangezogen. Die Linie 1 gab die Triebwagen Nr. 916–927, Bj. 1925, an die 18 ab (Depot Wersten). Die 1100er Triebwagen fuhren nun nach Kaiserswerth und Ratingen: Wagennummern 1151–1156 kamen zur Linie 11 (Depot Derendorf), Wagennummern 1121–1125 und 1157–1163 zur Linie 12 (Depot Grafenberg). Die Beiwagen Nr. 1175–1200 gingen sämtlich zum Depot Steinberg. Während die Wagen Nr. 1175–1180 (sie ähnelten den 600er Beiwagen) laufend im Liniendienst der 8, 9 und 14 zu sehen waren, wurden die Beiwagen Nr. 1181–1200 nur für E-Dienste herangezogen.
Verkauft wurden 1927 von der Rheinbahn an die Moerser Kreisbahn sechs Beiwagen der Ursprungsbauart, die dort zum Teil zu Zwillings-Beiwagen umgebaut wurden.
In diesen Jahren baute die Rheinbahn in eigener Werkstätte mehrere 100er Triebwagen, Bj. 1899–1902, zu Beiwagen um, um damit die verbliebenen Ursprungs-Triebwagen zu behängen, und zwar 1927 10 Stück und 1929 11 Stück. Auf damaligen Fotos ist ein entsprechender Beiwagen mit der Nr. 216 zu sehen. Die Linie 5 (Rathaus–Oberbilk) verkehrte Ende der zwanziger Jahre mit solchen Zugzusammenstellungen. Bis 1937 wurden die umgebauten Wagen aber alle verschrottet.
Mitte bis Ende der zwanziger Jahre suchte man in Deutschland neue Wege im Straßenbahn-Waggonbau mit dem Ziel, das Umsetzen mit Beiwagen an den Endstellen zu vermeiden. So entstanden in mehreren Städten die „Zwillingswagen"; es waren Doppel-Triebwagen, die nur an den Außen-Perrons Fahrpulte hatten. Essen z. B. erhielt 1929 30 solcher Wagen. Es handelte sich um ältere Triebwagen, Bj. 1901, aus dem Wiesbadener Straßenbahnnetz, die modernisiert und zu Doppel-Triebwagen umgebaut wurden.
Auch Düsseldorf wollte Versuche anstellen und beschaffte im Jahre 1928 zwei Zwillingszüge. Der Zug Nr. 243/244 war artgleich mit den im gleichen Jahr gekauften Sechsfensterwagen. Dagegen waren die Zwillingswagen Nr. 241/242 „aus der Art geschlagen". Sie hatten Stahlaufbauten mit Mitteleinstiegen und andere Fensteraufteilungen. Der Doppeleinstieg in der Wagenmitte hatte Falttüren. Auch die Fahrgestelle (zweiachsig) waren anderes konstruiert, das Laternendach hatte herabgezogene Stirnfronten. Die Dach-Beschilderung entsprach dem Düsseldorfer System. Die der Kuppelstelle zugewandten Stirnseiten hatten, wie bei U-Bahn-Wagen üblich, eine Tür, rechts und links davon saßen die Kabelanschlüsse. In jedem Wagen wurde nur ein Motor eingebaut, der über ein Kegelrad-Getriebe beide Wagenachsen antrieb.
Auch die Düsseldorfer Zwillingswagen hatten nur an den Außenstirnfronten ein Fahrpult, die Perrons an der Kuppelstelle waren, wie bei den Beiwagen, ohne Fahrschalter und

1927 wurden zehn und 1929 elf Triebwagen der Baujahre 1899 bis 1902 zu Beiwagen umgebaut. Die Aufnahme zeigt einen solchen Wagen vor dem Aufbauwerk Heerdt.

Noch einmal das Aufbauwerk Heerdt um 1930 mit einem Sommerwagen, wie sie noch bis 1938 im Einsatz waren

1928 wurden die Zwillingswagen 241 - 242 geliefert, erprobt, aber nicht für nützlich befunden. Sie wurden später zu Beiwagen »degradiert«.

Ebenfalls 1928 kam der Zwillingszug 243 - 244. Diese Wagen liefen später als Einzel-Tw, nachdem sie die Motoren der Wagen 241 - 242 erhalten hatten.

auch ohne Beschilderung. Der Fahrer brauchte an den Endstellen nur den Wagen und die Zielschilder zu wechseln. Die Motoren in beiden Wagen waren auf „Zugsteuerung" angelegt. Ein Einsatz als Einzel-Triebwagen war nicht möglich. Der Zug Nr. 243/244 hatte an der Kuppelstelle zwischen den Stirnfronten einen breiten Kabelschlauch.
Die Rheinbahn ließ die neuen Zwillingswagen zunächst auf mehreren Linien fahren, um Erfahrungen zu sammeln. Den Zug Nr. 243/244 sah man in den ersten Tagen auf der Fernlinie C (Düsseldorf–Moers). Sonst war dieser Wagenzug später hauptsächlich als Fünfminutenwagen der Linie 1 eingesetzt. Der Zug Nr. 241/242 fuhr im September 1929 für kurze Zeit auf der Linie 17 (Lörick–Volmerswerth). Ansonsten war er fast ausschließlich als Linie 8 zwischen Hamm und Zoo unterwegs.
Wahrscheinlich konnte die Rheinbahn sich mit diesen Zwillingszügen nicht anfreunden. Sie sollen außerdem ziemlich störanfällig gewesen sein. Nach etwa zwei Jahren wurden sie aus dem Verkehr gezogen und umgebaut. Die Wagen Nr. 243 und 244 bekamen die Motoren und Fahrschalter des Zuges Nr. 241/242 zusätzlich eingebaut und wurden somit zu Einzel-Triebwagen. 1931 sah man den Triebwagen Nr. 243 wieder auf der Linie 1, 1932 auch den umgebauten zweiten Motorwagen Nr. 244.
Die Wagen Nr. 241 und 242 mit den Stahlaufbauten und Mitteleinstiegen wurden nun Einzel-Beiwagen. Ab Oktober 1931 waren sie auf der Linie 11 als Beiwagen hinter den Triebwagen Nr. 1151–1156 zu beobachten. In den Hauptverkehrsstunden kamen als zweite Beiwagen die Typenreihe Nr. 786–799 hinzu. Der 11 blieben sie bis in die vierziger Jahre treu. Im Zweiten Weltkrieg gingen beide Wagen verloren.

Der Bau der Düsseldorf-Neusser Rheinbrücke

Die Oberkasseler Rheinbrücke war in den zwanziger Jahren zwischen Ruhrort und Köln der einzige Rheinübergang für den allgemeinen Verkehr, wenn man von Gierponten und Rheinfähren mal absieht. Im Raum Düsseldorf suchte man nach einer zweiten Rheinüberquerung. Bereits 1926 gründeten die Städte Düsseldorf und Neuss sowie die Rheinbahn eine Brückenbaugemeinschaft, um einen Kilometer südlich der Hammer Eisenbahnbrücke eine neue Brücke für Autos und Straßenbahnen zu errichten. Die Rheinbahn übernahm den weitaus größten Kapital-Anteil.
1927 begannen die Bauarbeiten. Am 12. Oktober 1929 war die feierliche Brücken-Einweihung. Diese neue Rheinbrücke hatte keine Rundbogen wie ihre Oberkasseler Schwester, sondern sah wie eine Hängebrücke aus. Offiziell wurde sie als Fachwerkträgerbrücke mit hängegurtförmigem Obergurt bezeichnet. Die Straßenbahn erhielt in der Mitte einen separaten Doppelgleiskörper, rechts und links schlossen sich zweispurige Autofahrbahnen an, dann kamen Radfahr- und Fußgängerwege.
Die neue Südbrücke, wie sie auch genannt wurde, baute man „ins freie Feld". Es mußten also nicht nur Brückenrampen, sondern Zubringer-Straßen angelegt werden, sowohl von der Düsseldorfer, als auch von der Neusser Seite. Die Landstraße zur Hammer Gierponte war nicht zu verwenden. Große Erdbewegungen und Sand- und Kiesmengen waren für die Straßenbauten notwendig, mußten doch breite Straßendämme aufgeschüttet werden.
Die Rheinbahn baute auf der eingleisigen Strecke der Linie 9 zum Südfriedhof hinter der Ausweiche Adersstiftung eine

Als es die Südbrücke noch nicht gab, die Linie 16 also noch keine Rundlinie war, hatte sie ihre Endstelle in Neuss, Rosengarten.

Weiche mit einem langen Baugleis in Richtung Brückenbaustelle ein. Auf diesem Gleis schleppten dann Arbeits-Triebwagen, meist 100er Wagen, offene Güterwagen mit Sand und Kies heran, oft mit zwei Wagen behängt, um das Material entlang der zu bauenden Straße abzuladen. Auch die 1926 beschafften Zweiachs-Kipptriebwagen Nr. 91 und 92 sowie die Kippbeiwagen Nr. 80 und 81 wurden eingesetzt. Der Sand- und Kiesumschlag auf dem unteren Rheinwerft an der Oberkasseler Brücke hatte Hochbetrieb. Aufgrund der zahlreichen Arbeitszüge bildete sich an der Ausweiche Aderssstiftung manchmal ein Straßenbahn-Stau, wobei man den Zügen der Linie 9 Vorrang einräumte.
Auf der Düsseldorfer Seite wurde die Völklinger Straße von der Gladbacher Straße bis zum Südfriedhof angelegt. Dort mündete sie in den neuen Südring, der vom Volksgarten bis zur Neusser Brücke reichen sollte. Vorerst wurde aber nur das Stück zwischen Südfriedhof und Brücke gebaut. Auf der übrigen Trasse des geplanten Südrings lagerten in den nächsten Jahren große Erd- und Sandberge, bis daß auch dort die neue breite Verkehrsader errichtet werden konnte. Mitte der dreißiger Jahre war der Südring zwischen Rheinbrücke und Himmelgeister Straße fertig. Das Anschlußstück (Auf'm Hennekamp) bis zum Volksgarten sollte erst in den fünfziger Jahren folgen.
Selbstverständlich hatte die Straßenbahn auf diesen neuen Straßen auch einen eigenen Gleiskörper. Auf der Neusser Seite legte man von der Brücke eine neue Straße in Richtung Rennbahn an. Dort gabelte sie sich in die „Langemarckstraße" zur Neusser Innenstadt und in die „Aachener Straße" in Richtung Selikumer Straße. Über die letztere führte man die Straßenbahn, ebenfalls auf eigenem Bahnkörper.
Nach der Brücken-Eröffnung wurde aus der 16 eine Rundlinie Düsseldorf–Neuss. Sie fuhr, seit einigen Monaten bereits mit den neuen Sechsfensterwagen der Baujahre 1928/29 ausgerüstet, von der bisherigen Endstelle Obertor über die Neusser Augustinusstraße, Aachener Straße, Südbrücke und Südring zum Düsseldorfer Südfriedhof. Dort bog sie rechtwinklig in die Völklinger Straße ein, benutzte dann ein Stück Fährstraße und gelangte über Volmerswerther Straße, Bilker Kirche und Graf-Adolf-Platz zum Hauptbahnhof.
Mit der Neusser Straßenbahn wurde gleichzeitig ein Gemeinschaftsbetrieb eingerichtet. Die Neusser stellten drei Züge der Rundlinie 16, sie wurden aus Neusser Niederflurwagen, Bj. 1928, gebildet. Diese Wagen hatten Stahlverkleidung und

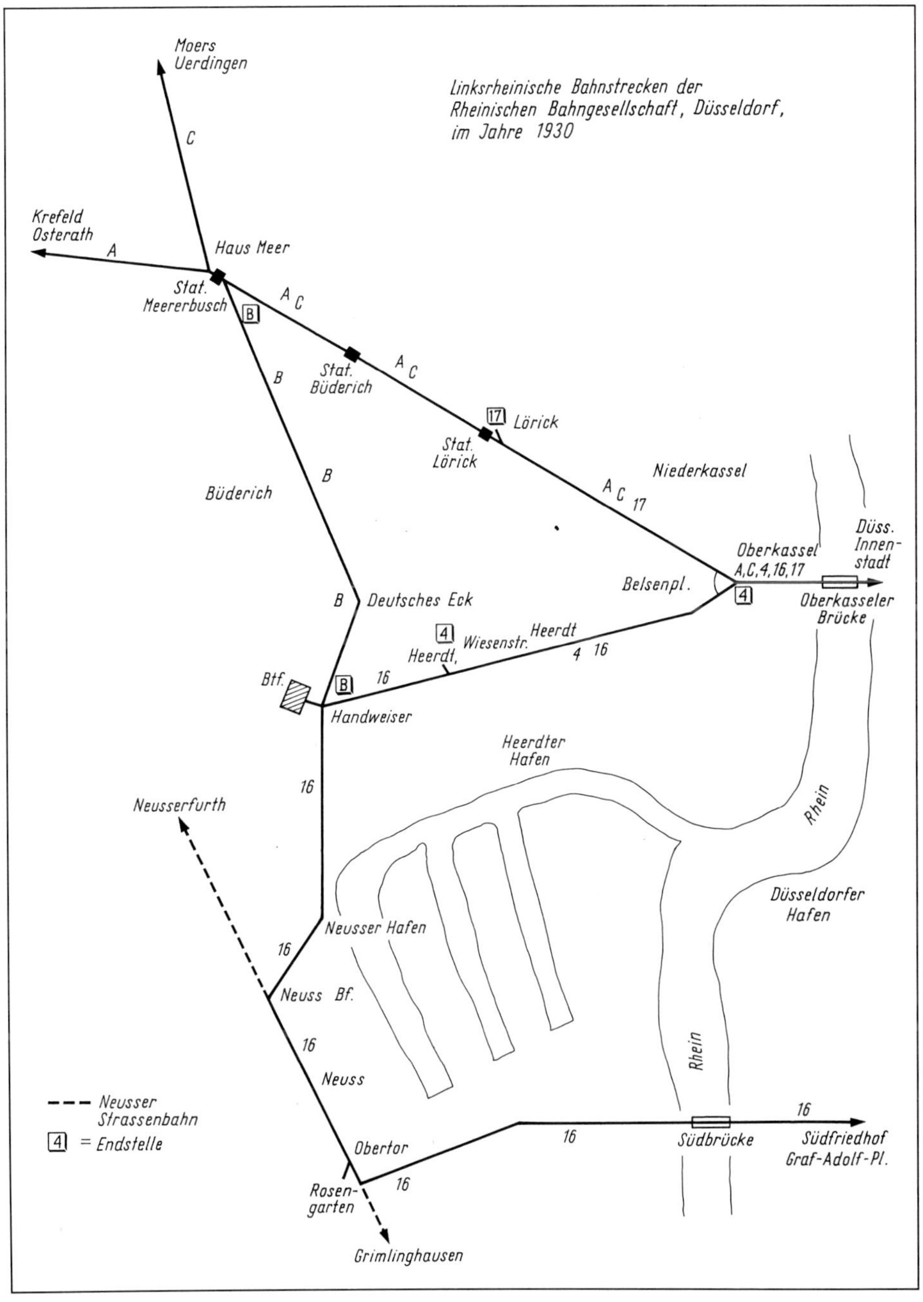

Doppelschiebetüren an den Plattformen, außerdem lag der Wagenboden niedriger als bei den Rheinbahnwagen. Die Linie über Bilk und Südbrücke nach Neuss wurde damals nicht so stark benutzt, wie es bei der Oberkasseler Strecke der Fall war. Die Triebwagen der Linie 16 fuhren daher in den verkehrsschwachen Stunden über die Südbrücken-Strecke solo. Aus Richtung Neusser Innenstadt kommend, wurden die Beiwagen an der Haltestelle Selikumer Straße abgekuppelt. Der von der Südbrücke kommende Triebwagen nahm ihn zur Weiterfahrt in Richtung Heerdt und Oberkassel wieder mit. Später errichtete man in Neuss an der Schokoladenfabrik „Novesia" kurz hinter der Kreuzung mit der Neusser Hafenbahn ein Abstellgleis für Beiwagen.
In jenen Jahren sah man oft einen Düsseldorfer Triebwagen mit einem Neusser Beiwagen und umgekehrt. Durch das Beiwagen-Abkuppeln an der Selikumer Straße ließ sich ein Mischbetrieb nicht vermeiden. In der Hauptverkehrszeit fuhr die 16 über Heerdt und Oberkassel mit zwei Beiwagen, auch hier gab es Mischbetrieb. Da die Wagenbodenhöhe, wie gesagt, unterschiedlich war, wurde zwischen Düsseldorfer und Neusser Wagen an der Kupplung ein gekröpftes Zwischenstück eingesetzt. Diese Hilfskupplung führten die Neusser Wagen seitlich am Fahrgestell mit.
Die frühere Umsetzstelle der Linie 16 am Neusser Rosengarten neben dem Obertor blieb erhalten und wurde von Neusser E-Wagen benutzt.
Für die Linie 9, die jetzt ebenfalls über die neue Völklinger Straße verkehrte, wurde am Südfriedhof eine neue Gleisschleife errichtet, wie sie heute noch zu sehen ist. Das Gleisstück zwischen Ausweiche Adersstiftung und Südfriedhof, also der alten Strecke, wurde beim Bau des Südrings entfernt. Die Strecke von der Fährstraße bis zur Adersstiftung benutzte man linienmäßig einstweilen nicht mehr. Um die Anwohner der unteren Volmerswerther Straße und der Siedlung Adersstiftung aber nicht zu verärgern, ließ die Rheinbahn auf diesem alten Streckenabschnitt ab 15. Mai 1930 bis zum 23. Oktober 1932 einen Pendelwagen fahren. Unterwegs gab es einen Zwischenhalt an der Bedburger Straße. Der Solo-Pendelwagen führte auf den Dach-Stirnseiten nur das Linienschild „9" ohne Zielschilder.
Am Düsseldorfer Hauptbahnhof verwechselten Fahrgäste oft die Fahrtrichtungen der Linie 16, die über die Südbrücke fuhr, mit der 16 in Richtung Oberkassel und Heerdt. Am 10. September 1931 wurde daher eine rote 16 mit Fahrtrichtung zur Südbrücke eingerichtet. Die schwarze 16 verkehrte über Oberkassel, Heerdt nach Neuss. An den Stirnseiten der Trieb- und Beiwagen befanden sich jetzt am rechten unteren Stirnfenster Klapp-Linienschilder mit einer roten und einer schwarzen Ziffer 16, die vom Fahrer und Schaffner jeweils gewechselt wurden, und zwar am Düsseldorfer Hauptbahnhof und in der Neusser Innenstadt. Das Dach-Linienschild konnte aus technischen Gründen nicht gewechselt werden, es zeigte nach wie vor eine schwarze Ziffer „16".

Höherlegung von Eisenbahnstrecken, Einstellung der Lierenfelder Linie

Im Jahre 1929 begann man, die vielbefahrene Eisenbahnstrecke nach Köln und Eller zwischen Oberbilker Allee und Wersten bzw. Eller auf Dämme zu legen, um die niveaugleichen Eisenbahn/Straßen-Kreuzungen zu beseitigen. An der Kruppstraße und an der Stoffeler Straße wurden Unterführungen angelegt. An den beschrankten Bahnübergängen war es in den letzten Jahren mehrfach zu Unfällen gekommen, z. B. 1928 an der Stoffeler Straße, als ein Traktor mit zwei Anhängern, mit Bierfässern beladen, bei zu früh geöffneten Schranken von einem D-Zug erfaßt wurde. Die Bierfässer wurden kreuz und quer über die Bahnstrecke geschleudert, es gab zum Glück aber keine Personenschäden.
Die Kölner Straße zwischen Oberbilk und Wersten, die Strecke der Linie 18, vorher der Benrather Kleinbahn, führte an der Oberbilker Allee bis 1929 mit einer dreiteiligen Steinbogenbrücke über den Eisenbahnkörper. Nachdem die Bahnstrecke höher gelegt war, mußte diese Brücke abgetragen werden. Die Kölner Straße endete nun in Höhe der heutigen Karl-Geusen-Straße. An der neuen Unterführung „Stoffeler Straße" wurde eine neue breite Verkehrsstraße mit separatem Gleiskörper für die Straßenbahn in Richtung Wersten geschaffen, die Siegburger Straße. Vor dem Werstener Straßenbahn-Depot wurde die alte Trasse wieder erreicht.
Ab 1930 bog nun die Linie 18 an der Schmiedestraße von der Kölner- in die Stoffeler Straße ein und fuhr unter der neuen Unterführung durch und über die Siegburger Straße nach Wersten und Benrath. Die Strecke der Linie 10 wurde jetzt an der Ecke Oberbilker Allee/Stoffeler Straße gekreuzt.
1931 stellte man den Streckenabschnitt der Linie 6 zwischen Oberbilk/Heerstraße und Lierenfeld ein. Aufgrund von Straßen-Änderungen im Zuge der Eisenbahn-Höherlegung zwischen Oberbilk und Eller wurde dies notwendig. Damals wurde die heutige breite Karl-Geusen-Straße angelegt. Die frühere Hildener Straße endete nun an der Eisenbahn-Güterstrecke Grafenberg–Lierenfeld, wurde also zur Sackgasse. Im Verlauf der Bauarbeiten gab es vom 15. Juni bis 15. Juli 1931 einen Pendelbetrieb mit Solo-Triebwagen der Linie 6 zwischen Hildener und Gumbertstraße/Eller. Für eine kurze Zeit war damit der Anfangszustand bei Eröffnung der Lierenfelder Strecke wieder hergestellt. Das Verbot, den Bahnübergang durch Straßenbahnwagen zu befahren, wurde in späteren Jahren von der Preuß. Staatsbahn aufgehoben. Jetzt mußten die Fahrgäste der Linie 6 die Baustelle zu Fuß durchqueren. Ab 15. Juli 1931 wurde dann der Betrieb der 6 zwischen Oberbilk und Lierenfeld ganz eingestellt. Die 6 erhielt in Oberbilk auf der Heerstraße an der Markenstraße eine neue Umsetzstelle. Die Strecke bis Lierenfeld wurde abgebaut.
Die Linie 2 fuhr nun ganztägig über Hauptbahnhof hinaus über Worringer Platz, Erkrather Straße, Lierenfeld bis Eller/Gumbertstraße.
Auf der Linie 6 verkehrte in den zwanziger Jahren bis etwa 1932 der Prototyp-Beiwagen Nr. 336, Bj. 1906. Wie bereits früher dargelegt, war er ein Vorläufer der 600er Beiwagen-Serie mit sechs schmalen Seitenfenstern bei einer Länge von nur 8 m. Er blieb ein Einzelstück. 1933 wurde er aus dem Linienbetrieb genommen und zu einem Reklamewagen umgebaut. Am Ende des Zweiten Weltkrieges ging er durch Artillerie-Beschuß verloren.
Ende der zwanziger Jahre baute die Rheinbahn die Endstelle der Linie 1 vor der Rather Eisenbahnschranke um. Beim Umsetzen vor der Schranke, zumal wenn sie geschlossen war, behinderten sich Autos, Fuhrwerke und Straßenbahnen gegenseitig. Vor dem damaligen Rather Bahnhofsgebäude wurde eine neue Umsetzanlage geschaffen, außerdem ein Doppelgleis seitlich der Maschinenfabrik Sack zum Abstellen der zweiten Beiwagen, die in den verkehrsschwachen Stunden nicht benötigt wurden. Kurz vor der Eisenbahnschranke kurvte die 1 jetzt nach links und setzte vor dem Rather Bahnhof über zwei Gleiswechsel um. Bis zum Bau der neuen Rather Umsetzanlage wurden die Beiwagen der Linie 1 auf einem Stichgleis in der Bochumer Straße an der Haltestelle Rather Kreuzweg abgestellt. Dieses Stichgleis baute man 1946 ab.

Die Mettmanner Obus-Linie

Zwischen Mettmann und Gruiten existierte seit Juli 1925 eine Omnibus-Verbindung, die damals aber nicht befriedigte. Für einen eingleisigen Straßenbahnbetrieb waren die in Frage kommenden Straßen zu eng, es hätte Schwierigkeiten mit

dem Gegenverkehr gegeben, was sich in diesen Jahren im Mettmanner Netz bereits bemerkbar machte. Das RWE entschloß sich nach Verhandlungen mit den Behörden in Mettmann und Gruiten im Dezember 1929, eine Oberleitungs-Omnibuslinie einzurichten, die erste dieser Art in Deutschland, wenn man von früheren Versuchen mit „gleislosen Bahnen" absieht. Die Oberleitungs-Busse verbrauchten zudem Strom, was dem Bemühen des RWE entgegenkam.
Am 26. Mai 1930 wurde der erste Fahrleitungsmast gesetzt, bereits am 30. Juli erfolgten die ersten Probefahrten. Die feierliche Eröffnung der Trolleybuslinie zwischen Mettmann und Gruiten war am 26. August 1930. Es wurden zwei Obusse angeschafft, die von der Uerdinger Waggonfabrik gebaut wurden. Die Wagen waren dreiachsig, 9,3 m lang mit 30 Sitz- und 21 Stehplätzen. Die Motorleistung lag bei 89 kWh. Die beiden Obusse boten für die damalige Zeit ein modernes Aussehen, das Dach war weiß lackiert, die Fensterpartie schwarz, der untere Wagenkasten dunkelgelb. Vor ihrer Überführungsfahrt von Uerdingen nach Mettmann fand auf der Fernbahn-Strecke der Düsseldorfer Linie C eine Fahrprobe statt, dabei wurde die positive Stromabnehmerstange des Obusses an die Fahrleitung der Fernbahn und ein Schleppkontakt in die Rillenschiene gelegt. Die Fahreigenschaft der Obusse wurde als gut beurteilt.
In Mettmann wurde die Obus-Fahrleitung auf der Bismarckstraße parallel zur Straßenbahn gelegt; die Straßenbahn-Fahrleitung wurde als positive Zuleitung stellenweise mitbenutzt. An der Endstelle der neuen Obus-Linie im Mettmanner Betriebshof errichtete man eine Fahrleitungs-Dreieckskehre, für eine Schleife reichte der Platz vor dem Depot nicht aus. Am anderen Endpunkt der etwa 5,8 km langen Strecke legte man vor dem Gruitener Bahnhof eine Oberleitungsschleife an. Die an den Häusern angebrachten Fahrleitungs-Rosetten und Haken waren auch 1982 noch zu sehen. Der Obus durchfuhr die Strecke Mettmann–Gruiten in etwa 23 Minuten bei einem 60-Minuten-Abstand. Bei diesem Intervall reichte ein Obus auf der Strecke aus.
1950 baute man die beiden Obusse um, sie erhielten neue längere Fahrgestelle, eine Hinterachse wurde weggenommen. Die Wagen waren nun zweiachsig. Außerdem verlängerte man die Wagenkästen um eine Fensterbreite.

Linienplan und Strecken der Mettmanner Straßenbahn im Jahre 1930

1930 führte die Mettmanner Straßenbahn Liniennummern ein:

Linie 1 (Straßenbahn):	Auf der Hardt – Hubbelrath – Mettmann – Dornap – Wieden – Vohwinkel, Fahrzeit 66 Minuten,
Linie 2 (Straßenbahn):	Auf der Hardt – Hubbelrath – Mettmann – Wülfrath – Hammerstein – Tönisheide, Fahrzeit 64 Minuten,
Linie 3 (Straßenbahn):	Wülfrath – Düssel – Dornap – Wieden – Vohwinkel,
Linie 4 (Omnibus):	Kettwig – Heiligenhaus – Mettmann – Hochdahl – Hilden,
Linie 5 (Obus):	Mettmann – Gruiten/Dorf – Gruiten/Bf.

In diesen Jahren erhielten die meisten der Straßenbahn-Triebwagen oberhalb der mittleren Frontscheibe einen Zielschild-Kasten mit Rollband, rechts daneben ein Kästchen für die Liniennummern. Um das Jahr 1930 herum war auf der Hardt keine Gleisverbindung zur Düsseldorfer Straßenbahn mehr zu sehen. Es gab dort eine einfache Umsetzanlage an der heutigen Bus-Haltestelle mit zwei Gleisstümpfen zur Strecke der Linie 3 hin. Nach Gerresheim und zur Düsseldorfer Innenstadt mußte somit umgestiegen werden.
Hinter der Haltestelle Kaiserburg führte die Mettmanner Strecke mit einigen steilen Kurvenfahrten zum Gallberg hinauf. Die Mettmanner Triebwagen nahmen diese „Hürde" mit mäßigem Tempo. Die Linien 1 und 2 blieben nun auf dieser Ebene, fuhren an Hubbelrath vorbei (Haltestelle Hubbelrath/Post) und erreichten über die Düsseldorfer Straße die Innenstadt Mettmanns, die in einer Talsenke liegt. Die Bahnstrecke lag bis dahin stets am südlichen Rand der Landstraße. Es wurde nun abschüssig. Die Bahn mußte wieder steil hinunter oder hinauf wie am Gallberg. Zwischen den Häusern Düsseldorfer Straße 65 und 69 ging es nach einer Rechtskurve durch freies Gelände oberhalb des Mettmanner Betriebshofes weiter, dann, nach einer Linkskurve, seitlich am Depot vorbei in die Bismarckstraße, weiter über die Freiheitsstraße, vorbei an der evgl. Kirche bis zur Kleinen Mühlenstraße, wo sich die Linien 1 und 2 trennten.

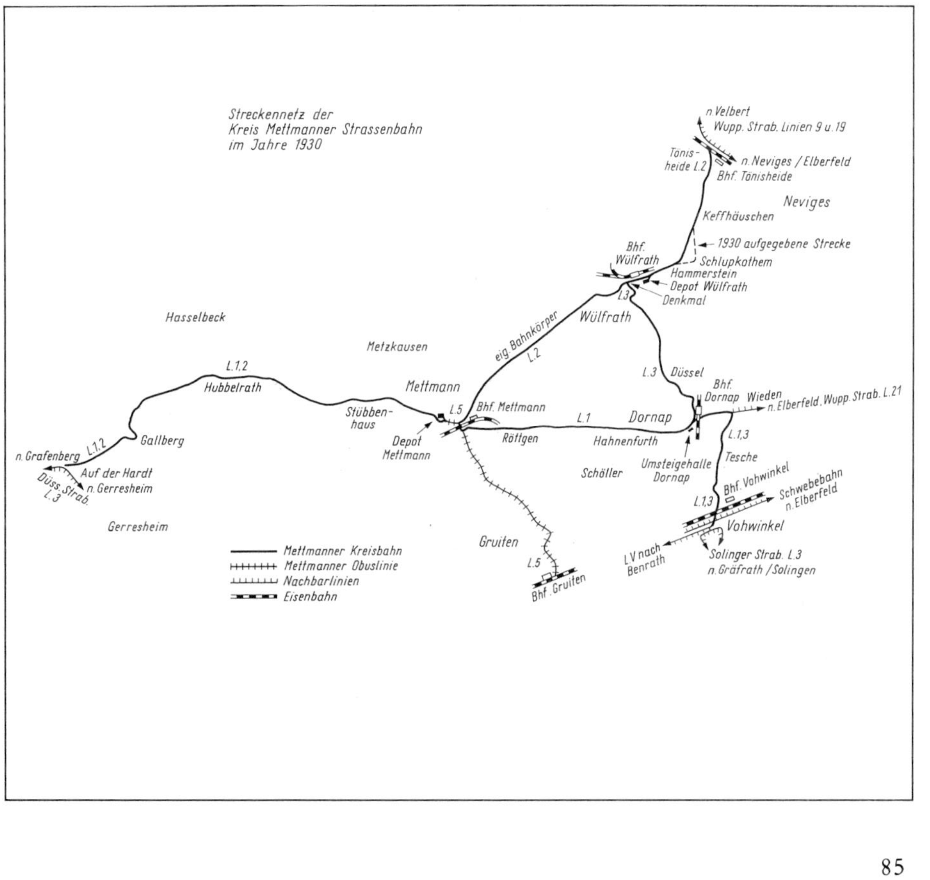

Die Linie 2 fuhr weiter durch die sehr enge Kleine Mühlenstraße, die erst 1928 ein Gleis bekommen hatte. Die Linie 1 benutzte nun die Breite Straße, mit einer Linkskurve ging es in die Bahnstraße, weiter unter der Eisenbahn-Unterführung her und am Mettmanner Bahnhof vorbei über die Berg- und Elberfelder Straße nach Hahnenfurth und Dornap. Auch diese Strecke lag eingleisig am südlichen Landstraßen-Rand. Unterwegs wurde die Eisenbahnstrecke Düsseldorf – Mettmann – Wichlinghausen dreimal mittels Brücken gekreuzt. In Dornap an der Ecke Dornaper und Düsseldorfer Straße (nicht zu verwechseln mit der Düsseldorfer Straße in Mettmann) kurz vor der Eisenbahn-Unterführung (Strecke Steele–Vohwinkel) kam von links die Strecke der Linie 3. Von der Umsteigehalle Dornap aus ging es gemeinsam weiter nach Wieden.

In Dornap, wo die Strecke an den Kalksteinwerken entlang führte, waren und sind heute noch Straßen, Häuser, Bäume usw. stets „weißgrau gepudert". In Wieden bestand Umsteigemöglichkeit in Richtung Varresbeck und Elberfeld (Straßenbahn der Schwebebahn-Gesellschaft). Die Mettmanner Strecke bog auf der Straßenkreuzung in Wieden rechts ab nach Tesche und Vohwinkel. Hier benutzten die Linien 1 und 3 den kürzlich angelegten eigenen Bahnkörper, bis daß die ersten Häuser Vohwinkels auftauchten. Jetzt fuhren die Bahnen wieder am seitlichen Straßenrand, wobei es mal wieder bergab ging, hielten am Bahnhof Vohwinkel und erreichten vor dem Schwebebahn-Gerüst am Kaiserplatz ihre Umsetzstelle. Die Rechtskurve zur Endstelle der Benrather Meterspurlinie wurde linienmäßig nicht benutzt. Ein altes Foto zeigt an dieser Stelle eine Gleisüberlappung von Benrather Meterspurgleis mit dem Mettmanner Normalspurgleis.

In Vohwinkel endeten seinerzeit vier Linien verschiedener Verkehrsgesellschaften: Die Schwebebahn aus Richtung Elberfeld, die Solinger Straßenbahnlinie 3 aus Richtung Solingen und Burg/Wupper, die spätere Linie V aus Richtung Hilden und Benrath, und nicht zuletzt die Mettmanner Straßenbahnlinien 1 und 3 aus Richtung Mettmann und Wülfrath. Kein Wunder, daß hier ein reger Umsteigeverkehr stattfand.

Jetzt zurück zur Mettmanner Linie 2! Aus der Kleinen Mühlenstraße fuhr die 2 in die Johannes-Flintrop-Straße bis zur Ötzbachstraße, dann über den 1928 angelegten eigenen Bahnkörper bis Wülfrath. Die Landstraße begleitete sie in gemessenem Abstand. Nach Kreuzung der Landstraße nach Kettwig und der Wülfrather „Mettmanner Straße" gelangte sie über die Goethestraße zur Ecke Am Diek/Parkstraße, wo sie auf den Abzweig der Linie 3 stieß. Die 3 hatte an dieser Stelle ihre Endstation, Wülfrath/Denkmal, das auf der anderen Straßenseite lag.

Über die Wülfrather Wilhelmstraße und am Betriebshof Wülfrath vorbei kam die Linie 2 nun nach Hammerstein zu den großen Steinbrüchen, die sie nach einer Linkskurve aber rechts liegen ließ. Bei Hammerstein überquerte die 2 auf einer Brücke die Eisenbahnstrecke Wülfrath–Vohwinkel. Sie fuhr in nördliche Richtung weiter. Hier, wie auch bei den übrigen Landstraßen-Strecken des Mettmanner Netzes, säumten Gehöfte, Landhäuschen, Äcker und Weiden ihren Weg. Am Keefhäuschen wurde die Eisenbahnstrecke Wülfrath–Velbert niveaugleich gekreuzt. Am Bahnhof Tönisheide war ihre Endstelle, das Gleis endete vor der Bahnschranke. In Tönisheide konnten die Fahrgäste nicht nur in die Eisenbahn (Strecke Kettwig – Heiligenhaus – Velbert – Tönisheide – Wülfrath – Vohwinkel) umsteigen, sondern auch in Straßenbahnen der Bergischen Kleinbahnen nach Velbert und Werden, zum anderen in Richtung Neviges und Elberfeld.

Die Linie 3 mußte nach Verlassen ihrer Endstelle Wülfrath/Denkmal die Höhe in Richtung Unterdüssel „erklimmen". Die eingleisige Strecke führte weiter nach Düssel, eines der mannigfaltigen niederbergischen Dörfer. Die Ortsdurchfahrt war damals eng und kurvenreich. In Dornap in der Nähe des Bahnhofs (Strecke Vohwinkel–Steele) gelangte die 3 zur Strecke der Linie 1 aus Richtung Mettmann. Von der Umsteigehalle aus fuhr die 3 gemeinsam mit der 1 weiter über Wieden nach Vohwinkel, wo am Kaiserplatz auch für sie Endstation war.

Die Mettmanner Straßenbahn-Linien hatten damals folgende Haltestellen:

Linie 1: Auf der Hardt, Krekels Häuser, Kaiserburg, Weiche Gallberg, Gallberg, Jägerhaus, Hausenhof, Moschenhof, Weiche Koppelshof, Koppelshof, Neuenhaus, Holterweg, Hoffnung, Post Hubbelrath, Weinberg, Förstchen, Weiche Schmidtberg, Lindchen, Weg nach Steineshof, Peckhaus, Stübbenhaus, Weg zur Karpendelle, Weiche Karpendelle, Mettmann/Düsseldorfer Straße, Mettmann/Betriebshof, Neanderstraße, Kirche, Breite Straße, Poststraße, Reichsbank, Güterbahnhof, Zur Ley, Am schwarzen Pferd, Bollenhöhe, Röttgen, Weiche Röttgen, Schöllerheide, Reichsbahn-Überführung, Heeresbach, Heisters Feld, Hahnenfurth, Holthauser Weg, Buschkothen, Schülers Haus, Weg nach Buntenbeck, Dornap/Umsteigehalle, Güterbahnhof Dornap, Glockenhäuschen, Weiche Wieden, Wieden,

Der Straßenbahn-Betriebshof in Vohwinkel

Buntenbeck, Grünewald, Tesche, Feldstraße, Vohwinkel/Nordstadt, Vohwinkel/Bf., Vohwinkel/Kaiserplatz.

Linie 2: Bis Mettmann wie Linie 1, Mettmann/Kirche, Schwarzbachstraße, Mettmann/Seibelstraße, Unteroetzbach, Linderheide, Oberoetzbach, Weiche Schöne Aussicht, Provinzialstraße, Wülfrath/Kath. Kirche, Schwanenstraße, Heumarkt, Wülfrath/Denkmal, Betriebshof, Wülfrath/Friedensburg, Ellenbeck, Hammerstein, Weiche Kocherscheidt, Kocherscheidt, Keefhäuschen, Weg nach Neviges, Tönisheide/Bf.

Linie 3: Wülfrath/Denkmal, Wülfrath/Osterdelle, Stadtpark, Erholung, Berg, Weiche Sipchesfeld, Hülsen, Hahnenfurther Weg, Düssel, Haus Reuter/Dorfermühle, Dornap/Post, Dornap/Umsteigehalle, weiter bis Vohwinkel wie Linie 1.

Die meisten Haltepunkte waren Bedarfs-Haltestellen. Wenn niemand ein- und aussteigen wollte, wurde durchgefahren. Bemerkte der Schaffner einen oder mehrere Fahrgäste, die aussteigen wollten, so zog er zweimal an der Klingelschnur. Das bedeutete für den Fahrer „Halt“ an der nächsten Haltestelle. Das einmalige Klingelzeichen war für den Fahrer das Abfahrtssignal. Ein dreimaliges Klingeln bedeutete: „Sofort Halt, Gefahr!“ Die Haltestellen wurden durch eine runde gelbe Scheibe am Spanndraht mit einem ausgestanzten „H“ angezeigt.

Linien-Änderungen im Düsseldorfer Netz Anfang der dreißiger Jahre, die ersten Linien-Melder

1930 erhielt der Fünfminutenwagen der Linie 1 (Derendorf–Auf'm Hennekamp) zwischen Kaiserstraße und Graf-Adolf-Platz einen neuen Linienweg über die Max.-Weyhe-Allee, Ratinger Tor, Wilh.-Marx-Haus und Breite Straße, während die Planzüge der 1 weiterhin auf der Strecke Hofgartenstraße–Königsallee verblieben. Die Rheinbahn wollte den Fahrgästen aus Richtung Derendorf und Bilk mit dieser Änderung eine bessere Verbindung zur Altstadt verschaffen.

Damit man die Linienwege auseinander halten konnte, bekamen die Dach-Linienschilder der „auf Abwege geratenen 1“ von links unten nach rechts oben einen roten Strich durch die Linienziffer 1. Diese neue Linie verkehrte an allen Werktagen, in den verkehrsschwachen Stunden meistens mit Solo-Triebwagen der Baureihe 928–945, Bj. 1928. In der Hauptverkehrszeit wurde ein Beiwagen der 800er oder 700er Reihe mitgeführt. Die drehbaren Zielschilder an der Dachstirnseite waren quergestellt, dort wurde das Fahrtziel nicht angezeigt, sondern nur durch das Steckschild unterhalb der Frontscheibe.

Die gleiche Methode verwendete man auch bei E-Wagen und den Fünfminutenwagen der übrigen Linien, wenn das Fahrtziel vom normalen Linienweg abwich. Wohin es ging, war dann nur dem Zielschild unter der Frontscheibe zu entnehmen.

Die Linie 10 zum Rheinstadion mußte dann und wann Einsatzzüge bei Fußballspielen oder sonstigen sportlichen Veranstaltungen fahren, und das in kurzen Zugfolgen. Die Triebwagen dieser Sonderzüge erhielten ebenfalls einen roten Strich durch die Linienziffer 10, weil diese Stadion-Einsatzzüge nur bis zum Graf-Adolf-Platz oder zum Hauptbahnhof fuhren, eine Unterscheidung in der Liniennummer also nötig war. In späteren Jahren ließ man die Kennzeichnung der 10 mit dem roten Strich aber wieder fallen. Anschließend gab es wiederum E-Schilder. Es kam damals auch oft vor, z. B. bei Stadion-Einsätzen, daß Linien-Triebwagen mit einem umgedrehten Dach-Linienschild auf der Strecke waren. Die Rückseite der Liniennummern-Schilder zeigte also nach vorn, die Ziffer nach hinten. Das sollte bedeuten, daß dieser Zug außerhalb des Linienweges verkehrte, also als Einsatzzug fungierte.

An schönen Sommertagen setzte die Rheinbahn in diesen Jahren wieder Sommer-Beiwagen ein, nicht nur sonntags, wenn es ins Grüne ging, auch an Wochentagen. Der Bestand aus den Jahren 1900–02 war durch Verkäufe, Umbauten und Verschrottungen schon stark geschrumpft, aber es langte immer noch für zwei kurze Linien. Die Linie 14, die zum Grafenberger Wald fuhr, führte an Sommer-Sonntagen stets zwei Beiwagen mit. Der mittlere Wagen, die 14 hatte ja an beiden Endstellen Gleisschleifen, war dann immer ein Sommer-Beiwagen, der besonders von Kindern und Jugendlichen gern benutzt wurde. Man sah diese Sommerwagen damals auch auf den Linien 8 oder 10.

An den Haltestellen Corneliusplatz und Wilh.-Marx-Haus nahm die Rheinbahn am 27. Sept. 1930 für die Oberkasseler Linien A, C, 4, 16 und 17 die ersten Linienmelder in Betrieb. Heute an U-Bahn-Stationen selbstverständlich, damals eine Neuheit. Vorher wurden entsprechende Installationen an Fahrleitungen und Haltestellen-Säulen vorgenommen. Die Oberkasseler Linien mußten an gekennzeichneten Stellen Fahrleitungs-Kontakte mit Strom durchfahren, für die einzelnen Linien natürlich unterschiedlich angebracht. Für die Linie 4 aus Richtung Wehrhahn z. B. befand sich der Fahrleitungskontakt kurz vor der Eckstraße. Die infrage kommenden eckigen Haltestellen-Säulen hatten oben unter der Dachhaube Milchglasscheiben erhalten sowie die erforderlichen elektrischen Einrichtungen. Von der Fahrleitung über Spanndrähte zu diesen Haltestellen-Säulen wurden Verbindungsleitungen gelegt. War der Kontakt an der Oberleitung durchfahren, leuchtete es hinter den Milchglasscheiben auf, z. B.: „Es kommt Linie 4 Richtung Oberkassel“ (am Corneliusplatz), oder an der Haltestelle Wilh.-Marx-Haus: „Es kommt Linie 17 Richtung Lörick“ und so weiter. Nach dem Passieren der Haltestelle wurde die Ankündigung wiederum durch Oberleitungskontakte gelöscht.

Anfang der dreißiger Jahre bekamen die Düsseldorfer Schaffner Münzwechsler, die oberhalb der vor dem Bauch hängenden Ledertasche getragen wurden. Es waren fünf Zylinder für folgende Geldstücke: 5 Pfennig, 10 Pfennig, 50

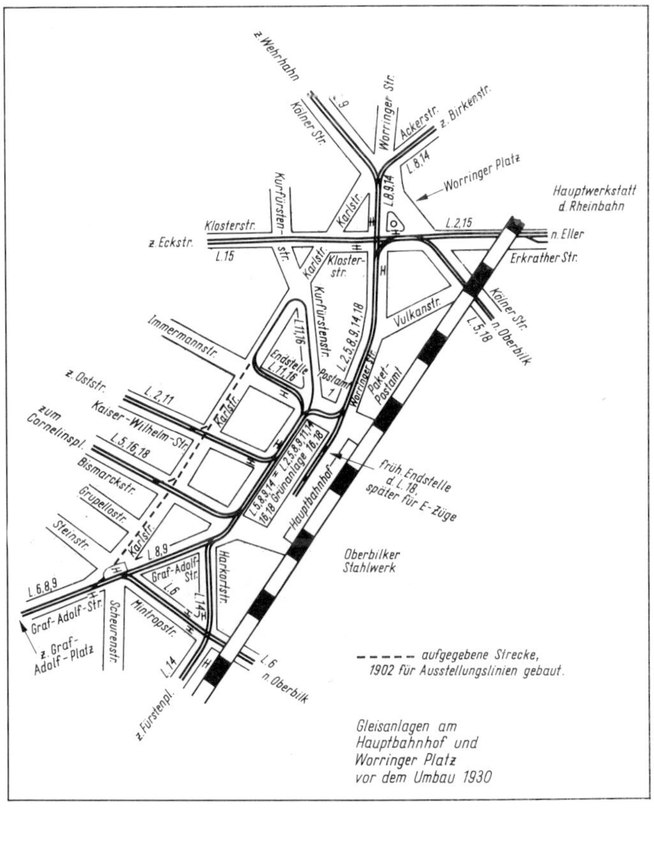

Gleisanlagen am Hauptbahnhof und Worringer Platz vor dem Umbau 1930

Wagen der verschiedensten Bauarten bevölkerten den Betriebshof Heerdt, hier um 1934.

Pfennig, 1 Reichsmark, 2 Reichsmark. In späteren Jahren kam ein weiterer Zylinder für 5-RM-Münzen hinzu. In der Ledertasche wurden auch weiterhin Geldscheine und das Fahrscheinbuch aufbewahrt.
Die schlechte wirtschaftliche Lage in den Jahren 1931–32 zwang auch die Rheinbahn zu Einsparungen. Die Fahrgastzahlen waren rückläufig, weil bei vielen die Einkünfte geringer wurden, das Arbeitslosenheer wuchs. Man ging öfters zu Fuß und sparte somit die 20 Reichspfennig für die Straßenbahn.
Am 18. Oktober 1931 wurde die Linie 5 (Oberbilk bzw. Holthausen–Altstadt) stillgelegt. Die 18 mußte es in der Hauptverkehrszeit mit zwei Beiwagen nun allein schaffen. Auch die Linie 4 mußte ab 24. Oktober 1932 mit ihrer früheren Endstelle am Belsenplatz wieder vorliebnehmen, nachdem sie am 26. September 1929 zum zweiten Mal bis zur Gleisschleife Heerdt/Wiesenstraße verlängert worden war. Ebenfalls ab 24. Oktober 1932 endete die Linie 2 wieder am Hauptbahnhof, sie fuhr also nicht mehr bis Eller. Eine Linie 5 hat es seit 1931 auf der Oberbilker Strecke nicht mehr gegeben.
Auf anderen Linien wurde der Fünfminutenverkehr abgeschafft oder auf die Hauptverkehrszeit beschränkt. Noch im Sommer 1931 fuhr z. B. die Linie 14 werktags von morgens bis abends alle 5 Minuten zwischen Grafenberg und Auf'm Hennekamp. In den verkehrsschwachen Stunden hängte man den Beiwagen ab, und die Triebwagen der 14 fuhren solo. Die Beiwagen der 14 stellte man auf den Außengleisen des Depots Steinberg ab. Die 14 fuhr dann nicht über die Schleife Hennekamp, sondern bis zum Steinberg.
Ab Winter 1931 stellte man die Linie 14 in den verkehrsschwachen Stunden auf 10-Minuten-Betrieb mit Beiwagen um. Jetzt sparte man eine Anzahl Fahrer ein.
Auch bei der Rheinbahn mußte eine gewisse Zahl Beschäftigter 1931–32 ihren Dienst quittieren. Den übrigen wurden die Löhne gekürzt, und zwar aufgrund von Notverordnungen, die die damaligen Reichsregierungen in jenen Jahren erlassen hatten. Hier sind vor allem die Brüningschen Notverordnungen zu erwähnen. Im Gespräch mit Fahrgästen erzählte 1932 z. B. ein Schaffner, daß er bisher RM 40,– wöchentlich verdient hätte, jetzt aber nur noch RM 32,– in der Woche.
Eine Anzahl Straßenbahnwagen war in diesen Jahren überflüssig und wurde in den einzelnen Depots abgestellt, so z. B. von 1930–1933 die Rheinbahn-Beiwagen aus dem linksrheinischen Netz der 1000er und 1100er Baureihen, die beim Düsseldorfer Personal sowieso nicht sonderlich beliebt waren. Seit 1929 waren diese Beiwagentypen im Betriebshof Steinberg stationiert. Im Grafenberger Depot wurden 1932–33 die Beiwagen der Linie 3 Nr. 625–636 „kaltgestellt“. Die Wagennummern 637 bis 639 blieben weiterhin auf der 3 im Verkehr, die 700er Beiwagen ebenfalls. Im Jahre 1935 waren aber alle abgestellten Wagen wieder voll im Linienbetrieb.
Die Wagen der Lokallinien wurden in den Jahren 1933–34 mit elektrischen Heizkörpern, die sich im Wageninnern unter den Sitzen befaden, ausgerüstet, um den Fahrgästen im Winter kalte Füße zu ersparen. Zuerst bekamen die Wagen der Linie 11 auf ihrem langen Weg durch freies Gelände (Golzheim–Kaiserswerth) solche Heizeinrichtungen, dann die Linien 12 (Ratingen), 16 (Neuss) und 18 (Benrath).

Der Rheinbahn-Güterbetrieb in den zwanziger und dreißiger Jahren

Der Güterverkehr auf Düsseldorfs Straßenbahngleisen war gegenüber den Beförderungsmengen vor und während des Krieges Mitte bis Ende der zwanziger Jahre wesentlich geringer geworden. Der Güterschuppen der Rheinbahn auf dem unteren Rheinwerft als Umschlagplatz zwischen Staatsbahn, Schiff und Straßenbahn stand immer noch. Hauptsächlich wurde aber Sand und Kies unterhalb der Oberkasseler Rheinbrücke geladen. Die Gütergleise im Altstadtbereich und auf dem Rheinwerft blieben auch in den vierziger Jahren unverändert. An der Ecke Krämerstraße/Altestadt befand sich am Douvenhaus damals ein Verkehrsengpaß, nur zweispurig mit schmalen Bürgersteigen. Die Fahrbahn wurde von beiden

Straßenbahngleisen gänzlich ausgefüllt. An der Ecke des Douvenhauses warnte daher ein Schild: „Vorsicht Straßenbahn!".

Zwei- oder dreimal am Tag konnte man in den dreißiger Jahren noch Rheinbahn-Güterzüge zwischen Rheinwerft und Ratinger Tor fahren sehen. Wie früher gingen die Güterfahrten von der Ratinger Straße meistens in Richtung Oberkassel, dann weiter nach Krefeld oder Moers und umgekehrt. Straßenbahn-Güterzüge mit Personenbeförderung waren in den späteren zwanziger Jahren nicht mehr anzutreffen. In den dreißiger Jahren wurden landwirtschaftliche Erzeugnisse nicht mehr befördert, das gleiche gilt für den Stückgutverkehr. Die Lkw-Konkurrenz machte sich bemerkbar. Eingesetzt wurden weiterhin zwei- und vierachsige Gütertriebwagen, behängt mit Hochbord-Güterwagen.

Vom Mannesmann-Ufer aus war das im Ersten Weltkrieg angelegte Anschlußgleis über die Rampe an der Schulstraße zum unteren Rheinwerft noch in Betrieb. Ende der zwanziger Jahre sah man vom Rheinwerft, an den Kasematten vorbei, über die Uferstrecke zur Haroldstraße noch Güterzüge rollen. Der Güterbahnhof der früheren Düsseldorfer Straßenbahn an der Kölner Straße in Oberbilk war bereits aufgegeben worden. Der Güterschuppen am Bilker Bahnhof sollte später folgen.

Etwa 1930 wurde das Mannesmann-Ufer bis zur Bäckerstraße mit Teerdecken neu ausgebaut und gleichzeitig neue Doppelgleise mit neuen Weichen zur Haroldstraße hin verlegt. Die Gleise hatten Anschluß an die alte eingleisige Strecke von der Bäcker- zur Zollstraße, von dort bis zum Schloßufer lagen die alten Schienen wieder doppelgleisig nebeneinander. Hier lagen noch die alten Pflastersteine. Eine Weiterführung der Gleis- und Straßen-Renovierung in Richtung Oberkasseler Brücke fand damals aber nicht statt. Auch erfüllten sich nicht die Hoffnungen auf Wiedereröffnung eines Linienverkehrs von der Haroldstraße zum Schloßufer. Bekanntlich wurde die Rheinuferstrecke seit 1902 linienmäßig nicht mehr befahren.

Was es auf Rheinbahn-Gleisen nicht gab, war ein Wagenladungsverkehr bzw. ein Überführungsverkehr von Staatsbahn-Güterwagen zu Firmen, die keinen eigenen Eisenbahn-Anschluß hatten, zumal gleiche Spurweiten vorlagen. Dies wäre vom Güterbahnhof Bilk aus denkbar und vielleicht auch lukrativ gewesen, da einige größere Industrie-Unternehmen im Süden Düsseldorfs immer nur auf Fuhrwerksverkehr, später auf Lkw-Verladung angewiesen waren. Sicher, man hätte dann einige eisenbahnmäßige Weichen in bestehende Strekken einbauen und Induststrie-Anschlußgleise anlegen müssen. Im Bergischen Land z. B. haben früher verschiedene Kleinbahnen von solchem Güterverkehr hauptsächlich gelebt. Sie mußten außerdem, weil es Meterspur-Strecken waren, die Staatsbahn-Güterwagen auf Rollböcken transportieren, was in Düsseldorf nicht nötig gewesen wäre.

Düsseldorfer Linienplan mit Haltestellen im Jahre 1931

Ende 1931 verkehrten in Düsseldorf folgende Linien:

Linie 1: Rath/Bahnhof – Derendorf – Corneliusplatz – Graf-Adolf-Platz – Bilk/Bahnhof – Städtische Krankenanstalten – Stoffeln

Linie 1 mit dem roten Strich: Derendorf/Betriebshof – Dreieck – Ratinger Tor – Wilhelm-Marx-Haus – Bilk/Bahnhof – Auf'm Hennekamp

Linie 2: Nordfriedhof – Dreieck – Marienhospital – Tonhalle – Hauptbahnhof – Worringer Platz – Erkrather Straße – Lierenfeld – Eller

Linie 3: Gerresheim/Bahnhof – Gerresheim/Rathaus – Grafenberg – Wehrhahn – Corneliusplatz – Rathaus

Linie 4: Heinrichstraße – Brehmplatz – Uhlandstraße – Wehrhahn – Corneliusplatz – Ratinger Tor – Oberkassel/Belsenplatz

Linie 6: Brehmplatz – Derendorf/Bahnhof – Stockkampstraße – Ratinger Tor – Rathaus – Karlplatz – Graf-Adolf-Platz – Mintropplatz – Oberbilk/Heerstraße

Linie 7: Unterrath – Spichernplatz – Dreieck – Marienhospital – Tonhalle – Corneliusstraße – Bilker Kirche – Hafen

Linie 8: Zoo/Brehmplatz – Uhlandstraße – Worringer Platz – Hauptbahnhof – Graf-Adolf-Platz – Hafen – Hamm

Linie 9: Derendorf/Straßburger Straße – Schlachthof – Pempelforter Straße – Worringer Platz – Hauptbahnhof – Graf-Adolf-Platz – Bilker Kirche – Südfriedhof

Linie 10: Rheinstadion – Stockum – Fischerstraße – Corneliusplatz – Graf-Adolf-Platz – Hüttenstraße – Oberbilker Allee – Oberbilk/Kölner Straße

Linie 11: Kaiserswerth – Lohausen – Uerdinger Straße – Duisburger Straße – Tonhalle – Hauptbahnhof

Linie 12: Ratingen – Oberrath – Haniel & Lueg – Wehrhahn – Corneliusplatz – Elberfelder Straße

Linie 14: Grafenberg – Flingern – Worringer Platz – Hauptbahnhof – Mintropplatz – Fürstenplatz Auf'm Hennekamp

Linie 15: Eller – Lierenfeld – Erkrather Straße – Worringer Platz – Klosterstraße – Corneliusplatz – Elberfelder Straße

Linie 16 schwarz: Düsseldorf/Hauptbahnhof – Corneliusplatz – Ratinger Tor – Oberkasseler Brükke – Oberkassel – Heerdt – Handweiser – Neuss/Bahnhof – Neuss/Selikumer Straße

Linie 16 rot: Neuss/Selikumer Straße – Südbrücke – Südfriedhof – Bilker Kirche – Graf-Adolf-Platz – Düsseldorf/Hauptbahnhof

Linie 17: Lörick – Oberkassel – Oberkasseler Brücke – Ratinger Tor – Wilhelm-Marx-Haus – Graf-Adolf-Platz – Bilk/Bahnhof – Aachener Platz – Volmerswerth

Linie 18: Benrath/Bahnhof – Holthausen – Wersten – Oberbilk – Hauptbahnhof – Corneliusplatz – Rathaus

Linie 20: (früher B): Handweiser – Büderich – Meererbusch

Fernlinie A: Düsseldorf/Graf-Adolf-Platz – Ratinger Tor – Oberkasseler Brücke – Oberkassel – Lörick – Büderich – Osterath – Fischeln – Dießem – Krefeld/Rheinstraße

Fernlinie C: Düsseldorf/Graf-Adolf-Platz – Ratinger Tor – Oberkasseler Brücke – Oberkassel – Lörick – Büderich – Meererbusch – Strümp – Lank – Stratum – Uerdingen – Rumeln/Kaldenhausen – Trompet – Schwafheim – Moers

Fernlinie D: Düsseldorf/Graf-Adolf-Platz – Ratinger Tor – Kaiserswerther Straße – Uerdinger Straße – Lohausen – Kaiserswerth – Wittlaer – Kesselsberg – Huckingen – Wanheim – Duisburg

Meterspurnetz: Benrath/Bahnhof – Hilden – Trotzhilden – Ohligs

Meterspurnetz: Benrath/Bahnhof – Hilden – Haan – Oberhaan – Vohwinkel

Kreis Mettmanner Straßenbahn:

Linie 1: Auf der Hardt – Gallberg – Hubbelrath – Mettmann – Dornap – Wieden – Vohwinkel

Linie 2: Auf der Hardt – Gallberg – Hubbelrath – Mettmann – Wülfrath – Hammerstein – Tönisheide

Die Haltestellen der Lokallinien waren folgende:

Linie 1: Rath/Bahnhof (Umsetzstelle), Helmutstraße, Rather Kreuzweg, Am Schein, Vogelsanger Weg, Heinrichstraße, Liststraße, Rather Straße, Münsterplatz, Dreieck, Duisburger Straße, Am Luftballon, Sternstraße, Max.-Weyhe-Allee, Elberfelder Straße (nur Richtung Krankenanstalten), Corneliusplatz, Benrather Straße, Bahnstraße (nur Richtung Rath), Graf-Adolf-Straße, Graf-Adolf-Platz, Herzogstraße, Fürstenwall, Bilker Allee, Bahnhof Bilk, Karolingerplatz, Copernikusstraße, Ulenbergstraße, Moorenplatz, Bittweg, Stoffeler Kapellchen (Schleife).

Linie 1 mit dem roten Strich: wie Linie 1 . . . Max.-Weyhe-Allee, Ratinger Tor, Opernhaus, Wilhelm-Marx-Haus, Benrather Straße, Karl-Theodor-Straße (nur Richtung Derendorf), Graf-Adolf-Platz . . . wie Linie 1.

Linie 2: Nordfriedhof (Schleife), Roßstraße, Frankenstraße, Bankstraße, Dreieck, Marienhospital, Duisburger Straße, Schloß Jägerhof, Tonhalle, Klosterstraße, Friedrich-Ebert-Straße, Hauptbahnhof, Worringer Platz . . . wie Linie 15.

Linie 3: Gerresheim/Bahnhof (Umsetzstelle), Morper Straße, Hatzfeldstraße, Dreifaltigkeitsstraße, Dörpfeldstraße, Schönaustraße, Gerresheim/Rathaus, Regenbergastraße, Von-Gahlen-Straße, Fridingstraße, Auf der Hardt, Am Schulberg (nur Richtung Altstadt), Pöhlenweg, Staufenplatz, Burgmüllerstraße, Altenbergstraße, Haniel & Lueg, Engerstraße, Lindemannstraße, Uhlandstraße, Industriehaus, Pempelforter Straße, Tonhalle, Eckstraße, Corneliusplatz, Wilhelm-Marx-Haus, Opernhaus, Amtsgericht, Rathaus, Mittelstraße, Wilhelm-Marx-Haus (Schleifenfahrt).

Linie 4: Heinrichstraße (Umsetzstelle), Hansa-Platz, Grunerstraße, Brehmplatz, Schillerplatz, Uhlandstraße, Industriehaus, Pempelforter Straße, Tonhalle, Eckstraße, Corneliusplatz, Wilhelm-Marx-Haus, Opernhaus, Ratinger Tor, Planetarium, Luegplatz, Oberkasseler Straße, Barbarossaplatz, Belsenplatz (Schleife).

Linie 6: Brehmplatz (Umsetzstelle), Achenbachstraße, Bahnhof Derendorf, Tussmannstraße, Schloßstraße, Marienhospital, Duisburger Straße, Sternstraße, Max.-Weyhe-Allee, Ratinger Tor, Opernhaus, Amtsgericht, Rathaus, Mittelstraße, Karlplatz, Schwanenmarkt, Graf-Adolf-Platz, Königsallee, Oststraße, Karlstraße, Mintropplatz, Eisenstraße, Höhenstraße, Kruppstraße, Kölner Straße, Markenstraße (Umsetzstelle).

Linie 7: Unterrath (Umsetzstelle), Friedhof, Am Röttchen, Kalkumer Straße, Breisacher Straße, Wilseder Straße, An der Piwipp, Großmarkt, Hugo-Viehoff-Straße, Johannstraße, Tannenstraße, Spichernplatz, Römerstraße, Dreieck, Marienhospital, Duisburger Straße, Schloß Jägerhof, Tonhalle, Klosterstraße, Bismarckstraße, Graf-Adolf-Straße, Luisenstraße, Fürstenwall, Morsestraße, Friedrichstraße, Kronenstraße, Kronprinzenstraße, Friedenstraße, Bilker Kirche, Wupperstraße, Hafen/Franziusstraße (Umsetzstelle).

Linie 8: Brehmplatz (Schleife), Schillerplatz, Uhlandstraße, Birkenstraße, Worringer Platz, Hauptbahnhof, Karlstraße, Oststraße, Königsallee, Graf-Adolf-Platz, Schwanenmarkt, Poststraße, Mannesmannufer, Fürstenwall, Wupperstraße, Neckarstraße, Franziusstraße, Hammer Dorfstraße, Kuhstraße (Umsetzstelle).

Linie 9: Straßburger Straße (Schleife), Schlachthof, Münsterstraße, Jülicher Straße, Lennèstraße, Stockkampstraße, Rochusmarkt, Adlerstraße, Wehrhahn, Worringer Platz, Hauptbahnhof, Karlstraße, Oststraße, Königsallee, Graf-Adolf-Platz, Schwanenmarkt, Poststraße, Reichsstraße, Fürstenwall, Düsselstraße, Bilker Kirche, Fährstraße, Südfriedhof (Schleife).

Linie 10: Rheinstadion (Schleife), Amsterdamer Straße, Stockumer Kirchstraße, Golzheim, Uerdinger Straße, Golzheimer Platz, Homberger Straße, Klever Straße, Fischerstraße, Venloer Straße, Am Luftballon, Sternstraße, Max.-Weyhe-Allee, Elberfelder Straße (nur Richtung Oberbilk), Corneliusplatz, Benrather Straße, Bahnstraße (nur Richtung Stockum), Graf-Adolf-Straße, Adersstraße, Luisenstraße, Helmholtzstraße, Sonnenstraße, Kruppstraße, Gangelsplatz, Stoffeler Straße, Oberbilk/Kölner Straße (Umsetzstelle).

Linie 11: Kaiserswerth/Kalkumer Schloßallee (Schleife), Klemensplatz, Kittelbachstraße, Alte Landstraße, Am Spielberg, Lantzallee, Lohausen, Zu den Eichen, Golzheimer Heide, Uerdinger Straße, Golzheimer Platz, Homberger Straße, Klever Straße, Nordstraße, Sternstraße, Schloß Jägerhof, Tonhalle, Klosterstraße, Friedrich-Ebert-Straße, Hauptbahnhof (Schleife).

Linie 12: Ratingen/Oberstraße (Umsetzstelle), Weststraße, Europaring (heutige Bezeichnung), Mädchenheim, Eckamp, Hubertushain, Reichswaldallee, Oberrath, Rehstraße, Rather Broich, Honigheim, Graf-Recke-Straße, Vautierstraße, Haniel & Lueg, Engerstraße, Lindemannstraße, Uhlandstraße, Industriehaus, Pempelforter Straße, Tonhalle, Eckstraße, Corneliusplatz, Wilhelm-Marx-Haus, Elberfelder Straße, Königsallee, Eckstraße (Schleifenfahrt).

Linie 14: Staufenplatz, werktags Burgmüllerstraße (Schleifen), Altenbergstraße, Haniel & Lueg, Lichtplatz, Cranachstraße, Hoffeldstraße, Dorotheenplatz, Wetterstraße, Ackerstraße, Worringer Platz, Hauptbahnhof, Mintropplatz, Hüttenstraße, Fürstenplatz, Morsestraße, Färberstraße, Karolingerplatz, Copernikusstraße, Witzelstraße, Karolingerplatz (Schleifenfahrt), zeitweise Copernikusstraße, Ulenbergstraße, Moorenplatz, Bittweg, Stoffeler Kapellchen (Schleife).

Linie 15: Eller/Gumbertstraße (Umsetzstelle), Jägerstraße, Am Hackenbruch, Schlesische Straße, Gatherweg, Phoenix, Ronsdorfer Straße, Ruhrtalstraße/Bahnübergang, Kettwiger Straße, Albertstraße, Langerstraße, Hauptwerkstatt, Worringer Platz, Oststraße, Eckstraße, Corneliusplatz, Wilhelm-Marx-Haus, Elberfelder Straße, Königsallee, Eckstraße (Schleifenfahrt).

Linie 16 schwarz: Düsseldorf/Hauptbahnhof (Schleife), Oststraße, Königsplatz, Corneliusplatz, Wilhelm-Marx-Haus, Opernhaus, Ratinger Tor, Planetarium, Luegplatz, Oberkasseler Straße, Barbarossaplatz, Belsenplatz, Lohengrinstraße, Kribbenstraße, Nikolaus-Knopp-Platz, Wiesenstraße, Bahnübergang, Handweiser, Heerdter Buschstraße, Düsseldorfer Straße, Neuss/Schlachthof, Bahnübergang, Salzstraße, Neuss/Bahnhof, Erftstraße, Glockhammer, Neuss/Markt, Zollstraße, Obertor, Selikumer Straße, dann weiter als . . .

Linie 16 rot: Selikumer Straße, Langemarckstraße, Neusser Brückenrampe, Hammer Brückenrampe, Südfriedhof, Fährstraße, Bilker Kirche, Düsselstraße, Fürstenwall, Reichsstraße, Poststraße, Schwanenmarkt, Graf-Adolf-Platz, Königsallee, Oststraße, Karlstraße, Düsseldorf/Hauptbahnhof (Schleife).

Linie 17: Volmerswerther Deich (Umsetzstelle), Abteihof-

Triebwagen 1121 mit einem Beiwagen auf der Linie 12 an der Endstelle Ratingen, Düsseldorfer Straße, im September 1934

Um 1935 waren Triebwagen der Serie 1151 bis 1155 auf der Linie 11 zwischen Hauptbahnhof und Kaiserswerth unterwegs.

In den dreißiger Jahren waren oft Drei-Wagen-Züge als E-Züge erforderlich.

Ein Zug der Linie 3 in den dreißiger Jahren auf seiner Fahrt zum Rathaus an der Haltestelle Wehrhahn/Ecke Pempelforter Straße

straße, Krahkampweg, Volmerswerther Straße, Aachener Platz, Zonser Straße, Im Dahlacker, Suitbertusstraße, Bahnhof Bilk, Bilker Allee, Fürstenwall, Herzogstraße, Graf-Adolf-Platz, Karl-Theodor-Straße (nur Richtung Lörick), Benrather Straße, Wilhelm-Marx-Haus, Opernhaus, Ratinger Tor, Planetarium, Luegplatz, Oberkasseler Straße, Barbarossaplatz, Belsenplatz, Zentrale, Heerdter Sandberg, Amboßstraße, Lohweg, Lörikker Straße, Lörick/Böhlerwerk (Schleife).

Linie 18: Benrath/Bahnhof (Gleisdreieck), Urdenbacher Allee, Börchemstraße, Benrath/Schloß, Sophienstraße, Kappeler Straße, Benrath/Rheinfähre, Am Trippelsberg, Niederheid, Holthausen, Elbruchstraße, Ickerswarder Straße, Opladener Straße, Werstener Dorfstraße, Scheidlingsmühle, Betriebshof Wersten, Oberbilker Allee, Schmiedestraße, Ellerstraße, Oberbilker Markt, Eifeler Straße, Worringer Platz, Hauptbahnhof, Oststraße, Königsplatz, Corneliusplatz, Wilhelm-Marx-Haus, Opernhaus, Amtsgericht, Rathaus, Mittelstraße, Wilhelm-Marx-Haus (Schleifenfahrt).

Linie 20: Handweiser (Umsetzstelle), Stadtgrenze, Am Deutschen Eck, Ausweiche, In der Meer, Büderich/Kirche, Friedhofsweg, Kanzlei, Blumenstraße, Meererbusch (Umsetzstelle).

Die Fernlinien der Rheinbahn hielten an folgenden Stellen:

Linie A: Düsseldorf/Graf-Adolf-Platz (Schleife), Wilhelm-Marx-Haus, Ratinger Tor, Luegplatz, Belsenplatz, Lörick/Böhlerwerk, Büderich, Meererbusch, Bovert, Osterath/Hoterheide, Fischeln, Königshof, Dießem, Krefeld/Hauptbahnhof, Krefeld/Rheinstraße (Umsetzstelle).

Linie C: Düsseldorf/Graf-Adolf-Platz (Schleife), Benrather Straße, Wilhelm-Marx-Haus, Opernhaus, Ratinger Tor, Luegplatz, Belsenplatz, Lörick/Böhlerwerk, Büderich, Meererbusch, Strümp/Dorf, Lank/Ossumer Straße, Hauptstraße, Lank/Hülser, Stratum, Zum Römer, Uerdingen/Rheinhafen, Rheinbrücke, Am Obertor, Uerdingen/Markt, Mühlenturm, Kastanienstraße, Uerdingen/Waggonfabrik, Kaldenhausen/Friedensstraße, Schweizerhaus, Friemersheimer Straße, Rumeln/Rathaus, Am Steinbrink, Kirchweg, Trompet/Depot, Vinner Straße, Xantener Straße, Moers/Bahnübergang, Moers/Königlicher Hof (Umsetzstelle).

Linie D: Düsseldorf/Graf-Adolf-Platz (Schleife), Wilhelm-Marx-Haus, Ratinger Tor, Nordstraße/Duisburger Straße, Uerdinger Straße, Lohausen, Kaiserswerth, Wittlaer, Froschenteich, Kesselsberg/Angerhof, Sittardsberg, Buchholz/Münchener Straße, Duisburg/Im Schlenk, Grunewald, Karl-Jarres-Straße, Kremerstraße, Düsseldorfer Straße, König-Heinrich-Platz, Duisburg/Saarstraße (Umsetzstelle).

Umbau Düsseldorfer Gleisanlagen Anfang bis Mitte der dreißiger Jahre

In diesem Jahrzehnt wurden die Düsseldorfer Straßenbahn-Anlagen wesentlich verbessert.

Die Gleise auf dem Vorplatz des Hauptbahnhofes schafften den starken Linienverkehr nicht mehr. 10 Straßenbahnlinien berührten 1930 aus der Harkort-, Graf-Adolf-, Bismarck-, Friedrich-Ebert- und Worringer Straße kommend den Knotenpunkt Hauptbahnhof. Die noch zu Pferdebahnzeiten geschaffene Haltestellen-Anlage lag westlich der damaligen Grünanlagen. Von dem nun beginnenden Umbau wurde zunächst die Grünzone erfaßt. Dort entstand eine viergleisige Anlage mit entsprechenden Bahnsteigen. Das östliche Gleispaar wurde anschließend von den Linien 8, 9, 13 und 14 benutzt, das westliche diente den Linien 2, 5, 11, 16 rot, 16 schwarz und 18.

Die östlich der Grünanlagen noch vorhandene Umsetzstelle, die damals von den Linien aus Richtung Derendorf und Oberbilk benutzt wurde, baute man ab. Bis 1930 wurde sie gelegentlich von E-Zügen angefahren. Ein weiteres Stück des Bahnhofsvorplatzes nahm der spätere Umbau des Bahnhofsgebäudes in Anspruch, es wurde nämlich nach Westen vorgeschoben.

Im Jahre 1929 entstand diese Aufnahme vom Bahnhofsvorplatz vor dem Umbau. Man sieht zwei Züge der Linie 16, einen Neusser Zug und einen solo fahrenden Rheinbahn-Triebwagen der Linie 16 rot.

Etwa 1930 wurden auf der Benderstraße in Gerresheim umfangreiche Gleisbauarbeiten durchgeführt. Linie 3 im Bereich der Baustelle auf ihrem Weg zum Rathaus.

Der Bahnhofsvorplatz wurde 1930 umgebaut und erweitert. Damals war noch viel Handarbeit notwendig.

Ein Blick in den Betriebshof Erkrather Straße Anfang der dreißiger Jahre zeigt den Zustand vor dem Modernisierungs-Umbau.

Das neue östliche Gleispaar leitete den Straßenbahnverkehr von der Harkort- und Graf-Adolf-Straße in die Worringer Straße und umgekehrt. Die westlichen Gleise sammelten die Linien aus der Bismarck- und Friedrich-Ebert-Straße und führten sie in die Kurfürstenstraße zur Schleife Karl-/Immermannstraße und zum Worringer Platz. Die rote 16 erhielt vom Bahnsteig 1 (östliche Seite) eine Gleiszufahrt in die Kurfürstenstraße zur Schleife. Nach der Schleifenfahrt gelangte sie vom Bahnsteig 4 (westliche Seite) auf einem geradeaus führenden Abzweig wieder in die Graf-Adolf-Straße.
Nachdem das alte Gleispaar abgebaut war, wurde an dessen Stelle auf dem Bahnhofsvorplatz Ende 1930 eine neue vierspurige Autostraße errichtet, die frühere schmale Autostraße natürlich inbegriffen.
Zusammen mit dem Bahnhofsvorplatz wurde auch der Worringer Platz umgebaut. Die Linien nach Eller und Benrath verkehrten nicht mehr über die Worringer Straße, sondern fuhren jetzt ab Hauptbahnhof über die Kurfürsten- und Karlstraße und bogen an der Klosterstraße in die Strecke der Linie 15 ein. Für die Linien 2, 5, 15 und 18 lag die Haltestelle „Worringer Platz" für beide Fahrtrichtungen nun am Ende der Klosterstraße. Die Strecke auf der Worringer Straße benutzten nur noch die Linien 8, 9, 13 und 14. Für sie befand sich die Haltestelle „Worringer Platz" westlich des Platzrondells. Alle Linien hatten jetzt am Worringer Platz Haltestellen-Inseln. Die früheren Gleise und Weichen wurden entfernt. Für den Autoverkehr errichtete man um den Platzkreis herum einen Kreisverkehr.
Im linksrheinischen Düsseldorf wurde in den Jahren 1929/30 das Nadelöhr im alten Heerdt beseitigt. Es entstand der heutige Nikolaus-Knopp-Platz, benannt nach dem letzten Bürgermeister der Gemeinde Heerdt vor der Eingemeindung 1909 nach Düsseldorf. Bis dahin mußten sich Straßenbahnen, Autos und Fuhrwerke zwischen Kribbenstraße und Heerdter Rathaus durch die enge zweispurige Straße zwängen. Die beiden Gleise nahmen den ganzen Straßenraum in Anspruch. Vor dem Ersten Weltkrieg war hier nur ein Gleis vorhanden, für den Gegenverkehr beim Auftauchen der gegenläufigen Straßenbahn denkbar schlecht. Anfang der zwanziger Jahre errichtete man die Doppelgleisstrecke.
Die alten Häuser rechts und links dieser Dorfstraße wurden abgerissen und in gemessenem Abstand neue Wohn- und Geschäftsbauten erstellt. Für die Linie 16, die im wesentlichen ihre Trasse behielt, wurde ein eigener Gleiskörper mit Haltestellen gebaut. Damals mußte auch das alte Rathaus am Ausgang der Krefelder Straße dem Verkehr weichen. Auf den neuen breiten Bürgersteigen pflanzte man Bäume an. Die neue große Platzanlage „Nikolaus-Knopp-Platz" wurde Ende August 1930 in Betrieb genommen. Die Straßenbahnen hielten jetzt an den Gleiskörper-Inseln an der Kribben- und Krefelder Straße.
Nach den Krisenjahren 1931/32 ging es mit der wirtschaftlichen Lage ab 1933/34 allmählich wieder bergauf. Auch die Rheinbahn setzte ihre Bautätigkeit fort. Zunächst sollte die Neubaustrecke von der Oberbilker Allee über die neue Karl-Geusen-Straße bis Lierenfeld fertiggestellt werden. Auf der neuen Straße bekam die Straßenbahn einen eigenen doppelgleisigen Bahnkörper, der von der Linie 10 befahren werden sollte. Die Linie 6 fuhr bis 1931 auf der alten Lierenfelder Strecke eingleisig.
Am Stufstock schwenkte die neue Strecke nach links in den Kuthsweg ein und erreichte an der Schlesischen Straße die Gleise der Linie 15. Am 18. Oktober 1933 fuhr die Linie 10 zum ersten Mal über die neue Strecke nach Lierenfeld und Eller.
Durch die Höherlegung der Eisenbahnstrecke nach Eller konnte u. a. auch der niveaugleiche Bahnübergang an der Gumbertstraße beseitigt werden. Eine neue Unterführung ge-

stattete nun einen ungehinderten Verkehrsfluß in den Vorort Eller. Vor dem Bahnhof Eller erreichte die Eisenbahn wieder das Straßenniveau, so daß der Bahnübergang Vennhauser Allee bestehen blieb. Die Rheinbahn verlängerte die zweigleisige Strecke über die Gumbertstraße bis zur Vennhauser Allee, wo an der Ecke Schloßallee eine neue dreigleisige Wendeschleife entstand.

Das umständliche Rangieren an der bisherigen Endstelle in der Gumberstraße vor den Bahnschranken inmitten des sich stauenden Verkehrs entfiel nun. Neue Haltestellen entstanden am Gertrudisplatz und an der Eller Kirchstraße In der neuen Gleisschleife „Vennhauser Allee“ wendeten ab November 1933 die Linien 10 und 15. Das dritte Gleis diente zum Abstellen von Beiwagen. Die Eller Bürger hatten es jetzt besser und konnten weiter in den Ort hineinfahren. Die Linie 10 übernahm einen großen Teil des Verkehrs nach Eller.

In den Jahren 1932–34 wurde die schmale Eisenbahnbrücke im Zuge der Ackerstraße über die Bahnstrecke Duisburg–Köln durch eine wesentlich breitere ersetzt. Die alte Brücke führte von der Elisabethkirche auf den Häuserblock zwischen Acker- und Gerresheimer Straße. Die Linien 8 und 14 mußten vorher vor und hinter der Brücke zwei S-Kurven fahren. Um den Straßenbahnverkehr während der Bauarbeiten zu verdünnen, fuhr die Linie 8 monatelang einen anderen Weg, und zwar vom Worringer Platz über die Kölner Straße (Strecke der Linie 9) und bog über einen Doppelgleisbogen, der seinerzeit bis Ende der dreißiger Jahre noch bestand, in den Wehrhahn ein und erreichte über die Wehrhahnbrücke an der Uhlandstraße wieder ihre Planstrecke. Nach Fertigstellung des nördlichen Brückenteiles befuhr die Linie 14 bis zum Ende der Bauarbeiten provisorische Gleise; zwischen den Schienen waren Holzbohlen gelegt. Für kurze Zeit ging es auch mal eingleisig über die Baustelle.

In der Mitte der neuen breiten Eisenbahnbrücke Ackerstraße entstand eine große Verkehrsinsel mit Kreisverkehr. Auf der Insel errichtete man für die Linien 8 und 14 eine Haltestelle „Gerresheimer Straße“. Die 8 hielt anschließend nicht mehr an der Birkenstraße, sondern an der Straßenkreuzung Linden-/Beethovenstraße. Für die Linie 14 wurde hinter der Abzweigung Birkenstraße eine neue Haltestelle eingerichtet.

An der Grafenberger bzw. Wehrhahnbrücke gab es damals auch eine Gleisverlegung. Bis 1933 lag mitten auf der Grafenberger Allee zwischen Brücke und Rethelstraße eine Grünanlage. Die Straßenbahn fuhr auf der südlichen Straßenseite und mußte am Abzweig zur Umsetzstelle Mendelssohnstraße eine S-Kurve nehmen. Bei der nun folgenden Umgestaltung wurde die Straßenbahn auf separatem Bahnkörper durch die frühere Grünanlage gelegt. Auf der Brücke entstand eine schwache Doppelkurve, an der Kreuzung Mendelssohn-/Rethelstraße ging es jetzt geradeaus. Für die Linien 3, 4 und 12 bedeutete dieser Umbau eine Streckenverbesserung. An der südlichen Seite des neuen Bahnkörpers wurden Bäume gepflanzt.

Auf der Strecke der Linie 12 in Oberrath wurden 1933–34 ebenfalls neue Gleise eingebaut. Bis dahin existierte dort nur eine kurze Ausweiche mit einem Abstellgleis für Beiwagen. Jetzt errichtete man zwischen der Eisenbahnüberführung über die Güterstrecke Rath-Eller und Hubertushain einen neuen doppelgleisigen Bahnkörper, der zwischen Rehstraße und der Haltestelle Oberrath noch ein drittes Gleis inmitten der beiden Fahrgleise zum Abstellen von Beiwagen erhielt.

In jenen Jahren fuhr die Linie 12 in den verkehrsschwachen Stunden mit den 1100er Triebwagen solo, bis mittags standen dann acht Beiwagen der 700er Baureihe auf dem mittleren Abstellgleis. Ab Mittag wurden sie nach und nach von der 12 wieder angekuppelt. In der Morgenspitze führte die 12 bei einigen Kursen auch zwei Beiwagen mit. In den späten Abendstunden wurden die Beiwagen paarweise von Oberrath zum Depot Grafenberg gebracht, was die 200er Triebwagen, die weiterhin in Grafenberg stationiert waren, besorgten. Dabei mußte an der Haltestelle Haniel & Lueg über zwei Gleiswechsel umgesetzt werden.

In Düsseldorfs tiefem Süden, am Benrather Bahnhof, wurde in den Jahren 1932–33 auch eifrig gebuddelt. Der Bahnübergang südlich des Bahnhofs verschwand, ebenso die eingleisige Straßenbahn-Stahlbrücke der Benrather Meterspurlinien. Unter der Eisenbahnstrecke Düsseldorf–Köln entstand im Zuge der verschwenkten Hildener Straße eine breite Unterführung, wobei die Fußgänger- und Radfahrwege unter der Unterführung etwas höher lagen. Gleichzeitig wurden von der Paulistraße bis zum Betriebshof neue dreischienige Gleise gelegt, also für beide Spurweiten benutzbar. Die neue Strekke lag im Straßenniveau, hatte also keinen eigenen Bahnkörper.

Die Linie 18 wurde am 30. Okt. 1933 bis zum Meterspur-Betriebshof verlängert, wo auf freiem Gelände östlich dieses Depots eine Gleisschleife mit innen liegendem Abstellgleis entstand. Die 18 fuhr jetzt von der Heubesstraße nach einem Halt vor dem Benrather Bahnhofsgebäude in die Hildener Straße durch die Unterführung zur neuen Endschleife. An der Telleringstraße befand sich damals eine weitere Haltestelle. Die neue Endstelle hieß: „Benrath-Betriebshof“.

Die Meterspurlinien nach Ohligs und Vohwinkel bekamen in Benrath eine neue Gleisschleife von der Hildener über die Pauli- in die Heubesstraße. Am 15. Juli 1933 wurden die neuen Benrather Gleisanlagen von den Meterspurlinien in Betrieb genommen.

Im Sommer 1934 errichtete man auch in Holthausen für die Linie 18 eine neue Gleisstrecke, und zwar einen Doppelgleiskörper zwischen Itterstraße und der heutigen Adolf-Klarenbach-Straße. Bisher verlief die Strecke der 18 in einem flachen Bogen entlang der Häuserreihe östlich der heutigen Holthausener Grünanlage. Das Gelände der Henkel-Siedlung, die mit anderen Wohnhäusern erst in den fünfziger Jahren entstanden ist, war damals noch unbebaut und landwirtschaftlich genutzt. Die neue Strecke wurde in Verlängerung der Kölner Landstraße quer durch das Feld zur Bonner Straße hin angelegt, durchquerte also, wie es seinerzeit hieß, den „Kamper Acker“. Erst in späteren Jahren baute man rechts und links des Bahnkörpers die heutige Bonner Straße.

Das frühere Gleis auf der alten Bonner Straße wurde für eine große Gleisschleife herangezogen, die heute noch zu sehen ist. Auf dem neuen Gleiskörper legte man an der Itterstraße die neue Haltestelle „Holthausen“ an. Die Eröffnung dieser Strecke war am 14. Mai 1934. Um die Linie 18 zu entlasten, ließ die Rheinbahn im Sommer 1934, vom 14. Mai bis 13. Oktober, die Linie 6 von Oberbilk aus bis Holthausen verkehren. Die 6 setzte in Holthausen in der neuen Gleisschleife um. Ab 14. Oktober hatte die 6 ihren Endpunkt wieder in Oberbilk an der Markenstraße.

Es wurde schon lange als Mangel empfunden, daß man von Bilk aus die Stadtteile Wersten und Holthausen nicht direkt mit einem Verkehrsmittel erreichen konnte, sondern nur auf dem Umweg Hauptbahnhof – Worringer Platz – Oberbilk. Zwar bestand bereits in den zwanziger Jahren eine Omnibus-Verbindung vom Graf-Adolf-Platz an den Krankenanstalten vorbei nach Wersten, Hilden und Solingen, aber dieser Bus fuhr mit großen Abständen und hatte einen eigenen Tarif.

Die Linie 1 benutzte vom Moorenplatz zum Stoffeler Kapellchen einen seitlich der Witzelstraße liegenden Bahnkörper. 1934 baute die Rheinbahn nun eine neue Straßenbahnstrecke zwischen Stoffeln und Wersten. Sie lag auf eigenem Bahnkörper, ebenfalls seitlich der Werstener Straße, der Verlängerung der Witzelstraße. Wie bei separaten Bahnkörpern üblich, setzte man die Fahrleitungsmasten in die Mitte zwischen den Gleisen. Die Rheinbahn hatte in jenen Jahren damit begonnen, auf freiliegenden Strecken Hochketten-Fahrleitungen anzubringen, so auch jetzt auf der Werstener Straße.

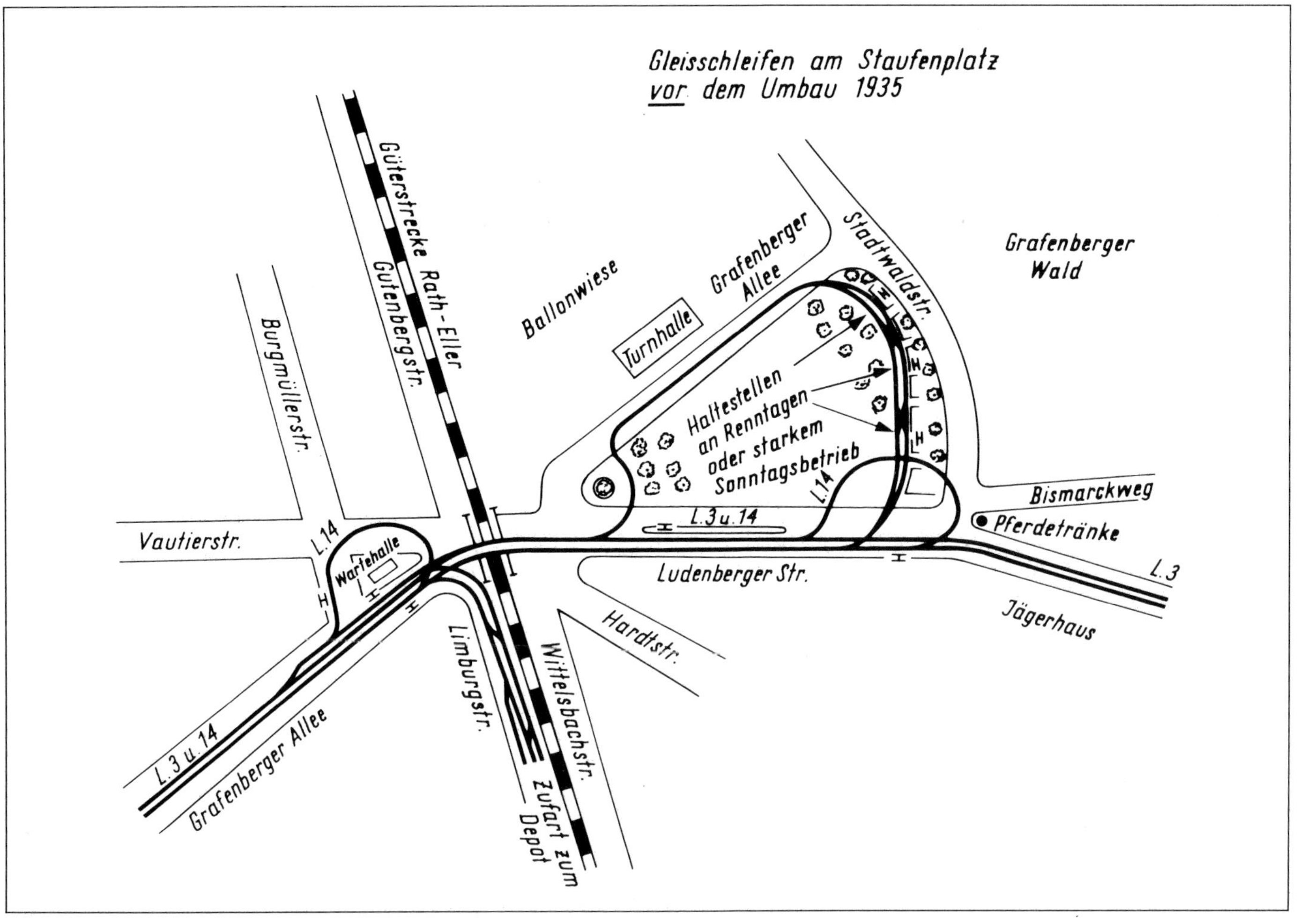
Gleisschleifen am Staufenplatz
vor dem Umbau 1935
Güterstrecke Rath-Eller
Gutenbergstr.
Burgmüllerstr.
Ballonwiese
Grafenberger Allee
Turnhalle
Stadtwaldstr.
Grafenberger Wald
Haltestellen an Renntagen oder starkem Sonntagsbetrieb
L.14
L.3 u.14
Bismarckweg
Pferdetränke
Vautierstr.
Wartehalle
Ludenberger Str.
L.3
Jägerhaus
Hardtstr.
Limburgstr.
Wittelsbachstr.
Zufart zum Depot
L.3 u.14
Grafenberger Allee

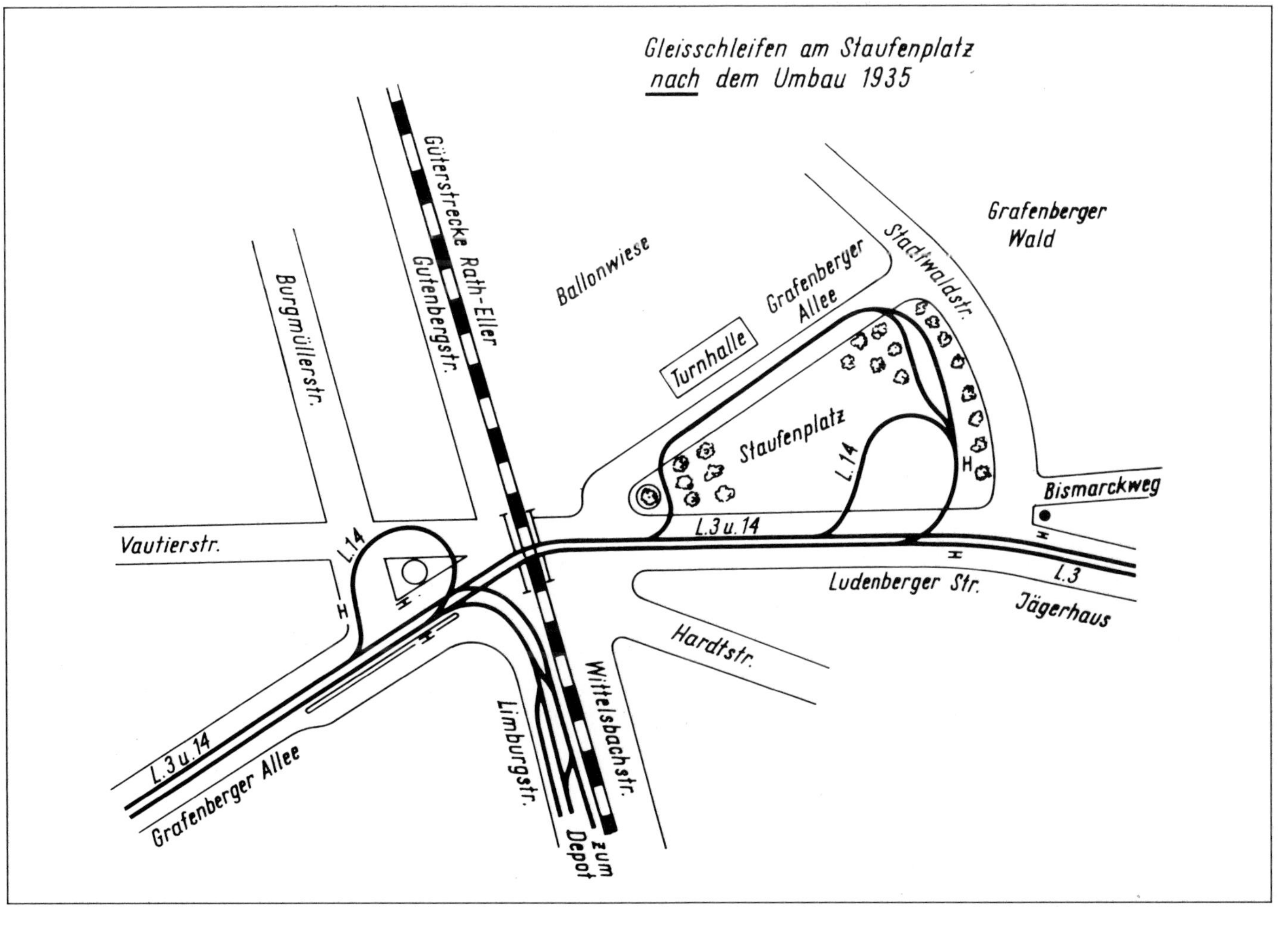
Gleisschleifen am Staufenplatz
nach dem Umbau 1935
Güterstrecke Rath-Eller
Gutenbergstr.
Burgmüllerstr.
Ballonwiese
Grafenberger Allee
Turnhalle
Stadtwaldstr.
Grafenberger Wald
Staufenplatz
L.14
L.3 u.14
Bismarckweg
Vautierstr.
L.14
Ludenberger Str.
L.3
Jägerhaus
Hardtstr.
Limburgstr.
Wittelsbachstr.
zum Depot
L.3 u.14
Grafenberger Allee

Am Staufenplatz gab es die große und die kleine Schleife; Wagen 563 steht in dieser Schleifenanlage.

Man sparte dadurch Leitungsmasten.
Die Gleisschleife am Stoffeler Kapellchen blieb bestehen. Ab 1934 wurde die Verlängerung der Linie 14 über Hennekamp hinaus an den Städtischen Krankenanstalten vorbei bis zur Schleife Stoffeln eine ständige Einrichtung. Nur die Fünfminutenwagen der 14 endeten am Hennekamp.
Nach Beendigung der Bauarbeiten nahm die Linie 1 am 14. Oktober 1934 die neue Strecke von Stoffeln über Wersten bis Holthausen in Betrieb und löste zwischen Wersten und Holthausen die Linie 6 ab. Ab 5. November verlängerte man die Linie 1 bis Benrath, sie fuhr aber nur alle 20 Minuten bis zum Benrather Betriebshof. Die Zwischenkurse der 1 wendeten in der Gleisschleife Stoffeln. Einen Zwischenhalt gab es auf der neuen Strecke von Stoffeln bis Wersten nicht, es wurde lediglich freies Feld durchfahren.
An der Einmündung der neuen Strecke in die Gleise der Linie 18 bestand an der Werstener Dorfstraße seinerzeit ein Engpaß. Der Mittelpunkt des alten Werstens mit kleinen Häusern gruppierte sich damals um die Straßenkreuzungen Werstener, Kamp- und Opladener Straße. Dem Gleisbogen der 1 standen zwei alte Häuser im Wege. Um daran vorbeizukommen, mußte die 1 aus Richtung Krankenanstalten mittels Gleisverschlingung auf das Gegengleis überwechseln. Nach etwa zwei Jahren wurden die Häuser abgerissen, und für die Linie 1 entstand ein normaler doppelgleisiger Abzweig an der Werstener Dorfstraße.
Die Zielschilder der 1 unter dem mittleren Stirnfenster trugen in den Jahren bis 1936 unter der Schrift „Benrath" den Hinweis: „Anschluß nach Hilden und Ohligs". Die Ohligser Linie verkehrte damals ebenfalls im 20-Minuten-Abstand.

Für die Linie 18 bedeutete die Verlängerung der 1 bis Benrath eine spürbare Entlastung.
Um den Staufenplatz herum existierte seit 1912 eine mehrgleisige Schleifenanlage für den Ausflugs- und Rennbahnverkehr sowie östlich des Staufenplatzes eine kleine Gleisschleife. Die große Schleife wurde in den zwanziger Jahren bis 1934 bei starkem Verkehr zur Grafenberger Rennbahn weiterhin von E-Zügen gebraucht. Die kleine Schleife diente sonntags der Linie 14 als Wendegleis. Als die Gleise ausgewechselt werden mußten, begann die Rheinbahn 1934 mit dem Umbau dieser Gleisschleifen.
Zunächst verschwand die kleine Schleife. Die Doppelkreuzweichen der großen Schleife wurden ausgebaut, ebenfalls die Einzäunungen für den Fahrgasteinstieg. Statt dessen baute man an der Stadtwaldstraße einen Abzweig für eine neue kleinere Schleife ein, die nach einem großen Bogen mitten durch den Staufenplatz zur Strecke der Linie 3 zurückfand. Nördlich des neuen Abzweiges bekam die große Schleife, deren weiterer Verlauf nicht geändert wurde, ein Abstell- bzw. ein Überholgleis. Neue Bahnsteigkanten wurden gesetzt, aber ohne Einzäunung. Man hatte jetzt zwei Gleisschleifen mit einer gemeinsamen Einfahrt und zwei Ausfahrten.
Zwischen Bahnübergang und Jägerhaus lagen die Gleise der Linie 3 am südlichen Straßenrand. Beim Schleifenumbau wurden diese Gleise in die Mitte der Grafenberger Allee verlegt und zum Bahnübergang, der noch seitliche Straßenbahn-Kreuzungen hatte, ein Gleisbogen eingebaut. Die Haltestellen-Insel am Staufenplatz verschwand ebenfalls. Für die Linie 3 in Richtung Innenstadt entstand eine neue Haltestelle an der Ecke Bismarckweg/Ludenberger Straße.

Der Betriebshof Grafenberg war besonders schön — nichts ist von ihm übrig geblieben. Heute stehen dort Wohnhäuser, und es ist nicht zu erkennen, daß hier einmal ein Straßenbahndepot gewesen war.

Einige Wochen später rückte man auch die Gleiskreuzung auf dem Bahnübergang in die Straßenmitte. Dies geschah an einem Sommer-Sonntag ohne Eisenbahnverkehr. Die Linie 3 wurde an diesem Sonntag geteilt und endete einmal in der Schleife Burgmüllerstraße, zum anderen durch Rückwärtsfahrt in der Staufenplatz-Schleife.

An der Haltestelle Burgmüllerstraße lag auf der nördlichen Hälfte der Grafenberger Allee 1934 noch ein drittes Gleis als Überholgleis für die Linie 3. Es diente zuweilen auch zum Abstellen von Beiwagen. Die Linie 14 gelangte an der Burgmüllerstraße nach ihrer Schleifenfahrt erst in dieses dritte Gleis, anschließend ins Streckengleis in Richtung Altenbergstraße. Bei den Gleisarbeiten am Bahnübergang Staufenplatz wurde auch das dritte Gleis an der Burgmüllerstraße entfernt und die beiden Streckengleise in die Straßenmitte gerückt. Gleichzeitig entstand an der Burgmüllerstraße in Richtung Gerresheim eine Haltestellen-Insel.

Eine weitere dreigleisige Anlage befand sich damals an der Haltestelle Haniel & Lueg vor dem Firmengebäude. Sie stammte aus der Anfangszeit der Kleinbahn nach Ratingen und wurde seinerzeit zum Umsetzen gebraucht. Bis zum Jahre 1935 stellte man dort E-Wagen der Linie 12 ab, ebenso sonntags die zweiten Beiwagen. Aber die auf der Straße abgestellten Straßenbahnwagen waren für den gestiegenen Auto-Verkehr ein Hindernis. So wurde auch dieses dritte Gleis im Verlauf der fälligen Schienen-Erneuerung abgebaut und die beiden Streckengleise in die Mitte der Grafenberger Allee verlegt.

Was aber blieb, war der eingleisige Abzweig in Richtung Rath. Die 12 fuhr damals hinter der Haltestelle Haniel & Lueg mit einem Gleiswechsel ins Gegengleis, dann mit einer Linksweiche über die Werkbahn, anschließend auf eigenem Bahnkörper entlang der Eisenbahn-Güterstrecke Grafenberg-Rath in Richtung Ratingen. Entlang der Fabrikmauer bis zur Düsselbrücke lag eine Ausweiche. Hier wartete die Linie 12 zuweilen auf den verspäteten Gegenzug. Übrigens, wenn man mit der Straßenbahn aus Richtung Lichtplatz kam, erreichte man bei Haniel & Lueg zuerst die Haltestelle der Linie 12, hinter dem Gleiswechsel lag vor dem Bahnübergang dann die Haltestelle der Linien 3 und 14.

Im Sommer 1935 wurde auch in Oberkassel an Straßenbahngleisen gebaut, und zwar auf der Hansa-Allee zwischen Zentrale und Löricker Straße. Bis dahin lag der Gleiskörper der Linien A, C und 17 östlich neben der Mittelpromenade, die zwei Baumreihen hatte. Eine weitere Baumreihe befand sich auf der anderen Seite neben den Gleisen. Die Hansa-Allee baute man nun um, die mittlere Baumreihe wurde gefällt, die Promenade verschwand. Den neuen Gleiskörper legte man genau in Straßenmitte an, rechts und links begrenzt durch Baumreihen auf Seitenstreifen, auf welchen auch die Haltestellen angelegt wurden. Die seitlichen Straßen wurden wie auf der Luegallee im Richtungsverkehr befahren.

Die 1934 gebaute neue Strecke von Stoffeln nach Wersten sollte im Herbst 1936 eine Fortsetzung in Richtung Karolingerplatz erhalten. Die Rheinbahn baute nun in den Sommerwochen 1936 zwischen Suitbertuskirche und Moorenplatz eine neue Straßenbahnstrecke mit eigenem Bahnkörper, wie auf der Witzel- und Werstener Straße ebenfalls am südlichen Straßenrand. Zwischen Suitbertuskirche und Auf'm Hennekamp legte man die Gleise in die Straßenmitte. Vorher mußte die Mittelpromenade der Witzelstraße zwischen Hennekamp und Moorenplatz mit den beiden Baumreihen abgetragen werden.

Die Gleisschleife „Auf'm Hennekamp" wurde gleichzeitig „umgedreht" und der Straßenzug des Hennekamps zwischen Witzel- und Himmelgeister Straße ausgebaut. Die schmale Gasse verschwand also, ebenso ein Teil der kleinen Gewerbe-Betriebe. Die Einfahrt zur Schleife lag nun an der Witzelstraße, die Ausfahrt an der Himmelgeister Straße. Im Oktober 1936 wurde der neue Streckenabschnitt auf der Witzelstraße durch eine neue Linie 21 in Betrieb genommen.

Die 1 mit dem roten Strich (Derendorf–Auf'm Hennekamp) wurde eingestellt. Die Linie 1 nahm man bis Stoffeln zurück, sie fuhr weiterhin über die Himmelgeister und Moorenstraße und endete mit der 14 in der Gleisschleife am Stoffeler Kapellchen. Die neue Linie 21 fuhr von Derendorf/Betriebshof

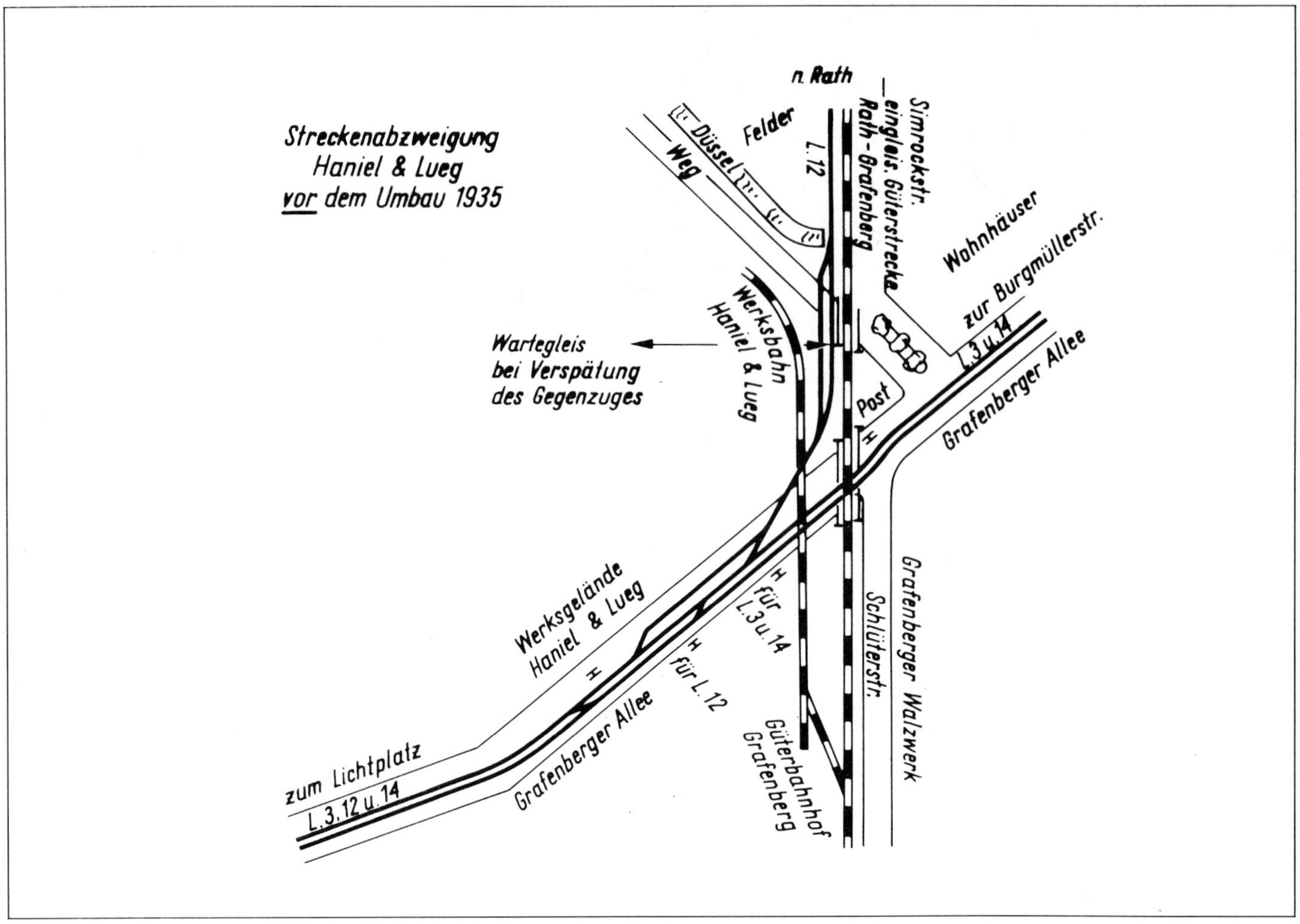
Streckenabzweigung
Haniel & Lueg
vor dem Umbau 1935
n. Rath
Felder
Düssel
Weg
L. 12
Simrockstr.
eingleis. Güterstrecke
Rath-Grafenberg
Wohnhäuser
zur Burgmüllerstr.
L. 3 u. 14
Werksbahn
Haniel & Lueg
Wartegleis
bei Verspätung
des Gegenzuges
Post
Grafenberger Allee
Werksgelände
Haniel & Lueg
für
L. 3 u. 14
für L. 12
Schlüterstr.
Grafenberger Walzwerk
Güterbahnhof
Grafenberg
zum Lichtplatz
L. 3, 12 u. 14
Grafenberger Allee

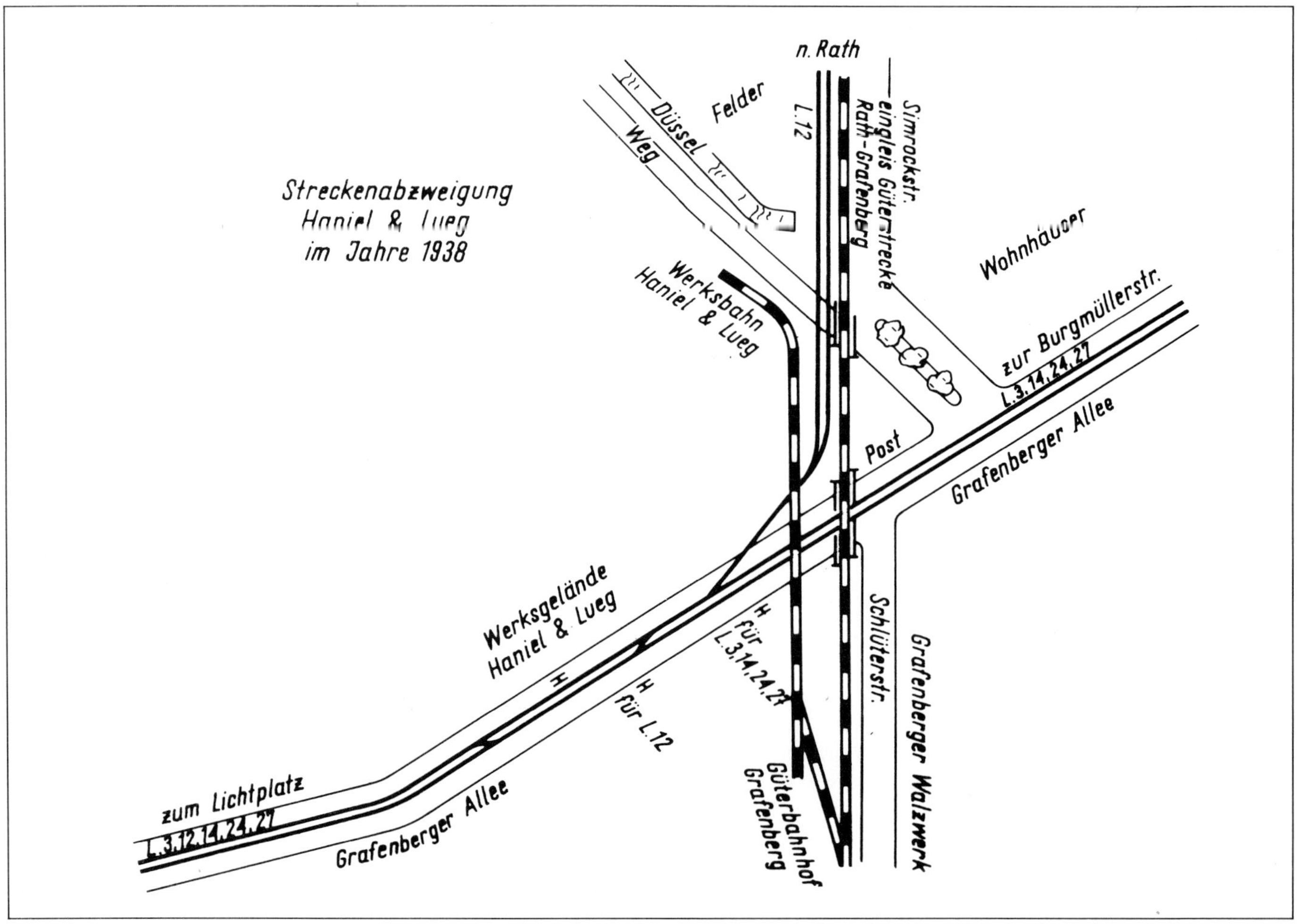
Streckenabzweigung
Haniel & Lueg
im Jahre 1938
n. Rath
Felder
Düssel
Weg
L. 12
Simrockstr.
eingleis. Güterstrecke
Rath-Grafenberg
Wohnhäuser
zur Burgmüllerstr.
L. 3, 14, 24, 27
Werksbahn
Haniel & Lueg
Post
Grafenberger Allee
Werksgelände
Haniel & Lueg
für
L. 3, 14, 24, 27
für L. 12
Schlüterstr.
Grafenberger Walzwerk
Güterbahnhof
Grafenberg
zum Lichtplatz
L. 3, 12, 14, 24, 27
Grafenberger Allee

1936 waren am Lichtplatz umfangreiche Gleisbauarbeiten erforderlich. Linie 24 hat soeben die Baustelle in Richtung Hauptbahnhof passiert.

über Ratinger Tor, Breite Straße, Friedrichstraße, Karolingerplatz, über Brunnen-, Witzel- und Werstener Straße nach Wersten, Holthausen und Benrath im 10-Minuten-Takt. Die 1 verkehrte bisher zwischen Stoffeln und Benrath im 20-Minuten-Betrieb. Auf der 21 setzte man 500er Triebwagen (Nr. 546–558) ein, in der Hauptverkehrszeit mit zwei 700er Beiwagen behängt. Die 900er Triebwagen kamen auf der 21 in den Jahren 1936–37 kaum zum Einsatz. Die 500er Triebwagen mußten sich auf der langen Strecke von Derendorf bis Benrath mit zwei Beiwagen mächtig anstrengen. Hin und wieder mußten sie im Depot Derendorf gewechselt werden. Die „umgedrehte" Gleisschleife Auf'm Hennekamp benutzte in dieser Zeit nur die Linie 29.

Besonderheiten im Düsseldorfer Straßenbahnbetrieb Mitte der dreißiger Jahre

Die Dächer der Straßenbahnwagen wurden seinerzeit bei Renovierungen stets weiß gestrichen, was auch bei Eisenbahnwaggons üblich war. Nun dunkelten Dachflächen ziemlich schnell, besonders bei Kühlung der auf den Laternendächern liegenden Abdeckplatten über den elektrischen Sicherungen und Schaltanlagen. Nach einiger Zeit waren die Dächer fast schwarz. Ab 1934 ging die Rheinbahn dazu über, jährlich in den Frühjahrswochen die Wagendächer neu weiß zu streichen, was in den einzelnen Betriebshöfen durchgeführt wurde. Im Wonnemonat Mai glänzte also der Straßenbahn-Wagenpark mit hellen Dächern.

Im Sommer 1934 erhielt der Wagenbestand der Linie 12 Verstärkung durch Überstellung des Triebwagens Nr. 1130 von Heerdt nach Grafenberg. Er wurde 1905 gebaut und erhielt 1921 größere Plattformen und ein neues Fahrgestell mit größerem Achsstand. Die Seitenfenster glichen der Reihe 1160–1163. Ein weiterer Wagen der gleichen Serie Nr. 1134 verblieb im Betriebshof Handweiser. Die übrigen Triebwagen Nr. 1128–1129 und 1131–33 wurden 1932–33 umgespurt und auf den Meterspurlinien des Benrather Netzes eingesetzt.

Frisch renoviert war der Wagen 1130 zunächst im E-Dienst eingesetzt, nach einigen Wochen aber im Plandienst der Linie 12.

Als am 13. Oktober 1934 in Düsseldorf der „Tag der Straßenbahn" gefeiert wurde, holte die Rheinbahn den Museums-Pferdebahnwagen Nr. 28 aus dem Schuppen und ließ ihn auf der im Linienverkehr nicht benutzten Strecke vom Mannesmann- bis zum Schloßufer pferdebespannt hin- und herfahren. Dieser Wagen Nr. 28 war eigentlich kein Pferdewagen, sondern ein Umbau aus der alten Beiwagenserie der Ursprungszeit Nr. 251–333. Vielleicht war er aber vor dem Umbau zum elektrischen Beiwagen mal Pferdebahnwagen gewesen. Jede Fahrt mit der Pferdebahn kostete am 13. Oktober 10 Reichspfennige. Der Pferdewagen konnte die Fahrgäste kaum fassen. Er war an diesem Tage eben „die" Attraktion.

In den dreißiger Jahren endete der Betrieb der Düsseldorfer Lokallinien nachts erst nach 1 Uhr. An den Haltestellen des Hauptbahnhofs sammelten sich 5–10 Minuten vor 1 Uhr fast alle Linien, auch die, welche sonst nicht über den Hauptbahnhof verkehrten, so die Linien 1 und 3. Diese Spätwagen wurden damals „Lumpensammler" genannt. Um 1 Uhr ertönte ein Pfiff und alle Straßenbahnen setzten sich, sobald die letzten Fahrgäste eingestiegen waren, nach und nach zu ihren Endstellen in Bewegung.

Um zu größeren Fahrgastzahlen zu kommen und um den Düsseldorfer Familien mehr Ausflugsziele bei günstigen Fahrpreisen zu bieten, führte die Rheinbahn zu Beginn des Sommerfahrplans 1935 den Sonntagstarif ein. Mit einem Fahrschein zu 15 Reichspfennigen konnte man jetzt 11 Teil-

strecken fahren; das war z. B. eine Entfernung von Lörick bis Benrath oder vom Südfriedhof bis Ratingen. Kinder bis 14 Jahren bezahlten 10 Reichspfennige. Werktags konnte man von 1934 an mit einem 15-Pfennig-Fahrschein zwei Teilstrecken fahren, für 10 Pfennige eine Teilstrecke. Fünf Teilstrecken kosteten werktags 20 Pfennige. Der damalige Tarif steigerte sich bei der größten Streckenlänge bis 40 Pfennige. Tatsächlich stiegen ab Sommer 1935 die Beförderungsziffern beträchtlich an. Die bevorzugten Ausflugsziele waren für die Düsseldorfer seinerzeit die Wälder vom Aaper Wald bis zu den Gerresheimer Höhen, die Gegend von Erkrath bis Neandertal, die Wälder nördlich Ratingens bis zur Ruhr, die Rheinauen von Kaiserswerth bis Urdenbach sowie die Wälder um Hilden/Ohligs. Von diesem „Ausflugsboom" profitierten hauptsächlich die Linien 3, 11, 12, 14, 17 und 18. Sie führten an schönen Sonntagen schon ab vormittags zwei Beiwagen mit.
Auf der Linie 3 fuhr dann auch sonntags der Fünfminutenwagen mit einem Beiwagen zwischen Altstadt und Gerresheim/Schönaustraße. Im Gegensatz zum Werktagsverkehr war die Linie 12 an solchen Sommer-Sonntagen stets „gerammelt voll". Neben den Drei-Wagen-Zügen wurden auf der 12 ab mittags E-Züge eingesetzt, und zwar die Triebwagen Nr. 206–211, Baujahr 1901, mit einem Beiwagen der 700er Reihe, die zwischen Ratingen und Mendelssohnstraße verkehrten. Da die Ratinger Strecke damals noch weitgehend eingleisig war, fuhren E-Zug und Planzug hintereinander.
Die Fahrzeit der Linie 12 zwischen Elberfelder Straße und Ratingen war seinerzeit auf 29 Minuten festgesetzt, etwas kühn, wenn man die Geschwindigkeit der alten Triebwagen berücksichtigt. Die acht Planzüge, die auf der Strecke lagen, benötigten besonders beim Sonntagsverkehr oft ziemlich mehr. Wenn Verspätungen nunmal eingerissen waren, mußte an den Ausweichen häufig mehrere Minuten lang auf den Gegenzug gewartet werden. Zum Vergleich: 1982 betrug die Fahrzeit der Linie 712 bei schnelleren Triebfahrzeugen zwischen Wilhelm-Marx-Haus und Ratingen 31 Minuten.
Auch die „Fahrten ins Blaue" an Wochentagen, die Anfang der dreißiger Jahre eingestellt wurden, nahm die Rheinbahn wieder auf. Von der Umsetzstelle Mendelssohnstraße ging es wie früher meistens in Richtung Ratingen.
Am 31. Oktober 1934 ereignete sich auf dem eingleisigen Abschnitt Hubertushain–Eckamp der Linie 12 ein schwerer Unfall mit mehreren Verletzten, da ein Fahrer den Gegenzug nicht abgewartet hatte. Die beiden Triebwagen Nr. 1130 und 1161 prallten aufeinander, wobei der Wagen Nr. 1161 sehr stark beschädigt wurde und mehrere Monate zu seiner „Rehabilitation" benötigte. Anschließend wurde auf den eingleisigen Abschnitten der „Stabwechsel" an den Ausweichen wie beim Staffellauf eingeführt. Farbige und entsprechend beschriftete Holzstäbe mußten zwischen den Fahrern an den Ausweichen ausgetauscht werden, ehe sie weiterfahren durften.
Auch auf der Linie 3 in Gerresheim „krachte" es in diesem Jahr. Beim Rangiermanöver eines Fünfminutenwagens an der Schönaustraße löste sich die Handbremse am dort für kurze Zeit allein stehenden Beiwagen, und dieser rollte auf der etwas abschüssigen Heyestraße in Richtung Gerresheim/Bahnhof weiter. Die etwa 2 km lange Alleinfahrt wurde am Bahnhof jäh beendet, als er auf einen dort stehenden Beiwagen eines Planzuges der 3 prallte, der im Augenblick ebenfalls rangierte. Beide Beiwagen wurden stark beschädigt, besonders der Wagen Nr. 716, dessen Plattform abgerissen wurde. Nach einigen Monaten waren die Wagen wieder im Einsatz. Beim heutigen starken Autoverkehr wäre es undenkbar, daß ein führerloser Straßenbahnwagen diese lange Strecke ohne vorherigen Zusammenstoß durchfahren könnte.
In den dreißiger Jahren ließ die Rheinbahn auf ihrem Schienennetz häufig Reklamewagen fahren, was ihr ebenfalls Geld einbrachte. Manchmal war es ein Triebwagen, der rundher-

Auf dieser Aufnahme wirbt ein Reklamewagen im Auftrag des Verkehrsvereins für den Blumenschmuck-Wettbewerb 1938.

Ab 1933 wurden die Wagen zum 1. Mai mit Girlanden geschmückt.

In den dreißiger Jahren gab es noch nicht viele Autos, und Straßenbahnen mußten den Massenandrang zum Stadion bewältigen.

um mit Reklamebildern und Schriften umgeben war; dann und wann fuhr ein ganzer Reklamezug, bestehend aus Trieb- und Beiwagen, über Düsseldorfs Straßen, um für bestimmte Produkte, Gebrauchsmittel, für einen Film oder Veranstaltung zu werben. Auch wurden Plateau-Wagen, die einen Reklame-Aufbau trugen, als Beiwagen von Personen-Triebwagen über die Strecke gezogen. Damals sah man einen solchen Plateau-Wagen mit einer Zigaretten-Reklame mal als dritten Wagen auf der Linie 3 zwischen Gerresheim und Rathaus rollen.
Ebenso fuhren seinerzeit Lautsprecherwagen mit Musik und Werbe-Parolen, z. B. für eine bevorstehende Reichstagswahl, durch die Straßen. Es waren die Triebwagen Nr. 207 und 550, die auf dem Wagendach vorn und hinten Lautsprecher bekommen hatten. Die Bedienungsgeräte befanden sich im Wageninnern. Als Reklamewagen, ohne Musik allerdings, wurden zwei Triebwagen der Ursprungsserie eingesetzt. Der Reklame-Beiwagen war der frühere Prototyp-Wagen Nr. 336, Baujahr 1905.
Anstelle der auf den seitlichen Dachrändern sitzenden länglichen Reklameschilder wurden auf einigen Triebwagen-Dächern einige Jahre lang beleuchtete Reklamekästen montiert. Diese flachen und länglichen Kästen fertigte die Rheinbahn selbst an. Die Triebwagen Nr. 935 (Linie 1) und Nr. 588 (Linie 3) z. B. ließen bei Dunkelheit ihre Werbung für „Spaten-Kaffee“ aufleuchten.

Änderungen an Straßenbahnwagen

Bei Hauptuntersuchungen und Neulackierungen wurden ab 1934 die Wagennummern an den Stirnseiten nicht mehr unterhalb der Zielschilder angebracht, sondern rechts auf den Rammbohlen. Als einer der ersten Wagen präsentierte sich der Beiwagen Nr. 633 nach einer Neulackierung Anfang 1934 mit dieser Nummern-Anbringung.
Auch eine neue Farbgebung wollte die Rheinbahn ab 1935 einführen. Nach einer Grundüberholung war der Triebwagen Nr. 565 mit Creme-Anstrich und dunkelroten Absetzungen an Rammbohlen und Zierleisten zu sehen. Einige Wochen lang wurden Neulackierungen in der Hauptwerkstatt in dieser Weise ausgeführt, auf Düsseldorfs Straßen zeigten eine Anzahl Trieb- und Beiwagen diesen „New-Look“, auch der Lehrtriebwagen Nr. 173, Baujahr 1900. Dann tauchten wieder die früheren Farben beige/hellgrau auf. In den Zeitungen war damals zu lesen, die Rheinbahn sei zu den früheren Farben zurückgekehrt, weil die Lackierungen in den neuen Farben zu kostspielig und zeitraubend seien.
Mitte der dreißiger Jahre begann man mit der Anbringung neuer Stromabnehmer. Die Triebwagen der 500er Baureihe und der ersten 900er Serie, die bis dahin Lyrabügel hatten, erhielten Scherenstromabnehmer. Auch bekamen alle Triebwagen an den mittleren Frontscheiben nach und nach handbetätigte Scheibenwischer. Bisher mußten die Fahrer bei starkem Regen und Schneetreiben die Scheiben von außen abwischen oder abkratzen. Dazu lagen Lappen und Gummibürsten auf den Fahrpulten bereit.
In den dreißiger Jahren wurden an den 400er Triebwagen und den Wagen Nr. 501–525 die linke Plattformseite verschlossen, damit der Fahrer nicht mehr im Durchzug stehen sollte. Die linke halbhohe Klapptür bekam an jeder Plattform einen faltbaren Scheibenaufsatz bis zur Wagendecke. Im Wageninnern ersetzte man bei Hauptuntersuchungen die aus früheren Jahren stammenden Jugendstil-Lampen durch einfache Holzfassungen. Dies betraf hauptsächlich die bis 1925 beschafften Wagen.
Aufgrund einer behördlichen Anweisung mußten auch Straßenbahnen das Abbiegen an Straßenkreuzungen durch Lichtsignale anzeigen. Bisher war der Fahrer gehalten, beim Abbiegen den Arm aus der Tür des Vorderperrons zu strecken. In den Jahren 1936–37 wurden an allen Triebwagen seitlich neben den Einstiegen in Fensterhöhe Fassungen mit roten Lampen angebracht, außerdem mußten natürlich im Wagen selbst Leitungen und Schalter montiert werden. Die Einbaukosten beliefen sich damals je Wagen auf RM 77,–. Beim Abbiegen nach rechts oder links ließ der Fahrer vorher durch Stellen eines kleinen Hebels, der auf seinem Fahrpult angebracht war, die rechte oder linke Lampe an den Wagenseiten aufleuchten. Ein Flackern wie heute erfolgte allerdings nicht.

Tw 937, 1936 im Betriebshof Derendorf aufgenommen, besaß damals noch einen Lyra-Bügel.

Die Autofahrer oder sonstige Verkehrsteilnehmer mußten dann der Straßenbahn die Vorfahrt einräumen.
Übrigens, die Verfügung wurde bereits 1934 von den Aufsichtsbehörden erlassen. Als Frist für den Einbau wurde der 15. April 1936 angesetzt. Aber dieser Termin konnte nicht von allen Verkehrsgesellschaften gehalten werden. Wohl als einzige hatte die Firma Kaufmann in Wuppertal die deutschen Betriebe mit Fahrtrichtungsanzeigern zu beliefern und konnte mit der Produktion nicht nachkommen. In Düsseldorf wurden die neuen Fahrtrichtungsanzeiger zwischen Oktober 1936 und Februar 1937 eingebaut. Die Straßenbahnlinien nahmen nach und nach diese Einrichtung in Gebrauch. Anschließend kamen auch die Arbeits-Triebwagen an die Reihe.
Im gleichen Zeitraum ging die Rheinbahn dazu über, die drehbaren Dachzielschilder mit dem Ortsteil oder Vorort zu beschriften, das Zielschild unter der mittleren Frontscheibe gab den Platz oder die Straße des Linienziels an. Bei der Linie 14 in Richtung Grafenberg hieß es damals: „Grafenberg" auf dem Dachschild und „Burgmüllerstraße" unter der Frontscheibe. Bei der Linie 3 in Richtung Rathaus: „Altstadt" bzw. „Rathaus".

Neuerungen im Benrather Netz in den dreißiger Jahren

Wie bereits dargelegt, wurden im Düsseldorfer Stadtgebiet Ende der zwanziger Jahre Eisenbahnstrecken auf Dämme gelegt und Bahnübergänge durch Unterführungen ersetzt. Der Bahnübergang am Benrather Bahnhof an der Eisenbahnstrekke Düsseldorf–Köln sollte ebenfalls durch eine Unterführung beseitigt werden. Zuvor mußte die Straßenbahnbrücke der Benrather Kleinbahnen im Zuge der Hildener Straße diesem Bauvorhaben weichen.
Die Endstelle der beiden Linien nach Ohligs und Vohwinkel wurde am 6. Januar 1930 bis zum Betriebshof Benrath zurückgenommen und die Eisenbrücke anschließend abgebaut. Die umsteigenden Fahrgäste mußten jetzt etwa 3½ Jahre lang einen kleinen Fußweg von der Endstelle der Linie 18 am Bahnhof Benrath über den Bahnübergang zur neuen Endstation der Meterspur-Straßenbahnen in Kauf nehmen.
Beim Bau der neuen Unterführung wurde die Hildener Straße nach Süden verschwenkt. Am 15. Juli 1933 konnten die Meterspurbahnen den neuen Verkehrsweg in Betrieb nehmen. Zwischen Paulistraße und Betriebshof wurden Dreischienengleise verlegt. Die Normalspur-Linie 18 erhielt später östlich des Betriebshofes eine neue Gleisschleife. Die Meterspur-Linien bekamen um den Häuserblock Hildener, Paulistraße, Bahnhof Benrath ebenfalls eine neue Endschleife, anstelle des früheren Gleisdreiecks. Auf dem Mittelstreifen der Hildener Straße baute man ein Abstellgleis für Beiwagen, auf der Paulistraße sah man ein kurzes Umsetzgleis. Außerdem wurde die Meterspurstrecke über den Betriebshof hinaus bis zur Schimmelpfennigstraße doppelgleisig ausgebaut. Anschließend ging es dann eingleisig am Straßenrand weiter bis Hilden.
Der Wagenpark des Benrather Netzes, der von der Rheinbahn 1911 übernommen wurde, war Anfang der dreißiger Jahre etwa 30–35 Jahre alt und mußte ersetzt werden. Einige der Ursprungswagen waren bereits verschrottet worden, andere wurden, wie bereits früher erwähnt, zu Arbeitswagen umgebaut.
Anfang der dreißiger Jahre hatte die Rheinbahn die Absicht, das Benrather Netz auf Busbetrieb umzustellen. Es gab jetzt leistungsfähigere dreiachsige Omnibusse mit vergrößertem Platzangebot, die auf den Buslinien nach Solingen und Essen bereits eingesetzt waren. Die Meterspurgleise mußten an vielen Stellen erneuert werden, der Wagenpark aus der Ursprungszeit war, wie eben erwähnt, nahezu verbraucht. Der restliche Kleinbahn-Güterverkehr wurde 1932 eingestellt, da viele bisherige Bahnkunden auf den flexibleren Lastkraftwagen umgestiegen waren.
Die Anliegerstädte und gleichzeitigen Miteigentümer wollten von dieser Umstellung aber nichts wissen und erklärten sich bereit, an der Erneuerung des Bahnbetriebes mitzuhelfen. Die fälligen Gleisreparaturen wurden nun durchgeführt und Ausweichen neu angelegt. Durch die Hildener Innenstadt führte man 1933 bei gleichzeitiger Straßen-Erneuerung eine Doppelgleisstrecke, ausgehend von der Naustraße am Hildener Bahnhof, am Gressardplatz und Markt vorbei bis östlich der Gabelung. Von hier aus bis zu den Endstellen in Vohwinkel und Ohligs wurde es wieder eingleisig. An der Waldschenke am Hildener Stadtwald (Strecke nach Vohwinkel) legte man neben der neuen Ausweiche auch ein drittes, ein Wartegleis für E-Wagen, an. Diese E-Wagen waren beim sonntäglichen Ausflugsverkehr nötig. Auch die 1935 gebauten Kasernen ließen den Verkehr auf dieser Strecke anwachsen.
Eine Straßen-Erneuerung zwischen Benrath/Betriebshof und Hilden/Bahnhof wäre gleichfalls nötig gewesen bei gleichzeitiger Anlage einer Doppelgleisstrecke in Straßenmitte. Es geschah aber nichts, wahrscheinlich haben die damaligen Rüstungsanstrengungen und später der Zweite Weltkrieg solche Vorhaben verhindert. Die eingleisige Strecke zwischen Benrath/Schimmelpfennigstraße und Hilden/Bahnhof blieb somit, auch in den fünfziger Jahren, bis die Bahn 1962 eingestellt wurde.
Um den Wagenmangel zu beheben, nahm die Rheinbahn 1932–33 fünf Normalspur-Triebwagen Nr. 1128, 1129, 1131–1133, Baujahr 1905, aus dem Düsseldorfer Netz und spurte sie um. Sie stammten aus dem früheren linksrheinischen Rheinbahnnetz. Zusammen mit den 1914 beschafften sieben Triebwagen Nr. 120–126 und den alten bergischen Vierachsern verrichteten sie nun den Liniendienst zwischen Benrath, Ohligs und Vohwinkel. Nach wenigen Jahren erlitt der Triebwagen Nr. 1128 bei einem Zusammenstoß mit einem Lastwagen am 1. April 1936 in Hilden Totalschaden. Die Beschädigungen waren so stark, daß eine Reparatur nicht lohnend erschien.

Wagen 1128, ein ehemaliger Regelspurwagen aus dem linksrheinischen Netz, war am 1. April 1936 auf der Linie V unterwegs. Bei einem Unfall wurde er so stark beschädigt, daß sich ein Wiederaufbau nicht mehr lohnte.

Da die Triebwagen-Umspurung nur eine Übergangslösung darstellte, mußten für das Weiterbestehen des Benrather Netzes neue Wagen beschafft werden. 1934 bestellte die Rheinbahn bei der Düsseldorfer Waggonfabrik 14 vierachsige Triebwagen. Die neuen Wagen erhielten die Nummern 106–119. 1935 wurden die Wagen Nr. 110–113 und 1936 die Wagen Nr. 106–109 und 114–119 geliefert. Sie gaben der Meterspur-Straßenbahn ein neues Gesicht. Die Wagen hatten Stahlverkleidung, seitlich fünf Fenster, Doppelschiebe-

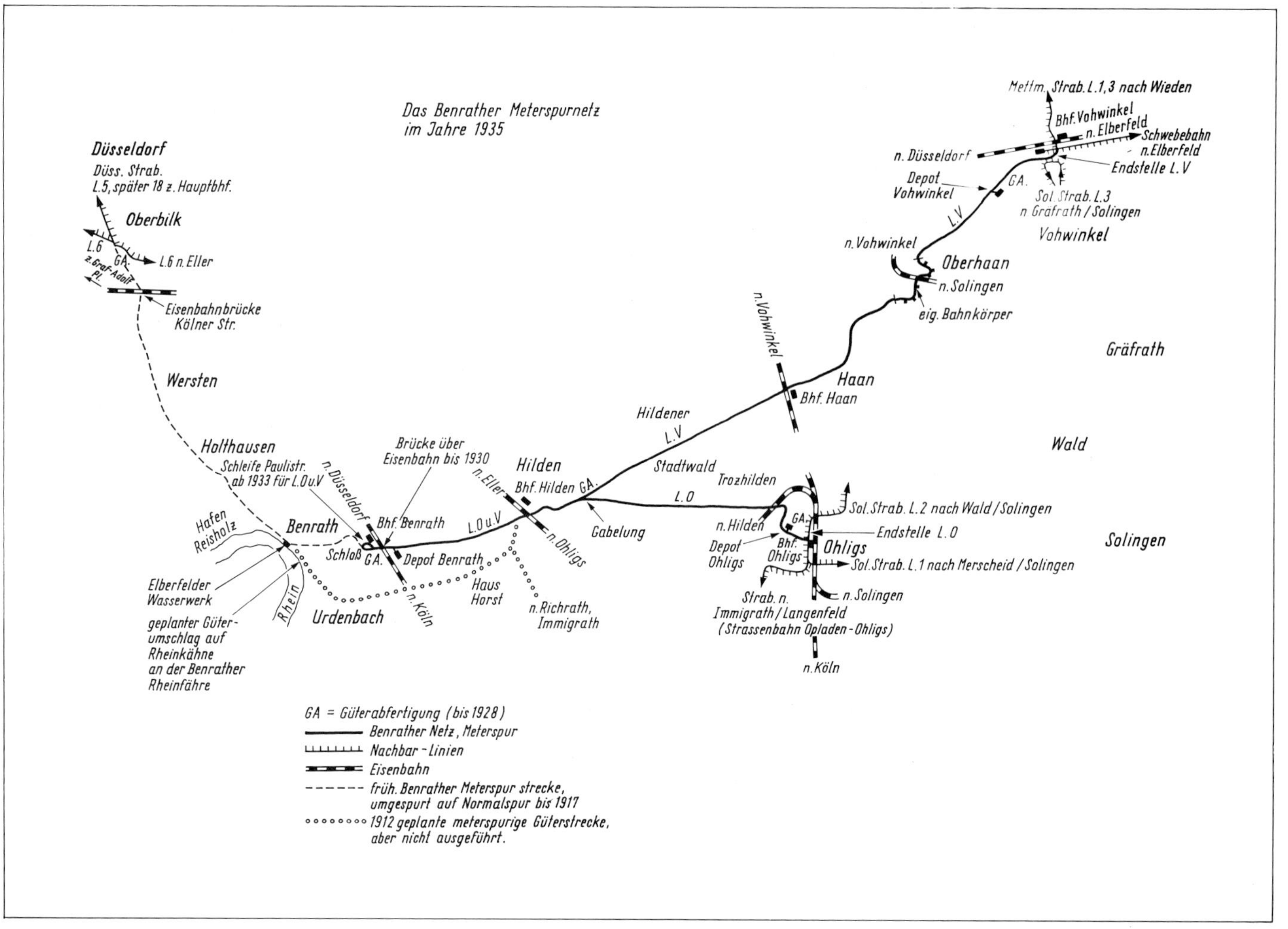

1935 wurden die ersten vier von vierzehn neuen Vierachs-Triebwagen für die Linien O und V geliefert. Sie hatten Stangenstromabnehmer, aber noch keine Fahrtrichtungsanzeiger.

türen an den Plattformen und vier Tatzlager-Motoren von je 50 kWh; sie waren somit sehr zugkräftig.

Die Drehgestelle wurden für Normalspur ausgelegt, falls die Strecken später umgespurt werden sollten, was damals auch in Erwägung gezogen wurde. Die Wagenlänge betrug 11,8 m, Breite 2,2 m, das Eigengewicht 17,3 t. Die ersten neuen Wagen, Nr. 110–113, hatten zunächst noch Rollen- bzw. Stangen-Stromabnehmer, die späteren je zwei Scheren-Stromabnehmer. An den Stirnfronten befanden sich über der Mittelscheibe Kästen mit Zielrollbändern, die alle Endstellen des Benrather Netzes enthielten. Die neuen Wagen hatten automatische Kupplungen mit separaten Stromanschlüssen.

Die Rheinbahn rüstete nun alle Triebwagen mit Scheren-Stromabnehmern aus und mit automatischen Kupplungen. In den Jahren 1934–35 ersetzte sie die bergischen Ursprungs-Beiwagen durch ältere Düsseldorfer Beiwagen, wiederum aus dem früheren linksrheinischen Netz. Es waren 13 Beiwagen mit den Nummern 1081–1093, Baujahr 1905, die auf Meterspur umgerüstet wurden. Einige dieser Wagen hatten an den Seitenfenstern Oberlicht-Unterteilungen. Sie erhielten ebenfalls automatische Kupplungen, so daß alle Wagen im Zugverband fahren konnten. Die Wagen des Benrather Netzes bekamen Mitte der dreißiger Jahre einen neuen, beigefarbenen Anstrich mit roten Absetzungen an Rammbohlen und Leisten.

Die alten bergischen Beiwagen hatten ihre Pflicht getan. Um 1935 herum konnte man in den Gärten hinter dem Betriebshof Wersten Wagenkästen der alten Beiwagen Nr. 153–164 beobachten, die zu Gartenlauben hergerichtet waren.

Ende der dreißiger Jahre wollte die Rheinbahn zu den 1935–36 gebauten Triebwagen artgleiche Vierachs-Beiwagen beschaffen, was durch den Kriegsausbruch aber nicht verwirklicht werden konnte.

In Kleingärten am Werstener Depot dienten Beiwagen der ehemaligen Bergischen Kleinbahn nach ihrer Außerdienststellung im Jahre 1935 als Gartenlauben.

Die zwanziger Linien von 1935 bis 1939

Beim Fahrplanwechsel im Mai 1935 wurden zwanziger Linien-Nummern eingeführt. Bekanntlich verkehrten im Düsseldorfer Netz verschiedene Straßenbahn-Linien werktags alle 5 Minuten, zum Teil auf verkurzten Strecken. Fünfminuten-Wagen bzw. Züge fuhren damals auf folgenden Linien: Linie 1 mit dem roten Strich zwischen Derendorf und Hennekamp, Linie 3 zwischen Schönaustraße und Rathaus, Linie 8 zwischen Brehmplatz und Hafenamtstraße, Linie 9 zwischen Derendorf/Straßburger Straße und Unterbilk/Fährstraße, Linie 10 zwischen Oberbilk und Uerdinger Straße, Linie 14 zwischen Grafenberg und Hennekamp. In der Hauptverkehrszeit verdichteten außerdem E-Wagen bzw. E-Züge den Verkehr auf folgenden Linien: 1, 3, 12, 15, und 18. Auf den Linien 1 und 3 bestand morgens zwischen 7 und 8 Uhr 2½-Minuten-Verkehr. Morgens und spätnachmittags führten die Planzüge der Linien 1, 3, 7, 11, 15, 16 und 18 stets zwei Beiwagen mit.

Einige der Fünfminuten-Linien erhielten jetzt versetzte Endstellen, um einer Anzahl von Fahrgästen das Umsteigen zu ersparen. Ab 15. Mai 1935 fuhren folgende zwanziger Linien im 10-Minuten-Abstand:

Linie 20: Uerdinger Straße – Duisburger Straße – Königsallee – Hüttenstraße – Oberbilk/Kölner Straße,

Linie 24: Grafenberg – Flingern – Hauptbahnhof – Graf Adolf Platz – Stromstraße – Hafenamtstraße,

Linie 28: Düsseltal – Brehmplatz – Uhlandstraße – Hauptbahnhof – Graf-Adolf-Platz – Bilker Kirche – Fährstraße,

Linie 29: Derendorf – Schloßstraße – Hauptbahnhof – Fürstenplatz – Auf'm Hennekamp.

Die bisherige Linie 20 (Meererbusch – Handweiser) wurde in 30 umgetauft. Der Abschnitt Brehmplatz – Düsseltal hatte nun wieder einen Linienwechsel zu verzeichnen, diesmal war es die 28. Die neuen Linien bewährten sich. Zusammen mit den Stammlinien blieb es beim 5-Minuten-Intervall. Die Linie 24 wurde auf ihrem Weg zwischen Grafenberg, Flingern und Graf-Adolf-Platz stärker beansprucht, als die Linie 14 in Richtung Fürstenplatz.

Abweichend von der Stammlinie 10 befuhr die Linie 20 zwischen Kaiserswerther Straße und Corneliusplatz folgenden Weg: Kaiserswerther Straße – Duisburger Straße – Sternstraße – Hofgartenstraße – Corneliusplatz. Zwischen Duisburger und Sternstraße lag ein doppelgleisiger Abzweig. Die Linie 10 blieb bei ihrer alten Strecke.

Am 3. Oktober 1937 wurden die Streckenäste der Linien 24 und 28 ausgetauscht: Linie 24 fuhr nun zwischen Grafenberg und Adersstiftung, Linie 28 von Düsseltal bis Hafen. Die Strecke zur Adersstiftung hatte seit 1932 nun wieder Linienverkehr.

Die Linien 20, 28 und 29 wurden mit 400er Motorwagen betrieben, die 24 mit Triebwagen der Reihe 526–545. Die mitgeführten Beiwagen stammten aus den 600er und 700er Baureihen. In den verkehrsschwachen Vormittagsstunden fuhren die Linien 24 und 28 solo.

Als nächste zwanziger Linie verkehrte ab 20. Oktober 1936 eine

Linie 21: Derendorf/Betriebshof – Dreieck – Nordstraße – Ratinger Tor – Breite Straße – Graf-Adolf-Platz – Bilk/Bahnhof – Witzelstraße – Wersten – Holthausen – Benrath/Betriebshof,

als die neue Straßenbahnstrecke auf der Witzelstraße fertiggestellt war. Die Linie 1 zog man gleichzeitig auf die Endschleife Stoffeln zurück. Abends ab 20 Uhr, wenn die 21 ihren Betrieb einstellte, durfte die Linie 1 alle 20 Minuten wieder bis Benrath durchfahren. Ab 3. Oktober 1937 fuhr sie dann wieder ganztägig bis Benrath und die 21 endete nunmehr in der Gleisschleife Auf'm Hennekamp. Die Linie 21 wurde mit 500er und 900er Motorwagen und 700er und 800er Beiwagen betrieben.

Beim Fahrplanwechsel am 15. Mai 1938 eröffnete die Rheinbahn eine weitere Linie der zwanziger Reihe, und zwar die Linie 27: Hafenamtstraße – Bilker Kirche – Bilker Allee – Corneliusstraße – Oststraße – Wehrhahn – Uhlandstaße – Staufenplatz/Schleife. Sie war eine Entlastungslinie für die 7 und für die Linien 3 und 12. Die Verbindungsstrecke von der Tonhallenstraße zum Wehrhahn wurde damit seit 1924 wieder linienmäßig befahren. Auf diesem kurzen Streckenabschnitt lagen zwei Gleiswechsel, die von den Linien 3 und 12 in den dreißiger und vierziger Jahren bei Verkehrsstörungen in der Innenstadt gelegentlich zum Umsetzen benutzt wurden. Die Linie 27 fuhr mit Triebwagen der Nummernreihe 480–491 solo, zum Beiwagenbetrieb reichte das Verkehrsaufkommen auf dieser Linie nicht.

Vor der Eröffnung der Linie 27 gab es auf der 7 in der Hauptverkehrszeit einen E-Wagen-Betrieb, der anschließend aufgegeben wurde. Das nördliche Streckenstück der 7 bis Unterrath wäre jetzt ohne Entlastungsverkehr gewesen. Deshalb wurde am gleichen Tage die Endstelle der Linie 21 von Derendorf/Betriebshof nach Unterrath zur Flughafenstraße verlegt. Die 21 benutzte am Dreieck den vorhandenen Gleisbogen von der Nord- in die Collenbachstraße. Umgesetzt wurde in der Flughafenstraße am Beginn der eingleisigen Strecke nach Unterrath. Dort gab es nur eine Weiche. Beim Umsetzen fuhr der Triebwagen der 21 auf das Gegengleis, die beiden Schaffner drückten den Beiwagen über die Weiche zur eingleisigen Strecke. Der Triebwagen setzte nach und kuppelte den Beiwagen wieder an. An der Ecke Kalkumer/Flughafenstraße (jetzt Eckenerstraße) wartete die 21 dann auf ihre Abfahrtszeit.

Am 15. Mai 1939 verlängerte die Rheinbahn den Linienweg der 20 vom Reeser Platz zum Freiligrathplatz, außerdem fuhr die Linie 21 zusammen mit der 14 über Himmelgeister und Moorenstraße zur Schleife Stoffeln, endete also nicht mehr am Hennekamp. Die Linie 27 mußte am 15. Mai 1939, also nach einem Jahr, ihren Betrieb wegen Unrentabilität einstellen.

Linie 6 wird verlängert

Die Pläne für eine Straßenbahn-Verbindung vom Zoo über Flingern nach Oberbilk wurden bereits in den zwanziger Jahren ausgearbeitet. Als Ende der zwanziger Jahre die Werdener Straße zwischen Erkrather Straße und Oberbilker Markt ausgebaut wurde, legte man in die Straßenmitte bereits eine Doppelgleisstrecke. Auch die Dorotheenstraße wurde damals erneuert, sie bekam zwischen Grafenberger Allee und Birkenstraße einen Bahnkörper, allerdings noch ohne Gleise.

Lediglich an den Straßenkreuzungen Acker-, Linden- und Platanenstraße verlegte man bei der Neupflasterung Gleisstücke.
Im Zooviertel machten sich Stimmen und Proteste gegen den Straßenbahnbau bemerkbar. In den Zeitungen hieß es damals: „Die Lindemannstraße will keine Straßenbahn.“ Aber die Bahn wurde doch gebaut, die Baumreihen auf der Lindenmannstraße blieben erhalten. Die neue Strecke ging mitten durch sie hindurch, lediglich einige Äste mußten der Fahrleitung weichen. Zwischen Schumannstraße und Grafenberger Allee benutzte die Straßenbahn die Autofahrstraße.
Der Bahnkörper auf der Dorotheenstraße bekam nun seine Gleise. Das Rondell auf dem Dorotheenplatz mit der großen Pappel mußte allerdings abgebaut werden. Auf diesem runden Platz befanden sich übrigens bis 1935 die Haltestellen der Linie 14. Der eigene Bahnkörper setzte sich auf der Kettwiger Straße fort bis zur Erkrather Straße. Auf der Werdener Straße lagen die Gleise bereits, nur die Gleiskreuzung mit der 15 mußte noch eingebaut werden. Bevor die Strecke am Oberbilker Markt zur Kruppstraße weitergebaut werden konnte, war es notwendig, an der Ecke Kölner/Kruppstraße einige Häuser abzutragen. Die Kruppstraße war seinerzeit noch nicht als Hauptverkehrsstraße ausgebaut, und an dieser Stelle befand sich ein Engpaß.
Auch Abzweigungen wurden angelegt, von der Flurstraße in Flingern in die Kettwiger Straße und am Oberbilker Markt von der Werdener in die Kölner Straße in Richtung Wersten. Es waren Gleisverbindungen, die in den späteren Jahren aber kaum gebraucht wurden. Die neue Straßenbahnstrecke endete nach Überquerung der Oberbilker Allee 1935 in der Kruppstraße vor der Eisenbahn-Unterführung.
In dieser Zeit wurde auch der Brehmplatz umgestaltet. Die Gleisschleife der Linie 8 um die Grünanlage, „Kaffernkraal“ genannt, wurde abgetragen, nach und nach ebenso alle Gleisanlagen. Auf der platzartigen Straßenkreuzung entstand ein großer runder Platz mit einigen Bäumen, drumherum wurde ein Kreisverkehr eingerichtet. Auf dem neuen, großen Rondell verlegte man Gleise, und zwar von der Herder- zur Brehmstraße für die Linien 4 und 8, von einem Abzweig südlich des Rondells in die Graf-Recke-Straße für die Linie 28 nach Düsseltal. Die Linie 6 fuhr, aus der Rethelstraße kommend, mit einer großen Gleiskurve über den neuen Platz in die Lindemannstraße. Alle Haltestellen befanden sich nun auf dem großen Rondell, nur die Linie 28 hielt in Richtung Düsseltal am Anfang der Graf-Recke-Straße.
Vor der Strecken-Eröffnung zum Volksgarten war die Umgestaltung des Brehmplatzes bereits beendet. Die Linie 6 setzte einige Wochen lang über einen Gleiswechsel am Anfang der Lindemannstraße um. Die Linie 8 beendete für einen größeren Zeitraum ihre Fahrten am Anfang der Graf-Recke-Straße. Dort lag ebenfalls ein Gleiswechsel. Die 8 erhielt ab 11. November 1935 auf der Grunerstraße zur Mathildenstraße hin auf eigenem Gleiskörper eine neue Umsetzstelle mit Abstellgleisen für Beiwagen und für E-Züge bei Veranstaltungen im Eisstadion.
Für die neue Strecke Zoo – Flingern – Oberbilk – Volksgarten war ursprünglich die Liniennummer 19 vorgesehen, aber die Rheinbahn gab der Verlängerung der 6 den Vorzug, die dann am 10. September 1935 ihren Betrieb bis zum Volksgarten aufnahm. Unterwegs richtete man folgende Haltestellen ein: Schumannstraße, Grafenberger Allee, Lindenstraße, Birkenstraße, Behrenstraße, Erkrather Straße, Fichtenstraße, Oberbilker Markt, Ellerstraße, Oberbilker Allee und Endstelle Volksgarten. Die 6 wurde zur Rundlinie, die sich außerdem selbst kreuzte, und zwar an der Ecke Eller-/Kruppstraße.

Am 10. September 1935 wurde trotz vieler Proteste der Anwohner die Linie 6 durch die Lindemannstraße in Richtung Volksgarten verlängert...

Das drehbare Zielschild auf dem Wagendach zeigte jetzt: „Rundlinie". Die Zielschilder unter der Frontscheibe wurden unterwegs am Brehmplatz gewechselt, zuerst hieß es: „Über Graf-Adolf-Platz zum Brehmplatz", dann „Volksgarten"; in der anderen Fahrtrichtung zuerst: „Brehmplatz", dann „Über Graf-Adolf-Platz nach Oberbilk".

Am 12. Juli 1940 verlängerte man die Gleise der Linie 6 von der Kruppstraße durch die Eisenbahn-Unterführung bis zum Beginn des Hennekamps, wo eine neue Umsetzanlage mit der Haltestelle „Volksgarten" erstellt wurde. Die Straße „Auf'm Hennekamp" zeigte sich auch an dieser Stelle noch als breiter Feldweg.

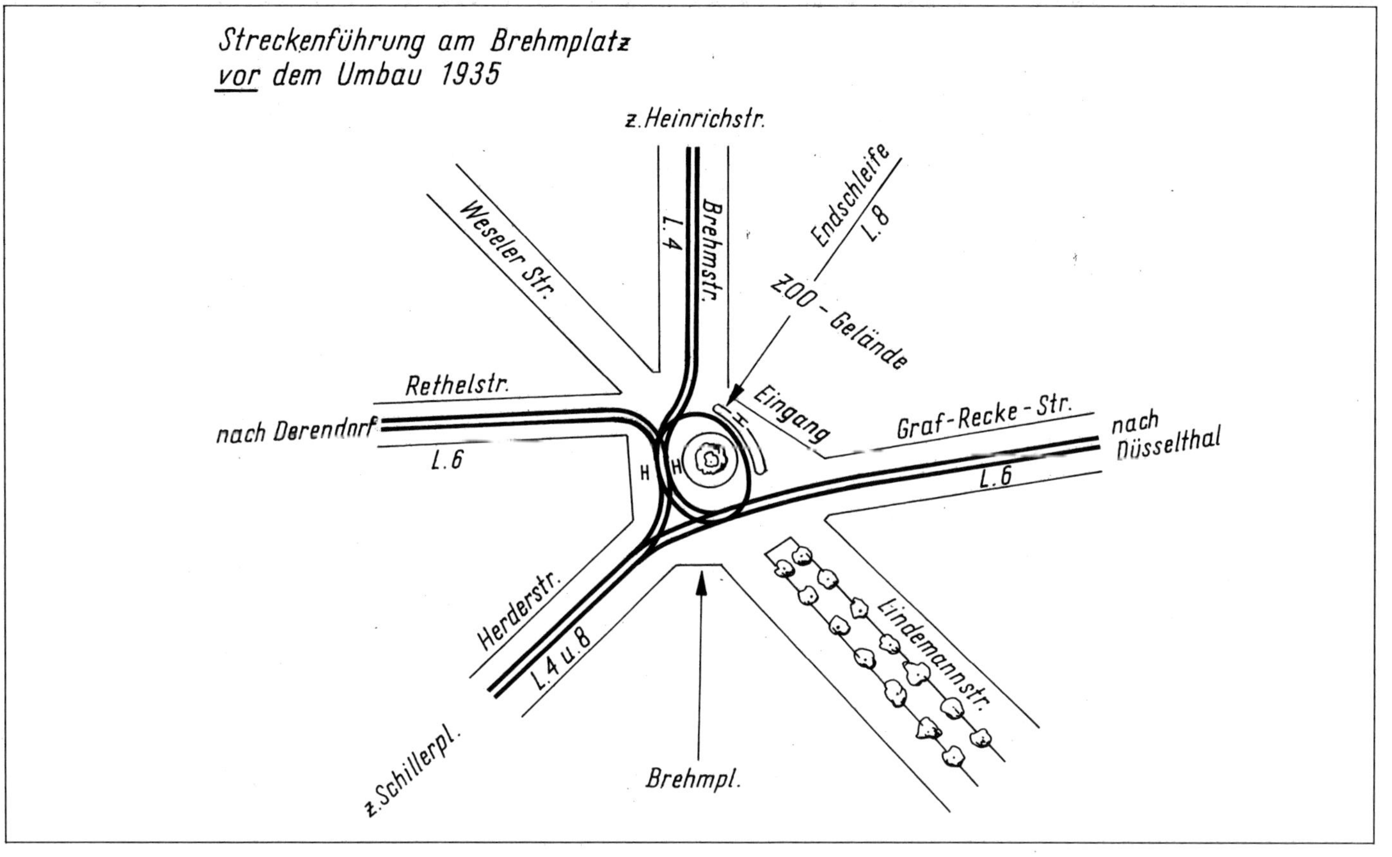

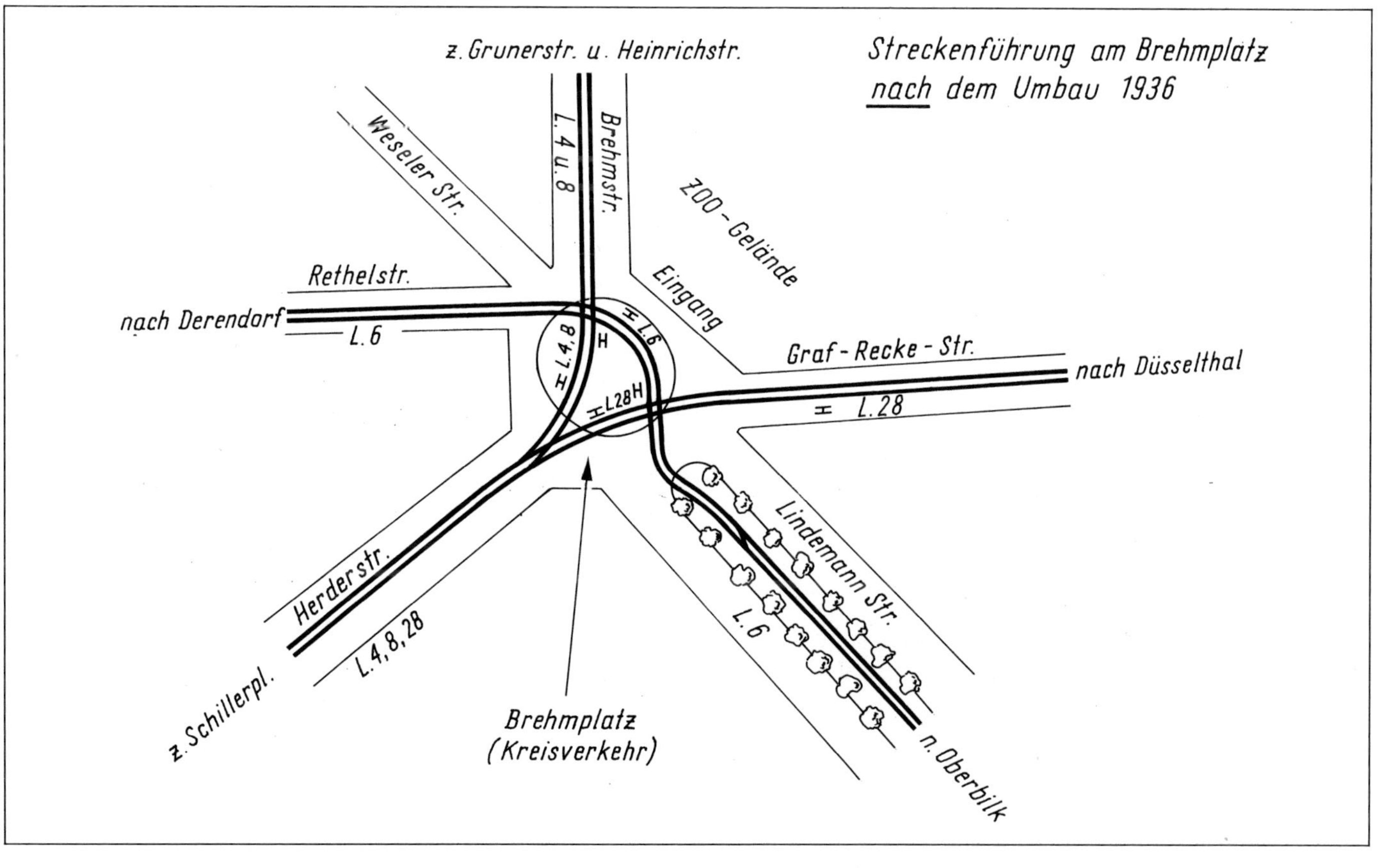

Auf ihrem weiteren Weg passierte die Linie 6 den Oberbilker Markt (oben), bis sie auf der Kruppstraße anlangte, wo die untere Aufnahme kurz vor der Endstelle bei der Eisenbahn-Unterführung entstand.

Die Rheinbahn geht in städtischen Besitz über

Bisher hielt die Stadt Düsseldorf etwa 50 % der Rheinbahn-Aktien in Händen. Mitte Dezember 1936 übernahm die Stadtverwaltung auf Beschluß der Düsseldorfer Stadtverordneten auch den Rest der Rheinbahn-Aktien. Vorher wurde der 1922 geschlossene Pachtvertrag gelöst. Damit wurde die Rheinische Bahngesellschaft A.-G. praktisch ein städtisches Unternehmen, obwohl sie weiter als Aktiengesellschaft geführt wurde.
Der Aufsichtsrat wurde von den Stadtoberen gestellt. Was nicht zum eigentlichen Bahnbetrieb gehörte, gliederte man aus und übergab es städtischen Ämtern: die Grundstücke, den Hausbesitz (außer Werkswohnungen), die Oberkasseler Rheinbrücke, die Anteile an der Südbrücke. Das Elektrizitätswerk Oberkassel ging an die Stadtwerke. Bisher mußten die Oberkasseler ihre Stromrechnungen bei der Rheinbahn begleichen. Mit dieser Umwandlung wurde der Rheinbahn aber das „Fettpolster" für eventuelle Notzeiten genommen.
Aufgrund des neuen Aktiengesetzes aus dem Jahre 1934 erhielten die Straßenbahnwagen Mitte der dreißiger Jahre die Eigentums-Bezeichnung: „Rheinische Bahngesellschaft AG".
Für die Rheinbahn-Verwaltung wurde das Bürohaus Am Wehrhahn 34–36 allmählich zu klein. Am 1. Juli 1939 zog die Rheinbahn in das neu erworbene Ludwig-Loewe Haus am Hauptbahnhof um.
1939 verkaufte die Rheinbahn nach Rostock sechs Beiwagen aus der Baureihe 1190–1200, Baujahr 1914. In Rostock bekamen sie die Wagennummern 50–55.
Mitte der dreißiger Jahre verstärkte sich der Autoverkehr in den Straßen, ein Zeichen der verbesserten Wirtschaftslage. Auch wurde in jenen Jahren von der damaligen Staatsführung großsprecherisch verkündet, daß „künftig in Deutschland jeder Arbeiter sein Auto haben sollte". Einige machten sich über den kommenden Verkehr auf Düsseldorfs Straßen bereits Gedanken, und so kursierte seinerzeit u. a. folgender Witz: „Wenn jeder Arbeiter sein Auto hat, dann verkehren in Düsseldorf nur noch drei Straßenbahn-Linien: die Linie 1 zu den Krankenanstalten, die Linie 2 zum Friedhof und die Linie 3 zur Irrenanstalt (Auf der Hardt)."
Die Vorderplattform eines Triebwagens der Linie 3 war mal ziemlich voll. Der Fahrer wollte, daß einige Fahrgäste ins Wageninnere gingen. Aber es rührte sich kaum jemand. Da meinte der Fahrer verschmitzt: „. . . ich weiß, was Ihr wollt. Ihr wollt alle nur geschlossen hinter dem Führer stehen . . ."
Alles lachte.

Bau der neuen Kaiserswerther Straße

Die Trasse der früheren Kaiserswerther Straße zwischen Uerdinger Straße und heutigem Freiligrathplatz ist seit den fünfziger Jahren infolge Gelände-Bebauung nicht mehr genau zu ermitteln. Sie lag bis 1936 etwa im Zuge der heutigen Friedrich-Lau-Straße und der Amsterdamer Straße, zum Teil erkennbar an den alten Baumreihen östlich und westlich der jetzigen breiten Straße. Die Strecke der Linie 10 auf der alten und schmalen Straße stammte bekanntlich noch aus der Zeit der Düsseldorf-Duisburger Kleinbahn.
Auf der Amsterdamer Straße zwischen Stockumer Kirchstraße und Beckbuschstraße lag ein Gleis am Straßenrand, das zweite Gleis wurde nach der Stadion-Eröffnung östlich der Baumreihe am Feldrand angelegt. In den dreißiger Jahren verkehrte die 10 weiterhin nur alle 20 Minuten zum Rheinstadion. Die Zwischenzüge wendeten über Gleiswechsel an der Stockumer Kirchstraße.
Als die Stadt Düsseldorf 1934 eine neue Ausstellung in Golzheim mit neuen Grünanlagen und Siedlungen plante, wollte man als Zubringer eine breite repräsentative Straße errichten, die den verstärkten Verkehr bewältigen konnte. Gleichzeitig sollte die Gegend um das Schlageter-Denkmal in diese Neugestaltung einbezogen werden. Dabei mußte aber die seit 1926 bestehende Schnellbahnstrecke, die an diesem Denkmal vorbeiführte, ihren Platz räumen.
So kam es in den Jahren 1935–36 zum Bau der neuen, breitangelegten Kaiserswerther Straße mit viergleisigem Bahnkörper, Autostraßen und Fußgängerwegen, die ursprünglich je zwei Baumreihen hatten. Damals entstanden auch der Reeser Platz mit dem 39er Denkmal (daher auch der seinerzeitige Name: 39er Platz), die Golzheimer Siedlung und der Freiligrathplatz (damals Richthofenplatz). Die Straßenbahn bekam anstelle der weggefallenen Schleife Uerdinger Straße eine neue Doppelgleisschleife am Reeser Platz. Die neue viergleisige Strecke wurde am 10. Juni 1936 in Betrieb genommen. Vorher gab es wegen der Bauarbeiten auf der 10 eine Linien-Unterbrechung vom 18. Mai bis zum 9. Juni, und zwar von der Uerdinger Straße bis Stadion.
Auf dem östlichen Gleispaar verkehrten die Linien D und 11, auf dem westlichen die Linie 10 und fallweise die E-Züge zum Rheinstadion. Am Freiligrathplatz spaltete sich die Viergleisstrecke, links ging es zum Rheinstadion, geradeaus nach Lohausen und Kaiserswerth, wie heute noch. Unterwegs wurden folgende Haltestellen eingerichtet: Reeser Platz, Nordpark, Stockumer Kirchstraße, Freiligrathplatz Die Fernlinie D. hielt nur an der Stockumer Kirchstraße.
Die Linie 20 bekam ab 22. Februar 1937 ihren neuen Endpunkt am Reeser Platz, seinerzeit mit Zielschildern: „Schlageterstadt", wie Golzheim 1936 umgetauft wurde. Die Zwischenzüge der 10 beim 20-Minuten-Betrieb zum Stadion wendeten in einer neuen Gleisschleife am Freiligrathplatz. Die Strecke nach Kaiserswerth erreichte nördlich des Freiligrathplatzes wieder die Schnellbahntrasse aus dem Jahre 1926. Die nur 10 Jahre benutzte Strecke zwischen Uerdinger Straße und Lohausen wurde 1937 abgetragen.
An der Stockumer Kirchstraße baute man weiterhin einen doppelgleisigen Abzweig von dem Gleispaar der Linie 10 in Richtung der früheren „Stockumer Höfe" ein. Dort entstand später der Vergnügungspark der neuen Ausstellung. Die abzweigende Strecke endete an dieser Stelle in einer lang ausgezogenen Schleife, ebenfalls mit Abstellgleis. Das Streckenstück war am 18. April 1937 betriebsfertig.

Die Niederflurwagen

Die Rheinbahn plante Mitte der dreißiger Jahre die Anschaffung neuer Straßenbahnwagen. Jetzt sollten Stahlaufbauten mit Doppelschiebetüren an den Plattformen dem Düsseldorfer Straßenbahnbild ein neues Gesicht geben. Solche Wagen waren in den letzten Jahren bereits von anderen Verkehrsgesellschaften beschafft worden, z. B. in Essen im Jahre 1928. Der Düsseldorfer 800er und 900er Typ, Baujahr 1928–29, wurde also nicht weitergebaut, er war technisch schon überholt. Gleichzeitig dachte man an niedriggehaltene Wagenböden, wie bei der Neusser Straßenbahn. So entstanden bei der Düsseldorfer Waggonfabrik in den Jahren 1935 und 1936 zwei Prototypen, die verschiedenen Erprobungen dienen sollten. Die zwei Versuchswagen bekamen die Baujahre als Wagennummer, ein Gag, wie man heute sagen würde.
1935 wurde ein Zweiachs-Triebwagen mit einer Länge von 10,6 m und einem Eigengewicht von 12,5 t angeliefert, leichter als die früheren Typen. Er hatte einen Ganzstahl-Aufbau mit Doppelschiebetüren, einen niedrigen Wagenboden ohne Trittstufen und somit kleinere Räder als bisher. Er war mit den üblichen Tatzlagerantrieben ausgerüstet. Die Stirnfronten waren eckig mit einer breiten Front- und zwei schmalen Seitenscheiben. Über der Frontscheibe befand sich ein Kasten mit Zielrollband, seitlich hatte der Wagen vier Fenster, außerdem ein leicht gewölbtes Dach mit Lüftungsschlitzen. Die Rammbohlen mit Puffer lagen oberhalb des Wagenbodens.
Da auf dem Wagendach noch keine Linienhaube angebracht

Wagen 925 mit einem Sechs-Fenster-Beiwagen als Linie 16 auf dem Weg zum Hauptbahnhof (1936) an der Haltestelle Corneliusplatz, die längst der Vergangenheit angehört.

war, mußten angeschweißte Flachstücke die üblichen Emaille-Nummernschilder tragen. Gekuppelt mit den bisherigen Beiwagentypen wirkte der neue Triebwagen ausgesprochen niedrig.
Zuerst wurde er auf der Rundlinie 16 eingesetzt. Dort erbrachte er aber nicht die erhofften Leistungen, die kleinen Räder drehten beim Anfahren mit zwei vollbesetzten 800er Beiwagen, Baujahr 1929, oft durch, auch in den Kurven. Vielleicht lag es auch am niedrigen Eigengewicht. Er wurde dann auf anderen Linien eingesetzt. Die Steigungsstrecke zur Hardt (Linie 3) traute man ihm nicht zu. Später fuhr er fast ausschließlich auf der Rundlinie 6, wo er in der Hauptverkehrszeit nur einen Beiwagen der 600er Reihe zu ziehen brauchte.
Anfang der fünfziger Jahre erhielt er Liniendachhauben. Er fuhr in diesen Jahren hauptsächlich auf den Linien 2 und 11. 1966 verschrottete man ihn.
1936 folgte der zweite Prototyp. Gegenüber seinem Vorgänger hatte der Triebwagen Nr. 1936 als Neuerung Kardanwellen-Antrieb, zwei Motoren von je 52 kWh und elektrisch schließende Teleskopschiebetüren, die sich zur Wagenmitte hin zusammenschoben. Durch die automatische Schließung der Außentüren konnten die Zwischentüren von der Plattform zum Wagenabteil nun entfallen. Die Räder waren größer, der Wagenboden lag in Rammbohlenhöhe. Eine Trittstufe war jetzt nötig. Die Wagenlänge betrug 10,4 m, das Eigengewicht etwa 11,3 t, also noch etwas niedriger als beim vorhergehenden Typ. Das Wagendach lag höher, die Stirnfront wai ein wenig anders gestaltet, sonst sah er aus wie der Wagen Nr. 1935.
Nach verschiedenen Versuchsfahrten setzte man ihn, wie seinen Vorgänger, fast ausschließlich auf der Linie 6 ein. 1943 ging er durch Kriegseinwirkung verloren.
Im Jahre 1936 unternahm die Rheinbahn Versuche mit Liniennummern-Hauben. Der Triebwagen Nr. 954, Baujahr 1928, erhielt vorn auf dem Wagendach anstelle des Linien- und Zielschildes einen eckigen Kasten, der eine Rolle mit allen Linienziffern enthielt und bei Dunkelheit von innen beleuchtet wurde. Der Fahrer konnte jetzt innen unter dem Wagendach mittels einer kleinen Kurbel die gewünschte Liniennummer einstellen.
Man sah den Triebwagen Nr. 954 mit seinem neuen Nummernkasten auf den Linien 1, 16 und 17. Vom Zugende aus gesehen, war die Liniennummer auf dem Dach des Triebwagens aber nicht mehr sichtbar, wie bei den Emaille-Linienschildern gewohnt. Am 30. Januar 1937 erlitt der Triebwagen Nr. 954 auf der Linie 1 einen schweren Unfall. Bei der Beseitigung der Unfallschäden wurde die Liniennummern-Haube wieder abgebaut, und er bekam wieder das übliche „Antlitz“.
Nach ihren Versuchen mit den beiden Prototypen bestellte die Rheinbahn bei der DÜWAG je 20 Trieb- und Beiwagen, die im April 1937 rechtzeitig vor der Eröffnung der Ausstellung „Schaffendes Volk“ angeliefert wurden. Diese neuen Niederflurwagen, auch Typ Düsseldorf genannt, waren ebenfalls Ganzstahl-Konstruktionen mit breiten Plattformen und Doppelschiebetüren, die aber von Hand betätigt wurden. Dazu waren im Inneren wieder Abteiltüren nötig.
Die Wagen hatten normalgroße Räder, Tatzlagermotoren wie früher und einen höheren Wagenboden, der über eine Trittstufe erreicht wurde. Der Wagenkasten war mit den bis-

Im April 1937 kamen die ersten Niederflur-Triebwagen und machten ihre Probefahrten; ein solcher Zug steht hier in der Adersstraße, die sonst linienmäßig nicht befahren wurde.

So sah das Innere eines Niederflur-Triebwagens aus.

Wie immer: Neue Wagen kamen zuerst auf die Linie 1. Nachdem die neuen Niederflurwagen von den Ausstellungslinien abgezogen waren, verkehrten sie zwischen Benrath und Rath. Tw 263 mit einem Beiwagen auf der Königsallee/Ecke Steinstraße.

Die Linien 1 und 20 befahren hintereinander 1938 die Königsallee. Eifrige Polizisten schrieben auch damals schon fleißig Protokolle.

herigen Typen der „zweiten Generation" gleich hoch. Die Aufteilung der Stirnfronten und die Anzahl der Seitenfenster entsprachen den Versuchswagen. Die Wagen hatten 22 Sitz- und 66 Stehplätze und natürlich Scherenstromabnehmer. Sie waren 10,6 m lang und 12,1 t schwer. Die motorische Leistung wurde erhöht auf etwa 65–75 kWh, erreichbare Höchstgeschwindigkeit 60–65 km/h. Die Wagendächer waren leicht gewölbt mit Lüftungsschlitzen.
Die 20 Beiwagen waren etwas länger, und zwar 10,7 m lang, Eigengewicht 9,9 t. Die Stirnfronten der Motor- und Beiwagen hatten unter dem Wagendachrand Kästen mit Zielrollbändern, die alle Endstellen und möglichen Zwischen-Endstellen der einzelnen Linien enthielten. Rechts und links des beleuchtbaren Kastens befanden sich Lüftungsraster. Die Triebwagen besaßen auf den Stirndächern die beim Triebwagen Nr. 954 erprobten Liniennummern-Hauben. Die Rollbänder zeigten alle Linienziffern von 1 bis 30, außerdem die Buchstaben A rot, A schwarz, S, E, D, B und H. Die Ziel- als auch die Linienbänder waren farbig, jede Liniengruppe sollte eine bestimmte Farbe erhalten. Aber nach dem Kriege waren alle Bänder einheitlich weißgrundig.
Die neuen Niederflurwagen bekamen folgende Wagennummern: Triebwagen Nr. 250–269, Beiwagen Nr. 300–319. Sie wurden bei der Eröffnung der Ausstellung Anfang Mai als Ausstellungslinien eingesetzt.
Im September 1937 setzte man die neuen Wagen auf den Linien 1 und 11 ein. Die 1, die ab 3. Oktober 1937 eine geänderte Linienführung von Rath bis Benrath erhielt, wurde zur Gänze mit den neuen Niederflurwagen ausgerüstet, bei der 11 reichte es nur für einige Kurse. Die restlichen Züge der 11 fuhren, wie schon seit Mai 1937, mit den Sechsfensterwagen, Baujahr 1928–29. Auch die Mitteleinstiegs-Beiwagen Nr. 241/242 waren weiterhin im Zugverband der 900er und 800er Wagen zu sehen.
Die Linie 1 ließ man bis 1939 typenrein fahren, also mit Trieb- und einem Beiwagen des neuen Niederflurtyps. Für eine Doppelbehängung reichten die Wagen nicht. Da ein solcher Zug in der Hauptverkehrszeit den Fahrgastandrang nicht bewältigen konnte, fuhr vor jedem Planzug zwei Minuten früher zwischen Rath/Bahnhof und Wersten/Schleife Burscheider Straße ein E-Zug mit Trieb- und einem Beiwagen. Für die E-Züge wurden die 400er Triebwagen (Nr. 412–424) und 600er Beiwagen herangezogen. Die 1 hatte nun folgenden Linienweg: Rath/Bahnhof – Derendorf – Nordstraße – Corneliusplatz – Königsallee – Graf-Adolf-Platz – Bilk/Bahnhof – Karolingerplatz – Witzelstraße – Stoffeln – Wersten – Holthausen – Benrath/Betriebshof. Dazu benötigte man 13 Kurse.
Mit den Trieb- und Beiwagen, Baujahr 1928–29, die bisher auf der Linie 1 verkehrten, wurden nun andere Linien ausgerüstet. Die Linie 12 erhielt die Triebwagen Nr. 938–946 und die Beiwagen Nr. 831–839. In der Hauptverkehrszeit wurden als zweite Beiwagen 700er Wagen angehängt. Die bis dahin auf der 12 eingesetzten Triebwagen Nr. 1121–1125 verblieben im Grafenberger Depot als E-Wagen, die Wagen Nr. 1130, 1157–1163 bekam der Betriebshof Münsterstraße. Die Linie 11 führte, wie bereits erwähnt, noch einige Kurse mit 900er und 800er Wagen. Die 21 fuhr jetzt mit Sechsfensterwagen, Baujahr 1928, und die Linie 7 bekam auch einige Triebwagen des gleichen Typs zugewiesen. Die auf der Linie 11 im Mai 1937 fveigewordenen Triebwagen Nr. 1151–1156 verblieben ebenfalls im Derendorfer Betriebshof.
Ende der dreißiger Jahre wurden die letzten 100er und 200er Triebwagen, Baujahr 1900–02, aus dem aktiven Dienst genommen. Sie wurden jetzt nur noch als Arbeitswagen gebraucht. Im Liniendienst wurden sie in den vergangenen Jahren nur in Notfällen eingesetzt, z. B. auf der Linie 12. Wenn beim starken Sonntagsverkehr einige Motorwagen der 1100er Reihe ausfielen, so mußte ein Triebwagen der Reihe 206–211 zwei 700er Beiwagen vollbesetzt über die Strecke ziehen.
Im E-Dienst sah man die 100er Wagen bis 1938 noch oft, z. B. als E-Züge auf der Strecke nach Eller, auch bei Stadion-Einsätzen, oder wenn Schulklassen bei Flughafen-Besichtigungen oder sonstigen Veranstaltungen zu transportieren waren.
1938 hieß es, auch von den Sommer-Beiwagen Abschied zu nehmen, sie wurden in diesem Jahr zum letzten Mal eingesetzt und anschließend verschrottet. Der letzte Sommereinsatz erfolgte auf den Linien 21 und 24. Ebenfalls im Jahre 1938 bestellte die Rheinbahn bei der DÜWAG weitere 80 Trieb- und 20 Beiwagen des Typs Düsseldorf, nachdem die 1937 angeschafften Wagen die an sie gestellten Bedingungen erfüllt hatten. Die neuen Niederflurwagen, die man zusammen mit den nach dem Kriege gebauten Stahlwagen des Verbandstyps als „dritte Wagen-Generation" bezeichnen könnte, sollten nach und nach die 400er Triebwagen ablösen.
Aus kriegsbedingten Gründen wurden von den geplanten 100 Triebwagen später aber nur 62 Stück fertiggestellt. Die nachbestellten 20 Beiwagen kamen alle zur Ausführung. 17 neue Triebwagen, Nr. 270–286, konnte man 1941 in Betrieb nehmen, 1942 die Motorwagen Nr. 287–296. Sie mußten zu dieser Zeit schon einen Teil der bereits entstandenen Kriegsverluste ersetzen. 1943 folgten als letzte Lieferung 15 Triebwagen mit den Nummern 350–364. Da die 200er Serie erschöpft war, ging die Rheinbahn mit den neuen Triebwagen in die 350er Reihe, die Nummern 300–339 wurden durch Beiwagen belegt.
Auch 12 neue Niederflur-Beiwagen, Nr. 320–331, wurden 1941 in Dienst gestellt. Zwei Jahre später, 1943, lieferte die DÜWAG die letzten 8 Beiwagen, Nr. 332–339, aus. Davon gingen die Beiwagen Nr. 332–335 im Betriebshof bei einem Luftangriff am 3. November gleich wieder verloren, noch bevor sie im Verkehr eingesetzt worden waren.
Die Niederflur-Triebwagen wurden in den Kriegsjahren auf den Linien 1, 11, 16/26, 17 und 18 eingesetzt, die Niederflur-Beiwagen auf den Linien 1, 11 und 16/26. Die Wagen des Typs Düsseldorf wurden in jenen Jahren auch mit Wagen der übrigen Typen im Zugverband gefahren, zumal meistens Drei-Wagen-Züge verkehrten. Auf der Linie D kam gelegentlich ein Niederflur-Drei-Wagen-Zug zum Einsatz, wenn einige Vierachs-Triebwagen Nr. 17–21, wegen Defekten nicht fahrbereit waren. Auf der Fernstrecke nach Duisburg sah man also schon damals diesen Wagentyp fahren. Nur auf den Fernlinien nach Krefeld und Moers konnte man in den Kriegsjahren Niederflurwagen nicht beobachten.

Die Ausstellung „Schaffendes Volk" 1937

Düsseldorf hatte von Mai bis Oktober 1937 wiederum eine große Ausstellung in seinen Mauern, die an Größe den vorausgegangenen Ausstellungen der Jahre 1902 und 1926 ebenbürtig war. Sie wurde aber nicht mehr auf dem jetzigen Rheinpark-Gelände errichtet, sondern auf einem neuen Areal zwischen Golzheim und Stockum, westlich der neuen Kaiserswerther Straße bis zum Rheinufer in Höhe der Schnellenburg.
Gezeigt wurden wiederum Industrie-Produkte aller Art, neueste Forschungsergebnisse, Verkehrsmittel, außerdem neue Wohnsiedlungsformen und Gartenanlagen. Der Haupteingang der Ausstellung lag an der neuen Kaiserswerther Straße an der heutigen Haltestelle „Nordpark". Auch jetzt erlebte Düsseldorf einen großen Besucherandrang.
Die Rheinbahn stellte 1937 in den Hallen keine neuen Wagen aus, ihr neuestes Rollmaterial präsentierte sie auf den Ausstellungslinien. Die Ausstellung „Schaffendes Volk" besaß ebenfalls eine dampfbetriebene Liliputbahn mit Miniaturloks, die der Reichsbahnbaureihe 01 sehr ähnlich sahen. Der

Lokführer saß wiederum auf dem Schlepptender. Die Liliputbahn durchfuhr alle Ausstellungsbereiche, Betriebsführer war wieder die Rheinbahn. Am nördlichen Ende des Geländes errichtete man einen dreiständigen Lokschuppen, sowie eine langgestreckte Wagenhalle.

Zur Bewältigung des Besucherverkehrs wurden zwei Ausstellungslinien eingerichtet:

Linie schwarzes A: Hauptbahnhof – Friedrich-Ebert-Straße – Tonhalle – Duisburger Straße – Kaiserswerther Straße – Schleife Stockumer Kirchstraße neben dem Vergnügungspark,

Linie rotes A: Graf-Adolf-Platz – Ratinger Tor – Kaiserstraße – Kaiserswerther Straße – Schleife Reeser Platz.

Die Ausstellungslinien fuhren bis September 1937 mit den neuen Niederflurwagen als Zwei-Wagen-Züge (Trieb- und Beiwagen). Die Linie „schwarzes A" wurde stärker benutzt als ihre „rote Schwester". Vom Hauptbahnhof bis zur Schleife Stockumer Kirchstraße mußten oft zusätzlich E-Züge gefahren werden, die aus allen Wagentypen gebildet wurden.

Im September 1937 verteilte man die neuen Wagen auf die Linien 1 und 11. Die Linien schwarzes und rotes A verkehrten in den letzten Ausstellungswochen mit 500er und 900er Trieb- und entsprechenden Beiwagen. Die aus Blech gefertigten Dach-Linienschilder zeigten ein rotes oder schwarzes „A" auf weißem Grund.

Neben der Linie schwarzes A war die Linie 11 maßgeblich am Ausstellungsverkehr aus Richtung Hauptbahnhof beteiligt. Deshalb wurde sie im Mai 1937 auf 10-Minuten-Abstand verdichtet und mit Trieb- und Beiwagen der Baujahre 1928–29 ausgerüstet. Sie fuhr von Mai bis Oktober meistens mit Drei-Wagen-Zügen.

Die Fernlinien in den dreißiger Jahren

Auf den Fernlinien der Rheinbahn nach Krefeld, Moers und Duisburg änderte sich in den dreißiger Jahren nur wenig.

1934 wurde der Bahnhof Meererbusch viergleisig angelegt. Kurz vor der Station trennten sich vom rechten Gleis (von Büderich gesehen) zwei Abzweige, welche die Bahnsteiggleise der Linie C bildeten. Auf dem linken Gleispaar hielt nach wie vor die Fernlinie A. In Richtung Strümp führten die beiden Bahnhofsgleise der C zu einer eingleisigen Strecke, die parallel zu den beiden Gleisen der A lief. Am Bahnübergang der heutigen B 222 trennten sich die Moerser und die Krefelder Strecken. In umgekehrter Richtung, also nach Büderich, fuhr die C nach Passieren der zwei Weichen über einen Gleiswechsel ins rechte Streckengleis, ins Gleis der A aus Richtung Krefeld. Die Weichen und Signale wurden vom Stationsgebäude in Meererbusch bedient. Am Bahnhof Meererbusch war normalerweise keine Zugkreuzung der Linie C, nur wenn durch Verspätung die Zugkreuzung in Lank verpaßt wurde, fuhren die beiden Wagen der C in Meererbusch aneinander vorbei.

Bekanntlich verkehrte die Fernlinie C zwischen Düsseldorf und Moers damals nur stündlich, lediglich in der Hauptverkehrszeit gab es ein paar Zwischenkurse bis Uerdingen. Man dachte aber daran, auch die C halbstündlich fahren zu lassen. Deshalb wurden 1936 auf der Moerser Strecke Ausweichen zusätzlich angelegt und auch bestehende Ausweichen verlängert, so in Strümp, Stratum, Uerdingen und Trompet. Zwischen Meererbusch und Strümp lag das Gleis zunächst am rechten Straßenrand, kurz vor Strümp wechselte es auf die linke Straßenseite. Diese Lage behielt es bis Moers bei. Der Seitenwechsel wurde durch Warn- und Blinklichter gesichert. Damals wurde in Uerdingen von der Haltestelle Römer bis Uerdingen/Obertor etwa 2 Kilometer lang eine neue Doppelgleisstrecke in Straßenmitte verlegt. Ende der dreißiger Jahre verkehrte die C mit den Kursen bis Moers in der Hauptverkehrszeit mit einem Beiwagen der 1040er Reihe. Die Trieb- und Beiwagen der Ursprungsserien, Baujahr 1898–1902, blieben auf der Fernlinie C im Einsatz.

Mitte der dreißiger Jahre verbesserte die Rheinbahn auf der Krefelder Strecke verschiedene Bahnhofsanlagen, so in Fischeln, Osterath, Büderich und Lörick. Auch wurden neue Gleiswechsel eingebaut. Büderich z. B. nahm sein umgebautes Bahnhofsgebäude mit Bahnsteigen am 13. Februar 1936 wieder in Betrieb.

Im Jahre 1936 wurde die Höchstgeschwindigkeit auf der Strecke der Fernlinie A von zuletzt 60 auf 80–90 km/h heraufgesetzt. Ob sie überhaupt gefahren werden konnte, dürfte aufgrund des damaligen Wagenmaterials zweifelhaft sein. Die Geschwindigkeit auf der Fernlinie C beließ man bei 35 km/h, schon im Hinblick auf die Gleisseitenlage, wenn die eingleisige Strecke gegenläufig befahren wurde.

Am 11. April 1937 änderte die Rheinbahn die Linien-Bezeichnungen der Krefelder und Moerser Linien, die Fernlinie A wurde zur K, die Linie C zur M. Man nahm also die Anfangsbuchstaben der Zielorte als Linien-Kennzeichnung.

1935 erhielt die Fernlinie D in Duisburg eine neue Endstelle. Nach dem Umbau des Duisburger Hauptbahnhofes entstand vor dem Empfangsgebäude eine tiefgelegte Gleisstraße. Die D bog nun vor dem Hauptbahnhof rechts ab und fuhr auf dem neuen Bahnkörper zur Tunnelstation unter dem Bahnhofs-Vorplatz. Der Hauptbahnhofseingang wurde über Treppen erreicht. Südlich der Haltestelle „Duisburg-Hbf." baute man für die Linien D und 8 (nach Hüttenheim) an der Güntherstraße eine neue Doppelgleisschleife. Heute verläuft auf dieser ehemaligen Bahntrasse die Duisburger Nord-Süd-Stadtautobahn.

1936 wollte man auch auf der Duisburger Strecke den Speisewagenbetrieb einrichten. Einige Monate lang setzte man auf der Fernlinie D einen Speisewagen der K zur Probe ein, nachdem die Kupplung entsprechend geändert wurde. Verwirklicht wurde der Speisewagenbetrieb auf der Duisburger Strecke aber erst in den fünfziger Jahren. In den dreißiger Jahren ließ die Duisburger Straßenbahn gelegentlich einen ihrer beiden Harkort-Gelenk-Triebwagen Nr. 76 und 77 (Sechsachser mit Jakobs-Drehgestellen) auf der Fernlinie D als Verstärkungszug fahren. Es handelte sich bei diesen Wagen um die ersten in Deutschland eingesetzten Gelenkwagen, wenn man von Versuchswagen in anderen Städten, die aus älteren Zweiachsern zusammengebaut wurden, absieht. Die 1928 gebauten Sechsachs-Gelenkwagen, die an beiden Wagenenden Fahrpulte hatten, ähnelten in ihrem Aufbau und den Stirnfronten sehr den 1926 beschafften Schnellbahnwagen. Damals, in den dreißiger Jahren, war ein Gelenkwagen für Düsseldorf etwas Neues.

Am 1. Mai 1938 wurde die Düsseldorf-Duisburger Kleinbahn-Gesellschaft von der Rheinbahn und der Duisburger Straßenbahn je zur Hälfte übernommen. Das Anlagekapital wurde somit aufgeteilt. Die Eigentumsbezeichnungen an den Wagenseiten der Schnellbahnwagen änderten sich entsprechend. Die Wagen wurden wie folgt aufgeteilt: Die Duisburger Straßenbahn bekam die Triebwagen Nr. 12–16 und die Beiwagen Nr. 55–58, die Rheinbahn die Triebwagen Nr. 17–21 und die Beiwagen Nr. 59–62. Das Heimat-Depot der Rheinbahn-Wagen blieb der Betriebshof Handweiser.

Was durch den beginnenden Zweiten Weltkrieg nicht verwirklicht wurde, war die Beschaffung neuer vierachsiger Wagen für die Fernlinie K. Alle Pläne waren erstellt, auch die Motoren mit der elektrischen Ausrüstung waren bereits beschafft. Der konzipierte neue Wagentyp wies sehr große Ähnlichkeit mit dem 1937 gebauten Niederflurwagen auf, insbesondere der Wagenaufbau mit den Stirnfronten. Er sollte zwei Drehgestelle haben und 14,7 m lang sein mit Doppelschiebetüren an den Plattformen. Die Konstruktionszeichnungen sahen an jeder Wagenseite sieben Fenster vor. Die Triebwagen wurden aber nie gebaut. Erst 1953 erhielt die Fernlinie K neues Wagenmaterial.

Das Benrather Netz in den dreißiger und vierziger Jahren

Mitte der dreißiger Jahre wurde die Zugfolge der beiden Linien nach Ohligs und Vohwinkel auf 20-Minuten-Abstand verdichtet. Zwischen Benrath/Paulistraße und Hilden/Gabelung entstand somit ein 10-Minuten-Verkehr. Die Rheinbahn gab den Meterspurlinien in diesen Jahren Buchstaben-Kennzeichnungen:

Linie O: Benrath – Hilden – Ohligs,
Linie V: Benrath – Hilden – Haan – Vohwinkel.

Folgende Haltestellen wurden seinerzeit angefahren:

Linie O: Benrath/Paulistraße, Bahnhof Benrath, Betriebshof, Brockenstraße, Haus Tellering, Haus Horst, Lackfabrik, Verzinkerei, Hilden/Bahnhof, Benrather Straße/Gressardplatz, Post, Hilden/Gabelung, Krankenhaus, Grünstraße, Heidekrug, Hagen, Zum Sandberg, Trotzhilden, Maubeshauser Straße, Schlachthof, Broßhaus, Am Heiligenstock, Ohligs/Markt, Ohligs/Bahnhof

Linie V: Bis Hilden wie Linie O, Hilden/Gabelung, Autobahn, Waldschenke, Ja-Berg, Kesselsweier, Haan/Gaswerk, Schwarz & Sohn, Am Schlagbaum, Haan/Bahnhof, Arbeitsamt, Windhövel, Haan/Markt, Rathaus, Friedhof, Nordstraße, Jung & Simon, Haan/Thienhaus, Gräfrather Straße, Wibbelrath, Krickhaus, Hammerwerk, Kinderbusch, Betriebshof, Vohwinkel/Corneliusstraße, Vohwinkel/Schwebebahnhof.

Beim Umsetzen an der Endstelle in Vohwinkel benutzte die Linie V über Gleiswechsel das Schleifengleis der Solinger Straßenbahnlinie 3 (Vohwinkel – Gräfrath – Solingen – Krahenhöhe – Burg) mit. Das Gleis der Solinger Linie 3 lag zwischen Gräfrather und Rubensstraße

Die 14 neuen Vierachs-Triebwagen Nr. 106–119 übernahmen ab 1936 alle Kurse der Linien O und V, einige fuhren in der Hauptverkehrszeit auch als E-Wagen solo. Die Zweiachs-Triebwagen Nr. 120–126, Baujahr 1914, wurden nur noch als E-Wagen oder als E-Züge mit einem Beiwagen eingesetzt. E-Züge gab es morgens in der Hauptverkehrszeit zwischen Haan/Markt und Benrath, auch zwischen Benrath und Ohligs.

Die Linie V fuhr durchweg mit einem Beiwagen, die O in den verkehrsstarken Stunden mit zwei Beiwagen der Reihe 1081–1093. Von diesen 13 umgespurten Zweiachs-Beiwagen waren also täglich 10 Stück im Einsatz.

Die noch vorhandenen bergischen Vierachs-Triebwagen wurden in den Jahren 1937–38 verschrottet, während die aus dem linksrheinischen Netz stammenden Zweiachs-Triebwagen Nr. 1129, 1131–33 zu Arbeitswagen umgebaut wurden. Sie erhielten gleichzeitig einen grünen Anstrich.

An schönen Sommersonntagen hatte das Benrather Netz ab 1935 aufgrund des billigen Sonntagstarifs immer Großeinsatz. Der Ohligser und Hildener Wald, sowie die damals noch vorhandenen Heideflächen zogen viele Spaziergänger und Wanderer, namentlich aus Düsseldorf, an. Sonntagsabends ging es in Richtung Benrath zurück, auf den Perrons die Jugend- und Wandergruppen mit ihren Wimpeln, dazu mit Blumensträußen und Heidekraut, wenn die Heide Ende August blühte. An frohem Sang und Klang fehlte es auf den Straßenbahnen nicht. Die Linie O fuhr dann ganztägig mit zwei Beiwagen. Auf der Strecke der V zwischen Waldschenke (Hildener Wald) und Benrath wurden E-Wagen eingesetzt, meistens waren es die neuen Vierachser, die vor jedem Pianzug (Trieb- mit einem Beiwagen) der Linie V verkehrten.

Im Jahre 1940 wurde der Straßenzug zwischen Benrath/Rheinfähre und Urdenbacher Allee durch Wegnahme der Baumreihen verbreitert. Bisher lag das Doppel-Dreischienengleis der Straßenbahn an der südlichen Seite, jetzt wurde es in die Straßenmitte gerückt. Dabei baute man das

Am Betriebshof Benrath hielten in den dreißiger Jahren die Fernlinien O und V, die Lokallinie 18 und die Autobuslinie nach Solingen.

Auf der Fernlinie V nach Vohwinkel gab es idyllische Streckenabschnitte.

Triebwagen 111 der Rheinischen Bahngesellschaft, Düsseldorf

Im Jahre 1936 wurden die Meterspurwagen im Betriebshof Benrath mit Scheren-Stromabnehmern ausgerüstet.

Dreischienengleis für Normal- und Meterspur ab. Jetzt gab es zwischen Rheinfähre und Benrath/Paulistraße nur noch die Normalspur.
Bei Kriebsbeginn steigerte sich der Personenverkehr auch im Benrather Netz, die Fahrgastzahlen nahmen in den Jahren 1939–45 wesentlich zu. Aufgrund des Personalmangels mußte die Rheinbahn im Kriegswinter 1941–42 die Zugfolge der Linien O und V auf 30-Minuten-Betrieb zurückschrauben.
Die Kriegsjahre ließen auch den Benrather Wagenpark nicht ungeschoren. Drei der neuen Vierachs-Triebwagen gingen 1942 und 1943 durch Kriegseinwirkungen verloren, und zwar die Wagen Nr. 106, 111 und 113. Ein weiterer Vierachser, Nr. 108, mußte nach einem Kurzschlußbrand am 20. Januar 1940 an der Ohligser Endstelle ausgeschieden werden.
Als die Front sich im Frühjahr 1945 von Westen und Osten her der Gegend von Vohwinkel bis Benrath näherte, mußten die Benrather Linien ihren Betrieb einstellen, die Linie O am 1. März, die Linie V am 7. März 1945. Zuletzt fuhr die V noch zwischen Benrath und Haan.

Besitzwechsel und Strecken-Stillegungen bei der Mettmanner Straßenbahn

In den Krisenjahren 1931–32 sanken auch bei der Kreis Mettmanner Straßenbahn die Fahrgastzahlen. Die Strecke Auf der Hardt – Mettmann wurde 1932 von der Linie 1 meistens allein befahren.
Ab 1935 ging es aber wieder bergauf. Verschiedene Düsseldorfer Bürger hatten ihren Wohnsitz in die Randbezirke und Nachbargemeinden verlegt. Auch das Gebiet um den Gallberg wurde eifrig bebaut. Die Pendler wurden also mehr. Auch die neuerbauten Kasernen am Rotthäuser Weg und in Hubbelrath sorgten für größeres Verkehrsaufkommen. Von der Hardt bis Mettmann mußten die Linien jetzt Beiwagen mitführen, hauptsächlich in den verkehrsstarken Stunden.
Bekanntlich verstärkte sich Mitte der dreißiger Jahre der Autoverkehr, auch auf der Straße Düsseldorf – Mettmann – Wülfrath, damals Reichsstraße, heute Bundesstraße genannt. Die an den Straßenrändern fahrenden Bahnen wurden als Verkehrshindernisse bezeichnet. Man verlangte von der Mettmanner Straßenbahn die Umstellung auf Busbetrieb, gerade jetzt, als durch das verstärkte Verkehrsaufkommen der Bahnbetrieb lukrativer wurde. Das RWE hatte an der Aufrechterhaltung der von ihr gebauten Bahnen kein sonderliches Interesse mehr, da der Stromverbrauch in den letzten Jahren wesentlich von der Industrie und den Haushalten getragen wurde. Die Strommenge, die die Straßenbahnen verbrauchten, machte nur noch einen geringen Prozentsatz aus.
Noch bevor die Kreis Mettmanner Straßenbahn ihren Besitzer wechselte, stellte sie die Linien von der Hardt bis Mettmann ein. Die Rheinbahn errichtete an deren Stelle ab 10. Dezember 1936 einen Omnisbusbetrieb: Mettmann/Jubiläumsplatz – Hubbelrath – Auf der Hardt – Grafenberg – Uhlandstraße – Wehrhahn – Oststraße – Düsseldorf/Graf-Adolf-Platz. Die Buslinie erhielt die Ziffer 55. Jetzt war die Direktverbindung Düsseldorf – Mettmann hergestellt, aber leider ohne Straßenbahn, wie vor 10 Jahren noch geplant. Der Omnibus konnte seine Frequenz den Verkehrsgegebenheiten natürlich besser anpassen. Die Rheinbahn setzte in diesen Jahren Dreiachsbusse mit vorgebautem Kühler ein, drei Jahre später Zweiachsbusse mit Anhänger. Die Endstelle der Mettmanner Straßenbahnlinien 1 und 2 wurde auf den Betriebshof an der Bismarckstraße in Mettmann zurückgezogen.
Damals konnte man in den Düsseldorfer Tageszeitungen eine Verlautbarung der Rheinbahn lesen, wonach der Busbetrieb nach Mettmann nur vorübergehend sei. In späteren Jahren sollte zwischen Düsseldorf und Mettmann eine neue schnellbahnähnliche Bahnstrecke auf eigenem Bahnkörper entstehen, ähnlich der Strecke nach Duisburg. Aber es blieb bei dieser Ankündigung. Nach dem Zweiten Weltkrieg wurden nur noch Buslinien eingerichtet.
Am 14. April war es dann so weit, die Rheinbahn übernahm lt. Vertrag vom 1. April 1937 die gesamte Kreis Mettmanner Straßenbahn mit Anlagen, Fahrzeugen und Konzessionen.

Tw 23, der spätere 3, als Linie W am Vohwinkeler Kaiserplatz im Jahre 1938

Als Vertragsablauf wurde der 19. Juli 1984 festgelegt. Der Besitzwechsel wurde im Mettmanner Betriebshof gebührend gefeiert, die üblichen Ansprachen usw. fehlten ebenfalls nicht. Ein Mettmanner Triebwagen präsentierte sich mit der neuen Linienbezeichnung „W". Zwei weitere Motorwagen standen, wie es ein Foto zeigt, etwas versteckt im Hintergrund, vielleicht auf eine Reparatur wartend, sie führten noch die früheren Linienschilder 1 und 2.
Die restlichen Straßenbahn-Linien des Mettmanner Netzes erhielten am 19. April 1937 Buchstaben-Bezeichnungen, den übrigen Rheinbahn-Fernlinien entsprechend:
Linie N: Mettmann – Wülfrath,
Linie T: Tönisheide – Hammerstein – Wülfrath – Düssel – Dornap,
Linie W: Mettmann – Dornap – Wieden – Vohwinkel.
Der Überlappungsverkehr auf dem Streckenabschnitt Wieden – Vohwinkel wurde von der Rheinbahn aufgegeben. Die Obuslinie 5 (Mettmann – Gruiten) bekam die Liniennummer 59.
Wie bereits früher gesagt, konnte die Mettmanner Straßenbahn ihren Überlandstraßenbahn-Charakter nicht verleugnen: eingleisige Streckenführung am Straßenrand, Betrieb meistens mit Solowagen, geringe Verkehrsdichte. Die großen Beförderungszahlen, wie z. B. im Benrather Netz, blieben ihr versagt. Auch ein starker Sonntagsverkehr kam nie zustande.
Am 14. Mai 1938 wurde der Straßenbahnbetrieb weiter eingeschränkt, die Rheinbahn verlängerte die Buslinie 55 über Mettmann hinaus nach Wülfrath und Tönisheide. Gleichzeitig stellte man die Straßenbahnlinie N (Mettmann – Wülfrath) ein, die Linie T verkehrte nur noch zwischen Wülfrath, Düssel und Dornap. Die vor 10 Jahren gebaute schnellbahnähnliche Strecke Mettmann – Wülfrath war damit überflüssig geworden und wurde nach dem Zweiten Weltkrieg abgetragen. Noch in den siebziger Jahren sah man von der Straße nach Wülfrath aus stellenweise den aufgeworfenen früheren Bahnkörper mit den Fundamenten abgeschweißter Fahrleitungsmasten. Er war noch mit Schotter bedeckt und diente jetzt als Feldweg.
Die meisten der beim Besitzwechsel vorhandenen Straßenbahnwagen waren nun überflüssig. Die Rheinbahn behielt 1937 für den restlichen Bahnverkehr die 1924 gekauften Triebwagen Nr. 11, 12, 18–29 (= 14 Stück). Die übrigen Motorwagen wurden verkauft:
1938 vier Stück, Nr. 4, 5, 14 und 16 nach Neunkirchen/Saar (dort Nr. 18–21),
1939 elf Stück nach Graz/Steiermark, zunächst Nr. 1, 2, 7, 9, 10, 13, 17 (dort Nr. 131–137), dann Nr. 11, 18, 21, 29 (dort Nr. 141–144).
Von den zehn Mettmanner Beiwagen verkaufte man 1940 sechs nach Berlin, zwei kleine Beiwagen Nr. 30 und 32 und die vier großen Nr. 36–39, Baujahr 1924; in Berlin erhielten sie die Wagennummern 1201–06. Die zwei kleinen Beiwagen gingen 1942 von Berlin nach Posen (dort Nr. 405–406).
Jetzt hatte die Rheinbahn nur noch 10 Triebwagen und 4 kleine Beiwagen. Die Triebwagen wurden 1939 von 1 bis 10 neu numeriert. Die Farbabsetzungen an Rammbohlen und Leisten wurden in grau geändert wie in Düsseldorf, die seitlich am Wagenkasten angebrachte Eigentumsbezeichnung lautete jetzt: „Rheinische Bahngesellschaft AG".
Von den 10 Triebwagen wurden 1940 weitere zwei, Wagen-Nummer 5 und 7, Baujahr 1924–25, nach Strausberg bei Berlin verkauft (dort Nr. 14 und 16). Die Nummernlücken füllte man auf, die Wagennummern liefen nun von 1 bis 8.
Im ersten Kriegsjahr, am 1. Januar 1940, mußte die Rheinbahn auf Anweisung der Aufsichtsbehörden die Strecke Wülfrath – Düssel – Dornap – Wieden an die neu gegründete Wuppertaler Bahnen AG. abgeben. Der Betriebshof Wülfrath wurde von der neuen Verkehrsgesellschaft mitbenutzt. Der Rheinbahn verblieb nur die Strecke der Linie W (Mettmann – Dornap – Wieden – Vohwinkel). Das Mitbenutzungsrecht des Abschnittes Dornap – Wieden wurde vertraglich abgesichert. Die Wuppertaler Bahnen AG errichteten nun eine neue Straßenbahnlinie 21: Wülfrath – Düssel – Dornap – Wieden – Varresbeck – Elberfeld.
Die Rheinbahn-Linie W hatte in den Kriegsjahren viel zu tun, die Bahnbenutzer mehrten sich. Sie fuhr im bisherigen 30-Minuten-Intervall meistens mit Beiwagen. Vier der kleinen Beiwagen, Baujahr 1910, hatte die Rheinbahn ja behalten.
Noch vor Kriegsende, am 6. Februar 1945, mußte die W wegen Strommangels ihren Betrieb einstellen. Im März 1945 sah man einen Mettmanner Triebwagen in Vohwinkel unter der breiten Eisenbahn-Unterführung stehen. Er konnte wohl wegen des Stromausfalls nicht mehr rechtzeitig ins Mettmanner Depot zurückgefahren werden. Die 1940 im Bestand befindlichen 8 Trieb- und 4 Beiwagen waren bei Kriegsende noch vorhanden.

Gleisumbauten im Düsseldorfer Netz in den Jahren 1937–39

Im Frühjahr und Sommer 1937 wurde das nördliche Ende der Heinrichstraße zwischen Brehm- und Münsterstraße verbreitert, um die dort liegenden Straßenkreuzungen übersichtlicher und leistungsfähiger zu gestalten. Der Düssellauf wurde kanalisiert und auf dem jetzt gewonnenen Mittelstreifen eine neue Umsetzstelle für die Straßenbahn geschaffen. Gleichzeitig verlegte man Doppelabzweige zum Depot Derendorf und in Richtung Rath.
Am 3. Oktober 1937 verlängerte die Rheinbahn die Linie 4 werktags von der Heinrichstraße über die Münsterstraße bis Bahnhof Rath, ab 15. Mai 1938 fuhr sie auch sonntags bis Rath. Die Fahrgäste aus Richtung Uhlandstraße und Zoo konnten jetzt ohne Umsteigezwang bis Rath durchfahren. Gleichfalls vom 3. Oktober an verkehrte die Linie 14 ganztägig über Himmelgeister Straße, Krankenanstalten bis zur Stoffeler Schleife. Am Hennekamp endeten nur noch die Linien 21 und 29.
Am 15. Mai 1939 wurden die beiden Endstellen der Linien 4 und 8 getauscht. Die Linie 4 verkürzte ihren Weg bis zur Grunerstraße, die Linie 8 fuhr nun über Brehm-, Heinrich- und Münsterstraße bis Rath/Bahnhof. Bereits ab Hauptbahnhof bestand jetzt eine direkte Verbindung bis Rath.
In den Monaten Januar bis März 1937 wurde die Straßenkreuzung vor dem Haupteingang des Nordfriedhofes umgestaltet. Es entstand ein großer begrünter Platz mit Kreisverkehr. Auf diesem neuen Platz erhielt die Linie 2 eine neue doppelgleisige Schleife, auf dem zweiten Gleis wurden Beiwagen abgestellt.
Das westliche Gleispaar auf dem Vorplatz des Hauptbahnhofs wurde 1937 entlastet. In der Endschleife Kurfürstenstraße fanden die am Hauptbahnhof endenden Linien kaum Platz: Die 2, 11, 16 schwarz, 16 rot und E-Züge. Für die Linien 2 und 11 wurde nun eine Gleisverbindung auf der Karlstraße zwischen Immermann- und Friedrich-Ebert-Straße angelegt und am 1. August 1937 in Betrieb genommen. Eine solche Gleisverbindung wurde schon mal im Ausstellungsjahr 1902 geschaffen. Die Endstelle für diese beiden Linien lag jetzt am dritten Bahnsteig vor der Kurfürstenstraße. Aus ihrer Schleifenfahrt kehrten die 2 und 11 über die Karlstraße in die Friedrich-Ebert-Straße zurück, ohne den Bahnhofsvorplatz nochmals zu berühren. Nur die beiden 16er Linien blieben auf ihrem Kurs.
Zwischen 1935 und 1939 wurden die eingleisigen Strecken der Linie 12 von Haniel & Lueg bis Ratingen weiterhin reduziert. Man wollte den Fahrverlauf der 12 flüssiger gestalten. Im Raum Eckamp lief die Strecke der 12 bisher am östlichen Rand der Düsseldorfer Straße, an der Haltestelle „Eckamp" befand sich eine Ausweiche. Zwischen Schwarzbachbrücke

Anfang 1937 wurde die Schleife am Nordfriedhof umgestaltet. Das Doppelgleis nahm während der betriebsschwachen Stunden die Beiwagen auf.

und Eisenbahnunterführung baute man nun einen neuen Doppelgleiskörper neben der Düsseldorfer Straße, er hatte eine Länge von etwa einem halben Kilometer. Wegen Platzmangel wurde die Haltestelle „Eckamp" zwischen den Gleisen angeordnet. Auf diesem Abschnitt fuhr die Linie 12 daher im Linksverkehr. Die Züge der 12 kreuzten sich nun an dieser Stelle, ohne den übrigen Verkehr zu behindern. In Ratingen baute man die eingleisige Strecke zwischen Weststraße und Endstelle ebenfalls zweigleisig aus.
1938 begann der doppelgleisige Ausbau der Strecke zwischen Haniel & Lueg und Ausweiche Honigheim (Mörsenbroicher Weg). 100er Arbeitswagen schleppten wochenlag je zwei Schüttwagen heran, die entlang dieser Strecke Erdreich, Sand, Kies und später Schotter neben den Bahnkörper kippten. Auf dem verbreiterten Bahnkörper (die seitlichen Felder lagen tiefer) baute man jetzt das zweite Gleis. Von der Elberfelder Straße bis kurz vor Rather Broich war die Strecke der 12 nunmehr doppelgleisig. Eingleisige Abschnitte gab es noch zwischen Rather Broich und Waldstraße, zwischen Hubertushain und Schwarzbachbrücke und zwischen Eisenbahnunterführung und Ratingen/Weststraße. Diese Situation blieb bis Mitte der siebziger Jahre.
Die Gleiskreuzung Bilker Allee/Friedrichstraße wurde im Herbst 1938 umgebaut. Nach drei Seiten bestanden Doppelabzweige, nur nicht von der Bilker Allee in die nördliche Friedrichstraße (aus Richtung Morsestraße gesehen). Die Gleiskurven waren sehr eng, Weichen und Herzstücke nutzten sich schnell ab, da sie von den Linien 7, 8, 9, 17, 24 und 28 bei ihren Ein- und Ausfahrten von und zum Depot Steinberg benutzt werden mußten.
Die Rheinbahn baute nun gegenüber dem Bilker Güterbahnhof von der Friedrichstraße einen Doppelabzweig in die Bachstraße bis zur Talstraße. An der Verkehrsinsel vor der Talstraße führte das Doppelgleis mit einer großen Kurve links in die Bilker Allee. Gleichzeitig wurde eine Gleisverbindung von der Bachstraße zur Bilker Allee in Richtung Morsestraße geschaffen. Die ein- und ausfahrenden Züge (zwischen Bilker Kirche und Depot Steinberg) verkehrten jetzt über Bachstraße, Kurve an der Verkehrsinsel und Bilker Allee und umgekehrt. Die neue Gleisanlage nahm man am 25. November 1938 in Betrieb.
Für die 17 aus Richtung Volmerswerth mußte ein Gleisbogen von der Friedrichstraße zur östlichen Bilker Allee bestehen bleiben, da sie beim Ein- und Ausrücken den Häuserblock Friedrichstraße, Bilker Allee und Bachstraße umfahren mußte, um zum Depot Steinberg zu gelangen. Die überflüssig gewordenen Gleisbögen und Weichen wurden anschließend ausgebaut.
In jenen Jahren gestaltete die Rheinbahn auch die eingleisige Schleife zwischen Friedrichstraße und Königsallee auf der Adersstraße neu. Sie wurde von der Friedrichstraße zur Königsallee doppelgleisig ausgebaut mit einem Abzweig von der Adersstraße in die Friedrichstraße in Richtung Kirchplatz. Gleichzeitig wurde eine doppelgleisige Verbindung von der Adersstraße zur Strecke der Linie 10 am früheren Apollo-Theater geschaffen. Die Gleisschleife Adersstraße konnte jetzt aus folgenden Richtungen angefahren werden: Haroldstraße, Breite Straße, Königsallee, Graf-Adolf-Straße, Hüttenstraße und Friedrichstraße. An der Kreuzung Graf-Adolf-Straße/Königsallee waren entsprechende Abzweige bereits vorhanden.
Ende der dreißiger Jahre richtete man eine neue Gleisschleife „Mannesmannufer" im Zuge der Linien 8 und 28 ein. Die eingleisige Anlage umfuhr den Häuserblock Strom-, Hubertusstraße und Neusser Straße mit Ausfahrt zur Haroldstraße. In den verkehrsschwachen Stunden endete dort die Linie 28

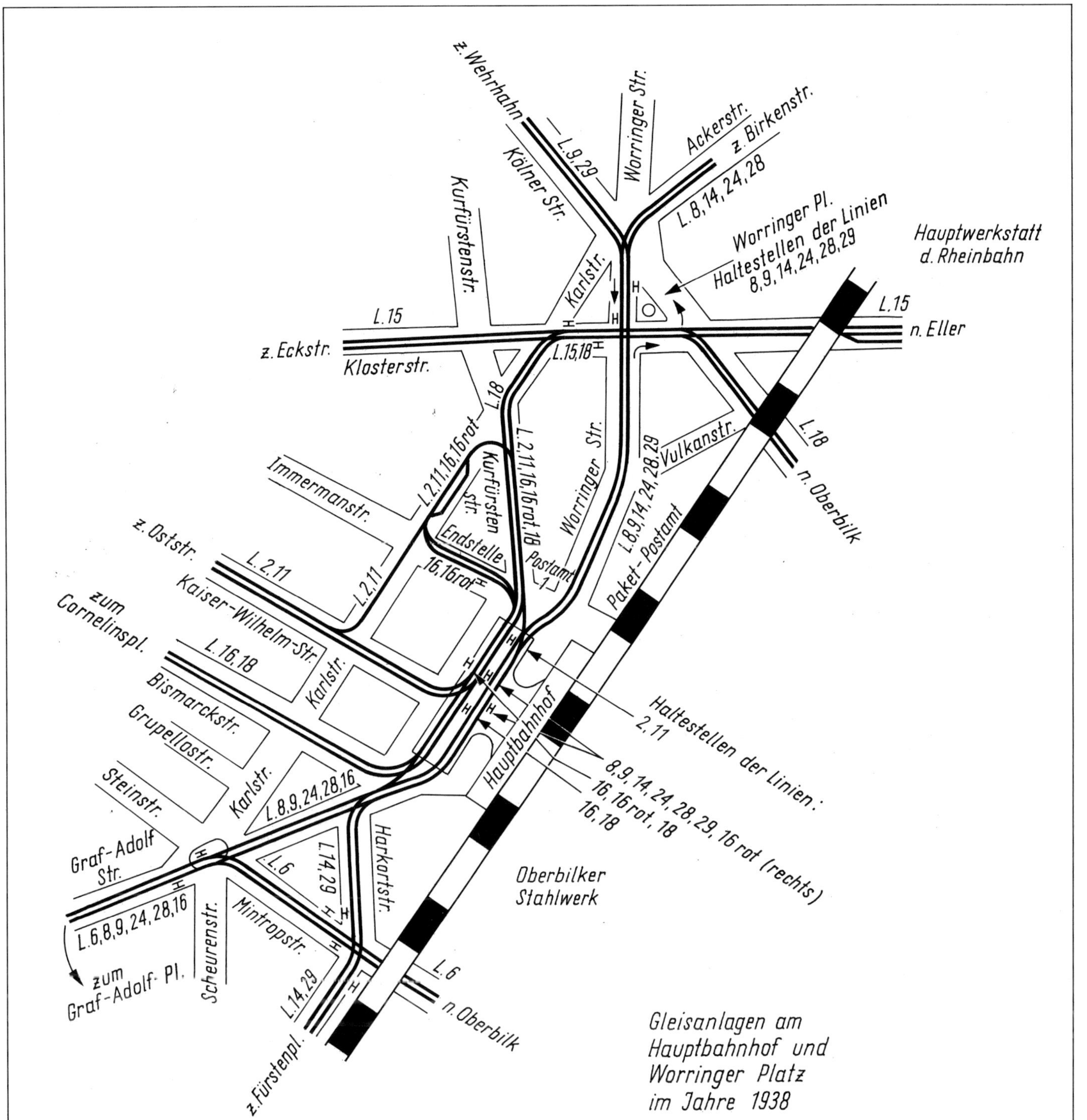

Gleisanlagen am Hauptbahnhof und Worringer Platz im Jahre 1938

und ersparte sich die dann wenig ertragreiche Fahrt zur Franziusstraße (früher Hafenamtstraße).
Die Linien 9 und 29 bekamen Anfang des Zweiten Weltkrieges am Rheinmetall-Gelände in Derendorf eine neue Endschleife, weil das nördliche Gleisstück der alten Schleife dem vergrößerten Werksgelände der Firma Rheinmetall zugeschlagen wurde. Die neue Schleifenfahrt ging nun von der Rather in die Merziger, Metzer, Straßburger Straße und zurück zur Rather Straße. Auf der Merziger Straße baute man gleichzeitig einen separaten Bahnkörper mit Haltestelle und einem Abstellgleis für Beiwagen oder E-Züge.

Tagungen und Veranstaltungen

Am 7. Juli 1937, während der Ausstellung „Schaffendes Volk", eröffnete die Rheinbahn auf dem umgestalteten Graf-Adolf-Platz einen neuen Omnibus-Bahnhof mit mehreren Bahnsteigen, außerdem wurde der Verkehrspavillon, der heute dort noch steht, eingeweiht. Bei großer Beteiligung und vielen Zuschauern veranstaltete man an diesem Tage einen Straßenbahn-Korso, der aus Richtung Ratinger Tor über die Breite Straße zum Fernbahnhof Graf-Adolf-Platz zog. Eröffnet wurde dieser Straßenbahn-Reigen vom Pferdebahnwagen Nr. 28 (ein Rückbau eines Ursprungs-Beiwagens zum Museums-Pferdebahnwagen), dann kam ein alter Triebwagen Nr. 80 mit dem Sommer-Beiwagen Nr. 264. Auch der Triebwagen Nr. 80 war ein „Umfrisierter". Eigentlich führte er die Wagennummer 111 und wurde am 1. Februar 1900 in Dienst gestellt. 1926 diente er in der „Gesolei"-Ausstellung als Strom-Vorführwagen. 1936 wurde er zum Museumswagen Nr. 80 hergerichtet.

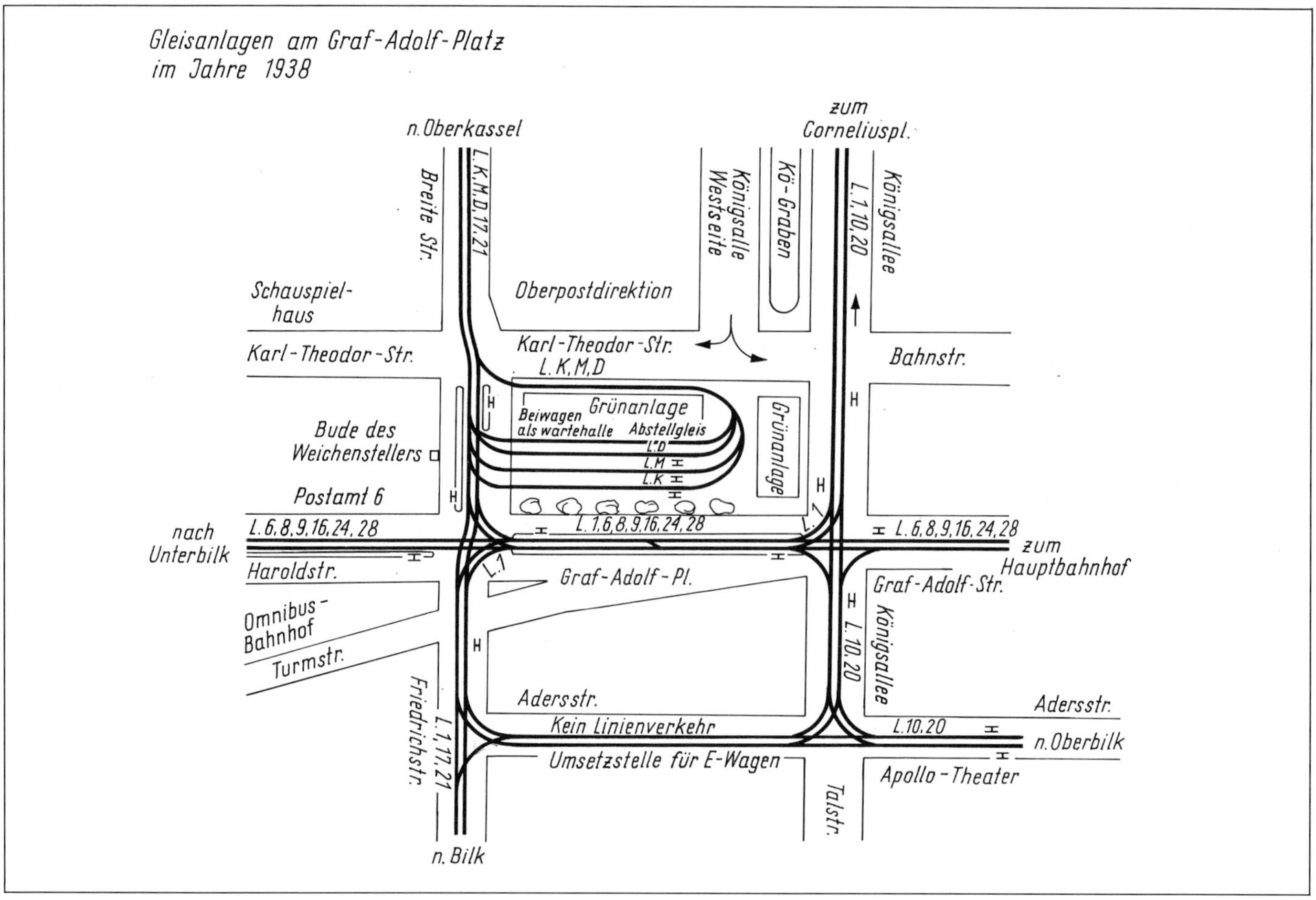

Gleisanlagen am Graf-Adolf-Platz im Jahre 1938

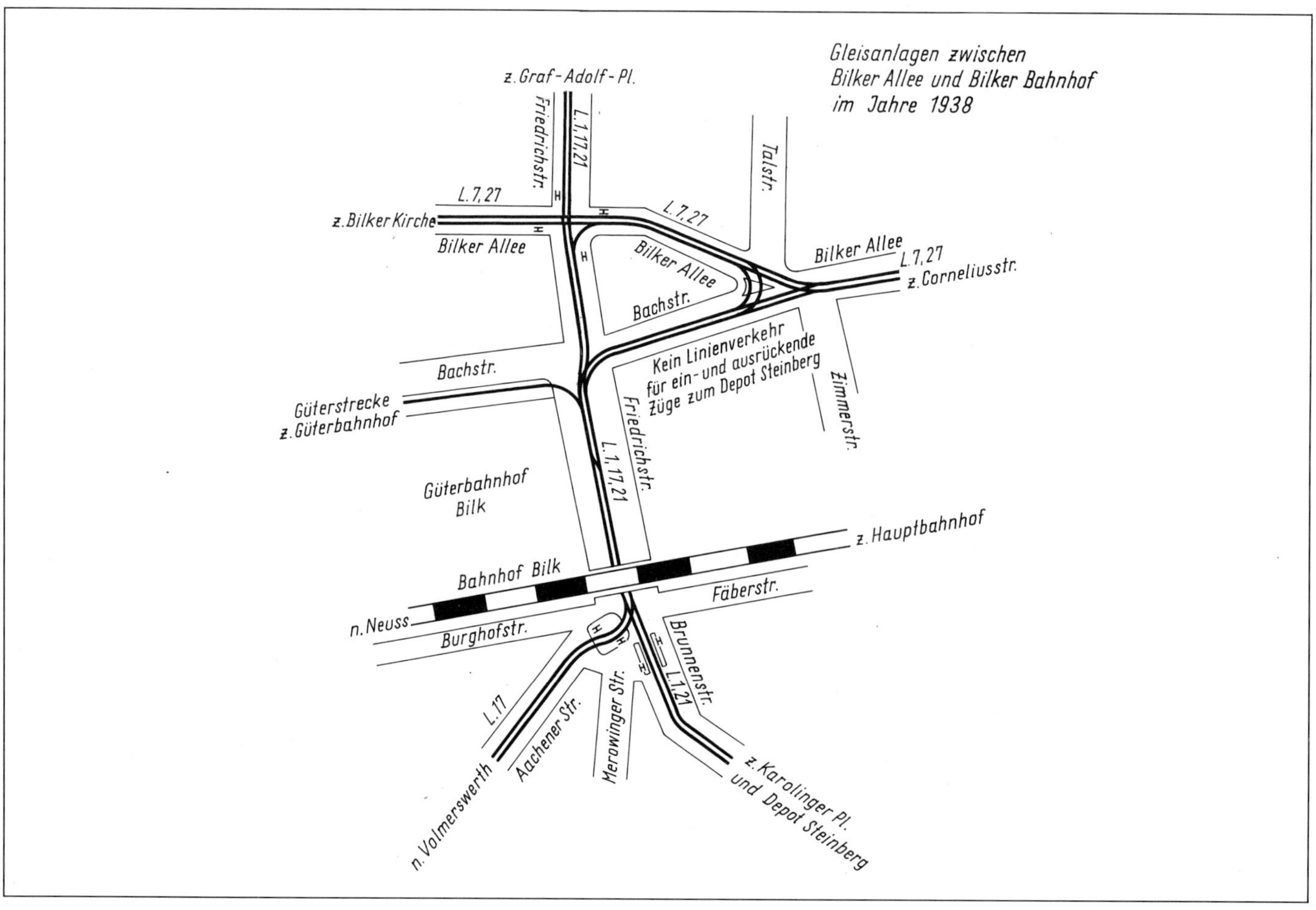

Gleisanlagen zwischen Bilker Allee und Bilker Bahnhof im Jahre 1938

Der 7. Juli 1937 war ein Festtag für die Düsseldorfer Straßenbahn; auch Museumswagen waren aus diesem Anlaß unterwegs, wie hier der mit einem Pferd bespannte Wagen 28 auf der Kaiserstraße.

1938 fand in Düsseldorf eine große Wagenschau statt; hier stehen in der Schleife Stockumer Kirchstraße Wagen aus Nürnberg, Köln, Kassel, Hannover und Hamburg.

Anläßlich der Wagenschau präsentieren sich hier der Düsseldorfer Triebwagen 252 mit seinem Bruder 112 aus Saarbrücken.

Triebwagen 255 und Beiwagen 305 der Rheinischen Bahngesellschaft

Im Betriebshof Heerdt stehen sich der Düsseldorfer Niederflur-Beiwagen 318 und der Kasseler Beiwagen 514 gegenüber.

Auch Meterspur-Betriebe hatten ihre neuesten Wagen zu dieser Wagenschau entsandt, die auf der Hildener Straße zu besichtigen war; die Aufnahme zeigt Wagen aus Saarbrücken, Gera, Essen, Erfurt und Aachen.

Anschließend fuhren ein 400er Triebwagen mit einem 600er Beiwagen, ein 900er Trieb- mit einem 800er Beiwagen, dann die Versuchstriebwagen Nr. 1935 und 1936. Nun kamen die neuen Niederflurwagen: Triebwagen Nr. 250 mit einem 300er Beiwagen. Den Schluß bildeten Züge der Fernlinien K und D. Auf Gleis 4 des Fernbahnhofes waren Arbeits- und Werkstattwagen aufgestellt.
Vom 17. bis 19. November 1938 fand in Düsseldorf eine Tagung des Verbandes öffentlicher Verkehrsbetriebe statt. Aus diesem Anlaß wurde in Düsseldorf eine Wagenschau mehrerer deutscher Straßenbahn-Betriebe veranstaltet. Die Normalspur-Fahrzeuge standen in der Gleisschleife Stockumer Kirchstraße, die ab Oktober 1937 nicht mehr linienmäßig befahren wurde. Es zeigten sich folgende Wagen: Düsseldorf TW 253, Baujahr 1937; Nürnberg TW 711, Köln TW 1083, Kassel TW 216, Hannover TW 221, Hamburg TW 3035, Dresden TW 1801 (Hecht) mit BW 1177 und ein Triebwagen aus Bremen. Ein Düsseldorfer Niederflur-Triebwagen pendelte außerdem zwischen Haltestelle „Stockumer Kirchstraße" und Schleifenende, der die Interessenten kostenlos zu den ausgestellten Wagen brachte.
Die Meterspur-Wagen waren in Benrath in der Schleife Hildener Straße zu besichtigen, und zwar folgende Wagen: Saarbrücken TW 112, Gera TW 28, Erfurt TW 93, Aachen TW 23, Essen TW 505 (Montoswagen, Versuchsfahrzeug), Essen Zwillings-Triebwagen (Umbau 1938 aus Motorwagen der 700er Reihe, Baujahr 1915). Die Rheinbahn stellte den Vierachs-Triebwagen Nr. 116, Baujahr 1936, zur Schau.
Für die Tagung wurde sogar eine Trolleybus-Rundlinie durch die Altstadt gelegt. Die einspurige Fahrleitung, System Kummler & Matter, erfaßte folgenden Rundkurs: Reuter-Kaserne, Bendemannstraße, Fritz-Roeber-Straße, Ratinger Straße, Altestadt, Schloßufer, Reuter-Kaserne. Es fuhren Obusse einiger deutscher Städte. Die Rheinbahn ließ einen Obus der Linie 59 (Mettmann – Gruiten) verkehren. Nach Abschluß der Tagung wurde die Obus-Fahrleitung wieder abgebaut.

Düsseldorfer Linienplan im Jahre 1938

Ende des Jahres 1938 verkehrten in Düsseldorf folgende Straßenbahn-Linien:

Linie 1: Rath/Bahnhof (Umsetzstelle) – Derendorf – Corneliusplatz – Graf-Adolf-Platz – Bilk/Bahnhof – Witzelstraße – Stoffeln – Wersten – Holthausen – Benrath/Betriebshof (Schleife),
Linie 2: Nordfriedhof (Schleife) – Dreieck – Marienhospital – Tonhalle – Oststraße – Hauptbahnhof (Schleife),
Linie 3: Gerresheim/Bahnhof (Umsetzstelle) – Gerresheim/Rathaus – Grafenberg – Uhlandstraße – Wehrhahn – Corneliusplatz – Rathaus (Schleife),
Linie 4: Rath/Bahnhof (Umsetzstelle) – Heinrichstraße – Brehmplatz – Uhlandstraße – Wehrhahn – Corneliusplatz – Ratinger Tor – Luegplatz – Belsenplatz (Schleife),
Linie 6: Volksgarten (Umsetzstelle) – Oberbilk – Flingern – Brehmplatz – Rethelstraße – Stockkampstraße – Marienhospital – Sternstraße – Ratinger Tor – Altstadt – Hohe Straße – Graf-Adolf-Platz – Mintropplatz – Ellerstraße – Oberbilk/Markenstraße (Umsetzstelle),
Linie 7: Unterrath (Umsetzstelle) – Kalkumer Straße – Spichernplatz – Dreieck – Marienhospital – Tonhalle – Oststraße – Corneliusstraße – Bilker Allee – Bilker Kirche – Franziusstraße (Umsetzstelle),
Linie 8: Zoo/Grunerstraße (Umsetzstelle) – Brehmplatz – Uhlandstraße – Hauptbahnhof – Graf-Adolf-Platz – Stromstraße – Hafen – Hamm/Kuhstraße (Umsetzstelle),
Linie 9: Derendorf/Rheinmetall (Schleife) – Rather Straße – Schlachthof – Schloßstraße – Pempelforter Straße – Hauptbahnhof – Graf-Adolf-Platz – Kavalleriestraße – Bilker Kirche – Fährstraße – Südfriedhof (Schleife),
Linie 10: Eller/Vennhauser Allee (Schleife) – Lierenfeld – Karl-Geusen-Straße – Oberbilker Allee – Hüttenstraße – Graf-Adolf-Platz – Königsallee – Corneliusplatz – Kaiserstraße – Fischerstraße – Golzheim – Stockum – Rheinstadion (Schleife),
Linie 11: Kaiserswerth (Schleife) – Lohausen – Stockum – Golzheim – Kaiserswerther Straße – Duisburger Straße – Tonhalle – Oststraße – Hauptbahnhof (Schleife),
Linie 12: Ratingen (Umsetzstelle) – Oberrath – Haniel & Lueg – Uhlandstraße – Wehrhahn – Corneliusplatz – Elberfelder Straße (Schleife),
Linie 14: Grafenberg (Schleife) – Flingern – Ackerstraße – Hauptbahnhof – Mintropplatz – Fürstenplatz – Karolingerplatz – Himmelgeister Straße – Krankenanstalten – Stoffeln (Schleife),
Linie 15: Eller/Vennhauser Allee (Schleife) – Lierenfeld – Erkrather Straße – Worringer Platz – Klosterstraße – Corneliusplatz – Elberfelder Straße (Schleife),
Linie 16 schwarz: Düsseldorf/Hauptbahnhof (Schleife) – Corneliusplatz – Ratinger Tor – Luegplatz – Belsenplatz – Heerdt – Handweiser – Neuss/Bahnhof – Neuss/Markt – Selikumer Straße, weiter als . . .
Linie 16 rot: Selikumer Straße – Südbrücke – Südfriedhof – Fährstraße – Bilker Kirche – Kavalleriestraße – Graf-Adolf-Platz – Düsseldorf/Hauptbahnhof (Schleife),
Linie 17: Lörick (Schleife) – Hansa Allee – Belsenplatz – Luegplatz – Ratinger Tor – Wilhelm-Marx-Haus – Graf-Adolf-Platz – Bilk/Bahnhof – Aachener Platz – Volmerswerth (Umsetzstelle),
Linie 18: Benrath/Betriebshof (Schleife) – Holthausen – Wersten – Oberbilker Markt – Hauptbahnhof – Corneliusplatz – Rathaus (Schleife),
Linie 20: Reeser Platz (Schleife) – Kaiserswerther Straße – Duisburger Straße – Sternstraße – Corneliusplatz – Königsallee – Graf-Adolf-Platz – Hüttenstraße – Oberbilker Allee – Oberbilk/Kölner Straße (Umsetzstelle),
Linie 21: Unterrath/Flughafenstraße (Umsetzstelle) – Kalkumer Straße – Spichernplatz – Dreieck – Nordstraße – Kaiserstraße – Ratinger Tor – Wilhelm-Marx-Haus – Graf-Adolf-Platz – Bilk/Bahnhof – Karolingerplatz – Auf'm Hennekamp (Schleife),
Linie 24: Grafenberg (Schleife) – Flingern – Ackerstraße – Hauptbahnhof – Graf-Adolf-Platz – Kavalleriestraße – Bilker Kirche – Fährstraße – Adersstiftung (Umsetzstelle),
Linie 27: Hafen (Umsetzstelle) – Bilker Kirche – Bilker Allee – Corneliusstraße – Oststraße – Wehrhahn – Uhlandstraße – Grafenberger Allee – Staufenplatz (Schleife),
Linie 28: Hafen (Umsetzstelle) – Mannesmannufer (Schleife) – Graf-Adolf-Platz – Hauptbahnhof – Ackerstraße – Uhlandstraße – Brehmplatz – Düsseltal (Umsetzstelle),
Linie 29: Derendorf/Rheinmetall (Schleife) – Rather Straße – Schlachthof – Schloßstraße – Pempelforter Straße – Hauptbahnhof – Mintropplatz – Fürstenplatz – Karolingerplatz – Auf'm Hennekamp (Schleife),
Linie 30: Heerdt/Handweiser (Umsetzstelle) – Büderich – Meererbusch (Umsetzstelle),
Fernlinie D: Düsseldorf/Graf-Adolf-Platz (Schleife) – Wil-

Strassenbahn-Liniennetz der Rheinischen Bahngesellschaft, Düsseldorf, im Jahre 1938

Die Aufnahme aus dem Jahre 1938 zeigt Jan Wellem hoch zu Roß, Marktstände und einen Zwei-Wagen-Zug der Linie 3, der sich anschickt, über Grafenberg nach Gerresheim zu fahren.

Im Betriebshofgelände Heerdt wurden 1938 Triebwagen der Baujahre 1899 bis 1902 ausgemustert. Wie man sieht, wurde dabei noch manches in Handarbeit erledigt.

Tw 977 war offensichtlich ein unfallträchtiger Wagen. Bei diesem Mißgeschick im Mai 1938 auf der Kaiser-Wilhelm-Straße ging es noch einmal glimpflich ab. Bei einem weiteren Unfall in Kaiserswerth am 27. Mai 1944 wurde er so deformiert, daß er verschrottet werden mußte.

helm- Marx-Haus – Ratinger Tor – Nordstraße – Kaiserswerhter Straße – Golzheim – Stockum – Lohausen – Kaiserswerth – Wittlaer – Kesselsberg – Huckingen – Wanheim – Duisburg/Hauptbahnhof (Schleife),

Fernlinie K: Düsseldorf/Graf-Adolf-Platz (Schleife) – Wilhelm-Marx-Haus – Ratinger Tor – Luegplatz – Belsenplatz – Lörick – Büderich – Meererbusch – Osterath – Fischeln – Dießem – Krefeld/Hbf. – Krefeld/Rheinstraße (Umsetzstelle),

Fernlinie M: Düsseldorf/Graf-Adolf-Platz (Schleife) – Wilhelm-Marx-Haus – Ratinger Tor – Luegplatz – Belsenplatz – Lörick – Büderich – Meererbusch – Strümp – Lank – Stratum – Uerdingen – Rumeln/Kaldenhausen – Trompet – Schwafheim – Moers/Königlicher Hof (Umsetzstelle),

Fernlinie O: Benrath/Paulistraße (Schleife) – Hilden – Trotzhilden – Ohligs (Umsetzstelle),

Fernlinie V: Benrath/Paulistraße (Schleife) – Hilden – Haan – Oberhaan – Vohwinkel Schwebebahnhof (Umsatzstelle).

Straßenbahnlinien benachbarter oder fremder Verkehrsgesellschaften berührten 1938 Düsseldorfer Stadtgebiet nicht mehr.

Außerhalb Düsseldorfs fuhren Ende 1938 noch folgende Rheinbahn-Straßenbahnlinien:

Linie T: Wülfrath – Düssel – Dornap,

Linie W: Mettmann – Dornap – Wieden – Vohwinkel/Schwebebahnhof.

Diese Linien hatten an ihren Endpunkten Umsetzstellen.

Düsseldorfer Ausbaupläne in den dreißiger Jahren

Wie andere Verkehrsgesellschaften hatte auch die Rheinbahn in den dreißiger Jahren Pläne, wie der Düsseldorfer Straßenbahnbetrieb weiter auszubauen wäre. In den Jahren ab 1935 verschlang aber die Rüstung im damaligen Deutschen Reich viel an Rohstoffen und Arbeitskräften, Eisen und Stahl wurden 1937 kontingentiert. Die für die Rüstung arbeitenden Betriebe wurden bevorzugt. Für die Nahverkehrsbetriebe blieb nicht viel übrig, obwohl in diesen Jahren die Finanzmittel für Ausbau und Beschaffung vorhanden waren.

So sollte die Linie 3 über die Morper Straße nach Erkrath verlängert werden. Andere Pläne sahen vor, die 3 vom Gerresheimer Bahnhof nach Vennhausen zu führen, ein Vorort, der damals keinen Verkehrsanschluß hatte. Dazu wäre aber ein Brückenneubau am Gerresheimer Bahnhof mit Häuserabriß notwendig gewesen. Die alte Rampenbrücke am Bahnhof Gerresheim steht heute noch, und täglich quält sich der Auto- und Busverkehr über die viel zu engen Rampenstraßen.

In jenen Jahren sollte weiterhin eine Straßenbrücke im Zuge der Cranachstraße über den Grafenberger Güterbahnhof gebaut werden. Gleichzeitig wollte man eine Straßenbahnlinie über Cranachstraße (abzweigend von der Grafenberger Allee), Hellweg, Dreherstraße nach Gerresheim legen. Die Brücke Cranachstraße wurde erst Anfang der sechziger Jahre gebaut. Zu diesem Zeitpunkt gab es dann nur Buslinien als neue Verkehrsanbindung.

Der Berufsverkehr im Düsseldorfer Norden nahm wegen Vergrößerung der Industrieunternehmungen zu. Die Linie 7

Triebwagen 1936 der Rheinischen Bahngesellschaft wurde im Jahre 1936 gebaut, fiel aber bereits im Jahre 1944 den Kriegsereignissen zum Opfer und mußte daher als Kriegsverlust abgeschrieben werden.

sollte von Unterrath über die Brücke Hamborner Straße weiter über Kürtenstraße und Rather Kreuzweg bis Rath/Bf. verlängert werden. Die Linie 9 wollte man von Rheinmetall zu einem neu entstandenen Siedlungsgebiet „Am Röttchen" und an der Hoferhofstraße über den Lemgoer Weg nach Unterrath fahren lassen.
Der Südring wurde Ende der dreißiger Jahre vom Südfriedhof bis zur Himmelgeister Straße endgültig ausgebaut, in Straßenmitte mit einem Bahnkörper, der jetzt noch zu sehen ist. Die Linie 6 sollte vom Volksgarten über Hennekamp und Südring bis Südfriedhof, in der Hauptverkehrszeit bis Neuss fahren. Nach dem Zweiten Weltkrieg, als der Straßenzug „Auf'm Hennekamp" vom Volksgarten bis zur Witzelstraße ausgebaut worden war, wurde die Verlängerung der 6 nur bis zur Witzelstraße realisiert.
Weil das aus dem Jahre 1903 stammende Grafenberger Depot zu klein wurde, plante die Rheinbahn in den Jahren 1937–38, an der Grafenberger Allee auf freiem Gelände zwischen Haus Zoppenbrück und Grafenberger Walzwerk einen neuen modernen Betriebshof anzulegen, nachdem Erweiterungspläne für das alte Depot am Einspruch der Anlieger gescheitert waren. Die Linie 12 sollte mit diesem neuen Depot über ein Straßenstück, das sich damals „Jan-Wellem-Straße" nannte, direkt verbunden werden. Damit wäre das Rangieren vor Haniel & Lueg beim Ein- und Ausrücken fortgefallen.
Dann gab es noch Pläne, das Benrather Meterspurnetz weiter umzuspuren, zunächst von Benrath bis Hilden. Die Meterspur-Strecke wäre dann auf die Linie Ohligs-Hilden/Gabelung – Haan – Vohwinkel zurückgeführt worden. Vielleicht hätte man die Linie 18 bis Hilden verlängert oder eine neue Fernlinie „H" mit wenigen Zwischenhalten von Düsseldorf über Wersten, Holthausen, Benrath bis Hilden geschaffen.
Es waren alles Pläne und Vorhaben, aus denen nichts wurde.

Der Beginn des Zweiten Weltkrieges, Linieneinschränkungen

Fliegeralarm und luftschutzmäßiges Verhalten wurde in den Städten bereits vor Kriegsbeginn geprobt, so auch in Düsseldorf z. B. am 16. September 1938. Nach entsprechenden Ankündigungen in den Tageszeitungen wurde Vollalarm gegeben, und jeder mußte einen Schutzraum oder Keller, Straßenpassanten und Straßenbahn-Fahrgäste einen in der Nähe liegenden Schutzraum aufsuchen. Ein zu diesem Zeitpunkt gemachtes Foto zeigt leere Straßen und auch leerstehende Straßenbahnen.
Die Rheinbahn hatte bereits seit 1938 damit begonnen, Frauen als Schaffnerinnen wie im Ersten Weltkrieg einzustellen, da auch bei der Rheinbahn 1938 bereits Arbeitskräftemangel herrschte und Männer für den Schaffnerdienst nicht ausreichend verfügbar waren. Diese Aktion wurde bei Kriegsbeginn verstärkt fortgesetzt, da in den ersten Kriegstagen eine große Zahl Rheinbahnbeschäftigter zum Wehrdienst einberufen wurde. Am 8. September 1939 nahm man die Linie 21 von der Endstelle Stoffeln auf den Hennekamp zurück.
Auch Straßenbahnen mußten selbstverständlich abends verdunkelt werden. Im Wageninnern wurden die Deckenlampen mit blauen Pappschirmchen verkleidet, so daß der Lichtstrahl nur nach unten fiel. Die seitlichen Lampen über den Sitzreihen legte man still, die Birnen wurden ausgeschraubt. Die Rund-Leuchten auf den Perrons dunkelte man ebenfalls durch blaue Pappe ab. Einige Wagen zeigten bei Kriegsbeginn blau angemalte Seitenfenster mit Sehschlitzen in Sitzhöhe, was sich aber nicht durchsetzte. Die Helligkeit im Wageninnern ließ tagsüber zu wünschen übrig. Zeitunglesen im abendlich abgedunkelten Straßenbahnwagen war jetzt nicht mehr drin.
Zur Abdunkelung der Frontscheinwerfer probierte man in

den ersten Wochen verschiedene Systeme aus. Übrig blieb zum Schluß eine mittels Führungsleisten von oben auf den Scheinwerfer geschobene graue Blechscheibe mit einem rechteckigen Schlitz in der Mitte. Dieser Lichtschlitz trug nach oben hin einen Blechschirm, damit der spärliche Lichtstrahl lediglich auf die Fahrbahn fiel. Das Ende eines Straßenbahnzuges mußte jetzt kenntlich gemacht werden, weil ja kein Licht mehr durch die Perronfenster fiel. Die Wagen bekamen daher auf den Rammbohlen, links neben dem Puffer, kleine rotleuchtende Grubenlampen, mit Petroleum gespeist, die auf eilends angebrachten waagerechten runden Blechkonsolen festgeklemmt wurden.
Das Dachlicht für Liniennummer und Zielschild erhielt gleichfalls Abdunkelungen. Bei ankommenden Straßenbahnen mußten die Fahrgäste in den Kriegsjahren genau hinsehen, um nicht in eine falsche Richtung gefahren zu werden.

Nach Ausbruch des Zweiten Weltkrieges mußten auch die Scheinwerfer der Straßenbahnen abgedunkelt sein. Durch die hier zu erkennenden Schlitze fiel kaum Licht auf die Straße. Rote Petroleumlämpchen zeigten die Zugenden an.

Um Benzin zu sparen, wurden Buslinien gekürzt, sofern das Ziel oder der Streckenabschnitt mit Schienen-Verkehrsmitteln auch erreicht werden konnte. Die Buslinien 52 und 53 nach Mülheim und Essen verkehrten z. B. nur noch zwischen Ratingen/Weststraße und Mülheim-Saarn. Dort mußte in die Mülheimer Straßenbahn Richtung Rathausmarkt umgestiegen werden. Die Buslinie 55 (Düsseldorf – Mettmann – Wülfrath – Tönisheide) endete am Staufenplatz. Ab 1. Dezember 1939 ließ die Rheinbahn zwei Zubringer-Straßenbahnlinien 52 und 53 von der Schleife Adersstraße über Hauptbahnhof, Flingern, Haniel & Lueg nach Ratingen fahren. Es wurden Solo-Triebwagen, Wagen-Nr. 1121–1125, aus dem Grafenberger Depot eingesetzt. Die Abfahrzeiten richteten sich nach dem Busfahrplan, der bereits ausgedünnt war. Die Triebwagen zeigten Dach-Linienschilder mit der Ziffer 52 oder 53, darunter das Zielschild mit den Angaben: „Mülheim" oder „Essen". Die Steckschilder unter der Frontscheibe trugen die Zielangabe: „Ratingen mit Anschluß nach Mülheim" bzw. „nach Essen".
Am 8. Dezember 1939 wurde erstmalig eine E-Linie mit Linienziffer eingeführt, die Linie „15 E" von der Elberfelder Straße bis Eller. Sie mußte hauptsächlich den Berufsverkehr zu den Werken an der Erkrather Straße und in Lierenfeld bewältigen, die 15 schaffte es nicht mehr allein.
In den ersten Kriegsjahren wurden auch in Düsseldorf die bekannten Beton-Hochbunker und Kellerbunker für die Zivilbevölkerung gebaut. Für den Transport der umfangreichen Materialien zu diesen und anderen Baustellen entstanden an einigen Stellen Straßenbahn-Stichstrecken, so z. B. am Wehrhahn vom Industriehaus in die Worringer Straße in Richtung Gerresheimer Straße und am Zoo von der Strecke der Linien 4 und 8 in die Scheidt- und Speldorfer Straße. Den Materialtransport besorgten meistens 100er Arbeits-Triebwagen mit Güter- und Schüttwagen. Nach dem Kriege wurden diese provisorischen Gleisstrecken wieder abgebaut.
Aufgrund weiterer Einberufungen männlichen Fahrpersonals zum Wehrdienst wurden am 12. Februar 1940 die zwanziger Linien 20, 24, 28 und 29 eingestellt. Die Linie 8 nahm man von Rath/Bahnhof zur Endstelle Heinrichstraße zurück. Die Stammlinien rüstete man anstelle der 400er Triebwagen, sofern dies noch nicht geschehen war, mit 500er und 900er Wagen aus, so daß in den Hauptverkehrsstunden Drei-Wagen-Züge gebildet werden konnten. Die 400er Triebwagen wurden in den dreißiger Jahren nur noch mit einem Beiwagen behängt. Sie verrichteten jetzt E-Dienste.
Die 500er und 900er Triebwagen waren jetzt voll im Einsatz, ebenso die 1100er Motorwagen aus dem früheren linksrheinischen Netz. Das Grafenberger Depot hatte bereits Ende 1937 die Triebwagen Nr. 559 bis 567 nach Derendorf abgegeben.
Die Linie 21 blieb weiterhin im Plan. Vom 12. Februar 1940 an wurde die 21 über die Königsallee geführt, also nicht mehr über Hindenburgwall, um die Linie 1 besser entlasten zu können. Gleichzeitig verkehrte die Linie 6 vom Ratinger Tor über Wilhelm-Marx-Haus und Breite Straße zum Graf-Adolf-Platz, also nicht mehr durch die Altstadt. Bei Einführung des Winterfahrplans am 16. Dezember 1940 kehrte die 6 aber auf ihren alten Linienweg über Rathaus, Mittelstraße und Karlplatz zurück.
Am 24. Oktober 1940 verlängerte man für einige Zeit die Linie 15 E vor der Elberfelder Straße bis Oberkassel/Belsenplatz, da sich der Berufsverkehr in Richtung Oberkassel verstärkt hatte. Aus dem gleichen Grunde erlebte die Linie 4 ab 16. Dezember 1940 eine Verlängerung über Belsenplatz hinaus bis Heerdt/Handweiser. Sie setzte jetzt im Betriebshof Handweiser um. Am 15. Juni 1942 wurde die 4 allerdings wieder bis Belsenplatz zurückgenommen.
Die solofahrenden Bus-Ersatzlinien 52 und 53 (Graf-Adolf-Platz – Hauptbahnhof – Ratingen) stellte man am 28. Oktober 1940 wieder ein, weil die Wagen nur schwach ausgelastet waren. Die Fahrgäste nach Essen und Mülheim mußten nun die Linie 12 bis Ratingen benutzen.
Am 16. Dezember 1940 gab es weitere Verkehrsverbesserungen, wenn auch nur vorübergehend. Die Rheinbahn führte die Linien 24 von Grafenberg bis Fährstraße (nicht mehr bis Adersstiftung) und 29 von Rheinmetall bis Hennekamp wieder ein, ebenfalls ab 16. Dezember 1940 auch die Linie 20, die aber nun nicht mehr über Duisburger und Sternstraße fuhr, sondern, wie die Fernlinie D, über Nord- und Kaiserstraße. Die Linie 28 lebte nicht wieder auf.

Der Bahnhofsvorplatz im Mai 1940. Vor dem Haupteingang war eine der nächtlichen Splitterbomben gefallen, er mußte daher einstweilen gesperrt werden.

Ein Wagen der Linie 8E fährt die Ackerstraße hinauf, vorbei an einer ebenfalls abgesperrten Stelle, wo eine Bombe gefallen war.

Kriegszerstörungen schlugen große Lücken in den Düsseldorfer Wagenpark. Die ersten Wagen »erwischte« es bei einem Angriff am 8. Dezember 1940, wie hier Bw 673 im Betriebshof am Steinberg (oben). – Besonders streng war der Winter 1941/42. Im Januar 1942 blieb ein Zug der Linien D und E als Vorzug im Schnee stecken. Die Fahrzeuge mußten freigeschaufelt werden (unten).

Bei einem Bombenangriff auf Düsseldorf am 8. Dezember 1940 wurden die ersten größeren Verluste gemeldet, auch beim Straßenbahnbetrieb. Auf der Fährstraße in Unterbilk wurde der Triebwagen der Linie 16 rot, Nr. 958, Baujahr 1928, von einer Bombe voll getroffen und auseinandergerissen. Außerdem gingen in und am Betriebshof Steinberg folgende Wagen wegen starker Beschädigungen verloren: Triebwagen Nr. 469, 494, 973 und Beiwagen Nr. 632, 665 und 673.

Aufgrund eines Gesetzes der damaligen Reichsregierung, Reichsleistungsgesetz genannt, mußten Verkehrsgesellschaften in den Kriegsjahren Straßenbahnwagen an notleidende Betriebe abgeben, auch an die 1940 im Wiederaufbau befindlichen polnischen Städte. So gingen im Jahre 1941 zwanzig Rheinbahn-Beiwagen Nr. 600–619, Baujahr 1911, nach Warschau. Dort erhielten sie die Nummern 1600–1619. 1942 wurden 10 Triebwagen, und zwar die Wagennummern 516–526, Baujahr 1913, nach Posen geschickt, dort Wagennummern 70–79. Außerdem bekam die Stadt Kattowitz 10 Triebwagen der 100er Ursprungsserie, Baujahr 1900–02, dort Wagennummern 381–390.

Am 20. September 1941 ereignete sich auf der eingleisigen Strecke der Linie 12 zwischen Hubertushain und Eckamp wieder ein schwerer Frontalzusammenstoß mit mehreren Verletzten. Dabei wurden die beiden Triebwagen Nr. 943 und 946, Baujahr 1928, stark beschädigt, besonders der Wagen Nr. 943.

Der Winter 1941–42 war besonders streng, es gab lange Kälteperioden mit Eis und starken Schneefällen. Nicht nur die

Im Februar 1942 waren auch Züge der Rheinbahn-Ursprungsserie auf der Linie K im Einsatz, die normalerweise auf der Linie M verkehrten.

Während des Krieges waren auf der Linie D zum Teil auch Sechs-Fenster-Wagen im Einsatz. Dieser Zug, der zum Depot Heerdt einrücken wollte, wurde von einem Angriff überrascht und mußte wie andere Wagen am Graf-Adolf-Platz stehenbleiben.

Tw 1005 der Linie K steht zur gleichen Zeit hier im Fernbahnhof Graf-Adolf-Platz. Er ist durch Splittereinschläge gezeichnet.

Bevölkerung, die Betriebe usw., auch die Rheinbahn hatte darunter zu leiden. Die Schneeräumer-Wagen mußten oft eingesetzt werden, die Weichen waren fast täglich zu enteisen. Häufig waren Linien- und Streckenausfälle zu verzeichnen, zum Teil nur kurzfristig. Die Fernlinie D z. B. blieb im Januar 1942 nach heftigem Schneetreiben auf der freien Strecke zwischen Wittlaer und Huckingen im Schnee stecken und mußte freigeschaufelt bzw. freigeräumt werden. Hilfswagen aus Duisburg und Düsseldorf wurden dazu eingesetzt.

Der Rhein fror in der Düsseldorfer Gegend zu. Man konnte über Eisschollen von der Altstadt nach Oberkassel zu Fuß über den Rhein gehen.

Am 8. März 1942 tauschte die Rheinbahn die Endstellen der Linien 2 und 7 aus.

Die 7 mußte wegen des gestiegenen Verkehrs zu den Derendorfer Rüstungswerken stets zwei Beiwagen mitführen, die aber auf dem Streckenabschnitt Oststraße – Hafen nicht nötig waren. So wurde die Linie 7 zum Hauptbahnhof geführt und die Linie 2, die mit Motor- und nur einem Beiwagen verkehrte, übernahm die Strecke über Corneliusstraße, Bilker Allee zum Hafen.

In den Jahren 1941–43 erhielt die Rheinbahn von der DÜWAG weitere neue Niederflur-Trieb- und Beiwagen, so daß zusätzliche Linien mit diesem Wagentyp ausgerüstet werden konnten. Auch die Neusser Verkehrsbetriebe beschafften 1941–42 drei Triebwagen des Typs Düsseldorf, Wagennummern 25–27, für die Gemeinschaftslinien 16 schwarz und rot. Sie wurden mit den bisher gefahrenen Beiwagen, Baujahr 1928, behängt.

Da nun die Linie 16 völlig mit neuen Triebwagen, die Liniennummern-Hauben hatten, befahren wurde, war es jetzt möglich, unterwegs die Liniennummer zu wechseln. Am 1. April 1942 änderte man die Linienbezeichnung 16 rot in 26. Nun war eine Linienverwechslung am Düsseldorfer Hauptbahnhof eigentlich nicht mehr möglich. Am Bahnhof Neuss fuhr die Linie 16 aus Richtung Oberkassel als 26 weiter. In der Gegenrichtung „kurbelte" der Fahrer an der Selikumer Straße in Neuss statt der 26 die Ziffer 16 ins Fenster der Linienhaube.

Am 15. Juni 1942 wurden die zwanziger Linien 20, 24 und 29 wiederum eingestellt, jetzt endgültig. Gleichzeitig nahm man den Fünfminutenzug der Linie 3 auf die Endstelle Elberfelder Straße zurück. Die Linie 3 behielt mit den Planzügen ihren Endpunkt am Rathaus. Um die beiden Linienwege zu unterscheiden, bekamen die Fünfminutenzüge die neue Ziffer 23 (Elberfelder Straße – Grafenberg – Gerresheim/Schönaustraße). Die Linien 9, 10 und 14 führten ab Juni 1942 den ganzen Tag über zwei Beiwagen mit. Außerdem verlängerte die Rheinbahn die Linie 6 ab 15. Juni 1942 von Oberbilk/Markenstraße bis Wersten/Betriebshof.

Der seit 1940 (Einstellung der Linie 28) linienmäßig nicht befahrene Abschnitt Brehmplatz – Düsseltal wurde gelegentlich durch Solo-Pendelwagen bedient. Am 29. Januar 1943 übernahm die Linie 4 diesen Streckenabschnitt und verkehrte jetzt zwischen Oberkassel/Belsenplatz, Corneliusplatz, Uhlandstraße, Brehmplatz und Düsseltal. Sie fuhr nur werktags und dies mit Solotriebwagen der 1100er Reihe. Die Umsetzstelle Grunerstraße wurde linienmäßig nicht mehr angefahren.

Ab Sommer 1942 ließ die Rheinbahn die Linie 10 von der Kaiser- über die Nord- und Kaiserswerther Straße verkehren, wie vorher die jetzt eingestellte Linie 20. Der Abschnitt Fischer-/Klever Straße wurde stillgelegt.

In diesem Jahre begannen die deutschen Waggonfabriken mit der Herstellung eines Kriegsstraßenbahnwagentyps. Es war eine vereinfachte Konstruktion mit kleinerem Wagenabteil mit drei Seitenfenstern und großen Perrons mit jeweils einer breiten Schiebetür. Dieser Wagentyp wurde für Normalals auch für Meterspur gebaut. Die Triebwagen stellte die Waggonfabrik Fuchs in Heidelberg und die Beiwagen die Uerdinger Waggonfabrik her.

Die Rheinbahn gab solche Wagen nicht in Auftrag. Lediglich 1942–43 verkehrte ein KSW-Beiwagen als Versuchs- oder Leihfahrzeug ohne Eigentumsbezeichnung und ohne Wagennummer längere Zeit auf der Linie 18 (Altstadt – Benrath). Er war mit hellbrauner Spachtelfarbe gestrichen und fuhr auf der 18 stets als zweiter Beiwagen.

1942 wurden Arbeitsmaiden (weiblicher Reichsarbeitsdienst) für den Schaffnerdienst herangezogen; sie waren etwa ein halbes Jahr lang auf Düsseldorfs Straßenbahnen tätig. Die berufsmäßigen Schaffnerinnen reichten nicht aus, zumal bereits Evakuierungen von Frauen und Kindern in abgelegene ländliche Gebiete stattfanden. Ab Juni des gleichen Jahres setzte man auch HJ-Jungen zwischen 15 und 17 Jahren, die sich freiwillig melden sollten, als Schaffner mit Mütze und Münzwechsler ein. Die Vorbereitungszeit für diesen Kriegseinsatz belief sich auf etwa 14 Tage, dann begann ihr Dienst auf den Straßenbahnwagen.

Größere Fliegerangriffe auf die Düsseldorfer Innenstadt Mitte August und Anfang September 1942, bei welchen besonders die Altstadt und das Gebiet um die Königsallee getroffen wurden, führten zu vorübergehenden Einschränkungen im Straßenbahnverkehr, weil Aufräumungsarbeiten und die Wiederherstellung der Fahrleitungen in den betreffenden Straßen eine gewisse Zeit erforderten. Die Linie 6 wurde vorerst stillgelegt, die Linie 1 auf Holthausen zurückgezogen.

Am 16. November 1942 führte die Rheinbahn einen neuen vereinfachten Tarif ein. Jede Fahrt auf einer Linie gleich welcher Länge kostete nun 15 Reichspfennige, allerdings ohne Umsteigeberechtigung. Wollte man umsteigen, mußte man in der nächsten Straßenbahn einen neuen Fahrschein zu 15 Pfennigen lösen. Kurzfahrer sollten dadurch „abgeschreckt" werden, die Schaffner wurden entlastet. Die Knipszange hatte ausgedient.

Ab 19. April 1943 ließ man die Linie 1 in der Hauptverkehrszeit wieder bis Benrath/Betriebshof fahren. Am gleichen Tag verkehrte wieder die Rundlinie 6, allerdings im 15-Minuten-Abstand.

Der Verkehr auf den Fernlinien nach Krefeld und Moers stieg in den Kriegsjahren ebenfalls stark an. Es mußten E-Züge gefahren werden. Dazu reichten die Vierachser aber nicht aus, zumal oft Triebwagen wegen irgendwelcher Schäden ausfielen, später auch durch Bombenangriffe.

Daher setzte die Rheinbahn auf den Fernlinien auch Zweiachstrieb- und Beiwagen der 800er und 900er Reihe, Baujahr 1928–29, als Drei- oder Zwei-Wagen-Züge ein. Auf der M verkehrten in den Hauptverkehrsstunden Zwei-Wagen-Züge als „M/E" zwischen Graf-Adolf-Platz und Uerdingen. Vorn auf den Wagendächern wurden jetzt keine Emailleschilder mehr aufgesteckt, es waren runde entsprechend bemalte Blechschilder, welche die Linienziffern zeigten. Auf der K liefen morgens und am späten Nachmittag 10 Minuten vor jedem Planzug Drei-Wagen-Züge, Baujahr 1928, mit einem roten K auf dem Linienschild. Weil die K damals noch als Kleinbahn konzessioniert war, hießen sie nicht E-Wagen („K/E"), sondern „Vorzüge". Hin und wieder entdeckte man auf der Fernlinie K auch Züge mit Trieb- und Beiwagen der Ursprungsserie, also mit Triebwagen Nr. 1251–1263 und Beiwagen Nr. 1041–1048.

Auf allen Lokal- und Fernlinien beförderte die Rheinbahn im Kriegsjahr 1942 insgesamt 186,4 Mill. Fahrgäste, eine erstaunliche Leistung, wenn man die kriegsbedingten Schwierigkeiten beim Personaleinsatz und bei der Beschaffung von Ersatzteilen berücksichtigt. Vergleichszahlen: 1936 waren es 110 Mill. und 1939 etwa 150 Mill. Fahrgäste.

Die Folgen der Großangriffe ab Juni 1943

Der Großangriff auf Düsseldorf in der Pfingstnacht am 12. Juni 1943 richtete verheerende Schäden an. Tausende von Wohnhäusern und auch öffentliche Gebäude wurden zerstört. Die Bevölkerung erlitt große Verluste. Die Brände wüteten noch zwei Tage lang. Der Straßenbahnbetrieb mußte für eine Reihe von Tagen ganz eingestellt werden. Straßenbahnwagen wurden zerstört und beschädigt, die Fahrleitungen lagen am Boden, manche Gleisstücke waren durch Sprengbomben zerfetzt. 15 Trieb- und 12 Beiwagen waren als Totalverlust zu bezeichnen.

Der Wiederaufbau und die Wiederingangsetzung des Bahnbetriebes war jetzt noch schwieriger als bei früheren Luftangriffen. Ganze Häuserzeilen waren verschwunden, es mußten Masten, meistens Rundholzmasten, gesetzt werden. Die am Boden liegenden Fahrdrähte waren nur zum Teil noch verwendbar. Nachdem die Straßen von Trümmern geräumt waren, richteten Rheinbahner und Abkommandierte Gleise und Fahrleitungen Abschnitt um Abschnitt wieder her. Der Fahrbetrieb wurde von den Außenbezirken zur Stadtmitte hin Strecke um Strecke wieder aufgenommen. In der Innenstadt verkehrten Omnibusse auf stetig wechselnden Routen.

Nachdem etwa 14 Tage mit Aufbauarbeiten vergangen waren, fuhren die Düsseldorfer Straßenbahnen z. B. am 27. Juni 1943 wie folgt:

Linie 1: Rath/Bahnhof – Graf-Adolf-Platz, außerdem Pendelwagen zwischen Schleife Stoffeln – Werstener Dorfstraße,
Linie 2: Nordfriedhof – Dreieck,
Linie 3: Gerresheim/Bahnhof – Uhlandstraße,
Linie 7: Unterrath – Corneliusplatz,
Linie 8: Heinrichstraße – Hafen,
Linie 10: Eller – Stoffeler Straße,
Linie 11: Kaiserswerth – Corneliusplatz,
Linie 12: Ratingen – Uhlandstraße,
Linie 14: Grafenberg – Stoffeln,
Linie 15: Eller – Worringer Platz,
Linie 16: Neuss – Oberkassel – Graf-Adolf-Platz,
Linie 17: Lörick – Graf-Adolf-Platz,
Linie 18: Benrath – Stoffeler Straße,
Linie 26: Neuss – Südfriedhof – Hauptbahnhof – Flingern,
Linie 30: Meererbusch – Handweiser.

Die Zugfolgen waren unregelmäßig, nach und nach wurden wieder 10-Minuten-Abstände gehalten.

Etwa 6 Wochen nach diesem Großangriff konnten alle Linien wieder auf ihren gewohnten Strecken verkehren, bis auf die Linien 4 und 6.

Weil jetzt weniger Straßenbahnwagen zur Verfügung standen, mußten die beiden Linien 4 und 6 nunmehr endgültig eingestellt werden. Die Wiedererrichtung der 6 dauerte also nur wenige Monate. Die Linie 1 fuhr wiederum nur bis Holthausen.

Ab 1. November 1943 wurde in den Abendstunden die Zugfolge auf 15, 20 oder 30 Minuten reduziert, die letzten Straßenbahnen verkehrten ab Endstellen gegen 21.30 Uhr. Wer die letzte Bahn versäumte, mußte lange Wege zu Fuß zurücklegen.

Ein weiterer Großangriff am 3. November 1943 richtete besonders in Derendorf und im Zooviertel sehr große Zerstörungen an. 48 Trieb- und 19 Beiwagen wurden allein bei diesem Angriff total zerstört. Der Betriebshof Derendorf/Münsterstraße erlitt Schäden, ebenso die Hauptwerkstatt an der Erkrather Straße. Auch jetzt dauerte die Wiederingangbringung des Straßenbahnbetriebes mehrere Wochen. Die Linien 9 und 14 wurden eingestellt, die Linie 2 fuhr nur noch zwischen Nordfriedhof und Sternstraße, und zwar mit einem Solo-Triebwagen.

Ab 26. November 1943 wurde eine neue Linie 9 eingerichtet: Südfriedhof – Bilker Kirche – Graf-Adolf-Platz – Hauptbahnhof – Flingern – Grafenberg. Fast den gleichen Linienweg benutzte früher die 24. Am gleichen Tage hob man im Stadtgebiet und in den Vororten eine Anzahl Haltestellen auf. Die Linien 8, 10, 11 und 12 verkehrten ab Ende November 1943 nur noch alle 15 Minuten, stets zwei Beiwagen mit sich führend.

Am 13. Dezember 1943 führte die Rheinbahn für den Berufsverkehr zwischen 16 und 18 Uhr einen roten Ausweis ein, um die Überfüllung der Wagen und das Zurückbleiben von Fahrgästen an den Haltestellen zu vermeiden. Den roten Ausweis erhielt nur derjenige, der eine kriegswichtige Arbeit verrichtete. Die Betreffenden durften dann die Bahnen in der genannten Zeit benutzen. Die anderen Fahrgäste wurden auf die übrigen Tagesstunden verwiesen.

Durch weitere Angriffe auf Düsseldorf, die ab 1944 auch am Tage erfolgten, wurde das Ausmaß an Verwüstungen immer größer, auch in den Außenbezirken. Viele Düsseldorfer Bürger wurden evakuiert. Weitere Straßenbahnwagen gingen verloren. Nach großen und kleinen Fliegerangriffen standen sie stark beschädigt oder völlig zerstört in den mit Trümmern beladenen Straßen. Man wunderte sich damals, daß trotzdem kurze Zeit später immer wieder einige Straßenbahnlinien verkehrten. Die zurückgebliebenen Düsseldorfer waren heilfroh, mit dieser oder jener Linie ihre Wohn- und Arbeitsstätten wieder erreichen zu können.

Die Rheinbahn hatte in den Kriegsjahren nicht nur Wagenausfälle durch Luftangriffe, sondern eine Anzahl Wagen mußte abgestellt werden, weil notwendiges Ersatzmaterial nicht zu beschaffen war. So sah man 1944 in der Lindemannstraße unter den Bäumen (die Linie 6 war damals bereits eingestellt) beschädigte und defekte Straßenbahnwagen stehen. Vorher, und zwar ab 1941, war die Rheinbahn dazu übergegangen, Wagen nachts auf freien oder stillgelegten Strecken, in Endschleifen und auf Umsetzstellen mit Abstellgleisen aufzustellen, um bei Angriffen die Verluste in den Depots geringer zu halten.

Der Betriebshof Derendorf stellte Wagen (z. B. von der Linie 21) auf den Gleisen in der Grunerstraße ab, das Depot Steinberg auf der stilliegenden Strecke zur Adersstiftung, auf der eingleisigen Strecke nach Volmerswerth, außerdem auf Gleisen neben dem Betriebshof am Steinberg. Aus dem Werstener Depot wurden Wagenzüge nachts auf Streckengleisen abgestellt, z. B. auf der Karl-Geusen-Straße (Linie 10) und zwischen Holthausen und Niederheid (Linie 18). Im Betriebshof Heerdt/Handweiser ließ man Straßenbahnwagen auf Gleisen außerhalb der Wagenhallen stehen sowie auf den Abstellgleisen des alten Oberkasseler Betriebshofes zwischen Belsenplatz und E-Werk.

In Grafenberg standen in den Nachtstunden auf der großen und kleinen Schleife Staufenplatz Straßenbahnzüge der Linien 3 und 23, von Zug zu Zug mit einem 10-Meter-Abstand. Aber absoluten Schutz gab es nirgendwo. Auf dem Staufenplatz z. B. wurden bei einem Großangriff einige Wagen durch Sprengbomben zerstört, andere beschädigt, während das Grafenberger Depot kaum Schäden erlitt.

Weitere Totalverluste entstanden bei einem Großangriff am 23. April 1944: 11 Trieb- und 8 Beiwagen, beim Großangriff am 2. November 1944 sogar 24 Trieb- und 11 Beiwagen.

Aufgrund der großen Wagenverluste und des Mangels an Fahrpersonal ließ die Rheinbahn bereits im November 1943 in den Düsseldorfer Tageszeitungen folgenden Linienplan veröffentlichen, der große Einschränkungen im Linienbetrieb vorsah:

Linie 1: Rath – Holthausen,
Linie 2: Nordfriedhof – Marienhospital,
Linie 3: Gerresheim/Bahnhof – Grafenberg – Elberfelder Straße,
Linie 7: Unterrath/Am Röttchen – Hauptbahnhof – Ober-

	bilk – Holthausen – Benrath,
Linie 8:	Heinrichstraße – Zoo – Hauptbahnhof – Hamm,
Linie 10:	Stoffeler Straße – Graf-Adolf-Platz,
Linie 11:	Kaiserswerth – Lohausen – Duisburger Straße – Hauptbahnhof,
Linie 12:	Ratingen – Haniel & Lueg – Flingern – Hauptbahnhof – Südfriedhof,
Linie 16:	Neuss/Obertor – Heerdt – Oberkassel – Hauptbahnhof – Lierenfeld – Eller,
Linie 17:	Lörick – Oberkassel – Graf-Adolf-Platz – Aachener Platz,
Linie 30:	Meererbusch – Handweiser.

Alle übrigen, bis dahin noch verkehrenden Straßenbahnlinien (15, 18, 21, 23 und 26) sollten eingestellt werden. Es wären auch einige Streckenüberlappungen, z. B. Linie 3 mit Linie 12 zwischen Haniel & Lueg und Corneliusplatz, Linie 1 mit Linie 10 zwischen Kaiserstraße und Graf-Adolf-Platz fortgefallen, so daß die Überfüllung der Straßenbahnwagen noch größer geworden wäre. Außerdem wären die langen Linienwege sehr verspätungsanfällig gewesen.
Zum Glück wurde dieser Sparplan Ende 1943 nicht durchgeführt, auch nicht in der ersten Hälfte des folgenden Jahres. Die Rheinbahn konnte von anderen Verkehrsgesellschaften Fahrzeuge ausleihen; die ersten Straßenbahnwagen kamen im Dezember 1943 in Düsseldorf an. Weiterhin wurden Ende 1943 dienstverpflichtete holländische Straßenbahnfahrer auf Düsseldorfer Linien eingesetzt.
Am 4. September 1944 führte die Rheinbahn schaffnerlose Beiwagen ein. Arbeitsmaiden und HJ-Jungen standen kaum noch zur Verfügung. Diese Beiwagen wurden „Z-Wagen" genannt; sie liefen in der Mitte eines Drei-Wagen-Zuges. Sie hatten innen an den Seitenfenstern neben den Einstiegen gelbe Schilder mit schwarzer Beschriftung: „Nur für Zeitkarten-Inhaber". Der Schaffner oder die Schaffnerin des zweiten Beiwagens kontrollierte dann und wann den Zeitkarten-Wagen, ob jeder Fahrgast tatsächlich im Besitz einer Zeitkarte war.

Sonderaufgaben für die Rheinbahn

Im Juni 1943 wurden die drei Straßensprengwagen der Rheinbahn zu Trinkwasserwagen umgebaut. Die Auslaufstutzen und die Innenwände der Kessel wurden geändert. Zum Einsatz gelangten sie aber nicht, weil trotz starker und wiederholter Fliegerangriffe das Trinkwasser-Versorgungsnetz in Düsseldorf nicht nachhaltig gestört wurde. Zwei dieser Trinkwasserwagen gingen aber durch Kriegseinwirkung verloren. Einer überlebte und wurde nach dem Kriege für andere Aufgaben herangezogen.
Da die Deutsche Reichsbahn in den letzten Kriegsjahren Schwierigkeiten hatte, Kohlen für die Düsseldorfer Stadtwerke zeitgerecht heranzuschaffen, mußte die Straßenbahn, wie im Ersten Weltkrieg, einspringen und Kohlentransporte über die Ruhrtalstraße und Höher Weg zu den Stadtwerken durchführen. Die Kohlen kamen größtenteils von der Zeche Friedrich-Heinrich aus Kamp-Lintfort, wohin bereits 1917 ein Anschlußgleis verlegt worden war. Die Fahrt der Kohlenzüge ging wieder von Kamp-Lintfort über die Strecken der Straßenbahn Moers – Kamp – Rheinberg und der Fernlinie M über die Heinrich-Heine-Allee und Klosterstraße bis Flingerbroich. Zweiachsige E-Loks mit drei bis vier Hochbord-Güterwagen oder Kippwagen waren wieder häufig unterwegs, auch 100er Arbeitswagen mit zwei solchen Güterwagen.
In den letzten Kriegsjahren mußten auch Gemüse und Obst vom Düsseldorfer Großmarkt von Straßenbahnzügen zu Geschäften in der Stadt und den Vororten sowie den Krankenanstalten transportiert werden. Von der Strecke der 7 nach Unterrath führte damals ein Anschlußgleis zum Großmarkt. Es waren wiederum die 100er Arbeitswagen, oft auch andere Triebfahrzeuge, die zwei Niederbord-Güterwagen, beladen mit Gemüse- und Obstkisten, hinter sich herzogen. Auch der Kartoffel-Transport ging auf gleiche Weise „über die Bühne".
Diese Güterbeiwagen waren Eigenbauten der Rheinbahn auf Fahrgestellen ausgebrannter Trieb- und Beiwagen. Hauptsächlich waren es Fahrgestelle der 800er und 900er Reihen, Baujahr 1928–29. Die 23 „Gemüse"-Beiwagen wurden 1943–44 in Dienst gestellt: 1943 die Wagennummern 1510–1518, 1944 die Wagennummern 1519, 1520, 1525–1536. 1943 baute man auch die Kipp-Triebwagen Nr. 91 und 92 zu Kipp-Beiwagen um. Die Niederbord-Beiwagen wurden nach dem Kriege beim Schutttransport eingesetzt und in den Jahren 1952–1960 verschrottet.
Ab 1944 setzte man verstärkt Kriegsgefangene für mancherlei Arbeiten ein. Fremdarbeiter waren in den Betrieben beschäftigt, auch für Rüstungszwecke. Den Transport von der Arbeitsstätte zum Lager übernahm ebenfalls die Straßenbahn. Es waren Gütertriebwagen (zwei- und vierachsig) mit Güterbeiwagen, zum Teil handelte es sich um schwarzgestrichene Beiwagen der Reihe 1181–1200, die statt Glas holzvernagelte Fenster hatten. Im Jahre 1943 baute man den Beiwagen Nr. 1187 zum Arbeits-Beiwagen Nr. 1550 um, den Beiwagen Nr. 1196 zum Arbeitsbeiwagen Nr. 1551.

Der Düsseldorfer Straßenbahnbetrieb in den letzten Kriegsmonaten

Mitte Januar 1944 fuhren auf dem Düsseldorfer Streckennetz die ersten auswärtigen Wagen, die der Rheinbahn aufgrund des Reichsleistungsgesetzes geliehen wurden. Es waren zunächst 5 Berliner Triebwagen, die auf der Linie 10 verkehrten, dann 7 Wagen aus Wien, die im Februar 1945, einige nur für wenige Tage, eingesetzt wurden. Auf der 15 und anderen Linien fuhren ebenfalls Leihwagen.
Auch Wagen aus Holland, Italien und Norwegen wurden nach Düsseldorf geschickt. Im einzelnen handelte es sich um folgende Trieb- und Beiwagen:

Zweiachs-Triebwagen

1943 aus Magdeburg	Nr. 37, 40, 41, 49, 55 (= 5 Triebwagen), bereits 1944 nach Magdeburg zurückbefördert,
1943 aus Frankfurt a. M.	Nr. 190, 205, 217, 276, 285 (= 5 Triebwagen), bereits 1944 nach Frankfurt zurückbeordert (eigene Wagenausfälle durch Luftangriffe)
1943 aus Wien	Nr. 2151–2157 (= 7 Triebwagen), 1948 alle nach Wien zurückgeliefert,
1943 aus Berlin	Nr. 5446, 5457, 5460, 5485, 5492 (= 5 Triebwagen), 1948 zurück nach Berlin,
1943 aus Rom	Nr. 501, 509, 531, 539, 541, 545, 549, 551, 553, 561, 565, 571, 577, 579, 583 (= 15 Triebwagen), in Düsseldorf nur Nr. 545 und 577 eingesetzt, 1948 alle nach Rom zurückgeschickt,
1944 aus Breslau	Nr. 1089, nach Kriegsschäden in Düsseldorf 1951 ausgemustert. Man sah ihn zeitweise auf der Linie 30,
Anfang 1945 aus Den Haag	Nr. 151–158, 250–260, 262–264, 266–274 (= 31 Triebwagen), davon in Düsseldorf nur 14 Stück eingesetzt, alle Wagen 1947 nach Den Haag zurückbefördert,

1944 aus Amsterdam Nr. 247, 268, 294–296 (= 5 Triebwagen), Nr. 296 durch Kriegseinwirkung zerstört, 1947 nach Amsterdam zurückgeschickt mit Fahrgestell des Wagens Nr. 296.

Vierachs-Triebwagen

1944 aus Oslo Nr. 164–166 (= 3 Triebwagen), in Düsseldorf nicht eingesetzt, alle Wagen 1946 zurückgeliefert.

Zu berücksichtigen ist, daß die Leihwagen nach ihrer Ankunft nicht sofort einsatzbereit waren. Es mußten Anpassungsarbeiten vorgenommen werden, auch Reparaturen waren nötig. So ist es zu erklären, daß sich ihr Einsatz in Düsseldorf hinzog und manche Arbeiten durch die dauernden Luftangriffe gar nicht beendet werden konnten. In der Gleisschleife Holthausen wurden in den letzten Kriegswochen schadhafte Fremdwagen abgestellt.

Zweiachs-Beiwagen

1943 aus Rom Nr. 318, 332, 336, 416,

1944 aus Rom Nr. 334, 422, 432, 234, 324, 328, 342 (= 11 Beiwagen), nicht in Düsseldorf eingesetzt, vier Beiwagen kamen als Schrottfahrzeuge in Düsseldorf an, hier ausgemustert, 7 Beiwagen 1948 nach Rom zurückgeschickt,

1944 aus Amsterdam Nr. 897, 898 und zwei Sommerbeiwagen Nr. 599 und 600, in Düsseldorf nicht eingesetzt, 1947 nach Amsterdam zurückgeliefert,

Anfang 1945 aus Den Haag Nr. 550, 551, 553–570 (= 20 Beiwagen), davon nur 5 Stück in Düsseldorf eingesetzt, alle Wagen 1947 nach Den Haag zurückbefördert,

Anfang 1945 aus Den Haag Nr. 152, kein Einsatz in Düsseldorf, 1946 nach Duisburg weitergeleitet.

Am 18. September 1944 wurde die Linie 21 vom Hennekamp zur Schleife Adersstraße zurückgenommen. Gleichzeitig stellte man die Linie 23 ein. Die Linie 3 fuhr nur bis zur Schleife Elberfelder Straße, also nicht mehr bis Rathaus, dadurch ließ sich ein Kurs einsparen. Die Linie 12 endete am Schadowplatz, fuhr somit nicht mehr zur Elberfelder Straße.
Die Linie 21 war die letzte der Verstärkungslinien, die noch im Einsatz war, weil sie zusammen mit der 7 hauptsächlich die Rüstungsarbeiter aus den nördlichen Industriebetrieben befördern mußte.
Die Linie 26, die über die Südbrücke nach Neuss verkehrte, wurde im Herbst 1944 eingestellt, da die Südbrücke infolge Kriegsschäden von Straßenbahnen und schweren Straßenfahrzeugen nicht mehr befahren werden durfte. Zwischen Südfriedhof (Endstelle der Linie 9) und Brückenrampe Hamm verkehrte bis zum 28. Februar 1945 ein Pendel-Triebwagen. Von dort mußten die Fahrgäste über die Brücke nach Neuss zu Fuß gehen.
Was an Wagenmaterial in dieser Zeit noch fahrbereit war, wurde eingesetzt. Man konnte auf den Linien, die noch verkehrten, alle Wagentypen der Rheinbahn miteinander im Einsatz sehen. So war z. B. auf der Fernlinie D nach Duisburg im Februar 1945 ein Triebwagen der Reihe 501–515 unterwegs.

Da auch Farben Mangelware wurden, bekamen die untersuchten Straßenbahnwagen im letzten Kriegsjahr statt beiger Farbe nur noch einen hellbraunen Spachtelanstrich. Glas gab es auch nicht mehr. Jetzt mußte durchsichtiger Kunststoff von der Rolle herhalten, der an den Seitenfenstern angenagelt wurde. An den Stirnseiten der Beiwagen ging es auch ohne Glas. Das Werkstattpersonal der Rheinbahn wurde immer weniger. Um die nötigsten Reparaturen vornehmen zu können, mußte die Rheinbahn sich von den Düsseldorfer Industriebetrieben Schlosser und Elektriker ausleihen.
Ende 1944 konnte man Instandsetzungsarbeiten nach Fliegerangriffen nicht mehr vornehmen. Nur kleinere Schäden an Fahrleitungen und Gleisanlagen ließen sich noch beheben. Außerdem rückte die Front im Westen von der Reichsgrenze immer weiter auf den Rhein zu. Tagesangriffe und feindliche Jagdbomber ließen immer wieder die Sirenen ertönen. Von einem geordneten Straßenbahnverkehr konnte keine Rede mehr sein. Die Straßenbahnzüge waren stets überfüllt, Fahrgäste hingen auf Trittbrettern, Puffern und Rammbohlen. Weitere Haltestellen wurden aufgehoben. Auf dem Streckenabschnitt Grafenberg – Wilhelm-Marx-Haus z. B. gab es damals nur noch folgende Haltestellen: Burgmüllerstraße, Haniel & Lueg, Lindemannstraße, Uhlandstraße, Tonhalle, Wilhelm-Marx-Haus.
Der Verkehr nach Neuss war in den letzten Kriegsmonaten unterbrochen. Die Linie 16 fuhr nur noch bis Handweiser, ab Februar 1945 nur bis zum Belsenplatz. Wenn keine Personen-Triebwagen auf einzelnen Linien mehr fahrbereit waren, wurden Güter-Triebwagen mit Mittelschiebetüren, von den Fahrgästen „Bajuffenwagen" genannt, für den Personenverkehr eingesetzt.
Ende Februar 1945, als die Amerikaner schon kurz vor Neuss standen, fuhr die Linie 9 nur noch bis Bilker Kirche. Vor der Sprengung der Oberkasseler Rheinbrücke am 3. März 1945 wurden am 2. März vom Betriebshof Handweiser die noch fahrbereiten Trieb- und Beiwagen der 900er und 800er Baureihen auf das rechtsrheinische Gebiet zurückgeführt und auf verschiedene Depots verteilt. Die letzten vier Züge der Linie 16 sah man nach der Brückensprengung in der Gleisschleife Staufenplatz stehen. Es waren Trieb- und Beiwagen der 600er, 700er, 800er, 900er und 1100er Baureihen.
Im Februar/März 1945 wurden in mehreren Düsseldorfer Straßen Barrikaden und Panzersperren errichtet. Sie sollten die Amerikaner auf ihrem Vormasch aufhalten. Neben Eisenträgern, Trümmerschutt, Mülltonnen, Autowracks usw. wurden auch zerstörte Straßenbahnwagen als Wegsperren genommen. Den Triebwagen Nr. 1130, nur leicht beschädigt, sah man im März 1945 innerhalb einer Panzersperre an der Ostendorfstraße im Zooviertel liegen. Das Fahrgestell stand noch auf dem Gleis, der Wagenkasten lag seitlich auf der Straße. Am Ratinger Tor stand innerhalb einer Panzersperre ein Vierachs-Beiwagen aus der Reihe 1073–1080.
In den ersten Tagen des Artillerie-Beschusses, als die Amerikaner bereits das linke Rheinufer mit Oberkassel, Heerdt und Neuss besetzt hatten, befuhren einige Straßenbahnlinien noch einen Teil ihrer Strecken. Am 8. März 1945, morgens um 9 Uhr, wurde dann auch der restliche Bahnverkehr endgültig eingestellt. Die genauen Einstellungsdaten sind folgende:

Am 28. Februar Fernlinie M sowie der Pendelwagen zwischen Südfriedhof und Hammer Brückenrampe,
am 1. März Linie 8 von Hauptbahnhof bis Hamm, Linie 17 fährt an diesem Tage von Rath/Bahnhof bis Stoffeln,
am 1. März gegen 17 Uhr Linie 30,
am 2. März gegen 9 Uhr die Restlinie 8, gegen 10 Uhr Linie 16, gegen 12 Uhr Fernlinie K (zuletzt Einzelwagen bis Lörick), gegen 17 Uhr Fernlinie D, außerdem die Linien 10 und 17,
am 3. März gegen 9 Uhr Linie 1 (zuletzt Rath-Dreieck), Linie 2,
Linie 7, Linie 9, Linie 11 (zuletzt Nordstraße – Kaiserswerth),

Auf den Zufahrtsgleisen zum Stadion waren große Mengen kriegsbeschädigter Wagen abgestellt, die in Ermangelung von Ersatzteilen während des Krieges nicht wiederhergestellt werden konnten.

Auch an anderen Stellen waren zerstörte Wagen, oder besser gesagt: Reste davon abgestellt, wie hier am Reeser Platz. Im Hintergrund zwei Niederflurwagen, die erst seit wenigen Jahren im Einsatz waren.

Der Betriebshof Münsterstraße war besonders schwer zerstört. Hier sieht man den nur noch schrottreifen Triebwagen 932.

am 6. März Linie 3 (zuletzt Mendelssohnstraße – Gerresheim/Bahnhof),
am 7. März Linie 18 (zuletzt Wersten – Benrath),
am 8. März gegen 9 Uhr Linie 15 (zuletzt Betriebshof Erkrather Straße – Eller).
In den nächsten Wochen gingen weitere Straßenbahnwagen, die an verschiedenen Stellen abgestellt waren, durch Artillerietreffer verloren.
Die Düsseldorfer, die zwischen Trümmern und in Kellern aushielten, hasteten nun zu Fuß durch verwüstete Straßen, begleitet vom Sirenengeheul und der Angst vor einschlagenden Artilleriegeschossen im Nacken. Am 17. April rückten die Amerikaner von Osten und Süden her in Düsseldorf ein, der Krieg war für die Düsseldorfer nun zu Ende.
Wo man hinblickte, nur Trümmer und Zerstörung. Fast sechs Jahre Krieg hinterließen lediglich Not und Elend. Nicht nur an den Fronten, auch in den Städten und allen deutschen Landesteilen starben viele Menschen, viele wurden verwundet. Die Rheinbahn hatte unter ihren Angestellten und Arbeitern viele Tote und Verwundete zu beklagen, sowohl auf den Kriegsschauplätzen als auch in der Heimat. Die in den Kriegsjahren beim Bahnbetrieb eingesetzten Kräfte mußten sehr große Leistungen vollbringen, damit der Verkehr überhaupt aufrechterhalten werden konnte.

Von den 1939 vorhandenen Straßenbahnwagen gingen durch Kriegseinwirkungen 151 Trieb- und 76 Beiwagen verloren, einschließlich Arbeitsfahrzeuge und Wagen, die aufgrund ihrer starken Beschädigungen in den ersten Nachkriegsjahren noch verschrottet werden mußten. In den Zahlen sind auch Straßenbahnwagen enthalten, welche in den Jahren 1941–43 angeschafft wurden und nach kurzer Zeit zerstört waren.
Beschädigte und defekte Straßenbahnwagen sowie Wagenreste (Fahrgestelle) waren bei Kriegsende auf verschiedenen Strecken abgestellt: auf den drei Gleisen der Beckbuschstraße zum Rheinstadion, in den Gleisschleifen Stockumer Kirchstraße und Reeser Platz, auf der Witzelstraße zwischen Henkamp und Moorenplatz, auf der Strecke zur Adersstiftung, in der Schleife Spichernplatz (meistens 400er Triebwagen), in Holthausen und auf der Volmerswerther Strecke. Auf der Beckbuschstraße wurde der Beiwagen Nr. 729 durch ein Artilleriegeschoß in der Mitte auseinandergerissen. Andere Wagen zeigten Bomben- und Granatsplitter-Einschläge. Bei einigen der abgestellten Wagen fehlte eine Perronseite, andere hatten nur ein halbes Dach usw.
Die Bilanz bei Kriegsende, am 8. Mai 1945, war auch für die Rheinbahn niederschmetternd.

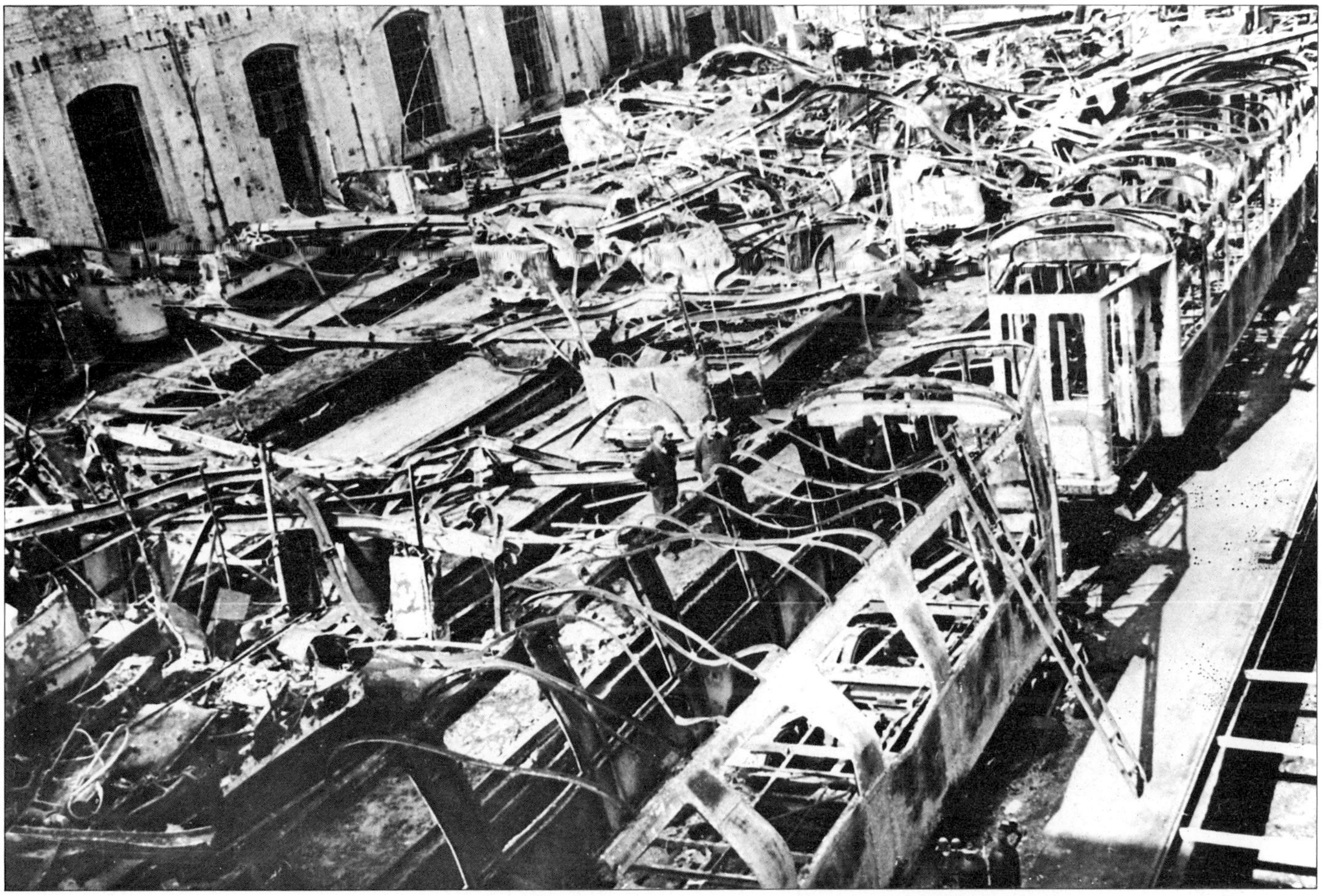

So sah der Betriebshof Erkrather Straße nach dem Angriff vom 10. September 1942 aus. Brand- und Phosphorbomben hatten ihre Arbeit gründlich getan.

Die ersten Nachkriegsjahre

Das rechtsrheinische Düsseldorfer Stadtgebiet wurde am 17. April 1945 von der 94. amerikanischen Infanterie-Division fast kampflos in Besitz genommen. Unterhändler aus der Bürgerschaft, die mit weißen Fahnen unter Einsatz ihres Lebens die amerikanische Gefechtslinie erreichten, sorgten für eine kampflose Stadtbesetzung und verhinderten somit einen bereits geplanten schweren Bombenangriff auf Düsseldorf, um die Stadt sturmreif zu machen. Leider mußten vier dieser mutigen Männer einen Tag vor der Besetzung noch ihr Leben hingeben, sie wurden denunziert und von den damaligen Machthabern, bevor diese ihr Heil in der Flucht suchten, wegen Hochverrats hingerichtet.
Sichtlich erleichtert, versuchten die übriggebliebenen Düsseldorfer nun, ihr Zuhause wieder einigermaßen herzurichten. Wer noch eine Wohnung, mehr oder minder beschädigt, vorweisen konnte, mochte froh sein. Andere machten ihren Keller bewohnbar. Schutt wurde weggeräumt und die glaslosen Fenster mit vorhandenener Pappe oder Brettern vernagelt. Jeder war bestrebt, aus seiner Situation das Beste zu machen. Die Sirenen ertönten nur noch, um das Ende der Ausgehzeit anzukündigen, die von der Besatzungsmacht in den ersten Wochen von 9 bis 12 Uhr festgesetzt wurde. Später durften sich die Bewohner von 6 Uhr morgens bis 20 Uhr abends auf den Straßen bewegen. Wer nach dieser Zeit von den Militärstreifen aufgegriffen wurde, risikierte sein Leben. Auch Plündern wurde weiterhin mit dem Tode bestraft.
Die Lebensmittelversorgung war sehr schlecht. Vor den wenigen Geschäften bildeten sich stets lange Schlangen hungriger Menschen. Die für den Normalverbraucher auf Lebensmittelkarten ausgewiesenen 1500 Kalorien blieben meist auf dem Papier. Kleidung, Wäsche oder Hausrat waren nicht zu haben. Der im Kriege bereits begonnene Tauschhandel entwickelte sich zusehends weiter. Die Hamstergänge in die ländliche Umgebung, später Hamsterfahrten, nahmen immer mehr zu. Zigaretten waren ein begehrtes Tauschobjekt. Entbehrliche Haushaltsgeräte, Kleidung, Wäschestücke und Schmuck wechselten auf niederrheinischen, westfälischen und weiter entfernt liegenden Bauernhöfen ihren Besitzer gegen einige Fettigkeiten, Eier, Mehl, Kartoffel, Gemüse und dergleichen. Man versuchte, seinen Kalorienhaushalt irgendwie aufzubessern.
Am 12. Juni 1945 lösten britische Truppen die Amerikaner ab. Eine Reihe öffentlicher Gebäude und auch Wohnungen waren schon vorher von amerikanischen Einheiten beschlagnahmt worden. Im Stahlhof an der Breite Straße, der den Krieg mit Beschädigungen überstanden hatte, wurde das britische Hauptquartier untergebracht. Männer, vornehmlich frühere Parteigenossen, und teils auch Frauen räumten mit Schaufeln und Hacken die Straßen. Die Straßensperren, die den ruhmlosen Kriegsausgang nicht verhindern konnten, wurden wieder beseitigt. Den Schutt schaufelte man in die Häuserruinen, die Trümmerberge wurden stellenweise mit losen Ziegelmauern abgegrenzt. Die Fahrstraßen waren nach wenigen Wochen wieder passierbar, größtenteils auch Bürgersteige. Was an Baumaterial noch verfügbar war, brauchte man für militärische Unterkünfte.
Die Besatzungsbehörden setzten Dr. Füllenbach als kommissarischen Düsseldorfer Oberbürgermeister ein. Im Mai 1945 erhielten alle Straßen und Plätze ihre früheren Namen zurück. Die Stadtverwaltung mit ihren Ämtern faßte man im Laufe des Jahres im Stadthaus an der Mühlenstraße zusammen. Das Leitungsnetz wurde Stück für Stück repariert, so daß im Herbst 1945 fast alle Wohnungen wieder ihren Wasser-, Strom- und Gasanschluß hatten.
Obwohl Düsseldorf zum Sperrgebiet erklärt wurde, ließ es sich nicht vermeiden, daß die Evakuierten in ihre Heimatstadt zurückströmten, zu Fuß mit kleinen Wägelchen oder mit den noch wenigen und stets überfüllten Eisenbahnzügen. Frühere Wehrmachtsangehörige aus westlichen Gefangenenlagern kehrten zu ihren Angehörigen zurück. Auch Vertriebene aus den deutschen Ostprovinzen waren aufzunehmen. Im November 1945 hatte Düsseldorf bereits wieder 370 000 Einwohner, die meist schlecht und recht auf engem Raum in den Trümmern hausten.
Neben Nahrung und Wohnung war auch das Verkehrsproblem zu lösen. Auf den geräumten Straßen verkehrten außer Militäreinheiten nur städtische Versorgungsfahrzeuge und Handkarren aller Art. Private Automobile, sofern sie den Krieg irgendwie überstanden hatten, waren noch nicht zugelassen. Der Wunsch der Bevölkerung nach Wiederaufnahme des Straßenbahnbetriebes war daher verständlich.
In den Wochen nach Kriegsende setzte die Rheinbahn zunächst alle verfügbaren Mitarbeiter für die Trümmerbeseitigung ein. Die Betriebshöfe wurden entschuttet, zerstörte Wagen abgebrochen, das verbliebene Material sortiert, die an den Straßenrändern liegenden Fahrleitungsdrähte gesammelt und noch auf den Straßen stehende Wagen in die Depots gebracht. In dem fast völlig zerstörten Betriebshof Derendorf richtete man zunächst drei Gleise für das Aufstellen von Straßenbahnwagen wieder her. Die Zerstörungen in der Hauptwerkstadt Erkrather Straße wurden nach und nach beseitigt und die Anlagen wieder betriebsfähig gemacht. Im Mai/Juni 1945 waren von dem früheren großen Wagenpark der Rheinbahn nur noch 30 Wagen fahrbereit.
Für die Betriebsaufnahme waren zunächst zwei Strecken vorgesehen, die in wenig zerstörte und damit stark belegte Stadtteile führten, einmal von der Innenstadt nach Gerresheim, zum anderen nach Wersten, Holthausen und Benrath. Die durch Bomben und Granaten beschädigten Gleisstücke wurden auf diesen beiden Gleisstrecken ausgebessert und Fahrleitungen mit Spanndrähten aufgehängt. In den Außenbezirken hingen die Oberleitungen größtenteils noch an ihren Querverspannungen.
Als vorläufigen Innenstadt-Endpunkt wurde die Gleisschleife am Schadowplatz genommen. Auf der Strecke von der Schadowstraße bis Grafenberg konnte die Rheinbahn noch vorhandenen neuen Kupferdraht anbringen, die Strecke von der Klosterstraße bis Oberbilk und Wersten mußte mit kürzeren und längeren Fahrdrahtstücken zwischen 10 und 50 Metern vorliebnehmen, die durch Klemmen miteinander verbunden waren. Wo keine Ruinenhauswände die Spanndrähte mehr tragen konnten, stellte man Rundholzmasten am Straßenrand auf. Mitunter mußte auch ein aus den Trümmern ragender Eisenträger die Querdrähte halten.
Nachdem die Militärregierung ihr Einverständnis gegeben hatte, nahmen die Linien 3 und 18 am 8. Juni 1945 mit Dreiwagenzügen ihren Betrieb wieder auf, in den ersten Wochen und Monaten alle 20 Minuten von etwa 7 bis 19 Uhr. Sonntags war vorerst Betriebsruhe. Die Wagen waren, wie konnte es auch anders sein, stets überfüllt, man hing auf Trittbrettern und Wagenpuffern. Nur wenige Straßenbahnwagen hatten noch ihre ursprüngliche Verglasung. Viele Fenster wurden mit Ornament- bzw. Gußglas abgedichtet, andere Fenster mit Pappe oder Brettern, teils mit Sehschlitzen, vernagelt. Farbschäden am Wagenkasten waren in den Depots ausgebessert worden. Das Gußglas hatte die unangenehme Eigenschaft, bei Erschütterungen schnell zu Bruch zu gehen.
Da die Fahrer der britischen Militär-Fahrzeuge die Straßenbahnen oft links überholten und damit den Gegenverkehr gefährdeten, bekamen die Beiwagen an den Stirnfronten über den Rammbohlen folgende Beschriftung in schwarzen Großbuchstaben: „DO NOT PASS ON LEFT SIDE BY ORDER OF MILITARY COMMANDER".
Während die Linie 3 ihren alten Weg zum Gerresheimer Bahnhof beibehielt, verkehrte die 18 vom Schadowplatz aus über Klosterstraße, Worringer Platz nach Oberbilk und Ben-

rath/Betriebshof. Eingesetzt wurden alle noch fahrbereiten Wagentypen, die 500er und 900er Triebwagen und die 600er, 700er und 800er Beiwagen. Die Niederflurwagen kamen erst später wieder in den Verkehr. Die Linien 3 und 18 zeigten in den ersten Wochen nur das Linienschild, Zielschilder fehlten. An einigen Stellen, besonders in der Klosterstraße, war vorläufig nur die Gleiszone freigeräumt worden. Wenn eine Straßenbahn nahte, mußten sich die Fußgänger beeilen, um den Gleisbereich zu verlassen. Der Fahrpreis aus der Kriegszeit wurde beibehalten, jede Fahrt auf einer Linie kostete also 15 Reichspfennige ohne Umsteigeberechtigung. Zeitkarten stellte man neu aus. Der in den letzten Kriegsjahren eingeführte schaffnerlose Zeitkartenwagen lebte nicht wieder auf. Jeder Wagen war somit von einem Schaffner oder einer Schaffnerin besetzt.

Am 23. Juni waren die Wiederaufbauarbeiten in der Elberfelder Straße und Theodor-Körner-Straße beendet, so daß die Linien 3 und 18, statt am Schadowplatz zu wenden, nun eine Schleife über die Elberfelder, Allee-, Theodor-Körner- und Schadowstraße fahren konnten. Jetzt wurden weitere Strekken Abschnitt für Abschnitt wiederhergestellt. Die Rheinbahn erhielt bei der Materialbeschaffung von britischen Behörden Unterstützung.

Am 12. Juli 1945 fuhr die Linie 7 vom Hauptbahnhof über Oststraße, Tonhalle, Dreieck bis Unterrath/Flughafenstraße, ein weiterer stark in Anspruch genommener Linienweg. Auch hier verkehrten alle 20 Minuten Dreiwagenzüge. Eine Streckenweiterführung bis Unterrath/Bahnhof war vorerst nicht möglich, da die kleine Brücke über den Kittelbach bei Kriegsende gesprengt worden war. Ebenfalls ab 12. Juli fuhr ein Pendelwagen als Linie 10 zwischen Stoffeler Straße (Umsteigemöglichkeit zur Linie 18) und Lierenfeld/Schlesische Straße, außerdem die Linie 15 zwischen Betriebswerkstatt Erkrather Straße, Lierenfeld und Eller/Vennhauser Allee. Eine Weiterfahrt der 15 bis Worringer Platz und Hauptbahnhof war infolge Teilsprengung der Eisenbahnüberführung nicht gegeben.

Am 23. Juli 1945 endete die Linie 3 vorübergehend wieder am Schadowplatz, ab 9. August aber wieder am Wilhelm-Marx-Haus. Auch die Bilker wünschten sich dringend eine Straßenbahnlinie, wie es damals in einer Zeitung der Militärregierung hieß. Nach Beendigung der Verdrahtungsarbeiten fuhr die Linie 1 ab 9. August von der früheren Kunsthalle (auch sie war kriegszerstört) – umgesetzt wurde über das Gleisdreieck – über Graf-Adolf-Platz, Bilk/Bahnhof, Himmelgeister Straße (nicht Witzelstraße), Krankenanstalten, Stoffeln zur Werstener Dorfstraße. Dort konnte man in die 18 in Richtung Benrath umsteigen. Auf der 1 wurden nun wieder Niederflurwagen im Mischbetrieb mit anderen Typen eingesetzt.

Am 24. August verlängerte man die Linie 1 über Ratinger Tor, Kaiserstraße, Dreieck bis Spichernplatz. Die Linien 3 und 18 konnten am gleichen Tage wieder eine Schleifenfahrt über Mühlenstraße, Rathaus und Flingerstraße machen. Damit war auch die Altstadt wieder ans Straßenbahnnetz angeschlossen. Außerdem fuhr die 18 ihren früheren Weg über Blumen-, Bismarckstraße und Hauptbahnhof nach Benrath. Bisher mußten die Fahrgäste vom Worringer Platz zu Fuß zum Hauptbahnhof gehen. Die Straßenbahnstrecke auf der Klosterstraße wurde seit dem 24. August 1945 bis zu ihrem Abbau in den sechziger Jahren linienmäßig nicht mehr befahren. Die Linie 15 verkehrte später über Hauptbahnhof und Bismarckstraße.

In den folgenden Wochen und Monaten konnte die Rheinbahn im rechtsrheinischen Teil (das Netz war durch die Brückenzerstörungen ja geteilt) zusätzliche Strecken wieder in Betrieb nehmen:

am 9. September 1945 Linie 1 vom Spichernplatz bis Rath/Bahnhof,

am 17. September Linie 10 von der Sternstraße über Königsallee, Oberbilk, Lierenfeld bis Eller,

am 23. September Linie 10 von der Sternstraße über Kaiserswerther Straße bis Reeser Platz,

am 11. Oktober Linie 10 vom Reeser Platz bis Freiligrathplatz,

am 27. Oktober Linie 9 von der Burgmüllerstraße/Grafenberg über Flingern, Hauptbahnhof, Graf-Adolf-Platz, Bilker Kirche bis Unterbilk/Fährstraße,

am 31. Oktober Linie 9 von der Fährstraße bis Südfriedhof,

am 25. November Linie 11 vom Hauptbahnhof über Tonhalle, Stockum, Lohausen bis Kaiserswerth/Alte Landstraße

Eine Weiterführung bis Kalkumer Schloßallee war wegen Sprengung der Kittelbach-Brücke nicht möglich.

am 25. November Linie 15 von der Hauptwerkstatt Erkrather Straße über Worringer Platz, Hauptbahnhof, Bismarckstraße bis Rathaus.

Das gesprengte Teil der Eisenbahnüberführung wurde inzwischen gehoben und instand gesetzt.

am 10. Dezember Linie 1 von der Werstener Dorfstraße bis Schleife Burscheider Straße.

Manche der eingesetzten Beiwagen hatten an den Stirnseiten keinerlei Fensterscheiben oder Abdichtungen. Es war wie in alten Zeiten, als die ersten Straßenbahnwagen noch ohne Fensterscheiben an den Perrons fuhren.

Das linksrheinische Netz führte seit dem 3. März 1945 ein Eigenleben. Die Oberkasseler Linien endeten am Luegplatz. Da das Umsetzen der Straßenbahnzüge über die Gleiswechsel am Luegplatz zu umständlich und zeitraubend war – wochenlang wurde dafür ein Rangier-Triebwagen eingesetzt –, baute die Rheinbahn im August 1945 am Luegplatz zwischen Kaiser-Friedrich-Ring und Leostraße, wie früher bereits bestanden, eine einfache Gleisschleife ein. Ausgestiegen wurde an der Haltestelleninsel am Luegplatz, der Einstieg lag vor der Leostraße an der zurückgesetzten Häuserreihe.

Auch die linksrheinischen Strecken lebten nach und nach wieder auf. Die Verdrahtungsarbeiten der Rheinbahn im zweiten Halbjahr 1945 waren enorm, ebenso die Instandsetzungen an den Gleisanlagen. Am 2. Juli 1945 verkehrten in Oberkassel wieder zwei Straßenbahnlinien, die Linie 16 vom Luegplatz bis zum Handweiser und die Fernlinie K vom Luegplatz über Lörick, Büderich bis Meererbusch. Am 3. Juli, also drei Tage später, fuhr die Linie 16 bis Neuss/Düsseldorfer Straße. Für die 16, Zugfolge alle 15 Minuten, setzte man 400er Trieb- mit einem Beiwagen ein, für die Fernlinie K 900er Züge, Zugfolge alle 30 Minuten.

Ab 10. Juli verkehrte die Linie 17 zwischen Luegplatz und Lörick. Sie fuhr alle 12 Minuten mit 1200er Vierachs-Triebwagen, Baujahr 1898–1902, in den Hauptverkehrsstunden mit baugleichen Vierachs-Beiwagen der 1040er Reihe behängt. Mit solchen Zugzusammenstellungen verkehrte sie hin und wieder bereits vor dem Ersten Weltkrieg und in den zwanziger Jahren.

Für die Betriebsaufnahme war nicht nur die Streckenreparatur ausschlaggebend, die notwendigen Wagen mußten ebenfalls in aller Eile instand gesetzt bzw. fahrbereit gemacht werden. Es wurden nur die notwendigsten Reparaturen vorgenommen, auf „Schönheit“ wurde vorerst verzichtet. Sobald einige Wagen wieder fahrfähig waren, wurden sie für einen neuen Streckenabschnitt eingesetzt oder verdichteten die Zugfolge einer schon fahrenden Linie. Die Rheinbahn lebte in den ersten Nachkriegsjahren „von der Hand in den Mund“.

Nach dem Kriege herrschte großer Wagenmangel. Auf der Strecke nach Krefeld mußten Niederflurwagen eingesetzt werden, zum Teil behängt mit Beiwagen der 800er-Serie.

Die Linie 16 konnte ab 11. August 1945 wieder bis Neuss/Bahnhof durchfahren. In der Neusser Innenstadt war ein Straßenbahnverkehr aber noch nicht möglich. Auch die Fernlinie K wurde etappenweise verlängert, am 29. Juli bis Osterath/Hoterheide, am 5. August bis Fischeln, am 12. August bis Dießem. Hier wurde vorerst ein Schlußpunkt gesetzt, da auch die Krefelder Innenstadt für die Fernlinie noch nicht passierbar war.

Die Fernlinie M ließ man am 2. August wieder aufleben, und zwar vom Luegplatz bis Strümp/Weiche. Auch sie wurde mit 900er Trieb- und 800er Beiwagen befahren, Zugfolge alle 30 Minuten. Später kamen auch Niederflurbeiwagen hinzu. Von Strümp aus mußte sich die M Strecke um Strecke bis Moers vorarbeiten. Am 13. August fuhr sie bis Strümp/Dorf, am 26. August bis Lank, am 8. September bis Stratum, am 21. September bis Uerdingen/Rathaus, am 27. September bis Uerdingen/Kastanienstraße. Vier Wochen später, am 23. Oktober, hatte sie Trompet erreicht und am 12. November 1945 wieder ihre frühere Endstelle am „Königlichen Hof" in Moers.

In der Zwischenzeit wurden die Gleisanlagen in der Neusser Innenstadt von Kriegsschäden befreit, und die Linie 16 fuhr ab 6. November 1945 über Obertor bis zum Alexianerkloster, wie die Neusser Linie 1. Jetzt verkehrte sie in den Hauptverkehrsstunden wieder alle 10 Minuten. Die Lokallinie 30 wurde ab 8. Dezember 1945 zwischen Handweiser, Büderich und Meererbusch wieder eingesetzt, zunächst alle 30 Minuten mit einem 1100er Triebwagen.

Anfang Januar 1946 war auch die Krefelder Innenstadt für Straßenbahnen betriebsbereit, die Fernlinie K fuhr ab 12. Januar 1946 wieder ihren früheren Endpunkt Krefeld/Rheinstraße an. Damit war das linksrheinische Netz ausgebaut und hatte mit den Lokallinien 16, 17, 30 und den Fernlinien K und M seinen früheren Umfang wieder erreicht. Nur die Strecke von der Selikumer Straße bis zur Südbrücke war durch die Brückensprengung straßenbahnmäßig tot.

Ende 1945 hatte die Rheinbahn insgesamt wieder 10 Lokal- und 6 Fernlinien in Betrieb, das machte ca. 67 % der Linienlänge der Vorkriegszeit aus. 82 Trieb- und 110 Beiwagen verrichten ihre Dienste.

Die Instandsetzungsarbeiten wurden 1946 fortgeführt. Die Strecke der früheren 17 vom Bilker Bahnhof bis Volmerswerth war jetzt an der Reihe. Am 28. Januar 1946 wurde eine neue Linie 5 (diese Linienziffer lebte seit 1931 nun wieder auf) vom Hauptbahnhof über Graf-Adolf-Platz, Bilk/Bahnhof Aachener Platz bis zum Gleisdreieck an der Volmerswerther Straße eröffnet. Sie fuhr zunächst alle 30 Minuten mit Zweiwagenzügen. Ab 1. Februar, also nach 4 Tagen, verlängerte man sie bis zum Volmerswerther Deich.

Man wird sich heute fragen, warum diese Linie zu den Dörfern Volmerswerth und Flehe damals so wichtig war. Nun, nach den Brückensprengungen befanden sich außer der Hammer Wagenfähre auch im Volmerswerther Raum zwei Rheinüberquerungen, einmal eine Motorbootfähre zwischen Fischerhaus und Grimlinghausen, zum anderen rheinabwärts eine Gierponte, die am Grimlinghauser Ufer in Höhe der Straße nach Norf anlegte. Die Linie 5 war durchweg stark besetzt.

In Kaiserswerth hatte die im Herbst 1945 wiedereröffnete Fernlinie D, von Duisburg kommend, an der Kittelbachstraße ihren Endpunkt. Die Kittelbachbrücke wurde gegen Kriegsende, wie bereits erwähnt, ebenfalls gesprengt. Die von Düsseldorf kommende Linie 11 setzte über einen Gleiswechsel auf der anderen Uferseite um. Die Fahrgäste gingen über einen Notsteg von einer Bahn zur anderen. Die Fernlinie D setzte über den Gleiswechsel am Klemensplatz um, von dort zur Kittelbachbrücke ging es in Rückwärtsfahrt. Die D fuhr im 30-Minuten-Abstand mit Duisburger Vierachszügen,

Baujahr 1926, die im Betriebshof Grunewald stationiert waren.
Zusätzlich zur D eröffnete die Rheinbahn am 4. Feburar 1946 eine Fernlinie E zwischen Kittelbachbrücke und Wittlaer. Es war ein 400er Triebwagen mit E-Linienschildern, der alle 30 Minuten stets auf dem östlichen Gleis zwischen beiden Endpunkten pendelte, um die Fahrgäste der 11 ihrem Ziel näherzubringen. Bis Wittlaer mußte man aber einen zusätzlichen Fahrschein lösen. Auf dem westlichen Gleis zwischen Kittelbach und Klemensplatz fuhr ja die D; die E verkehrte fahrplanmäßig in den Zwischenräumen und mußte den Abschnitt Klemensplatz bis Wittlaer rechtzeitig räumen, bevor die nächste D ihren Weg nach Duisburg nahm.
In den nächsten Monaten baute man die Straßenbahnbrücke über den Kittelbach wieder auf, jetzt „Goldene Brücke“ genannt. Ab 11. Mai 1946 fuhren die Linien D und 11 wieder durchgehend bis Düsseldorf, die Fernlinie D wie früher zwischen Duisburg/Hauptbahnhof und Düsseldorf/Graf-Adolf-Platz über Ratinger Tor und Breite Straße, die Linie 11 von Kaiserswerth/Kalkumer Schloßallee bis Hauptbahnhof über Duisburger Straße und Tonhalle. Die Linie E wurde am gleichen Tag eingestellt.
Am 3. August lebte die Linie 12 wieder auf und fuhr zwischen Ratingen, Oberrath, Haniel & Lueg und Schadowplatz vorerst alle 30 Minuten mit Dreiwagenzügen, die aus 900er Trieb-, 700er und 800er Beiwagen gebildet wurden. Vorher fuhr etwa ein Jahr lang zwischen Rath/Kirche und Ratingen ein Omnibus, der die Fahrgäste aus der Linie 1 in Richtung Ratingen weiterbeförderte.
Am 22. August wurde schließlich das im Kriege schwer getroffene Zooviertel wieder ans Straßenbahnnetz angeschlossen und die Linie 5 vom Hauptbahnhof über Worringer Platz, Ackerstraße und Uhlandstraße bis zum Brehmplatz verlängert. Am Anfang der Graf-Recke-Straße wurde umgesetzt. Die Strecke nach Düsseltal nahm man nicht mehr in Betrieb. Die Gleise auf der Graf-Recke-Straße wurden in den Jahren 1946–1947 ausgebaut und für Reparaturzwecke verwendet. Lediglich der Gleiswechsel neben dem Zoo-Eingang, also am Beginn der Graf-Recke-Straße, blieb erhalten.
Auch die Strecke von der Haroldstraße über Stromstraße, Hafen bis Hamm/Kuhstraße machte die Rheinbahn wieder fahrbereit. Die Linie 8 nahm am 1. November 1946 ihren früheren Weg von Hamm über Graf-Adolf-Platz, Hauptbahnhof, Uhlandstraße bis zum Zoo wieder auf. Gleichzeitig wurde die Linie 5 auf den Hauptbahnhof zurückgenommen. Die 8 setzte ebenfalls auf der Graf-Recke-Straße um. Die Strecke vom Brehmplatz bis Heinrichstraße wurde beim Großangriff vom 2. November 1944 stark beschädigt, es fehlten größere Gleisstücke. Da die Brehmstraße zum Lastenring zählt, setzte man sie 1945 bevorzugt instand; Trümmer und Straßensperren wurden schnell weggeräumt, Bombentrichter zugeschüttet und die Fahrbahn mit Teerstreifen ausgebessert. Dabei nahm man die beschädigten Schienen heraus, so daß Gleise nur noch stellenweise zu sehen waren.
Im Jahre 1946 verlegte die Rheinbahn auf Anweisung der Militärregierung die Linie 1 aus der Breite Straße in die Königsallee. Nur die Fernlinie D durfte am Hauptquartier der Britischen Streitkräfte in der Breite Straße vorbeifahren. Der Nordpark (früheres Ausstellungsgelände aus 1937) war von der Militärregierung ebenfalls beschlagnahmt worden. Dort wurden für britische Familien Wohnhäuser, Warenhaus, Kino und eine Kirche gebaut. Zu bestimmten Tageszeiten verkehrten für die Besatzungsmacht Niederflurwagenzüge aus Trieb- und zwei Beiwagen vom Graf-Adolf-Platz zum britischen Wohngebiet in Stockum. Diese Sonderzüge führten an der Frontscheibe ein Schild mit: „Nur für uniformierte Angehörige der Militärregierung“.
Zwei Mettmanner Triebwagen wurden ab 1946 im Düsseldorfer Stadtnetz eingesetzt, ebenso die vier verbliebenen Mettmanner Beiwagen. Zwei Züge der Linie 5 sah man fast jeden Tag mit Mettmanner Trieb- und einem Mettmanner Beiwagen. Die Anhänger fuhren auch auf der Linie 9, einmal führte ein Niederflur-Triebwagen der 9 zwei Mettmanner Beiwagen mit.
1946 gab es eine bemerkenswerte Neuerung: sitzende Straßenbahnfahrer. Bisher war man nur stehende Fahrer gewohnt. Die Sitze vorn in den 400er und 500er Triebwagen hatten eine Ähnlichkeit mit Barhockern. Von einem Fahrgast angesprochen, meinte ein Fahrer damals auf der Linie 3: „Einer muß ja schließlich mal damit anfangen.“ Einige Jahre später gab es in neuen Straßenbahnwagen nur noch sitzendes Personal, für die Betreffenden eine wesentliche Arbeitserleichterung. Einige stark beschädigte Niederflurwagen ließ die Rheinbahn auch in der Düsseldorfer Waggonfabrik neu herrichten. Man sah es ihnen an, sie waren „wie aus dem Ei gepellt“.
Der schlechten Lebensmittelversorgung wegen mußte die tägliche Zuteilung für den Normalverbraucher ab März 1946 auf etwa 1000 Kalorien gesenkt werden. Kinder, Jugendliche, Schwerarbeiter usw. erhielten Sonderzulagen. Die Schlangen vor den Lebensmittelgeschäften wurden immer länger, die Schwarzmarktecken in der Innenstadt belebten sich weiter, die Hamsterfahrten ins bäuerliche Umland mit Eisenbahnen und Vorortzügen nahmen immer größere Ausmaße an. Abends am Hauptbahnhof quetschten sich dann große Menschenmengen mit Sack und Pack in die Straßenbahnen, um nach Hause zu kommen, froh darüber, für die nächsten Tage einige „Sonderzuteilungen“ zu besitzen. Hamstern war natürlich verboten wie der „Schwarze Markt“. Gelegentlich gab es Razzien, und dann mußte man alle Hamsterware wieder herausrücken. Auch Gefängnisstrafen drohten. Die amtlichen Zuteilungen an Kleidung, Schuhwerk und Wäsche glichen mehr einem Lotteriespiel. Wer Glück hatte und eine Bevorrechtigung nachweisen konnte, bekam mal was.
Auf den Demontage-Listen der Besatzungsmächte – damals existierte noch der Morgenthau-Plan – standen 24 namhafte Düsseldorfer Werke, Stahlwerke, Maschinenfabriken usw. Die Zukunft war für jeden einzelnen mehr als düster. Erstaunlicherweise fehlte damals aber jede Hinwendung zum Radikalismus, wie es nach dem Ersten Weltkrieg zu verzeichnen war. Revolutionen und Bürgerkriege fanden nicht statt. Jeder sorgte sich um seine eigene materielle Existenz, für neue Ideologien war kein Platz.
Am 17. April 1946 wurde von der Britischen Militärregierung das Land Nordrhein-Westfalen anstelle der früheren preußischen Rheinprovinz ins Leben gerufen. Auch die Provinz Westfalen ging in diesem neuen Land auf. Zur Hauptstadt wurde Düsseldorf ausersehen. Im gleichen Jahr fanden nach dem Kriege die ersten Kommunalwahlen statt.
Im August 1946 war auch die Hammer Eisenbahnbrücke wieder befahrbar. Vor der Zerstörung existierten zwei Parallelbrücken mit insgesamt vier Gleisen. Über die am besten erhaltengebliebenen Pfeiler wurde eine Fachwerkkonstruktion mit zwei Eisenbahngleisen gelegt. Später ersetzte die Eisenbahnverwaltung diese Behelfsbrücke durch noch verwendbare Bogenkonstruktionen der beiden alten Brücken. Sie erhielt somit wieder ihr altes Gesicht, es blieb aber bei einer nur doppelgleisigen Brücke. Die wiederaufgebaute Hammer Brücke bedeutete nicht nur für den Fernverkehr eine wichtige Verbindung, sondern auch für den Nachbarortsverkehr zwischen Düsseldorf und Neuss.
Im Jahre 1946 benutzte man die Güterstrecke Oberkassel – Heerdt – Neuss auch wieder für den Personenverkehr. Namentlich in den Hauptverkehrsstunden wurden zwischen Oberkassel und Neuss Personenzüge mit Abteilwagen und Dampfloks eingesetzt. Die Abfahrtsstelle lag am Belsenplatz hinter dem Oberkasseler Bahnhof.

Die Versorgung der Straßenbahnlinien mit Bahnstrom ließ manchmal zu wünschen übrig. Es kam gelegentlich zu Spannungsabfällen, besonders auf der Steigungsstrecke der Linie 3 zwischen Pöhlenweg und Benderstraße. Der vollbesetzte Dreiwagenzug kroch dann förmlich die Hardt hinauf, oft kam es auch zum Stillstand. Einige trickreiche Straßenbahnfahrer bremsten dann den Zug ab, es hieß: „Alles aussteigen, Wagen ist defekt." Als etwa die Hälfte der Fahrgäste den Straßenbahnzug verlassen hatte, fuhr er wieder an, die Schaffner sprangen auf, und die Fahrt zur Hardt ging weiter, jetzt aber schneller. Die schimpfenden Fahrgäste liefen hinterher. An der Haltestelle „Auf der Hardt" versuchten sie nun, sich in die nächste 3 zu zwängen, sofern sie es nicht vorzogen, ihr Ziel in Gerresheim zu Fuß zu erreichen.
1946 beförderte die Rheinbahn mit allen Verkehrsmitteln schon wieder 209,7 Mill. Fahrgäste.
Der Winter 1946–47 war, wie verschiedene seiner Vorgänger, sehr streng mit langen Kälteperioden. Die Versorgungslage mit Lebensmitteln war weiterhin schlecht. Gegen Schnee und Eis konnten nur wenige der beschädigten Wohnungen „winterfest" gemacht werden. Die Bevölkerung hatte unter der Winterkälte sehr zu leiden. Kohlen oder anderes Heizungsmaterial gab es kaum, es sei denn, man versorgte sich an der Quelle, d. h. an Bahndämmen. Abends und in den Nachtstunden sprang man auf langsam fahrende Kohlenzüge und schaufelte die Kohlen, soviel es ging, in mitgebrachte Säcke und Körbe. Verschiedene Düsseldorfer Betriebe, besonders in Oberkassel, mußten wegen Kohle- und Strommangel ihre Produktion für mehrere Wochen und Monate einstellen.
Auch der Straßenbahnbetrieb wurde durch Frost und Schnee beeinträchtigt. Triebwagen fielen aus, weil Schnee und Schmelzwasser Motoren und elektrische Leitungen defekt werden ließen. Da Reserven fehlten, mußten ein paar Linien und Streckenabschnitte kurzfristig eingestellt werden. Die „Menschentrauben" an Straßenbahnwagen schwollen an. Auf der Linie 8 (Hamm – Zoo) z. B. wurden in diesen Wintermonaten wie im Krieg wieder „Bajuffen-Wagen" eingesetzt, es waren Rheinbahn-Gütertriebwagen mit Mittelschiebetüren. Das Kennzeichen für den Personentransport war das Nummernschild „8" an der Frontscheibe.
Dem kalten Winter folgte im Jahre 1947 ein heißer und trokkener Sommer, der das Wachstum auf Äckern und Felder sehr beeinträchtigte. Die Versorgungslage mit Lebensmitteln und dergleichen blieb weiterhin gespannt.
Sobald die kalten Monate vorüber waren, arbeitete die Rheinbahn die Winterschäden wieder auf. Auch an der Renovierung weiterer Strecken ging es weiter. Am 2. April 1947 wurde die Linie 1 von der Schleife Burscheider Straße in Wersten bis Holthausen verlängert. Am 1. Juli 1947 eröffnete die Rheinbahn eine neue Linie 14 von der Umsetzstelle Heinrich-Ehrhardt-Straße in Derendorf über Schloß-, Pempelforter Straße, Worringer Platz, Hauptbahnhof, Fürstenplatz, Karolingerplatz, Himmelgeister Straße, Krankenanstalten bis zur Stoffeler Schleife. Vom gleichen Tage an verkehrte die Linie 1 vom Karolingerplatz aus wieder wie früher über Witzelstraße in Richtung Wersten und Holthausen. Die Schleife Straßburger Straße in Derendorf konnte die 14 wegen starker Gleisschäden noch nicht befahren. Sie mußte daher die im Ersten Weltkrieg angelegte Umsetzstelle an der Heinrich-Ehrhardt-Straße benutzen. Die 14 fuhr mit 400er Trieb- und 600er Beiwagen im 20-Minuten-Abstand.
Am 1. August 1947 richtete man eine Linie 2 vom Nordfriedhof über Dreieck bis zum Marienhospital ein. Es war ein Solo-Triebwagen, der alle 20 Minuten zwischen beiden Endstellen pendelte. Die Linie 1 erfuhr am 29. September 1947 eine weitere Verlängerung bis Benrath/Betriebshof. Gleichzeitig bekam die ständig überlastete Linie 3 Fünfminutenbetrieb; die Linie 23 lebte wieder auf und fuhr zwischen Rathaus und Gerresheim/Schönaustraße.
Nachdem man die Gleise zwischen Freiligrathplatz und Stadion von beschädigten und zerstörten Wagen freigeräumt hatte, wurde die Linie 10 am 3. November 1947 vom Freiligrathplatz bis zum Rheinstadion verlängert. Dieses Endziel fuhr sie alle 20 Minuten an.
Die im Bau befindliche neue Oberkasseler Dauerbehelfsbrükke konnte Anfang Dezember 1947 von Fußgängern bereits benutzt werden. Die Rheinbahn richtete nun eine neue Linie B zwischen Graf-Adolf-Platz und Brückenrampe/Planetarium ein, die allerdings zum Ferntarif fuhr.
1947 hatten die Linien 1, 3, 7, 9, 15, 16 und 18 wieder eine 10-Minuten-Zufolge. Die von der Rheinbahn beförderten Fahrgäste beliefen sich im Geschäftsjahr 1947 auf über 275 Millionen, gegenüber dem Vorjahr also eine weitere Steigerung.
Ende 1947 waren bei der Rheinbahn wieder folgende Straßenbahnlinien in Betrieb:

Linie 1:	Rath/Bahnhof – Derendorf – Dreieck – Kaiserstraße – Königsallee – Graf-Adolf-Platz – Bilk/Bahnhof – Witzelstraße – Stoffeln – Wersten – Holthausen – Benrath/Betriebshof
Linie 2:	Nordfriedhof – Dreieck – Marienhospital
Linie 3:	Gerresheim/Bahnhof – Grafenberg – Uhlandstraße – Wehrhahn – Corneliusplatz – Rathaus
Linie 5:	Volmerswerth – Aachener Platz – Bilk/Bahnhof – Graf-Adolf-Platz – Hauptbahnhof
Linie 7:	Unterrath/Flughafenstraße – Spichernplatz – Dreieck – Marienhospital – Tonhallenstraße – Hauptbahnhof
Linie 8:	Hamm – Hafen – Graf-Adolf-Platz – Hauptbahnhof – Uhlandstraße – Zoo/Graf-Recke-Straße
Linie 9:	Grafenberg – Flingern – Hauptbahnhof – Graf-Adolf-Platz – Bilker Kirche – Fährstraße – Südfriedhof
Linie 10:	Rheinstadion – Stockum – Golzheim – Kaiserswerther Straße – Nordstraße – Königsallee – Hüttenstraße – Oberbilk – Lierenfeld – Eller/Vennhauser Allee
Linie 11:	Kaiserswerth – Lohausen – Stockum – Golzheim – Kaiserswerther Straße – Duisburger Straße – Tonhallenstraße – Hauptbahnhof
Linie 12:	Ratingen – Oberrath – Haniel & Lueg – Uhlandstraße – Wehrhahn – Schadowplatz
Linie 14:	Derendorf/Heinrich-Ehrhardt-Straße – Schloßstraße – Pempelforter Straße – Hauptbahnhof – Fürstenplatz – Karolingerplatz – Himmelgeister Straße – Krankenanstalten – Stoffeln
Linie 15:	Rathaus – Corneliusplatz – Bismarckstraße – Hauptbahnhof – Erkrather Straße – Lierenfeld – Eller/Vennhauser Allee
Linie 16:	Neuss/Alexianerkloster – Neuss/Bahnhof – Handweiser – Heerdt – Oberkassel/Luegplatz
Linie 17:	Lörick – Hansaallee – Oberkassel/Luegplatz
Linie 18:	Rathaus – Corneliusplatz – Bismarckstraße – Hauptbahnhof – Oberbilk – Wersten – Holthausen – Benrath/Betriebshof
Linie 23:	Rathaus – Corneliusplatz – Wehrhahn – Uhlandstraße – Grafenberg – Auf der Hardt – Gerresheim/Schönaustraße
Linie 30:	Meererbusch – Büderich – Handweiser

Fernlinie B:	Graf-Adolf-Platz – Opernhaus – Brückenrampe/Planetarium
Fernlinie D:	Düsseldorf/Graf-Adolf-Platz – Ratinger Tor – Nordstraße – Kaiserswerther Straße – Stokkum – Lohausen – Kaiserswerth – Wittlaer – Kesselsberg – Huckingen – Wanheim – Duisburg/Hauptbahnhof.

Fernlinie K: Oberkassel/Luegplatz – Lörick – Büderich – Meererbusch – Osterath – Fischeln – Dießem – Krefeld/Rheinstraße

Fernlinie M: Oberkassel/Luegplatz – Lörick – Büderich – Meererbusch – Strümp – Lank – Stratum – Uerdingen – Rumeln/Kaldenhausen – Trompet – Schwafheim – Moers

Fernlinie O: Benrath – Hilden – Ohligs

Fernlinie V: Benrath – Hilden – Haan – Vohwinkel

Fernlinie W: Mettmann – Dornap – Wieden – Vohwinkel.

Die eingesetzten Wagentypen verteilten sich auf fast alle Linien. Alle noch vorhandenen 400er Triebwagen waren mit den 500er und 900er Motorwagen im Liniendienst zu finden, ebenso die übriggebliebenen 1100er Triebwagen aus dem früheren linksrheinischen Rheinbahnnetz. Das gleiche galt für die Beiwagen. Nur die 100er Triebwagen aus den Anfangsjahren der Düsseldorfer Straßenbahn wurden nicht mehr für den Personenverkehr herangezogen.
Die Linie 3 hatte ihre früheren 500er Motorwagen wieder im Einsatz, außerdem solche aus der Reihe 901–917. Die Niederflurwagen verkehrten vornehmlich auf den Linien 1, 9, 10, 11 und 18 sowie aushilfsweise auf der Fernlinie D. Auch der Versuchs-Triebwagen 1935 (Nr. 1936 wurde im Kriege zerstört) war wieder unterwegs, mitunter auch mit zwei Beiwagen.

Bau der Oberkasseler Dauerbehelfsbrücke

Die wuchtige Oberkasseler Rheinbrücke, 1898 von der Rheinbahn erbaut und 1926 verbreitert, lag wie die beiden anderen Düsseldorfer Rheinüberquerungen zerstört im Flußbett. Die stählernen Doppelbogen der Flußbrücke waren geknickt wie Streichhölzer. Gegen die aus dem Wasser ragenden Trümmer trieb der Rhein Holzstämme, Behälter und sonstigen Unrat heran. Auf dem stehengebliebenen Mittelpfeiler reckten sich zwei Oberleitungsmasten wie dünne Zahnstocher gen Himmel. Die Rampenbrücken auf beiden Uferseiten standen noch, die Widerlager der Uferbrücke am Luegplatz aber wurden am 3. März 1945 durch Sprengungen stark beschädigt.
Alle Verbindungen von hüben nach drüben waren jetzt unterbrochen. In den ersten Nachkriegswochen konnte man an beiden Rheinufern häufig Leute beobachten, die sich mit der Gegenseite durch Rufe und Zeichen verständigen wollten. Nach Verlängerung der Ausgehzeiten tauchten private Kahn- und Bootsbesitzer auf, die gegen erkleckliches Handgeld Rückkehrer mit Gepäck und andere Leute hinüberruderten, die ihre Verwandten und Bekannten auf der anderen Rheinseite aufsuchen wollten.
Nach der deutschen Kapitulation begannen die amerikanischen Streitkräfte zunächst damit, die Fahrrinne des Rheins freizuräumen. Die an der Düsseldorfer Rheinfront versenkten Schiffe wurden gehoben, die rechtsrheinischen Trümmer der Oberkasseler Brücke weggesprengt und die Bogenreste durch Schwimmkräne und Lastkähne fortgeschafft. Am 22. Juni 1945 konnte auf dem Düsseldorfer Flußabschnitt die Schiffahrt wieder aufgenommen werden. Bei Hamm und Volmerswerth wurden Gierponten für den Personen- und Frachtverkehr eingesetzt. Im Norden Düsseldorfs verkehrte eine Wagenfähre zwischen Kaiserswerth und Langst.
Aber auch zwischen der Düsseldorfer Innenstadt und Oberkassel mußte eine Übersetzmöglichkeit geschaffen werden. Die Rheinbahn wurde daher beauftragt, den Personenfährverkehr wieder aufzunehmen. Die versenkten Fährboote „Düssel" und „Erft" wurden in den Maiwochen wieder gehoben und instand gesetzt. Ab 25. Juni 1945 verkehrten sie wieder zwischen den Anlegern Altstadt/Zollstraße und Oberkassel/Salierstraße, für alle Rheinüberquerer ein Lichtblick. Vor den Anlegern bildeten sich stets lange Schlangen, zu viele wollten nun von hüben nach drüben, namentlich morgens und nachmittags.
Die beiden Rheinbahnboote reichten nicht aus. In den nächsten drei Jahren wurden nacheinander zusätzlich sechs Motorboote und Dampfschiffe von anderen Reedereien angemietet, um den Übersetzverkehr zu bewältigen. In den Hauptverkehrsstunden waren zwischen Altstadtufer und Oberkassel vier Fährschiffe unterwegs. In jenen Jahren mußte man sich sputen und viel „Beinarbeit" leisten. Von der Haltestelle „Rathaus" der Straßenbahnlinien 3, 15 und 18 ging es über Marktplatz und Zollstraße zum Rheinufer, auf der anderen Seite über die Oberkasseler Wiesen und Kaiser-Wilhelm-Ring zum Luegplatz, um dort die Anschlußlinien 16, 17, K und M zu erreichen.
Nördlich der früheren Oberkasseler Brücke war während des Krieges ein breiter Holzsteg über die Rheinwiesen zwischen Oberkassel/San-Remo-Straße und Rheinufer angelegt worden, um im Falle einer Brückenzerstörung schnellstens eine Schiffsbrücke bauen zu können. Auf der Düsseldorfer Seite wurde am Ulanen-Denkmal nun ein weiterer Anleger installiert und ein Motorlastkahn für den Fährbetrieb hergerichtet. Dieser breite und große Lastkahn transportierte ab 1946 ebenfalls Rheinüberquerer zwischen beiden Anlegestellen hin und her und erreichte es aufgrund seines Fassungsvermögens, daß die Wartezeiten an den Anlegestellen vermindert werden konnten. Die Motorfähre zwischen Ulanen-Denkmal und Oberkassel wurde ebenfalls von der Rheinbahn betrieben.
Die Fahrt mit den Fähren kostete jeweils 10 Reichspfennig, war im Straßenbahn-Fahrpreis also nicht eingeschlossen. Rheinbahn-Schaffner kassierten an den Anlegern diesen Tarif und prüften gleichzeitig die Zeitkarten. Zwischen Juni 1945 und Mai 1948 erwirtschaftete die Rheinbahn aus den Fährgeldern einen Überschuß von etwa 3,5 Mill. Reichsmark, der dem Bau der Dauerbehelfsbrücke zugute kam.
Die britischen Besatzungstruppen schufen im Herbst 1945 aus eigenem Pioniermaterial eine weitere Rheinüberquerung in Form einer Pontonbrücke auf Pfeilern, „Freeman-Bridge" genannt. Diese Brücke auf schwimmenden Pfeilern ließ den Schiffsverkehr unter einem breiten Durchlaß ungehindert passierten. Bei herkömmlichen Schiffsbrücken mußte sonst ein Mittelstück ausgefahren werden, um den Schiffen eine Durchfahrt zu ermöglichen. Die Freeman-Brücke lag zwischen Rheinterrasse und Oberkassel/Tennisplatz, sie hatte nur eine Fahrbahn, so daß ein durch Signallampen gesteuerter Wechselverkehr nötig wurde. Rechts und links der Brücke befanden sich Fußgängerstege, durch Haltetaue gesichert bzw. abgegrenzt, was auch nicht jedermanns Sache war. Außerdem schaukelte die Brücke bei vorüberfahrenden Lastkraftwagen ziemlich.
Die Pontonbrücke diente vorzugsweise dem Verkehr der britischen Besatzungsmacht, durfte aber auch von deutschen Kraftwagen benutzt werden. Diese mußten allerdings auf separaten Spuren an beiden Rheinufern länger warten. Auch die Rheinbahn transportierte auf Culemeyer-Straßenrollern Straßenbahnwagen von Oberkassel zur Düsseldorfer Seite und umgekehrt. Von den Rheinwiesen aus betrachtet, hatte es dann den Anschein, als hätte die Freeman-Brücke Straßenbahnverkehr bekommen.
Der harte und strenge Winter 1946–47 brachte u. a. starkes Treibeis, stellenweise fror der Rhein sogar zu. Die Fähren mußten mehrere Wochen lang eingestellt werden. Die Freeman-Brücke wurde durch Treibeis teilweise zum Einsturz gebracht, später aber wieder aufgebaut. Die einzige Verbindung über den Rhein war nun die Hammer Eisenbahnbrükke, die, wie bereits erwähnt, ab August 1946 von Zügen wieder benutzt werden konnte. Düsseldorfer Fährbenutzer fuhren jetzt mit der Eisenbahn bis Neuss, von dort mit der Straßenbahn bis Heerdt, Oberkassel, Lörick usw. Nun dauerte es also noch länger, um von einer zur anderen Rheinseite zu

kommen. Ein Gang über das Rheineis, wie im harten Kriegswinter 1941–42, war auf Düsseldorfer Gebiet damals nicht möglich, da sich keine geschlossene Eisdecke bildete.
Ein neuer fester Brückenschlag zwischen Altstadt und Oberkassel wurde von allen dringendst gewünscht. Der Plan sah vor, über die Strompfeiler aus schwerem Pioniermaterial der früheren Deutschen Wehrmacht eine Behelfsbrücke von Dauer zu errichten. Die ersten Arbeiten liefen bereits Ende 1945 an. Zunächst wurden die restlichen Trümmer der alten Flußbrücke nach und nach auseinandergesprengt bzw. getrennt und abtransportiert. Die Widerlager am Luegplatz besserte man aus und unterzog die stehengebliebenen Uferbrücken verschiedenen Belastungsproben.
Im Sommer 1946 begann man auf den Brückenrampen mit der Montage der Fachwerk-Konstruktionen, die sich in den folgenden Monaten Meter um Meter freischwebend über der Wasserfläche zur Strommitte hin zusammenschoben. Neben dem Mittelpfeiler erhielt die neue Brücke rechts und links davon Stützpfeiler, um eine Höchstbelastbarkeit sicherzustellen. Dies zum Leidwesen der Rheinschiffahrt, die sich solche zusätzlichen Pfeiler nicht wünschte.
Die neue Dauerbehelfsbrücke bekam nur zwei Fahrbahnen für Straßenbahnen, Autos, Lastwagen usw. Spätere Staus waren also schon vorprogrammiert. An den Fahrbahnrändern blieben Streifen für Radfahrer übrig. Überholverkehr war auf der neuen Flußbrücke nicht möglich, jeder mußte in der Fahrspur bleiben. Außen an den Fachwerk-Konstruktionen brachte man Fußwege an. Das vorhandene Baumaterial und die Auflagen der Besatzungsmächte ließen eine größere Brückenbreite nicht zu. Pferdefuhrwerke und Handkarren durften die Brücke nur in den Nachtstunden von 22 Uhr abends bis 7 Uhr morgens passieren.
Ab Dezember 1947 war der nördliche Fußgängerweg bereits benutzbar, für die Pendler eine große Erleichterung, waren sie doch jetzt nicht mehr ausschließlich auf den Schiffsfährverkehr angewiesen. Die Rheinbahn baute nach Erneuerung und Verbreiterung der Hofgartenrampe vom Ratinger Tor bis zum früheren Planetarium neue Gleise ein mit einem Gleiswechsel am Streckenende. Der Verbreiterung der Brükkenrampe wurde die Trasse der früheren Bendemannstraße zugeschlagen.
Ab Mitte Dezember 1947 fuhr eine Linie B vom Fernbahnhof Graf-Adolf-Platz (Gleis 2) über Breite und Alleestraße zur Brückenrampe, um den Pendlerströmen über den neuen Brückensteg entgegenzukommen. Zwischenhaltestellen existierten am Ratinger Tor, Opernhaus und Wilhelm-Marx-Haus. Die neue Linie B galt als Fernlinie, die Fahrgäste mußten auf der B einen 20-Pfennig-Fahrschein lösen (Ortslinientarif 15 Reichspfennig). Die Linie B verkehrte an Wochentagen von 7 bis 19 Uhr alle 5 Minuten, im Spitzenverkehr mit einem oder zwei Beiwagen. Sonntags fuhr sie nur alle 10 Minuten mit Solo-Triebwagen. An der Endstelle Planetarium setzte sich ein zweiter wartender Triebwagen rückwärts an den oder die Beiwagen, um mit ihnen die Fahrt zum Graf-Adolf-Platz anzutreten. Auf der B wurden Triebwagen der 400er, 500er und 1100er Reihen eingesetzt.
Im Januar 1948 rammte ein holländischer Lastkahn einen schwimmenden Ponton der Freeman-Brücke und brachte sie zum Einsturz. Anschließend wurde sie von britischen Pionieren abgebaut. Zum Glück konnten bereits am 7. Februar 1948 beide Fahrbahnen der neuen Oberkasseler Brücke für den Auto- und Lastverkehr freigegeben werden, für Straßenbahnen allerdings noch nicht.
Am 29. Mai 1948 wurde dann die Oberkasseler Dauerbehelfsbrücke offiziell eröffnet, jetzt konnten auch Straßenbahnen über die neue Brücke fahren. Als erste Bahn von Oberkassel nach Düsseldorf fuhr ein festlich geschmückter Zug der Fernlinie K in Richtung Graf-Adolf-Platz. Es war der Vierachs-Triebwagen Nr. 1003 und der Beiwagen Nr. 1077.
Die Baukosten für die Behelfsbrücke stellten sich auf etwa 7 Mill. Reichsmark, die Hälfte davon brachte der Rheinbahnfährverkehr von 1945–48 auf.
Die Wagenfähre zwischen Ulanen-Denkmal und Oberkassel wurde am gleichen Tage eingestellt, der Notsteg auf den Oberkasseler Wiesen später abgebaut. Die Fährboote „Düssel" und „Erft" setzten den Übersetzverkehr zwischen Altstadt/Zollstraße und Anleger Oberkassel fort, aber mit großen Zeitabständen, wie vor dem Kriege. Während von der Jahrhundertwende an bis 1939 der Fährdienst zwischen Altstadt und Oberkassel stets ausgelastet war, wurden die beförderten Personen Anfang der fünfziger Jahre immer weniger. 1952 stellte die Rheinbahn den Fährverkehr dann ein.
Ab 29. Mai 1948 hatten die Fernlinien K und M wieder ihre Endstelle am Graf-Adolf-Platz Auf Gleis 1 des Fernbahnhofes hielt die K, auf Gleis 2 die Linie D und auf Gleis 3 die M. Gegenüber früher wurden die letzteren Gleise zwischen der D und M also getauscht. Die Linie 15 endete nicht mehr am Rathaus, sondern in Oberkassel. Über die neue Oberkasseler Brücke verkehrten außer den Fernlinien K und M jetzt folgende Ortslinien:

Linie 15: Eller – Lierenfeld – Erkrather Straße – Hauptbahnhof – Corneliusplatz – Luegplatz – Belsenplatz, alle 10 Minuten,
Linie 16: Hauptbahnhof – Corneliusplatz – Luegplatz – Belsenplatz – Heerdt – Handweiser – Neuss/Bahnhof – Neuss/Alexianerkloster, alle 10 Minuten,
Linie 17: Volmerswerth – Aachener Platz – Bilk/Bahnhof – Graf-Adolf-Platz – Luegplatz – Belsenplatz – Lörick, alle 15 Minuten.

Die Linien B (Graf-Adolf-Platz – Brückenrampe) und 5 (Volmerswerth – Hauptbahnhof) wurden eingestellt.
Die Linie 9 (Grafenberg – Südfriedhof) verkehrte 1948 mit 400er Trieb- und einem Beiwagen alle 7,5 Minuten. Ab 22. März 1948 fuhr die Linie 7 wieder wie früher bis Unterrath/Bahnhof, nachdem in Unterrath über den Kittelbach eine neue Brücke errichtet wurde. Gleichzeitig erhielt die 7 zwischen Kalkumer Straße und Am Röttchen eine Doppelgleisstrecke, bis 1945 war dieser Abschnitt eingleisig. Ab 14. Juni 1948 fuhr die Linie 2 vom Nordfriedhof wieder bis zum Hauptbahnhof, endete also nicht mehr am Marienhospital. Sie verkehrte alle 10 Minuten mit 400er Triebwagen, in der Hauptverkehrszeit mit einem Beiwagen behängt.
Ende 1948 hatte Düsseldorf 466 000 Einwohner, näherte sich also immer mehr dem Vorkriegshöchststand.

Die Wiederaufbauwerke der Rheinbahn

In den ersten Monaten nach Kriegsende reparierte die Rheinbahn zunächst nur die defekten Wagen mit leichten Schäden, um den Straßenbahnbetrieb wieder schnell in Gang zu bringen. Die stark beschädigten Wagen und die Fahrgestelle mit Restaufbauten wurden auf den Gleisen vom Freiligrathplatz bis zum Stadion und auf den Gleisen zur früheren Ausstellung auf der Stockumer Kirchstraße zusammengezogen. Die übrigen z. Z. noch stilliegenden Strecken im Stadtgebiet und in den Vororten wurden von abgestellten Wagen nach und nach freigeräumt.
In Stockum, am Rheinstadion und in den Betriebshöfen schlachtete man die nicht mehr reparierbaren Straßenbahnwagen aus. Motoren, Schaltanlagen und sonstige Teile brauchte man für die Renovierung anderer Wagen. Eisenschrott, Kupfer und sonstige Metalle wurden auf dem Kompensationswege veräußert, d. h., sie wurden gegen anderes Material wie Glas, Holz, Kabel, Kupferdrähte, Farben usw. eingetauscht bzw. verrechnet. Bei der Wagenausschlachtung in Stockum soll damals manches Kilo Buntmetall auch in die „private Kompensation" geflossen sein.

Anfang 1947 organisierte die Rheinbahn den Wiederaufbau bzw. die Renovierung von Straßenbahnwagen auf breiter Basis. Die stark beschädigte Hauptwerkstatt an der Erkrather Straße war inzwischen wieder aufgebaut worden, die maschinellen Anlagen wieder hergerichtet. Zusätzliche Mitarbeiter wurden angeworben, sie erhielten bei der Lebensmittelversorgung Zulagen für Schwerarbeiter.
In der Hauptwerkstatt Erkrather Straße wurden nun Triebwagen instand gesetzt, Beiwagen im Betriebshof Mettmann, der früher schon die Wagen der Kreis Mettmanner Straßenbahn wieder herrichtete. Zwischen Düsseldorf und Mettmann mußten allerdings sämtliche Wagen auf Culemeyer-Straßenrollern hin und her transportiert werden, da die Gleisstrecke von der Hardt bis Mettmann seit 1938 nicht mehr befahren werden konnte.
Ab 1947 durften die Düsseldorfer wieder mit frisch renovierten Straßenbahnwagen fahren, außen und innen neu lackiert, außerdem mit normaler Verglasung. Von früheren Kriegsbeschädigungen war an diesen Wagen nichts mehr zu sehen. Einige Straßenbahnwagen erhielten statt der früheren niedrigen Klapptüren an den Perrons Falttüren bis zum Wagendach, die Triebwagen sämtlich Scherenstromabnehmer. Auf den Rammbohlen wurden, falls es im Kriege noch nicht geschehen war, rechts und links der Wagenpuffer Rückstrahler angebracht.
Die Dachlinienschilder waren jetzt nicht mehr emailliert, nur wenige dieser Schilder hatten den Krieg heil überstanden. Man malte die Linienziffer nun auf weißgrundigen Blechscheiben auf. Wie in den zwanziger Jahren bereits eingeführt, wurden die Linienziffern an Trieb- und Beiwagen am Vorder- und Hinterperron zusätzlich angezeigt. Diese Einsteck-Linienschilder fand man auch weiterhin vorn rechts und links hinten an den Messingstängchen der schmalen Frontscheiben.
Die Rollbänder der Niederflurwagen waren sämtlich unbrauchbar, zum Teil lag es an den früheren Straßen- und Platzbezeichnungen aus dem „dutzendjährigen Reich". Die Wagen des Typs Düsseldorf hatten 1946 innen an den breiten Frontscheiben Umsteck-Zielschilder, rechts und links an den schmalen Scheiben Linienschilder. 1947–48 erhielten die Niederflur-Triebwagen außen an den Dachnummernhauben Führungsschienen, in welche Blechscheiben, beige lackiert, mit gestanzten Liniennummern eingeschoben wurden. Bei Dunkelheit leuchtete hell die jeweilige Linienziffer. Die Nummernscheiben reichten von 1 bis 18, außerdem gab es die Buchstaben D und E. In späteren Jahren bekamen die Zielkästen der Niederflurtrieb- und Beiwagen oberhalb der Frontscheiben einschiebbare Zielwechselschilder.
Die früheren Emaille-Haltestellenschilder mit der Beschriftung: „Haltestelle der Straßenbahn" blieben ebenfalls „auf der Strecke". Sie wurden durch kreisrunde Haltestellen-Symbole, die ein umrandetes „H" auf gelbem Grund zeigten, ersetzt. Die neuen H-Schilder fand man an Fahrleitungsmasten, Laternen, an und auf Rundstangen und an Spanndrähten. An Kreuzungspunkten und an Umsteigehaltestellen gab es auch wieder Fahrpläne der jeweiligen Linien.
Die Trümmerräumung auf Düsseldorfs Straßen und Plätzen wurde ab 15. Oktober 1945 in großem Ausmaß mit Baggern und Feldbahnen aufgenommen. Jetzt befreite man auch die Bürgersteige von der Schuttlast, freistehende Ruinenwände wurden abgetragen. Bis zum 1. April 1949 waren auf Düsseldorfer Stadtgebiet 16 Bagger, 25 Loks (Dampf- und Dieseltraktion) und 620 Kipploren im Einsatz. Die auf Straßen und freiem Gelände verlegten Kipplorengleise waren etwa 40 km lang. Bis 1949 wurden bereits 1,5 Mill. Kubikmeter Schutt beseitigt.
Wo Kipplorengleise Straßenbahnschienen kreuzen mußten, waren Gleisjoche am Straßenrand abgelegt. Wenn ein Loren-

Um ihrem Wagenmangel zu begegnen, kaufte die Rheinbahn acht Beiwagen von der NBM Utrecht – Zeist.

Nach einigen Anpassungsarbeiten sahen die holländischen Wagen wie auf dieser Aufnahme aus.

1954 fanden die NBM-Wagen vornehmlich auf der Linie 16 Verwendung.

zug die Straßenbahngleise erreicht hatte, legten der Lokführer und der Zugbegleiter das Gleisjoch über die Straßenbahnschienen und trugen es nach der Überfahrt wieder zum Straßenrand.
Die Trümmermassen wurden außerhalb des Bebauungskerns nördlich, östlich und südlich abgekippt. Bodensenken wurden z. B. aufgefüllt. In der Nähe des Aachener Platzes entstand u. a. ein etwa 30 m hoher Schuttberg, „Fleher Alpen" genannt. Lastwagen beförderten auf Serpentinen immer mehr Schuttmassen hinauf. In den fünfziger Jahren wurde dieser Berg aber wieder abgebaut. Eine Schuttaufbereitungsanlage am Aachener Platz sortierte brauchbare Ziegelsteine heraus und säuberte sie. Der Rest wurde zu Ziegelsplitt verarbeitet. Die Schuttberge am Rande der Stadt benötigte man in späteren Jahren auch beim Bau neuer Autobahnen und Straßendämmen.
Trümmerschutt aus der Altstadt und dem Innenstadtbereich wurde in diesen Jahren auch zum Rheinufer gefahren und dort in Lastkähne gekippt. Hier half auch die Rheinbahn mit. 100er Arbeitswagen mit „Gemüsewagen" transportierten den Schutt über die Ratinger Straße zum unteren Rheinwerft. Später wurden Kipp-Beiwagen eingesetzt. In den Jahren 1947–48 baute die Rheinbahn 20 Seitenkipper auf Fahrgestellen ausgebrannter oder zerstörter Straßenbahnwagen. Diese grün gestrichenen zweiachsigen Kipp-Beiwagen wurden wie folgt in Dienst gestellt: 1947 die Wagennummern 1560–69, 1948 die Nummern 1570–79. In den Jahren 1960–1972 verschrottete man sie größtenteils, zwei Wagen wurden 1977 nach Hannover verkauft (dort Nr. 1851–52). Vier Kippwagen sind heute noch vorhanden und werden bei Streckenerneuerungen als Schotterwagen eingesetzt.
Bis zum 31. März 1951 konnte die Stadt Düsseldorf insgesamt 2,4 Mill. Kubikmeter Trümmerschutt fortschaffen.
Die Rheinbahn hatte bis Ende Dezember 1947 in ihren Aufbauwerken Erkrather Straße und Mettmann bereits 200 Straßenbahnwagen instand gesetzt. Der 200. Wagen war der Triebwagen 904, was Anlaß zu einer kleinen Feier bot. Ende 1948 waren auf Rheinbahngleisen insgesamt wieder 446 Straßenbahnwagen (Trieb- und Beiwagen) im Einsatz.
1949 konnte die Rheinbahn von der stillgelegten Utrechter Straßenbahn in Holland 8 zweiachsige Beiwagen kaufen, die in Düsseldorf die Nummern 891–898 erhielten. Es waren Normalspurwagen mit 5 breiten Seitenfenstern, aber kleinen Plattformen mit Einfacheinstiegen. Außerdem besaßen die Wagen Fronttüren, wie bei U-Bahnen üblich. Sie wurden 1949–1950 in der Mettmanner Werkstatt umgebaut und erhielten neue größere Plattformen mit Doppeleinstiegen, die durch hohe Falttüren verschlossen waren. Die Fronttüren wurden entfernt, die Wagenlänge war jetzt größer. Die Seitenwände blieben unverändert. Zwei der angekauften Wagen, Nr. 891 und 892, setzte man 1949 einige Monate lang als Beiwagen der Linie 2 im Ursprungszustand ein, bis auch sie umgebaut wurden.
Die neuen Beiwagen Nr. 891–898 waren zunächst im Derendorfer Depot stationiert und wurden auf den Linien 2 und 7 eingesetzt. Oft führte die 7 zwei dieser Beiwagen mit. 1951 kamen sie zum Betriebshof Handweiser und dienten der Linie 16 als Zweitbeiwagen. In den Jahren 1958–1960 wurden sie ausgemustert.
Im Juli 1950 hatte das Wiederaufbauwerk in Mettmann seine Dienste getan. Von da an renovierte man Beiwagen wieder in der Hauptwerkstatt Erkrather Straße. Der letzte in Mettmann instand gesetzte Beiwagen war der Wagen Nr. 638.

Die Jahre nach der Währungsreform

Am 20. Juni 1948 wurde die wertlose Reichsmark nun endlich durch eine neue Währung abgelöst, die „Deutsche Mark". Jeder Einwohner der drei westlichen Besatzungszonen erhielt als Kopfgeld zunächst 40 neue Deutsche Mark. Die Reichsmark wurde aus dem Zahlungsverkehr gezogen. Die Rheinbahn-Schaffner mußten allerdings noch drei Tage lang Reichsmark in Noten und Münzen von ihren Fahrgästen annehmen, bis die Umtauschaktion beendet war.
In kurzer Zeit waren die meisten Gebrauchsgüter des täglichen Bedarfs wieder auf dem Markt und in den Schaufenstern. Auch Lebensmittel verkaufte man größtenteils ohne Marken, obwohl die Lebensmittel-Rationierung noch eine gewisse Zeit weitergeführt wurde, wenn auch nicht mehr für alle Nahrungsmittel. Erst ein Jahr später gab man das Drukken und die Verteilung von Lebensmittelkarten auf. Alles atmete auf, für ehrliches Geld erhielt man wieder gute Ware. Der Schwarzmarkt hatte ausgedient.
Auch auf politischem Gebiet tat sich in diesen Jahren einiges. Der Morgenthau-Plan, der Deutschland in einen Agrarstaat verwandeln wollte, landete im Papierkorb. Die vorgesehenen Demontagen der deutschen Industrieanlagen wurden weitgehend ausgesetzt. Jetzt gab es den Marshall-Plan, der den Wiederaufbau der kriegszerstörten europäischen Gebiete finanziell ermöglichte. Care-Pakete aus den USA unterstützten seit Ende 1946 die Bevölkerung. Die Bautätigkeit kam nun endgültig in Gang.
In der Düsseldorfer Innenstadt wurden zunächst die Geschäfte wieder errichtet, die oberen Etagen kamen später an die Reihe. Aber auch Wohnhäuser im Stadtgebiet und neue Siedlungen außerhalb des Stadtkerns begann man zu bauen. Ämter bekamen ein neues Domizil. Ab Sommer 1948 bauten die Industrie- und Gewerbebetriebe ihre Fertigungsstätten größtenteils neu auf. In Düsseldorf zählte man Ende 1948 wieder 45 000 Beschäftigte. In den nächsten Jahren kamen außerdem neue Firmen mit neuen Produktionsgebieten nach Düsseldorf.

Noch etwas kam in diesen Jahren hinzu, was viele Düsseldorfer begrüßten: die Wiederingangsetzung der Straßenbeleuchtung. Man brauchte nicht mehr im Dunkeln an Trümmerhaufen und an leeren Fensterhöhlen vorbeizuhuschen, darauf wartend, daß der Mond dann und wann hervorkam, um die dunklen Straßenzeilen aufzuhellen. 1946–47 waren es nur wenige Vorstadtstraßen, die ihre Gaslaternen wieder leuchten ließen. Nach der Währungsreform wurden es dann immer mehr.
In der Vorweihnachtszeit des Jahres 1948 konnte man an Straßenfronten einiger Geschäfte und teilweise wieder aufgebauter Warenhäuser wieder dreieckförmige Tannenbäumchen mit brennenden Glühbirnen, wie sie in den dreißiger Jahren eingeführt wurden, beobachten, an Vorder- und Rückseiten mit Tannengrün geschmückt. Die Weihnachtswerbung setzte also wieder ein, wenn auch vorerst nur zaghaft. Auch hier erkannte man, daß es nun wieder aufwärts ging.
Von diesem Aufwärtstrend profitierte auch die Rheinbahn. Materialien aller Art ließen sich jetzt bedeutend leichter beschaffen, auch ohne Kompensationsangebote. Neue Mitarbeiter für Fahrdienst und Werkstatt konnten angeworben werden. Im Gegensatz zu den Jahren 1919–20 blieben Frauen weiterhin als Schaffnerinnen tätig. Am weiteren Streckenausbau und an der Instandsetzung der restlichen beschädigten Straßenbahnwagen wurde verstärkt gearbeitet.
Aber auch nach der Währungsreform ging die in den Kriegsjahren begonnene Lieferung von Gemüse und Obst vom Düsseldorfer Großmarkt zu den Einzelhandelsgeschäften durch Straßenbahnfahrzeuge weiter. In den Vormittagsstunden sah man bis 1949 noch 100er Arbeitstriebwagen und auch Personentriebwagen mit zwei Gemüsebeiwagen (Niederbordwagen) von der Ulmenstraße über Dreieck zu den einzelnen Stadtteilen fahren, um dort Kisten mit Gemüse und Obst vor den Geschäften abzuladen.

Um 1950 wurde noch die Umsetzstelle Rather Straße vor dem Rheinmetall-Betriebsgelände benutzt. Damals endete hier die Linie 4, auf der u.a. Beiwagen des Mettmanner Netzes im Einsatz waren.

Am 1. August 1948 nahm die Rheinbahn neue Linien in Betrieb:

Linie 4: Derendorf/Heinrich-Ehrhardt-Straße – Schloßstraße – Pempelforter Straße – Worringer Platz – Hauptbahnhof – Morsestraße – Bilker Allee – Bilker Kirche – Franziusstraße (früher Hafenamtstraße),

Linie 21: Unterrath/Flughafenstraße – Spichernplatz – Dreieck – Kaiserstraße – Corneliusplatz – Graf-Adolf-Platz – Bilk/Bahnhof – Auf'm Hennekamp.

Durch die 21 wurden die Linien 1 und 7 wie früher verstärkt. Für die Strecke der 4 legte man vorher von der Morsestraße einen Gleisabzweig zur Bilker Allee, der dort früher nicht existierte. In der Vergangenheit führte die Strecke von der Corneliusstraße mit einem Bogen in die Bilker Allee, und die Gleise von der Morsestraße in die südliche Corneliusstraße, ohne daß sich die beiden Gleiskurven berührt hätten.

Die Linie 14, die bisher zur Heinrich-Ehrhardt-Straße fuhr, entlastete jetzt die Linie 9 auf ihrem Weg nach Flingern. Der 14 gab man ab 1. August folgenden Linienweg: Stoffeln – Krankenanstalten – Himmelgeister Straße – Karolingerplatz – Fürstenplatz – Hauptbahnhof – Ackerstraße – Flingern/Bruchstraße. Die 9 verkehrte nunmehr alle 10 Minuten, nicht mehr alle 7½ Minuten.

Vier Wochen später, am 1. September, war ein Teilstück der früheren Rundlinie 6 wieder betriebsfähig. Die 6 verkehrte vom Brehmplatz (Umsetzstelle in der Rethelstraße) über Stockkamp-, Stern-, Kaiserstraße, Ratinger Tor, Wilhelm-Marx-Haus zum Graf-Adolf-Platz. Das Gleis 4 des Fernbahnhofes war ihre vorläufige Endstelle. Ihre frühere Strecke über Mühlenstraße, Rathaus, Hohe Straße, Schwanenmarkt benutzte sie nach dem Kriege nicht mehr. Die Gleise in der Mittel- und Hohe Straße wurden Ende der fünfziger Jahre ausgebaut. Die Altstadt hatte jetzt nur noch die Linien 3, 18 und 23 als Zubringer, die über Mühlen-, Markt- und Flingerstraße ihre Schleifen fuhren. Die neue Linie 6 verkehrte wie früher mit 400er Triebwagen, in der Hauptverkehrszeit mit einem Beiwagen.

Am 1. Oktober 1948 war in Neuss eine neue Umsetzstelle auf der Aachener Straße betriebsbereit. Die Linie 16 wurde vom Alexianerkloster zurückgezogen und endete nun an der Selikumer Straße bzw. an der Schokoladenfabrik „Novesia".

Am 8. November 1948 stellte man die dritte zwanziger Linie nach dem Kriege in Dienst, die Linie 20 als Entlastung der 10 auf dem Streckenabschnitt Reeser Platz – Kaiserswerther Straße – Kaiserstraße – Corneliusplatz – Graf-Adolf-Platz – Hüttenstraße – Oberbilk – Lierenfeld – Eller/Vennhauser Allee. Sie endete also nicht wie früher in Oberbilk. Durch den kriegsbedingten Zuzug hatten die Vororte Lierenfeld und Eller eine stärkere Verkehrsanbindung nötig. Die 20 fuhr zunächst alle 20 Minuten mit Solo-Triebwagen, meistens waren es Motorwagen der 1100er Reihe.

Im Sommer und Herbst 1948 baute die Stadt Düsseldorf die Brehmstraße zwischen Brehmplatz und Heinrichstraße neu aus. Im Bereich des Hansaplatzes wurde sie gleichzeitig begradigt, ein Streifen dieses Platzes wurde dem Straßenverlauf zugeschlagen. Die Straßenbahn erhielt auf der Brehmstraße neue Gleise, zwischen Grunerstraße und Heinrichstraße sogar einen eigenen Bahnkörper. Außerdem entfielen die früheren S-Kurven am Hansaplatz.

Am 1. Januar 1949 verlängerte die Rheinbahn die Linie 8 vom Brehmplatz bis zur Heinrichstraße. Die 8 hatte damit ihre frühere Streckenlänge wieder erreicht.

Am 1. April 1949 waren die restlichen Strecken-Instandsetzungsarbeiten auf der Rundlinie 6 abgeschlossen. Ab diesem Datum verkehrte die 6 wieder auf ihrem früheren Linienweg (die Altstadt ausgenommen): Volksgarten – Oberbilk – Flingern – Zoo/Brehmplatz – Stockkampstraße – Sternstraße – Ratinger Tor – Wilhelm-Marx-Haus – Graf-Adolf-Platz – Mintropplatz – Ellerstraße – Oberbilk/Markenstraße. Damit war das Vorkriegs-Straßenbahnnetz wieder voll in Betrieb, wenn man von einigen kleinen Stichstrecken und der Strecke zur Südbrücke absieht.

Bevor die Linie 6 wieder über die Lindemannstraße in Richtung Volksgarten fuhr, gab es wie in den dreißiger Jahren mit den Anwohnern einige Differenzen. Von 1948 bis zum 30. März 1949 verkehrte eine Omnibus-Linie 66 als Straßenbahnersatz zwischen Uerdinger Straße, Johannstraße, Heinrichstraße, Zoo, Flingern und Oberbilk. Man wollte die Buslinie beibehalten und riet von der Wiedereröffnung der Straßenbahnlinie 6 ab. Auch nach der Betriebsaufnahme durch die 6 wurde in der „Rheinischen Post" ein diesbezüglicher Leserbrief veröffentlicht, der sich wiederum gegen die Straßenbahn aussprach, u. a. mit der Bemerkung: „. . . nun zuckelt alle 15 Minuten ganz weltverloren ein Bähnchen durch die Gegend . . .". Damals fuhr die 6 meistens mit 1100er Triebwagen.

Die Rentabilität dieser Straßenbahnstrecke hatte sich in späteren Jahren aber erwiesen. Sogar 1982, nach langjähriger Rückläufigkeit der Fahrgastzahlen, verkehrte die Linie 706 noch alle 10 Minuten mit Großraumzügen über ihre angestammte Strecke.

Ab 1. Juni 1949 ließ die Rheinbahn die Linien 10 und 20 über Stern- und Duisburger Straße fahren, also nicht mehr über Nordstraße. Am 15. März 1950 verlängerte man die Linie 21 vom Hennekamp über Witzelstraße bis zur Schleife Stoffeln. Ab 11. April fuhren die Linien 1 und 21 nicht mehr über die Königsallee sondern über Ratinger Tor, Alleestraße und Breite Straße. Damit erhielten Unterrath, Rath und Derendorf eine bessere Verbindung zur Altstadt, ohne Umsteigezwang am Corneliusplatz. Ein Jahr vorher, am 8. Mai 1949, wurde die Bundesrepublik Deutschland, eine Vereinigung der drei westlichen Besatzungszonen, ins Leben gerufen. Britische Behörden hatten jetzt keinen Einfluß mehr auf die Düsseldorfer Verkehrsgestaltung.

Am 14. Mai 1950 wurden die Streckenäste der Linien 4 und 14 getauscht. Die Linie 4 verkehrte statt vom Hafen von der Schleife Stoffeln über Krankenanstalten, Himmelgeister Straße, Karolingerplatz, Fürstenplatz zum Hauptbahnhof und Derendorf/Straßburger Straße. Die Endschleife Straßburger Straße wurde in den letzten Wochen von ihren schweren Kriegsschäden befreit und war jetzt wieder befahrbar. Die Umsetzanlage an der Heinrich-Ehrhardt-Straße hatte nun ausgedient und wurde in den sechziger Jahren bei Straßenarbeiten abgebaut.

Die Linie 14 fuhr ab 14. Mai von Flingern über Hauptbahnhof, Fürstenplatz, Bilker Alle, zur Franziusstraße, und zwar im 20-Minuten-Abstand, während die 4 alle 15 Minuten verkehrte. 1950 wurde auch die leidige eingleisige Ausfahrt der Linie 12 von der Eisenbahn-Parallelstrecke zur Grafenberger Allee bei Haniel & Lueg doppelgleisig ausgebaut. Der Wechsel auf das Gegengleis in Richtung Ratingen war jetzt nicht mehr nötig.

Bis 1950 hatte die Rheinbahn nach dem Kriege bereits 18 Kilometer Gleise neu eingebaut, 1949 allein etwa 9 km. Damit war ein großer Teil des Nachholbedarfs erfüllt.

Im Frühjahr 1950 eröffnete die Stadt Düsseldorf in den wieder hergerichteten Ausstellungshallen am Ehrenhof eine Planungsausstellung. Sie sollte die Gestaltung und den Ausbau Düsseldorfs in den nächsten 10–20 Jahren darstellen. Neue Wohngebiete und Industrieansiedlungen wurden ausgewiesen. Die Verlegung des Oberbilker Stahlwerks und eine Neubebauung des östlichen Bahnhofsgeländes waren bereits damals vorgesehen, ebenso die Anlage der Berliner Allee und eine stärkere linksrheinische Bebauung. Was seinerzeit geplant war, aber später wieder verworfen wurde, war eine verkehrsberuhigte Zone zwischen Altstadt, Harold-, Graf-Adolf-, Karlstraße, Kölner, Pempelforter Straße, Hofgarten und Ehrenhof. Die Karl- und Kölner Straße sollten breit ausgebaut werden und den Verkehr um die Innenstadt herumführen. Die Dauerbehelfsbrücke wollte man in späteren Jahren abreißen und nicht erneuern. Das Rampengelände sollte dem Hofgarten zugeschlagen werden.

Als neue Rheinbrücken waren die Nordbrücke, eine Brücke im Zuge der Klever Straße und die Kniebrücke vorgesehen. Die Klever Brücke sollte den Nordverkehr aus der Jülicher Straße über den Rhein leiten, die Kniebrücke den Autoverkehr aus der Südrichtung.

Während die Klever Brücke nur für Autoverkehr vorgesehen war, sollten die Nord- und Kniebrücke auch Straßenbahngleise bekommen. Über die Nordbrücke wollte man die Linien K, M und 17 führen (eine Stelzenstraße bis zum Nordfriedhof war damals nicht geplant) und über die Kniebrücke die Linien 15 und 16. Über Breite und Alleestraße sollten nur noch zwei Straßenbahnlinien zur Altstadt fahren, zum Rathaus außerdem die aus der Schadowstraße kommenden Linien 3 und 12.

Überhaupt hatte das Verkehrsmittel Straßenbahn seinerzeit einen noch hohen Stellenwert. Linksrheinisch sollten die Linien von der Nord- und Kniebrücke durch eine Straßenbahnlinie im Zuge der Oberkasseler und Niederkasseler Straße miteinander verbunden werden. Die Strecke vom Luegplatz (Schleife) in Richtung Lörick wollte man beibehalten. Im östlichen Teil Düsseldorfs waren Straßenbahnlinien von Lierenfeld bis Vennhausen, von Flingern bis Gerresheim (wobei Vorkriegspläne wieder aufgegriffen wurden) vorgesehen, dazu noch Linien vom Brehmplatz bis zum Grafenberger Wald und von der Heinrichstraße nach Rather Broich. Die Linie 1 wollte man über eine Brücke am Rather Bahnhof über die Oberrather Straße bis zur Reichswaldallee führen, dort Anschluß zur 12 nach Ratingen.

Verbindungen von Unterrath nach Rath und nach Lichtenbroich plante man ebenfalls, außerdem eine Straßenbahnstrecke von Holthausen nach Reisholz und Hassels (Linie 1). Die Linie 6 erreichte vom Volksgarten den Südfriedhof, wie schon 1939 geplant. Düsseldorf sollte auch eine „Rheinuferbahn" bekommen, und zwar eine Straßenbahnlinie von der Kaiserswerther Straße über Homberger Straße, Cecilienallee, Hofgarten-, Schloß-, Rathausufer, Mannesmannufer, Haroldstraße, Graf-Adolf-Platz zum Hauptbahnhof. Am Staufenplatz wollte die Bundesbahn die Güterstrecke Rath-Eller über einen Damm führen.

1952 berief die Stadt Düsseldorf Professor Tamms und betraute ihn mit der Gestaltung der geplanten Rheinbrücken. In späteren Jahren übernahm Professor Tamms auch das Planungsamt. Unter seiner Leitung wurde ein neuer Verkehrsplan aufgestellt. Die Gedanken von 1950 zur Verkehrsberuhigung der Innenstadt gab man auf. Die gewachsenen Verkehrsströme sollten nicht getrennt werden, wie man es damals nannte. Die Alleestraße sollte den aus dem Süden kommenden Verkehrsstrom über eine neue breite Oberkasseler Brücke führen. Eine weitere Nord-Süd-Achse plante man in der breiteren Corneliusstraße, Berliner Allee und Kaiserstraße. Überhaupt wollte man Düsseldorf autogerecht ausbauen,

die Stelzenstraße am Jan-Wellem-Platz ist dafür ein Beweisstück.
Spätestens Ende der siebziger Jahre stellten sich die Ideen von einer autogerechten Stadt als undurchführbar heraus, das nicht nur in Düsseldorf. Trotz breiter Straßen sind Verkehrsstauungen und Parkplatzprobleme an der Tagesordnung.
Rückblickend kann es der Chronist nur bedauern, daß das 1950 im Ehrenhof gezeigte Vorhaben im wesentlichen nicht realisiert wurde. Bei Ausführung des seinerzeitigen Planes hätte man jetzt den Innenstadtbereich vom Pkw-Verkehr weiter entlasten können, eine Fußgängerzone vom Wehrhahn über Schadowstraße, Corneliusplatz bis zur Altstadt wäre denkbar gewesen. Die Heinrich-Heine-Allee ohne Oberkasseler Brücke hätte wie zur Jahrhundertwende wieder zu einer gemütlichen Promenade werden können. Heutzutage erdrosselt der Autoverkehr Düsseldorfs Geschäfts- und Einkaufsstraßen.

Beschaffung der Verbandstyp-Straßenbahnwagen

Die großen Kriegsverluste an Straßenbahnwagen machten die Beschaffung neuer Wagen vordringlich. Kriegsstraßenbahnwagen (KSW), die ab 1943 und in den ersten Nachkriegsjahren hergestellt wurden (Triebwagen bei der Waggonfabrik Fuchs in Heidelberg, Beiwagen bei der Uerdinger Waggonfabrik), kaufte die Rheinbahn nicht, wohl kamen in den fünfziger Jahren solche Wagentypen durch Ankauf von stillgelegten Betrieben nach Düsseldorf. Es war ein leichter und einfach konstruierter Einheitstyp, gedacht als Übergangslösung für eine kürzere Einsatzsdauer.
Das 1939 eingeleitete Konzept eines Reichsstraßenbahnwagens für Normal- und Meterspur wurde nach dem Kriege nicht weitergeführt. Dieser zweiachsige Einheitswagen sollte den Waggonfabriken eine rationelle Fertigung ermöglichen und für alle deutschen Verkehrsbetriebe zwingend sein. Auch ein vierachsiger Wagentyp stand auf den Reißbrettern. Übrigens, der Düsseldorfer Niederflurwagen, Baujahr 1937–42, entsprach in vielen Baunormalien diesem geplanten Einheitswagen, war mit ihm aber nicht identisch. Dem projektierten Reichsstraßenbahnwagen am nächsten kamen die Nürnberger Triebwagen Nr. 901–930, Baujahr 1940, hergestellt von der Düsseldorfer Waggonfabrik AG.
Anfang 1950 entstanden bei der DÜWAG für die Rheinbahn auf Fahrgestellen ausgebrannter oder stark beschädigter Niederflurwagen 10 zweiachsige Trieb- und 9 baugleiche Beiwagen. Inzwischen war vom Verband öffentlicher Verkehrsbetriebe ein neuer Einheitswagentyp konzipiert worden, der von allen Straßenbahngesellschaften künftig beschafft werden sollte, anschließend „Verbandstyp" genannt. Die neuen Rheinbahnwagen stimmten mit dieser Konzeption überein.
Die Triebwagen, Wagen-Nr. 365–374, waren 10,5 m lang, 2,35 m breit, wogen 13,5 t, hatten zwei Tatzlagermotoren von je 75 kWh sowie 22 Sitz- und 60 Stehplätze. Die erreichbare Spitzengeschwindigkeit lag bei 70 km/h. Die Beiwagen, Wagen-Nr. 340–348, hatten die gleichen Abmessungen sowie 22 Sitz- und 73 Stehplätze und wogen ca. 9,3 t.
Die Triebwagen hatten Scherenstromabnehmer und, was neu war, Fahrersitze mit Fahrpulten. Antriebstechnisch hatte sich gegenüber den Niederflurwagen nicht viel geändert. Auf den Stirndächern der Motorwagen befanden sich eckige Liniennummernhauben mit auswechselbaren Nummernscheiben. Der neue Wagentyp hatte einteilige Frontscheiben, vier gleichgroße Seitenfenster und Teleskop-Schiebetüren an den Plattformen (jeweils Doppeleinstiege). Das Wageninnere war wie üblich vom Perron durch Doppelschiebetüren getrennt. Oberhalb der Frontscheiben saßen Zielkästen mit Einsteck-Zielschildern, rechts und links davon Lüftungsraster. Die Sitze waren ledergepolstert, zwischen den Sitzen waren am Fenster Ablagetische angebracht.
Die flachen Wagendächer hatten oberhalb der Innentüren breite Lüftungskästen mit Lamellen, die durch Innenhebel geschlossen werden konnten. An den Stirnseiten unterhalb der Frontscheiben befanden sich keine langen Stromkabel mit Kuppeldosen mehr, sondern verkürzte Bremsstromkabel mit Messingkupplungen, die beim Kuppeln mit Beiwagen gegeneinander eingehakt wurden. Ansonsten ruhte das Messingkuppelstück in einer seitlichen Halterung. Der Lichtstrom hatte ein eigenes Kabel mit entsprechenden Anschlußstellen.
Die neuen Wagen wurden auf den Fernlinien nach Krefeld und Moers eingesetzt, dort herrschte ein ziemlicher Mangel an schnellen Wagen. Die Vierachser, Baujahr 1912–25, waren durch den Krieg stark dezimiert und wurden auf der Fernlinie K anschließend meistens als Verstärkungszüge während der Hauptverkehrszeit gefahren. Nur die Speisewagenzüge drehten in altem Gewand nach wie vor ihre Runden. Die 900er Trieb- und 800er Beiwagen, Baujahr 1928–29, bisher auf den Fernstrecken eingesetzt, kamen zu den Linien 16 und 17.
Der neue Wagenpark mit 10 Motor- und 9 Beiwagen reichte allerdings nicht aus, um auch die Fernlinie M ganz zu versorgen. Auf der M fuhren daher zusätzlich Motor- und Beiwagen des Niederflurtyps, Baujahr 1937–42.
Ende des Jahres 1950 gelangten weitere Triebwagen des neuen Verbandstyps zur Rheinbahn, die Wagen-Nr. 375–390. 1951 folgten die Triebwagen Nr. 391–394. Damit standen insgesamt 30 neue Motorwagen zur Verfügung. Die letzten 20 Wagen hatten das gleiche Aussehen und die gleichen Leistungszahlen wie die ersten 10 Stück, nur die Dachlinienhauben waren kleiner mit runden Kanten und lagen jetzt vorn am Stirndach über dem Zielkasten. Die Linienziffern konnten nun innen vom Fahrer besser gewechselt werden. Nach etwa 5–6 Jahren erhielten die zuerst fertiggestellten 10 Triebwagen Nr. 365–374 ebenfalls die kleineren Liniennummernkästen. Die Fahrgestellbauart des Niederflurtyps wurde auch bei den neuen Verbandswagen beibehalten.
Die Triebwagen Nr. 375–394 wurden ab 1951 auf den Linien 1 und 18 eingesetzt. Baugleiche neue Beiwagen standen zu diesem Zeitpunkt noch nicht zur Verfügung, die 9 Stück der ersten Lieferung liefen auf der Krefelder Strecke. Auf der 18 wurden die Verbandstriebwagen daher mit Niederflurbeiwagen behängt, als zweite Beiwagen kamen die 700er und 800er Reihen hinzu.
Auf der Linie 1 verkehrten die neuen Triebwagen stets mit zwei Beiwagen der Reihe 830–850, Baujahr 1928. Diese 20 Beiwagen erhielten, um sie mit den Verbandswagen kuppeln zu können, verkürzte Stromkabel mit Messingkupplungen. Dazu mußten aber die Zielschildkästen unter den Stirnfenstern verschwinden. Neue kleine Zielsteckschilder wurden nun von innen an den mittleren Frontscheiben angebracht. Auch die Niederflurwagen rüstete man Anfang bis Mitte der fünfziger Jahre auf kurze Stromkabel um.
In den Jahren 1952–54 kamen nun weitere Verbands-Beiwagen zur Rheinbahn, und zwar 56 Stück, die mit den zuerst gelieferten 9 Beiwagen Nr. 340–348 übereinstimmten. Da die 300er Nummernreihe erschöpft war, ging man mit der Numerierung der neuen Wagen in die 600er Reihe (zweite Besetzung): Nr. 600–655. Die neuen Verbands-Beiwagen stationierte man in Derendorf und Oberbilk, sie wurden auch hinter Niederflurtriebwagen eingesetzt. In den Kriegsjahren beschaffte man vom Typ Düsseldorf mehr Trieb- als Beiwagen, so daß das Manko an Stahlaufbaubeiwagen jetzt ausgeglichen werden konnte.
Ab 1952 verkehrte die Linie 1 als „Ganzzüge" mit Verbandstrieb- und zwei Verbands-Beiwagen, ein neues Erscheinungsbild auf Düsseldorfs Straßen. Auf den Linien 10, 15 und 18 gab es Mischbetrieb, wie bereits erwähnt.

Anfang der fünfziger Jahre wurde der Düsseldorfer Wagenpark um Verbandswagen erweitert. Hier sieht man einen solchen Wagen anläßlich einer Sonderfahrt in Meererbusch.

Die neuen Verbandswagen fanden auf den Fernlinien K und M ihren Einsatz ,...

... aber, wie sollte es auch anders sein, auch auf der längsten Lokallinie, der Linie 1.

Die zwischen 1912 und 1915 beschafften Beiwagen 620 - 659 erhielten 1953/54 Nummern einer neuen 200er-Serie.

Die Reste der ursprünglichen 600er Beiwagen wurden umnumeriert: 1953 die Reihe 620–639 in 220–239, 1954 die Reihe 640–660 in 204–219. Ab Nr. 661 blieb es bei der bisherigen Numerierung. Die Nummernreihe 600–619 war durch Kriegsverkäufe bereits freigeworden.

1951, Neubau der Südbrücke

Die Süd- oder Neusser Brücke, 1928–29 im wesentlichen von Finanzmitteln der Rheinbahn erbaut, lag wie ihre Schwestern zerstört in den Fluten des Rheins. Auch hier wurde 1945 zunächst eine Fahrrinne für die Schiffahrt freigeräumt. Die restliche Trümmerbeseitigung und die ersten Wiederaufbauarbeiten begannen 1949. Auf der Neusser Seite wurden Anfang März 1945 auch die Vorlandbrücken gesprengt, so daß ein Brückenneubau in ganzer Länge notwendig wurde.
Die Hängebrückenform sollte nicht wiedererstehen. Man plante und baute nun eine breite geschweißte Kastenbrücke ohne Aufbauten oder Verspannungen. Die Kastenkonstruktion trug sich selbst, die Pfeiler blieben auf ihren früheren Plätzen. Die neue Brücke, 30,1 m breit, war übrigens 1951 die größte vollverschweißte Kastenbrücke in Europa. Von beiden Ufern her rückten die Brückenhälften Meter um Meter der Strommitte zu. Im Herbst 1951 wurden beide Teile miteinander verbunden. Wie früher befanden sich in der Mitte ein separater Bahnkörper für die Straßenbahn, rechts und links je zweispurige Autofahrbahnen, anschließend Rad- und Fußwege.
Die breiten Zufahrtsstraßen von Neuss und vom Südfriedhof mußten ebenfalls von Kriegsschäden befreit werden. Zum Teil wurden neue Teerdecken aufgetragen. Am 17. November 1951 war es dann soweit, die neue Rheinbrücke wurde feierlich dem Verkehr übergeben. Die erste Straßenbahn, die über die Brücke fuhr, war der festlich geschmückte neue Großraumzug (Trieb- und Beiwagen, Baujahr 1951), der das neue Zeitalter symbolisieren sollte.
Der erste Planzug der Linie 16 in Richtung Neuss bestand aus dem Triebwagen 959 und dem Beiwagen 889, in Gegenrichtung, also von Neuss nach Düsseldorf, fuhr der Triebwagen 953 mit den Beiwagen 826 und 663. Vom gleichen Tage an verkehrte wie früher die schwarze 16 vom Hauptbahnhof über Oberkassel und die rote 16 über Unterbilk und Südbrücke. Da noch nicht genügend Niederflurwagen mit Linienhauben zur Verfügung standen, verzichtete man einstweilen auf Wiedereinführung der Liniennummer 26. Die Triebwagen der 16 zeigten somit auf ihrem ganzen Linienweg auf den Stirndächern schwarze Liniennummern, lediglich die Steckschilder an den schmalen Perronfenstern wechselten jeweils mit roten und schwarzen Linienziffern.
Im gleichen Jahre, am 19. März, führte die Rheinbahn die Ergänzungslinie 29 wieder ein, sie verkehrte an allen Wochentagen von 7 bis 19 Uhr von der Umsetzstelle Fährstraße über Graf-Adolf-Platz, Hauptbahnhof, Ackerstraße bis Flingern/Bruchstraße (Schleife). Am 19. November 1951 wurde sie bis Grafenberg/Burgmüllerstraße verlängert. Bei Einführung des Sommerfahrplanes im Mai 1951 erhielten die Linie 4 (Derendorf-Stoffeln) und die Rundlinie 6 10-Minuten-Betrieb. Die Linie 23 verkehrte nur noch morgens und nachmittags, also in den Hauptverkehrsstunden. Die Linie 3 fuhr den ganzen Tag über mit Dreiwagenzügen.
Am 16. Mai 1951 nahm die Rheinbahn in der Altstadt auf dem Burgplatz für die Linien 3, 18, und 23 eine neue Doppelgleisschleife in Betrieb. Vorher wurden die aus der Anfangszeit stammenden Gleisanlagen neben dem Schloßturm, auf dem Rathausufer und die Umsetzstelle südlich des Burgplatzes ausgebaut. Auf dem äußeren Gleisbogen hielten die Linien 3 und 23, im Innenkreis die Linien 18 und 18/E. Diese Linien befuhren die Mühlenstraße jetzt in beiden Richtungen. Die Strecke über Markt- und Flingerstraße legte man still. Die Gleise nahm man in den nächsten Jahren heraus. Die Altstadt verlor nach der Mittel- und Hohe Straße somit eine weitere Straßenbahnstrecke. Viele Fahrgäste verließen bereits am Wilhelm-Marx-Haus die Straßenbahn und gingen zu Fuß zur Altstadt. Die neue Schleife am Burgplatz lag zu weit nördlich.
1951 ging die Stadtverwaltung daran, den Nord-Süd-Verkehr von der Alleestraße bis Bilk zu bündeln. Die Straßenzüge wurden zu Einbahnstraßen. Die Friedrich- und Breite Straße wurden in Süd-Nord-Richtung befahren, die Kasernen- und Elisabethstraße in Nord-Süd-Richtung. Die Stra-

In den fünfziger Jahren waren häufig Reklamewagen auf Düsseldorfs Straßen zu sehen. Der Wagen 187 z.B. warb für eine Revue im damaligen Apollo-Theater, in der der weltbekannte Magier Kalanag auftrat.

Auch Reklamezüge, d.h. Trieb- mit Beiwagen waren unterwegs.

Die Werbung umfaßte Erzeugnisse aller Art; u.a. wurde für Kakao geworben.

ßenbahn mußte sich diesen Maßnahmen anschließen. Die Kasernen- und Elisabethstraße bekamen eingleisige Strecken links neben der Straßenmitte.
Am 23. Oktober 1951 wurde der Einbahnverkehr aufgenommen. Die Linien 1, 17, und 21 befuhren die Friedrich- und Breite Straße nur noch in Richtung Wilhelm-Marx-Haus, und zwar auf dem westlichen Gleis. Das östliche Gleis blieb seitdem ungenutzt und wurde in späteren Jahren abgebaut. In Richtung Bilk ging es über neuverlegte Gleise: von der Alleestraße über ein Stückchen Flingerstraße und mit einem Bogen in die Kasernen- und Elisabethstraße bis zur Kirchfeldstraße, dann über die Kirchfeld- zurück zur Friedrichstraße. Das Trümmergrundstück der früheren Eisengießerei Franz Schwarz zwischen Bilker Allee und Bachstraße war noch nicht geräumt. Erst einige Jahre später verlängerte man die Elisabethstraße bis zur Bachstraße.
Vor der Einbahnstraßenregelung wurde die Kasernenstraße über geräumte Hausgrundstücke bis zur Flingerstraße durchgelegt. Vor dem Kriege gab es als Verbindung von der Graben- zur Flingerstraße nur die schmale Gasse „Stadtbrückchen“ neben dem Wilhelm-Marx-Haus. Die Straßenbahn-Haltestellen Fürstenwall, Graf-Adolf-Platz und Benrather Straße erhielten im November 1951 Haltestelleninseln.
Der Fernbahnhof am Graf-Adolf-Platz mußte bei Einführung der Einbahnstraßen allerdings „herumgedreht“ werden. Die Einfahrt erfolgte jetzt von der Kasernen- über die Karl-Theodor-Straße an der Oberpostdirektion vorbei in die einzelnen Haltestellengleise. Die Bahnen hielten nun mit dem Gesicht zum Postamt 6, auf Gleis 1 die K, auf Gleis 2 die D und auf Gleis 3 die M. Das Gleis 4 hatte keine Haltestelleninsel mehr. Die Ausfahrt zur Breite Straße ging in die alte Weichenanlage, hinter der Karl-Theodor-Straße schwenkte das Ausfahrtsgleis der Fernlinien in das Richtungsgleis der Linien 1, 17 und 21 ein. Der Weichensteller hatte sein Häuschen jetzt auf der anderen Seite des Fernbahnhofs neben dem Botanischen Garten.
Seit 1949 gab es wie vor dem Kriege wiederum Reklame-Straßenbahnwagen, die auf den Strecken solo oder auch mit Reklame-Beiwagen unterwegs waren. Es wurde für Veranstaltungen, Filme, Verbrauchsartikel, wie Parfüm, Seifenpulver und dergleichen geworben. Die Wagen waren rundherum mit Werbebildern verkleidet. Als Reklamewagen wurden jetzt ein Triebwagen der Ursprungsserie Nr. 187, Baujahr 1900, und ein Motorwagen der „zweiten Generation“ Nr. 413, Baujahr 1909, verwendet, außerdem als Reklamebeiwagen der Arbeitswagen Nr. 1550, frühere Wagen-Nr. 1187. Um 1958 herum stellte man diese Straßenbahnwerbung ein, und die genannten Reklamewagen wurden verschrottet.

Linienplan Ende 1951

Ende 1951 verfügte die Rheinbahn wieder über 250 Trieb- und 300 Beiwagen, es wurden 21 Straßenbahn-Ortslinien und 6 Fernlinien betrieben. Die beförderten Fahrgäste stiegen 1951 auf über 232 Millionen, davon fuhren auf der Linie 1 mit ihren Nebenlinien allein 30 Mill., auf der 18 etwa 20 Millionen. Die Straßenbahnlinien beförderten 91 % aller Fahrgäste, die Buslinien nur 9 %. Die Rheinbahn zählte zu diesem Zeitpunkt etwa 4000 Mitarbeiter.
Am Jahresschluß 1951 verkehrten folgende Straßenbahnlinien:

Linie 1: Rath/Bahnhof (Umsetzstelle) – Derendorf – Kaiserstraße – Ratinger Tor – Wilhelm-Marx-Haus – Graf-Adolf-Platz – Bilk/Bahnhof – Witzelstraße – Stoffeln – Wersten – Holthausen – Benrath/Betriebshof (Schleife)

Linie 2: Nordfriedhof (Schleife) – Dreieck – Marienhospital – Tonhallenstraße – Hauptbahnhof (Schleife)

Linie 3: Gerresheim/Bahnhof (Umsetzstelle) – Auf der Hardt – Grafenberg – Uhlandstraße – Wehrhahn – Corneliusplatz – Altstadt/Burgplatz (Schleife)

Linie 4: Derendorf/Straßburger Straße (Schleife) – Schloßstraße – Pempelforter Straße – Hauptbahnhof – Fürstenplatz – Karolingerplatz – Himmelgeister Straße – Krankenanstalten – Stoffeln (Schleife)

Linie 6: (Rundlinie): Volksgarten (Umsetzstelle) – Oberbilk – Flingern – Zoo/Brehmplatz – Rethelstraße – Stockkampstraße – Sternstraße – Ratinger Tor – Wilhelm-Marx-Haus – Graf-Adolf-Platz – Mintropplatz – Ellerstraße – Oberbilk/Markenstraße (Umsetzstelle)

Linie 7: Unterrath/Bahnhof (Umsetzstelle) – Kalkumer Straße – Spichernplatz – Dreieck – Marienhospital – Tonhallenstraße – Hauptbahnhof (Schleife)

Linie 8: Heinrichstraße (Umsetzstelle) – Zoo/Brehmplatz – Uhlandstraße – Ackerstraße – Hauptbahnhof – Graf-Adolf-Platz – Stromstraße – Hafen-Hamm (Umsetzstelle)

Linie 9: Grafenberg/Burgmüllerstraße (Schleife) – Flingern – Ackerstraße – Hauptbahnhof – Graf-Adolf-Platz – Bilker Kirche – Fährstraße – Südfriedhof (Schleife)

Linie 10: Rheinstadion (Schleife) – Stockum – Golzheim – Kaiserswerther Straße – Sternstraße – Corneliusplatz – Königsallee – Graf-Adolf-Platz – Hüttenstraße – Oberbilk – Lierenfeld – Eller/Vennhauser Allee (Schleife)

Linie 11: Kaiserswerth (Schleife) – Lohausen – Stockum – Golzheim – Kaiserswerther Straße – Duisburger Straße – Tonhallenstraße – Hauptbahnhof (Schleife)

Linie 12: Ratingen (Umsetzstelle) – Oberrath – Haniel & Lueg – Uhlandstraße – Wehrhahn – Schadowplatz (Schleife)

Linie 14: Flingern/Bruchstraße (Schleife) – Ackerstraße – Hauptbahnhof – Fürstenplatz – Bilker Allee – Bilker Kirche – Franziusstraße (Umsetzstelle)

Linie 15: Oberkassel/Belsenplatz (Schleife) – Luegplatz – Ratinger Tor – Wilhelm-Marx-Haus – Corneliusplatz – Bismarckstraße – Hauptbahnhof – Erkrather Straße – Lierenfeld – Eller/Vennhauser Allee (Schleife)

Linie 16 schwarz: Düsseldorf/Hauptbahnhof (Schleife) – Bismarckstraße – Corneliusplatz – Wilhelm-Marx-Haus – Ratinger Tor – Luegplatz – Belsenplatz – Heerdt – Handweiser – Neuss/Bahnhof – Neuss/Selikumer Straße

Linie 16 rot: Neuss/Selikumer Straße – Südbrücke – Südfriedhof – Fährstraße – Bilker Kirche – Graf-Adolf-Platz – Düsseldorf/Hauptbahnhof (Schleife)

Linie 17: Lörick (Schleife) – Hansa Allee – Belsenplatz – Luegplatz – Ratinger Tor – Wilhelm-Marx-Haus – Graf-Adolf-Platz – Bilk/Bahnhof – Aachener Platz – Volmerswerth (Umsetzstelle)

Linie 18: Benrath/Betriebshof (Schleife) – Holthausen – Wersten – Oberbilk – Hauptbahnhof – Bismarckstraße – Corneliusplatz – Altstadt/Burgplatz (Schleife)

Linie 20: Reeser Platz (Schleife) – Kaiserswerther Straße – Sternstraße – Corneliusplatz – Königsallee – Graf-Adolf-Platz – Hüttenstraße – Oberbilk – Lierenfeld – Eller/Vennhauser Allee (Schleife)

Linie 21: Unterrath/Flughafenstraße (Umsetzstelle) – Kalkumer Straße – Spichernplatz – Dreieck – Nordstraße – Ratinger Tor – Wilhelm-Marx-Haus –

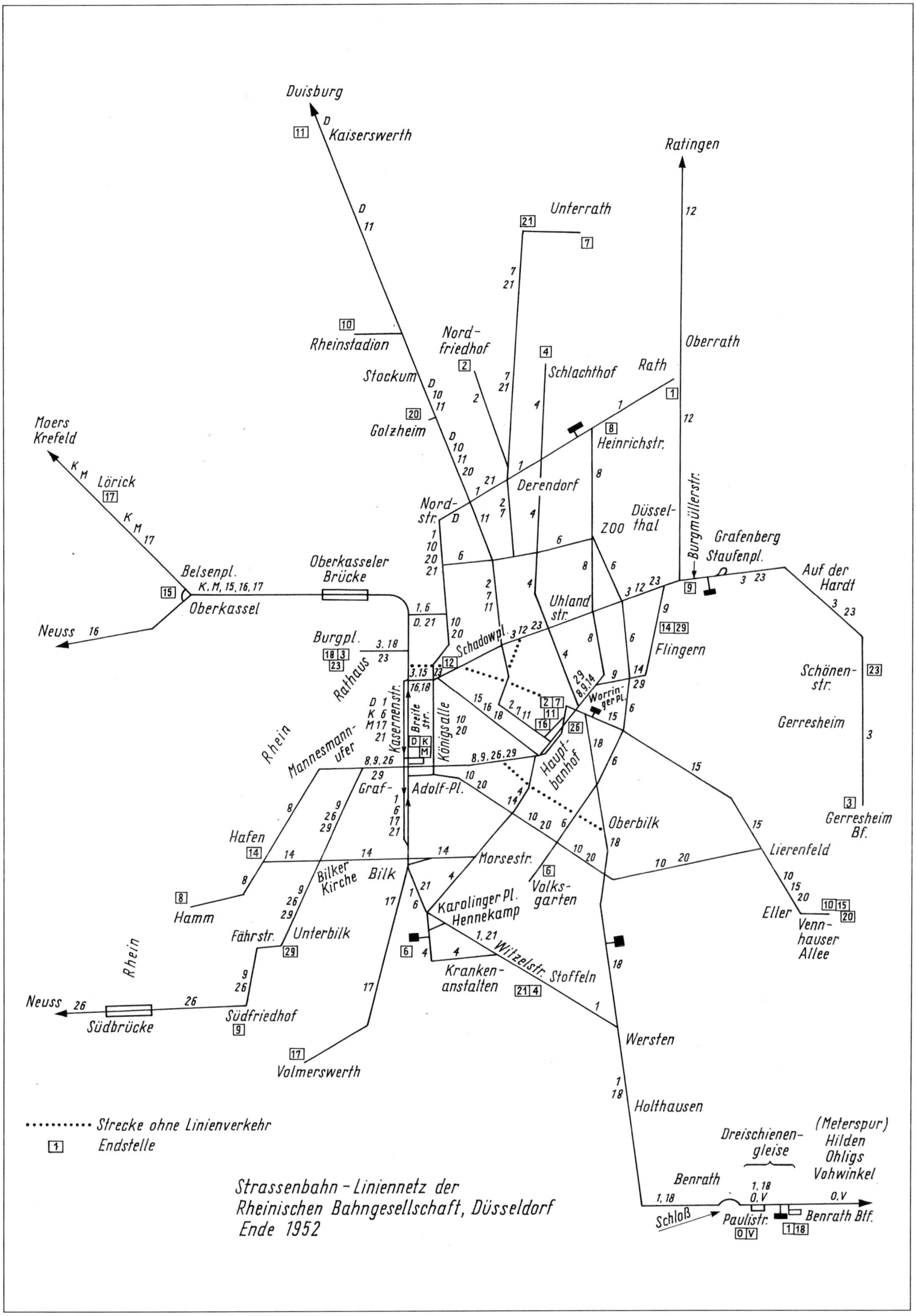

Strassenbahn-Liniennetz der Rheinischen Bahngesellschaft, Düsseldorf Ende 1952

Graf-Adolf-Platz – Bilk/Bahnhof – Karolingerplatz – Witzelstraße – Stoffeln (Schleife)

Linie 23: Gerresheim/Schönaustraße (Umsetzstelle) – Auf der Hardt – Grafenberg – Uhlandstraße – Wehrhahn – Corneliusplatz – Altstadt/Burgplatz (Schleife)

Linie 29: Flingern/Bruchstraße (Schleife) – Ackerstraße – Hauptbahnhof – Graf-Adolf-Platz – Bilker Kirche – Fährstraße (Umsetzstelle)

Linie 30: Meererbusch – Büderich – Handweiser (Umsetzstellen)

Fernlinie D: Duisburg/Hauptbahnhof (Schleife) – Wanheim – Huckingen – Kesselsberg – Wittlaer – Kaiserswerth – Lohausen – Stockum – Kaiserswerther Straße – Nordstraße – Ratinger Tor – Wilhelm-Marx-Haus – Düsseldorf/Graf-Adolf-Platz (Schleife)

Fernlinie K: Krefeld/Rheinstraße (Umsetzstelle) – Dießem – Fischeln – Osterath – Meererbusch – Büderich – Lörick – Oberkassel – Ratinger Tor – Wilhelm-Marx-Haus – Düsseldorf/Graf-Adolf-Platz (Schleife)

Fernlinie M: Moers (Umsetzstelle) – Schwafheim – Trompet – Rumeln/Kaldenhausen – Uerdingen – Stratum – Lank – Strümp – Meererbusch – Büderich – Lörick – Oberkassel – Ratinger Tor – Wilhelm-Marx-Haus – Düsseldorf/Graf-Adolf-Platz (Schleife)

Fernlinie O: Benrath/Paulistraße (Schleife) – Hilden – Ohligs (Umsetzstelle)

Fernlinie V: Benrath/Paulistraße (Schleife) – Hilden – Haan – Vohwinkel/Schwebebahnhof (Umsetzstelle)

Fernlinie W: Mettmann/Betriebshof (Umsetzstelle) – Dornap – Wieden – Vohwinkel/Schwebebahnhof (Umsetzstelle).

Die Vorortlinien wurden in den letzten Jahren durch die Wohnverhältnisse stärker benutzt als in den dreißiger Jahren. Die Ortslinien, außer 12, 14 und 30, verkehrten 1951 alle 10 Minuten, die Linie 12 alle 15, die Linien 14 und 30 alle 20 Minuten. In den Hauptverkehrsstunden wurden auf den Linien 1, 7, 16 schwarz und 18 E-Wagen bzw. E-Züge eingesetzt. Die Fernlinien verkehrten alle 30 Minuten, auf der K in der Hauptverkehrszeit Einsatzzüge.

Einige kurze Stichstrecken oder Streckenabschnitte wurden nach dem Kriege nicht mehr linienmäßig befahren:

Stockumer Kirchstraße bis zur Schleife, in den sechziger Jahren abgebaut. Fischerstraße zwischen Klever Straße und Luftballon, 1953 durch Neubaustrecke ersetzt.

Umsetzstelle in der Grunerstraße, in den sechziger Jahren abgebaut,

Graf-Recke-Straße vom Brehmplatz bis Düsseltal, 1946 abgebaut,

Oststraße vom Wehrhahn bis Tonhallenstraße, bleibt als Umleitungsstrecke erhalten,

Klosterstraße vom Worringer Platz bis Schadowstraße, 1945 noch benutzt, Ende der fünfziger Jahre abgebaut,

Mittel- und Hohe Straße von der Flingerstraße bis Haroldstraße, Ende der fünfziger Jahre abgebaut,

Bendemannstraße vom Ratinger Tor bis Schloßufer, 1946 abgebaut,

Schloßufer – Rathausufer – Mannesmannufer bis Haroldstraße, in den fünfziger und sechziger Jahren abgebaut,

Oststraße von der Bismarckstraße bis Hüttenstraße, in den fünfziger Jahren abgebaut,

Corneliusstraße von der Hüttenstraße bis Bilker Allee, 1961 durch Neubaustrecke ersetzt,

Volmerswerther Straße von der Fährstraße bis Aders Stiftung, in den fünfziger Jahren abgebaut,

Schleife Burscheider Straße (Wersten), 1945 noch benutzt, in den fünfziger Jahren abgebaut.

Auch Anfang der fünfziger Jahre, als nur sehr wenige Autos über die Straßen rollten, gab es schon gedankenlose Falschparker, die den fließenden Verkehr hemmten. Dadurch wurden hier auf der Ackerstraße die Linien 14 und 9 an ihrer Weiterfahrt gehindert.

Das Benrather Meterspurnetz nach dem Kriege

Nach Kriegsende am 8. Mai 1945 begann man auch im Benrather Netz, Gleise, Fahrleitungen und Wagen wieder herzurichten. Am 8. Juni 1945 konnte der Betrieb auf der Linie O zwischen Benrath und Ohligs schon wieder in voller Länge aufgenommen werden. Auf der Linie V ging es nur abschnittsweise. Am 20. Juni verkehrte die V zwischen Hilden/Gabelung und Haan/Gräfrather Straße (Ausweiche), ab 22. Juni 1945 bis zur Haltestelle Krickhaus. Am 7. Juli waren wieder genügend Triebwagen einsatzbereit, und man konnte die Linie V nun von Benrath aus (nicht mehr ab Hilden/Gabelung) nach Haan/Krickhaus fahren lassen. Nach weiteren Gleisarbeiten im Stadtgebiet Vohwinkels konnte die V ab 3. September 1945 wieder auf ihrer ganzen Strecke bis Vohwinkel/Schwebebahnhof verkehren.

Nicht nur während des Krieges, auch in den ersten Nachkriegsjahren nahmen die Beförderungszahlen, wie überall, beträchtlich zu. Die Linien O und V mußten wegen schlechter Eisenbahnverbindungen zusätzlich noch Fahrgäste aus den Räumen Wuppertal und Solingen übernehmen, Fahrgäste, die normalerweise mit der Eisenbahn gefahren wären. Ab Benrath ging es dann mit der Straßenbahnlinie 18 weiter nach Düsseldorf. Viele Ausgebombte wohnten jetzt in Vororten und in den kleinen Städten wie Hilden, Haan und Ohligs, die nur wenige Kriegsschäden zu verzeichnen hatten. Die Pendlerströme per Schiene wuchsen. Autobuslinien hätten diese Fahrgastmassen damals nicht bewältigen können. Es blieb aber bei den 1942 eingerichteten 30-Minuten-Intervallen. Alle 20 Minuten, wie es jetzt nötig gewesen wäre, verkehrten die Linien O und V bis zu ihrer Einstellung nicht mehr. Die O fuhr in den Hauptverkehrsstunden mit zwei Beiwagen, die V allerdings nur mit einem Anhänger. In den Hauptverkehrsstunden wurden zusätzlich E-Wagen bzw. E-Züge eingesetzt.

Auch der sonntägliche Ausflugsverkehr in Richtung Ohligs und Vohwinkel war in den fünfziger Jahren wieder sehr lebhaft. Wie in den dreißiger Jahren verkehrte die O auch sonntags mit zwei Beiwagen, wenn warmes Sommerwetter vorherrschte. Auf der Linie V fuhren zwischen Hilden/Waldschenke und Benrath E-Wagen.

Ende der fünfziger Jahre gingen die Fahrgastzahlen aber zurück. Eine Anzahl Pendler benutzten jetzt das eigene Auto. Die Buslinien zwischen Düsseldorf, Hilden und Solingen, zum Teil neu eingerichtet und über die Autobahn geführt, nahmen den Bahnen weitere Fahrgäste weg.

Am Streckenverlauf und am Wagenbestand änderte sich in den fünfziger Jahren kaum etwas. Ein Triebwagen aus der Baureihe 120–126, Baujahr 1914, soll in den Nachkriegsjahren für kurze Zeit an die Solinger Straßenbahn ausgeliehen worden sein.

1959 mußten die Beiwagen Nr. 1081–1093 nach 55 Betriebsjahren ausgemustert werden. Sie stammten bekanntlich aus dem früheren linksrheinischen Rheinbahnnetz und wurden Anfang der dreißiger Jahre umgespurt. Neue technische Vorschriften der Aufsichtsbehörden konnten mit diesen Wagen nicht erfüllt werden. Die Rheinbahn nahm jetzt die 1928 gebauten Zweiachs-Beiwagen Nr. 831–839 aus dem Düsseldorfer Stadtnetz und spurte sie auf Meterspur um. Außerdem bekamen sie automatische Kupplungen, wie sie im Benrather Netz nötig waren. Auch der rote Anstrich auf Rammbohlen und Leisten fehlte nicht.

Da die Ausweichen auf den Meterspur-Strecken für die längeren Beiwagen zu kurz waren, konnten mit diesen Sechsfenster-Beiwagen keine Dreiwagenzüge mehr gefahren werden. So mußte auf der Linie O ein E-Wagen den zweiten Beiwagen in der Hauptverkehrszeit ersetzen. Wenn nicht genügend Triebwagen einsatzbereit waren, so mußte schon damals ein Omnibus als E-Wagen herhalten.

Das Ende des Mettmanner Rest-Straßenbahnbetriebes

Die Kriegs- und Nachkriegsjahre brachten auch dem Restbetrieb der früheren Kreis Mettmanner Straßenbahn eine gewisse Verkehrsbelebung. Die Restlinien Mettmann – Vohwinkel und Wülfrath – Wieden verdankten ihre Existenz lediglich dem Kriegsbeginn 1939 und der damit verbundenen Schwierigkeit, neue Omnibusse zu beschaffen bzw. einen Busbetrieb in den Kriegsjahren aufrechtzuerhalten. So durften die Linien noch bis 1952 weiterfahren. Die Rheinbahn-Linie W (Mettmann – Dornap – Wieden – Vohwinkel) fuhr in den Kriegsjahren mit den noch verbliebenen 8 Trieb- und den 4 kleinen Beiwagen.

Nach dem Waffenstillstand wurde die Strecke Mettmann – Vohwinkel wieder instand gesetzt, die Wuppertaler Stadtwerke machten das gleiche mit der Linie Wülfrath – Elberfeld. Am 18. Juni 1945 nahm die Linie W ihren Betrieb von Mettmann bis Wieden wieder auf, zwei Tage später, am 20. Juni, auch bis Vohwinkel. Im Wülfrather Depot stellte die Rheinbahn ab Sommer 1945 Schadwagen aus dem Düsseldorfer Netz ab. Diese Straßenbahnwagen mußten per Tieflader nach Wülfrath gebracht werden, da die Bahnstrecke zwischen Hardt und Mettmann bereits unterbrochen und der Fahrdraht abgebaut war.

Im Betriebshof Mettmann richtete die Rheinbahn von 1947 bis 1950 eine Reparatur- bzw. Wiederaufbauwerkstatt für Düsseldorfer Beiwagen ein. Mehrmals in der Woche waren Culemeyer-Straßenroller zwischen Düsseldorf und Mettmann unterwegs. Arg ramponierte und defekte Beiwagen rollten in Richtung Mettmann, einwandfrei hergerichtete und frisch lackierte Wagen kamen zurück. Auf diese Weise wurden in etwa drei Jahren ca. 200 Rheinbahn-Beiwagen und auch solche aus Nachbarstädten wieder fahrbereit gemacht.

Anfang bis Mitte 1947 tauchte der Vorschlag auf, die Straßenbahnstrecke nach Mettmann zu reparieren, auf der Hardt Weichen einzubauen und den Fahrdraht wieder aufzuhängen. Die Oberleitungsmasten standen damals noch. Damit wäre dann der umständliche Tiefladertransport hinfällig geworden. Aber aus diesen Vorschlägen wurde nichts. Der Bahnbetrieb nach Mettmann sollte nicht wieder aufleben.

Auf der Wuppertaler Seite tat sich aber noch etwas. Am 1. September 1948 eröffneten die Wuppertaler Stadtwerke eine neue Straßenbahnlinie 31: Elberfeld – Varresbeck – Wieden – Dornap – Mettmann/Betriebshof. Damit wurde zwischen Elberfeld und Mettmann eine durchgehende Bahnverbindung geschaffen, um welche die Mettmanner Straßenbahn sich vor 30–35 Jahren vergeblich bemüht hatte. Die Wuppertaler Linie 21 verband die Stadt Wülfrath mit Elberfeld schon seit 1940. Da nicht genügend Ausweichen vorhanden waren, mußten die Rheinbahn-Linien W und die Wuppertaler Linie 31 zwischen Mettmann und Wieden fahrplantechnisch hintereinander fahren. Das hatte zur Folge, daß der erste Wagen meistens stark besetzt und der nachfolgende schwach ausgelastet war.

Die beiden Wuppertaler Linien 21 und 31 ergänzten sich auf der Strecke Dornap – Wieden – Varresbeck – Elberfeld zu einem 15-Minuten-Verkehr, Beiwagen wurden zwischen Varresbeck und Elberfeld mitgeführt. In Richtung Wülfrath und Mettmann fuhren beide Linien solo. Das Wagenmaterial stammte aus Wuppertaler Beständen, Mettmanner Wagen verkehrten auf den Linien 21 und 31 nicht. Das kurze Streckenstück Dornap – Wieden wurde in den Jahren 1948–52 also von drei Linien befahren: der W, der 21 und 31.

Die kleinen Mettmanner Beiwagen, Baujahr 1911, sowie einige Triebwagen, Baujahr 1924–25, wurden in den Nachkriegsjahren im Düsseldorfer Stadtnetz eingesetzt. Man sah sie meistens auf den Düsseldorfer Linien 4, 5, 6 und 14. Außerdem wurden zwei Triebwagen Nr. 4 und 7 nach Kleve

Auf der Linie W (Mettmann – Vohwinkel) gab es reizvolle Streckenabschnitte.

Die Linie W stellte am 17. Mai 1952 ihren Betrieb ein. Aus diesem Grunde waren die Wagen am letzten Tage mit Grün geschmückt.

ausgeliehen, und zwar von 1947 bis 1949. Die Klever Straßenbahn war ebenfalls eine RWE-Bahn, wie die frühere Mettmanner Straßenbahn, so daß die Wagentypen fast gleich waren. Auch zwei der kleinen Beiwagen, Nr. 31 und 34, waren von 1947 bis Anfang August 1948 in Kleve. Anschließend wurden sie nach Düsseldorf überführt. Ab 1948 verkehrte die Linie W nur noch mit Solo-Triebwagen.
Die Rheinbahn konnte Anfang der fünfziger Jahre wieder neue Omnibusse beschaffen. Jetzt war das Ende des Mettmanner Restnetzes gekommen. Am 17. Mai 1952 wurde die Linie W (Mettmann – Dornap – Wieden – Vohwinkel) eingestellt und eine Buslinie 45 auf gleichem Linienweg eingerichtet. Am gleichen Tage mußte auch die Wuppertaler Straßenbahnlinie 31 (Mettmann–Elberfeld) ihr Leben beschließen. Sie verkehrte also nur 3½ Jahre lang. Die Linie 21 (Wülfrath – Elberfeld) fuhr noch bis zum 1. Juni 1952, dann stellten die Wuppertaler Stadtwerke auch hier den Verkehr ein, und zwar auf dem Abschnitt Wülfrath – Dornap – Wieden.
Von Wieden über Varresbeck nach Elberfeld verkehrte die 21 weiter. Als neue Endstelle in Wieden diente die frühere Ausweiche der Mettmanner Straßenbahn. Die 21 fuhr nun alle 15 Minuten zwischen Wieden und Elberfeld/Wupperstraße. In der Hauptverkehrszeit wurden die Beiwagen auch bis Wieden mitgenommen. Den Verkehr nach Wülfrath besorgte eine neue Wuppertaler Buslinie 41 (Wülfrath – Dornap – Wieden – Vohwinkel). Zusammen mit der Rheinbahn-Buslinie 45 wurde zwischen Dornap, Wieden und Vohwinkel wieder ein 15-Minuten-Betrieb eingerichtet, wie es die frühere Mettmanner Straßenbahn bis 1937 handhabte.
Die Obus-Linie 59 (Mettmann – Gruiten) ließ die Rheinbahn noch bis zum 31. Dezember 1954 fahren, dann hatte auch die erste Trolleybuslinie Deutschlands nach etwa 24 Jahren ausgedient. Die neue Dieselbuslinie hieß ebenfalls 59. Nun war alles vereinheitlicht, im ganzen früheren Mettmanner Straßenbahnnetz regierte nur noch der Dieselbus. Die Fahrgestelle der beiden Obusse, die gerade erst vier Jahre alt waren, wurden mit den elektrischen Anlagen nach Osnabrück verkauft und die Wagenkästen verschrottet.
Aus dem Straßenbild der Städte und von den Landstraßenrändern verschwanden nach und nach die Fahrleitungen, die Oberleitungsmasten sowie die Gleise. Die restlichen Mettmanner Triebwagen wurden nach Düsseldorf überführt und liefen dort noch bis Ende der fünfziger Jahre auf verschiedenen Linien, meistens solo. Später wurden vier Triebwagen zu Arbeitswagen umgebaut und grün lackiert. Den Triebwagen Nr. 2 (später Nr. 1312) setzte man in Düsseldorf als Schneeräumer ein. Vier Mettmanner Wagen wurden 1960, die restlichen vier Triebwagen bis 1962 verschrottet.

Die Betriebshöfe in Wülfrath und Mettmann dienten zunächst noch als Omnibus-Herbergen. Nachdem in Mettmann an der Seibelstraße in den sechziger Jahren ein neuer Busbetriebshof gebaut wurde, veräußerte man die alten Grundstükke. Die Depothallen wurden abgerissen, und an ihrer Stelle entstanden moderne Geschäftsbauten. Das Gelände des früheren Mettmanner Betriebshofes dient jetzt der Bundespost. Der aufmerksame Straßenbahnfreund konnte an einigen Häusern in Mettmann und Wülfrath noch 1982 Spanndraht-Rosetten und Haken der früheren Straßenbahnfahrleitung entdecken, u. a. in Mettmann an der alten Giebelwand des Hauses Düsseldorfer Straße 65, dort befand sich damals die enge und abschüssige Kurve in Richtung Betriebshof.
Im Zuge einer Linienumstellung wurde die Wuppertaler Linie 21 (Wieden – Elberfeld) im Februar 1969 eingestellt. An ihrer Stelle verkehrte die Linie 1 bis Wieden. Vorher errichteten die Wuppertaler Stadtwerke etwa 200 m östlich der Straßenkreuzung in Wieden eine Gleisschleife, da die Wuppertaler Linie 1 mit Einrichtungs-Achtachsern verkehrte. Die alte Umsetzstelle bzw. die Ausweiche Wieden hatte nun ausgedient und wurde bei einer Straßen-Erneuerung abgebaut. Damit verschwand Anfang der siebziger Jahre das letzte Gleisstück der ehemaligen Kreis Mettmanner Straßenbahn.

Die neuen Großraum-Straßenbahnwagen

Am 30. Mai 1951 fuhr auf Düsseldorfs Straßenbahngleisen der erste Großraumzug in olivgrünem Gewand mit beigen Absetzungen, natürlich vorerst zur Probe. Die Rheinbahn war eines der ersten Verkehrsunternehmen in der Bundesrepublik, die solche vierachsigen Einrichtungs-Straßenbahnwagen, hergestellt von der DÜWAG, in Auftrag gaben. Bevor er in Düsseldorf seine Versuchsfahrten aufnahm, war der Großraumzug im Frühjahr 1951 auf der Verkehrsausstellung „Schiene und Straße" in Essen zu sehen. Etwas völlig Neues stellte er allerdings nicht dar, wohl für deutsche Verkehrsverhältnisse. In der Schweiz liefen ähnliche Wagentypen bereits seit Ende der dreißiger Jahre, auch die USA hatten seit etwa 15 Jahren einen ähnlichen, den PCC-Wagen.
Die windschnittige Form des neuen Vierachsers fiel besonders ins Auge, gerundete Dachkanten, Vorder- und Heckpartie verjüngt, seitlich Schürzenverkleidungen, die die beiden Drehgestelle fast verdeckten. Aluminiumzierleisten faßten die beigen Absetzungen unter den Fensterreihen und an den Rammbohlen ein. Der Motorwagen war 14,1 m lang, 2,35 m breit, etwa 17,6 t schwer und bot 32 Sitz- und 71 Stehplätze an. Der vierachsige Beiwagen hatte die gleichen Abmessungen, wog allerdings nur 13,5 t und konnte außer 30 Sitz- noch 96 Stehplätze anbieten. In Anlehnung an die Nummernreihe der Düsseldorf-Duisburger Fernbahnwagen, Baujahr 1926, erhielt der Triebwagen die Nummer 22, der Beiwagen die Nummer 62.
Es waren die ersten Wagen mit Fahrgastfluß, eingestiegen wurde an der hinteren Tür, ausgestiegen an den mittleren und vorderen Türen des Wagens. Der Schaffner saß rechts neben den hinteren Türen auf erhöhtem Sitz, verkaufte den an ihm vorbeiziehenden Fahrgästen Fahrscheine und kontrollierte Zeitkarten. Die Polstersitze waren alle in Fahrtrichtung angeordnet, in der vorderen Wagenhälfte waren es mehr, hinten des Einstiegraumes wegen weniger. Die Fenster besaßen Metallrahmen mit Oberlicht-Lüftungen, außerdem Sonnenrollos. Der Fahrer hatte vorn am Steuerpult ebenfalls seinen Sitz. Die linke Hand bediente den Fahrschalter, die rechte die verschiedenen Kontaktknöpfe des Armaturenbrettes.

Die ersten Großraumwagen, die die Rheinbahn anschaffte, hatten anfangs einen olivgrünen Anstrich. Sie verkehrten auf der Linie 11 zwischen Hauptbahnhof und Kaiserswerth und waren im Betriebshof Derendorf beheimatet.

Die Handbremse konnte entfallen, das automatische Getriebe mit der elektronischen Steuerung regelte die drei Bremssysteme selbst. Die breite Frontscheibe hatte ebenfalls eine Oberlichtlüftung.
Die automatischen Drehfalttüren mit elektrischen Antrieben, ein DÜWAG-Patent, nur an der rechten Wagenseite zu finden, waren beim Versuchswagen Nr. 22 sehr zahlreich, was sich bei der späteren Serienfertigung nicht wiederholte, vorne und in der Mitte Doppeltüren, hinten eine Dreifachtür. Die vorderen Türen wurden vom Fahrer, die übrigen Türen vom Schaffner durch Knopfdruck geöffnet und geschlossen. Fahrer und Schaffner hatten Außen- bzw. Rückspiegel. Das Abfahrtsignal vom Schaffner zum Fahrer wurde optisch gegeben, ebenso das des Beiwagen-Schaffners zum Fahrer. Die Klingelleinen hatten endgültig ausgedient. Der Wagenboden wurde über drei Trittstufen erreicht.
Der Triebwagen Nr. 22 hatte vier längsliegende Motoren mit Kardanwellenantrieb. Hier liefen noch Versuche, die späteren Großraum-Triebwagen hatten je Drehgestell einen längsliegenden Tandem-Motor, der mittels Flanschen beide Achsen antrieb. Trieb- und Beiwagen wurden durch eine automatische Scharfenberg-Kupplung verbunden, die außer der mechanischen Ankupplung auch Brems-, Licht-, Heiz- und Signalstrom weiterleitete. Die Rammbohlen besaßen in der Mitte Gummipuffer. Beide Wagen hatten vorn und hinten am Dachrand Liniennummernhauben, der Motorwagen über dem Fahrersitz einen Zielkasten mit Rollband, das alle Endstellen des Düsseldorfer Netzes enthielt. Der Beiwagen zeigte die Linienziffer nur am Heck, in der vorderen Nummernhaube war ein Lüftungsraster angebracht. Alle Räder hatten Gummi-Einlagerungen zur Geräuschdämpfung, System Bochumer Verein. Die Fahrtrichtungsanzeiger an beiden Wagenseiten waren als Wechselblinker tätig.
Auf dem vorderen Dach des Motorwagens saß ein Scherenstromabnehmer. Der Beiwagen Nr. 62 hatte keine Vordertür, aber in der Mitte und hinten Dreifach-Falttüren. Im Anfang war man noch nicht sicher, ob der Beiwagenschaffner über den vorderen Teil des Wagens eine ausreichende Kontrolle habe. Man sieht, die Wagen verfügten über die neuesten technischen Einrichtungen.
Ab September 1951 wurde der neue Wagenzug im Personenverkehr eingesetzt, vornehmlich auf der Linie 11 nach Kaiserswerth. In den verkehrsschwachen Stunden fuhr der Vierachs-Triebwagen solo. Bei der Einweihung der neuen Südbrücke am 17. November 1951 wurden die neuen Wagen als Eröffnungszug eingesetzt. Zwei Jahre später nahm man die ersten Großraum-Triebwagen in die 2000er Reihe, die Beiwagen in die 1600er Reihe. Demzufolge wurde der Triebwagen Nr. 22 in 2001 und der Beiwagen Nr. 62 in 1601 umnumeriert.
1952 lieferte die DÜWAG zwei weitere Großraum-Triebwagen Nr. 25 und 26, spätere Wagennummern 2004 und 2005, außerdem drei Vierachs-Beiwagen, die später die Nummern 1602, 1603 und 1604 erhielten. Die zwei neuen Triebwagen hatten vorne nur eine automatische Falttür, also keine Doppeltür mehr. Im übrigen hatten diese Wagen das gleiche Aussehen wie der erste Großraumzug, ebenso die gleiche olivgrüne Lackierung mit beigen Absetzungen. Die Versuchs- und Erprobungsfahrten wurden fortgesetzt, auch auf der Fernstrecke nach Krefeld. Hier konnte man einige Wochen lang Fahrten eines Großraumzuges mit Trieb- und zwei Vierachs-Beiwagen beobachten. Die beiden Beiwagen wur-

Wegen Bauarbeiten in der Altstadt wurde 1952 eine Schleife befahren, die von der Mühlenstraße über Grabbeplatz zur Alleestraße zurückführte. Der noch »flammneue« Bw 1614 tat auf der Linie 18 Dienst.

Ein Vierachs-Zug auf der Linie 18 in der Endschleife am Burgplatz im Jahre 1954.

den untereinander mit Hilfskupplungen gekuppelt. Auf der Rückfahrt nach Düsseldorf lief der Zug bis zur Schleife Lörick rückwärts, gesteuert vom Heckfahrschalter des zweiten Beiwagens.

Im gleichen Jahr, also 1952, bestellte die Rheinbahn bei der DÜWAG 12 vierachsige Großraumbeiwagen, Nr. 1605–1616, die ab August 1952 auf der Linie 18 eingesetzt wurden. Da der Großraumtriebwagen noch nicht serienreif war, die Antriebstechnik war noch zu verbessern, wurden die 12 neuen Wagen hinter zweiachsigen Verbands- und Niederflurtriebwagen gefahren. Diese 12 Vierachsbeiwagen hatten nun folgende Türanordnung: vorne eine Tür, in der Mitte Doppeltüren und hinten Dreifachfalttüren. Gekuppelt wurden sie mit der normalen Bolzenkupplung, sie hatten wie die Zweiachser Brems- und Lichtstromanschlüsse, vorn eine Signalglocke und einen eigenen Niederspannungsumformer für die automatische Türbetätigung sowie für die Beleuchtung. Im Gegensatz zu den Versuchswagen hatten sie die übliche beige Lackierung mit grauen Absetzungen.

Die Wagenabmessungen und Inneneinrichtungen blieben die gleichen, ebenso der Fahrgastfluß. Es waren 33 Sitz- und 80 Stehplätze verfügbar. Die Düsseldorfer gewöhnten sich schnell an die neue Art, in einen vierachsigen Wagen ein- und auszusteigen.

Die neuen Einrichtungs-Beiwagen wurden bis 1954 auf der Linie 18 eingesetzt, ehe sie bei Eintreffen der serienmäßig gefertigten Triebwagen gleichen Typs entsprechend angepaßt wurden. An beiden Endstellen befanden sich Gleisschleifen, die Vorbedingung für den Einsatz von Einrichtungs-Fahrzeugen. Anfangs nahm man die neuen Verbandswagen als Triebfahrzeug, später Niederflurtriebwagen. In der Hauptverkehrszeit hängte man einen Niederflurbeiwagen zusätzlich an, so daß die 18 damals ein neues Straßenbahnbild bot: vorn und hinten Zweiachsniederflurwagen, in der Mitte ein Vierachsbeiwagen.

Die Antriebstechnik der neuen Großraumtriebwagen war im Herbst 1953 ausgereift, so daß auch Triebwagen nun laufend gefertigt werden konnten. Die DÜWAG lieferte 1953–54 30 neue Vierachs-Triebwagen mit den Wagennummern 2002–2003, 2006–2034. Die Wagen hatten die Türanordnung: 1–2–2, die letzten waren also keine Dreifachfalttüren mehr. Das Aussehen, die Abmessungen und die Inneneinrichtungen änderte man nicht. Die Leistung der beiden Tandem-Motoren lag bei 91 kWh, die elektrische Ausrüstung stammte von der Firma Kiepe, Düsseldorf. Der Anstrich dieser 30 Motorwagen war beige, die olivgrüne Farbe ließ man wieder fallen. Die ersten der neuen Triebwagen wurden auf der Linie 18 eingesetzt, zusammen mit den früher gebauten Beiwagen Nr. 1605–1616, die vorher auf Großraumbetrieb umgebaut wurden. Die Stromkabelanschlüsse, die Signalglocke und die Bolzenkupplungen entfielen. Gekuppelt wurden sie nunmehr mit Scharfenberg-Kupplungen.

Auch 16 neue Großraumbeiwagen wurden 1954–55 in Dienst gestellt, Wagennummern 1617–1632. Sie hatten ebenfalls die Türanordnung 1–2–2 und beige Lackierung. Die olivgrüne Farbe der ersten Großraumzüge wurde in den nächsten Jahren durch eine beige Farbgebung ersetzt. Das letzte Drittel der hinteren Dreifachfalttüren der zuerst gelieferten Groß-raum-Trieb- und -Beiwagen wurde später ausgebaut und durch ein Wandteil geschlossen. Das gleiche geschah mit einer Falttür der mittleren Dreifachtür der ersten Beiwagen. Dafür erhielten sie vorne eine automatische Einfachfalttür.

Alle Großraumwagen wurden somit einheitlich gestaltet. Die Beiwagen Nr. 1617–1632 hatten am vorderen Stirndach keine Linienhaube bzw. keinen Lüftungsraster mehr. An den Beiwagen Nr. 1601–1616 entfernte man bei Hauptuntersuchungen in späteren Jahren diese Dachhaube.

Die Sonnenrollos der ersten Trieb- und Beiwagen wurden in den nächsten Jahren ausgebaut, sie verklemmten sich oft in den Führungsschienen. Der Sonnenrollos wegen konnten die Oberlichtöffnungen an den Seitenfenstern nur nach außen aufgeklappt werden. Bei Entfernung der Rollos wurden die Oberlichtklappen verschlossen, und jedes zweite oder dritte Seitenfenster erhielt zum Lüften ein Schiebefenster. Die obere Hälfte dieser Fenster konnte man nach unten schieben. Aber auch solche Fenster waren nicht ideal. Anfang der sechziger Jahre bekamen alle Fenster der ersten Großraumwagen (Nr. 2001–2005 und 1601–1616) neue Oberlichtöffnungen, wie sie die späteren Vierachswagen bereits erhalten hatten. Solche Oberlichter waren nach innen zu öffnen. Die Wagen ab Nr. 2006 und ab Nr. 1617 hatten von Haus aus keine Sonnenrollos mehr.

Die neuen Großraumzüge sah man ab 1954 auf den Linien 10, 11 und 18. Da die Fahrgastkapazität aber nicht ausreichte, fuhren auf der 11 morgens E-Wagen und auf der 18 in den Hauptverkehrsstunden verstärkte Züge der 18/E mit drei Wagen. Die 10 hatte als Zusatzlinie bereits die 20 zwischen Reeser Platz und Vennhauser Allee.

Von den ursprünglichen 34 Vierachs-Triebwagen waren später nur noch 18 Stück als Motorwagen im Einsatz, sie führten um 1980 die neuen Wagennummern 2101–2118. 14 Stück wurden zu Beiwagen umgebaut, einer diente als Lehrwagen, ein anderer wurde mit einem Vierachs-Beiwagen zu einem Achtachser zusammengebaut (spätere Nr. 2151). Von den 14 Umbau-Beiwagen nahm man einen weiteren als Arbeitstrieb- bzw. als Schleifwagen (Nr. 5164).
In den Jahren 1955–56 wurden die letzten Vierachs-Großraumwagen beschafft, und zwar 15 Triebwagen Nr. 2201–2215. 1955 stellte man die Wagennummern 2201–12 und 1956 die Nummern 2213–15 in Dienst. Sie hatten nur im vorderen Drehgestell einen Tandem-Motor von etwa 95 kWh und sollten nur solo verkehren. Man nannte sie „Pony-Wagen". Sie waren 15 t schwer, hatten 33 Sitz- und 96 Stehplätze, sowie die Türanordnung 1–2–2. Sie führten am Heck keine Scharfenberg-Kupplung, nur Bolzenhilfskupplungen. Vorher hatten sich verschiedene Düsseldorfer Autofahrer beschwert, die neuen Großraumzüge seien zu lang und würden die Straßenkreuzungen zu lange blockieren.
Die Rheinbahn machte nun einen Versuch mit diesen einzelfahrenden Großraumwagen, sie sollten in kurzen Zeitabständen verkehren. Nachdem 1955 am Rather Bahnhof nach Abriß zerstörter Wohnhäuser statt der Umsetzanlage eine Gleisschleife eingebaut worden war, setzte man die neuen „Pony-Wagen" auf der Linie 1 ein, die damit gleichzeitig von morgens bis abends 5-Minuten-Betrieb bekam. Dies bewährte sich aber nicht. Die Wagen waren meistens überfüllt, Verspätungen stellten sich ein, oft fuhren zwei Solo-Vierachser hintereinander. In den Hauptverkehrsstunden schaffte die Linie 1/E allerdings Luft, die Verbandszüge fuhren nun als 1/E. Ein Jahr später gesellten sich die ersten Sechsachsgelenkwagen auf der Linie 1 zu den einzelfahrenden Vierachsern. Später lösten sie die Pony-Wagen ab. In den Jahren 1959–60 wurden die 15 Solo-Vierachser zu Beiwagen umgebaut. Die Motoren baute man in neue Gelenktriebwagen ein.
Wie bereits in einem früheren Kapitel erwähnt, kaufte die Rheinbahn in den Jahren 1951–54 noch zweiachsige Straßenbahnwagen (Verbandstyp), obwohl neue Vierachs-Großraumzüge bereits in Dienst gestellt wurden. Auf diesbezügliche Fragen verwies die Rheinbahn auf die noch vorhandenen Umsetzendstellen, welche die Beschaffung der zweiachsigen Wendezug-Straßenbahnwagen notwendig mache. In späteren Jahren wurden aber alle Endstellen mit Gleisschleifen ausgestattet, so daß die Verbandswagen nach kurzer Zeit nur noch E-Dienste verrichteten. Nach etwa 20 Jahren verschrottete man sie bereits.

Neue Wagen für die Fernlinie K

Die ab 1950 auf der Fernlinie K eingesetzten zweiachsigen Verbandswagen sollten nur eine Zwischenlösung darstellen. Neue vierachsige Wagen waren unumgänglich, zumal man die vor dem Kriege bereits beschafften Antriebsaggregate noch zur Verfügung hatte.
Im Jahre 1953 wurden 8 neue vierachsige Motorwagen und 4 baugleiche Beiwagen von der DÜWAG fertiggestellt. Sie hatten wie die Einrichtungs-Großraumzüge windschnittige Formen, zwei Drehgestelle und an beiden Wagenseiten eine Türanordnung 1-2-1 mit automatischen Drehfalttüren, vom Schaffner gesteuert. Die Wagen waren also Zweirichtungs-Fahrzeuge, die an Endstellen umkuppeln konnten. Trieb- und Beiwagen waren 15,2 m lang, 2,5 m breit (Breite der Großraumzüge nur 2,35 m), hatten etwa 48 Polstersitze, etwa 65 Stehplätze und sechs breite Seitenfenster mit Oberlicht-Öffnungen. Die Lackierung war olivgrün mit beigen Absetzungen zwischen den Aluminium-Zierleisten unterhalb der Fensterpartie und an den Rammbohlen.
Die neuen Fernbahnwagen hatten keinen Fahrgastfluß, der Schaffner mußte wie früher „pendeln". An beiden Wagenenden befanden sich Scharfenberg-Kupplungen mit Stromanschlüssen. Der 1939 konzipierte Wagenaufbau, dem Niederflurtyp ähnlich, war 1953 technisch überholt. Die Triebwagen erhielten die Wagennummern 1251–1258, die Beiwagen die Nummern 1201–1204.
Die Triebwagen, Eigengewicht ca. 22,2 t, hatten jeweils zwei Motoren, die bereits 1939 beschafft wurden, mit einer Lei-

Auch die ersten Zweirichtungs-Wagen für die Linie K waren olivgrün lackiert. Die Züge der Linie nach Krefeld waren damals wie heute im Betriebshof Heerdt beheimatet.

stung von je 138 kWh, erreichbare Spitzengeschwindigkeit 90 km/h. Auf dem Wagendach saß nur ein Scherenstromabnehmer, und zwar in Höhe eines Drehgestells. An den Stirndächern hatten Trieb- und Beiwagen Liniennummernhauben, und die Triebwagen Zielkästen mit Wechselschildern. Die Beiwagen erhielten anstelle der Zielkästen Lamellen-Lüftungen. In Höhe der mittleren Doppeltüren befanden sich große Plattformen, an den Wagenenden nur schmale Freiräume. Die früher üblichen Abteiltüren waren nicht mehr erforderlich. Die Triebwagen hatten an den Stirnfronten Doppelscheinwerfer sowie beiderseits Triebköpfe mit Fahrpult, Armaturenbrett und Fahrersitz. Gebremst wurde außer der Magnetbremse mit Druckluft, wie damals bei Fernbahnwagen noch üblich. Die Triebwagen besaßen aufgrund der Wagenbreite von 2,5 m auf beiden Seiten Doppelsitze in Abteilanordnung.

Zwei Beiwagen, Nr. 1201 und 1202, Eigengewicht 16,5 t, waren als Speisewagen ausgestattet. Die Küche mit Milchglasscheibe lag seitlich in Wagenmitte, dafür fehlten an beiden Seiten die Doppeltüren. Die Fahrgäste konnten also nur an den Enden zu- und aussteigen, was sich später aber als zeitraubend erwies. Zwischen den Abteilsitzen waren schmale Tische angebracht, an der Küchenseite Doppel-, gegenüber Einzelsitze. Auf beiden Perrons befanden sich Rundbänke, davor ein Halbrundtisch. An den Seitenfenstern waren seitlich geraffte Vorhänge, zwischen den Fenstern Wandlampen mit Schirmchen. Die beiden Speisewagen hatten seitlich unter den Fenstern eine entsprechende Beschriftung. Wie vor dem Kriege wurden Getränke aller Art, Suppen und kleine Gerichte von einem Kellner oder einer Kellnerin serviert.

Die beiden anderen Beiwagen. Nr. 1203 und 1204, wogen nur 15,2 t und hatten im Gegensatz zum Triebwagen einen breiteren Mittelgang, dafür an einer Fensterseite nur Einzelsitze, außerdem in Wagenmitte Doppeltüren, wie es die Motorwagen hatten. Die aus der Ursprungsserie, Bj. 1898–1902, noch vorhandenen 5 Vierachstriebwagen der 1200er Reihe wurden 1953 in die 1400er Nummernreihe genommen, statt 1251 jetzt 1451 usw.

Einer der neuen Fernbahn-Triebwagen. Nr. 1255, war im Frühjahr und Sommer 1953 auf dem Freigelände der Ausstellung „Alle sollen besser leben" zu sehen. Diese war die erste größere Ausstellung, die nach dem Kriege in Düsseldorf in den Hallen am Ehrenhof stattfand. Auf dem Gelände zur Fischerstraße hin waren außerdem neue Ausstellungshallen errichtet worden, u. a. die „Europa-Halle" sowie die heutige Stadthalle. Gezeigt wurden Industrie-Erzeugnisse aller Sparten, Bebauungs- und Entwicklungspläne, neue Artikel des täglichen Bedarfs, Gartenbau usw.

Auch ein Stück des Rheinparks gehörte zum Ausstellungsgelände, zu den Straßen hin durch hohe Zäune abgegrenzt. In Höhe der Rheinterrasse führte eine geschwungene Aluminium-Leichtbrücke über die Cecilienallee und verband beide Ausstellungshälften miteinander. Auf dem Freigelände waren außer neuen Waggons der Deutschen Bundesbahn neuzeitliche Straßenbahn-Großraumwagen zu betrachten. Die Bochum-Gelsenkirchener Straßenbahn zeigte ihren Vierachs-Triebwagen 206, Köln den Doppeltriebwagen 1005 für Vorortverkehr, die Rheinbahn den eben genannten Triebwagen Nr. 1255 in olivgrüner Farbe, außerdem als Gegenstück den frisch renovierten alten Vierachser Nr. 1451, Bj. 1898.

Liliput-Bahnen oder eine Straßenbahn-Ausstellungslinie zwischen Hauptbahnhof und Fischerstraße gab es bei dieser Ausstellung nicht.

Die neuen Fernbahnwagen wurden mit Zugsteuerung verse-

Auf der Ausstellung »Alle sollen besser leben« im Jahre 1953 waren die neuesten Straßenbahnwagen zu bewundern. Als Gegenstück zeigte die Rheinbahn einen der ältesten noch betriebsfähigen Triebwagen aus der Ursprungsserie, den frisch lackierten Tw 1451, Baujahr 1898.

hen, um als Doppelzug (Motorwagen, Beiwagen, Motorwagen) verkehren zu können. Damit sollte das Umsetzen an der Endstelle Krefeld/Rheinstraße entfallen. Ein solcher Zug war 49 m lang und bot aufgrund seiner Länge ein imponierendes Bild. Die ersten Versuchsfahrten waren nicht zufriedenstellend, es haperte mit der Zugsteuerung. Schließlich wurden alle Schwierigkeiten behoben, und alle Wagen konnten ab Herbst 1953 auf der Fernlinie K nach und nach eingesetzt werden. Die Reisegeschwindigkeit der neuen Züge einschl. Aufenthalten an den Haltestellen, Straßenüberquerungen usw. konnte auf 40,5 km/h heraufgesetzt werden, ein gutes Ergebnis. Die Rheinbahn wollte mit den neuen Wagen auf der K also hohe Geschwindigkeiten erreichen (90 km/h) und die Fahrzeit zwischen Düsseldorf und Krefeld herunterdrücken, um auf der Strecke nur noch drei Züge einsetzen zu müssen statt vier. Daher wurden nur vier Zuggarnituren bestellt, einer sollte als Reserve dienen. Aber die ehrgeizigen Pläne erfüllten sich nicht, in späteren Jahren mußte die Höchstgeschwindigkeit auf der Krefelder Strecke auf 60 bis 70 km/h herabgesetzt werden. Es blieb somit bei vier Zugumläufen. Die zweiachsigen Verbandswagen mußten daher auf der K weiterhin Dienst tun. Als Einsatzzüge kamen in den Hauptverkehrsstunden die schweren Vierachszüge der Baujahre 1912–24 hinzu. Die K zeigte damals ein buntes Wagenbild.
Jede Stunde verkehrte in beiden Richtungen ein Speisewagenzug. In den Vormittagsstunden fuhr die Fernlinie K mit Trieb- und einem Beiwagen bzw. einem Speise-Beiwagen. Im Gegensatz zum Doppelzugbetrieb mußte die K dann in Krefeld an der Rheinstraße umsetzen. Sonntags waren keine zweiachsigen Verbandswagen im Einsatz, dafür als vierter Zug ein Doppelgespann aus zwei der neuen vierachsigen Triebwagen.
Die olivgrüne Farbgebung sollte bei der K ebenfalls nicht von langer Dauer sein. Ende der fünfziger Jahre wurden die neuen Wagen beige lackiert mit graugrünen Absetzungen. Zur Unterscheidung bzw. zur Kenntlichmachung erhielten die beiden Speise-Beiwagen Nr. 1201 und 1202 rote Absetzungen als „Bauchbinde“ und an den Rammbohlen, außerdem seitlich auf beigem Grund die Beschriftung „Speisewagen“.

Die Fernlinien in den fünfziger Jahren

Werfen wir noch einen Blick zurück in die erste Nachkriegszeit, als die Kriegsschäden größtenteils beseitigt waren und auch der Fernverkehr wieder in normalen Bahnen lief.
Wie schon angedeutet, hatten die Fernlinien nach Krefeld, Moers und Duisburg nicht nur während des Krieges, sondern auch in den späteren Jahren einen starken Verkehrszuwachs zu verzeichnen. Sie fuhren stets im 30-Minuten-Rhythmus, in der Hauptverkehrszeit mit Dreiwagenzügen, auf der K verkehrten zusätzliche Verstärkungszüge. Morgens im Berufsverkehr sah man in den Jahren 1950-52 auf der K als Einsatzzug oft einen Vierachstriebwagen der Ursprungsserie, Bj. 1898–1902, mit einem der übriggebliebenen baugleichen Beiwagen Nr. 1043 und 1048 zwischen Krefeld und Düsseldorf.

1950 wurde der Fernbahnhof Graf-Adolf-Platz noch aus der »richtigen« Richtung angefahren. Ein Zwei-Wagen-Zug der Linie D steht abfahrbereit auf Gleis 2 in Richtung Duisburg.

Von den 12 vierachsigen Triebwagen der 1200er Reihe (Nr. 1251–1263, Nr. 1253 wurde bereits 1932 verschrottet) waren 1950 nur noch 6 Wagen vorhanden, Nr. 1251, 1254, 1255, 1256, 1257 und 1260, die 1953 in die 1400er Reihe übernommen wurden. Statt der zwei Lyrabügel erhielten sie einen Scherenstromabnehmer, der jeweils in Höhe eines Drehgestells saß, also nicht in Wagenmitte. Sonst wurde in diesen Wagen nichts geändert. Ab 1950 setzte man sie auf der Lokallinie 30 (Meererbusch–Handweiser) ein. Ein oder zwei dieser Ursprungstriebwagen wurden auch als E-Wagen auf

Diese Aufnahme zeigt Triebwagen 12 der Linie D auf der Kaiserswerther Straße im Jahre 1937 noch als Düsseldorf-Duisburger Kleinbahn.

der Linie 16 im Berufsverkehr zwischen Handweiser und Neuss/Bf. eingesetzt, um die in den Werken am „Kaiser" und am Neusser Hafen Beschäftigten in Richtung Neuss und umgekehrt zu befördern.
Die beiden letzten Vierachs-Beiwagen Nr. 1043 und 1048, Bj. 1898–1902, wurden 1953 und 1954 verschrottet. Von den eben genannten 6 Vierachs-Triebwagen der gleichen Baujahre mußte man 1952 und 1953 weitere zwei wegen „Altersschwäche" aus dem Verkehr ziehen. Der letzte Triebwagen-Einsatz der 1400er Serie war am 27. Januar 1955 als E-Wagen auf der Linie 16. Sie hatten nun über 55 Jahre Dienst getan und zwei Weltkriege überlebt. Die letzten vier Wagen Nr. 1451, 1454, 1457 und 1460 wurden bis Ende 1955 ebenfalls verschrottet.
Die Fernlinie M fuhr ab 1950 mit einigen der neuen Verbandswagen, überwiegend aber mit Niederflurwagen, also einen Mischbetrieb mit beiden Wagentypen. Vierachsige Wagen wurden auf der M nicht mehr eingesetzt. In der Hauptverkehrszeit fuhren Dreiwagenzüge, in den übrigen Tagesstunden Motor- und ein Beiwagen. Spätabends und am Sonntagmorgen verkehrte die M mit Solo-Zweiachs-Triebwagen.
Die Duisburger Verkehrsgesellschaft hatte von ihren vierachsigen Wagen, Bj. 1926, im Kriege nichts eingebüßt, die Rheinbahn verlor einen Trieb- und zwei dieser Beiwagen. Ihr verblieben somit 4 Vierachs-Triebwagen (Nr. 17, 18, 19 und 21) und 2 Beiwagen (Nr. 60 und 61). So kam es, daß die Rheinbahn auf der Fernlinie D oft einen Dreiwagenzug aus zweiachsigen Niederflurwagen einsetzen mußte, manchmal waren sogar zwei dieser Züge zwischen Düsseldorf und Duisburg unterwegs. Einsatzzüge in der morgendlichen Frühspitze wurden von der Duisburger Verkehrsgesellschaft gestellt. Auch die beiden Harkort-Gelenkwagen Nr. 76 und 77 sah man hin und wieder in Düsseldorf. Auf der D waren in den fünfziger Jahren fünf Züge auf der Strecke, in verkehrsschwachen Stunden kam man auch mit vier Umläufen aus, was aber oft zu Verspätungen führte.
Der kurz vor dem Kriege erprobte Speisewagenbetrieb wurde auf der Fernlinie D ab 16. Mai 1950 endgültig eingeführt. Die Duisburger Verkehrsgesellschaft baute zwei stark kriegsbeschädigte Vierachs-Beiwagen, Nr. 57 und 58, wieder auf, jetzt aber als Speisewagen. Am Ende des Wagenabteils wurde seitlich hinter Milchglasscheiben (es war das letzte Fenster vor der Abteiltür) eine kleine Küche eingebaut, zwischen den Sitzen brachte man längliche Tische an mit Tischlämpchen am Fenster. Die Seitenfenster bekamen geraffte Vorhänge. Die Seitenbleche unter der Fensterreihe und die Stirnfronten dieser beiden Wagen wurden lila lackiert mit der seitlichen Aufschrift: „Speisewagen".
1950 wurden bei der Rheinbahn die übriggebliebenen zwei Speisewagen der Linie K, Nr. 1069 und 1072, renoviert, teilweise umgebaut und mit neuen Einrichtungen versehen. Die Wagen bekamen anstelle der abgestuften kleinen Perrons mit Drehtüren größere Plattformen mit Schiebetüren und einer breiten Frontscheibe. Der Speisewagen Nr. 1072 fuhr bis Ende 1953 auf der Fernlinie K, ehe er vom neuen Typ K 53 abgelöst wurde.
Der andere Speisewagen, Nr. 1069, wurde bereits 1950 auf der Fernlinie D eingesetzt. Er bekam die auf der D üblichen Kupplungen und an den Stirnseiten Kabelanschlüsse. Auch zwei Vierachsbeiwagen, Bj. 1924, mit den Rundbogenfenstern setzte man nach entsprechenden Umbauten auf der Fernlinie D ein, um das Defizit an Vierachsbeiwagen auf der D aufzufüllen. Anschließend verkehrte auf der D fast jeder Zug mit Speisebeiwagen, im Gegensatz zur Krefelder Strekke, wo nur jede Stunde ein Speisewagenbetrieb stattfand. Der Speisewagenverkehr auf der D hat sich bewährt und wurde im grundsätzlichen bis 1983 beibehalten.
Die Triebwagen der D wurden Anfang der fünfziger Jahre motorisch verstärkt, um den steten Dreiwagenbetrieb besser bewältigen zu können. Sie hatten jetzt vier Motoren von je 60 kWh. Das Eigengewicht der Vierachstriebwagen, Bj. 1926, stieg von 27,6 t auf etwa 30 t. Die Rheinbahn-Motorwagen Nr. 17–19 und 21 erhielten gleichzeitig anstelle der Rundkästen auf den Stirndächern Liniennummernhauben.
1952 sah man auf der Fernlinie D bei Duisburger Wagenzügen als letzten Beiwagen einen „abgetakelten" Motorwagen ohne Stromabnehmer fahren. Weil auch die Duisburger Verkehrsgesellschaft Mangel an vierachsigen Beiwagen hatte, kaufte sie 1953 bei der Rheinbahn zwei Mitteleinstiegs-Beiwagen des Baujahres 1912, Nr. 1064 und 1066, die nach Anpassungsarbeiten in Duisburg die Wagennummern 59 und 60 bekamen. Nach Inbetriebnahme der neuen Wagen des Typs K 53 waren sie auf der K entbehrlich. Es war ein origineller Anblick, wenn die Duisburger Züge, Bj. 1926, mit dem hohen Mitteleinstiegswagen als zweiten Beiwagen unterwegs waren. Der als Beiwagen eingesetzte Triebwagen wurde in Duisburg mit neuen Motoren wieder als Triebfahrzeug hergerichtet und war ab 1955 auf der Fernlinie D wieder im Einsatz.
Auf der Duisburger Strecke verkehrten nun ebenfalls verschiedene Wagentypen: Die immer noch gut aussehenden schnittigen Vierachser des Baujahres 1926, jetzt auch mit Speisewagen, die früheren K-Bahn-Beiwagen mit Rundbogenfenstern und solche mit Mitteleinstiegen (Bj. 1912 und 1926). Dazu zeigte sich oft ein Niederflur-Dreiwagenzug. So fuhren sie bis Ende der fünfziger Jahre, ehe sie von achtachsigen Gelenkwagen abgelöst wurden.
Von den 9 Mitteleinstiegs-Triebwagen der Linie K, Bj. 1912 und 1925, waren nach dem Kriege nur noch vier Stück vorhanden. Sämtliche drei Wagen des Baujahres 1925 gingen durch Kriegseinwirkung verloren. Der Motorwagen Nr. 1002 wurde 1942 nach einem schweren Unfall in Osterath verschrottet, ein weiterer des Baujahres 1912 nach einem Bombenangriff. Die übriggebliebenen vier Triebwagen erhielten 1950 auf den Stirndächern Liniennummernhauben, anstelle der drei Frontscheiben einen breiten Sekurit-Glaseinsatz und Doppelscheinwerfer über den Rammbohlen.
Von den 5 Mitteleinstiegs-Beiwagen, Bj. 1912, ging im Kriege einer verloren, von den 10 Vierachsbeiwagen mit Rundbogenfenstern, Bj. 1924, blieben 7 Stück übrig, von den 4 Speisebeiwagen nur zwei. Es waren die eben erwähnten Wagennummern 1069 und 1072.
Die vier Mitteleinstiegs-Triebwagen, die baugleichen Beiwagen und die Vierachsbeiwagen mit Rundbogenfenstern bildeten in den Jahren von 1945 bis 1950 auf der K den betrieblichen Grundstock. Oft sah man einen „artreinen" Dreiwagenzug aus Mitteleinstiegswagen auf der Krefelder Strecke. Die Beiwagen des Baujahres 1912 wurden in den dreißiger Jahren selten eingesetzt, jetzt mußte man auch sie wieder stärker heranziehen. Die Fernbahnwagen reichten aber nicht aus, so daß auf der Fernlinie K bis 1950 auch weiterhin Dreiwagenzüge aus Zweiachswagen der Baujahre 1928–42 Dienste verrichten mußten.
Die Mitteleinstiegs-Triebwagen wurden bis zum 10. Mai 1955 eingesetzt. Vorher, im Januar 1955, mußte ein weiterer nach einem schweren Zusammenstoß mit einem Lkw in Lörick ausgemustert werden. Die restlichen drei (Nr. 1001, 1003 und 1006) gingen 1956 den Weg des alten Eisens. Von den vier Mitteleinstiegs-Beiwagen, Bj. 1912, wurden zwei, wie bereits erwähnt, nach Duisburg verkauft. Dort fuhren sie noch bis 1960. Die beiden restlichen verschrottete man 1957 und 1959. Ab Mai 1955 verkehrten auf der Fernlinie K nur noch die Vierachswagen des Typs K 53, sowie die 1950 beschafften Verbands-Zweiachser.
Ab 1953 begann die Rheinbahn damit, die Fahrleitung der Krefelder Strecke grundlegend zu erneuern und eine Hochketten-Anlage zu installieren. Der Mastenabstand konnte auf

das Doppelte erweitert werden, die Hälfte der Fahrleitungs-Gittermasten wurde überflüssig und anschließend abgebaut. Schadhafte Gittermasten wurden gleichzeitig durch Stahlrundmasten ersetzt.
Im gleichen Jahr beantragte die Rheinbahn bei der Aufsichtsbehörde eine Konzessionsumwandlung der Krefelder Strecke von einer nebenbahnähnlichen Kleinbahn in eine Straßenbahn. Dem Antrag wurde am 3. November 1953 stattgegeben. Weitgehende Rationalisierungsmaßnahmen waren jetzt möglich. Die Stationsbeamten zwischen Lörick und Diessem konnten entbehrt werden, die Bahnhöfe wurden zu Haltestellen, Signale und Bahnschranken konnte man abbauen, es wurde wie bei der Straßenbahn „auf Sicht" gefahren. Die Höchstgeschwindigkeit von bisher 90 km/h mußte allerdings auf 60–70 km/h herabgesetzt werden. Außerdem entfielen die roten Scheiben am Schluß eines Zuges, bei Dunkelheit die roten Petroleum-Schlußleuchten, wie sie beim Kleinbahnbetrieb Vorschrift waren.
In den nächsten Jahren baute die Rheinbahn die vorhandenen Anlagen zwischen Lörick und Diessem um. Die drahtgezogenen Weichen wurden aus-, die Formsignale abgebaut. An Straßenübergängen installierte man Lichtzeichen und Halbschranken, die durch Oberleitungskontakte gesteuert wurden. Die Haltestellen Büderich, Osterath, Fischeln wurden an Straßenübergängen verlegt, die Bahnhofsgebäude teilweise zu Wohnzwecken umgebaut. Die Gaststätten blieben erhalten. Die Eisenbahn-Weichen tauschte man gegen straßenbahnmäßige aus, so daß sie durch Fahrdrahtkontakte umgestellt werden konnten.
Mitte der fünfziger Jahre verstärkte sich der Verkehr auf der Fernlinie M weiter, besonders zwischen Lank – Latum und Düsseldorf. Zusätzlich zu den Dreiwagenzügen aus Verbands- und Niederflurwagen mußten in den Hauptverkehrsstunden zwischen Uerdingen oder Lank und Düsseldorf/Graf-Adolf-Platz vor jedem Planzug Zweiachs-Einzeltriebwagen eingesetzt werden. Eine Fahrplanverdichtung auf 20-Minuten-Verkehr war wegen fehlender Ausweichen nicht möglich.
Am 20. Oktober 1958 erreichte die Bahnstillegungswelle auch das linksrheinische Fernstreckennetz, die Fernlinie M wurde zwischen Meererbusch und Moers auf Busbetrieb umgestellt. Der stärker gewordene Autoverkehr auf der Bundesstraße 222 fühlte sich durch die einseitig fahrende Straßenbahn behindert. Außerdem sollten die Landstraßen zwischen Büderich und Moers erneuert und teilweise verbreitert werden, dazu lagen die Straßenbahnschienen im Wege.
Die Einstellungsforderung der Landes-Straßenbehörde im Oktober 1958 kam für die Rheinbahn trotz vorausgegangener Umstellungspläne und Erörterungen überraschend. Die Rheinbahn wollte den Bahnbetrieb noch für einige Zeit aufrechterhalten. Zusätzliche Busse waren noch nicht angeschafft worden. In aller Eile wurden Eineinhalbdeck-Busse von der Solinger Strecke zum Handweiser beordert, um am Morgen des 20. Oktober den Verkehr zwischen Meererbusch, Uerdingen und Moers als Buslinie 70 aufzunehmen. Die Solinger Linie mußte sich einstweilen mit älteren Normalbussen begnügen. Die Eineinhalbdeck-Busse fuhren natürlich alle 15 Minuten, um den Fahrgastandrang bewältigen zu können. Zwischen Meererbusch und Lank verkehrten in der „Rushhour" zusätzlich Normalbusse. Trotzdem kam es zu Verspätungen und Überfüllungen. Viele Fahrgäste trauerten der Straßenbahnlinie M nach.
Bereits in den nächsten Tagen begannen zwischen Meererbusch und Strümp die Straßenbauarbeiten, die Gleise wurden ausgebaut. In den nächsten zwei bis drei Jahren verschwanden auch bis Moers alle Straßenbahngleise, ebenso die Gittermasten der Fahrleitung.
Die Linie M fuhr noch einige Monate zwischen Graf-Adolf-Platz und Meererbusch, umgesetzt wurde in der Stationsanlage Meererbusch. Die Fahrgäste verließen die Bahn und gingen über die Gleise zum Omnibus, der am Stationsgebäude seine Endstelle hatte. Später wurde aus der M eine Linie K/E. 1959 baute die Rheinbahn in Osterath zwischen Hoterheide und Bundesbahn-Überführung auf freiem Gelände eine Gleisschleife mit Auslaufgleis und einem Abstellgleis für Beiwagen.
In Fahrtrichtung Krefeld wechselten die in Hoterheide endenden Bahnen nach rechts ins Schleifengleis, nach der Schleifenfahrt ging es über einen Gleiswechsel zurück in Richtung Düsseldorf. Die Linie K/E wurde nun von Meererbusch bis Osterath/Hoterheide verlängert. Sie fuhr von Montag bis Freitag sowie samstags morgens alle 30 Minuten. Da an beiden Endstellen nun Gleisschleifen vorhanden waren, setzte man ab 1959 auf der K/E Einrichtungs-Großraumzüge ein. In den verkehrsschwachen Stunden wurden die Vierachs-Beiwagen in der Schleifenanlage Hoterheide abgestellt. Auf der K/E waren drei Umläufe nötig. Ab 1960 erhielt sie Sechsachs-Gelenkwagen.
Das Fahrgastaufkommen auf der Buslinie 70 zwischen Meererbusch und Moers wurde in den sechziger Jahren deutlich weniger. Der eigene Pkw war jetzt attraktiver, man brauchte in Meererbusch dann auch nicht umzusteigen.
Was nun den früheren Rheinbahn-Güterbetrieb angeht, so war dieser schon in den dreißiger Jahren bis auf Sand- und Kiestransporte zwischen dem linksrheinischen Netz und dem unteren Düsseldorfer Rheinwerft geschrumpft. Der Stückgutverkehr und die Beförderung landwirtschaftlicher Erzeugnisse waren bereits Ende der zwanziger Jahre eingestellt worden. Wie schon dargelegt, fanden während des Zweiten Weltkrieges und in späteren Jahren im Düsseldorfer Stadtgebiet Gemüsetransporte statt. In den ersten Nachkriegsjahren kamen Entschuttungsfahrten hinzu. Zu diesem Zweck wurden die Fahrleitungen auf der Ratinger Straße, dem Schloßufer und auf dem Burgplatz bis zum Rathaus wieder hergerichtet. Die Schuttzüge mit Gütertriebwagen und 100er Arbeitstriebwagen „bereicherten" nun das Altstadtbild.
Sonst gab es auf der Ratinger Straße gelegentlich noch Sand- und Kiesfahrten, die bis Mitte der fünfziger Jahre aber eingestellt wurden. Bis zur Auflösung der Sand- und Kiesdeponien am Ulanen-Denkmal, Anfang der sechziger Jahre, besorgten Lkws den Abtransport. Die Fahrleitungen auf dem Rathaus- und Mannesmannufer wurden nach dem Kriege nicht mehr aufgehängt. Diese Strecke blieb straßenbahnmäßig tot. Die Güterstrecke von der Düsseldorfer Straße in Oberkassel bis zum Heerdter Hafen wurde in den ersten Jahren nach dem Kriege von Güterwagen noch befahren, wenn auch nur zeitweilig.
Die Gleise auf dem Schloßufer und Burgplatz wurden bereits 1951 abgebaut, als auf dem Burgplatz eine neue Endschleife entstand. Die Weichen von der Ratinger Straße zur Alleestraße entfernte man Ende der fünfziger Jahre. Die Gleise auf der Ratinger Straße selbst, auf der Rampe zum unteren Rheinwerft, auf dem Rathaus- und Mannesmannufer wurden Ende der sechziger Jahre im Zuge von Straßenerneuerungen abschnittsweise abgebaut, ebenso die Werftgleisanlagen zwischen Schloßturm und Ulanen-Denkmal. Wo früher Straßenbahn-Güterwagen fuhren und abgestellt waren, parken jetzt Autos und Omnibusse. Die Gütertrieb- und Güterbeiwagen wurden bis Ende der fünfziger Jahre verschrottet.

Einstellung der Straßenbahnlinie 30 im Mai 1954

Auch die Linie 30 zwischen Meererbusch und Handweiser hatte in den Nachkriegsjahren mehr Fahrgäste zu befördern als in den dreißiger Jahren. Viele wohnten jetzt außerhalb der Ballungskerne. Statt der zweiachsigen Triebwagen der 1100er Reihe bekam sie ab 1950 die Vierachstriebwagen der Ursprungsserie, Baujahr 1898–1902, die 1953 in „1400" umnumeriert wurden. Die Wagenfolge betrug in diesen Jahren 20 Minuten, die Fahrzeit zwölf Minuten. Beide Triebwagen, die auf der Strecke lagen, fuhren solo. Außer gelegentlichen Gleisausbesserungen änderte sich an der Straßenbahnstrecke zwischen Handweiser, Büderich und Meererbusch seit 1925 nichts.

Der Zuzug nach Büderich verstärkte sich, auch der Verkehr auf der 30 zwischen Handweiser und Ausweiche „In der Meer". Ab 1953 setzte die Rheinbahn morgens und nachmittags zwischen Handweiser und der Haltestelle „Deutsches Eck" einen Triebwagen (meistens aus der 400er Reihe) zusätzlich ein. In Richtung Büderich fuhr er hinter dem Planwagen, an der Haltestelle „Deutsches Eck" war seine Endstelle. Etwa zwei Minuten später fuhr er vor dem aus Richtung Meererbusch kommenden Triebwagen zum Handweiser zurück. Morgens, etwa Viertel vor acht Uhr, verkehrte der E-Wagen vom „Deutschen Eck" zum Handweiser weiter über die Strecke der Linie 16 sogar bis zum Hauptbahnhof. Am Handweiser fuhr er über die Gleiskreuzung zur Burgunder Straße, machte dort „Kopf" und gelangte von dort in Richtung Hauptbahnhof.

Die einseitige Gleislage bedeutete beim Gegenlauf für den übrigen Straßenverkehr natürlich eine Belastung. Für die Fahrtrichtung Handweiser–Meererbusch lagen die Gleise richtig, in der Gegenrichtung mußten die Autos dem zum Handweiser fahrenden Triebwagen immer zur Straßenmitte hin ausweichen, was wiederum die gegenläufig verkehrenden Fahrzeuge behinderte.

Bereits 1952 verlangte die Büdericher Gemeindeverwaltung von der Rheinbahn eine Umstellung auf Omnibusbetrieb. In den Wochen vor der Straßenbahneinstellung gingen in Büderich noch verschiedene Gerüchte um: Die Rheinbahn würde auf der anderen Straßenseite auch Gleise einbauen, so daß die Linie 30 stets in Fahrtrichtung ohne Gegenlauf verkehren könnte. Andere meinten, die 30 würde zu einer Rund-Bahn zwischen Handweiser, Meererbusch, Lörick, Belsenplatz und Handweiser umgestaltet werden. Die Strecke vom Handweiser bis Meererbusch wäre dann nur in Nordrichtung befahren worden. In den ersten Monaten des Jahres 1954 verkehrte außerdem oft ein neuer Vierachs-Triebwagen des Typs K 53 als Linie 30. Es war ein vollkommen „neues Fahrgefühl".

Aber es half alles nichts. Am Abend des 2. Mai 1954 verkehrte die Straßenbahnlinie 30 zum letzten Mal. Ab 3. Mai fuhr die Buslinie 30. Eingesetzt wurden die 1950 beschafften kleinen Frontlenker-Busse mit innenliegendem Motor, die seitlich nur eine Schiebetür hatten. Die zwei Omnibusse sollten in der Hauptverkehrszeit zwischen Meererbusch und Handweiser alle zehn Minuten fahren, die Fahrzeit wurde auf neun Minuten festgesetzt, an den Endstellen konnten somit keine Pausen eingelegt werden. Die Busse faßten den Fahrgastansturm nicht. Alles mußte sich durch die Schiebetür rein- und rausquetschen. Verspätungen und Überfüllungen waren an der Tagesordnung. In den kleinen Bussen schüttelte und rüttelte es viel mehr als in den alten Fernbahnwagen. Die Rheinbahn wurde von den Fahrgästen bestürmt, die Straßenbahn wieder fahren zu lassen.

Tatsächlich wurden die in den ersten Maitagen angebrachten Omnibus-Haltestellenschilder Mitte Mai durch neue Straßenbahnschilder mit dem „H" auf gelbem Grund ersetzt. Man glaubte, daß in den nächsten Tagen wieder die Straßenbahn fahren würde. Aber sie nahm den Verkehr doch nicht wieder auf. Wahrscheinlich hat eine behördliche Instanz dies verhindert. Die Fahrgäste mußten weiterhin mit den kleinen und übervollen Omnibussen vorliebnehmen. Erst zwei Jahre später wurden neue, größere Omnibusse auf der 30 eingesetzt.

Man sieht, die Umstellung von Straßenbahn auf Bus wurde in jenen Jahren zu voreilig betrieben. Verschiedene Kreise forderten damals forsch die Modernisierung des Nahverkehrs, wie sie es nannten, und meinten damit den Busbetrieb. Die Fahrqualität blieb dabei aber auf der Strecke.

Die Straßenbahnschienen lagen noch mehrere Jahre auf Büderichs Straßen. Erst zwei Jahre nach der Umstellung entfernte man die Fahrleitung und größtenteils die Oberleitungsmasten. Die Gleise wurden Ende der fünfziger Jahre bzw. Anfang der sechziger Jahre im Zuge von Straßenrenovierungen ausgebaut.

Der Ortslinienbetrieb von 1952 bis 1955, Streckenänderungen

Im Jahre 1952 war der Einheitstarif von 15 Pfennigen je Fahrt ohne Umsteigeberechtigung bereits abgeschafft. Teilstrecken wurden wieder eingeführt. Kostensteigerungen machten außerdem eine Fahrpreiserhöhung unumgänglich. Die Fahrpreise stellten sich wie folgt: Für 1–3 Teilstrecken ohne Umsteigeberechtigung DM 0,25, für 4–5 Teilstrecken ohne Umsteigeberechtigung DM 0,30, für 6–9 Teilstrecken mit Umsteigen DM 0,40. Für Kinder unter 14 Jahren lag der Fahrpreis zwischen DM 0,10 und DM 0,20.

Die Linien 15 und 2 begegnen sich am Hauptbahnhof 1953. Der Niederflur-Tw 257 der Linie 2 zeigt ein damals übliches ausgestanztes und auf die Nummernhaube aufgeschobenes Linienschild.

Am 30. Januar 1952 faßten die Düsseldorfer Ratsherren den Beschluß, die bereits vor dem Kriege projektierte Nordbrükke über den Rhein zwischen Uerdinger Straße und Niederkassel zu bauen. Im linksrheinischen Teil waren breite Anschlußstraßen in Richtung Heerdt und Handweiser nötig. Eine „Armada" von Muldenkippern transportierte in den nächsten Jahren von niederrheinischen Kiesbaggereien Berge von Sand und Kies heran und kippte sie auf den vorgesehenen Trassen ab.

1952 gab es auch die erste Streckenstillegung bei den Düsseldorfer Ortslinien. Der Abschnitt der Linie 6 zwischen Graf-Adolf-Straße, Mintropplatz, Eller- und Kölner Straße wurde am 17. Mai stillgelegt und auf Busbetrieb umgestellt. Zwei Jahre vorher hatte die 6 auf der Kölner Straße, zwischen Marken- und Karl-Geusen-Straße, eine neue Endstelle bekommen. Die Gleise lagen noch, nur zwei Gleiswechsel wurden eingebaut. Dieser Abschnitt wurde nämlich bis 1929 von

Im Jahre 1952 wurde die Linie 6 fast ausschließlich mit solo-fahrenden Triebwagen betrieben. Tw 1154 an der Endstelle am Betriebshof Steinberg.

der Linie 18 befahren, als die Eisenbahnstrecke noch nicht hochgelegt war und an der Oberbilker Allee noch die Steinbogenbrücke existierte. Die kurze Gleisstrecke auf der Heerstraße zwischen Kölner Straße und Markenstraße, der Überrest der früheren Lierenfelder Strecke, wurde ausgebaut.
Ab 18. Mai 1952 fuhr eine Buslinie 66 zwischen Altstadt, Eller-, Karl-Geusen-Straße, Schlesische Straße, Sandträger Weg und Vennhausen, Endstelle an der „Freiheit". Die Straßenbahnlinie 6 erhielt einen neuen Weg vom Graf-Adolf-Platz über Bilk/Bahnhof, Himmelgeister Straße zum Steinberg. Sie verkehrte weiterhin mit Solo-Triebwagen. Die Friedrich- bzw. Elisabethstraße wurden nun von den Linien 1, 6, 17 und 21 befahren.
In diesen Jahren erörterte man den Bau einer Straßenbahnstrecke von Lierenfeld bis Vennhausen, die 10 sollte diese neue Linie übernehmen. Aber es fehlten der Rheinbahn dazu einige Millionen D-Mark, staatliche Zuschüsse gab es damals noch nicht. Die Linie 6 wäre dann ihren früheren Weg über Ellerstraße nach Oberbilk weitergefahren mit Verlängerung in die Karl-Geusen-Straße bis Eller/Vennhauser Allee anstelle der 10, die ja über die Schlesische Straße nach Vennhausen geführt werden sollte. Die 6 hätte dann ihr früheres Ziel (bis 1931) Lierenfeld/Eller wieder angesteuert. Aber es blieb bis heute beim Busbetrieb.
Auf der Linie 6 verkehrten bis Mitte der fünfziger Jahre außer 400er Triebwagen auch solche aus der 1100er Reihe, darunter der Wagen 1130, Baujahr 1905. Dieser Motorwagen hatte 1945 in einer Panzersperre auf der Brehmstraße gelegen, war nach dem Kriege aber wieder aufgebaut worden und wurde ab 1949 wieder im Personenverkehr eingesetzt. Er hatte zusammen mit dem Triebwagen Nr. 1134 noch die seitliche Einteilung mit schmalen und breiten Fenstern. Auch sonst wirkte er wie ein Wagen aus der Ursprungszeit der Straßenbahn. Die übrigen ähnlich aussehenden Triebwagen gingen im Kriege verloren. Ein Leser der „Rheinischen Post" meinte in einem Leserbrief, man sollte diesen altertümlichen Wagen doch endlich aus dem Verkehr ziehen und ins Verkehrsmuseum nach Nürnberg bringen. Aber er fuhr noch einige Jahre. Sein Bruder, der 1134, wurde 1955 zum Arbeitswagen hergerichtet. Der Motorwagen 1130 lebte noch bis 1960. Ins Museum kam er allerdings nicht, leider nicht, wie viele Straßenbahnfreude heute sagen werden.
1952 baute die Rheinbahn an der Kreuzung Oberbilker Allee/Stoffeler Straße einen zusätzlichen Doppelabzweig von der östlichen Oberbilker Allee zur Siegburger Straße ein, um die Ein- und Ausfahrten der Linien 10 und 20 zum Werstener Depot kostengünstiger zu gestalten. Das Umsetzen der Linie 23 an der Friedrich-Wilhelm-Straße in Gerresheim war störend und für die nachfolgenden Züge der 3 zu zeitraubend. Die 23 erhielt daher eine eingleisige Endschleife auf geräumtem Gelände zwischen Friedrich-Wilhelm-Straße und Unter den Eichen. Die neue Schleife wurde am 19. Januar 1953 in Betrieb genommen.
In der Altstadt auf der Mühlenstraße wurden große und langandauernde Kanalbauarbeiten ausgeführt. Die Linien 3, 18 und 23 konnten die Endschleife am Burgplatz vom 25. August 1952 bis 10. Juli 1953 nicht anfahren. Sie bekamen daher um die Kunsthallen-Runie herum eine Ersatzschleife. Dabei wurde auch ein Gleisstück wieder benutzt, das die Linie 6 bis 1928 von der Alleestraße in Richtung Rathaus befahren hatte, und zwar nördlich der Kunsthalle. Am 5. Oktober 1952 verkürzte man den Linienweg der 29 von Grafenberg wieder bis Flingern/Bruchstraße.
Im Oktober begann die Stadt Düsseldorf mit der Verbreiterung der Schadowstraße und des Wehrhahn. Trümmergrundstücke wurden geräumt und in die neue Fluchtlinie Geschäftsneubauten gesetzt. Die Gleiskreuzung Schadow-/Tonhallenstraße rückte man in die heutige Lage, am Wehrhahn und an der früheren Tonhalle, auf deren Grundstück das neue Karstadt-Gebäude entstand, baute man Haltestelleninseln ein. Vor und hinter der neuen Gleiskreuzung gab es für die Linien 3, 12 und 23 Slalomfahrten durch vorübergehende Gleisverschwenkungen. In den nächsten Jahren erhielten der Wehrhahn und die Schadowstraße neue Gleise in der neuen Straßenmitte.
Am 1. November 1952 wurde anstelle der roten 16 wieder die Liniennummer 26 eingeführt, sie führte wie früher vom Düsseldorfer Hauptbahnhof über Bilker Kirche und Südbrücke nach Neuss. Dort an der Selikumer Straße wechselten die Fahrer die Linienziffer in 16. Zuvor hatte man die Neusser Linien mit Niederflur-Triebwagen anstelle der 900er Motorwagen, Baujahr 1928–29, ausgerüstet, so daß der Nummernwechsel unterwegs, wie in den Kriegsjahren, wieder möglich war. Zwei Reservetriebwagen der 900er Reihe, die für die Linien 16/26 bereitgehalten wurden, bekamen ebenfalls Nummernhauben auf den Stirndächern, und zwar die Wagen Nr. 948 und 965.
Der Linie 29 gab man am 12. Januar 1953 eine andere End-

Einige Museumsfahrzeuge der Baujahre 1899 - 1902 hatten den Zweiten Weltkrieg überlebt. Nie wieder gutzumachen ist die Anordnung vom November 1952, diese Fahrzeuge zu verschrotten. Im Betriebshof Trompet standen der Sommerbeiwagen 264 ...

... wie auch der Verwandlungswagen 331. Damals hätte man also noch die Möglichkeit gehabt, Fahrzeuge, die um die Jahrhundertwende gebaut wurden, der Nachwelt zu erhalten.

stelle, sie fuhr von Flingern aus nicht mehr über die Kavalleriestraße zur Fährstraße, sondern weiter über die Haroldstraße zum Mannesmannufer und endete in der 1939 angelegten Gleisschleife Mannesmannufer/Hubertusstraße.
Im Januar 1953 verschrottete die Rheinbahn alte Wagen aus den Anfangsjahren des Bahnbetriebes, was von Straßenbahnfreunden heute noch bedauert wird: im Betriebshof Trompet den Pferdebahnwagen Nr. 28, den Triebwagen Nr. 80, die Beiwagen Nr. 264 und 331, im Betriebshof Heerdt die Beiwagen Nr. 329 und 333. Unter den Beiwagen befanden sich auch Sommerwagen.

Auch Triebwagen 80 (ex 111) hatte den Zweiten Weltkrieg überlebt; die Aufnahme zeigt ihn im Betriebshof Trompet.

Die Pariser Straße in Heerdt zwischen Belsenplatz und Nikolaus-Knopp-Platz war nur dreispurig, das Doppelgleis der Straßenbahn lag auf der südlichen Seite, nahe am Hochwasser-Schutzdeich. 1953 hatte die Fahrzeugdichte in der Bundesrepublik den Stand von 1939 wieder erreicht. Der Lkw-Verkehr auf der Pariser Straße war ziemlich lebhaft. Auf der schmalen südlichen Fahrbahn ereigneten sich innerhalb der Kurve zur Kribbenstraße hin mehrere leichte und schwere Unfälle und Zusammenstöße zwischen Straßenbahnen und Lastkraftwagen. Bei einem schweren Unfall im Jahre 1953 zwischen einer nach Neuss verkehrenden 16 und einem in Gegenrichtung fahrenden Lkw waren bedauerlicherweise sogar zwei Tote neben einer Reihe von Verletzten zu beklagen. Der Triebwagen Nr. 966, Baujahr 1928, wurde seitlich aufgerissen. Es dauerte mehrere Monate, bis er instand gesetzt wieder auf Tour gehen konnte.
Fahrgäste, die die Linie 16 nach Neuss benutzen wollten, sollten einen Verbandskasten mitnehmen, mahnte eine Ulkzeichnung in der „Rheinischen Post".
In den Jahren 1952–53 baute die Stadt Düsseldorf zwischen Kaiserstraße und Homberger Straße einen neuen breiten Straßenzug, die heutige Fischerstraße. Vorher verlegte man die städtische Gärtnerei auf ein Freigelände nördlich des Rheinstadions. Die alte Gärtnerei neben dem Golzheimer Friedhof wurde in die neue Trasse einbezogen, die frühere jetzt ausgebrannte Restauration „Am Luftballon" abgerissen und zur Kaiserstraße eine breite Ausfahrt geschaffen. Die Straßenbahn erhielt in Straßenmitte einen eigenen Bahnkörper. Die Venloer Straße bekam zwischen Nord- und Fischerstraße Straßenbahngleise.
Am 29. Mai 1953 konnte die Strecke Venloer – Fischerstraße von den Linien 10, 11, 20 und D von der Duisburger Straße aus bereits in Betrieb genommen werden.
Im Herbst 1953 schuf die Rheinbahn für die aus nördlicher Richtung am Hauptbahnhof endenden Einsatzzüge eine neue Endschleife über Hartkortstraße, Mintropplatz und Graf-Adolf-Straße. Dabei wurde das östliche Gleis auf der Mintropstraße, das von der Linie 6 ein Jahr vorher verlassen wurde, wieder benutzt. Für die neue Schleife mußten am Mintropplatz und an der Graf-Adolf-Straße Abzweige mit Gleisbögen eingebaut werden.
Die Rundlinie 6 (Volksgarten – Zoo – Ratinger Tor – Bilk – Am Steinberg) fuhr bisher mit Solo-Triebwagen, die in den Hauptverkehrsstunden meistens überfüllt waren. Im Oktober 1953 wurden nach Lieferung weiterer Verbandswagen Beiwagen für die Linie 6 frei. Sie verkehrte nun mit einem Beiwagen, was von den Fahrgästen und den Düsseldorfer Tageszeitungen sehr begrüßt wurde.
Am 2. Mai 1954 erhielt die 6 eine Streckenverlängerung, und zwar vom Volksgarten zum Hennekamp und weiter zum Steinberg. Der Straßenzug „Auf'm Hennekamp" wurde von der Kruppstraße bis zur Witzelstraße breit ausgebaut, in der Mitte mit einem Bahnkörper, vorher existierte er nur als breiter Feldweg. Mit dieser Neubaustrecke wurde vom Zoo über Flingern und Oberbilk eine direkte Verbindung zu den Wohn- und Gewerbevierteln an der Witzel- und Himmelgeister Straße geschaffen. Folgende Haltestellen wurden eingerichtet: Volksgarten, Redinghovenstraße, Mecumstraße, Kopernikusstraße, Am Steinberg.
Auf dem kurzen Streckenstück Steinberg – Kopernikusstraße verkehrten nun zwei 6er Linien, die eine über Brunnenstraße in Richtung Graf-Adolf-Platz, die andere 6 über den Abzweig zum Hennekamp in Richtung Volksgarten, was von den Fahrgästen eine genaue Beachtung der Zielschilder nötig machte.
Die Rheinbahn war im Streckenbau weiterhin aktiv. Am 1. Juli 1954 wurde die neue Strecke Fischerstraße von der Venloer bis zur Kaiserstraße durchgelegt. Am früheren Luftballon verzweigte sich nun die Strecke Hofgarten-/Kaiserstraße, einmal zur Nordstraße, zum anderen zur neuen Fischerstraße, wie es früher schon mal der Fall war.
Die Linien 10 und 20 verkehrten jetzt nicht mehr über Stern- und Duisburger Straße, sondern mit der Fernlinie D von der Kaiser- über die neue Fischerstraße in Richtung Stockum. Die Linie 11 fuhr über Duisburger zur Venloer und Fischerstraße. Die Strecke auf der unteren Kaiserswerther Straße zwischen Nord- und Homberger Straße wurde stillgelegt und in den nächsten Jahren abgebaut.
Am 31. Juli 1954 war eine neue Gleisschleife in Unterrath zwischen Kittelbach und Am Röttchen betriebsfertig. Die Linie 21 brauchte nicht mehr auf der Flughafenstraße umzusetzen und den Autoverkehr zu behindern; sie endete jetzt in der neuen Gleisschleife.
Auch in der Nachbarstadt Neuss verbreiterte man nach dem Kriege verschiedene Innenstadtstraßen und legte neue Straßenzüge auf, z. B. am Neusser Bahnhof. Nachdem zerstörte Häuser abgerissen worden waren, baute die Stadt Neuss die Bahnstraße von der Rheintorstraße bis zur Further Straße neu aus. Statt der schmalen zweispurigen Straße entstand eine vierspurige Autostraße mit einem Bahnkörper in der Mitte. Die Linie 16 erhielt am Neusser Bahnhof eine neue Halte-

stellenanlage. Gleichzeitig baute man zwischen dem Balatumgebäude und dem Marienkirchplatz eine Gleisschleife für die am Bahnhof Neuss endenden E-Wagen der 16. Die E-Wagen brauchten also nicht mehr vor dem Neusser Bahnhof umzusetzen.
Die schmale und unfallträchtige Pariser Straße in Heerdt wurde 1955 ebenfalls neu aufgelegt, die alte Trasse entfernt, das Gelände aufgeschüttet und der Schutzdeich abgetragen. Gleichzeitig füllte man die Bodensenke, das „Heerdter Loch", auf. Das Rheinhochwasser konnte nun nicht mehr gefährlich werden. Der Autoverkehr wurde während der Bauzeit großräumig umgeleitet, die Linie 16 fuhr vom 12. Mai bis zum 5. Dezember 1955 von der Düsseldorfer Straße aus über den Heerdter Deich und über Kribbenstraße zum Nikolaus-Knopp-Platz. Die Strecke zum Heerdter Hafen, die ja über den Hochwasserdeich führte (der erste Deich lag am Rhein, der zweite bis 1955 parallel zur Pariser Straße), baute man zu diesem Zweck ab Columbusstraße/Oberkassel doppelgleisig aus, die Kribbenstraße erhielt ein provisorisches Doppelgleis. Am Eingang zum Heerdter Krankenhaus, damals am Rheindeich gelegen, richtete man eine Haltestelle ein.
Es war eine schöne Fahrt über den Rheindeich mit Ausblick auf den Rhein mit seinen Schiffen, zu Füßen lagen die Uferwiesen, auf der anderen Rheinseite die Lausward. Verschiedene Fahrgäste meinten damals, die Rheinbahn solle diese Rheinstrecke beibehalten.
Nach Beendigung der Bauarbeiten hatte die Pariser Straße ein völlig anderes Gesicht, sie war breit angelegt mit einer Doppelgleisstrecke in der Mitte, ab Heerdter Lohweg bekam die Linie 16 einen eigenen Bahnkörper. Die Haltestelle Lohengrinstraße verlegte man zur Drususstraße, die außerdem Haltestellen-Inseln bekam. Ab 6. Dezember 1955 verkehrte die 16 über ihre neue Strecke. Die Kribbenstraße wurde von den provisorischen Gleisen wieder befreit, die Güterstrecke zum Heerdter Hafen verlor ihr zweites Gleis wieder.
Am 2. Mai 1955 wechselten einige Linien ihre Endstellen. Die Linie 20 fuhr bis zum Freiligrathplatz, endete nicht mehr in der Schleife Reeser Platz. Die Linie 6 aus Richtung Graf-Adolf-Platz verlängerte man über den Steinberg hinaus bis zur Schleife am Stoffeler Kapellchen, wobei sie über die Himmelgeister und Moorenstraße fuhr; gleichzeitig wurde die 21 von Stoffeln bis zum Steinberg verkürzt.
Mitte der fünfziger Jahre nahm der Straßenbahnbetrieb auf der Alleestraße immer mehr zu; es kam zu regelrechten Staus, besonders in den Hauptverkehrsstunden. Vom Ratinger Tor bis zum Wilhelm-Marx-Haus ging es in beiden Richtungen nur noch ruckweise vorwärts, Straßenbahnzug stand hinter Straßenbahnzug. Schuld daran waren nicht Verkehrsampeln oder Autostaus auf den Kreuzungen, sondern die Linienbündelung auf der Alleestraße.
Anfang der fünfziger Jahre kamen die Linien 1 und 21 aus Richtung Ratinger Tor zusätzlich zur Alleestraße, dann die Linien 3, 18 und 23 aus der Mühlenstraße, die bis 1951 die Flingerstraße für ihre Schleifenfahrten benutzten, jetzt aber ebenfalls von der Mühlenstraße zur Alleestraße fuhren. 1955 verkehrten auf der Alleestraße folgende Straßenbahnlinien: 1, 3, 6, 15, 16, 17, 18, 21 und 23, sowie die Fernlinien D, K, M, außerdem in der Hauptverkehrszeit die E-Linien 1/E, 6/E, 16/E und 18/E.
Man nahm die Haltestellen nun aus der Alleestraße heraus, um ein zügigeres Fahren zu ermöglichen. Hinter den Abzweigungen wurden neue errichtet, die Haltestelle Ratinger Tor der Oberkasseler Linien lag jetzt an der Fritz-Roeber-Straße, die Linien 1, 6, 21 und D hielten auf der Max.-Weyhe-Allee. Die Linien 3, 18 und 23 verlegten ihre Haltestelle Opernhaus zum Grabbeplatz, die in Richtung Graf-Adolf-Platz fahrenden Linien ihre Haltestelle Wilhelm-Marx-Haus in die Flingerstraße. Die Linien 3, 15, 16, 18 und 23 hielten in der Theodor-Körner-Straße neben dem Kaufhof. Die Haltestelle Corneliusplatz der Linien 3 und 23 befand sich auf der unteren Schadowstraße, die der Linien 15, 16 und 18 auf der Blumenstraße.
Der Verkehr auf der Alleestraße wurde nun flüssiger, es gab trotzdem hin und wieder Stauungen auf den Straßenbahngleisen. Beseitigt wurde dieses Problem erst im Herbst 1962, als der neue Verkehrsknoten Jan-Wellem-Platz fertiggestellt war.
In den fünfziger Jahren wurden verstärkt Wohnungen gebaut, nicht nur im Stadtkern, vor allem in den Außenbezirken. Ende 1955 erreichte die Stadt Düsseldorf wieder ihren Wohnungsbestand von 1939. Man zählte in Düsseldorf nun 650 000 Einwohner, etwa 150 000 mehr als 1939, verursacht durch Umsiedler und Flüchtlinge. Weiterer Wohnungsbau war daher notwendig.
Die Rheinbahn hatte Ende 1955 etwa 4500 Mitarbeiter, 1945 waren es nur 2175. Der Wagenbestand setzte sich aus 332 Trieb- und 404 Beiwagen zusammen.

Die Fremdwagenkäufe in den fünfziger Jahren

Durch die Kriegsverluste an Straßenbahnwagen und den starken Verkehrszuwachs hatte die Rheinbahn Anfang der fünfziger Jahre ein großes Wagendefizit, das durch Neuwagen vorerst nicht gedeckt werden konnte. Sie kaufte daher von stillgelegten Straßenbahnbetrieben Altwagen auf, die sich noch in gutem Zustand befanden.
1952 stellte die Siegener Kreisbahn zwei ihrer vier Straßenbahn- und Überlandlinien auf Omnibusbetrieb um. Dabei wurden 7 Zweiachs- Triebwagen Nr. 24, 26–28 und 30–32, Baujahr 1929, entbehrlich. Sie waren 10,9 Meter lang, 2,3 Meter breit, wogen 11,7 Tonnen, hatten zwei Tatzlagermotoren von je 45 kWh, sowie 22 Sitz- und 50 Stehplätze. Der Wagenkasten war kantig, hatte drei Frontscheiben, vier Seitenfenster und Tonnendach. Diese 7 leistungsfähigen Motorwagen wurden bei der Rheinbahn zunächst leihweise eingesetzt, in späteren Jahren aber durch Kauf erworben.
Die Wagennummern behielt man in Düsseldorf bei, der Anstrich, die Eigentumsbezeichnung, die Kupplungen und dergleichen wurden geändert. Gleichzeitig erhielten die Wagen Scherenstromabnehmer und auf den Stirndächern Flachstükke zum Aufstecken der runden Liniennummernschilder. Sie kamen zum Depot Steinberg und wurden hauptsächlich auf den Linien 6, 14, 21 und als E-Wagen eingesetzt, behängt mit 600er und 700er Beiwagen. Übrigens, die Neusser Verkehrsbetriebe modernisierten Ende der vierziger und Anfang der fünfziger Jahre ihren Wagenbestand durch Beschaffung zweiachsiger Aufbau-Triebwagen, Kriegstyp-Beiwagen und dreiachsiger Triebwagen (Nr. 29 und 30) mit längerem Wagenkasten und Lenkachsen. Außer ihren Niederflur-Triebwagen (Nr. 25–27) setzten die Neusser Verkehrsbetriebe auch die eben genannten neuen Wagentypen auf der Gemeinschaftslinie 16, später auch auf der 26 ein. Die Neusser mußten nach wie vor drei Umläufe stellen. Zusammen mit den verschiedenen Düsseldorfer Wagentypen hatten die Linien 16/26 damals einen bunten Wagenpark. Der Neusser Niederflur-Triebwagen Nr. 26 erhielt nach einem schweren Unfall 1950 einen neuen Wagenkasten, dem Verbandstyp entsprechend.
Im Gegensatz zu früheren Gepflogenheiten wurden Düsseldorfer und Neusser Wagen nach 1945 nicht mehr im Mischbetrieb gefahren. Die Neusser Verkehrsbetriebe stellten in den verkehrsschwachen Stunden die zweiten Beiwagen der Linien 16/26 auf dem dritten Gleis des Bahnkörpers in der Nähe der Selikumer Straße zwischen Hafenbahn-Kreuzung und Langemarckstraße ab. Einen Solo-Triebwagenverkehr wie vor dem Kriege gab es auf der Linie 26 nicht mehr.

Auch von anderen Verkehrsgesellschaften wurden Wagen angekauft, wie hier Tw 24, der aus Siegen kam.

Mitte der fünfziger Jahre erhielt Tw 1935 Nummernhauben und verkehrte fast ausschließlich auf der Linie 2, meistens solo, in der Hauptverkehrszeit mit einem Beiwagen.

Als 1901 die Straßenbahnlinie nach Neuss gebaut wurde, führte die Strecke über den Heerdter Rheindeich. 1955 erlebte sie ein Comeback, nämlich in der Zeit, als die Pariser Straße umgebaut und verbreitert wurde.

Der Einzelgänger, Tw 1935, hatte ursprünglich die für Düsseldorf typischen runden Emaille-Linienschilder.

1953 stellte die Straßenbahn in Gießen ihren Betrieb ein. Von dort übernahm die Rheinbahn zwei Kriegstyp-Beiwagen Nr. 11 und 12, Baujahr 1949. In Düsseldorf erhielten sie die Wagennummern 332 und 333. Die Niederflurbeiwagen mit den gleichen Nummern wurden bekanntlich noch vor ihrem Einsatz bei einem Großangriff 1943 zerstört.
Die beiden KSW-Beiwagen waren 10,4 Meter lang, 2,2 Meter breit, wogen 6,8 Tonnen und hatten 12 Sitz- und 72 Stehplätze. Das Abteil mit den Sitzen war bei den Kriegstypwagen klein gehalten, dafür waren die Perrons mit den breiten Schiebetüren um so länger. Die Wagen hatten Stahlaufbauten, im Wageninnern aber keine Abteiltüren. Eingesetzt wurden sie auf verschiedenen Linien. 1966 verkaufte die Rheinbahn diese beiden Wagen nach Frankfurt (dort Nr. 1465–66). Einer kehrte 1978 nach Gießen zurück und wurde nach einer Renovierung als Museumswagen im Gießener Busbetriebshof aufgestellt.
Die Gummersbacher Kleinbahn fuhr im Jahre 1954 zum letzten Mal. Die Triebwagen Nr. 1–3, Baujahr 1915, verkaufte sie der Rheinbahn, außerdem zwei bauähnliche Beiwagen Nr. 22, Baujahr 1913, und Nr. 23, Baujahr 1909, der letztere stammte von der früheren Kleinbahn Unna – Kamen – Werne (dort Nr. 31). Die zweiachsigen Wagen hatten Holzkästen mit Laternendächern. Die Triebwagen waren 9 Meter lang, 2,2 Meter breit, 9,8 Tonnen schwer, hatten zwei Motoren von je 60 kWh und 18 Sitz- und 16 Stehplätze. Die Perrons wurden durch Schiebetüren geschlossen, seitlich befanden sich drei gleich große Fenster. Da sie im Oberbergischen Gefällestrecken befahren mußten, lag ihre motorische Leistung ziemlich hoch.
Die Rheinbahn gab ihnen die Wagennummern 9–11, Scherenstromabnehmer und auf den Stirndächern drehbare Zielschilder, darüber runde Liniennummernscheiben. Die Beiwagen behielten ihre Wagennummern. Gleichzeitig kaufte die Rheinbahn von der Gummersbacher Kleinbahn einen Triebwagen mit der Wagennummer 6, Baujahr 1927. Er war etwas größer als die drei anderen Motorwagen, wog 11,5 Tonnen, hatte zwei Motoren von je 40,5 kWh und 24 Sitz- und 24 Stehplätze. Er wurde in 12 umgenummert, später zu einem Arbeitstriebwagen umgebaut und 1960 verschrottet.
Die Gummersbacher Züge (Trieb- und Beiwagen) verkehrten meistens als Linie 1/E zwischen Rath und Holthausen, hin und wieder auch auf anderen Strecken. Die drei Tiebwagen Nr. 9–11 baute man Anfang der sechziger Jahre ebenfalls zu Arbeitswagen um. Ende der sechziger Jahre wurden zwei verschrottet, die Beiwagen bereits 1958. Ein Arbeitswagen (Nr. 10, später Nr. 1310, ab 1970 Nr. 5112) war als Schneepflug 1983 noch vorhanden.
Nachdem die Siegener Kreisbahn auch ihre beiden letzten Linien auf Busbetrieb umgestellt hatte, kaufte die Rheinbahn ihr in den Jahren 1956–59 weitere Wagen ab, und zwar 6 Trieb- und 13 Beiwagen des Kriegstyps Nr. 107–119. Die 6 Triebwagen (Nr. 33–38) wurden 1944 von der Waggonfabrik Fuchs, Heidelberg, gebaut: Länge 10,4 Meter, Breite 2,2 Meter, zwei Motoren von je 60 kWh, 12 Sitz- und 72 Stehplätze. In Düsseldorf erhielten sie die Wagennummern 11–16. Die 13 KSW-Beiwagen (davon wurden einige bereits 1952 übernommen) wurden 1946 bei der Waggonfabrik Uerdingen gebaut, Länge ebenfalls 10,4 Meter, Breite 2,2 Meter mit 12 Sitz- und 72 Stehplätzen. Sie erhielten bei der Rheinbahn die Nummern 30–42.
Die Triebwagen bekamen Liniennummernhauben auf den Stirndächern und Zielkästen mit Wechselschildern unter den Stirndachrändern. Die Beiwagen hatten an den oberen Stirnfronten breite Lüftungsraster, daneben ein Kästchen mit der Liniennummer. In Düsseldorf gab man ihnen an den Innenseiten der Stirnfenster Wechselzielschilder.
Die Kriegtypwagen, im Depot Münsterstraße beheimatet, sah man hauptsächlich auf den Linien 2, 7 und als E-Wagen, meistens aber als Linie 1/E. Bis 1966 waren sie im Personenverkehr eingesetzt. Von den 6 Motorwagen wurde 1971 einer nach Bonn verkauft, dort als Arbeitswagen A 21 eingesetzt. Die übrigen rüstete die Rheinbahn Mitte bis Ende der sechziger Jahre ebenfalls zu Arbeitstriebwagen um. Einer davon (Nr. 5133) erlebte noch die achtziger Jahre, die anderen vier musterte man 1970–74 aus.
Von den 13 KSW-Beiwagen wurde einer Anfang der sechziger Jahre verschrottet, die übrigen 12 im Jahre 1966 nach Frankfurt verkauft (dort Nr. 1453–1464).
Im Jahre 1959 übernahm die Rheinbahn von der Siegener Kreisbahn noch den Aufbau-Triebwagen Nr. 39, Baujahr 1950, auf Fahrgestell Baujahr 1929. Er war 10,5 Meter lang, 2,2 Meter breit, 12,2 Tonnen schwer, hatte zwei Motore von je 60 kWh und 22 Sitz- und 48 Stehplätze. Der Wagenkasten entsprach dem Verbandstyp. Die Rheinbahn gab ihm die Wagennummer 10. Später wurde das Fahrgestell dieses Wagens gegen ein KSW-Fahrgestell ausgetauscht.
Außerdem kamen aus Siegen zwei weitere Beiwagen Nr. 120 und 121, Baujahr 1950, die aus der Verbandstypserie stammten, nach Düsseldorf. Sie erhielten nach Anpassungsarbeiten die Wagennummern 43 und 44. Dieser Wagenzug (Triebwagen Nr. 10 mit Beiwagen Nr. 43 und 44) wurde meistens als geschlossene Einheit eingesetzt. Auch er fuhr größtenteils als Linie 1/E zwischen Rath und Holthausen. Alle drei Wagen befanden sich 1983 noch im Betriebshof Am Steinberg, wurden aber nicht mehr eingesetzt.

Modernisierung älterer Straßenbahnwagen

1953 begann die Rheinbahn mit dem Umbau der Anfang der zwanziger Jahre beschafften Motorwagen der Reihe 570–599. Sie zeichneten sich durch eine etwas stärkere Motorleistung aus, die für die Befahrung der Steigungsstrecke Auf der Hardt für die Gerresheimer Linien notwendig war. Die Triebwagen waren zu diesem Zeitpunkt schon etwa 30 Jahre alt, heutzutage ein Anlaß für die Verschrottung. Damals bestand aber ein großer Wagenmangel, der durch neue Wagen noch nicht behoben werden konnte. Außerdem mußten für die Gerresheimer Linien aufgrund der Kuppelendstellen weiterhin Zweirichtungsfahrzeuge eingesetzt werden.
An den noch übriggebliebenen Triebwagen aus der Reihe 570–599 änderte man in der Rheinbahn-Hauptwerkstatt die Plattformen. Die Wagen erhielten neue Fahrschalter und Fahrpulte mit Fahrersitz, auf den Stirndächern Liniennummernhauben, die vom Fahrerplatz einen Wechsel der Linienschilder möglich machten, und an der oberen mittleren Frontscheibe Zielschilderkästen. Die linken Perronseiten wurden durch hohe Falttüren verschlosen, rechts befanden sich bereits Schiebetüren, so daß die Plattformen nun rundherum dicht waren. Statt der langen Stromkabel bekamen die Triebwagen an den Stirnfronten kurze Kabelanschlüsse mit Messingkupplungen, wie sie die Verbandswagen hatten.
Gleichzeitig wurden die Perron- und Seitenfenster mit Sicherheitsglas versehen. Durch dieses splittersichere Glas wurden bei Zusammenstößen Glassplitterverletzungen der Fahrgäste weitgehend vermieden. Die Unfälle der letzten Jahre, z. B. auf der Linie 16, bewiesen diese Notwendigkeit.
Die 700er Beiwagen erhielten zusätzlich zu den Backenbremsen Magnet-Schienenbremsen, wie sie die Triebwagen schon immer hatten, außerdem kurze Kabelanschlüsse, damit sie mit den umgebauten 500er Motorwagen kuppelfähig waren. Die bisherigen Zielschilder-Führungsleisten an den Stirnseiten mußten nun verschwinden. Die Beiwagen zeigten das Fahrziel jetzt von innen mit kleinen Schildchen am unteren Rand des mittleren Stirnfensters an.
Die ersten umgebauten Wagen verkehrten bereits im Sommer 1953 auf der Linie 3, bis 1955 waren alle infrage kommenden Wagen umgerüstet. Bis 1960 fuhren die modernisierten 500er

Der Schweißwagen Nr. 47 entstand 1928 aus einem Arbeitsbeiwagen. Hier steht er 1956 im Betriebshof Grafenberg. Im darauffolgenden Jahr wurde er verschrottet.

Züge auf den Linien 3 und 23, anschließend verrichteten sie E-Dienste als Linien 3/E oder 12/E. Man sah sie bis 1966 im Personenverkehr, anschließend wurden sie größtenteils ausgemustert.
Aufgrund behördlicher Vorschriften erhielten alle älteren Straßenbahnwagen bis 1958 Sicherheitsverglasung, zuerst an den Stirnfronten, danach auch an den Wagenseiten. Dabei gingen allerdings die Oberlichtunterteilungen der Seitenscheiben verloren. Die neuen Sekuritscheiben wurden mit Gummiwülsten in die Fensterhöhlen eingebaut. Nicht nur die Trieb- und Beiwagen der Nummernserien 400 bis 900, auch die 1100er Typen, die Fernbahnwagen und die Niederflurwagen wurden von dieser Aktion erfaßt. Die neuen Verbandswagen und Großraumzüge waren von vornherein mit Sicherheitsverglasung geliefert worden.
Weiterhin bekamen bis 1958 alle Trieb- und Beiwagen der älteren Baureihen kurze Kabelanschlüsse mit Messingkupplungen. Gleichzeitig wurden die Zielschilder von innen an den mittleren Frontscheiben angebracht. Alle Wagen waren jetzt einander angeglichen. Die Liniennummernhauben der Niederflurtriebwagen rüstete man mit neuen Rollbändern aus. Sie zeigten einheitlich auf weißem Grund schwarze Linienziffern. Unterhalb der Stirndächer hatten die Niederflurwagen rechts und links der Zielschildkästen Lüftungsraster. Diese wurden Mitte bis Ende der fünfziger Jahre durch Blechscheiben verschlossen, sobald die Wagen neu lackiert wurden.

Einstellung der Straßenbahnlinie 14, die Jahre 1956 und 1957

Mitte bis Ende der fünfziger Jahre wurden in vielen westdeutschen Städten Straßenbahnstrecken stillgelegt. Auch Düsseldorf blieb hiervon nicht verschont. Verschiedene Persönlichkeiten und auch eine große Anzahl Düsseldorfer Ratsherren forderten um 1955 von der Rheinbahn, die weniger stark frequentierten Straßenbahnlinien 2, 4 und 14 auf Busbetrieb umzustellen.
Nicht weil diese Linien den Automobilverkehr besonders behindert oder weil betriebliche Belange dies erfordert hätten, sondern die Forderung auf Busumstellung wurde erhoben, um den Düsseldorfer Nahverkehr zu modernisieren, wie sie es ausdrückten. Unter Modernisierung verstanden sie eben den Busverkehr. Daß inzwischen auch der Straßenbahnbetrieb durch neue Großraumzüge attraktiver gestaltet wurde, stellte man bei solchen Überlegungen hintenan. Am 31. März 1956 stellte man die Straßenbahnlinie 14 ein, 1960 auch die Linie 2. Eine Stillegung der Linie 4 konnte die Rheinbahn in späteren Jahren außer Diskussion stellen, sie fährt als Linie 704 heute noch.
In den letzten Jahren verkehrte die Linie 14 alle 20 Minuten zwischen Flingern und Hafen mit Solo-Triebwagen der 900er Reihe, Baujahr 1928. Die Wagen waren stets ausgelastet, so daß man sich eigentlich einen 10-Minuten-Abstand gewünscht hatte, um eine Überfüllung in der Hauptverkehrszeit zu vermeiden. Als die Stillegungsankündigung Ende März in den Tageszeitungen erschien, glaubten einige zunächst an einen verfrühten Aprilscherz, aber es war keiner. Ab 1. April 1956 verkehrte eine Buslinie 34 von der Hamburger Straße im Hafengelände über Bilker Kirche – Fürstenplatz – Hauptbahnhof – Lindenstraße – Sohn- – Graf-Recke- – Heinrichstraße bis zur Ecke Grunerstraße.
Die Gleise der früheren 14 zwischen Franziusstraße und Morsestraße wurden nicht abgebaut, sie dienten den vom Betriebshof Steinberg aus- und einfahrenden Linien 8, 9, 17 und

29 weiterhin als Betriebsstrecke. Die Strecke auf der Bilker Allee und Gladbacher Straße wurde 1969 von der Linie 8 wieder in den Straßenbahnverkehr aufgenommen.
Am 15. August 1956 legte die Rheinbahn das südliche Gleis auf der Friedr.-Ebert-Straße still, die Linien 2, 7 und 11 verkehrten von der Oststraße jetzt über die Bismarckstraße zum Hauptbahnhof, nachdem auf der Oststraße von der Friedr.-Ebert-Straße bis zur Bismarckstraße eine kurze Gleisverbindung geschaffen wurde. Für die Rückfahrt in Richtung Tonhallenstraße benutzte man vorerst noch das nördliche Gleis auf der Friedr.-Ebert-Straße. Die Haltestelle Hauptbahnhof konnte für die Linien 2, 7, 11, 15, 16 und 18 nun zwischen Bismarckstraße und Immermannstraße mit einer Doppelhaltestelle breit angelegt werden, damit beseitigte man Stauungen an dieser Haltestelleninsel.
Am 1. September 1956 änderte die Rheinbahn folgende 20er Liniennummern: Linie 20 in 10/E, Linie 23 in 3/E und Linie 29 in 9/E. Sie fuhren nur noch in den Hauptverkehrsstunden. Die Liniennummern 21 und 26 blieben unverändert.
Das Gelände der früheren Eisengießerei Franz Schwarz in Bilk zwischen Bilker Allee und Bachstraße wurde in diesen Jahren geräumt und die Elisabethstraße bis zur Bachstraße verlängert. Zwischen Bilker Allee und Bahnhof Bilk entstand jetzt eine breite Autostraße mit einem Gleis auf der linken Straßenseite. Die Linien 1, 6, 17 und 21 verkehrten in südlicher Richtung ab 20. Dezember 1956 nicht mehr über Kirchfeldstraße zur Friedrichstraße, sondern geradeaus über die neugebaute Elisabethstraße zum Bilker Bahnhof. Zwischen Bachstraße und Bahnhof Bilk errichtete man gleichzeitig eine neue Haltestellenanlage in Dreieckform mit Einsteigeinseln. Die bisherigen Haltestellen Bilker Allee und Färberstraße wurden aufgehoben. Die neue Haltestelle „Bahnhof Bilk" lag jetzt an der Bachstraße.
1956 war für die Rheinbahn das erfolgreichste Jahr der Nachkriegszeit. Mit Straßenbahnen, Bussen und Schiffen wurden in diesem Jahr insgesamt 320 Millionen Fahrgäste befördert. 1957 zählte die Rheinbahn 5110 Mitarbeiter, es war der höchste Personalbestand nach 1945. In den nächsten Jahren gingen die Fahrgastzahlen zurück. Viele fuhren nun mit dem eigenen Wagen zur Arbeitsstätte und kehrten dem öffentlichen Nahverkehr den Rücken.
Im Jahre 1957 wurde von seiten der Stadtverwaltung ein Verkehrsplan für Düsseldorf aufgestellt. Die breite Berliner Allee befand sich bereits im Rohbau. Die Verbreiterung der Schadowstraße und des Wehrhahn ab Industriehaus bis zur Eckstraße wurde fortgeführt. Der Knotenpunkt Jan-Wellem-Platz war zeichnerisch bereits fertig. Die Immermannstraße sollte vom Hauptbahnhof bis zur geplanten Berliner Allee als breite Autostraße neu aufgelegt werden. Pläne für den Durchbruch der Steinstraße bis zur Friedrich-Ebert-Straße wurden vorgelegt. Vom Martin-Luther-Platz sollte eine Autohochstraße zur Hofgartenstraße führen. Auch sonst wollte man Innenstadtstraßen verbreitern. Man bemühte sich, dem gestiegenen Autoverkehr überall Platz zu schaffen und gab an, bereits für das Jahr 2000 zu planen und zu bauen. Dieses Vorhaben stellte sich etwa 20 Jahre später aber als Utopie heraus. Der immer weiter wachsende Individualverkehr machte alle früheren Pläne illusorisch.
1957 war das Viertel um Schadow-, Eck-, Viktoriastraße und Schadowplatz in seiner früheren Gestalt noch erkennbar, der „alte Schadow" saß noch auf seinem Sockel, um ihn herum die Grünanlage, und um diese Anlage herum führte wie eh und je die Gleisschleife der Straßenbahn. Hier endete seit 1946 die Linie 12. Alle 15 Minuten legte ein Dreiwagenzug der 12 nördlich des Denkmals eine kurze Pause ein, ehe er nach Ratingen zurückfuhr. Sie verkehrte in diesem Jahr noch mit 900er Trieb- und 800er und 700er Beiwagen, Baujahr 1922–29.
Am 21. April 1957 wurde das Endstellen-Wechselspiel fortgeführt. Die Züge der Linie 6 aus Richtung Graf-Adolf-Platz nahm man von Stoffeln wieder bis zum Steinberg zurück, statt dessen fuhr die Linie 21 über Himmelgeister und Moorenstraße wieder zur Endschleife am Stoffeler Kapellchen.
Die Züge der Linie 17 zwischen Aachener Platz und Volmerswerther Deich waren in den letzten Jahren nur schwach besetzt. Da neue Rheinbrücken wieder den Verkehr von hüben nach drüben leiteten, war die Gierponte von Volmerswerth nach Grimlinghausen bereits seit 1951 abgebaut, die Personenfähre stellte in den nächsten Jahren ihren Betrieb ein. Die Hamsterfahrten über den Rhein und zurück mit der damaligen Linie 5 in Richtung Innenstadt waren längst Geschichte geworden. Es lohnte sich nicht mehr, Zwei- und Dreiwagenzüge (HVZ) bis zum Deich durchfahren zu lassen.
Ab 15. Oktober 1957 nahm die Rheinbahn die Linie 17 bis zum Gleisdreieck Volmerswerther Straße zurück. Den Verkehr zwischen Gleisdreieck und Deich besorgte nun ein Pendeltriebwagen mit der Linienziffer 17 oder E. Dieser Solowagen, meistens war es ein Niederflurtriebwagen, reichte für den schwächer gewordenen Verkehr aus. Die 17 führte als Zielschild aber weiterhin „Volmerswerth".
Am 20. Dezember 1957 wurde die neue Rheinbrücke (Nordbrücke) zwischen Uerdinger Straße und Niederkassel bzw. Heerdt feierlich dem Verkehr übergeben. Die umfangreichen linksrheinischen Anschlußstraßen bzw. Stadtautobahnen und die rechtsrheinische Stelzenstraße zum Nordfriedhof waren bereits am 3. November fertig. Die neue Brücke hatte je zweispurige Richtungsfahrbahnen für den Autoverkehr sowie Rad- und Fußwege. Eine Straßenbahnstrecke, wie noch 1950 geplant, führte nicht über den Rhein. Statt dessen verlängerte die Rheinbahn die Buslinie 34 von der Ecke Heinrich-/Grunerstraße über Mörsenbroich – Heinrich-Ehrhardt-Straße – Nordfriedhof – Nordbrücke – Niederkassel bis zum Belsenplatz Dort, an der Nordseite des alten Bahnhofs, hatten die Omnibusse ihre Endstation.

Die Sechsachs-Gelenkwagen ab 1956

Gelenkwagen wurden in Deutschland bereits Anfang der dreißiger Jahre erprobt, es waren Zusammenbauten älterer Straßenbahnwagen, teilweise mit freischwebendem Mittelteil, die in den Städten Frankfurt a. M., Dresden und Berlin für einige Jahre verkehrten. Es blieb aber bei solchen Versuchsfahrzeugen, eine Serienfertigung wurde nicht aufgelegt. Einige Jahre vorher, 1928, baute die Waggonfabrik Harkort für die Duisburger Straßenbahn zwei sechsachsige Gelenkmotorwagen Nr. 76 und 77, in der Mitte mit einem Jakobsdrehgestell. Diese Fahrzeuge waren bis Anfang der siebziger Jahre im Liniendienst. Zu Nachbestellungen solcher Wagen kam es damals aber ebenfalls nicht.
Die Düsseldorfer Waggonfabrik knüpfte Mitte der fünfziger Jahre an frühere Versuche an und entwickelte einen modernen sechsachsigen Gelenktriebwagen mit Fahrgastfluß für Einrichtungsverkehr. Die 1951–55 gelieferten Vierachs-Großraumwagen erwiesen sich in Düsseldorf für den starken Fahrgastverkehr als nicht aufnahmefähig genug, außerdem wollte man Fahrpersonal einsparen. Man verlängerte den Großraumwagen auf etwa 20 m, mußte ihn der Kurvenläufigkeit wegen aber in der Mitte „knicken", so daß es wie beim früheren Harkortwagen zu einem sechsachsigen Fahrzeug mit Jakobsdrehgestell kam.
Die neuen Sechsachser hatten einen „doppelten Fahrgastfluß", vorn beim Fahrer stiegen die Zeitkarteninhaber ein (Kontrolle durch den Fahrer), hinten beim Schaffner die Barzahler, aber auch Zeitkarteninhaber. Ausgestiegen wurde an den zur Mitte gelegenen Doppeltüren. Einzeltüren wurden jetzt nicht mehr eingebaut. Die rechte Wagenseite hatte folgende Falttürenanordnung: 2-2/2-2.

Dieser Fahrzeugtyp wurde ab Ende der fünfziger Jahre bis Ende der siebziger Jahre bei westdeutschen Verkehrsbetrieben das beherrschende Standardmodell. Die Rheinbahn erhielt bereits im Februar 1956 einen solchen Gelenkwagen mit der Wagennummer 2501. Wie die Großraumwagen hatte auch er eine windschnittige Form, einen vergrößerten Fahrplatz mit Fahrschalter und Armaturenbrett. Die Frontscheibe war geteilt, stumpfwinklig, nach hinten zurückfallend, um den Fahrtwind durch einen Lüftungsraster ins Wageninnere zu leiten. Die Wagenlänge maß 19 m, die Breite 2,35 m; Eigengewicht etwa 20 t. 43 Sitz- und etwa 140 Stehplätze wurden angeboten. Der Wagen hatte drei Drehgestelle, insgesamt also 6 Achsen, im vorderen und hinteren Drehgestell je einen Tandem-Motor mit einer Leistung von 95–100 kWh, erreichbare Spitzengeschwindigkeit 70 km/h. Der Scherenstromabnehmer saß in Höhe des vorderen Drehgestells.
Die Seitenfenster waren breiter als beim Großraumwagen, jedes zweite Fenster diente nach Herunterschieben der oberen Scheibenhälfte der Lüftung. Fahrgasthinweise für die Türbenutzung: „Für Barzahler" bzw. „Für Zeitkarteninhaber" befanden sich seitlich auf der grauen „Bauchbinde". Die beiden Doppeltüren der vorderen Wagenhälfte wurden vom Fahrer, die beiden hinteren vom Schaffner gesteuert. Fahrsignale wurden wiederum optisch übermittelt.
Das Dach war tonnenartig gewölbt, vorn und hinten mit Liniennummernhauben. Über dem Fahrersitz befand sich der Zielschildkasten mit Rollband, zwei weitere Zielschilder mit Führungsschienen innen rechts am unteren Rand der Seitenfenster. Diese Zielschilder mußten vom Fahrer und Schaffner an den Endstellen gewechselt werden. An eine Behängung mit Beiwagen dachte man zunächst nicht, daher fehlte damals an der Heckseite eine Scharfenbergkupplung. Das Heck hatte innen einen verdeckten Hilfsfahrschalter für Rangierfahrten.
Die Sitze waren, wie beim Großraumvierachser, in Fahrtrichtung eingebaut, links Doppel-, rechts Einzelsitze. Bei den Doppelsitzen konnte man den rechten Teil lösen und dem Fenstersitz aufsatteln, um beim Berufsverkehr mehr Stehplätze zu bekommen. Bei späteren Wagenfertigungen ließ man diese Möglichkeit aber wieder fallen, die Doppelsitze waren fest eingebaut. Die Sitze der zuerst gelieferten Sechsachser wurden Anfang der sechziger Jahre entsprechend geändert. Der Schaffner hatte im hinteren Wagenteil seinen festen Platz, das Heckteil den bekannten Fahrgast-Auffangraum.
Aluminium-Zierleisten um den „Bauch" des Wagens bekamen nur noch die ersten Fahrzeuge, später ließ man sie gänzlich fallen. An den grau lackierten Rammbohlen saßen mittig Gummipuffer.
Von den ersten Sechsachsern der Rheinbahn wurden Vorführwagen für einige Monate nach Frankfurt, Hannover und Wuppertal abgegeben, 1957 auch nach Kopenhagen. Nach einigen Probefahrten auf dem Düsseldorfer Streckennetz setzte die Rheinbahn den Wagen Nr. 2501 auf der Linie 1 ein, die später angelieferten Sechsachser ebenfalls. Sie lösten in den nächsten Monaten die solofahrenden Vierachs-Großraumwagen Nr. 2201–2215 ab, die trotz 5-Minuten-Verkehr dem Fahrgastaufkommen nicht gewachsen waren.
Von 1956 bis 1958 übernahm die Rheinbahn von der DÜWAG 60 Sechsachser; 1956 die Wagen Nr. 2301–02, 2401–10, 2501–09; 1957 Nr. 2303–13, 2411–13, 2510–14; 1958 Nr. 2314–20, 2414–20, 2515–20, außerdem den Sechsachser Nr. 2551, der 1969 zu einem Achtachser umgebaut wurde. Der Wagen Nr. 2310 wurde 1957 gleich als Versuchs-Achtachser angeliefert.
1961 beschaffte die Rheinbahn von der DÜWAG weitere 20 Sechsachser, Wagennummern 2421–2440 und 1965, als letzte Sechsachser-Lieferung, die Wagen Nr. 2601–2615. Damit besaß die Rheinbahn insgesamt 95 Sechsachser. Die neuen Gelenkwagen hatten jetzt statt der Glühbirnen im Wageninnern Leuchtstoffröhren, außerdem Oberlichtfenster im oberen Drittel, die man nach innen aufziehen konnte. Eine Anzahl der sechsachsigen Gelenkwagen, und zwar 32 Stück, wurden in späteren Jahren durch Einschieben eines Mittelstückes zu Achtachsern umgebaut.
Beim täglichen Betriebseinsatz zeigte sich, daß die Sechsachser auf der Linie 1 den Fahrgastandrang auch nicht bewälti-

Den 6x-Gelenkwagen 2412 hatte die Rheinbahn zu Erprobungszwecken u.a. nach Kopenhagen ausgeliehen. Dort sieht man ihn im Einsatz im Winter 1957/58.

gen konnten. Die Rheinbahn gab daher 1958 einigen Sechsachsern Scharfenberg-Kupplungen und rüstete sie für Beiwagenbetrieb um. Sie wurden nun mit Großraumbeiwagen der Reihe 1601–32 behängt und auf der 1 eingesetzt. Der Zug war jetzt etwa 34 m lang und hatte damit das Fassungsvermögen eines Dreiwagenniederflur- oder Verbandszuges wieder erreicht.
Die ersten Fahrten verliefen zufriedenstellend. Es zeigte sich, daß die beiden Tandem-Motoren von je 100 kWh den Sechsachser und den Vierachs-Beiwagen bewältigen konnten. Ab 1959 verkehrte die Linie 1 alle 10 Minuten mit solchen Zugzusammenstellungen. Auch der Mangel an Fahrpersonal machte diese Betriebsumstellung notwendig. In den Hauptverkehrsstunden wurde sie durch die Linie 1/E zwischen Rath und Holthausen verstärkt.
Die freigewordenen Solo-Vierachstriebwagen Nr. 2201–15 setzte man 1957 und 1958 auf den Linien 2 und 6 ein, allerdings nur für kurze Zeit. In den Jahren 1959 und 1960 baute man die „Pony-Wagen" nämlich zu Beiwagen um. Die Motoren und Schaltanlagen brauchte man für spätere Gelenkwagen. Die Scheibe der vorderen Liniennummernhaube wurde grau lackiert, der Zielkasten verblecht, der Fahrerraum erhielt eine querlaufende Sitzbank, die Bugseite nach Ausbau des Scheinwerfers eine Scharfenberg-Kupplung. Die Wagennummern behielt man vorerst bei.
Eingesetzt wurden sie nun hinter Sechsachsgelenkwagen. In späteren Jahren entfernte man die vordere Liniennummernhaube, genauso wie bei den ersten Großraumbeiwagen Nr. 1601–1616. 1960 wurden auch zwei der ersten Großraummotorwagen, Nr. 2004 und 2005, in gleicher Weise zu Beiwagen umgebaut. In späteren Jahren sollten weitere folgen.
Da die Großraumbeiwagen für die Behängung aller Sechsachsgelenkwagen aber nicht ausreichten, entschloß sich die Rheinbahn zur Beschaffung weiterer Vierachsbeiwagen für Einrichtungsbetrieb. In den Jahren 1960–61 lieferte die DÜWAG insgesamt 68 Beiwagen, Wagennummern 1633–1700, davon waren zwei, Nr. 1679–80, für die neuen Wagenzüge der Fernlinie D bestimmt. Die neuen Beiwagen glichen mit ihrem Kastenaufbau und den Seitenfenstern den Sechsachsern; der Großraumtyp 1601–32 wurde also nicht weitergebaut. Die Türanordnung an der rechten Wagenseite war 1-2-2. Die Front- und Heckscheiben waren einteilig und gewölbt, das Heck besaß wiederum einen verdeckten Hilfsfahrschalter. Die Polstersitze hatten im Gegensatz zu den Sechsachsern Abteilanordnung, links waren Doppel-, rechts Einzelsitze.
Die Wagenlänge betrug 13,5 m, die Breite 2,35 m, das Eigengewicht etwa 10 t, das Fassungsvermögen 38 Sitz- und 90 Stehplätze. Es wurde auf einen leichten Wagenbau Wert gelegt, um die Sechsachsmotorwagen nicht zu überfordern. Mit ihren 10 t Gewicht waren die neuen Vierachsbeiwagen nur etwa 100 kg schwerer, dafür aber etwa 4 m länger als die Anfang der fünfziger Jahre gebauten Zweiachs-Verbandsbeiwagen.
Die in den fünfziger Jahren bis 1960 beschafften Sechs- und Achtachser sowie die neuen Vierachsbeiwagen hatten Schiebefenster, die Ende der sechziger Jahre und Anfang der siebziger Jahre nach und nach durch Seitenfenster mit Oberlichtklappen ersetzt wurden.
1965, als auch die Linien 16 und 26 auf Sechsachser mit Vierachsbeiwagen umgestellt wurden bzw. von der Rheinbahn bereits umgestellt waren, beschafften die Neusser Verkehrsbetriebe für die Gemeinschaftslinien 16/26 ebenfalls drei Sechsachsgelenkwagen, Nr. 41–43 für Einrichtungsbetrieb, die in ihrem Aussehen mit den Rheinbahnwagen übereinstimmten. Die drei Neusser Sechsachser wurden allerdings nicht mit Vierachsbeiwagen behängt, sondern mit den 1928 gebauten Zweiachsbeiwagen mit seitlichen Schiebetüren. Auf diesen Beiwagen mußte auch in späteren Jahren stets ein Schaffner mitfahren. Außerhalb des Spitzenverkehrs stellten die Neusser Verkehrsbetriebe diese drei Zweiachsbeiwagen auf dem dritten Gleis neben der Schokoladenfabrik „Novesia" ab. Sechsachser und Zweiachsbeiwagen wurden nach dem Neusser System gekuppelt.

Linienplan im Jahre 1957

Im Jahre 1957 verkehrten die Rheinbahn-Lokallinien im 10-Minuten-Abstand, außer Linie 12, die zwischen Schadowplatz und Ratingen alle 15 Minuten fuhr. Auf der Linie 1 bestand sogar ein 5-Minuten-Rhythmus. Aufgrund der seit Kriegsende immer weiter gestiegenen Fahrgastzahlen hatte fast jede Strecke in der Hauptverkehrszeit ihre E-Linie.
Daß jede Straßenbahnlinie wie in den zwanziger und dreißiger Jahren ihre bestimmte Wagennummerngruppe hatte, wurde in den fünfziger Jahren nicht mehr durchgeführt. Ein steter Wagentypenwechsel auf den einzelnen Linien verursachte in diesen Jahren die Anschaffung neuer Wagentypen. Bekam z. B. die Linie 1 neue Wagen, so wurden die bisherigen an eine andere Linie weitergegeben, diese wiederum versorgte eine dritte Linie mit anderen Typen usw.
1957 fuhren, wie bereits erwähnt, die ersten Sechsachser zusammen mit den „Pony-Wagen" auf der 1, einige der Solo-Großraumtriebwagen auch auf der Linie 6. Die Großraumzüge (Vierachstrieb- und Beiwagen) konnte man nach wie vor auf den Linien 10, 11 und 18 beobachten, teilweise auch auf der 15. Die Niederflur- und Verbandswagen fuhren meistens im Mischverkehr, hauptsächlich auf den Linien 7, 9, 15, 16/26, 17, K und M. Auch auf den Linien 1, 10 und 18 sah man hin und wieder Niederflur- oder Verbandszüge, obwohl diese Linien grundsätzlich mit Großraumtypen versorgt werden sollten. Auf den Linien 16/26 fuhren meistens den ganzen Tag über Dreiwagenzüge, und zwar Verbandstrieb- und zwei Niederflurbeiwagen.
Die Linien 3 und 3/E verkehrten 1957 mit den umgebauten 500er Zügen. Die übrigen 500er Motorwagen, sowie die 900er Triebwagen wurden mit 600er, 700er und 800er Beiwagen auf den Linien 2, 4, 6, 8, 9, 12, 17 und 21 gefahren, auch mal als E-Züge. Die 400er und 1100er Motorwagen fanden sich 1957 nicht mehr im Linienverkehr. Sie fuhren als E-Wagen oder Arbeits-Triebwagen. Einige von ihnen waren bereits verschrottet worden.
Rückblickend kann man sagen, daß das Straßenbahnwagenbild auf Düsseldorfs Straßen in den fünfziger Jahren sehr vielfältig und abwechslungsreich war, ein Bild, das der Straßenbahnfreund heutzutage nicht mehr antrifft, auch in anderen westdeutschen Städten nicht mehr. Damals verkehrten die Wagen der „zweiten Generation", die Sechsfensterwagen der Baujahre 1928–29, die Niederflurwagen, Baujahr 1937–42, die Verbandswagen, Baujahr 1950–54, die Großraumzüge, Baujahr 1951–56, die ersten Sechsachser, die verschiedenen von stillgelegten Betrieben gekauften Trieb- und Beiwagen, darunter Aufbau- und KSW-Wagen, die Neusser Wagentypen, sowie die Fahrzeuge der Fernlinien, die sich ebenfalls aus verschiedenen Wagentypen zusammensetzten.
Ende 1957 bestand bei der Rheinbahn folgendes Linienschema:

Linie 1: Rath/Bahnhof (Schleife) – Derendorf – Nordstraße – Ratinger Tor – Wilhelm-Marx-Haus – Graf-Adolf-Platz – Bilk/Bahnhof – Witzelstraße – Stoffeln – Wersten – Holthausen – Benrath/Betriebshof (Schleife)
mit Großraumwagen, Sechsachsern

Linie 1/E: Rath/Bahnhof (Schleife) – Derendorf – Nordstraße – Ratinger Tor – Wilhelm-Marx-Haus – Graf-Adolf-Platz – Bilk/Bahnhof – Witzelstraße – Stoffeln – Wersten – Holthausen (Schleife)
mit Dreiwagenzügen

Linie 2: Nordfriedhof (Schleife) – Dreieck – Marienhospital – Tonhallenstraße – Hauptbahnhof (Schleife)
mit Zweiwagenzügen

Linie 3: Gerresheim/Bahnhof (Umsetzstelle) – Auf der Hardt – Grafenberg – Uhlandstraße – Wehrhahn – Corneliusplatz – Altstadt/Burgplatz (Schleife)
mit Dreiwagenzügen

Linie 3/E: Gerresheim/Schönaustraße (Schleife) – Auf der Hardt – Grafenberg – Uhlandstraße – Wehrhahn – Corneliusplatz – Altstadt/Burgplatz (Schleife)
mit Dreiwagenzügen

Linie 4: Derendorf/Straßburger Straße (Schleife) – Schloßstraße – Pempelforter Straße – Hauptbahnhof – Fürstenplatz – Karolingerplatz – Himmelgeister Straße – Krankenanstalten – Stoffeln (Schleife)
mit Zwei- und Dreiwagenzügen (HVZ)

Linie 6: (Rundlinie) Am Steinberg (Gleisdreieck) – Hennekamp – Volksgarten – Oberbilk – Flingern – Zoo/Brehmplatz – Rethelstraße – Stockkampstraße – Sternstraße – Ratinger Tor – Wilhelm-Marx-Haus – Graf-Adolf-Platz – Bilk/Bahnhof – Karolingerplatz – Am Steinberg (Gleisdreieck)
mit Zweiwagenzügen oder Ponywagen

Linie 6/E: Gleicher Linienweg
mit Solo-Triebwagen

Linie 7: Unterrath/Bahnhof (Umsatzstelle) – Kalkumer Straße – Spichernplatz – Dreieck – Marienhospital – Tonhallenstraße – Hauptbahnhof (Schleife)
mit Dreiwagenzügen

Linie 7/E: Unterrath/Schleife – Kalkumer Straße – Spichernplatz – Dreieck – Marienhospital – Tonhallenstraße – Hauptbahnhof (Schleife) mit Zweiwagenzügen

Linie 8: Heinrichstraße (Umsetzstelle) – Zoo/Brehmplatz – Uhlandstraße – Ackerstraße – Hauptbahnhof – Graf-Adolf-Platz – Mannesmannufer – Hafen – Hamm (Umsetzstelle)
mit Zweiwagenzügen

Linie 8/E: Zoo/Grünerstraße (Umsetzstelle) Brehmplatz – Uhlandstraße – Ackerstraße – Hauptbahnhof – Graf-Adolf-Platz – Mannesmannufer (Schleife) oder Hafen (Umsatzstelle)
mit Zweiwagenzügen, auch Solo-Triebwagen

Linie 9: Grafenberg/Burgmüllerstraße (Schleife) – Flingern – Ackerstraße – Hauptbahnhof – Graf-Adolf-Platz – Bilker Kirche – Fährstraße – Südfriedhof (Schleife)
mit Dreiwagenzügen

Linie 9/E: Flingern/Bruchstraße (Schleife) – Ackerstraße – Hauptbahnhof – Graf-Adolf-Platz – Bilker Kirche – Fährstraße (Umsetzstelle)
mit Zweiwagenzügen

Linie 10: Rheinstadion (Schleife) – Stockum – Golzheim – Kaiserswerther Straße – Fischerstraße – Kaiserstraße – Corneliusplatz – Berliner Allee – Hüttenstraße – Oberbilk – Lierenfeld – Eller/Vennhauser Allee (Schleife)
mit Großraum- oder Dreiwagenzügen

Linie 10/E: Freiligrathplatz (Schleife) – oder Reeser Platz (Schleife) – Kaiserswerther Straße – Fischerstraße – Kaiserstraße – Corneliusplatz – Berliner Allee – Hüttenstraße – Oberbilk – Lierenfeld – Eller/Vennhauser Allee (Schleife)
mit Zweiwagenzügen

Linie 11: Kaiserswerth (Schleife) – Lohausen – Stockum – Golzheim – Kaiserswerther Straße – Venloer Straße – Duisburger Straße – Tonhallenstraße – Hauptbahnhof (Schleife)
mit Großraumzügen

Linie 11/E: Gleicher Linienweg
mit Solo-Triebwagen

Linie 12: Ratingen (Umsetzstelle) – Oberath – Haniel & Lueg – Uhlandstraße – Wehrhahn – Schadowplatz (Schleife)
mit Dreiwagenzügen

Linie 12/E: Ratingen (Umsetzstelle) oder Oberrath (Umsetzstelle) – Haniel & Lueg – Uhlandstraße – Wehrhahn – Schadowplatz (Schleife)
mit Zweiwagenzügen, auch Solo-Triebwagen

Linie 15: Oberkassel/Belsenplatz (Schleife) – Luegplatz – Ratinger Tor – Wilhelm-Marx-Haus – Corneliusplatz – Bismarckstraße – Hauptbahnhof – Erkrather Straße – Lierenfeld – Eller/Vennhauser Allee (Schleife)
mit Dreiwagenzügen

Linie 15/E: Altstadt/Burgplatz (Schleife) – Corneliusplatz – Bismarckstraße – Hauptbahnhof – Erkrather Straße – Lierenfeld – Eller/Vennhauser Allee (Schleife)
mit Zweiwagenzügen

Linie 16: Düsseldorf Hauptbahnhof (Schleife) – Bismarckstraße – Corneliusplatz – Wilhelm-Marx-Haus – Ratinger Tor – Luegplatz – Belsenplatz – Heerdt – Handweiser – Neuss/Bahnhof – Neuss/Selikumer Straße, weiter als

Linie 26: Neuss/Selikumer Straße – Südbrücke – Südfriedhof – Fährstraße – Bilker Kirche – Graf-Adolf-Platz – Düsseldorf Hauptbahnhof (Schleife)
mit Dreiwagenzügen

Linie 16/E: Düsseldorf Hauptbahnhof (Schleife) – Bismarckstraße – Corneliusplatz – Wilhelm-Marx-Haus – Ratinger Tor – Luegplatz – Belsenplatz – Heerdt – Handweiser – Neuss/Bahnhof (Schleife)
mit Zweiwagenzügen

Linie 17: Lörick (Schleife) – Hansa-Allee – Belsenplatz – Luegplatz – Ratinger Tor – Wilhelm-Marx-Haus – Graf-Adolf-Platz – Bilk/Bahnhof – Aachener Platz – Volmerswerther Straße (Gleisdreieck)
mit Zweiwagen- und Dreiwagenzügen (HVZ)
ab Gleisdreieck bis Volmerswerther Deich Pendeltriebwagen

Linie 18: Altstadt/Burgplatz (Schleife) – Corneliusplatz – Bismarckstraße – Hauptbahnhof – Oberbilk – Wersten – Holthausen – Benrath/Betriebshof (Schleife)
mit Großraum- oder Dreiwagenzügen

Linie 18/E: Altstadt/Burgplatz (Schleife) – Corneliusplatz – Bismarckstraße – Hauptbahnhof – Oberbilk – Wersten – Holthausen (Schleife) oder Benrath/Betriebshof (Schleife) mit Zwei- oder Dreiwagenzügen

Linie 21: Unterrath/Schleife – Kalkumer Straße – Spichernplatz – Dreieck – Nordstraße – Ratinger Tor – Wilhelm-Marx-Haus – Graf-Adolf-Platz – Bilk/Bahnhof – Karolingerplatz – Himmelgeister Straße – Krankenanstalten – Stoffeln (Schleife)
mit Zwei- und Dreiwagenzügen (HVZ)

Fernlinie D: Duisburg/Hauptbahnhof (Schleife) – Wanheim

– Huckingen – Kesselsberg – Wittlaer – Kaiserswerth – Lohausen – Stockum – Kaiserswerther Straße – Fischerstraße – Kaiserstraße – Ratinger Tor – Wilhelm-Marx-Haus – Düsseldorf/Graf-Adolf-Platz (Schleife)
mit Zwei- und Dreiwagenzügen (HVZ)

Fernlinie K: Krefeld/Rheinstraße (Umsetzstelle) – Dießem – Fischeln – Osterath – Meererbusch – Büderich – Lörick – Oberkassel – Ratinger Tor – Wilhelm-Marx-Haus – Düsseldorf/Graf-Adolf-Platz (Schleife)
mit Dreiwagenzügen, HVZ zusätzliche Einsatzzüge (Dreiwagenzüge)

Fernlinie M: Moers (Umsatzstelle) – Schwafheim – Trompet – Rumeln/Kaldenhausen – Uerdingen – Stratum – Lank – Strümp – Meererbusch – Büderich – Lörick – Oberkassel – Ratinger Tor – Wilhelm-Marx-Haus – Düsseldorf/Graf-Adolf-Platz (Schleife)
mit Zwei- und Dreiwagenzügen (HVZ), in der HVZ zusätzliche Solotriebwagen zwischen Lank und Graf-Adolf-Platz
Fernlinie M im Oktober 1958 eingestellt

Fernlinie O: Benrath/Paulistraße (Schleife) – Hilden – Ohligs (Umsetzstelle)
mit Dreiwagenzügen

Fernlinie V: Benrath/Paulistraße (Schleife) – Hilden – Haan – Vohwinkel/Schwebebahnhof (Umsetzstelle)
mit Zweiwagenzügen
Fernlinien O und V in der HVZ mit Einsatzwagen oder mit Zweiwageneinsatzzügen.

Die E-Linien verkehrten montags bis freitags in den Hauptverkehrsstunden, aber damals auch samstags in den Morgen- und Mittagsstunden. Die 40-Stunden-Woche existierte 1957 noch nicht. Samstags sah man allerdings nicht alle E-Linien auf der Strecke, verschiedene fuhren an diesem Tage auch mit Solotriebwagen.

Die Achtachsgelenkwagen, neue Wagen für die Fernlinie D

1957 verkehrte der erste achtachsige Gelenkwagen auf den Rheinbahngleisen, es dürfte der erste dieser Art in der Bundesrepublik gewesen sein. Der Wagen Nr. 2310 hätte seiner Wagennummer entsprechend eigentlich ein Sechsachser sein müssen, aber man baute ihn in den Werkshallen der DÜWAG gleich mit acht Achsen und mit zwei Jakobsdrehgestellen.

Der Achtachser hatte die gleichen Baunormalien wie der kürzere Sechsachser, aber zusätzlich ein Mittelstück, damals noch ohne Mitteltür. Im Mittelteil war somit viel Platz für Doppel- und Einzelsitze, alle in Fahrtrichtung angeordnet. Vorne stiegen, wie beim Sechsachser, die Zeitkarteninhaber ein, hinten beim Schaffner die Barzahler, ausgestiegen wurde an den mittleren Doppeltüren. Die Türanordnung an der rechten Wagenseite war folgende: 2-2/-/2-2. Die Wagenlänge belief sich jetzt auf 25,6 m, die Breite auf 2,35 m, das Eigengewicht auf etwa 26 t. Es waren 64 Sitz- und maximal 193 Stehplätze vorhanden.

Die elektrische Ausrüstung lieferte die Firma Kiepe, Düsseldorf-Reisholz; die Leistung der beiden Tandem-Motoren im vorderen und hinteren Drehgestell lag bei je 100 kWh. Die beiden mittleren Drehgestelle besaßen lediglich Bremssysteme. Das Wagenheck hatte wiederum einen verdeckten Hilfsfahrschalter.

Nach zahlreichen Probefahrten wurde der neue Achtachser Nr. 2310, der 1957 etwa 300000 DM kostete, ab 20. Juni 1957 auf der Linie 1 eingesetzt, später auch auf der 18. Er fuhr also auf Linien mit der größten Fahrgastfrequenz, und er bewährte sich. Das Fassungsvermögen entsprach dem eines Vierachsgroßraumzuges, gleichzeitig wurde ein Schaffner eingespart. Die DÜWAG bot der Rheinbahn an, die bereits vorhandenen Sechsachser durch Einfügen eines Mittelstückes mit Jakobsdrehgestell zu Achtachsern zu erweitern. Aber die Rheinbahn zog es vor, die Sechsachser in den nächsten Jahren mit Vierachsbeiwagen zu behängen.

Ende des Jahres setzte man den Achtachser Nr. 2310 auch auf der Fernstrecke nach Duisburg ein. Das Wagenmaterial der Fernlinie D, Baujahr 1926, war zu diesem Zeitpunkt schon über 30 Jahre alt und sollte in den nächsten Jahren erneuert werden. Für das Fahrgastaufkommen in der Hauptverkehrszeit reichte er aber nicht aus. Er wurde daher nach Einbau einer Scharfenbergkupplung mit dem Vierachsbeiwagen Nr. 1623 behängt, dessen Inneneinrichtung etwas geändert wurde, um mehr Sitzplätze zu schaffen. Gleichzeitig steigerte man die Leistung der beiden Motoren des Wagens 2310 auf je 115 kWh, über dem Frontscheinwerfer brachte man provisorisch einen zweiten an. Dieser Großraumgelenkzug war nun etwa 40 m lang und konnte maximal 370 Fahrgäste befördern.

Nachdem die Probefahrten zur Zufriedenheit ausfielen, wurden später die Achtachser Nr. 2355 und 2458 ebenfalls für den Einsatz auf der Fernlinie D hergerichtet, außerdem ein zweiter Vierachsbeiwagen mit der Nr. 1620. Ab 1959 verkehrten die Rheinbahnzüge auf der D nur noch mit Achtachsern und Vierachsbeiwagen. Die Duisburger Verkehrsgesellschaft ließ aber weiterhin ihre Vierachser des Baujahres 1926 fahren, sie hatte zu diesem Zeitpunkt kein anderes Wagenmaterial verfügbar. Die bisher auf der D eingesetzten Rheinbahnvierachser, Baujahr 1926, kamen nun zur Fernlinie K.

Die vorerwähnten Achtachser Nr. 2310, 2355, 2458 und die Vierachsbeiwagen Nr. 1620 und 1623 gehörten noch bis zum Jahre 1975 zum Reservewagenpark der Fernlinie D. Sie wurden in diesen Jahren natürlich auch auf Lokallinien eingesetzt. Die Triebfahrzeuge fielen durch ihren übereinanderliegenden Doppelscheinwerfer auf.

Die Beschaffung neuer Achtachsgelenkwagen ging in den Jahren 1958 und 1959 weiter. 1958 brachte man die Wagen Nr. 2351–52, 2451–52 und 2552 in den Verkehr, 1959 die Wagen Nr. 2353–58, 2453–58 und 2553–59. Damit waren insgesamt 25 Achtachser fertiggestellt, die hauptsächlich auf den Linien 1 und 18 gefahren wurden, ab Juli 1959 auch auf der Linie 3.

In den Jahren 1968–69 wurden weitere 23 Achtachser mit den Wagennummern 2651–2673 in Dienst gestellt. Sie hatten alle eine motorische Leistung von je 115 kWh. An ihrem äußeren Erscheinungsbild änderte sich kaum etwas, lediglich das Mittelstück erhielt eine Doppeltür, jetzige Türanordnung: 2-2/2/2-2. Die Seitenfenster hatten Oberlichtklappen zum Lüften. Das Wageninnere wurde durch Leuchtstoffröhren erhellt.

1969 verlor der Achtachser Nr. 2310 sein Mittelteil zugunsten des Sechsachsers Nr. 2551, der damit zum Achtachser wurde. Beide Wagen paßten jetzt ins jeweilige Nummernschema.

1960 und 1961 beschaffte die Rheinbahn für die Fernlinie D drei neue Achtachsgelenkwagen mit Speiseabteil, Nr. 2497–2499. Das Mittelstück war etwas länger als das der anderen Achtachser, es enthielt in der vorderen linken Hälfte eine Kücheneinrichtung mit zwei Milchglasfenstern. Die beige Lackierung dieser drei Einrichtungsachtachser wurde als Fernlinienmarkierung nun rot abgesetzt, an der Stirnfront war die rote Farbabsetzung sogar dreistreifig. Das Mittelteil zeigte an beiden Seiten die Aufschrift: „Speisewagen". Die Wagenlänge betrug 26,4 m, die Breite 2,35 m, das Eigengewicht 27,8 t, die motorische Leistung je 115 kWh. 65 Sitz- und 159 Stehplätze wurden angeboten. Die Stirnfront hatte nebeneinanderliegende Doppelscheinwerfer. Die Türanordnung betrug: 2-2/-/2-2.

Die Doppel- und Einzelsitze waren rot gepolstert, und zwar

in Abteilanordnung mit schmalen Tischen zwischen den Sitzen. Die Innenwände hatten Nußbaumtäfelung, Wandlampen mit Schirmchen und Fenstervorhänge fehlten ebenfalls nicht. Die Heckseite hatte einen verdeckten Hilfsfahrschalter sowie die übliche Scharfenbergkupplung.
Von den 1961 gelieferten Vierachsbeiwagen wurden zwei, Nr. 1679 und 1680, für die Fernlinie D mit roten Sitzpolstern und roten Farbstreifen hergerichtet. In der Hauptverkehrszeit benötigte man für den 40 m langen Gelenkzug einen Fahrer und zwei Schaffner. Der private Bewirtschafter des Speisetriebwagens stellte den Kellner bzw. die Kellnerin.
Die Duisburger Verkehrsgesellschaft zog bei der Neuwagenbeschaffung mit und stellte 1960 zwei Achtachser mit Speiseabteil, Wagennummern 17 und 18 in Dienst, die mit den Rheinbahnwagen übereinstimmten. Sie erhielten die gleiche Farbgebung wie die Düsseldorfer Wagen. Die Duisburger Achtachser wurden ebenfalls mit Vierachsbeiwagen behängt, die mit den Düsseldorfern aber nicht baugleich waren. Gekuppelt wurden diese Züge nach dem Duisburger System.
Wenige Jahre später beschaffte die Duisburger Verkehrsgesellschaft für die Fernlinie D zusätzlich zwei Achtachsgelenkwagen mit den Nummern 19 und 20. Der Wagen Nr. 19 hatte eine kleinere Küche mit nur einem Milchglasfenster. Der andere Achtachser Nr. 20 besaß keine Speiseeinrichtung.

Februar 1968 – Fernlinie D am Klemensplatz in Kaiserswerth, Speise-Achtachser mit Beiwagen.

Auf der Duisburger Strecke wurde die Höchstgeschwindigkeit jetzt auf 70 km/h heraufgesetzt, die Fahrzeit zwischen Düsseldorf und Duisburg verkürzte sich auf etwa 53 Minuten, so daß man mit vier Kursen statt bisher fünf auskam. Aufgrund einer Auflage der Aufsichtsbehörden mußten die Straßenübergänge nun durch Signalanlagen gesichert werden, sofern dies noch nicht geschehen war. Die Düsseldorfer Beiwagen wurden in den verkehrsschwachen Stunden bis 1962 auf Gleis 4 des Fernbahnhofs am Graf-Adolf-Platz abgestellt, die Duisburger Verkehrsgesellschaft kuppelte ihre Beiwagen am Betriebshof Grunewald durch Rangiertriebwagen ab.
Nach Indienststellung der neuen Sechs- und Achtachser begann bei der Rheinbahn nun das „große Sterben" der Straßenbahnwagen der „zweiten Generation". Es waren die Wagen, die in den Nachkriegsjahren in den Aufbauwerken Erkrather Straße und Mettmann von ihren Schäden befreit und wieder auf Hochglanz gebracht worden waren. Jetzt, nach einer Lebensdauer von etwa 45 bis 50 Jahren, hatten sie ausgedient. Die neuen Großraum- und Gelenkwagen waren für die Fahrgäste attraktiver.
1958 setzte man mit der Verschrottung der 400er Trieb- und 600er Beiwagen ein bzw. mit der vor wenigen Jahren umnumerierten Reihe 200–239. Einige 1100er Triebwagen wurden zu Arbeitswagen umgebaut. Bis 1962 waren die 400er und 600er Nummernreihen ausgelöscht, ebenso die restlichen 1100er Wagennummern (Trieb- und Beiwagen). In den sechziger Jahren gingen anschließend die Motor- und Beiwagen der 500er, 700er, 800er und 900er Baureihen nach und nach den Weg „des alten Eisens".

Bau der Berliner Allee, Gleisumbauten in den Jahren 1958–61

Die im Bebauungsplan von 1950 festgelegte Idee, östlich der Königsallee zwischen Graf-Adolf-Straße und Hofgartenstraße einen neuen breiten Straßenzug in Nord-Süd-Richtung anzulegen, war nicht neu. Schon der Vagedes'sche Plan von 1831 sah östlich der Königsallee eine weitere breite Allee vor. Aus finanziellen Gründen war die Stadt Düsseldorf im vorigen Jahrhundert aber nicht in der Lage, diesen Plan zu realisieren. In späteren Jahrzehnten wurde dann dieses Gelände durch querlaufende Straßen erschlossen und mit Wohnhäusern bebaut.
Die Kriegszerstörungen brachten es mit sich, den alten Plan erneut aufzugreifen. Anfang der fünfziger Jahre begann man, das Gelände zwischen Hüttenstraße im Süden, am früheren Alexanderplatz, östlich der Johanneskirche, an der Viktoriastraße bis zum Hofgarten im Norden freizulegen, die Trümmer wurden geräumt, die restlichen noch vorhandenen Wohnhäuser abgetragen. Vom früheren Europa-Palast an der Graf-Adolf-Straße bis zum „Gröne Jong" im Hofgarten tat sich nun eine breite kahle Schneise auf. Die früheren querlaufenden Wohnstraßen wurden gekürzt und auf die neue breite Straße ausgerichtet. Dabei verschwanden die Eck- und Viktoriastraße sowie das kleine Gassenviertel zwischen Schadowplatz und Hofgartenstraße vollends, ebenso verschiedene markante Gebäude auf der Schadowstraße. Außerdem sollte der Straßenbahnverkehr aus der Königsallee herausgenommen werden.
Die neue Berliner Allee, wie sie genannt wurde, brauchte eine Reihe von Jahren, ehe sie fertiggestellt und an beiden Seiten bebaut war. Sie entwickelte sich als eine 45 m breite Straße, in der Mitte mit einem Bahnkörper, rechts und links mit je dreispurigen Autofahrbahnen. Die Bürgersteige der neuen Allee wurden mit Bäumen bepflanzt. Große Geschäfts- und Bankhäuser fanden hier ihr Domizil.
1954–55 wurde in der Mitte der freigelegten Schneise zunächst der Bahnkörper für die Straßenbahn angelegt, und zwar von der Hüttenstraße bis zur Bismarckstraße. Mit einer neuen Gleiskreuzung an der Graf-Adolf-Straße baute man von der Berliner Allee zur westlichen Graf-Adolf-Straße gleichzeitig einen Doppelabzweig ein. Am Martin-Luther-Platz bog die neue Gleisstrecke vorerst in die Bismarckstraße in Richtung Corneliusplatz ein.
Am Abend des 16. Juli 1955 wurde die Linie 10 feierlich von der Königsallee verabschiedet. Die Linien 1 und 21 fuhren schon seit einigen Jahren nicht mehr über Düsseldorfs Prachtstraße. Der Großraumzug, Triebwagen Nr. 2017 mit Beiwagen Nr. 1610 der Linie 10 passierte girlandengeschmückt noch einmal die alte Strecke. Seitliche Transparente wiesen auf die Verlegung von der Kö zur Berliner Allee hin. Ansprachen wurden gehalten und das Ereignis festlich begossen.

Am 16. Juli 1955 fuhr zum letzten Mal eine Straßenbahn über die Königsallee. Der letzte Zug der Linie 10 war mit Girlanden geschmückt, trug seitlich die Aufschrift »Heute noch Kö, morgen Berliner Allee« und wurde von der Rheinbahn-Musikkapelle angeführt.

Am Morgen des 17. Juli 1955 fuhr die Linie 10 zum ersten Mal von der Hüttenstraße über die Berliner Allee, dann weiter über Blumenstraße zum Corneliusplatz, wo sie über einen bisher nicht mehr benutzten Doppelabzweig zur nördlichen Königsallee ihre frühere Route wieder erreichte. Die Strecke auf der Königsallee von der Adersstraße bis zum Corneliusplatz baute man in den nächsten Jahren ab. Sie gehörte mit zu den ersten Pferdebahnstrecken und hatte etwa 79 Jahre lang die verschiedensten Straßenbahn-Wagentypen an sich vorbeifahren sehen.
Nun ging man daran, das nördliche Stück der Berliner Allee bis zur Jägerhofstraße fertigzustellen. Wegen des geplanten Fußgängerbereichs auf der unteren Schadowstraße konnte der Autoverkehr nicht ebenerdig weitergeführt werden. Zwischen Immermannstraße und Hofgarten wurde daher in den nächsten Jahren eine Autohochstraße für den Nord-Süd-Verkehr, der „Tausendfüßler", über die untere Schadowstraße hinweg gebaut. Das darunterliegende Straßenstück sollte nur den Fußgängerverkehr und eine viergleisige Straßenbahnstrecke aufnehmen. Für die Süd-Nord-Richtung wurden

zwischen Kloster- und Schadowstraße weitere Häuser bzw. deren Reststücke niedergelegt und das Fotohaus Tucht und das Schuhgeschäft Böhmer auf eine Verkehrsinsel gesetzt, die „Tuchtinsel", wie sie anschließend genannt wurde. Hier allerdings kreuzte der Autoverkehr die Schadowstraße niveaugleich.

Die neue Berliner Allee führte man östlich um die Johanneskirche in einem leichten Bogen herum. Ursprünglich wollte man das Kirchenschiff abreißen und westlich vom Glockenturm neu aufbauen, um die Verkehrsachse schnurgerade anlegen zu können. Gott sei Dank gab man dieses Vorhaben später aber wieder auf.

Mit der Berliner Allee wurde auch die Immermannstraße vom Hauptbahnhof bis zur Tuchtinsel als breite Verkehrsstraße neu angelegt. Damals plante man noch, die Immermannstraße durch einen Tunnel unter den Hauptbahnhof hinweg bis Oberbilk zu führen. Die schmale Klosterstraße, ihres Auslaufs Eckstraße beraubt, mündete seitlich in die neue breite Immermannstraße als Ausfahrtstraße ein. Auch der bereits vor dem Kriege geplante Durchbruch der Friedr.-Ebert-Straße zur Steinstraße wurde ausgeführt. Das Viertel zwischen Königsallee und Hauptbahnhof hat in diesen Jahren sein Gesicht völlig verändert.

Die Landskrone und der Hofgarten mußten bei der Straßenverbreiterung zwischen Hofgarten- und Sternstraße einen breiten Streifen hergeben. Proteste der Heimatvereine und der Hofgartenfreunde konnten diese Maßnahmen nicht verhindern. Die Kaiserstraße zeigte sich Anfang der sechziger Jahre dem starken Autoverkehr zwischen Berliner Allee und Fischerstraße nicht gewachsen. So wurde auch sie 1963 zwischen Stern- und Nordstraße wesentlich verbreitert. Die westlichen Häuserreihen, darunter auch Neubauten nach dem Kriege, wurden niedergelegt und in den nächsten Jahren in der neuen Fluchtlinie größere und höhere Bauten errichtet. Die jetzt sechsspurige Autostraße hatte in der Mitte einen Bahnkörper für die Straßenbahn, an der Sternstraße entstanden Haltestelleninseln.

Die neue Nord-Süd-Achse fand an der Ecke Hütten-/Karl-Rudolf-Straße ihre Fortsetzung in der ebenfalls verbreiterten Cornelius-, Erasmus- und Mecumstraße bis zur Witzelstraße. Die Corneliusstraße erhielt in ihrer Mitte neue Straßenbahngleise bis zur Heresbachstraße, zwischen Graf-Adolf-Straße und Herzogstraße wurde ein eigener Bahnkörper anglegt, außerdem Haltestelleninseln an der Hüttenstraße, Fürstenwall, Bilker Allee und Färberstraße. Die Corneliusstraße, nach dem Kriege ohne Linienverkehr, sollte nun von der Linie 1 befahren werden.

Im Juni 1960 wurden an der Kreuzung Cornelius-/Morsestraße/Bilker Allee neue Kreuzungsgleise eingebaut, die zweiten nach 1950, mit Abzweigungen von der Bilker Allee zur nördlichen Corneliusstraße und von der südlichen Cornelius- zur Morsestraße. Die schmale Eisenbahn-Unterführung an der Färberstraße wurde durch eine neue breite Brückenkonstruktion ersetzt, die sich von der Zimmer- zur Hildebrandtstraße spannte und den breiten Nord-Süd-Verkehrsstrom ungehindert passieren ließ. Unter der neuen Brücke fand die Haltestelle Färberstraße ihren Platz. Die alten Straßenbahngleise auf der Karl-Rudolf-Straße und auf der Ostraße zwischen Graf-Adolf- und Bismarckstraße baute man aus. Da die Linienführung jetzt von der Berliner Allee in die Corneliusstraße ging, wurden sie nicht mehr benötigt.

1960 war es dann soweit, die Berliner Allee und die angrenzenden Straßen wurden festlich ihrer Bestimmung übergeben, aber vorerst nur für den Autoverkehr. Der markante Punkt an dieser Verkehrsader ist das Dreischeibenhaus am Hofgarten, das heute die Thyssenverwaltung beherbergt. Die Straßenbahnstrecke zwischen Bismarckstraße und Jägerhofstraße, also über die nördliche Berliner Allee, war 1960 noch nicht fertiggestellt.

Am 26. Dezember 1960 wurde die bisherige Strecke über die Hofgartenstraße wegen fortschreitender Bauarbeiten stillgelegt. Die Linie 10 fuhr von der Blumenstraße einstweilen über Theodor-Körner-, Alleestraße, Ratinger Tor zur Kaiserstraße. Ab 8. November 1961 konnte dann auch die Straßenbahn ihre neuen Strecken voll in Betrieb nehmen. Die Linie 1 verkehrte von der Kaiserstraße nun nicht mehr über Ratinger Tor, Breite und Friedrichstraße, sondern über die neue Hofgartenstraße, Berliner Allee, Cornelius- und Heresbachstraße zum Karolingerplatz, dann weiter, wie bisher, über Witzelstraße in Richtung Benrath. Die 10 fuhr von der Kaiserstraße ebenfalls über die neue Hofgartenstraße, Berliner Allee, dann über den Abzweig zur Hüttenstraße in Richtung Eller. Auf der Berliner Allee richtete man Haltestellen am Jan-Wellem-Platz, Martin-Luther-Platz, Graf-Adolf-Straße und Hüttenstraße ein.

Ende der fünfziger Jahre war die Neubebauung der Düsseldorfer Innenstadt fast abgeschlossen. Nur noch wenige Trümmergrundstücke waren zu sehen. Neben neuen Wohnhäusern, die jetzt durchweg vier bis fünf Stockwerke hoch waren, zeigten sich viele moderne Geschäfts-, Bürohäuser und Banken, mehr als vor 1939. Bauten aus der Jahrhundertwende, aus der Zeit, als Düsseldorf zur Großstadt und zum Industriemittelpunkt wurde, fand man nur noch selten. Hochhäuser, die Dominanten, wie sie Professor Tamms nannte, formten nun das Stadtbild.

Von 1949 bis 1959 wurden innerhalb der Düsseldorfer Stadtgrenzen 97 000 Wohnungen neu gebaut. Der Autoverkehr schwoll weiterhin an, es waren 1959 wesentlich mehr Autos auf den Stadtstraßen unterwegs als 1953, als die Fahrzeugdichte von 1939 schon wieder erreicht war. Fast alle größeren Straßenkreuzungen bekamen jetzt Ampelanlagen, vorher regelten Verkehrspolizisten inmitten der Fahrzeugströme den Auto- und Straßenbahnbetrieb. Die Straßenbahnen blieben oft in den Autoschlangen stecken, die Reisegeschwindigkeit nahm ab.

Da in den Jahren 1958–60 weitere Einrichtungsgelenkwagen angeliefert wurden, mußten die noch vorhandenen Kuppelendstellen in Gleisschleifen verwandelt werden. Am 16. Februar 1958 nahm die Rheinbahn um den Häuserblock Am Steinberg, Merowingerstraße und Ulenbergstraße eine neue Gleisschleife in Betrieb. Die Linien 6 und 21 fuhren jetzt vom Steinberg zum Merowingerplatz und über Ulenberg- zurück zur Himmelgeister Straße. Am Merowingerplatz errichtete man eine Haltestelle.

Im April 1959 erhielt auch die Linie 3 an der Endstelle Gerresheim/Bahnhof eine Gleisschleife. Da kein anderer Platz vorhanden war, wurde die Schleife zusammen mit einem Abstellgleis auf freies Gelände zwischen der Glashüttensiedlung und der Straße „Im Brühl" gelegt. Die Zufahrt von der Heyestraße zu dieser neuen Endschleife verläuft auf einer schmalen Gasse neben der Rampenstraße mit einer Gleisverschlingung auf der Zufahrtstrecke. Ab Juli 1959 konte man dann auch die Linie 3 mit Achtachsern fahren sehen, nachdem auf der Strecke Auf der Hardt – Gerresheim/Bahnhof einige Gleisanpassungsarbeiten beendet waren.

1960 erhielt die Linie 7 in Unterrath eine Gleiskehre bzw. ein Gleisdreieck. Für eine Schleife war kein Platz verfügbar. Das Stichgleis mit einem Abstellgleis für Beiwagen führte von der Unterrather Straße über die Usedomstraße zur Böschung der Hamborner Straße. Hier setzte die 7 zurück und legte auf dem Stichgleis eine Pause ein, ehe sie zum Hauptbahnhof zurückfuhr. Die Umsetzanlage in der Unterrather Straße vor der Bahnunterführung wurde stillgelegt. Das Unterrather Gleisdreieck war bis 1979 in Betrieb.

Im gleichen Jahr baute die Rheinbahn auch in Ratingen an der Endstelle der Linie 12 eine Schleife mit einem Abstellgleis für Beiwagen. Die 12 fuhr ab 2. März 1961 in Höhe der Hans-Böckler-Straße rechts ab und umrundete den Häuser-

Auf den eingleisigen Strecken nach Ratingen waren an den Ausweichen Stabwechsel üblich. Diese Methode, hier 1961 praktiziert, galt als »todsicher«; dennoch gab es dort verschiedentlich Unfälle durch menschliches Versagen.

block an der Düsseldorfer Straße nach links in einem großen Bogen, um an der Hochstraße ihre frühere Endposition wieder zu erreichen. Vorher mußte man auf diesem Gelände eine Reihe alter Häuschen abreißen. Ab März 1961 verkehrte die 12 nicht mehr alle 15, sondern alle 12 Minuten. Sie bekam ab 1962 Einrichtungssechsachser, die in der Hauptverkehrszeit mit Vierachsbeiwagen behängt wurden.
Ende der fünfziger Jahre baute die Stadt Neuss zwischen Innenstadt und Rheinufer neue Verkehrsstraßen. Die Rampenstraße von der Selikumer Straße zur Südbrücke wurde in dieses Vorhaben einbezogen und entsprechend umgebaut. 1960 lag daher der Betrieb der Linie 26 zwischen Südfriedhof und Selikumer Straße für mehrere Monate still. Omnibusse fuhren zwischen Südfriedhof und Neuss einen Schienenersatzverkehr. Die 26 endete vom Hauptbahnhof kommend in der Gleisschleife Südfriedhof, sie fuhr in diesen Monaten meistens mit Vierachsgroßraumtriebwagen solo. Die 16 setzte auf der Neusser Seite in der vorher von den Neusser Verkehrsbetrieben angelegten neuen Gleisschleife Stadthalle um.
Im Februar 1961 wurde auf dem Gelände des Derendorfer Betriebshofes neben der Grashofstraße eine neue große Wagenhalle mit 16 Gleisen errichtet. Zusammen mit der bisherigen Halle, die 14 Gleise umfaßte, waren jetzt insgesamt 30 Gleise benutzbar, die für den vergrößerten Wagenbestand dringend notwendig waren.

Anfang der sechziger Jahre baute die Rheinbahn das Stromversorgungsnetz für die Straßenbahn grundlegend um. Neue moderne Gleichrichterstationen wurden an mehreren Stellen der Stadt errichtet mit neuen Stromeinspeisungsstellen. 1962 waren 19 neue betriebseigene Gleichrichter im Betrieb. Auch der Gleisbau bzw. der Einbau neuer Schienen auf bestehenden Strecken ging Ende der fünfziger bis Anfang der sechziger Jahre weiter. Anstelle der abgenutzten Gleise wurden mehrere Kilometer lang neue Schienen mit besserem Unterbau eingebaut und gleichzeitig Gleiskorrekturen durchgeführt.

1960–61, Gleisumbauten am Hauptbahnhof und Worringer Platz

Im Zuge der Verbreiterung mehrerer Verkehrsstraßen wurde 1960 auch die Karlstraße zwischen Stresemannplatz und Worringer Platz wesentlich verbreitert. Nach Abriß der westlichen Häuserzeilen wurde sie zu einer sechsspurigen Autostraße. Selbstverständlich mußte die Straßenbahn Platz machen. Bereits am 2. Juli 1958 nahm man die Linien 2, 7 und 11 in Richtung Tonhallenstraße aus der Karl- und Friedrich-Ebert-Straße heraus. Sie verkehrten nun in beiden Richtungen über die Bismarckstraße, in Richtung Hauptbahnhof fuhren diese Linien den neuen Kurs bereits seit August 1956.

Die Immermannstraße ist nicht mehr wiederzuerkennen. Früher führte die Wendeschleife um Häuserblocks. Heute ist alles eine riesige Verkehrsanlage, einschließlich Bussteigen und Parkplätzen für PKW.

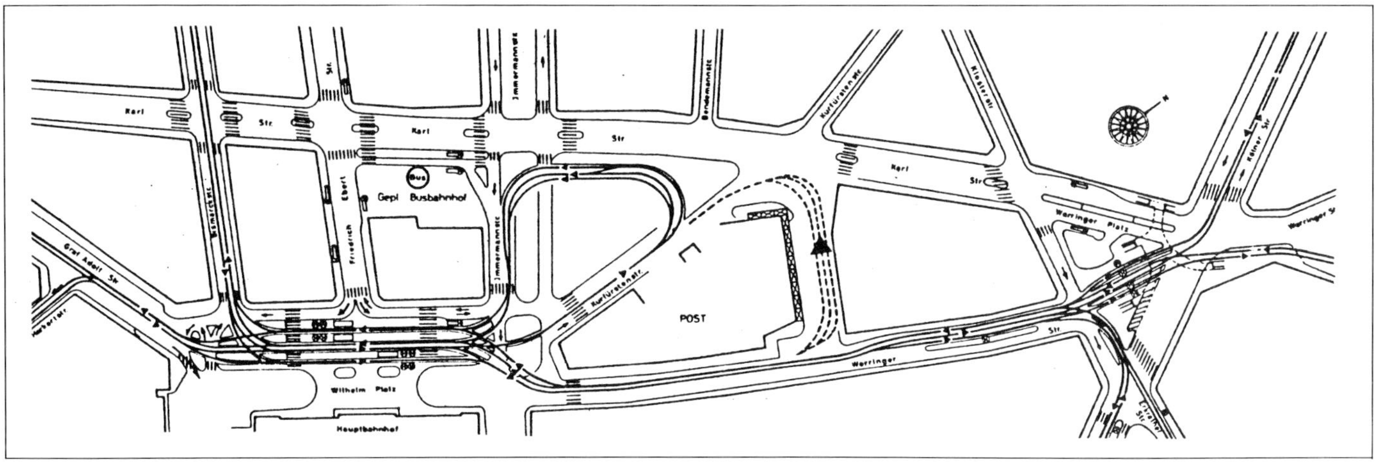

Straßenbahn-Streckennetz zwischen Hauptbahnhof und Worringer Platz nach dem Umbau im Jahre 1962.

Die Gleisschleife über Kurfürsten-, Karl- und Immermannstraße mußte ebenfalls geändert werden. Das Trümmergrundstück zwischen diesen drei Straßen wurde gänzlich freigeräumt, wobei auch einige stehengebliebene Wohnhäuser ihr Dasein beschließen mußten. Die Linien 2, 7, 11, 16 und 26 bekamen ab 1958 auf diesem freien Platz eine neue dreigleisige Endschleife. Die Einfahrt lag an der Kurfürsten-, die Ausfahrt an der Immermannstraße. Die Karlstraße wurde nicht mehr berührt. Im Innenbereich der Schleifenanlage errichtete man einen Omnibus-Bahnhof.
Der Autodurchgangsverkehr wurde vom Bahnhofsvorplatz zur Karlstraße verlagert. Die Zulaufstraßen dienten nur noch dem Zielverkehr zum Hauptbahnhof. Die Rheinbahn begann im April 1961 mit dem Umbau der Bahnhofsvorplatz-Gleisanlagen. Die Linien 15 und 18 mußten die Karlstraße ebenfalls verlassen, und zwar zwischen Kurfürsten- und Klosterstraße. Sie wurden, wie vor 1930, wieder über die Worringer Straße zum Worringer Platz geleitet. Am 29. September 1961 verkehrten die beiden Linien zum letzten Mal über Kurfürsten-, Karl- und Klosterstraße.
Beim Umbau behielt der Wilhelmplatz vor dem Hauptbahnhof (heute Konrad-Adenauer-Platz) zwar seine vier Gleise, die neu verlegten Haltestellengleise wurden aber in Fahrtrichtung geordnet und etwas auseinandergezogen, so daß breitere Bahnsteige entstanden. Dabei griff man auf einen Streifen der bisherigen Autostraße zurück. Die Bahnsteige, wiederum mit Doppelhaltestellen, bekamen neue Platten im Schachbrettmuster. Die Gleise 1 und 2 verliefen in Nord-, die Gleise 3 und 4 in Südrichtung. Die Strecken aus der Graf-Adolf- und Bismarckstraße wurden durch entsprechende Weichen an alle vier Haltestellen-Gleise angeschlossen, ebenso die Aus- und Einfahrten zur neuen Endschleife an der Kurfürstenstraße Am Anfang der Worringer Straße vereinigten sich die vier Haltestellengleise zu einer zweigleisigen Strecke.
Auf Gleis 1 in Richtung Worringer Platz hielten die Linien 4, 8, 9 und 26, auf Gleis 2 die Linien 7, 11, 15, 16 und 18, ebenso die entsprechenden E-Linien. Für die Linien 7, 11, 16 und 26 diente der Halt nur zum Aussteigen. Die Linie 2 war 1961 bereits eingestellt. Auf Gleis 3 in Richtung Graf-Adolf-Platz machten die Linien 4, 8, 9 und 26 Halt, auf Gleis 4 in Richtung Bismarckstraße die Linien 7, 11, 15, 16 und 18.
Zusammen mit dem Bahnhofsvorplatz wurde auch der Worringer Platz umgestaltet. Der Häuserblock zwischen Kloster-, Karl- und Kölner Straße wurde niedergelegt und in die neue Straßen- und Platzanlage einbezogen. Aus dem früheren Kreisverkehr am Worringer Platz wurde eine stark befahrene Straßenkreuzung. Den einen Verkehrsstrang bildete die verbreiterte Kölner Straße in Nord-Süd-Richtung, den anderen in West-Ost-Richtung die breite Karlstraße zur Acker- und Worringer Straße. Die Linien 15 und 18 spalteten sich in der Worringer Straße in Höhe der früheren Vulkanstraße (die Bundespost hat heute die Straße kassiert) vom östlichen Gleis ab und machten vor dem Worringer Platz an einer neuen Insel Halt.
Zu diesem Zweck wurde die neue dreigleisige Anlage auf die westliche Seite der Worringer Straße gerückt, wobei die Autofahrstraße in Richtung Hauptbahnhof verlorenging. Die Linien 15 und 18 kurvten anschließend rechts ab, einmal in die südliche Kölner, zum anderen in die Erkrather Straße. In der Gegenrichtung hielt die 15 am Auslauf der Erkrather Straße und die 18 an einer neuen Insel auf der Kölner Straße unter der soeben errichteten Postbrücke. Auch hier wurden die Gleise der 18 nach Osten verschwenkt. Nach einer Linkskurve gelangten sie in das westliche Streckengleis der Linien 4, 8 und 9 in Richtung Hauptbahnhof.
Die Linien 4, 8 und 9 führte man in Richtung Acker- und nördliche Kölner Straße in der Worringer Straße am Gleis der 15 und 18 vorbei zu einer neuen viergleisigen Haltestellenanlage auf dem Mittelstück des vergrößerten Worringer Platzes. Auch hier wurden die Bahnsteige im Schachbrettmuster plattiert. Dieser neue Platz hatte auch eine Fußgängerpassage mit Zugängen zur Haltestellenanlage. Auf Gleis 1 machten die Linien 8 und 9 in Richtung Ackerstraße Halt, auf Gleis 2 die 4 in Richtung Pempelforter Straße, in Gegenrichtung auf Gleis 3 die 8 und 9, auf Gleis 4 die Linie 4 in Richtung Hauptbahnhof.
Am Anfang der Ackerstraße liegen die neuen Gleise der Linien 8 und 9 am Rande des Bürgersteiges, anschließend wechseln sie zur Straßenmitte. Die Umgestaltung des Worringer Platzes war größer als die des Bahnhofsvorplatzes.
Die nicht mehr benutzten Schienen auf der Kloster- und Kurfürstenstraße baute man gleichzeitig aus, die auf der Karlstraße waren den Autofahrbahnen bereits gewichen. Die Umbauarbeiten am Hauptbahnhof und Worringer Platz fanden am 17. April 1962 ihren Abschluß.

Umstellung der Straßenbahnlinie 2 auf Busbetrieb, der Ortslinienverkehr von 1960 bis 1962

Die nächste Umstellung auf Busbetrieb traf die Linie 2 (Nordfriedhof – Hauptbahnhof), sie wurde am Abend des 31. Juli 1960 eingestellt. Ab 1. August verkehrte an ihrer Stelle eine Buslinie 32, die über den Nordfriedhof hinausfuhr. Die neue Buslinie verlief vom Hauptbahnhof über Pempelforter Straße (also nicht über Tonhallenstraße), Prinz-Georg-, Moltke-, Roßstraße, Nordfriedhof, Danziger Straße (Neuanlage), durch ein neues Siedlungsgebiet auf der früheren Golzheimer Heide zum Flughafen Lohausen. Reibungslos ging die Umstellung nicht vonstatten. Jetzt meldeten sich

die Bahnbefürworter durch verschiedene Leserbriefe an Düsseldorfer Tageszeitungen zu Wort und forderten die Beibehaltung der Straßenbahnlinie 2. Zuletzt wurde sie mit neuen Sechsachsgelenkwagen betrieben. Die Briefschreiber machten geltend, daß das Fahren mit Straßenbahnwagen bequemer sei als mit dem rumpelnden Bus. Die Rheinbahn versuchte zu beschwichtigen. Es änderte sich nichts, es blieb beim Busbetrieb. Die Linienziffer 2 wurde gleich wieder verwendet, indem die Linie 21 (Unterrath/Schleife – Merowingerplatz) in „2" umgetauft wurde. Kurze Zeit nach der Straßenbahneinstellung entfernte die Stadtverwaltung die Gleisschleife am Eingang des Nordfriedhofs und baute die Straßenkreuzung großzügig aus. Etwa 10 Jahre später wurde der Autoverkehr an dieser Stelle auf drei Ebenen geführt. Die Gleise auf der Roßstraße baute man Ende der sechziger Jahre bei einer Straßenrenovierung aus. Am gleichen Tage, also am 1. August 1960, als die Buslinie 32 eröffnet wurde, stellte die Rheinbahn den Ortslinienverkehr von 10 auf 12 Minuten Abstand um. Als Begründung für diese Maßnahme wurde der Mangel an Fahrpersonal angegeben. Alle Linien von 1 bis 18 und 26 verkehrten nun nach dem neuen Fahrplan bzw. im neuen Taktrhythmus. Die neuen Abfahrzeiten im Duodezimalsystem waren für den Fahrgast aber weniger einprägsam als das frühere Dezimalsystem. Stündlich fuhren auf jeder Linie nicht mehr sechs, sondern nur noch fünf Züge.
Im nächsten Jahr, am 31. März 1961, stellte die Rheinbahn die Güterstrecke von der Erkrather über Ruhrtalstraße, Höher Weg zum Gaswerk offiziell ein. Benutzt wurde sie schon seit Jahren nicht mehr. Es war die Strecke, über welche in beiden Weltkriegen und auch einige Jahre später die Kohlenzüge auf Straßenbahngleisen von linksrheinischen Zechen zu den Stadtwerken rollten, um Düsseldorfs Strom- und Gasversorgung aufrechtzuerhalten. Die Gleise auf der Ruhrtalstraße wurden in den nächsten Jahren entfernt. Auf dem Höher Weg war am südlichen Straßenrand aber noch Anfang der achtziger Jahre das Gütergleis zu sehen.
Am 2. Oktober 1961 wurde weiter rationalisiert, die Linien 7 und 18 legte man zu einer neuen Linie 7/18 zusammen, sie führte also von Unterrath bis Benrath bzw. Holthausen. Sie verkehrte nur noch in den Hauptverkehrsstunden bis Benrath. Die Strecke Hauptbahnhof – Wilhelm-Marx-Haus wurde nur von den Linien 15 und 16 befahren, bis zur Oststraße allerdings auch von der 7 und 11. Die HVZ-Linie 15/E stellte man ein und ließ dafür die Linie 11 in der Hauptverkehrszeit als Linie 11/15 E von Kaiserswerth über Hauptbahnhof bis Eller verkehren.
Alle Lokallinien fuhren abends nach 20 Uhr nur noch im 20-Minuten-Takt. Die Fernlinie K/E wurde nur montags bis freitags betrieben, die Linie 9 abends und Sonntag vormittags von Grafenberg nur bis Hauptbahnhof/Schleife Harkort-/Mintropstraße. Den Abschnitt Hauptbahnhof – Südfriedhof mußte die Linie 26 allein schaffen. Um dem Schaffnermangel zu begegnen, stellte die Rheinbahn ab 1961 Studenten ein, die am Tage einige Stunden lang Schaffnerdienste verrichteten.
Der Pendelbetrieb mit einem Solotriebwagen zwischen Volmerswerther Straße/Gleisdreieck und Volmerswerther Deich fand am 2. Januar 1962 sein Ende. Statt dessen fuhr eine Buslinie 17/E vom Aachener Platz über Flehe nach Volmerswerth, Schleifenfahrt: Fleher Deich – Volmerswerther Straße – Krahkampweg. Der Fahrdraht vom Gleisdreieck zum Deich wurde abgebaut, die Gleise liegen aber größtenteils heute noch.
Bei Einführung des Sommerfahrplanes am 16. April 1962 wurden einige Verkehrseinschränkungen wieder aufgehoben. Die Linie K/E verkehrte wieder samstags und sonntags bis 20 Uhr alle 30 Minuten, so daß zusammen mit der Fernlinie K zwischen Graf-Adolf-Platz und Osterath/Hoterheide an allen Tagen ein 15-Minuten-Betrieb bestand. Die Linie 9 fuhr auch am Abend wieder bis Südfriedhof durch. Im letzten halben Jahr war die Linie 26 abends überfüllt. Die Bedienung der Stadtteile Holthausen und Benrath erfolgte wie bisher: Linie 1 ganztägig bis Benrath, Linie 7/18 nur bis Holthausen, in der Hauptverkehrszeit bis Benrath. Die HVZ-Linie 1/E fuhr von Rath/Bahnhof bis Holthausen, die Linie 18/E vom Hauptbahnhof/Schleife Harkort-/Mintropstraße über Oberbilk bis Benrath.
Wie verteilten sich Anfang der sechziger Jahre die Wagentypen auf einzelne Straßenbahnlinien? Auch jetzt gab es noch kein einheitliches Linienbild. Es wechselte weiterhin, zumal laufend neue Gelenkwagen in Dienst gestellt wurden. Sechsachser mit Vierachsbeiwagen sah man auf den Linien 1 und 7/18, einzelne Sechsachser auf den Linien 4 und 6. Aber auch Niederflurwagen und 900er Typen verkehrten auf den zuletzt genannten beiden Linien.
Die Achtachser wurden auf den Linien 3, 10 und 11 eingesetzt, die Vierachsgroßraumzüge auf den Linien 9, 15 und 17. Auf der 15 konnte man auch Niederflurzüge zusammen mit Verbandsbeiwagen entdecken. Die Linie 8 verkehrte mit Verbandstrieb- und Beiwagen, die 2 (Unterrath/Schleife – Merowingerplatz) mit Niederflurtrieb- und Beiwagen. Die Linien 12 und 16/26 fuhren in diesen Jahren mit Niederflur- und Verbandswagen im Mischbetrieb. Die E-Linien betrieb man mit Triebwagen der 500er und 900er Reihen und Beiwagen der 700er und 800er Reihen, aber auch mit Niederflur- und Verbandswagen.

Neuer Straßenbahn-Ausbauplan im Jahre 1961

Zusammen mit einem von der Stadtverwaltung erstellten neuen Verkehrsplan für Düsseldorf wurden bei der Rheinbahn Maßnahmen erörtert, wie der Straßenbahnbetrieb auszubauen und die Linienführung zu verbessern wäre. Im Mai 1961 veröffentlichte die Rheinbahn in den Düsseldorfer Tageszeitungen ein neues Konzept, das in den nächsten Jahren verwirklicht werden sollte.
Bei diesen Überlegungen wurden einige Pläne aus den dreißiger Jahren wieder aufgegriffen, z. B. die Umspurung der Meterspur-Strecke Benrath – Hilden. Die Reststrecken nach Ohligs und Haan-Vohwinkel wollte man anschließend auf Busbetrieb umstellen. Eine neue Linie 14 sollte von Hamm nach Gerresheim geführt werden. Neue Straßenbahnstrecken wollte man von Unterrath nach Lichtenbroich und von Lierenfeld nach Vennhausen bauen.
Die Nord- und ein Stück der Münsterstraße sollten straßenbahnfrei werden, die Linien 1 und 2 wollte man zusammen mit der D und der 10 über Kaiser- und Fischerstraße bis zur Klever Straße leiten. Dort sollten die 1 und 2 rechts abbiegen und über den Mittelstreifen der Klever Straße zur Jülicher und Münsterstraße fahren, wo sie ihre frühere Strecke wieder erreicht hätten. Die Bismarckstraße wollte man vom Durchgangsverkehr freihalten, sie sollte zur „Straßenbahn-Straße" werden. Die Oberbilker Strecke über Ellerstraße und die Strecke über Bilker Allee zum Hafen wollte man wieder in Betrieb nehmen.

Es waren insgesamt 15 Ortslinien vorgesehen mit folgenden Streckenführungen:

Linie 1: Rath/Bahnhof – Derendorf – Klever Straße – Fischerstraße – Berliner Allee – Corneliusstraße (neue Strecke ab Okt. 1961) Karolingerplatz – Witzelstraße – Wersten – Holthausen – Benrath/Betriebshof

Linie 2: Unterrath/Schleife – Ulmenstraße – Klever Straße – Fischerstraße – Berliner Allee – Corneliusstraße – Karolingerplatz – Merowingerplatz

Die 2 sollte ebenfalls über die Berliner Allee und Corneliusstraße fahren, nicht mehr über Breite und Friedrichstraße.

Linie 3: Gerresheim/Bahnhof – Grafenberg – Uhlandstraße – Wehrhahn – Jan-Wellem-Platz – Wilhelm-Marx-Haus (neue Schleife)

Linie 4: Derendorf/Straßburger Straße – Schloßstraße – Pempelforter Straße – Hauptbahnhof – Fürstenplatz – Karolingerplatz – Witzelstraße – Stoffeln, ohne Änderung

Linie 6: (Rundlinie) Merowingerplatz – Auf'm Hennekamp – Volksgarten – Oberbilk – Flingern – Zoo – Stockkampstraße – Sternstraße – Jan-Wellem-Platz – Wilhelm-Marx-Haus – Graf-Adolf-Platz – Bilk/Bahnhof – Merowingerplatz, ohne Änderung

Linie 7: Lichtenbroich – Unterrath – Ulmenstraße – Spichernplatz – Collenbachstraße – Moltkestraße – Derendorfer Straße – Pempelforter Straße – Worringer Platz – Hauptbahnhof – Harkortstraße – Mintropplatz – Ellerstraße – Oberbilk – Wersten – Holthausen – Benrath – Hilden.

Damit wäre die 7 zur längsten Düsseldorfer Lokallinie geworden. Die Moltkestraße sollte Gleise bekommen, um die 7 bis Mintropplatz über die Strecke der Linie 4 führen zu können. Die Strecke Jägerhof-Tonhallenstraße wäre dann nur von der 11 befahren worden. Von Oberbilk bis Benrath sollte die 7 die Linie 18 ersetzen. Der Abschnitt Worringer Platz bis Oberbilker Markt wäre ohne Straßenbahnverkehr gewesen.

Linie 8: Heinrichstraße – Zoo – Uhlandstraße – Ackerstraße – Hauptbahnhof – Graf-Adolf-Platz – Stromstraße – Hafen – Hamm, ohne Änderung

Linie 9: Grafenberg/Burgmüllerstraße – Flingern – Ackerstraße – Hauptbahnhof – Graf-Adolf-Platz – Bilker Kirche – Fährstraße – Südfriedhof – Südbrükke – Neuss/Stadthalle – Neuss/Bahnhof

Die Linie 26 sollte dann entfallen.

Linie 10: Rheinstadion – Stockum – Golzheim – Kaiserswerther Straße – Fischerstraße – Berliner Allee – Hüttenstraße – Oberbilk – Lierenfeld – Schlesische Straße – Richardstraße – Sandträger Weg – Vennhausen/Freiheit

Linie 11: Kaiserswerth – Lohausen – Stockum – Golzheim – Kaiserswerther Straße – Venloer Straße – Duisburger Straße – Tonhallenstraße – Hauptbahnhof, in der HVZ weiter über Erkrather Straße – Lierenfeld – Eller/Vennhauser Allee

Linie 12: Ratingen – Oberrath – Haniel & Lueg – Uhlandstraße – Wehrhahn – Jan-Wellem-Platz – Wilhelm-Marx-Haus (neue Schleife)

Linie 14: (neue Linie) Gerresheim/Schönaustraße – Grafenberg – Flingern – Ackerstraße – Hauptbahnhof – Fürstenplatz – Bilker Allee – Bilker Kirche – Hafen – Hamm (Neue Schleife)

Linie 15: Eller/Vennhauser Allee – Lierenfeld – Erkrather Straße – Mettmanner Straße – Gerresheimer Straße – Ackerstraße – Worringer Platz – Hauptbahnhof – Jan-Wellem-Platz – Ratinger Tor – Belsenplatz – Heerdt – Handweiser, in der HVZ bis Neuss/Bahnhof.

Die Linie 15 sollte also die 16 in Richtung Neuss entlasten. Außerdem war für die 15 über Mettmanner und Gerresheimer Straße eine neue Streckenführung vorgesehen. Die Strecke an der Hauptwerkstatt vorbei wäre dann entfallen, nur die 11 hätte sie in der Hauptverkehrszeit noch befahren.

Linie 16: Düsseldorf/Hauptbahnhof – Martin-Luther-Platz – Jan-Wellem-Platz – Ratinger Tor – Belsenplatz – Heerdt – Handweiser – Neuss/Bahnhof – Neuss/Stadthalle

Linie 17: Lörick – Hansa-Allee – Belsenplatz – Ratinger Tor – Wilhelm-Marx-Haus – Graf-Adolf-Platz – Bilk/Bahnhof – Aachener Platz – Volmerswerther Straße/Gleisdreieck, ohne Änderung.

Der Abschnitt Breite und Friedrichstraße wäre nur noch von den Linien 6 und 17 befahren worden.

Fertigstellung des neuen Verkehrsknotens Jan-Wellem-Platz im Oktober 1962

In Gemeinschaft mit dem Bau der Berliner Allee und den angrenzenden Straßen wurde auch die Anlage eines neuen Verkehrsknotenpunkts hauptsächlich für Straßenbahnen vorbereitet. Dieser Platz, der den Namen des in Düsseldorf beliebten Fürsten, Jan-Wellem im Volksmund genannt, bekommen sollte, lag auf früherem Wohngelände zwischen Viktoriastraße, Hofgartenstraße, Königsallee und Schadowplatz. Dieses Viertel änderte sich völlig. Die wenigen Wohnhäuser waren schon geräumt und abgetragen, die Bäume bis auf zwei gefällt, das Grünrondell um das Schadow-Denkmal entfernt. Schadow saß später weiter südlich auf seinem Sockel, der Schadowplatz wurde mit Platten ausgelegt, um das Denkmal herum standen einige Blumenkübel. Verkaufsstände kamen neu hinzu. Der Scheitelpunkt der früheren Gleisschleife lag etwa in Höhe des heutigen zweiten Haltestellengleises.

Eine Entflechtung der z. Z. über die Alleestraße rollenden 8 Orts- und 2 Fernlinien, dazu noch die E-Linien, war überfällig. Tagtäglich kam es zu Stockungen. Die Endschleife am Schadowplatz legte man am 14. Juni 1962 still und baute sie ab. Die Linie 12 fuhr nun ebenfalls zur Schleife am Burgplatz.

Im August 1961 begannen bereits die Straßenbau-und Gleisarbeiten im Bereich des neuen Jan-Wellem-Platzes und der angrenzenden Straßen. Die Straßenbahn mußte hin und wieder ihre Gleise beiseiterücken, ebenso die Streckenführung ändern. Den Weg zur Mühlenstraße nahmen die Linien 3, 3/E und 12 während dieser Zeit eingleisig an der nördlichen Seite der früheren Kunsthalle vorbei (es war die Strecke der damaligen Linie 6) zur Schleife Burgplatz. Das südliche Doppelgleis mußte vorzeitig abgebrochen werden.

Die neuen Gleise baute man zwischen Kunsthalle und Wilhelm-Marx-Haus in die Mitte der Alleestraße, zum Ratinger Tor hin wurde eine Gleisverschwenkung eingebaut. Die Elberfelder Straße verbreiterte man, sie bekam südlich einen dreigleisigen Bahnkörper. Die Haltestellenanlage auf dem Jan-Wellem-Platz wurde viergleisig, nördlich davon entstand eine Doppelgleisschleife für die Fernlinien D und K mit Zufahrten aus Richtung Hofgartenstraße und neuer Autohochstraße. Bei der Ausfahrt dieser Endschleifen zur Elberfelder Straße wurde ein Abstellgleis angelegt, innerhalb der Schleife entstand ein Bushalteplatz.

Von den vier Gleisen des Jan-Wellem-Platzes führten zwei unter dem „Tausendfüßler" hinweg zur Schadowstraße, zwei nach einer Rechtskurve in Richtung Martin-Luther-Platz. Durch die Vorsortiergleise wurde die Strecke auf der nördlichen Berliner Allee zwischen Johanneskirche und Marienstraße dreigleisig, weiter zum Dreischeiben-Hochhaus hin sogar viergleisig. Die Autohochstraße führte von der Jägerhofstraße in Nord-Süd-Richtung und teilte sich an der Klosterstraße einmal zur Immermannstraße, zum anderen in Richtung Steinstraße.

Eine neue Haltestelle „Opernhaus" entstand zwischen Mühlen- und Elberfelder Straße, die Haltestelle „Wilhelm-Marx-Haus" für die Süd-Nord-Richtung doppelgleisig mit zwei Bahnsteigen zwischen Marx-Haus und Flingerstraße, die Bahnen der Gegenrichtung hielten in der Flingerstraße zwischen Allee- und Kasernenstraße. Für die Linien 3 und 12 sowie 3/E baute man auf dem früheren Parkplatz westlich des Wilhelm-Marx-Hauses eine neue zweigleisige Endschleife, ebenfalls mit zwei Bahnsteigen. Auf dem ersten Gleis hatten die Linien 3 und 3/E ihre Endstation, auf Gleis 2 die Linie 12. Die Zufahrt lag auf separatem Gleis südlich der Haltestel-

le Wilhelm-Marx-Haus, die Ausfahrt ging über die Grabenstraße zur Breite Straße. Das Wilhelm-Marx-Haus wurde praktisch umrundet.
Am Abend des 29. Oktober 1962 fuhren die Straßenbahnen zum letzten Mal über die alten Strecken. Den Fernbahnhof am Graf-Adolf-Platz legte man am gleichen Tage still, ebenso die Strecken über die Mühlenstraße zum Burgplatz und auf der Max.-Weyhe-Allee zwischen Ratinger Tor und Kaiserstraße. In der Nacht wurden die restlichen Gleise für die neuen Streckenführungen eingebaut. Am 30. Oktober nahm die Rheinbahn den neuen Verkehrsknoten Jan-Wellem-Platz in Betrieb, es war ihr bisher größtes Bauprojekt der Nachkriegszeit.

Der „gordische Knoten“ auf der Alleestraße war nun durchschlagen. Die Linien 3 und 12 verkehrten jetzt von der Schadowstraße über Jan-Wellem-Platz, Elberfelder Straße zur Schleife Wilhelm-Marx-Haus, die Linien 2 und 6 von der Hofgartenstraße über Jan-Wellem-Platz zur Breite und Kasernenstraße, die Linien 15 und 16 vom Martin-Luther-Platz über Berliner Allee, Jan-Wellem-Platz, Opernhaus in Richtung Oberkassel, die Linie 17 auf gerader Strecke vom Graf-Adolf-Platz über Wilhelm-Marx-Haus, Opernhaus ebenfalls in Richtung Oberkassel und umgekehrt.
Die Alleestraße wurde nördlich der Elberfelder Straße nur noch von den Linien K, 15, 16 und 17 berührt, südlich der Elberfelder Straße von den Linien 2, 3, 6, 12 und 17, dazu

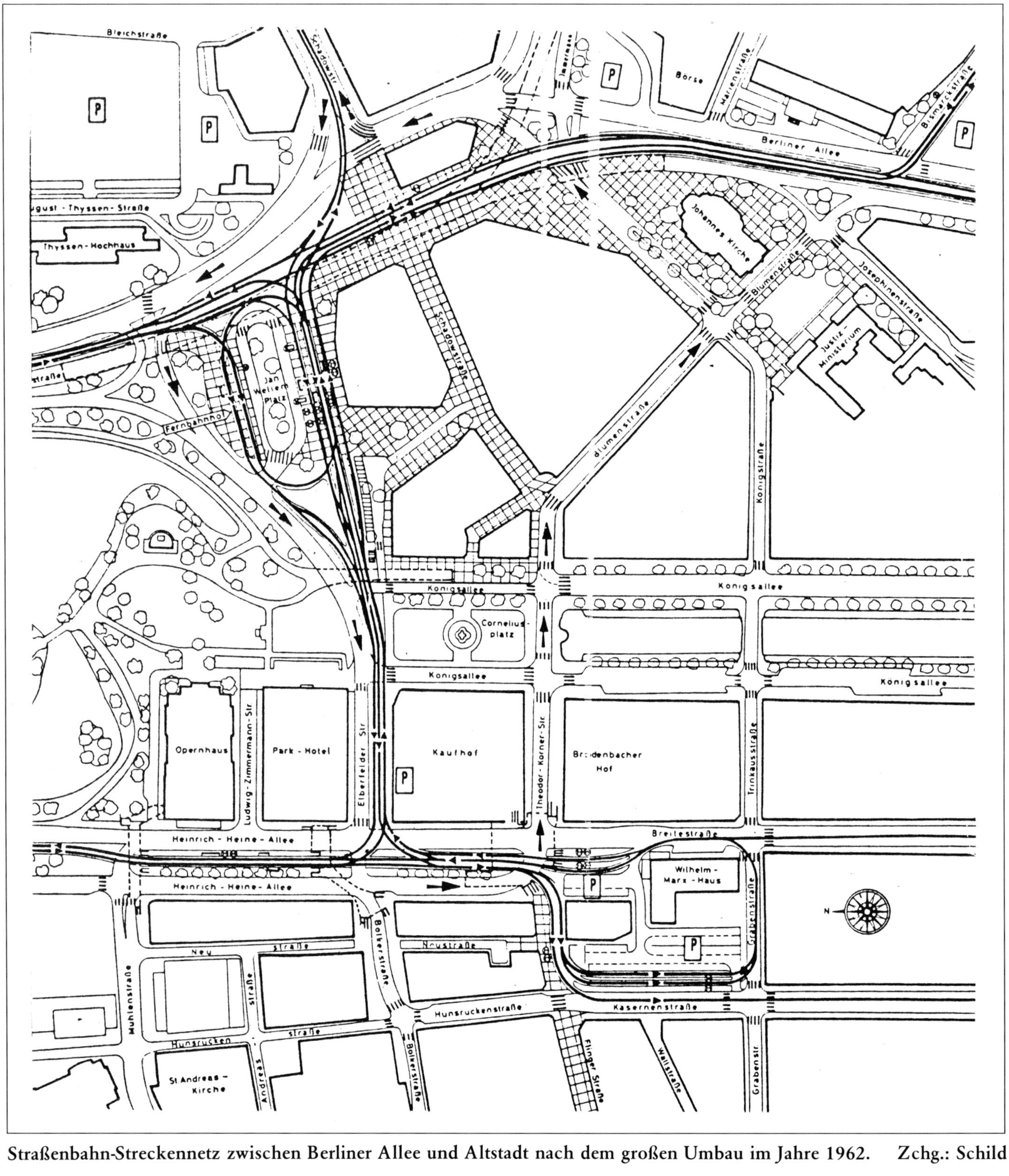

Straßenbahn-Streckennetz zwischen Berliner Allee und Altstadt nach dem großen Umbau im Jahre 1962. Zchg.: Schild

April 1968 – Der frühere »Grafenberger« Tw 582 (hinten jetzt mit Scharfenberg-Kupplung) schleppt den Vierachs-Beiwagen der Fernlinie D aus der Gleisschleife Jan-Wellem-Platz zum Derendorfer Betriebshof.

kamen einige E-Linien. Die Linien 1, 1/E, 10 und 10/E verkehrten auf der Route Berliner Allee – Jan-Wellem-Platz (entlang der Autohochstraße) – Hofgarten – Kaiserstraße also parallel zur Strecke Friedrich-, Breite, Alleestraße.
Die Fernlinien endeten nicht mehr am Graf-Adolf-Platz, sondern in der neuen Gleisschleife Jan-Wellem-Platz Die K benutzte vom Opernhaus aus die Elberfelder Straße in beiden Richtungen, die D fuhr von der Hofgartenstraße gleich in die Endschleife ein. Auf ihrer Rückfahrt nach Duisburg berührte sie nach einer Linkskurve das Gleis 2 der neuen Haltestelle Jan-Wellem-Platz und fuhr anschließend nach links zur Hofgartenstraße zurück.
Auf der viergleisigen Strecke vom Martin-Luther-Platz zur Hofgartenstraße am „Tausendfüßler" vorbei, behinderten sich die Linien 1 und 10 sowie 15 und 16 mit ihren E-Linien nicht, sie fuhren auf getrennten Gleisen. Auch in den Hauptverkehrsstunden blieb der Straßenbahnbetrieb im Bereich des Jan-Wellem-Platzes flüssig, was von der „Rheinischen Post" nach einigen Tagen ebenfalls anerkannt wurde. Nur auf den Autofahrstraßen um den Jan-Wellem-Platz herum gab es in den ersten Wochen täglich Staus, ehe die „Kinderkrankheiten" behoben werden konnten.
Die alten Gleise auf der unteren Schadowstraße, Blumen-, Theodor-Körner-Straße und Max.-Weyhe-Allee baute man im Winterhalbjahr 1962/63 aus. Gleichzeitig entstanden hier zum größten Teil neue Autofahrbahnen. Die untere Schadowstraße wurde zu einem Fußgängerbereich. Auf der Mühlenstraße sah man die Straßenbahngleise noch mehrere Jahre. Die Gleisschleife auf dem Burgplatz wurde im nächsten Jahr abgetragen, hier parkten anschließend Autos. Mit der Strecke Mühlenstraße verschwand die letzte Straßenbahnzufahrt ins Altstadtinnere, eine Strecke, die bereits 1876 von den ersten Pferdebahnen befahren wurde.
Den Fernbahnhof am Graf-Adolf-Platz trug man ebenfalls 1963 ab. An seine Stelle traten, wie vor 1908, wieder Rasen, Bäume und Sträucher.

Umstellung des Benrather Meterspur-Straßenbahnnetzes auf Busbetrieb

Der zunehmende Autoverkehr bereitete den einseitig am Straßenrand fahrenden Bahnen große Schwierigkeiten. Einseitig in Fahrtrichtung lief alles glatt, in der Gegenrichtung, wenn die Straßenbahn „gegen den Strom schwimmen" mußte, gab es immer wieder „Beinahe-Unfälle". Stark ins Gewicht fielen die Klagen der Autofahrer über „das Verkehrshindernis Straßenbahn".
Die Überlandstraßenbahnen im Bergischen Land sowie eine große Anzahl Stadtlinien in Wuppertal, Solingen und Remscheid wurden nach und nach ein- bzw. auf Busse umgestellt. Die Solinger Straßenbahn stellte zwischen 1952 und 1958 ihren Betrieb ein. Am Bahnhof Ohligs lag 1958 nur noch das Umsetzgleis für die Linie O, es war das frühere Streckengleis der Solinger Straßenbahn. Das eigentliche Umsetzgleis der O war bereits abgebaut, dort parkten nun Autos. Die Linie V war 1958 in Vohwinkel die letzte Straßenbahnlinie.
Die Normalspurstraßenbahn von Ohligs nach Opladen fuhr 1956 zum letzten Mal. Das Ende des Benrather Netzes war ebenfalls absehbar.
Am 7. Mai 1961 wurde die Linie V auf der ganzen Streckenlänge eingestellt. Der äußere Anlaß war die Straßensperrung in Haan wegen Umbaus der Eisenbahnbrücke am Haaner Bahnhof auf elektrisches Profil. Die Brücke über der Eisenbahnstrecke Wuppertal – Köln wurde erneuert, das Straßenniveau erhöht. Jetzt verkehrte eine Buslinie V als „Schienenersatzverkehr" zwischen Benrath und Vohwinkel.
Der Parallelverkehr zwischen Buslinie V und Straßenbahnlinie O auf dem Abschnitt Benrath/Paulistraße – Hilden/Gabelung bereitete Schwierigkeiten. So wurde entgegen ursprünglicher Absicht schon am 15. April 1962 auch die Linie O auf Busbetrieb umgestellt.
Die Abschiedsfahrt der Straßenbahnlinie O zwischen Ohligs und Benrath in den späten Nachmittagsstunden des 15. April mit Triebwagen Nr. 114 und Beiwagen Nr. 836 entwickelte sich zu einer feuchtfröhlichen Tour. Die Fahrt wurde immer

1963 – Nach Einstellung der Meterspurlinien wurden von den vorhandenen zehn Vierachs-Triebwagen fünf Stück nach Österreich (Stern & Hafferl) verkauft. Tw 118 kommt auf einem Rungenwagen in Vorchdorf/Oberösterreich an.

wieder von Getränketischen unterbrochen, welche die Wirte auf die Gleise stellten. Mit großer Verspätung, der letzten ihres Bestehens, stellte die Benrather Meterspur-Straßenbahn nach bald 64jähriger Dienstzeit ihren Betrieb ein.
Anstelle der O fuhr jetzt die Buslinie 83, die Buslinie V wurde in 84 umbenannt. Nach der Straßenbahneinstellung mußte die Rheinbahn noch Eigentumsfragen mit den Anrainerstädten Hilden, Haan und Ohligs regeln. Bis dahin führten die Fahrpläne der Buslinien 83 und 84 noch den Zusatz „Schienenersatzverkehr".
Die alten Arbeitstriebwagen, Werkstattfahrzeuge und die Motorwagen Nr. 120–126, Baujahr 1914, (einer davon war schon 1937 ausgebrannt) wurden 1962 verschrottet. Die Beiwagen Nr. 831–839, Bj. 1928, bekamen ihre Regelspur-Radsätze wieder und leisteten im Düsseldorfer Stadtnetz weiterhin Dienste, bis sie 1969 ebenfalls verschrottet wurden.
Von den 1935–36 gebauten Vierachstriebwagen waren noch 10 Stück vorhanden. Sie wurden aber nicht auf Normalspur umgebaut (sie hatten ja schon immer Regelspurdrehgestelle) und im Düsseldorfer Netz eingesetzt, sondern die Rheinbahn zog es vor, sie zu verkaufen. 5 Wagen gingen nach Aachen und wurden nach entsprechenden Anpassungsarbeiten auf der Aachener Linie 28 zwischen Alsdorf und Eschweiler eingesetzt. 1969 stellte man diese Linie ein, 4 Wagen wurden nun verschrottet, ein Wagen, Nr. 107, blieb für Museumszwecke erhalten.
Die anderen 5 Triebwagen verkaufte die Rheinbahn an das österreichische Bahnunternehmen Stern & Hafferl, Gmunden/Traunsee. Zwei Wagen wurden auf der Linie Gmunden/Traundorf – Vorchdorf gefahren, zwei weitere gelangten zur Stern & Hafferl-Bahn Vöcklamarkt – Attersee. Der Fünfte diente als Ersatzteilspender und wurde auseinandergenommen.
Die Triebwagen mußten in Österreich in der Hauptverkehrszeit vier Beiwagen schleppen, was aufgrund ihrer motorischen Leistung aber zu keinen Schwierigkeiten führte. In den verkehrsschwachen Stunden liefen bzw. laufen sie solo. Im Jahre 1981 standen die vier Triebwagen noch täglich im Liniendienst, also nach 45 Betriebsjahren. 1982 mußte ein Triebwagen nach einem schweren Unfall ausgemustert werden.
Die Fahrleitungen auf den Strecken nach Ohligs und Vohwinkel wurden nach der Betriebseinstellung in den nächsten Monaten abgebaut. Der größte Teil der Gleise und viele Fahrleistungsmasten (jetzt ohne Fahrleitungen) blieben in den nächsten Jahren aber weiterhin an Ort und Stelle, bis sie in den siebziger Jahren bei Straßenrenovierungen oder Verbreiterungen nach und nach aus- bzw. abgebaut wurden.
Ein Stück Meterspur-Doppelgleis mit einem Gleiswechsel war auf der Hildener Straße am Benrather Betriebshof sogar 1982 im Straßenpflaster noch sichtbar, ein letztes Erinnerungsstück an das Benrather Meterspur-Straßenbahnnetz.

Fernlinie K in den sechziger Jahren

Auf der Linie K verkehrten ab August 1958 zusätzlich die von der Fernlinie D übernommenen Vierachs-Triebwagen, Baujahr 1926, als Beiwagen die zwei baugleichen Wagen Nr. 60 und 61, ebenfalls Baujahr 1926, sowie die Vierachsbeiwagen mit Rundbogen-Seitenfenstern des Baujahres 1924. Gekuppelt wurden die Wagen wie bisher nach dem Albert-System. Drei Beiwagen aus der Reihe 1073–1080 besaßen noch ihre automatischen Kupplungen, wie sie für die Mitteleinstiegs-Motorwagen, Baujahr 1912 und 1924, nötig waren. Nachdem diese Triebwagen bereits verschrottet waren, wurden die drei Beiwagen Nr. 1076, 1077 und 1080 bis 1960

Der Speisewagen 1072, 1924 gebaut, wurde im Januar 1963 seines Speiseabteils beraubt und verkehrte danach noch zwei Jahre bis zu seiner Verschrottung als normaler Beiwagen auf der Linie K nach Krefeld.

ebenfalls ausgemustert. Ab 1960, als die Fernlinie D ihre neuen Einrichtungs-Achtachser hatte, sah man die D-Bahn-Vierachser der Rheinbahn, Baujahr 1926, nur noch auf der K. 1963 kaufte die Rheinbahn der Duisburger Verkehrsgesellschaft einen Vierachser-Zug, Baujahr 1926, ab, bestehend aus Triebwagen Nr. 14 und zwei Beiwagen Nr. 56 und 57, die nach Umlackierung und Änderung der Eigentumsbezeichnung ebenfalls auf der Fernlinie K eingesetzt wurden. Aus dem Beiwagen Nr. 57 entfernte man vorher die Kücheneinrichtung. Der Triebwagen Nr. 14 erhielt bei der Rheinbahn die Nummer 20, die durch Kriegsverlust freigeworden war. Außerdem verkehrten auf der K weiterhin Zweiachswagen des Verbandstyps, da die Vierachser, Baujahr 1926 und 1953, in der Hauptverkehrszeit nicht ausreichten. Die Vierachstrieb- und Beiwagen, Baujahr 1953 (K 53), nahm man Anfang der sechziger Jahre nach und nach aus dem Verkehr, um sie bei der DÜWAG umbauen zu lassen.
In den verkehrsschwachen Stunden sah man damals im 30-Minuten-Rhythmus hauptsächlich Vierachs-Triebwagen, Baujahr 1926, mit einem Beiwagen des Baujahres 1924 über die Strecke rollen. Mittags hängte man den zweiten Beiwagen an. Im Gegensatz zu den Ortslinien mit Großraum- und Gelenkzügen und den neuen Achtachsern auf der Fernlinie D vermittelte die K in jenen Jahren einen altertümlichen Eindruck. Dies veranlaßte den seinerzeitigen Lokalredakteur der „Rheinischen Post“ zu einem Kommentar mit der Überschrift: „Linie K, wie vor 40 Jahren“.
Ab 1962 wurde der Speisewagen-Betrieb auf der K eingestellt. Es hieß seinerzeit, Speisewagen würden sich auf der Krefelder Strecke nicht mehr lohnen. Die Kücheneinrichtungen baute man 1962 und 1963 aus den Beiwagen Nr. 1069 und 1072 aus. Der freigewordene Raum wurde mit Sitzbänken ausgefüllt. 1963 führte die Rheinbahn auf der Fernlinie K in den Hauptverkehrsstunden einen 15-Minuten-Betrieb ein, zusätzlich zur Linie K/E (Jan-Wellem-Platz – Osterath/Hoterheide), die weiterhin im 30-Minuten-Abstand verkehrte. Bis dahin fuhren auf der Fernlinie K Entlastungszüge, die etwa 10 Minuten vor den Planzügen rollten. Diese damaligen E-Züge führten ebenfalls ein „K“ im Linienkasten.
Die Nachkriegs-Vierachser des Baujahres 1953 wurden, wie bereits angedeutet, in den Jahren 1963–64 bei der DÜWAG umgebaut. Der Beweggrund war das Einsparen von zwei Schaffnern. Bisher benötigte man für einen Dreiwagenzug einen Fahrer und drei Pendelschaffner, ab 1964 nur noch einen Fahrer und einen sitzenden Schaffner. Die Vierachs-Triebwagen Nr. 1251–1258 baute man zu Doppelgelenk-Achtachsern um mit einem freischwebenden Mittelstück. Bei jedem Triebwagen wurde ein Steuerkopf mit den vorderen Türen abgetrennt, auch der Wagenkasten und das letzte Seitenfenster etwas verkürzt.
Zwei Wagen baute man nun zusammen, sie erhielten an den offenen Fronten Gelenke und ein Mittelteil, das zwei seitliche Fenster, aber keine Türen aufwies. Im Innern des Mittelteils befanden sich auf jeder Fensterseite Doppelsitze. Der neue achtachsige Doppelgelenk-Triebwagen war jetzt 30,5 m lang und etwa 44 t schwer mit einer Türanordnung 1-2/-/2-1.
Er hatte vier Tatzlagermotoren (es waren die bisherigen) von je 138 kWh, vorn und hinten je einen Scherenstromabnehmer, 76 Sitz- und ca. 170 Stehplätze. Neue Typbezeichnung K 53 U, neue Wagennummern 1261–1264. Die Mitte der fünfziger Jahre nachträglich eingebauten Druckluftbremsen baute man wieder aus, es wurde nur noch elektrisch gebremst. Der Schaffner saß im hinteren Teil zwischen den beiden Türen, die zu Einstiegen wurden. Beim Fahrer stiegen die Zeitkarten-Inhaber ein und zeigten ihre Fahrtausweise

vor. Ausgestiegen wurde an den mittleren Doppeltüren, wobei die letztere noch Einstiegsfunktion hatte.
Die relativ wenigen Türen des langen Doppelgelenkwagens behinderten bei starkem Fahrgastwechsel in der Hauptverkehrszeit das Aus- und Einsteigen. Man benötigte mehr Zeit als früher. Die Rheinbahnleitung ließ damals verlauten, die umgebauten Wagen wären auch nicht das, was man sich darunter vorgestellt hätte.
Die beiden Speisewagen Nr. 1201 und 1202 (die Beiwagen behielten ihre Wagennummern) wurden zu normalen Beiwagen umgebaut, sie gaben ihre Kücheneinrichtung ab und bekamen in der Wagenmitte an beiden Seiten Doppelfalttüren. Auch die Tische verschwanden. Die beiden Wagen hatten nun innen und außen das gleiche Aussehen wie die Beiwagen Nr. 1203 und 1204. Alle vier Wagen wurden zu Zeitkartenwagen ohne Schaffner mit entsprechender Beschilderung an den Seitenfenstern. Der Triebwagen zeigte an der rechten Stirnseite unterhalb der Frontscheibe ein Schild mit einem großen schwarzen „Z" auf gelbem Grund.
Im August 1963 war der erste umgebaute Zug fertig, er wurde nach verschiedenen Probefahrten im Fahrdienst eingesetzt. Ab März 1964 waren alle vier Züge fahrbereit. Die Wagen waren beige lackiert, mit grauen Absetzungen an Rammbohlen und Leisten.
Die Zeitkarten-Beiwagen Nr. 1201–04 wurden nur in der Hauptverkehrszeit mitgeführt. In den übrigen Tagesstunden stellte man sie in Meererbusch auf dem dritten Gleis, das früher die Linie M benutzte, ab. Das 4. Haltestellengleis war inzwischen abgebaut worden. Zum Gleis 2 wurden neue Weichen und am Übergang Forsthausweg ein Abstellgleis mit Prellbock eingebaut. Die Zweiachs-Triebwagen Nr. 575 und 579, Baujahr 1921, mit etwas stärkeren Motoren, sie verkehrten früher auf der Linie 3, wurden zu Rangier-Triebwagen für Fernbahn-Beiwagen hergerichtet. U. a. erhielten sie an beiden Stirnseiten Scharfenberg-Kupplungen.
In den Morgenstunden rangierten sie die an der Station Meererbusch abgekuppelten Vierachswagen auf Gleis 3, in den Mittagsstunden nach und nach auf Gleis 1, damit die Umbau-Achtachser sie wieder ankuppeln konnten. In der Zwischenzeit pausierte der Rangier-Triebwagen auf dem Abstellgleis neben dem dritten Gleis. Abends schleppten sie die stehengebliebenen Vierachs-Beiwagen zum Betriebshof Handweiser.
Ab 6. Januar 1964 fuhr die Linie K/E (Jan-Wellem-Platz/Hoterheide) nur noch in der Hauptverkehrszeit, was sich in den nächsten Jahren nicht änderte. Die Planzüge der K wurden jetzt stärker in Anspruch genommen. Ab 3. Mai 1965 ließ die Rheinbahn die Buslinie 70 (Nachfolger der früheren Fernlinie M) in den Hauptverkehrsstunden über Meererbusch hinaus über Büderich und Nordbrücke bis zum Düsseldorfer Hauptbahnhof fahren. Sie entlastete damit die Fernlinie K.
Am 13. Mai 1965 verkehrten die Vierachs-Trieb- und Beiwagen der Baujahre 1924–26 (es waren zum Teil die früheren D-Bahn-Wagen) nach etwa 40jähriger Dienstzeit auf der Linie K zum letzten Mal. Nun fuhren auf der Krefelder Strekke nur noch die Wagen des Typs K 53 U und die Verbands-Zweiachser. Die alten Vierachser wurden noch im gleichen Jahr verschrottet. Der 1963 von Duisburg gekaufte Wagenzug (TW. 20 und Beiwagen 56 und 57) stand im Mai 1965 nach einem Kabelbrand auf der Krefelder Strecke im Betriebshof Handweiser bereits abgestellt. Er wurde 1967 ausgemustert.
Im Januar 1966, morgens gegen 8 Uhr, erlitt die Linie K am Übergang Forsthausweg in Meererbusch einen schweren Unfall. Ein Teerlastzug achtete in der Dunkelheit nicht auf die von Krefeld herannahende K und prallte mit dem Achtachserzug zusammen. Die vordere Wagenhälfte der K wurde aus den Schienen gehoben, ein umstürzender Oberleitungs-Betonmast fiel auf den vorderen Triebkopf. Es gab mehrere Verletzte. Bei diesem Unfall wurde der Wagenkasten des Achtachsers Nr. 1261 so stark verformt, daß er nicht mehr reparierfähig war. Nach etwa 2 Betriebsjahren mußte er bereits verschrottet werden. Jetzt waren nur noch drei Umbau-Achtachser vorhanden.
Da Verbands-Zweiachser für eine Fernstraßenbahn im Jahre 1966 auch nicht „der letzte Schrei" waren, mußten neue Wagen für die K her. Da die Umsetzstelle in Krefeld nicht durch eine Gleisschleife ersetzt werden konnte, war der Einsatz von Einrichtungsfahrzeugen auf der K nicht möglich. Die Rheinbahn bestellte daher bei der DÜWAG fünf achtachsige Doppelgelenk-Triebwagen für Zweirichtungsverkehr, sowie drei baugleiche vierachsige Beiwagen. Die Auslieferung erfolgte Ende 1966. Die Triebwagen (Typ K 66) erhielten die Wagennummern 1265–1269, die Beiwagen die Nummern 1205–1207. Die Motorwagen waren wiederum für „Fahrgastfluß" eingerichtet, der Schaffner saß im hinteren Teil des Wagens. Die Beiwagen fuhren schaffnerlos, also nur für Zeitkarten-Fahrgäste.
Die neuen Achtachser waren 27 m lang, 2,35 m breit (nicht 2,50 m wie Typ K 53), etwa 29 t schwer, hatten zwei Tandem-Motoren von je 100 kWh, sowie 52 Sitz- und etwa 170 Stehplätze. Auf beiden Stirndächern befanden sich Scherenstromabnehmer. Die Motorwagen waren erstmals mit Funk ausgerüstet, sie hatten unter den Stirnfenstern ein weißes Viereck mit einem „F". Die Höchstgeschwindigkeit war auf 65 km/h festgelegt. Die Sitze wurden in Abteilanordnung eingebaut, Einzelsitze an einer, Doppelsitze an der anderen Fensterseite. Die breiten Seitenfenster waren im oberen Drittel aufklappbar, wie beim Typ K 53. Bei Dunkelheit erhellten Leuchtstoffröhren das Wageninnere, die Stirnfronten hatten Doppel-Scheinwerfer. Die Türanordnung lautete: 2-2/-/2-2.
Die drei Vierachs-Beiwagen waren 14,1 m lang, ebenfalls 2,35 m breit und etwa 10 t schwer, mit 34 Sitz- und etwa 80 Stehplätzen, wiederum in Abteilanordnung, hatten an beiden Wagenseiten Falttüren mit der Anordnung: 1-2-2. An beiden Frontseiten befanden sich Scharfenberg-Kupplungen, sowie an den Stirnrändern Liniennummernhauben. Die jetzt vorhandenen beiden Typen K 53 U und K 66 waren miteinander kuppelbar, so daß Umbau-Achtachser mit einem K 66-Beiwagen und K 66-Motorwagen mit einem K 53-Anhänger verkehren konnten. Die Dachhöhe der neuen Wagen war allerdings niedriger als beim Typ K 53 U. Man konnte also schon von weitem sehen, wer mit wem daherkam. Der vierte „motorwagenlose" Beiwagen K 53 hatte mit dem fünften Triebwagen des neuen Typs K 66 nun wieder einen „Partner" gefunden.
Die neuen Wagen wurden wie bisher hellbeige lackiert, hatten aber rote Absetzungen an Rammbohlen und Fensterleisten. Die rote Farbe sollte die Fernlinie kennzeichnen. Auch die Wagen des Typs K 53 U erhielten in diesen Jahren rote Farbabsetzungen.
Die neuen K 66-Wagen wurden gelegentlich auch bei Stadion-Einsätzen gefahren. Die Rundlinie 16/26 fuhr an Sonntagen einen Kurs ebenfalls mit einem neuen Zweirichtungs-Achtachser. Die Rheinbahn hatte zu diesem Zweck die Wagenbreite des Typs K 66 auf nur 2,35 m festgelegt, um diesen Wagentyp überall einsetzen zu können. Der Verkehr der Verbands-Zweiachser auf der Fernlinie K verringerte sich jetzt wesentlich. Man sah sie mit etwa zwei Kursen nur noch während der Hauptverkehrszeit.
Ab 21. Januar 1968 sparte man auf der K bei den Gelenkzügen auch den Triebwagen-Schaffner ein, sie fuhr nun ganztägig ohne Schaffner. Wer einen Einzelfahrschein lösen mußte, stieg beim Fahrer ein. Die Beschilderung der Wagen wurde entsprechend geändert. Nur die Zweiachswagenzüge blieben mit den Beiwagen schaffnerbesetzt. Der Zweiachs-Triebwa-

Linie 10/E fährt im März 1966 mit »Sechs-Fenster-Wagen« (Bj. 1928-1929) an der Kreuzung Hütten-/Helmholtzstraße in Richtung Eller.

Juni 1967 – Ein neuer Wagenzug der Fernlinie K, Achtachser mit Beiwagen des Typs K 66, an der Haltestelle Büderich/Landsknecht in Richtung Krefeld.

Mai 1970 – Fernlinie K an der provisorischen Endstelle Krefeld Hbf wegen Gleisererneuerung auf dem Krefelder Ostwall. Nach etwa einem Jahr wurde sie wieder abgebaut. Linie K setzte anschließend wieder an der Rheinstraße um. Rechts Meterspurgleise der Krefelder Straßenbahn.

gen war für Zeitkarten-Inhaber vorgesehen.
Mit Einführung des Sommerfahrplans im Mai 1968 verkehrte die Fernlinie K werktags ganztägig alle 15 Minuten, in der Hauptverkehrszeit wie bisher bis Krefeld, in den übrigen Tagesstunden alle 30 Minuten bis Osterath/Hoterheide. Dafür wurde die Linie K/E eingestellt. Zwischen Jan-Wellem-Platz und Osterath existierte also weiterhin ein 15-Minuten-Abstand. Sieben Umläufe waren dazu nötig.
In den sechziger Jahre wurden die Gleise der K auf größeren Streckenabschnitten erneuert und mit stärkerem Oberbau ausgerüstet. Oberleitungs-Gittermasten ersetzte man durch neue Rundbetonmasten und erneuerte gleichzeitig die Fahrleitung mit neuen Stromeinspeisungsstellen.
Im Frühjahr 1970 gab die Rheinbahn in Krefeld bei Gleiserneuerungen auf dem Ostwall die Endstelle Rheinstraße auf und errichtete auf der Hansastraße, kurz vor dem Krefelder Hauptbahnhof eine neue Umsetzstelle, unabhängig von den Meterspurgleisen der Krefelder Straßenbahn. Man wollte diese Endstelle beibehalten. Aber die Krefelder Bürger protestierten mächtig. Im Sommer 1971 wurden dann an der früheren Endstelle Rheinstraße Gleise für eine neue Umsetzanlage verlegt und die Schienen am Hauptbahnhof ausgebaut. Anschließend errichtete man an dieser Stelle für die Krefelder Buslinien einen Omnibus-Bahnhof.
Der Umbau-Achtachser Nr. 1264 (Typ K 53 U) entgleiste am 16. Februar 1972 zwischen Hoterheide und Görgesheide, nachdem Kinder große Schottersteine auf die Gleise gelegt hatten. Aufgrund der schweren Beschädigungen dauerte es etwa 1½ Jahre, ehe er wieder im Einsatz war. 1976 erlitt der gleiche Wagen wieder einen schweren Unfall. Anschließend verschrottete man den Achtachser Nr. 1264. Jetzt existierten vom Typ K 53 U nur noch die beiden Wagen Nr. 1262 und 1263.

Der Betrieb auf den Ortslinien von 1963 bis 1969

Die sechziger Jahre wurden bei fast allen westdeutschen Verkehrsbetrieben durch Einsparungs- bzw. Einschränkungsmaßnahmen gekennzeichnet. Die Fahrgastzahlen waren seit Ende der fünfziger Jahre mehr und mehr rückläufig. Das eigene Auto dominierte. Man fuhr mit ihm zur Arbeit, zum Einkauf, zu Veranstaltungen. In den Zeiten der Vollbeschäftigung war es außerdem schwer, Arbeitskräfte als Straßenbahnfahrer oder Schaffner zu finden.
Das Geschäftsjahr 1963 schloß bei der Rheinbahn wieder mit einem Defizit ab, diesmal mit 2,2 Mill. DM. 1957 hatte die Rheinbahn noch etwa 5000 Beschäftigte, 1962 waren es nur noch 4144 Betriebsangehörige. Die Düsseldorfer Straßenbahn galt auch in den sechziger Jahren, nicht nur vor dem Kriege, als eine der schnellsten Straßenbahnen Deutschlands, was die mittlere Reisegeschwindigkeit anbetrifft. Ab 29. Juli 1963 verkehrte die Linie 2 (Unterrath/Schleife–Merowingerplatz) sonntags nicht mehr, samstags nur noch bis etwa 15 Uhr. Im Jahre 1963 fuhren nur noch die Linien 2 und 8 mit Zweiachswagen, die 2 mit Niederflurwagen, die Linie 8 mit Verbandswagen. Die 8 hatte damals noch zwei Kuppelendstellen, sie führte in den Hauptverkehrsstunden zwei Verbandsbeiwagen mit. Außerdem konnten die E-Linien in diesen Jahren auf Zweiachswagen nicht verzichten.
Die übrigen Ortslinien, also außer 2 und 8, waren bis 1963 mit Großraum- oder Gelenkwagen ausgerüstet. Die Sechs- und Achtachser führten auf einigen Linien in der Hauptverkehrszeit Vierachsbeiwagen mit. Großraum- oder Gelenkwagen mit zweiachsigen Beiwagen zu kuppeln, wie es in anderen Städten geschah, führte die Rheinbahn nicht ein.
Am 6. Januar 1964 wurde weiter eingeschränkt: Die Linie 2 fuhr nur noch in den Hauptverkehrsstunden, die Linien 7/18 und 8 abends ohne Beiwagen (damals waren die Beiwagen noch schaffnerbesetzt), die E-Linien 3/E, 7/E, 9/E und 18/E größtenteils mit nur einem Beiwagen. Der zweite Beiwagen-Schaffner wurde eingespart. Am 16. April wurde die Strecke Moorenstraße, den Städt. Krankenanstalten entlang, stillgelegt. Die Linie 4 verkehrte zusammen mit der 1 nun über Witzelstraße zur Endschleife Stoffeln.
1965 erneuerte man die Depotzufahrt zum Betriebshof Münsterstraße (Derendorf) und legte westlich des Betriebshofes einen Gleiskreis zum Umsetzen der Einrichtungswagen an. Die Linie 8 erhielt auf freiem Gelände südlich der Münsterstraße und westlich der Heinrichstraße eine Gleisschleife mit einem Abstellgleis für Beiwagen innerhalb des Kreises. Die Zufahrt zur neuen Endschleife lag an der Brehmstraße. Die alte Umsetzstelle auf dem Mittelstreifen der Heinrichstraße hatte ausgedient. In späteren Jahren errichtete die Versicherungs-Gesellschaft ARAG südlich der Schleife ein neues Büro-Hochhaus.
In Höhe der neuen Endschleife baute man 1965 für die Linie 1 die Haltestelle „Heinrichstraße" in beiden Richtungen mit Fahrgastinseln neu aus. Die Umsetzstelle Grunerstraße gab man am 16. November 1965 auf, sie wurde nicht mehr benötigt. Zunächst baute man nur den Abzweig zur Grunerstraße aus, in späteren Jahren auch die Gleisanlage.
Am 12. Dezember 1965 bekam die Linie 8 auch in Hamm eine neue Endstelle in Form einer Gleiskehre zwischen dem Feldweg „Auf den Kuhlen" und dem Eisenbahndamm. Für eine Gleisschleife reichte der Platz nicht aus. Von der Kuhstraße aus fuhr die 8 nun in den Feldweg ein und setzte über eine Gleiskurve zum Bahndamm zurück. Dort lag jetzt ihre Endstelle. Anschließend fuhr sie, den Gleisbogen kreuzend, zur Hammer Dorfstraße in Richtung Heinrichstraße. Die Linie 8 wurde daraufhin mit sechsachsigen Gelenkwagen ausgerüstet, in den Hauptverkehrsstunden dazu mit vierachsigen Beiwagen.
Im Januar 1966 wurden die Tarife erhöht: Fahrscheine ohne Umsteigeberechtigung kosteten jetzt 40 und 50 Pfennig, Umsteiger je nach Entfernung 60 Pfennig bis DM 1,40, Kinder bis 14 Jahre zahlten 20 und 25 Pfennig. Im gleichen Jahr wurde der zweiachsige Triebwagen Nr. 955, Baujahr 1928, nach Karlsruhe für den Einsatz auf der Bundesgartenschau abgegeben.
In den Jahren 1965–69, als die Stammlinien, außer Linie 2, mit Großraum- und Gelenkzügen fuhren, verkehrten auf den E-Linien weiterhin zweiachsige Trieb- und Beiwagen: Die restlichen Wagen der Baujahre 1921–29, die Niederflurwagen, Baujahr 1937–42, die Verbandswagen, Baujahr 1950–54, sowie die in den fünfziger Jahren gekauften Kriegsstraßenbahnwagen. Die Linie 10/E z. B. fuhr mit den Sechsfensterwagen, Baujahr 1928–1929, die Linie 9/E mit Niederflur-Triebwagen und 800er Beiwagen, die 3/E mit 500er Zügen oder mit Niederflur-Trieb- und Verbandsbeiwagen, die 16/E zum Teil mit Verbands-Triebwagen, Niederflur-Beiwagen und mit einem 800er Beiwagen als zweiten Anhänger.
Am buntesten sah es auf der 1/E aus: Hier verkehrten Verbands-Triebwagen mit zwei 800er Beiwagen, Niederflur-Triebwagen mit 700er Beiwagen, Verbands-Trieb- mit KSW-Beiwagen, auch Dreiwagenzüge aus Kriegsstraßenbahnwagen und ähnliches. Einige Triebwagen aus den Jahren 1911–15, wie z. B. der Motorwagen Nr. 504, Baujahr 1913, fungierten in den Betriebshöfen als Rangierwagen. Der Triebwagen Nr. 582, Baujahr 1921, erhielt eine Scharfenberg-Kupplung und schleppte die Vierachsbeiwagen der Fernlinie D vom Jan-Wellem-Platz zum Depot Derendorf oder umgekehrt.
1967 entspannte sich die Personallage etwas, und die Rheinbahn konnte ab 29. Mai 1967 einige Verbesserungen einführen. Die Linie 7/18 wurde getrennt, eine neue Linie 7 fuhr ab Unterrath/Bahnhof über Hauptbahnhof nach Eller. Die Linie 18 verkehrte wieder ganztägig bis Benrath, fuhr nun von Benrath/Betriebshof über Hauptbahnhof, Jan-Wellem-Platz

März 1966 – Linie 16 (Sechsachser mit Beiwagen) und ein E-Zug der 16 mit Niederflurwagen in der Endschleife Düsseldorf Hbf zwischen Kurfürsten- und Immermannstr.

März 1966 – Linie 1/E mit Verbands-Tw. und zwei 800er Beiwagen, Bj. 1928-29, auf der Corneliusstr. zwischen Berliner Allee und Herzogstr.

März 1966 – Linie 1/E an der Haltestelle Heinrichstraße in Mörsenbroich, Verbands-Tw mit zwei KSW-Beiwagen, ex Siegen.

bis Oberkassel/Belsenplatz. Die Linie 15 (Eller–Oberkassel) wurde dagegen eingestellt. Die HVZ-Linie 18/E verkehrte vom Wilhelm-Marx-Haus bis Holthausen, die 1/E von Rath/Bahnhof bis Benrath/Betriebshof. Eine weitere HVZ-Linie 7/E fuhr von Unterrath/Schleife bis Eller/Vennhauser Allee. Die Linie 11 endete ganztägig wie früher am Hauptbahnhof. Eine Linie 11/15E gab es also nicht mehr. Wie bereits in einem früheren Kapitel erwähnt, baute die Rheinbahn außer den einzelfahrenden Vierachstriebwagen Nr. 2201–2215 (Ponywagen) in den sechziger Jahren weitere Großraum-Motorwagen aus der Reihe 2001–2034 zu Beiwagen um. Die Triebwagen Nr. 2004 und 2005 wurden bereits 1960 zu Beiwagen hergerichtet. Der erste Großraum-Triebwagen Nr. 2001, Baujahr 1951, mußte auch dran glauben und wurde zum Beiwagen. Insgesamt baute man in den Jahren 1960–68 14 Motorwagen um, und zwar die Wagen Nr. 2001–2005, 2021, 2025–2028 und 2031–2034. Die Triebwagennummern behielt man zunächst bei.

In den sechziger Jahren entstand südlich von Benrath bei Garath eine neue Düsseldorfer Wohnstadt für über 20000 Einwohner. Es wurden vier- bis fünfgeschossige Bauten errichtet, auch Eigenheime als Reihenhäuser. Nach ursprünglichen Plänen sollte die Linie 1 von Benrath über Urdenbacher Allee und Koblenzer Straße in dieses neue Wohnviertel verlängert werden. Am heutigen S-Bahnhof Garath sollte ihre Endschleife liegen. Gleichzeitig bemühte sich die Stadt Düsseldorf um die Einrichtung einer S-Bahn von der Innenstadt über Reisholz und Benrath bis Garath. Die Bundesbahn erhob aber Einspruch gegen die Verlängerung der Straßenbahnlinie 1 ins neue Wohngebiet. Sie befürchtete, dann für die S-Bahn nicht genügend Fahrgäste zu bekommen. Die Stadt gab nach, und so wurde nach Fertigstellung der ersten Wohnstraßen im Mai 1965 von Benrath/Bahnhof aus eine Buslinie 39 nach Garath eröffnet.

Am 1. Oktober 1967 wurde die erste S-Bahn-Linie im Düsseldorfer Raum feierlich eröffnet, und zwar von Ratingen/Ost über Rath, Derendorf, Hauptbahnhof, Benrath bis Garath. Hier errichtete die Bundesbahn einen neuen Bahnhof. Auch Zwischenhalte wurden gebaut: Rath/Mitte, Wehrhahn, Volksgarten, Eller/Süd. Weitere Stationen folgten in den nächsten Jahren. Die S-Bahn sollte in den nächsten 10 bis 20 Jahren um zusätzliche Linien erweitert werden.

In den fünfziger und sechziger Jahren tauchten neue Ideen und Pläne auf, wie man neuartige spurgebundene Strecken

Februar 1968 – Linie 3/E (Niederflur-Tw mit Verbands-Bw) in der engen Gerresheimer Altstadt; Zielpunkt: Gleisschleife Schönaustraße.

und Fahrzeuge bauen könnte. Es sei nur an die Alweg-Bahn (Wagen auf Schwebebalken fahrend) erinnert. In Köln-Fühlingen entstand sogar eine Versuchsstrecke. Die Hoffnungen in verschiedenen Kreisen auf neuartige Verkehrsmittel stiegen. So waren manche Leute von der Eröffnung einer S-Bahn, die auf Eisenbahnschienen fuhr, enttäuscht. Die „Rheinische Post" z. B. brachte bei der S-Bahn-Eröffnung einen entsprechenden Stadtpost-Kommentar mit der Überschrift: „Eisenbahn, wie gehabt". Inzwischen haben sich einige Projekte von selbst erledigt. Die Alweg-Anlage in Fühlingen wurde längst abgebaut und ist schon Geschichte geworden.
Ab 6. Mai 1968 verkehrte die Linie 2 montags bis freitags wieder ganztägig, also nicht nur in der Hauptverkehrszeit. Die Linie 7 wurde damit entlastet. Von der neuen Gleisschleife der Linie 8 an der Heinrichstraße wurden Gleisverbindungen (Weichen und Kreuzungen) zum gegenüberliegenden Betriebshof Münsterstraße eingebaut. Diese neuen Anlagen waren am 29. März 1968 betriebsbereit.
Im gleichen Jahr baute die Rheinbahn auf der neuen Fischerstraße die Haltestelle „Venloer Straße/Messe" zu einer dreigleisigen Anlage um. Die Linie 11 erhielt auf dem Mittelteil der Fischerstraße ein eigenes Abbiegegleis mit Haltestelle in Richtung Hauptbahnhof. Westlich daneben hielt die 10 in Richtung Jan-Wellem-Platz. An Messetagen und bei sonstigen Veranstaltungen konnten E-Züge schneller abgefertigt werden.
1968 führte die Rheinbahn Sammelkarten ein, die gegenüber Einzelfahrscheinen je Fahrt billiger waren, wie es andere Verkehrsbetriebe in der Bundesrepublik in ähnlicher Weise bereits eingerichtet hatten. Diese neuen Sammelkarten waren bei Standschaffnern an Umsteigepunkten und in Einzelhandelsgeschäften erhältlich. Im Wagen selbst wurden die Karten nicht verkauft, um das Fahrpersonal zu entlasten. Eine Sammelkarte für vier Fahrten ohne Umsteigeberechtigung (Streckenlänge beliebig) kostete DM 2,40, mit Umsteigeberechtigung DM 3,20, für Kinder DM 1,–. Die Preise für Einzelfahrscheine erhöhte man gleichzeitig. Sie kosteten jetzt DM 0,75 ohne Umsteigeberechtigung, mit Umsteiger DM 0,90, für Kinder DM 0,40.
Im Jahre 1968 verkehrte die Linie 10 mit achtachsigen Gelenkwagen und Vierachsbeiwagen, wie es bei der Fernlinie D der Fall war. Die HVZ-Linie 10/E konnte dadurch eingespart werden. In den nächsten Jahren bekamen alle Achtachser am Heck Scharfenberg-Kupplungen, um weitere Linien mit Achtachsern und Vierachsbeiwagen auszurüsten.
Die Sechsachser fuhren im allgemeinen auf den Linien 1, 4, 6, 7, 8, 12, 16, 17 und 18 sowie auf der 26. Die Linien 1, 7, 16/26 und 18 führten ganztägig Beiwagen mit, die übrigen Linien nur in den Hauptverkehrsstunden. Abends verkehrten alle Linien ohne Beiwagen. Damit das rückwärtige Liniennummernschild in Neuss nicht gewechselt zu werden brauchte, konnte man am Heck der Trieb- und Beiwagen die Linienziffer 16/26 lesen.
Die Linien 3, 9 und 11 verkehrten mit Achtachsern ohne Beiwagen. Die Großraumzüge (Vierachs-Trieb- und -Beiwagen) fanden sich sporadisch auf dieser und jener Linie, die 1, 7 und 10 ausgenommen. In bezug auf die Wagenverteilung gab es somit kein starres System.
Der Winter 1968/69 brachte am 16. Februar 1969 (es war ein Wochenende) bei kaltem Frostwetter sehr starken Schneefall mit einer sonst hier nicht üblichen Schneehöhe. Alles war unter einer dicken Schneedecke vergraben, auch die am Stra-

Der Betriebshof Grafenberg war im Oktober 1969 geschlossen worden. Die Umsetzanlagen dort in der Limburgstraße wurden aber nach wie vor zu Rangierzwecken benutzt.

ßenrand parkenden Autos. Der Verkehr sowie die Straßenbahnen waren stark behindert. Große Schneemengen mußten weggeräumt und die Weichen enteist werden.
Die Rheinbahn ließ an diesen Tagen die Großraum-/Gelenkwagen in den Betriebshöfen und setzte auf allen Linien die Niederflur- und Verbands-Triebwagen ohne Beiwagen ein. Aufgrund ihrer zwei Achsen hatten sie einen stärkeren Achsdruck als die Gelenkwagen mit ihren sechs und acht Achsen. Die Entgleisungsgefahr auf den einigermaßen geräumten Strecken war somit geringer. Die Zweiachser fuhren solo und dann noch im 20-Minuten-Abstand. Daß sie stets überfüllt waren und Fahrgäste zurücklassen mußten, war selbstverständlich. Man fühlte sich an Kriegszeiten erinnert. Auf der Linie 6 verkehrten 900er Triebwagen, Baujahr 1928. An diesen drei Tagen erlebten die Zweiachser ihren letzten großen Einsatz im Linienverkehr.
Am 16. Oktober 1969 wurde der Betriebshof Grafenberg an der Limburgstraße geschlossen. Die Wartungsanlagen entsprachen nicht den heutigen Anforderungen. Erweiterungen und eine Modernisierung waren nicht gegeben. Bereits in den dreißiger Jahren bestanden Pläne, neben Haus Zoppenbrück an der Grafenberger Allee ein neues Depot zu errichten. Jetzt nahm man die Linien 3 und 12 zum Betriebshof Münsterstraße, der einige Jahre vorher wesentlich erweitert wurde. Das Grafenberger Depot stand noch viele Jahre leer, bis daß es etwa 10 Jahre später abgebrochen wurde. Heute erheben sich auf dem früheren Betriebshof-Gelände neue Wohnhäuser.
Im Jahre 1969 wurden die zu Beiwagen umgebauten Vierachser neu numeriert. Die früheren „Pony"-Wagen Nr. 2201–15 erhielten die neuen Nummern 1801–1815, die aus der Reihe 2001–34 stammenden Wagen die Nummern 1821–1834. Neben der 1600er-Beiwagen-Reihe entstand mit der 1800er-Serie somit ein neues Beiwagen-Nummernschema. Die restlichen 18 Vierachstriebwagen der Reihe 2001–2034 faßte man in einer 2100er Reihe neu zusammen, und zwar von 2101–2118.
1969 hatte die Rheinbahn gegenüber dem Hochstand in den fünfziger Jahren etwa 2000 Mitarbeiter weniger. Auch Frauen wurden jetzt als Straßenbahn-Fahrerinnen ausgebildet.
Anfang der sechziger Jahre erhielten die Großraum- und Gelenkwagen Außenreklame, und zwar seitlich, zwischen Fensterpartie und Wagenschürze. Mit dieser Werbung wollte die Rheinbahn ihren Etat etwas aufbessern. Artikel des täglichen Bedarfs wurden bzw. werden angepriesen. Auch die Verbands- und Niederflur-Zweiachser blieben hiervon nicht verschont. Ganz-Reklame von der Vorder- bis zur Heckfront und vom Dach bis zu den Drehgestellen, wie bei anderen Verkehrsgesellschaften, führte die Rheinbahn an ihren Fahrzeugen aber nicht ein.
Im gleichen Jahrzehnt ging das Sterben der alten zweiachsigen Straßenbahnwagen weiter. Die Trieb- und Beiwagen mit Holzaufbauten, Baujahr bis 1925, musterte man bis 1969 fast restlos aus. Lediglich einige Triebwagen blieben als Arbeits- und Rangierwagen erhalten. Der weitaus größte Teil der Sechsfensterwagen, Baujahr 1928–29, erlebte das Jahr 1969 auch nicht mehr. Folgende Wagen aus diesen Baujahren sind als Museumsfahrzeuge heute bei der Rheinbahn noch im Bestand: Triebwagen Nr. 583, Baujahr 1921, Beiwagen Nr. 797, Baujahr 1925, Triebwagen Nr. 954, Baujahr 1928, und Beiwagen Nr. 858, Baujahr 1929.
In jenen Jahren konnte man auf den Abstellgleisen des früheren Rheinbahn-Betriebshofes Oberkassel zwischen Belsenplatz und E-Werk oft lange Kolonnen ausgemusterter Straßenbahnwagen beobachten, ehe sie zur Verschrottung abtransportiert wurden. In den Depots Handweiser und Diessem schlachtete man ebenfalls alte Wagen aus. Auf dem Außengelände des Heerdter Betriebshofes ließ man Wagen mit Holzkästen ausbrennen, um nachher die übriggebliebenen Stahl- und Metallstücke zum Schrotthändler zu fahren.

1968, Straßenbahn-Linienplan und Haltestellen

Ende 1968 verkehrten bei der Rheinbahn folgende Straßenbahnlinien:

Linie 1:	Rath/Bahnhof – Derendorf – Nordstraße – Jan-Wellem-Platz – Berliner Allee – Corneliusstraße – Karolingerplatz – Stoffeln – Wersten – Holthausen – Benrath/Betriebshof
Linie 1/E:	Gleicher Linienweg,
Linie 2:	Unterrath/Schleife – Kalkumer Straße – Spichernplatz – Dreieck – Nordstraße – Jan-Wellem-Platz – Graf-Adolf-Platz – Bilk/Bahnhof – Karolingerplatz – Merowingerplatz,
Linie 3:	Gerresheim/Bahnhof – Schönaustraße – Auf der Hardt – Grafenberg – Uhlandstraße – Schadowstraße – Jan-Wellem-Platz – Wilhelm-Marx-Haus,
Linie 3/E:	Gerresheim/Schönaustraße – Auf der Hardt – Grafenberg – Uhlandstraße – Schadowstraße – Jan-Wellem-Platz – Wilhelm-Marx-Haus,
Linie 4:	Derendorf/Straßburger Straße – Schloßstraße – Pempelforter Straße – Hauptbahnhof – Fürstenplatz – Karolingerplatz – Witzelstraße – Stoffeln,
Linie 6:	(Rundlinie): Am Steinberg – Hennekamp – Volksgarten – Oberbilk – Flingern – Zoo/Brehmplatz – Rethelstraße – Stockkampstraße – Sternstraße – Jan-Wellem-Platz – Graf-Adolf-Platz – Bilk/Bahnhof – Karolingerplatz – Merowingerplatz,
Linie 7:	Unterrath/Bahnhof – Kalkumer Straße – Spichernplatz – Dreieck – Marienhospital – Tonhallenstraße – Hauptbahnhof – Worringer Platz – Erkrather Straße – Lierenfeld – Eller/Vennhauser Allee,
Linie 7/E:	Unterrath/Schleife, weiter wie Linie 7,
Linie 8:	Heinrichstraße – Zoo/Brehmplatz – Uhlandstraße – Ackerstraße – Hauptbahnhof – Graf-Adolf-Platz – Mannesmannufer – Hafen – Hamm,
Linie 9:	Grafenberg/Burgmüllerstraße – Flingern – Akkerstraße – Hauptbahnhof – Graf-Adolf-Platz – Bilker Kirche – Fährstraße – Südfriedhof,
Linie 9/E:	Flingern/Bruchstraße, weiter wie Linie 9,
Linie 10:	Rheinstadion – Stockum – Golzheim – Kaiserswerther Straße – Fischerstraße – Jan-Wellem-Platz – Berliner Allee – Hüttenstraße – Oberbilk – Lierenfeld – Eller/Vennhauser Allee,
Linie 11:	Kaiserswerth – Lohausen – Stockum – Golzheim – Kaiserswerther Straße – Venloer Straße – Duisburger Straße – Tonhallenstraße – Hauptbahnhof,
Linie 12:	Ratingen – Oberrath – Haniel & Lueg – Uhlandstraße – Schadowstraße – Jan-Wellem-Platz – Wilhelm-Marx-Haus,
Linie 12/E:	oder E: Oberrath – Haniel & Lueg, weiter wie Linie 12,
Linie 16:	Düsseldorf/Hauptbahnhof – Bismarckstraße – Jan-Wellem-Platz – Ratinger Tor – Oberkassel – Heerdt – Handweiser – Neuss/Bahnhof – Neuss/Stadthalle, weiter als
Linie 26:	Neuss/Stadthalle – Südbrücke – Südfriedhof – Fährstraße – Bilker Kirche – Graf-Adolf-Platz – Düsseldorf/Hauptbahnhof,
Linie 16/E:	Düsseldorf/Hauptbahnhof – Bismarckstraße – Jan-Wellem-Platz – Ratinger Tor – Oberkassel – Heerdt – Handweiser – Neuss/Bahnhof/Schleife,

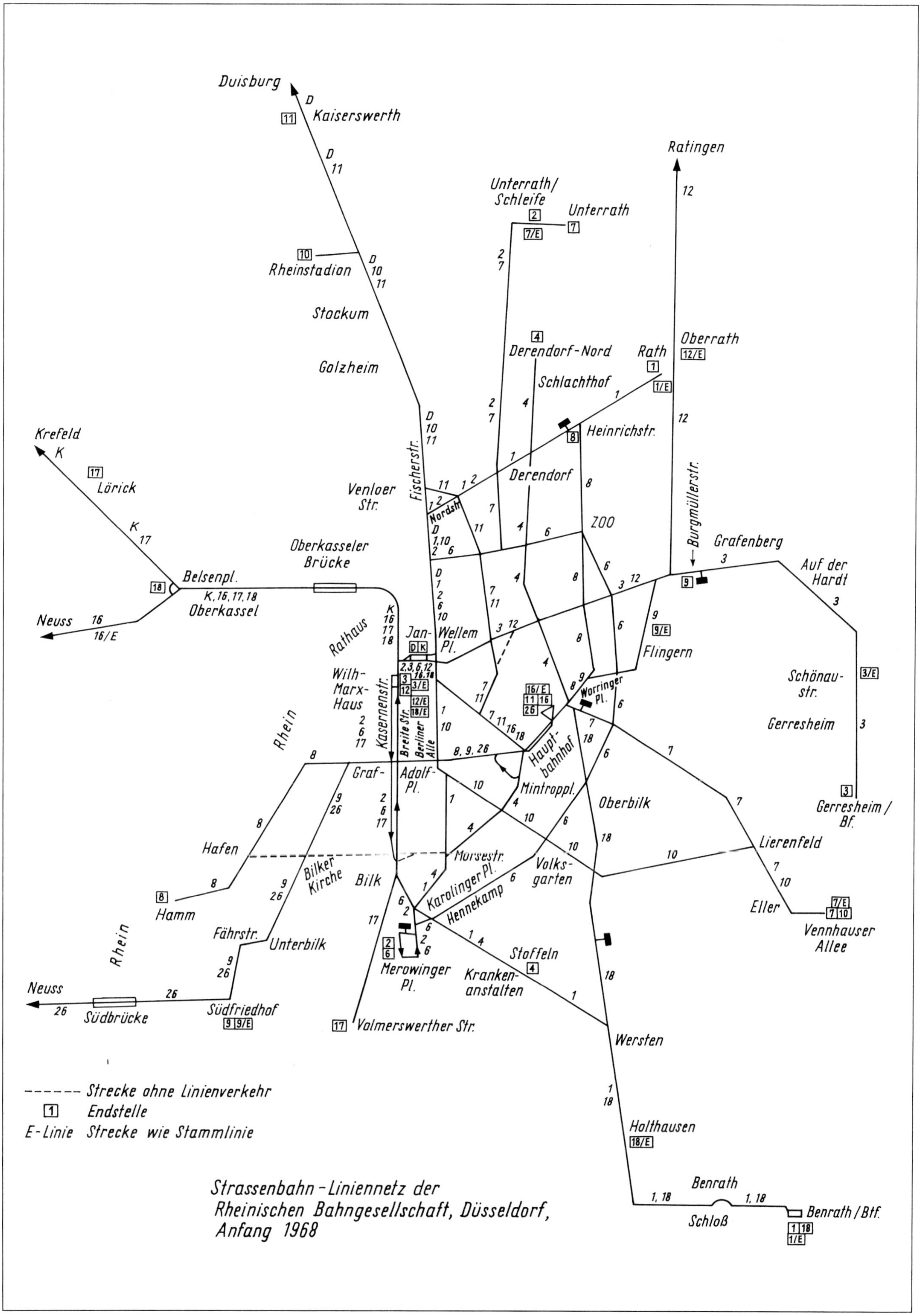

Strassenbahn-Liniennetz der Rheinischen Bahngesellschaft, Düsseldorf, Anfang 1968

Linie 17: Lörick – Hansa Allee – Oberkassel – Ratinger Tor – Wilhelm-Marx-Haus – Graf-Adolf-Platz – Bilk/Bahnhof – Aachener Platz – Volmerswerther Straße,

Linie 18: Benrath/Betriebshof – Holthausen – Wersten – Oberbilk – Hauptbahnhof – Bismarckstraße – Jan-Wellem-Platz – Ratinger Tor – Oberkassel/Belsenplatz,

Linie 18/E: Holthausen – Wersten – Oberbilk – Hauptbahnhof – Bismarckstraße – Jan-Wellem-Platz – Wilhelm-Marx-Haus,

Fernlinie D: Duisburg/Hauptbahnhof – Wanheim – Hukkingen – Kesselsberg – Wittlaer – Kaiserswerth – Lohausen – Stockum – Kaiserswerther Straße – Fischerstraße – Kaiserstraße – Jan-Wellem-Platz,

Fernlinie K: Krefeld/Rheinstraße – Dießem – Fischeln – Osterath – Meererbusch – Büderich – Lörick – Oberkassel – Ratinger Tor – Jan-Wellem-Platz.

Die Lokallinien verkehrten 1968 weiterhin im 12-Minuten-Takt. Im Rheinbahnnetz gab es in diesem Jahr noch zwei Kuppelendstellen, an welchen mit Zweirichtungszügen umgesetzt werden mußte: Krefeld/Rheinstraße für die Fernlinie K und in Oberrath für die HVZ-Linie 12/E. An drei Gleiskehren oder Gleisdreiecken setzten folgende Linien mit Einrichtungszügen um: Linie 7 am Unterrather Bahnhof, Linie 8 in Hamm und Linie 17 an der Volmerswerther Straße. An den übrigen Endstellen befanden sich Gleisschleifen. Die E-Linien verkehrten nur montags bis freitags in den Hauptverkehrsstunden.

Als nach dem Zweiten Weltkrieg der Straßenbahnbetrieb nach und nach wieder aufgenommen wurde, kamen manche Haltestellen wieder hinzu, die während des Krieges aufgelassen wurden. Auch in den fünfziger Jahren richtete die Rheinbahn bei fortschreitender Bebauung einige neue Haltestellen ein. Änderungen ergaben sich auch bei Straßenverlegungen innerhalb des Stadtgebietes. Im ganzen gesehen war der Haltestellenabstand aber größer als in den dreißiger Jahren. Einige Haltestellen lebten also nicht wieder auf.

1968 fuhren die Straßenbahnen folgende Haltestellen an:

Linie 1: Rath/Bahnhof – Rotdornstraße – Rather Kreuzweg – Am Schein – Vogelsanger Weg – Heinrichstraße – Bahnhof Derendorf – Rather Straße – Münsterplatz – Dreieck – Duisburger Straße – Sternstraße – Jan-Wellem-Platz – Martin-Luther-Platz – Graf-Adolf-Straße – Luisenstraße – Fürstenwall – Morsestraße – Färberstraße – Karolingerplatz – Auf'm Hennekamp – Moorenplatz – Christophstraße – Werstener Dorfstraße – Opladener Straße – Ickerswarder Straße – Elbruchstraße – Holthausen – Niederheid – Am Trippelsberg – Benrath/Rheinfähre – Kappeler Straße – Schloß Benrath – Urdenbacher Allee – Bahnhof Benrath – Benrath/Betriebshof

Linie 2: Unterrath/Schleife – Kalkumer Straße – Elsässer Straße – An der Piwipp – Großmarkt – Johannstraße – Tannenstraße – Spichernplatz – Essener Straße – Dreieck – Duisburger Straße – Sternstraße – Jan-Wellem-Platz – Wilhelm-Marx-Haus – Benrather Straße – Graf-Adolf-Platz – Fürstenwall – Bachstraße/Bilk/Bahnhof – Karolingerplatz – Copernikusstraße – Am Steinberg – Merowingerplatz – Ulenbergstraße

Linie 3: Gerresheim/Bahnhof – Morper Straße – Hardenbergstraße – Dörpfeldstraße – Schönaustraße – Gerresheim/Rathaus – Von-Gahlen-Straße – Fridingstraße – Auf der Hardt – Vor der Hardt (nur Richtung Staufenplatz) – Pöhlenweg – Burgmüllerstraße – Haniel & Lueg – Engerstraße – Lindemannstraße – Uhlandstraße – Pempelforter Straße – Tonhallenstraße – Jan-Wellem-Platz – Wilhelm-Marx-Haus

Linie 4: Derendorf/Merziger Straße – Straßburger Straße (Schleifenfahrt) – Schlachthof – Rather Straße – Jülicher Straße – Lennéstraße – Stockkampstraße – Rochusmarkt – Adlerstraße – Pempelforter Straße – Worringer Platz – Hauptbahnhof – Mintropplatz – Helmholtzstraße – Fürstenplatz – Morsestraße – Färberstraße – Karolingerplatz – Auf'm Hennekamp – Moorenplatz – Christophstraße

Linie 6: Ulenbergstraße – Am Steinberg – Copernikusstraße – Mecumstraße – Redinghovenstraße – Volksgarten – Oberbilker Allee – Ellerstraße – Oberbilker Markt – Fichtenstraße – Kettwiger Straße – Stadtbad – Dorotheenplatz – Lindenstraße – Lindemannstraße – Schumannstraße – Brehmplatz – Ahnfeldstraße – Tußmannstraße – Stockkampstraße – Marienhospital – Duisburger Straße – Sternstraße – Jan-Wellem-Platz – Wilhelm-Marx-Haus – Benrather Straße – Graf-Adolf-Platz – Fürstenwall – Bachstraße/Bilk/Bahnhof – Karolingerplatz – Copernikusstraße – Am Steinberg – Merowingerplatz

Linie 7: Unterrath/Bahnhof – Am Röttchen – Kalkumer Straße – Elsässer Straße – An der Piwipp – Großmarkt – Johannstraße – Tannenstraße – Spichernplatz – Essener Straße – Dreieck – Marienhospital – Duisburger Straße – Schloß Jägerhof – Tonhallenstraße – Klosterstraße – Bismarckstraße – Hauptbahnhf. – Worringer Platz – Hauptwerkstatt – Langerstraße – Kettwiger Straße – Ronsdorfer Straße – Am Karlshof – Schlesische Straße – Am Hackenbruch – Jägerstraße – Gertrudisplatz – Alt Eller – Vennhauser Allee

Linie 8: Heinrichstraße – Hansaplatz – Grunerstraße – Brehmplatz – Schillerplatz – Uhlandstraße – Birkenstraße – Worringer Platz – Hauptbahnhof – Stresemannplatz – Berliner Allee – Graf-Adolf-Platz – Poststraße – Mannesmannufer – Fürstenwall – Wupperstraße – Neckarstraße – Franziusstraße – Hammer Dorfstraße – Kuhstraße

Linie 9: Grafenberg/Burgmüllerstraße – Haniel & Lueg – Engerstraße – Hoffeldstraße – Dorotheenplatz – Wetterstraße – Birkenstraße – Worringer Platz – Hauptbahnhof – Stresemannplatz – Berliner Allee – Graf-Adolf-Platz – Poststraße – Fürstenwall – Bilker Kirche – Fährstraße – Südfriedhof

Linie 10: Rheinstadion – Freiligrathplatz – Stockumer Kirchstraße – Nordpark – Reeser Platz – Uerdinger Straße – Golzheimer Platz – Homberger Straße – Klever Straße – Venloer Straße – Sternstraße – Jan-Wellem-Platz – Martin-Luther-Platz – Graf-Adolf-Straße – Luisenstraße – Helmholtzstraße – Sonnenstraße – Kruppstraße – Gangelplatz – Stoffeler Straße – Am Stufstock – Schlesische Straße – Am Hackenbruch – Jägerstraße – Gertrudisplatz – Alt Eller – Vennhauser Allee

Linie 11: Kaiserswerth/Kalkumer Schloßallee – Klemensplatz – Kittelbachstraße – Alte Landstraße – Spielberger Weg – Lohausen/Flughafenstraße – Zu den Eichen – Freiligrathplatz – Stockumer Kirchstraße – Nordpark – Reeser Platz – Uerdinger Straße – Golzheimer Platz – Homberger Straße – Klever Straße – Venloer Straße – Nordstraße – Duisburger Straße – Schloß Jägerhof – Tonhallenstraße – Klosterstraße – Bismarckstraße – Hauptbahnhof

Linie 12: Ratingen/Oberstraße – Weststraße – Mädchen-

Februar 1968 — Linie 16 mit Vierachserzug in der Neusser Innenstadt

Februar 1968 — Linie 17 mit Sechsachser an der Haltestelle Belsenplatz (dreigleisiger Abschnitt) in Richtung Lörick

Februar 1968 — Linie 3 mit Achtachser im Waldabschnitt der Ludenburger Straße zwischen Pöhlenweg und Auf der Hardt

April 1968 – Linie 18 mit Sechsachser und Beiwagen auf der 1948 eröffneten Oberkasseler Dauer-Behelfsbrücke zum Belsenplatz. Auf dem Bild hat sie soeben die alte, stehengebliebene Oberkasseler Vorlandbrücke erreicht.

April 1968 – Linie 3 (Achtachser) und Linie 12 (Sechsachser) auf dem Wehrhahn zwischen Ost- und Tonhallenstraße

April 1968 – Die ersten langen Straßenbahnzüge (Achtachser mit Vierachs-Beiwagen) verkehrten auf der Fernlinie D, sowie auch auf der Lokallinie 10 (Rheinstadion – Eller). Ein langer Zug erreicht soeben die Haltestelle Jan-Wellem-Platz unter der Auto-Hochstraße.

heim – Felderhof – Hubertushain – Hirschweg – Oberrath – Rehstraße – Rather Broich – Mörsenbroicher Weg – Graf-Recke-Straße – Vautierstraße – Haniel & Lueg – Engerstraße – Lindemannstraße – Uhlandstraße – Pempelforter Straße – Tonhallenstraße – Jan-Wellem-Platz – Wilhelm-Marx-Haus

Linie 16: Düsseldorf/Hauptbahnhof – Bismarckstraße – Martin-Luther-Platz – Jan-Wellem-Platz – Opernhaus – Ratinger Tor – Luegplatz – Barbarossaplatz – Belsenplatz – Drususstraße – Nik.-Knopp-Platz – Heesenstraße – Heerdter Landstraße – Handweiser – Am Kaiser – Neuss/Schlachthof – Neuss/Bahnhof – Erftstraße – Glockhammer – Markt – Zollstraße – Stadthalle – weiter als

Linie 26: Neuss/Stadthalle – Langemarckstraße – Neusser Ring – Hammer Brückenrampe – Südfriedhof – Fährstraße – Bilker Kirche – Fürstenwall – Poststraße – Graf-Adolf-Platz – Berliner Allee – Stresemannplatz – Düsseldorf/Hauptbahnhof

Linie 17: Lörick/Böhlerwerk – Löricker Straße – Lohweg – Amboßstraße – Heerdter Sandberg – Lewitstraße – Belsenplatz – Barbarossaplatz – Luegplatz – Ratinger Tor – Opernhaus – Wilhelm-Marx-Haus – Benrather Straße – Graf-Adolf-Platz – Fürstenwall – Bachstraße/Bilk/Bahnhof – Suitbertusstraße – Südring – Aachener Platz – Volmerswerther Straße

Linie 18: Benrath/Betriebshof – Bahnhof Benrath – Urdenbacher Allee – Schloß Benrath – Kappeler Straße – Benrath/Rheinfähre – Am Trippelsberg – Niederheid – Holthausen – Elbruchstraße – Ickerswarder Straße – Opladener Straße – Werstener Dorfstraße – Harffstraße – Wersten/Betriebshof – Stoffeler Straße – Ellerstraße – Oberbilker Markt – Stahlwerkstraße – Eintrachtstraße – Worringer Platz – Hauptbahnhof – Bismarckstraße – Martin-Luther-Platz – Jan-Wellem-Platz – Opernhaus – Ratinger Tor – Luegplatz – Barbarossaplatz – Belsenplatz.

Fernlinie D: Duisburg/Hauptbahnhof – König-Heinrich-Platz (Hinfahrt: Tonhallenstraße) – Lehmbruck-Museum – Kremerstraße – Karl-Jarres-Straße – Grunewald – Im Schlenk – Buchholz/Münchener Straße – Sittardsberg – Huckingen/Albertus-Magnus-Straße – Kesselsberg/Angerhof – Froschenteich – Wittlaer – Kaiserswerth/Klemensplatz – Lohausen/Flughafenstraße – Stockumer Kirchstraße – Uerdinger Straße – Klever Straße – Jan-Wellem-Platz

Fernlinie K: Krefeld/Rheinstraße – Krefeld/Hauptbahnhof – Diessem – Königshof – Fischeln – Görgesheide – Osterath/Hoterheide – Kamper Weg – Bovert – Meererbusch – Büderich – Lörick – Belsenplatz – Luegplatz – Ratinger Tor – Opernhaus – Jan-Wellem-Platz.

Bei Schichtwechsel morgens und nachmittags hielt die Fernlinie K auf der Hansaallee auch an den Haltestellen Lohweg, Amboßstraße und Heerdter Sandberg.

Der schaffnerlose Betrieb

Der bereits erwähnte Personalmangel veranlaßte die Rheinbahn sowie andere Verkehrsbetriebe, eine Maßnahme aus den Kriegsjahren wieder aufleben zu lassen, und zwar den schaffnerlosen Beiwagen. Ende der fünfziger Jahre ließ man bei zweiachsigen Dreiwagenzügen (z. B. auf der Linie 3) den mittleren Wagen ohne Zahlschaffner fahren. „Schaffnerlos" war dieser zweite Beiwagen damals noch nicht. Eine Hilfskraft oder ein Anlernling fuhr auf diesem Wagen mit, gab allerdings keine Fahrscheine aus, kontrollierte nur die Zeitkarten, achtete auf das Schließen der Wagentüren und gab das Abfahrtsignal. Solche Beiwagen führten an den vorderen und hinteren Seitenfenstern gelbe Schilder mit schwarzer Schrift: „Zeitkartenwagen ohne Schaffner". Der Triebwagen zeigte rechts unter der Frontscheibe ein viereckiges gelbes Schild mit einem schwarzen „Z". Diese Markierung sollte den Einsteigenden auf den Zeitkartenwagen hinweisen.

Eine andere Methode, Schaffner einzusparen, wurde Ende der fünfziger Jahre eingeführt: das Zusammenbauen zweiachsiger Wagen zu einem vierachsigen Gelenktriebwagen bei gleichzeitiger Modernisierung, u. a. mit automatischen Falttüren. Bei verschiedenen bundesdeutschen Straßenbahngesellschaften, aber nicht bei der Rheinbahn, entstanden solche Wagen, mal wurden Verbandstrieb- und Beiwagen zusammengefügt, mal Verbandstriebwagen mit einem aufgesattelten Nachläufer, der neu gebaut wurde, mal Kriegsstraßenbahnwagen, auch Triebwagen aus den dreißiger Jahren nahm man für den Umbau.

In Duisburg z. B. fuhren vier verschiedene Typen zusammengebauter Straßenbahnwagen. Statt zwei Schaffnern war jetzt nur noch einer notwendig. Nach dem „Fahrgastfluß"-System kontrollierte der Fahrer die Zeitkarten, Barzahler mußten hinten beim Schaffner einsteigen. Der Ausstieg lag in der Mitte des Gelenkwagens.

Die Rheinbahn ließ, wie in einem früheren Kapitel bereits dargelegt, 1964 nur die Fernbahnwagen K 53 zu achtachsigen Doppelgelenk-Triebwagen zusammenbauen. 1966 allerdings wurde in Düsseldorf noch ein anderer Zusammenbau in den Verkehr gebracht. Durch einen Auffahrunfall wurde damals das Heck des Vierachstriebwagens Nr. 2020 sowie der Bug des Beiwagens Nr. 1604 beschädigt. Die Rheinbahn ließ diese beiden Vierachser bei der DÜWAG nun zusammenbauen. Das deformierte Heck und die ramponierte Stirnfront wurden abgetrennt und beide Teile durch Einfügen zweier Gelenke mit einem freischwebenden Mittelstück zusammengefügt. Das Mittelstück hatte links zwei Seitenfenster, rechts eine Doppelfalttür. Außerdem baute man am Kopf des Triebwagens statt der Einzeltür eine Doppelfalttür ein.

Dieser achtachsige Doppelgelenk-Triebwagen Nr. 2020 war nun 27,8 m lang, hatte zwei Tandem-Motoren von je 100 kWh, 47 Sitz- und etwa 200 Stehplätze (Maximal-Besetzung). Er wog etwa 30 t. Zeitkarten-Inhaber stiegen beim Fahrer ein, Zahler hinten beim Schaffner. An den drei Mitteltüren stieg man aus. Die fünf Doppeltüren (Anordnung: 2-2/2/2-2) ließen einen schnelleren Fahrgastwechsel zu als beim Umbautyp K 53 U.

Der Wagen Nr. 2020 sollte zunächst der Erprobung dienen, weitere Umbauten wollte man später vornehmen. Aber der Wagen blieb ein Einzelstück. Einige Jahre später verkehrten alle Gelenk- und Großraum-Fahrzeuge ohne Schaffner. Die Rheinbahn war gut beraten, Mitte der sechziger Jahre keine weiteren kostspieligen Umbauten mehr vorzunehmen. Aufgrund der guten Ergebnisse mit der neuen Türenanordnung erhielten die 1968–69 gelieferten neuen Achtachser Nr. 2651–2673 ebenfalls fünf Doppelfalttüren. Der Zusammenbau Nr. 2020 bekam 1969 die neue Wagennummer 2151.

Anfang der sechziger Jahre begann man, auch bei den Gelenkzügen den Beiwagen ohne Schaffner verkehren zu lassen. Nun mußten aber kleinere Umbauten vorgenommen werden. Zum Selbstöffnen und Schließen der Falttüren wurden in den Dachkästen Intervall-Schaltungen eingebaut und die unteren Stufen mit einem Trittkontakt versehen. Bei Belastung blieb die Tür offen. Waren die Fahrgäste ein- und ausgestiegen, schloß sich die Tür nach etwa drei Sekunden. Druckknöpfe außen neben den Türen und im Wageninnern

4. April 1976 – Linie 4 mit Umbau-Achtachser Nr. 2151 an der Haltestelle Fürstenplatz

21. August 1976 – Umbau-Achtachser Nr. 2151 als Linie 14 im Betriebshof Derendorf

Juni 1970 – Linie 1 mit Achtachser und Vierachs-Beiwagen an der Haltestelle Münsterplatz in Derendorf

veranlaßten durch Eindrücken das Öffnen der Falttüren. Eine kleine Lichtquelle in den Druckknöpfen zeigte die Öffnungsmöglichkeit an, sobald der Fahrer von seinem Schaltpult aus die Türöffnung freigegeben hatte. War auch die letzte Tür des Zuges geschlossen, leuchtete am Fahrpult ein Signal auf. Durch automatische Stromabschaltung war dem Fahrer ein Anfahren mit offener Tür nicht möglich.
1963 ließ die Rheinbahn die ersten Beiwagen umbauen. Die vier Vierachsbeiwagen der Fernlinie K Nr. 1201–1204 wurden bei der Renovierung in gleicher Weise hergerichtet. Der Großraum- oder Gelenktriebwagen hatte rechts unter der Stirnscheibe wieder das große „Z" auf gelbem Grund. Die umgebauten Beiwagen bekamen an drei Seitenfenstern gelbe längliche Schilder mit schwarzer Beschriftung: „Für Fahrgäste mit Sichtkarten und vorgekauften Fahrscheinen". Ab März 1963 verkehrte die Linie 10 mit solchen schaffnerlosen Vierachs-Beiwagen, ab April 1964 auch die Linie 12.
Mitte bis Ende dieses Jahrzehnts blieb es im allgemeinen dabei, den Triebwagen mit Schaffner zu besetzen. Hier galt noch der Fahrgastfluß, Zeitkarten-Inhaber stiegen beim Fahrer ein, Zahler beim Schaffner. Der Ausstieg lag in der Wagenmitte. Beim schaffnerlosen Beiwagen war er aber aufgehoben, man konnte also an allen drei Türen ein- und aussteigen. Um den Triebwagen-Schaffner zu entlasten, wurden einige freigewordene Beiwagen-Schaffner an Brenn- und Umsteigepunkten als Standschaffner eingesetzt. Bei ihm konnte man Fahrscheine und später Sammelkarten kaufen, die er auch entwertete. Als 1968 Sammelkarten eingeführt wurden, installierte man im Innern der schaffnerlosen Wagen Entwerter, den sog. „eisernen Schaffner". Der Fahrgast konnte jetzt seine Sammelkarten durch diesen Apparat entwerten bzw. stempeln lassen.
In den ruhigen Abendstunden wollte man 1965 auch den Triebwagen-Schaffner zu Hause lassen. Der Fahrer mußte nun Zeitkarten kontrollieren und auch Fahrscheine verkaufen. Zu diesem Zweck wurden am Fahrpult Münzwechsler und ein Tischchen für den Zahlverkehr und für das Fahrscheinbuch eingebaut. Ab 19. September 1965 fuhr die Linie 4 abends und sonntags morgens ohne Schaffner. Sonstige Umbauten an Triebwagen nahm man im Augenblick noch nicht vor. Die Türen 3 und 4 des Sechsachsers blieben geschlossen. Beim Fahrer wurde ein- und an Tür 2 ausgestiegen. Entsprechende Hinweisschilder am Triebwagen gaben Auskunft. Diesen Einmannbetrieb dehnte man ab Januar 1966 abends und an Sonntagvormittagen auch auf die Linien 8, 11, 12 und auf die Fernlinie D aus. Auf der D wurde ab 2. Mai 1966 außerdem der schaffnerlose Beiwagen eingeführt.
Im Sommer 1968 ging die Rheinbahn einen Schritt weiter. Gelenktriebwagen ließ man auch tagsüber ohne Schaffner verkehren. Man packte sozusagen „den Stier bei den Hörnern" und führte ausgerechnet bei den am stärksten belasteten Linien 1 und 18 den Einmannbetrieb ein.
Die Sechsachser beider Linien erfuhren die gleichen Um- und Einbauten, wie es vorher bei den Vierachsbeiwagen geschah: Entwerter im Innern, Türöffnungs-Knöpfe außen und innen, Trittbrett-Kontakte an der unteren Stufe usw. Der Fahrgastfluß wurde nun auch bei den Triebwagen aufgehoben. Fahrgäste mit Kinderwagen mußten an der zweiten Doppeltür des Motorwagens einsteigen, entsprechende Piktogramme wiesen darauf hin. Außerdem bekam diese Tür eine Langzeitschaltung. Für den oder die Kinderwagen schaffte man gegenüber der Eingangstür einen Freiraum, einige Sitze wurden entfernt.
Auf der 1 und 18 gab es in der ersten Zeit oft Verspätungen, die Fahrgäste mußten sich an das neue System erst gewöhnen. Es kauften auch noch zu viele Fahrgäste Einzelfahrscheine beim Fahrer, anstatt sich im Vorverkauf Sammelkarten zu besorgen, die zudem noch billiger waren. Einige Wochen später hatte sich der Einmannbetrieb einigermaßen eingespielt. Die nächsten Linien, die im Einmannbetrieb fuhren, waren die 7 und 10. Ab 1970 verkehrten alle Großraum- und Gelenkzüge ohne Schaffner.
In den nächsten Jahren füllte man den früheren Freiraum vor dem Schaffnersitz am Wagenende mit Sitzen aus, der Schaffnerplatz wurde abgebaut. Zusätzliche Schaltelemente fanden in einem Schrank unterhalb des letzten rechten Wagenfensters Platz. Die Kennzeichen an den Wagen für schaffnerlosen Betrieb änderten sich wiederum. Jetzt stellte man die „Selbstbedienung" (Begriff der Supermärkte) heraus, Kauf der Sammelkarten im Vorverkauf und Selbstentwertung im Wagen.
Der Triebwagen erhielt vorne rechts statt des „Z" ein großes „S" = Selbstbedienung sowie den Aufkleber „Einmannwagen". Die erste Tür wurde mit „Einstieg für Barzahler" gekennzeichnet. Neben den übrigen Türen brachte man Aufkleber an mit folgender Beschriftung: „Selbstbedienung, Sichtkarten, Umsteiger". Die Druckknöpfe erhielten mal rechts, mal links Hinweispfeile.
Die auf den E-Linien eingesetzten Zweiachszüge, die ja keine automatisch schließenden Türen hatten, durften laut Vorschrift der Aufsichtsbehörden nicht schaffnerlos betrieben werden. Nur der Triebwagen fuhr ohne Schaffner, hier sollte der Fahrer die Aufsicht führen, die Beiwagen hatten jeweils einen Schaffner. Einen Umbau der Niederflur- und Verbandswagen mit automatischen Falttüren, wie es zum Teil bei anderen Straßenbahnbetrieben geschah, nahm die Rheinbahn nicht vor. Die Zweiachser sollten in einigen Jahren durch Neubau-Fahrzeuge ersetzt werden.
Der Zweiachs-Triebwagen führte rechts unter der Frontscheibe ein weißes Schild mit einem blauen Ring, dies sollte auf die besondere Betriebsart hinweisen. Die ersten und letzten Seitenfenster hatten Aufkleber: „Für Zeitkarten und Umsteiger". Entwerter bekamen die Zweiachs-Motorwagen ebenfalls nicht. Die Beiwagen führten an den Seitenfenstern Schilder: „Schaffner-Wagen", die später durch den Hinweis: „Kasse" ersetzt wurden. Gleichzeitig erhielten die Motorwagen neue Schilder: „Wagen ohne Schaffner, Kasse im Beiwagen". Außerdem wurden in den nächsten Jahren an den Innenseiten der Türen kleine Schilder mit folgender Aufschrift angebracht: „Fahrgast, bitte Tür schließen". Alle Türen sollten nämlich während der Fahrt geschlossen sein, eine Vorschrift, die es vor dem Kriege und noch in den fünfziger Jahren nicht gab. Fahrgäste schoben jetzt also die Teleskop- und Schiebetüren zu.
Bis zur Einstellung der Neusser Straßenbahn im August 1971 fuhr im Triebwagen der Linien 16 und 26 stets ein Schaffner mit, weil hier Fahrscheine zweier Verkehrsbetriebe verkauft werden mußten und eine Vereinheitlichung damals noch nicht durchführbar war.
Mitte der siebziger Jahre baute die Rheinbahn in mehreren Großraum- und Gelenkwagen ein anderes Türsicherungssystem ein, die Lichtschrankensicherung. An der ersten Trittstufe wurde seitlich ein „magisches Auge", gegenüber ein Reflektor eingebaut. Bewegte man sich innerhalb dieser Zone, blieb die Tür offen. Der Trittkontakt konnte entfallen. Im Wageninnern wurden anstelle der Druckknöpfe längliche Kästchen mit anderen Schalttasten angebracht. Leuchtdioden zeigten an: „Haltewunsch", „Wagen hält" und „Tür auf" mit Pfeil zum Taster.
Auch die Kennzeichnungen für Einmannbetrieb änderte man wieder, das „S" blieb, die erste Wagentür erhielt den Aufkleber „Kasse", an den übrigen Türen hieß es: „Kasse beim Fahrer".
Der Grund für die Einführung des Einmannbetriebes auf Straßenbahnen war nicht nur im Personalmangel zu suchen, sondern auch in der immer schlechter werdenden Ertragslage der Verkehrsgesellschaften. Die Löhne und sonstige Aufwen-

dungen stiegen in den sechziger Jahren immer weiter an, ohne daß diese Kosten insgesamt auf den Fahrpreis abgewälzt werden konnten.
Das Geschäftsjahr 1970 endete bei der Rheinbahn mit einem Verlust von etwa 2,5 Mill. DM. Die Stadt Düsseldorf erklärte sich in jenen Jahren bereit, die Rheinbahn-Defizite auszugleichen. Etwa 10 Jahre später lagen die Verlustzahlen wesentlich höher. Ende 1970 besaß die Rheinbahn 230 Trieb- und 225 Beiwagen, die damals noch betriebsfähigen Zweiachser eingeschlossen. 122 Mill. Fahrgäste wurden 1970 befördert. Ausländer wurden jetzt als Straßenbahnfahrer ausgebildet.

Streckenumbauten von 1968 bis 1975

Ende der sechziger Jahre ging ein Brückenbauwerk seiner Vollendung entgegen, das bereits seit langem geplant war, die Rheinkniebrücke zwischen Oberkassel/Rheinallee und Stromstraße am Düsseldorfer Hafen. Vorher waren auf dem Gebiet von der Haroldstraße bis zum Oberfinanz-Präsidium große Sanierungsarbeiten notwendig, zahlreiche Häuserblökke und Straßenzeilen verschwanden, darunter auch die Deichstraße. Später sollten hier neue Büro-Hochhäuser für die Landesregierung Nordrhein-Westfalen entstehen.
Entgegen der Nordbrücke hat die Kniebrücke nur noch zwei große Pylone, die nahe am linksrheinischen Ufer die Querverspannung tragen. Die neue Brücke hat vier Autofahrspuren, rechts und links Fuß- und Radwege. Eine Straßenbahnstrecke, wie noch 1950 vorgesehen, wurde nicht angelegt. Die Brücke erreicht das rechte Rheinufer nicht in Höhe der Haroldstraße, wie zuerst geplant, sondern läuft auf Stelzen über Strom- und Neusser Straße hinweg und senkt sich auf der breit ausgebauten Reichsstraße (hier mußte ein breiter Grünstreifen der Ständehaus-Anlagen dran glauben) kurz vor der Elisabethstraße zur Erde.
Die Straßenbahnstrecke der Linie 8 von der Haroldstraße über Mannesmannufer zur Stromstraße war den Brückenkonzeptionen im Wege, zumal auch die Autostraße vom Mannesmannufer zur Völklinger Straße neu trassiert wurde. Die Strecke der 8 von der Poststraße über Stromstraße bis zur Franziusstraße wurde am 6. Mai 1968 stillgelegt.
Jetzt aktivierte man wieder die Strecke der früheren Linie 14 über Bilker Allee und Gladbacher Straße, die bis dahin lediglich Betriebs- bzw. Depotfahrten diente. An der Ecke Hammer/Gladbacher Straße baute man einen Doppelgleisbogen ein, und die Linie 8 fuhr ab 6. Mai aus Richtung Hauptbahnhof ihren neuen Weg über Mintropplatz, Fürstenplatz, Morsestraße, Bilker Allee, Bilker Kirche, Gladbacher Straße zur Gleiskehre in Hamm. Haltestellen wurden an der Friedrichstraße, Kronprinzenstraße, Bilker Kirche und an der Wupperstraße angelegt. Ihre frühere Strecke über Strom- und Hammer Straße übernahm im Austausch die Buslinie 34. Die Gleise der 8 wurden bei den anstehenden Straßenbauarbeiten herausgenommen, ebenso die Gleisschleife vom Mannesmannufer zur Hubertusstraße.
Die Kavallerie- und die Neusser Straße wurden gleichzeitig zu Einbahnstraßen, um den anfallenden Autoverkehr von den Kniebrücken-Ab- und -Auffahrten besser bewältigen zu können. Die Straßenbahn mußte diesem Projekt folgen. Die nach Süden führende Strecke der Linien 9 und 26 verlegte man daher ab Reichsstraße unter der Stelzenstraße hinweg zur Neusser Straße. An der Bilker Kirche erreichte die neue Strecke wieder ihre frühere Lage. Die Kavalleriestraße wurde in Nordrichtung von beiden Linien weiter befahren.
Für den verstärkten Autoverkehr verbreiterte man auch die Haroldstraße von der Kasernen- bis zur Poststraße, die Straßenbahn bekam in der Mitte einen eigenen Bahnkörper. Bei der Verbreiterung wurde auf die Fußgänger-Promenade entlang des Schwanenspiegels zurückgegriffen. Ein schmaler

Oktober 1969 – Linie 9 auf der neuen Richtungsstrecke Kavalleriestr. – Kniebrücke – Neusser Straße an der Haltestelle Rheinkniebrücke in Richtung Südfriedhof. Auf dem Gleiskörper der Straßenbahn verkehrte auch damals schon die Buslinie 34 zum Hafen.

Fußgängersteig verläuft jetzt am Ufer dieses Weihers, zur Autostraße hin abgegrenzt durch ein Eisengeländer der alten Oberkasseler Rheinbrücke.
Ab 13. Mai 1969 befuhren die Linien 9 und 26 ihre neuen Strecken. Einige Wochen später wurde die neue Rheinkniebrücke feierlich eröffnet. Zusätzliche Haltestellen an der Reichsstraße bzw. an der Brücken-Auffahrt stellten die Verbindung zur Brücke und zur Bushaltestelle her. Die Buslinie 34 wurde zu einer sich kreuzenden Ringlinie: Hafen/Hamburger Straße – Stromstraße – Kavalleriestraße – Graf-Adolf-Platz – Hauptbahnhof – Ackerstraße – Lindenstraße – Sohnstraße – Heinrichstraße – Heinrich-Ehrhardt-Straße – Nordfriedhof – Nordbrücke – Seestern – Belsenplatz – Düsseldorfer Straße – Kniebrücke – Fürstenwall – Hauptbahnhof. Auch diese Buslinie zog einen gewissen Teil des früheren Straßenbahnverkehrs in Richtung Oberkassel an sich.
Weiterhin wurde eine neue Gleisschleife zwischen Neusser Straße über Fürstenwall zur Kavalleriestraße angelegt, sie war am 18. Juni 1969 betriebsfertig. Westlich des Polizeipräsidiums an der Haltestelle Fürstenwall erhielt sie eine doppelgleisige Endstelle. Bei Einführung des Winterfahrplanes am 16. Oktober 1969 verkürzte man die Linie 9 bis zur neuen Schleife Fürstenwall. Sie verkehrte nur noch werktags in den Hauptverkehrsstunden bis zum Südfriedhof. In der übrigen Zeit waren die Fahrgäste in Richtung Südfriedhof nur auf die Linie 26 angewiesen.
1970 begann die Stadt Düsseldorf mit Bauarbeiten, um in Derendorf die alte Franklin-Brücke über den Eisenbahnkörper durch einen Neubau zu ersetzen. An dieser Brücke lag seinerzeit auch der Zugang zum alten Derendorfer Bahnhof.

September 1973 – Die neue Gleisschleife Oberkassel vor dem neuen Rheinbahn-Verwaltungsgebäude an der Hansa-Allee mit zwei Zügen der Linie 15. Auf diesem Gelände lag früher der 1898 gebaute Betriebshof der Rheinischen Bahngesellschaft. Rechts die Hansa-Allee.

Juli 1974 – Linie 10 auf dem Verbindungsgleis vor dem alten Oberkasseler Bahnhof am Belsenplatz auf der Einsatzfahrt vom Betriebshof Handweiser nach Lörick.

Oktober 1969 — Linie 7 auf der eingleisigen Strecke in Unterrath zwischen Am Röttchen und Unterrath/Bf. Im Zuge einer Straßenverbreiterung wurde sie im Sommer 1971 doppelgleisig ausgebaut.

August 1971 — Zur Eröffnung des neuen Messegeländes in Stockum wurden auch Museums-Straßenbahnen eingesetzt. Hier Tw 954 mit zwei Beiwagen als Linie 20 auf der viergleisigen Kaiserswerther Straße an der Haltestelle Stockumer Kirchstraße.

Jetzt befindet sich der Bahnhof Derendorf an der Münsterstraße. Aufgrund des vorhandenen Raumes war eine wesentliche Verbreitung der neuen Franklin-Brücke nicht möglich. Sie hatte also weiterhin vier Fahrspuren einschl. Straßenbahn, in der Mitte einen Streifen für den Mittelpylon, der die Seitenverspannung hielt. Rechts und links verlegte man die Straßenbahngleise.
Vom 16. Januar 1970 bis zum 17. August 1974 fuhr die Linie 6 während der Bauarbeiten eingleisig über eine Behelfsbrücke nördlich der alten Franklin-Brücke. Im August 1974 entstand auf der neuen Brücke in Höhe der S-Bahn-Station „Düsseldorf-Zoo" eine neue Haltestelle. Die frühere Haltestelle der 6, „Ahnfeldstraße", entfiel.
Ende der sechziger Jahre wurde das Gelände des früheren Rheinbahn-Betriebshofes Oberkassel westlich des Belsenplatzes von Gleisen, Werkstattgebäuden, der früheren Verwaltung usw. freigeräumt. In den Jahren 1970–71 entstand hier für die Rheinische Bahngesellschaft ein neues Verwaltungsgebäude. Das bisherige Bürogebäude am Hauptbahnhof, das ehemalige Ludwig-Loewe-Haus, wurde verkauft und in den nächsten Jahren abgetragen. Damit kehrte die Rheinbahn an ihren Oberkasseler Ursprungsort, damals „Zentrale" genannt, zurück.
Vor diesem neuen Gebäude wurde 1972 für die Linie 18 (Benrath – Oberkassel) eine neue doppelgleisige Endschleife errichtet. Am DB-Güterbahnhof entlang verlegte man außerdem zwei Abstellgleise, die von der Schleife erreicht wurden. Hier wollte man bei Kirmessen auf den Rheinwiesen oder ähnlichen Veranstaltungen E-Züge abstellen. Die neue Endstelle der 18 hieß jetzt „Rheinbahnhaus". Zwischen den beiden Richtungsgleisen in der Kurve Hansa-Allee westlich des Belsenplatzes baute man gleichzeitig ein Abstellgleis für Beiwagen der Fernlinie K ein, das aber nur wenige Jahre benutzt wurde.
1972 wurde weiterhin die Hansa-Allee zwischen dem früheren E-Werk und Belsenplatz beidseitig des Bahnkörpers neu angelegt. Früher verlief die Straße hier nur einseitig. Das Umfeld des neuen Rheinbahnhauses bekam 1972–73 eine gärtnerische Verschönerung.
Ende der fünfziger Jahre war der Haltepunkt Belsenplatz bereits umgestaltet worden. Die Linie 16 bekam südlich des Platzes eine Haltestelle mit Inseln für beide Fahrtrichtungen. Nördlich davon war die Anlage dreigleisig, auf dem Gleis in Richtung Luegplatz hielten die Linien 17, 18 und K, dann kam das Haltegleis der 18 zum Rheinbahnhaus, anschließend die Haltestelle der 17 und K in Richtung Lörick.
Diese Haltestellenanlage wurde 1972–73 gleismäßig renoviert. Vom Haltepunkt Belsenplatz bis zur neuen Endschleife Rheinbahnhaus baute die Rheinbahn eine Gleisverschlingung bzw. ein Vorsortiergleis ein. Damit entfiel ein Weichen-Fahrdrahtkontakt am Rheinbahnhaus, der die Linien 17 und K zu einem Abbremsen genötigt hätte.
Vor dem alten Oberkasseler Bahnhof verblieb die eingleisige Strecke zwischen Hansa-Allee und Belsenstraße, sie wurde nur von jetzt überflüssigen Weichen entlastet. Neue Weichen auf der Belsenstraße und der Hansa-Allee, die von der eingleisigen Strecke in beide Richtungen führten, erleichterten die Betriebsfahrten entlang des Bahnhofsgebäudes beim Ein- und Ausrücken zum Depot Handweiser und nach Lörick. Für umsetzende Zweirichtungzüge der Linie K baute man auf der Luegallee zwischen Cherusker- und Arnulfstraße einen neuen Gleiswechsel ein. Am 12. November 1973 waren alle Neuanlagen betriebsfertig.
Im August 1971 eröffnete die Stadt Düsseldorf in Stockum ein neues, großzügig ausgebautes Messegelände mit zahlreichen modernen Ausstellungshallen. Die früheren Ausstellungshallen am Ehrenhof und an der Fischerstraße erwiesen sich für Großmessen als zu klein. Zwischen Beckbuschstraße, Rheinstadion und Stockumer Kirchstraße wurde vorher das Gelände von Häusern, alten Bauernhöfen, einer Kirche usw. freigeräumt. Auf ehemaligen Kuhweiden, Ackerflächen und Kleingärten wuchsen Messehallen aus dem Boden. Nach einer relativ kurzen Bauzeit war am 21. August 1971 die feierliche Eröffnung der neuen Düsseldorfer Messe.
Mit diesen Baumaßnahmen wurde die frühere Endstelle der Linie 10 am Rheinstadion gänzlich umgestaltet. Die enge Gleisschleife verschwand und eine neue große Endschleife in Rechteckform wurde vor dem Stadioneingang angelegt. Die neue langgestreckte doppelgleisige Endhaltestelle erhielt eine breite Überdachung mit Leitturm, Fahrkarten-Verkaufsstellen und hohen Gitterzäunen zur Steuerung der Fahrgastströme bei Sportveranstaltungen und Messen. Die dreigleisige Anlage auf der Beckbuschstraße (drittes Gleis zum Aufstellen der E-Züge) blieb in der bisherigen Form erhalten. Die neue Gleisschleife „Messe/Rheinstadion" war bereits am 22. September 1970 fertig.
Am Eröffnungstag der neuen Messe, am 21. August 1971, wurde eine neue Linie 20, die nur bei Messe-Veranstaltungen verkehrte, eingerichtet: Hauptbahnhof – Jan-Wellem-Platz – Kaiserswerther Straße – Stockum – Messe/Stadion. Sie wurde mit Achtachsern und Vierachsbeiwagen betrieben, Zugfolge alle 12 Minuten, bei Bedarf auch mit kürzeren Abständen. Der erste Planzug war der Triebwagen Nr. 2662 mit Beiwagen Nr. 1658. An diesem Tage verkehrten auch der Düsseldorfer Museumszug (TW. 954 mit Beiwagen Nr. 858 und 797) und der Duisburger Harkortwagen (Sechsachser) Nr. 1176, Baujahr 1928, als Linie 20.
Im Jahre 1971 wurde der noch eingleisige Streckenabschnitt der Linie 7 in Unterrath von der Haltestelle Am Röttchen bis zum Gleisdreieck doppelgleisig ausgebaut. Vorher mußten einige alte Häuser an der Unterrather Straße für die notwendige Straßenverbreiterung abgerissen werden. Hier befand sich übrigens der alte Ortskern des Dörfchens Unterrath.
Anfang der siebziger Jahre erlebte die Strecke der Linie 12 von Haniel & Lueg bis Rehstraße eine Neutrassierung. Zwischen der früheren schmalen Simrockstraße und dem Straßenbahnkörper lag die eingleisige Güterstrecke Grafenberg – Rath, ein Überbleibsel der ehemaligen Bergisch-Märkischen Eisenbahn. Die Strecke wurde von der Bundesbahn schon seit Jahren nicht mehr benutzt. Den Eisenbahnkörper baute man nun ab und legte eine neue breite Simrockstraße von der Grafenberger Allee bis Rather Broich an, mit einem separaten Doppelgleiskörper und Haltestellen-Bereichen für die Linie 12 in der Mitte. Der neue Straßenzug und der Bahnkörper der 12 wurden mit Grünstreifen eingesäumt. Dieser Ortsteil Düsseldorfs bietet heute gegenüber früher ein völlig verändertes Bild. Neue Wohnsiedlungen waren bereits entstanden bzw. wurden z. Z. gebaut. Auch die Linie 12 profitierte von der Bautätigkeit. Ihr Fahrgastaufkommen wurde gegenüber den dreißiger Jahren wesentlich größer.
Außerdem wurde der unfallträchtige Streckenabschnitt Hubertushain – Eckamp doppelgleisig angelegt, die Seitenlage blieb. Zuvor erwarb die Rheinbahn von der Zappschen Gutsverwaltung einen Geländestreifen seitlich des Bahnkörpers. Gleichzeitig wurde die bisherige Haltestelle Eckamp (neue Bezeichnung „Felderhof") neu und damit besser angelegt, das linksseitige Aneinandervorbeifahren der Straßenbahnzüge entfiel. Alle Arbeiten waren bis 1973 beendet. Die Linie 12 konnte jetzt von Haniel & Lueg bis zur Eisenbahn-Unterführung südlich des Mädchenheims durchgehend doppelgleisig fahren.
1970 wurde das frühere Stahlwerk Haniel & Lueg (ab 1931 Gutehoffnungshütte) stillgelegt und die Produktion größtenteils nach Oberhausen-Sterkrade verlegt bzw. mit dem dortigen Stahlwerk vereinigt. Ein kleiner Maschinenbau-Betrieb durfte noch einige Jahre im früheren Hohenzollernwerk weiterleben. Die Werkshallen, das Verwaltungsgebäude und die Wohnhäuser an der Grafenberger Allee legte man nach und

Okt. 1974 – Linie 12 auf der Simrockstraße in Grafenberg, Straßenzug und Bahnkörper 1973 neu erbaut. Früher lag hier die eingleisige Güterstrecke Grafenberg – Rath, daneben die Gleise der 1896 eröffneten Kleinbahnstrecke nach Ratingen.

nach nieder. In den nächsten Jahren wurde das Gelände teilweise mit Wohnhäusern bebaut. Die frühere Haltestellen-Bezeichnung „Haniel & Lueg" änderte sich in „Schlüterstraße". Damit verschwand ein Begriff, der mit der ersten Düsseldorfer „Elektrischen" eng zusammenhing.
1974 baute die Stadt Düsseldorf die frühere niveaugleiche Eisenbahn-/Straßenkreuzung in Rath, die seit Einführung des S-Bahn-Betriebes nicht mehr benutzt wurde, um und legte für Fußgänger und Radfahrer am Rather Bahnhof eine Unterführung an. Gleichzeitig wurde das Umland umgestaltet. Der Autoverkehr lief jetzt über die neue Autostraße vom Mörsenbroicher Weg, zum Teil auf Stelzen und Brücken, zur Oberrather Straße. Den Ortsverkehr führte man in Rath über die Brücke im Zuge der Theodorstraße.
Die Linie 1 erhielt am Rather S-Bahnhof eine neue Gleisschleife mit Ausstieg an der neuen Fußgänger-Unterführung. Treppen leiteten zum S-Bahnhof. Der Einstieg lag an der Westfalenstraße. Die Verbindung zu den Abstellgleisen blieb durch eine Weiche erhalten. Innerhalb der neuen Gleisschleife errichtete man Auto-Parkplätze.
Ebenfalls im Jahr 1974 erweiterte die Rheinbahn die Endstelle Messe/Rheinstadion um ein zweites Gleis, das innerhalb der Schleife läuft. E-Züge konnte man nun vom Abstellgleis besser an die Endhaltestelle heranführen, die gleichzeitig Doppelkreuzweichen bekam. Bei Massenandrang lassen sich jetzt vier Straßenbahnzüge gleichzeitig abfertigen. Über die Doppelkreuzweichen fahren die Züge an anderen noch haltenden Straßenbahnen vorbei ins zweite Gleis und dann weiter über Beckbuschstraße in Richtung Innenstadt. Von der hochliegenden Leitstelle wird der Ablauf gesteuert. Anzeigetafeln (ähnlich denen auf Bundesbahnhöfen) unterhalb der Haltestellen-Überdachung geben den Fahrgästen Fahrtziele und Zugstandpunkt an.
Im August 1974 begann die Stadtverwaltung im Zooviertel mit großzügigen Umbauten des Brehmplatzes und der angrenzenden Straßen. Der Mitte der dreißiger Jahre angelegte Kreisverkehr erwies sich in den letzten Jahren als verkehrshemmend. Die in Platzmitte liegende Insel mit den Straßenbahn-Haltestellen sollte einer normalen beampelten Straßenkreuzung weichen. Die Hauptverkehrsader Brehm-/Lindemannstraße (Lastenring) kreuzte sich nun mit dem Straßenzug Herder-/Rethel-/Graf-Recke-Straße. Die Weseler Straße wurde abgeschnürt. Dabei machte man die Herderstraße in West-Ost-Richtung und die Rethelstraße in Ost-West-Richtung zu Einbahnstraßen. Der Brehmplatz erhielt breitere Bürgersteige und kleinere Inseln, die zur neuen Verkehrsführung nötig wurden.
Die Straßenbahnlinien 6 und 8 mußten sich den neuen Einbahnstraßen anpassen. Große Gleisumbauten waren notwendig, die Humboldtstraße erhielt jetzt Gleise. Die 6 fuhr nun, von der Franklin-Brücke kommend, über Humboldt- und Herderstraße und über einen neuen Gleisbogen in die Lindemannstraße. In der Gegenrichtung verkehrte die 6 wie bisher über Brehmplatz und Rethelstraße. Die Linie 8 fuhr aus Richtung Heinrichstraße von der Brehmstraße über einen Gleisbogen in die Rethelstraße, dann vor der Franklin-Brükke in die Humboldtstraße zum Schillerplatz, in Gegenrichtung weiterhin über Herderstraße und Brehmplatz zur Brehmstraße.
Neue Haltestellen mit Inseln am Ende der Herder- und Rethelstraße sowie am Schillerplatz mußten angelegt werden. Zum Teil baute man Vorsortier- und Umfahrungsgleise ein, da z. B. die Haltestelle Franklin-Brücke/S-Bahnhof nur von der 6 angefahren wurde, die 8 dagegen ohne Halt in die Humboldtstraße fuhr, um erst am Schillerplatz zu halten.
Die neuen Strecken wurden etappenweise in Betrieb genommen. Im August 1975 endete z. B. die Linie 8 mehrere Wochen lang in der Gleisschleife Flingern/Bruchstraße. Der Abschnitt Ackerstraße – Brehmplatz – Heinrichstraße wurde in dieser Zeit von Bussen bedient. Im November 1976 waren alle Bauarbeiten im Zooviertel beendet, und der Auto- und Straßenbahnverkehr rollte, wie heute noch zu sehen, auf neuen Spuren.
Zu den umfangreichen Gleisarbeiten der Rheinbahn in den siebziger Jahren gehört auch der Umbau der Gleiskreuzung Uhland-/Beethovenstraße/Grafenberger Allee mit neuen Weichen und Gleisen. Um die Betriebsfahrten der Linien 3 und 12 zum Depot Münsterstraße zu verkürzen, baute man von der Uhlandstraße in die östliche Grafenberger Allee einen doppelgleisigen Abzweig ein. Gleichzeitig wurde der Abzweig von der Uhlandstraße in die westliche Grafenberger Allee (vor 1945 von der Linie 4 benutzt) auf einen Gleisbogen in Richtung Wehrhahn reduziert.
Als die Gleisstrecken ausgewechselt wurden, verkehrten die Linien 3 und 12 statt über Grafenberger Allee und Wehrhahn einige Tage über Flingern und Hauptbahnhof zum Jan-Wel-

Sept. 1973 – Linie 12 auf dem im August 1973 fertiggestellten Doppelgleiskörper zwischen Hubertushain und Eckamp. Früher war die Strecke hier eingleisig.

Am 11. März 1974 haben sich in der Gleisschleife am Düsseldorfer Hbf die Straßenbahntriebwagen 2438, 1282 und 2420 versammelt.

Im Zuge des Umbaus des Brehmplatzes im Zooviertel in den Jahren 1975/76 mit neuer Einbahnstraßen-Regelung erhielt die Humboldtstraße Gleise. Diese Aufnahme vom November 1976 zeigt links Linie 8 in Richtung Hamm, rechts das Gleis der Linie 6 von der Franklin-Eisenbahnbrücke zum Brehmplatz.

lem-Platz. Die 8 endete in diesen Tagen wiederum in der Gleisschleife Bruchstraße. Die ausgefallenen Strecken wurden von Bussen als „Schienenersatz-Verkehr" befahren.
Ab März 1975 konnten die Linien 3 und 12 ihre Depot-Fahrten nicht nur über den Jan-Wellem-Platz absolvieren, sondern nun auch über Uhland- und Brehmstraße, um über die Schleifenanlage der 8 an der Heinrichstraße ins Depotgelände zu fahren.

Einstellung des Neusser Straßenbahn-Betriebes, Übernahme von Strecken und Wagen durch die Rheinbahn

Am 7. August 1971 stellte die Stadt Neuss ihren Straßenbahnbetrieb ein, der zuletzt nur noch aus der Straßenbahnlinie 1 (Neusserfurth – Bahnhof – Stadthalle – Grimlinghausen) bestand. Im Neusser Stadtgebiet verkehrte als erste Straßenbahn ab 1901 die Linie B der Rheinischen Bahngesellschaft, und zwar von Düsseldorf über Oberkassel bis Neuss/Bahnhof, ab 1905 durch die Innenstadt zum Obertor.
Am Heiligabend des Jahres 1910 eröffnete die Stadt Neuss eine eigene Straßenbahnlinie von Neusserfurth über Bahnhof zum Alexianerplatz, die in der Innenstadt die bereits liegenden Gleise der Rheinbahn-Linie B mitbenutzte. 1925 wurde der Neusser Straßenbahnbetrieb durch neue Strecken von Neusserfurth nach Kaarst und vom Alexianerplatz nach Grimlinghausen erweitert, 1928 außerdem von der Zoll- zur Eichendorffstraße. Damit hatte die Stadt Neuss drei Linien in Betrieb.
Die Strecke Neusserfurth – Kaarst wurde bereits 1963 eingestellt, der Abzweig zur Eichendorffstraße im Jahre 1964. Anschließend verkehrte nur noch die Linie 1. Die Einstellung dieser Linie verzögerte sich, weil die Stadt Neuss von der Rheinbahn verlangte, die Linie 16 am Bahnhof Neuss und die Linie 26 an der Stadthalle enden zu lassen. Die Fahrgäste sollten dann in Neusser Buslinien umsteigen, damit die Innenstadt straßenbahnfrei würde. Die Rheinbahn widersetzte sich diesem Ansinnen, schließlich war die Neusser Stadtverwaltung mit der weiteren Durchfahrung der Innenstadt einverstanden.
Am Einstellungstag, am 7. August 1971, verkehrten nicht nur festlich geschmückte Neusser Straßenbahnwagen, z. B. Triebwagen 25 mit Beiwagen 59, sondern auch der Rheinbahn-Museumszug, Triebwagen 954 mit Beiwagen 858 und 797 von Oberkassel aus bis Grimlinghausen. Straßenbahnfreunde ließen außerdem einen Duisburger Zweiachszug, Triebwagen 1193 mit Beiwagen 2357, über die Strecken der D und 16 nach Grimlinghausen rollen, wo also am Nachmittag ein Straßenbahn-Meeting stattfand.
Die Stadt Neuss änderte um 1975 ihre ablehnende Haltung in bezug auf Bedienung der Innenstadt durch die Düsseldorfer Straßenbahn. Sie setzte sich Ende der siebziger Jahre, als die Pläne für eine West-Ost-S-Bahn von Mönchengladbach über Neuss, Düsseldorf, Wuppertal nach Hagen erstellt wurden, bei der Deutschen Bundesbahn sogar dafür ein, die Straßenbahn von Oberkassel nach Neuss nicht als S-Bahn-Parallelverkehr zu betrachten und damit keine Einstellung dieser Straßenbahnlinie zu fordern.
Durch Vertrag mit den Neusser Verkehrsbetrieben übernahm die Rheinbahn ab August 1971 die bisher von Neuss verwalteten Strecken sowie die Großraum- und Gelenkwagen. Die zweiachsigen Neusser Straßenbahnwagen wurden teils von Museumsvereinen übernommen, teils verschrottet. Den Betriebshof Neusserfurth trug man in den nächsten Jahren ab. Die Strecke vom Bahnhof Neuss durch die Innenstadt zur Südbrücke und die Gleisschleife an der Stadthalle gehörten nun der Rheinbahn. Die Weichen am Bahnhof Neuss und an der Selikumer Straße wurden entfernt und durch Gleisbogen ersetzt, auch einige Gleisabschnitte renoviert.
Die drei Neusser Einrichtungs-Sechsachser Nr. 41–43, Baujahr 1965, die auf der bisherigen Gemeinschaftslinie 16/26 verkehrten und mit den Rheinbahnwagen baugleich waren, erhielten die neuen Wagennummern 2621–2623. Nur kleinere Anpassungsarbeiten waren nötig, der Anstrich und die Eigentumsbezeichnung wurden geändert, die Kupplungen ersetzte man durch Scharfenberg-Kupplungen.
Die Zweirichtungs-Sechsachser Nr. 38–40, Baujahr 1961, Länge 20,1 m, Breite 2,35 m, Eigengewicht 23,2 t, Bauart DÜWAG, mit zwei Motoren von je 110 kWh, änderte man vorerst nur wenig. Die linken Wagentüren wurden zugestellt, der Stromabnehmer auf das vordere Wagendach gerückt, der hintere Fahrersitz abgebaut. Diese drei Wagen bekamen in Anlehnung an die Zweirichtungswagen der Linie K die neuen Nummern 1281 bis 1283. Vornehmlich fuhren sie als Linie 5/E, auch mal als Linie 15 oder 17.
Die sieben Großraum-Vierachs-Triebwagen Nr. 31–37, die ebenfalls Zweirichtungswagen darstellten, wollte die Rheinbahn ursprünglich zu Beiwagen umbauen und mit den Sechsachsern Nr. 38–40 auf der Krefelder Strecke einsetzen, zu-

mal auf der K in der Hauptverkehrszeit immer noch Zweiachswagenzüge fuhren. Aufgrund ihres Zustandes verzichtete man aber auf einen Umbau und schlachtete die Vierachswagen aus. Die verwendbaren Teile wurden zur Reparatur eigener Vierachser verwendet, die Neusser Drehgestelle sollten die der ersten Rheinbahn-Vierachsbeiwagen Nr. 1601–1616 ersetzen, deren Drehzapfen störanfällig wurden. Ausgenommen von dieser Verschrottungsaktion wurde der Wagen Nr. 36, der in den nächsten Jahren zu einem Zweirichtungs-Fahrschulwagen Nr. 5103 umgebaut wurde.

Linien-Änderungen in den Jahren 1970–1974

In diesen Jahren wurden weitere Achtachser im Linienverkehr mit Vierachsbeiwagen behängt, um das Platzangebot ganztägig zu erhöhen. Ein solcher Zug konnte etwa 300 bis 350 Fahrgäste befördern. Ab 1970 verkehrte auch die Linie 1 den ganzen Tag über mit Achtachs-Gelenkwagen und Vierachsbeiwagen. 1972 folgte mit solchen Zuggarnituren die Linie 7.

Die Fahrgastzahlen, die 1968 einen Tiefpunkt erreicht hat-

August 1972 – Linie 4 (Vierachserzug) auf der Pempelforter Straße an der Haltestelle Adlerstraße

September 1972 – Die Großraumwagen K 53 U und K 66 reichten im Berufsverkehr auf der Fernlinie K nicht aus, so daß immer noch zweiachsige Verbandszüge eingesetzt werden mußten. Die Aufnahme zeigt einen solchen Drei-Wagen-Zug am Ratinger Tor.

September 1973 – Linie 15 auf der Werstener Straße in Stoffeln, Doppelgleiskörper in Seitenlage. Die neue Linie 15 befuhr ab Juli 1973 die Strecke Holthausen - Bilk - Oberkassel.

September 1973 – Linie 3 auf der Elisabethstraße an der Haltestelle Graf-Adolf-Platz. Die Linie 3 befuhr ab Juli 1973 die Strecke Gerresheim - Wilh. Marx-Haus - Bilk - Volmerswerther Straße.

ten, stiegen Anfang der siebziger Jahre wieder an, und zwar um etwa 10 %. 1975, als die Fahrpreise abermals erhöht werden mußten, ging es mit den Beförderungsziffern aber wiederum bergab.
1971 bekam die Rheinbahn eine neue Führungsspitze. Sie veranlaßte, daß die Fernlinie K wie die Ortslinien an jeder Haltestelle halten sollte. Die Folge dieser Maßnahme war eine Überfüllung der K mit zum Teil großen Verspätungen. Die Fahrgäste drängten sich in die vorausfahrende K, der Fahrer mußte verstärkt Einzelfahrscheine verkaufen. Die nachfolgende 17 war nur noch schwach besetzt. Die Verspätungen, welche sich die K vom Luegplatz bis Lörick einhandelte, konnte sie ab Büderich bis Krefeld kaum noch aufholen. Einige Wochen später wurde die Anordnung wieder aufgehoben. Die Haltestelle „Amboßstraße" auf der Hansa-Allee wurde für die Fernlinie K aber zur Dauer-Haltestelle.
In den ersten siebziger Jahren sah man auf der K in den Hauptverkehrsstunden weiterhin Zweiachszüge aus Verbandswagen, weil die Gelenkzüge, Typ K 53 U und K 66, nicht ausreichten. Der Triebwagen der Verbandszüge fuhr ohne Schaffner, die zwei Beiwagen waren schaffnerbesetzt, also ein kostenintensiver Betrieb. 1974, als neue Doppelgelenk-Achtachser, Typ GT 8 S, zur Verfügung standen, konnte auch die Fernlinie K auf Zweiachswagenzüge verzichten.
Im Zuge der Gebietsreform faßte die Landesregierung in diesen Jahren die linksrheinischen Gemeinden und Dörfer Büderich, Osterath, Strümp, Lank-Latum, Bösinghoven usw. zu einer Stadt Meerbusch zusammen. Auf Wunsch der Meerbuscher Stadtverwaltung änderte die Rheinbahn in den nächsten Jahren die Bezeichnung der Fernbahn-Station „Meererbusch" in „Haus Meer".
Am 28. Mai 1972 fanden einige Linien-Änderungen statt: Die Linien 16/26 wurden in „5" umgetauft, auf Neusser Wunsch, wie es damals hieß, Linie 11 verkehrte in den Hauptverkehrsstunden anstelle der HVZ-Linie 18/E über Hauptbahnhof, Oberbilk, Wersten bis zur Schleife Holthausen, Linie 2 fuhr samstags bis gegen 15 Uhr über Bilk, Stoffeln, Wersten ebenfalls bis Holthausen. Mit der Umbenennung der Linien 16/26 in 5 gab es am Düsseldorfer Hauptbahnhof wie in den dreißiger Jahren wieder das Dilemma mit der Linienverwechslung. Die Fahrgäste mußten auf den richtigen Bahnsteig achten, ob sie nun mit der 5 über Unterbilk oder mit der 5 über Oberkassel nach Neuss fahren wollten.
Die sog. „erste Ölkrise" veranlaßte die Düsseldorfer Stadtvä-

ter im Frühjahr 1973, zusammen mit der Rheinbahn-Leitung ein neues Konzept zur Hebung der Attraktivität des öffentlichen Personennahverkehrs aufzustellen. Bekanntlich setzten die erdölfördernden Länder in den Jahren 1972–73 den Weltmarktpreis für Rohöl derartig herauf, daß sich die Benzinpreise für die Verbraucher wesentlich erhöhten und die Handelsbilanzen der Industrieländer sich verschlechterten. Erdöl wurde weniger eingeführt, an verschiedenen Sonntagen gab es für Autos Verkehrsverbote.

Das neue Konzept sah vor, Straßenbahnen und Bussen im Stadtverkehr Vorrang einzuräumen, Ampelschaltungen sollten geändert werden, damit die Reisegeschwindigkeit bei Straßenbahnen auf 25 km/h gesteigert werden könnte. In der Hauptverkehrszeit sollten die Ortslinien zusammen mit E-Linien alle 5 Minuten fahren, an Fernbahn-Stationen wollte man Park-and-Ride-Plätze für Pkws einrichten usw. Neue Linien nach Kaarst, zur Universität in Stoffeln, nach Volmerswerth und nach Wersten-West wurden geplant. Hier sollte es sich wohl um Buslinien handeln, die anschließend auch ihren Betrieb aufnahmen.

Was Straßenbahnen anbetrifft, wurden die Pläne in den Folgejahren nur zum Teil in die Wirklichkeit umgesetzt. Die ausführenden Organe der Stadtverwaltung wollten den Autoverkehr nicht behindern oder hintenanstellen, um in der Innenstadt keinen Verkehrskollaps heraufzubeschwören. Führende Geschäftsleute und die Auto-Lobby unterstützten die Verwaltung. Als z. B. bekannt wurde, die Gleiszone der Linie 4 auf der Kölner Straße zwischen Worringer Platz und Pempelforter Straße zu schraffieren, bildete sich eine Bürger-Initiative, vornehmlich aus Geschäftsleuten, gegen dieses Vorhaben. Die Schraffierung unterblieb.

Neue Straßenbahnstrecken wurden nicht angelegt. Der Omnibusverkehr von der Stadt ins Umland und die Ringlinien verbesserten sich. Wie gesagt, wurden ein paar neue Buslinien eingerichtet, einige Strecken verlängert und auf einigen Omnibuslinien ein 10-Minuten-Betrieb eingeführt.

Nach eingehender Kontrolle bestehender Verkehrsströme und Umsteige-Praktiken führte die Rheinbahn am 29. Juli 1973 einen neuen Fahrplan und Linien-Änderungen ein. Die Umsteigehäufigkeit sollte dadurch vermindert werden. Die Linie 18 wurde von Benrath über Hauptbahnhof, Jan-Wellem-Platz, Fischerstraße, Stockum zu ihrer neuen Endstelle Messe/Stadion geführt, die Linie 10 von Eller über Berliner Allee, Jan-Wellem-Platz, Oberkassel nach Lörick, die Linie 3 von Gerresheim über Wilhelm-Marx-Haus, Bilk, Aachener Platz zum Gleisdreieck Volmerswerther Straße. Eine neue

Oktober 1974 – Linie 19 an der Endstelle Oberrath. Die HVZ-Linie 19 befuhr ab 1974 die Strecke Südfriedhof – Hbf – Flingern – Oberrath.

Oktober 1974 – Die neue HVZ-Linie 16 (Eller – Wilh. Marx-Haus) auf der Straßenkreuzung Berliner Allee/Graf-Adolf-Straße

Linie 15 verkehrte von Oberkassel/Rheinbahnhaus über Ratinger Tor, Graf-Adolf-Platz, Bilk, Stoffeln, Wersten nach Holthausen. Die Linie 2 fuhr nur noch bis zur Schleife Wilhelm-Marx-Haus, in der Hauptverkehrszeit bis Kirchplatz.
Die Linien 17, 20 (Messelinie) und 1/E wurden ab 29. Juli eingestellt. Die Linie 9/E, die in den letzten Jahren auf die Schleife Fürstenwall gekürzt wurde, verkehrte wieder bis Südfriedhof. Anstelle der 1/E ließ man ganztägig eine neue Linie 14 von Rath/Bf. über Dreieck, Berliner Allee, Karolingerplatz zum Steinberg fahren. Die 14 wurde hauptsächlich mit Vierachs-Großraumzügen betrieben, zum Teil auch mit Achtachsern. Großraumzüge fanden sich auch auf der neuen Linie 15.
Da die Linien 10 und 18 vor dem Martin-Luther-Platz nun jeweils auf das Nachbargleis wechseln mußten, baute die Rheinbahn im Juni 1973 auf dem Bahnkörper neben der Johanneskirche in Fahrtrichtung Graf-Adolf-Straße einen Doppelgleiswechsel ein. Seit dem Bau der Berliner Allee verläuft hier die Strecke viergleisig.
An E-Linien verkehrten ab Juli 1973 in der Hauptverkehrszeit nur noch die Linien E 3, E 5 und E 9. Der Buchstabe E wurde jetzt vor die Linienziffer gestellt.
Am 29. September 1974 führte man weitere Verbesserungen ein, Zwei neue HVZ-Linien kamen hinzu. Eine neue Linie 16 verkehrte ab Wilhelm-Marx-Haus über Jan-Wellem-Platz, Berliner Allee, Oberbilk nach Eller. Damit bekam die 10 nach einigen Jahren wieder eine Zusatzlinie. Anstelle der E 9 ließ man eine Linie 19 (diese Linien-Nummer wurde damit erstmalig in Düsseldorf benutzt) von Oberrath über Flingern, Hauptbahnhof, Graf-Adolf-Platz zur Schleife Fürstenwall bzw. bis Südfriedhof fahren. Bereits ab 11. Februar 1974 fuhr morgens im Frühverkehr ein E-Zug ab Oberrath zum Südfriedhof. Da in Oberrath umgesetzt werden mußte, wurden für den E-Zug sowie für die spätere 19 die neuen Zweirichtungs-Achtachser GT 8 S eingesetzt. Die neue Linie 19 ersetzte auch gleichzeitig die gelegentlichen E-Züge der Linie 12 zwischen Jan-Wellem-Platz und Oberrath.
Die Linie E 5 verkehrte ab 29. September nicht nur in der Verkehrsspitze, sondern bereits ab Mittag. Außer vormittags und abends bestand an Werktagen auf der 5 somit ein 6-Minuten-Intervall, und zwar zwischen Hauptbahnhof und Neuss/Bf. Während die Linie 5 mit Sechsachsern und Vierachsbeiwagen betrieben wurde, fuhr die E 5 mit Achtachsern ohne Beiwagen und mit den früheren Neusser Sechsachsern (Nr. 1281–83). Die neue Linie 16 verkehrte mit Sechsachsern ohne Beiwagen. Im nächsten Jahr ließ die Rheinbahn die Bezeichnung E 5 fallen, alle Züge führten jetzt die Liniennummer 5 mit wechselnden Endstellen.

Linienplan im Jahre 1974

Ende 1974 verkehrten im Rheinbahnnetz folgende Straßenbahnlinien:

Linie 1: Rath/Bf. – Derendorf – Dreieck – Nordstraße – Jan-Wellem-Platz – Berliner Allee – Corneliusstraße – Karolingerplatz – Witzelstraße – Stoffeln – Wersten – Holthausen – Benrath/Bf.

Linie 2: Unterrath/Schleife-Kalkumer Straße – Spichernplatz – Dreieck – Nordstraße – Jan-Wellem-Platz – Wilhelm-Marx-Haus (HVZ bis Kirchplatz), abends, samstagnachmittags und sonntags kein Verkehr

Linie 3: Gerresheim/Bf. – Schönaustraße – Auf der Hardt – Grafenberg – Uhlandstraße – Schadowstraße – Jan-Wellem-Platz – Wilhelm-Marx-Haus – Graf-Adolf-Platz – Bilk/Bahnhof – Aachener Platz – Volmerswerther Straße

Linie E3: (HVZ-Linie): Gerresheim/Schönaustraße – Auf der Hardt – Grafenberg – Uhlandstraße – Schadowstraße – Jan-Wellem-Platz – Wilhelm-Marx-Haus

Linie 4: Derendorf/Straßburger Straße – Rather Straße – Schloßstraße – Pempelforter Straße – Hauptbahnhof – Fürstenplatz – Karolingerplatz – Witzelstraße – Stoffeln

Linie 5: (Rundlinie): Düsseldorf/Hauptbahnhof – Bismarckstraße – Jan-Wellem-Platz – Ratinger Tor – Oberkassel – Heerdt – Handweiser – Neuss/Bahnhof – Neuss/Stadthalle – Südbrücke – Südfriedhof – Fährstraße – Bilker Kirche – Graf-Adolf-Platz – Düsseldorf/Hauptbahnhof

Linie E5: Düsseldorf/Hauptbahnhof – Bismarckstraße – Jan-Wellem-Platz – Ratinger Tor – Oberkassel – Heerdt – Handweiser – Neuss/Bahnhof, vormittags, abends, samstags und sonntags kein Verkehr

Linie 6: (Rundlinie): Merowingerplatz – Auf'm Hennekamp – Volksgarten – Oberbilk – Flingern – Zoo/Brehmplatz – Stockkampstraße – Marienhospital – Sternstraße – Jan-Wellem-Platz – Wilhelm-Marx-Haus – Graf-Adolf-Platz – Bilk/Bahnhof – Karolingerplatz – Am Steinberg

Linie 7: Unterrath/Bahnhof – Kalkumer Straße – Spichernplatz – Dreieck – Marienhospital – Tonhallenstraße – Hauptbahnhof – Erkrather Straße – Lierenfeld – Eller/Vennhauser Allee

Linie 8: Heinrichstraße – Zoo/Brehmplatz – Uhlandstraße – Ackerstraße – Hauptbahnhof – Fürstenplatz – Bilker Allee – Bilker Kirche – Hafen – Hamm

Linie 9: Grafenberg/Burgmüllerstraße – Flingern – Ackerstraße – Hauptbahnhof – Graf-Adolf-Platz – Bilker Kirche – Fährstraße – Südfriedhof

Linie 10: Lörick – Hansa-Allee – Oberkassel – Ratinger Tor – Jan-Wellem-Platz – Berliner Allee – Hüttenstraße – Oberbilk – Lierenfeld – Eller/Vennhauser Allee

Linie 11: Kaiserswerth – Lohausen – Stockum – Golzheim – Kaiserswerther Straße – Duisburger Straße – Tonhallenstraße – Hauptbahnhof (HVZ weiter Oberbilk – Wersten – Holthausen)

Linie 12: Ratingen – Oberrath – Schlüterstraße – Uhlandstraße – Schadowstraße – Jan-Wellem-Platz – Wilhelm-Marx-Haus

Linie 14: Rath/Bahnhof – Derendorf – Dreieck – Nordstraße – Jan-Wellem-Platz – Berliner Allee – Corneliusstraße – Karolingerplatz – Am Steinberg, abends, samstagnachmittags und sonntags kein Verkehr

Linie 15: Oberkassel/Rheinbahnhaus – Ratinger Tor – Wilhelm-Marx-Haus – Graf-Adolf-Platz – Bilk/Bahnhof – Karolingerplatz – Witzelstraße – Stoffeln – Wersten – Holthausen, abends, samstagnachmittags und sonntags kein Verkehr

Linie 16: (HVZ-Linie): Wilhelm-Marx-Haus – Jan-Wellem-Platz – Berliner Allee – Hüttenstraße – Oberbilk – Lierenfeld – Eller/Vennhauser Allee,

Linie 18: Messe/Rheinstadion – Stockum – Golzheim – Kaiserswerther Straße – Nordstraße bzw. Duisburger Straße – Jan-Wellem-Platz – Bismarckstraße – Hauptbahnhof – Oberbilk – Wersten – Holthausen – Benrath/Bahnhof, abends, samstagnachmittags und sonntags nur bis Holthausen

Linie 19: (HVZ-Linie): Oberrath – Schlüterstraße – Flingern – Ackerstraße – Hauptbahnhof – Graf-Adolf-Platz – Fürstenwall, teils weiter Bilker Kirche – Fährstraße – Südfriedhof

Juni 1974 – Linie 9 (Vierachserzug) in der engen Endschleife Grafenberg/Burgmüllerstraße. Diese Schleife wurde im Juli 1982 abgebaut.

Fernlinie D: Duisburg/Hauptbahnhof – Wanheim – Hukkingen – Kesselsberg – Wittlaer – Kaiserswerth – Lohausen – Stockum – Kaiserswerther Straße – Nordstraße bzw. Duisburger Straße – Jan-Wellem-Platz

Fernlinie K: Krefeld/Rheinstraße – Dießem – Fischeln – Osterath – Haus Meer – Büderich – Lörick – Oberkassel – Ratinger Tor – Jan-Wellem-Platz

März 1973, Beginn des Stadtbahnbaus in Düsseldorf, Streckenumbauten auf der Fernlinie D

Am 24. März 1973 begann auch in Düsseldorf die Arbeit an unterirdischen Strecken. Mit einem feierlichen Akt wurde am künftigen U-Bahnhof Klever Straße der erste Spatenstich getan. Was war diesem Ereignis vorausgegangen?

Mitte bis Ende der fünfziger Jahre wurde der Straßenbahnbetrieb in den westdeutschen Städten, wie bereits erwähnt, vom anschwellenden Autoverkehr mehr und mehr bedrängt. Durch vermehrte Ampelanlagen erlitt der Bahnbetrieb weitere Fahrzeitverluste. Außerdem war die öffentliche Meinung, vertreten durch Geschäfsleute, Ratsherren, Verwaltungsspitzen und Publizistik, größtenteils gegen den Schienenverkehr eingestellt.

Bereits 1955 begann man in Düsseldorf Pläne zu erörtern, die Straßenbahn in der Innenstadt „unter das Straßenpflaster zu legen". Die Einstellung der Öffentlichkeit zur Straßenbahn bekam der damalige Erste Direktor der Rheinbahn, Rebbelmund, des öfteren zu spüren. Bei einem Hearing vor der Düsseldorfer Ratsversammlung, als Pläne für Unterpflaster-Strecken beraten wurden und Rebbelmund einige technische Vorbehalte machte, erreichte ihn der empörte Zuruf eines Ratsherrn: „Sie (‚und die Rheinbahn' wurde später hinzugefügt) gehören unter die Erde!"

Auch der seinerzeitige Stadtplaner, Prof. Tamms, war kein Freund der Straßenbahn. Seine Pläne sahen bekanntlich breite Autostraßen durch Düsseldorfs Innenstadt vor. Daraufhin angesprochen, meinte er zu dem Fragesteller, er wolle in den nächsten Jahren doch wohl auch mit dem eigenen Auto in die Stadt fahren. Bei einer anderen Gelegenheit machte er die scherzhafte Äußerung: „... man sollte die Rheinbahn an ein Entwicklungsland verkaufen ..."

Die geplanten S-Bahn-Linien sollten nicht nur das Umland mit Düsseldorf besser und schneller verbinden, sondern auch einen Teil des Innenstadtverkehrs mit übernehmen. Tamms schwebte damals vor, zusätzlich zu der 1967 eröffneten S-Bahn Ratingen/Ost-Garath eine weitere unterirdische S-Bahn-Strecke von Rath über Derendorf, Innenstadt, Bilk bis Wersten zu bauen. Sie sollte einen wesentlichen Teil des Straßenbahnverkehrs übernehmen, die übrigen Straßenbahnlinien wollte man dann nach und nach auf Busbetrieb umstellen.

Früher galt die Devise, daß nur Millionenstädte für einen klassischen U-Bahn-Betrieb rentabel seien. Anfang der sechziger Jahre vertraten verschiedene Verkehrsexperten nach neuerlichen Überlegungen die Ansicht, auch Städte mit 500 000 bis 900 000 Einwohnern könnten finanziell U-Bahn-Linien verkraften und bauen lassen. In Deutschland gab und gibt es nur drei Städte mit einer Einwohnerzahl von über einer Million: Berlin, Hamburg und München. Diese Städte haben heute U-Bahnen mit seitlicher Stromzufuhr. Jetzt planten auch weitere westdeutsche Städte U-Bahn-Strecken,

zumal Bund und Länder in diesen Jahren die Absicht signalisierten, die betreffenden Bauvorhaben finanziell wesentlich zu unterstützen.
Am 19. Dezember 1968 faßte die Düsseldorfer Stadtvertretung den Beschluß, ebenfalls U-Bahn-Linien zu bauen, allerdings mit der Einschränkung, daß die Bundesregierung und das Land Nordrhein-Westfalen die anfallenden Kosten bis zu 90 % übernehmen sollten.
Tamms, von seiner unterirdischen Innenstadt-S-Bahn-Idee abgekommen, hatte zuvor ein U-Bahn-Kreuz konzipiert, das zunächst erstellt werden sollte: Eine West-Ost-Strecke von Oberkassel/Belsenplatz durch die Innenstadt bis Grafenberg/Staufenplatz und eine Nord-Süd-Strecke von der neuen Messe in Stockum über Opernhaus, Bilk, Stoffeln, Wersten bis Holthausen. Der Verknüpfungspunkt dieser beiden Linien sollte am Opernhaus in einem doppelstöckigen U-Bahnhof liegen. Diese U-Bahnen mit seitlichen Stromschienen wollte man nur in Tunnels verlaufen lassen. An den Endpunkten dieser zwei Linien wären Bus-Bahnhöfe entstanden, wo die Fahrgäste in Omnibuslinien umsteigen sollten, und zwar in Holthausen nach Benrath, Hilden, Urdenbach usw., am Staufenplatz in Richtung Gerresheim, Mettmann, Wülfrath, Ratingen, Flingerbroich, im Norden nach Kaiserswerth, Wittlaer, Duisburg und am Belsenplatz in Richtung Lörick, Krefeld, Moers, Büderich, Neuss usw. Dazu wären aber noch einige Innenstadt-Buslinien nötig gewesen. Die Straßenbahn wollte man nach und nach einstellen.
Auf einer Konferenz bezeichnete Tamms die Straßenbahn als „eine Erfindung des vorigen Jahrhunderts". Er vergaß dabei aber, daß die U-Bahn, auf die er anspielte, noch älter ist. Die erste Untergrundbahn fuhr in London bereits 1868, zunächst noch dampfbetrieben, die erste elektrische Straßenbahn mit Erdzuleitung in Berlin erst 1881. Das Automobil ist ebenfalls im vorigen Jahrhundert erfunden worden. Karl Benz konstruierte in Deutschland den ersten Benzinkraftwagen schon 1885.
Die Straßenbahn mit modernen Gelenkwagen hat in den sechziger Jahren ihre Funktion als flächenbedienendes Verkehrsmittel auch im Umland, zumal bei größeren Verkehrsströmen, voll erfüllt. Ein im Einmannbetrieb fahrender Achtachser mit Beiwagen vermag etwa 300 Personen zu befördern, ein Omnibus im Schnitt nur etwa 80–100 Personen. Bei einer Busumstellung müßte man statt der langen Straßenbahn drei Omnibusse einsetzen, also zwei Fahrer zusätzlich. Die Folge davon wäre eine weitere Verstopfung der aus dem Stadtgebiet herausführenden Straßen mit Bussen.
Zur Entfaltung ihrer vollen Leistungsfähigkeit und Schnelligkeit (das gilt heute wie damals) benötigt die moderne Straßenbahn aber eigene Fahrspuren oder Bahnkörper, dazu Ampelvorrangschaltungen bei Straßenkreuzungen. Zu eigenen Fahrspuren zählen auch aufgeständerte Strecken. Die Verlegung in den Untergrund ist wohl die beste Lösung, aber auch die kostspieligste, nicht nur bei der Erstellung der Bauwerke, sondern auch beim späteren Unterhalt.
Die Landesregierung als wesentlicher Geldgeber hatte in jenen Jahren aber andere Pläne als die Düsseldorfer Stadtväter. Aufgrund der Zechenstillegungen und der Massenentlassungen von Bergleuten wurden vom Land Nordrhein-Westfalen für das Ruhrgebiet in den sechziger Jahren Sanierungspläne erstellt. Es sollten neue Industrien und Gewerbebetriebe angesiedelt, die Landschaft verschönert und neue Wohnsiedlungen gebaut werden. Die Ruhrgebiets-Großstädte sollten Universitäten erhalten. Ein großer Teil dieses Vorhabens wurde in späteren Jahren auch verwirklicht. Im Endstadium sollte sich die Einwohnerzahl des Ruhrgebietes noch erhöhen.
Auch verkehrstechnisch waren große Verbesserungen geplant. Die Bürger sollten öfter, schneller und komfortabler von Ort zu Ort reisen können. Die Deutsche Bundesbahn erstellte Pläne für S-Bahnlinien (u. a. den Steffensplan), die das Ruhrgebiet in West-Ost-Richtung von Homberg bis Unna durchziehen würden, die Nord-Süd-Richtungen sollten verbesserte Straßenbahnlinien herstellen mit Verknüpfungspunkten zu den S-Bahn-Strecken. Dabei wurde seitens der Bundesbahn bemängelt, daß die Ruhrgebiets-Straßenbahnen verschiedene Spurweiten aufwiesen. Duisburg und Dortmund haben Normalspur, die übrigen Städte, allerdings mit größeren Liniennetzen, Meterspur.
Nun entstand seitens der Landesregierung das Projekt „Stadtbahn Ruhr". Neue Strecken in Normalspur, die Meterspur-Straßenbahn ersetzend, sollten unabhängig vom Autoverkehr, teils unterirdisch, teils auf eigenen Bahnkörpern, durch die Städte führen und die Orte großräumig miteinander verbinden. Ein neuer Wagentyp, Stadtbahnwagen A, war geplant. Bis 1990 wollte man etwa 250 km Stadtbahnstrecken anlegen. Um für die umfangreichen Bauvorhaben Platz zu schaffen, sollten die Ruhrgebiets-Städte großzügig saniert werden, viele Häuserzeilen mußten verschwinden, Stadtviertel wurden ausgedünnt.
Als Düsseldorf seine Ansprüche anmeldete, erweiterte man das Projekt zur Stadtbahn „Rhein-Ruhr". Die Anerkennung dieser neuen Stadtbahn-Gesellschaft mit deren Baunormalien wurde für die Stadt Düsseldorf verpflichtend, wollte sie mit Zuschüssen für ihr Bauvorhaben rechnen. Die Landesregierung meinte zu den Tamms'schen U-Bahn-Plänen, er habe die Fernbahnlinien nach Duisburg und Krefeld vergessen. Vergessen hatte er sie wohl nicht, Tamms wollte sie wie die anderen auf Busbetrieb umstellen.
Die Fernlinie D von Duisburg nach Düsseldorf wurde jetzt als Teststrecke für das neue Stadtbahn-Vorhaben auserkoren. Die Tunnelstrecke in Richtung Düsseldorfer Innenstadt sollte an der Fischerstraße beginnen. Mit dieser „Stadtbahn-Vorlaufstrecke" wollte die Landesregierung eine Brücke von der Ruhr nach Düsseldorf schlagen. Die Stadtbahngesellschaft „Rhein-Ruhr" wurde 1969 ins Leben gerufen. Die Rheinbahn-Leitung ließ seinerzeit verlauten, statt der Fischerstraße wäre ihr eine andere Stadtbahnstrecke als erste Baustufe lieber gewesen, z. B. von Oberkassel durch die Innenstadt nach Grafenberg.
Die Duisburger Verkehrsgesellschaft hatte bereits 1968 ein von ihr errichtetes Bauwerk am Sittardsberg in Buchholz in Betrieb genommen. Hier wurden zwei Verkehsstraßen von der Fernlinie D und der Duisburger Straßenbahnlinie 9 durch eine im Einschnitt liegende Strecke mittels Brücken unterquert. Eine neue Haltestelle befand sich an gleicher Stelle, von den Brücken durch Treppen erreichbar.
Am 15. Juli 1969 begannen die Bauarbeiten an der Stadtbahn-Vorlaufstrecke, als offiziell der Grundstein für eine neue Hochbahnstrecke am Neuen Friedhof in Duisburg gelegt wurde. Die aufgeständerte Trasse überquerte zwei Straßen und erhielt an der früheren Haltestelle „Neuer Friedhof" einen Bahnhof mit Eingangshalle, Treppen und Seitenbahnsteigen. Ein in der Mitte liegendes drittes Gleis sollte E-Zügen dienen, was bis heute aber kaum genutzt wurde.
Ab Friedhof führte man die Strecke zur Erde, vor Buchholz aber wieder in Hochlage. Über der Straßenkreuzung Münchener Straße errichtete man ebenfalls einen Bahnhof mit Treppen und Seitenbahnsteigen, die vollständig überdacht wurden. Anschließend senkte sich der Bahnkörper wieder, um die im Einschnitt liegende Haltestelle Sittardsberg zu erreichen.
Zwischen Kesselsberg und Huckingen war damals eine neue Wohnstadt geplant. Auf diesem Abschnitt erhielt die Fernbahn wiederum eine aufgeständerte Strecke mit zwei Bahnhöfen, einer in Huckingen-Süd, der andere nördlich von Kesselsberg. Die neue Hochstrecke lag etwas westlich der früheren Trasse. Bei Kesselsberg wurde Raum für eine mehrgleisige Aufstellanlage gelassen. Da die Einwohnerzahl im

April 1978 – Fernlinie D am neuen Bahnhof Wittlaer, der im Zuge des Stadtbahn-Vorlaufbetriebes errichtet wurde, in Fahrtrichtung Duisburg.

Okt. 1978 – Fernlinie D an der Haltestelle Froschenteich zwischen Wittlaer und Huckingen.

Okt. 1978 – Fernlinie D auf dem viergleisigen Bahnkörper in Huckingen, rechts die Gleise der Duisburger Linie 9.

Ruhrgebiet entgegen den Erwartungen aber immer weiter zurückgeht, blieb die neue Wohnstadt bis heute auf dem Papier. Der Hochbahnhof Huckingen-Süd ist bis jetzt ungenutzt, der Bahnhof Kesselsberg wurde in den letzten Jahren in Betrieb genommen, dafür die bisherige Haltestelle Angerhof aufgelassen. Der Fahrgastverkehr im Hochbahnhof ist äußerst gering.
In den Jahren 1974–75 erhielt die Strecke der D zwischen Kesselsberg, Wittlaer und Kaiserswerth neue Gleise mit stärkerem Oberbau sowie neue nachgespannte Hochgeschwindigkeits-Fahrleitungen, die nach Bundesbahn-Manier an verzinkten Gittermasten aufgehängt wurden. Ein Bahnhof Wittlaer wurde nördlich der bisherigen Haltestelle mit Mittelbahnsteig und Gleichrichterstation ebenerdig neu angelegt. Die schmale Landstraße zwischen Wittlaer und Kalkum band man in Einbrungen ab, eine neue Straße führt in Hochlage mit einer Brücke über den neuen Bahnhof Wittlaer hinweg. Von der Brücke gelangt man über Treppen zum Mittelbahnsteig.
Auch der Streckenabschnitt der Linien D und 11 zwischen Kaiserswerth und Freiligrathplatz wurde in diesen Jahren gleismäßig und fahrleitungstechnisch verbessert. Niveaugleiche Straßenübergänge erhielten Signalanlagen, zum Teil auch Halbschranken, Etwa 6 Jahre nach der Grundsteinlegung war die Fernbahnstrecke zwischen Neuem Friedhof in Duisburg und Düsseldorf/Freiligrathplatz stadtbahnmäßig ausgebaut. Ein Weiterbau als Vorlaufstrecke bis Duisburg/Innenstadt war durch Anlieger-Einsprüche aber blockiert. Daher entstand am Neuen Friedhof für mehrere Jahre ein provisorisches Brückenbauwerk. Erst Ende 1977 konnte die Stelzenstrecke vom Neuen Friedhof ordnungsgemäß auf den Bahnkörper (Straßenmittenlage) zur Haltestelle „Im Schlenk“ hinabgeführt werden.
Die Stadtbahngesellschaft baute Mitte der siebziger Jahre die Meterspurstrecke der Essen/Mülheimer Linie 18 zwischen Essen/Hbf. und Heissen/Kirche als neue Teststrecke um. Beim Neubau des Ruhrschnellwegs erhielten die Linien 8 und 18 Ende der fünfziger/Anfang der sechziger Jahre in Straßenmitte einen eigenen Bahnkörper. Jetzt spurte man die Strecke auf Normalspur um, der Bahnkörper mußte zum Teil erweitert werden, die früheren Haltestellen wurden zu Bahnhöfen mit Hochbahnsteigen, meistens in Mittellage, Zugänge

Juli 1973 – Wegen des Stadtbahntunnelbaues auf der Fischerstraße wurden Umleitungsstrecken auf der Duisburger und Kaiserswerther Straße erforderlich. Hier Einbau von Kreuzungen und Weichen an der Ecke Kaiserswerther-/Nordstraße. Neben dem Geschäft Krings befand sich bis 1926 die frühere Umsetzstelle der Düsseldorf-Duisburger Kleinbahn.

September 1973 – Linie 11 mit Sechsachser und Beiwagen auf der 1973 gebauten Umleitungsstrecke Kaiserswerther Straße.

U-Bahn-Bauarbeiten auf der Kaiserstraße im November 1976 mit einer provisorischen Brücke im Vordergrund. Die Linie 1 befuhr in dieser Zeit in Richtung Rath eine Umleitungsstrecke über Stern-, Duisburger Straße zur Nordstraße.

wie früher von quergeführten Brücken aus. Die neue Stadtbahnstrecke zwischen Essen/Wiener Platz und Heissen/Kirche wurde am 28. Mai 1977 feierlich eröffnet. In Essen und in Heissen lag die Strecke im Tunnel. Es verkehrte der Stadtbahnwagen B.

Soweit die Vorgeschichte zur Stadtbahngründung! 1973 begann nun auch in Düsseldorf das große Buddeln. Straßen wurden aufgebaggert, Umleitungsstrecken für Autos und Straßenbahnen angelegt, Fußgängersteige verkleinert. Geschäftsleute klagten über sinkende Umsätze. Entschädigungsanträge an die Stadtverwaltung wurden bzw. werden noch heute gestellt. Eine Symbolfigur, der „U-Dachs", sorgte für Informationen über die notwendigen Maßnahmen und bat alle Beteiligten um Verständnis für die vorübergehenden Behinderungen.

Beim ersten Bauabschnitt auf der Fischerstraße von der Klever zur Venloer Straße (Baulos 3 N) wurde 1973 für die Linien 11, 18 und D eine Umleitungsstrecke verlegt, und zwar auf der Kaiserswerther Straße zwischen Bank- und Duisburger Straße, wo früher schon mal die Straßenbahn fuhr. Die alten Gleise waren Ende der fünfziger Jahre ausgebaut worden. Am 22. Juli 1973 (es war ein Sonntag) baute die Rheinbahn an der Kreuzung Duisburger, Nord- und Kaiserswerther Straße neue Kreuzungsgleise mit Weichen und Gleisbogen ein. Vorher, vom 21. bis 22. Juli, verkehrte die Linie 11, nachdem die Strecke auf der Venloer Straße stillgelegt wurde, über Kaiserstraße, Jan-Wellem-Platz, Bismarckstraße zum Hauptbahnhof.

Ab 23. Juli 1973 fuhr die 11 wieder über Duisburger und Kaiserswerther Straße, die 18 und die D in Nordrichtung über Stern-, Duisburger und Kaiserswerther Straße, in Südrichtung über Nord- und Kaiserstraße. Auf der Sternstraße wurden die Gleise der Linie 6 mitbenutzt. Die Strecke über Fischer- zur Kaiserstraße, etwa 20 Jahre alt, lag jetzt still, die Schienen wurden entfernt. Auf dem Mittelstreifen regierten nun Bagger, Räumfahrzeuge, Rammen und Betonmaschinen. Ende 1973 begann man mit dem Baulos 4 N von der Klever Straße zum Kennedydamm, hier entstand die Rampe zur Haltestelle Kennedydamm. Beide Abschnitte waren 1975 im Rohbau fertig.

1975–76 wurde das Baulos 2 N von der Venloer bis zur Sternstraße in Angriff genommen. Nun buddelte man auch auf der Kaiserstraße. Die Linien 1, 2 und 14 mußten in Nordrichtung ebenfalls über Stern- und Duisburger Straße ausweichen, auf einem Gleisbogen ging es von der Duisburger Straße wieder in Richtung Dreieck. In der Gegenrichtung verblieb es bei der bisherigen Streckenführung, allerdings mußte das Gleis je nach Stand der Bauarbeiten mal auf die rechte oder linke Seite der Kaiserstraße wechseln.

Die U-Bahn-Bauleitung erfand den „Düsseldorfer Deckel", um die betroffenen Straßen schnellstens für den allgemeinen Verkehr wieder herrichten zu können. Zur Abgrenzung der Baugruben wurden Breitflanschträger in die Erde gerammt, dazwischen das Erdreich bis zu einer gewissen Tiefe ausgebaggert, Spund- oder Betonwände errichtet und auf diese Stützen starke Betondeckel gelegt. Anschließend konnte der Verkehr auf diesen Deckeln wieder rollen, darunter wurde das Erdreich weiter ausgehoben und die Tunnelbauarbeiten durchgeführt.

Nach etwa drei Jahren, als der Tunnel im Rohbau fertig war, entfernte man die Betondeckel, die Grube wurde bis zur Tunneldecke mit Erdreich ausgefüllt. Die Kaiserstraße erhielt ihr früheres Gesicht mit Autofahrbahnen und Straßenbahnkörper wieder. Die Linien 1, 2 und 14 fuhren wieder ihren früheren Weg über Nord- und Kaiserstraße, die Linien 18 und D aber weiterhin über Stern- und Duisburger Straße bzw. über Nord- und Kaiserstraße. Die Fischerstraße bekam neben neuen Autofahrstraßen in der Mitte anstelle des Bahnkörpers einen Grünstreifen mit Bäumen und Sträuchern. Dieser Grünstreifen zog sich von der Straßenkreuzung Klever Straße bis zur Nordstraße.

Die U-Bahn-Baugrube wanderte von der Sternstraße nun durch den Hofgarten weiter zum Ratinger Tor. Der frühere Betonweg zwischen Sternstraße und Ratinger Tor wurde ausgebaggert und dort der U-Bahn-Tunnel errichtet. Den Baumbestand des Hofgartens schonte man weitgehend, junge Bäume wurden ausgepflanzt, ältere Bäume über der Baugrube in große Töpfe gesetzt. Im April 1977, als die Bauarbeiten im Hofgarten beendet waren, war von der Buddelei nichts mehr zu sehen. Neue Bäume und Sträucher waren angepflanzt worden, dazu einige Blumenbeete. Anstelle der Baugrube führte wieder der Fußgängerweg vom Ratinger Tor zur Sternstraße.

Auf der Tunnelstrecke vom Kennedydamm bis zum Ratinger Tor wurden zwei Bahnhöfe mit Mittelbahnsteigen angelegt, an der Klever und an der Nordstraße. Mehrere Treppen, auch ein paar Rolltreppen, führen jeweils aus zwei Richtungen zu diesen U-Bahnhöfen.

November 1979 – Im Zuge der U-Bahn-Bauarbeiten erhielt die Altstadt 1979 vom Opernhaus aus eine neue eingleisige Richtungsstrecke auf der Hunsrückenstraße in Richtung Graf-Adolf-Platz. Auf dem Bild Linie 12 mit GT 8 S an der Einfahrt zur Schleife Wilhelm-Marx-Haus, die zu diesem Zeitpunkt noch existierte.

Mai 1980 – U-Bahn-Baugrube auf der Heinrich-Heine-Allee zwischen Opernhaus und Ratinger Tor.

Mai 1980 – U-Bahn-Bauarbeiten auf der Heinrich-Heine-Allee. Linie 705 mit Umbau-Sechsachser Nr. 2703 (ex Neuß) auf provisorischer Strecke zwischen Ratinger Tor und Opernhaus. Im Hintergrund die abgestützte Fassade der früheren Reichsbank, die – unter Denkmalschutz – einem Neubaukomplex wieder eingefügt wird.

Ab Oktober 1975, als der neue Bahnhof Wittlaer mit seinem Mittelbahnsteig in Betrieb genommen wurde, konnten auf der Fernlinie D keine Einrichtungsfahrzeuge mehr verkehren. Da noch nicht genügend neue Zweirichtungs-Achtachser, Typ GT 8 S, zur Verfügung standen, wurden für einige Wochen und Monate die Achtachser des Typs K 66 mit Beiwagen auf der D eingesetzt. Dieser Wagentyp hatte bekanntlich auch auf der linken Seite Falttüren.
1978–79 erreichten die Erdarbeiten auch die Heinrich-Heine-Allee, und zwar vom Ratinger Tor bis zum Wilhelm-Marx-Haus. Vorher verlegte man die Straßenbahngleise mit den Haltestellen von der Mitte auf die westliche Seite der Heine-Allee. In Straßenmitte wurde nun die Baugrube ausgehoben und die Tunnelstrecke gebaut. Die umfangreichsten Arbeiten in Breite und Tiefe mußten zwischen Elberfelder Straße und Grabenstraße geleistet werden, um hier den doppelstöckigen zentralen U-Bahnhof „Heinrich-Heine-Allee" im Rohbau anzulegen. Der Nord-Süd-Autoverkehr wurde durch Altstadtstraßen umgeleitet.
Bevor man am Wilhelm-Marx-Haus mit der Buddelei begann, verlegte die Rheinbahn die Richtungsstrecke Heine-Allee – Kasernenstraße am 25. August 1979 über Bolker- und Hunsrückenstraße zur Kasernenstraße. Die vom Jan-Wellem-Platz kommenden Bahnen kreuzten nun die Heine-Allee und fuhren gleich in die Bolkerstraße, die Straßenbahnen aus Richtung Ratinger Tor gelangten über einen Gleisbogen zur Bolkerstraße. Die Haltestelle „Wilhelm-Marx-Haus" (Nord-Süd-Richtung) lag nun an der Ecke Flinger-/Hunsrückenstraße. Die Zufahrt zur doppelgleisigen Endstelle Wilhelm-Marx-Haus erfolgte jetzt von der Hunsrückenstraße aus.
Am 3. September 1979 hatte auch die Heinrich-Heine-Allee ihre Betondeckel erhalten, und die Linien K, 5, 10 und 15 fuhren nach Auffüllung der Baugruben zwischen Grabbeplatz und Wilhelm-Marx-Haus wieder in Straßenmitte. Die Haltestellen Opernhaus und Wilhelm-Marx-Haus wurden neu angelegt mit Seitenbahnsteigen, Schachbrett-Plattierungen, Wartehäuschen usw.
Die Gleisanordnung auf der Elberfelder Straße wurde ebenfalls geändert. Das Gleis für die West-Ost-Richtung zum Jan-Wellem-Platz blieb auf abgegrenztem Bahnkörper liegen. Um für den nach links abbiegenden Autoverkehr eine gesonderte Spur zu schaffen, rückte man die Richtungsgleise zum Ratinger Tor und zur Altstadt nach Norden. Die beiden Gleise lagen jetzt nicht mehr auf eigenem Körper, sie wurden zwischen Königsallee/Westseite und Heine-Allee nun auch von Autos mitbenutzt.

19. Februar 1981 – Linie 703 auf der Kasernenstraße. Wegen U-Bahn-Bauarbeiten mußten die Straßenbahnen mehrere Wochen lang eine provisorische Strecke über die inzwischen stillgelegte Schleife Wilhelm-Marx-Haus befahren.

19. September 1981 – Die Rampenstrecke auf der Heinrich-Heine-Allee aus der Tunnelröhre zur Haltestelle Opernhaus kurz vor der Fertigstellung.

Juli 1979 – Wegen U-Bahn-Bauarbeiten am Wilh.-Marx-Haus verkehrten die Linien 3 (nördlicher Streckenast) und 12 an einigen Wochenenden bis Oberkassel/Rheinbahnhaus.

Juli 1979 – Linie 3 in der Schleife Graf-Adolf-Platz auf der Karl-Theodor-Straße. Dort endete an einigen Wochenenden wegen U-Bahn-Bauarbeiten der südliche Streckenast der Linie 3 von Volmerswerther Straße bis Graf-Adolf-Platz.

In den Monaten Juli bis September 1979 mußten wegen Gleisbauarbeiten auf der Heine-Allee und den angrenzenden Straßen des öfteren Umleitungen gefahren werden, aber nur kurzfristig. So verkehrte die Linie 6 nicht über Breite bzw. Kasernenstraße, sondern über Berliner Allee, Corneliusstraße zum Steinberg, die Linien 3 und 12 vom Jan-Wellem-Platz über Ratinger Tor zur Gleisschleife Oberkassel/Rheinbahnhaus. Der südliche Ast der 3 fuhr von der Volmerswerther Straße bis zur Schleife Karl-Theodor-Straße nördlich des Graf-Adolf-Platzes. Die Zwischenräume wurden durch Busse überbrückt. Die Linien K, 5 und 10 verkehrten zuweilen über Kasernen-/Breite Straße, Graf-Adolf-Platz und Graf-Adolf-Straße zum Hauptbahnhof bzw. nach Eller.
Im November 1979 verlegte die Rheinbahn die Straßenbahnstrecke zwischen Ratinger Tor und Oberkasseler Brückenrampe auf die westliche Seite der Baustelle bzw. der U-Bahn-Rampe. Hier wurde auch eine neue Haltestelle „Ratinger Tor" errichtet. Am 9. Januar 1981 mußte die Gleisschleife Wilhelm-Marx-Haus/Grabenstraße wegen Ausschachtungsarbeiten stillgelegt und abgebaut werden. Für umsetzende E-Züge wurde auf der Bastionstraße zwischen Kasernen- und Breite Straße vor dem Stahlhof eine neue Schleife errichtet. Von der Haltestelle Benrather Straße führte auf der Kasernenstraße bis zur neuen Gleisschleife ein Vorsortiergleis.
Daß hinsichtlich der U-Bahn-Bauarbeiten nicht allenthalben eitel Freude herrschte, wurde bereits betont. Die Diskussionen über die Zweckmäßigkeit von U-Bahn-Strecken ging ebenfalls weiter, zumal die früheren Kostenvoranschläge bei den Tunnelbauten ziemlich überschritten wurden. Ende der siebziger Jahre ging mal wieder „ein Rauschen durch den Blätterwald". Einige Bürger wollten die bereits gebauten Tunnelröhren wieder zuschütten, ehe sie weitere -zig Millionen verschlingen würden, andere schlugen vor, in den Tunnels Autos parken zu lassen. An die fehlenden Entlüftungsschächte für Abgase wurde dabei nicht gedacht, auch nicht daran, daß bei einer zweispurigen Röhre neben der notwendigen Fahrspur nur wenig Raum für Längsparkplätze vorhanden sein würde.

Beschaffung neuer Straßenbahn-Gelenkwagen, Typ GT 8 S

Die Niederflur- und Verbands-Zweiachser mußten ersetzt werden, da sie in den vergangenen Jahren nicht mit automatischen Falttüren ausgestattet und auch nicht für den Einmannbetrieb hergerichtet wurden. 1970 waren noch insgesamt 135

Trieb- und Beiwagen dieser Wagentypen betriebsfähig. Die Rheinbahn bestellte 1971 bei der DÜWAG 28 Zweirichtungs-Achtachser, die in der Gestaltung und im Leistungsbereich von den bisherigen Straßenbahntypen abwichen. 1972 wurde der Auftrag auf 50 Stück erhöht, anschließend auf 65 Stück. Hinzu kamen noch 4 Wagen mit Speiseabteil für die Fernlinie D.

Am 29. August 1973 wurde der erste neue Achtachser Nr. 3001 geliefert, er kostete 870 000 DM, die nächsten Wagen 800 000 DM je Stück. Die Fahrzeugbeschaffung wurde von der öffentlichen Hand bezuschußt. Den ersten Eindruck prägte die neue Farbgebung rot/weiß, was den Düsseldorfer Stadtfarben entspricht. Der neue Wagentyp, GT 8 S genannt, sollte später die ersten Tunnelstrecken befahren, die als Stadtbahnstrecken keine Gleisschleifen mehr aufweisen würden. Daher baute man ihn als Zweirichtungsfahrzeug, vorn und hinten mit Steuerköpfen, Türen an beiden Wagenseiten. Auf den Stirndächern saßen an beiden Enden Stromabnehmer in der neuen Einholm-Ausführung. Vier automatische Doppelfalttüren befanden sich an jeder Wagenseite, Anordnung 2-2/2/2. Die sonst übliche fünfte Doppeltür am Wagenende entfiel, um neben dem Fahrersitz Platz für notwendige Schaltgeräte zu haben.

Der neue Achtachser hatte zwei Jakobs-Drehgestelle, an beiden Stirnseiten Scharfenberg-Kupplungen, 51 Sitz- und 145 Stehplätze, war 26,2 m lang und 2,4 m breit. Er hatte zwei Tandem-Motoren von je 150 kWh, gesteuert durch Simatic-Schalter, die frühere Kurbel entfiel, Höchstgeschwindigkeit etwa 70 km/h. Sämtliche Wagen waren für Zugsteuerung eingerichtet, es können also Doppel- und Dreierzüge gefahren werden. Die elektrische Ausrüstung lieferte die Fa. Kiepe. Die in Abteilanordnung eingebauten Sitze (Doppel- und Einzelsitze) haben rote Kunststoffbezüge, sind breiter als frühere Sitze und gut gepolstert. Leuchtstoffbänder sorgen bei Dunkelheit für Licht im Innern.

Die Frontscheibe ist mittig geteilt und fällt nach hinten leicht zurück. Darüber befindet sich der Zielschildkasten mit Rollband in Negativschrift, rechts daneben ein viereckiges Kästchen für die Liniennummer. Dachlinienhauben wurden nicht mehr eingebaut. Bei Dunkelheit zeigt die Frontpartie ein Dreispitzlichtsignal wie bei der Bundesbahn, ein länglicher Scheinwerfer sitzt auf dem Stirndach, zwei weitere rechts und links unterhalb der Frontscheibe. An den Wagenseiten werden Liniennummer und Zielangaben in zusätzlichen Kästen wiederholt. Diese Kästen geben nach außen das Fahrtziel an, nach innen den Linienweg mit Haltestellen. Alle Rollbänder, auch die mit den Liniennummern, werden von kleinen Elektromotoren bewegt und zentral gesteuert. Das gleiche gilt für die elektrisch betriebenen Einholm-Stromabnehmer.

Der Fahrer hat an der rechten Steuerkopfseite neben den mittig angebrachten Schaltknöpfen ein Zahlpult mit Geldwechsel-Einrichtung. Ein Aufkleber mit einem schwarzen „S“ auf weißem Grund unter der Stirnscheibe deutet auf Einmannbetrieb und Selbstbedienung hin. Neben den Türen befindet sich der Hinweis: „Kasse beim Fahrer“. Der Einstieg für Fahrgäste mit Kinderwagen liegt im Mittelteil. Die Doppeleingänge haben drei Trittstufen. Die Türschließ-Automatik wird durch Lichtschranken gesichert, also keine Trittstufen-Kontakte mehr.

Mit dem Ende August angelieferten ersten Wagen Nr. 3001 wurden zunächst umfangreiche Probefahrten durchgeführt, ehe er am 30. November erstmalig im Linienverkehr, und zwar auf der Linie 3, eingesetzt wurde. Er hatte übrigens leicht brünierte Seitenscheiben, die gegen starkes Sonnenlicht schützen sollten, und eine Klimaanlage, was die später gelieferten Wagen nicht hatten. Bei einigen Wagen wurden in den nächsten Jahren noch nachträglich Klimaanlagen eingebaut. Nicht nur auf der 3, auch auf anderen Linien setzte man den Erstling Nr. 3001 in den kommenden Monaten ein. Vom Publikum wurde der neue Wagentyp gut angenommen, „roter Flitzer“ nannten ihn einige Leute.

Als zwei weitere Neuwagen zur Verfügung standen, erprobte die Rheinbahn mit ihnen das Doppelzug-System, was gut funktionierte. Die Rheinbahn wollte diese beiden Wagen nun auf der Fernlinie K fahren lassen. Am Vorabend, als der Doppelzug zum Betriebshof Handweiser zurückkehrte, ereignete sich an der Abzweigung Belsenplatz ein Unfall; nach Passieren des ersten Wagens schlug die Weichenzunge in Richtung Lörick zurück, der zweite Wagen entgleiste mit fast allen Achsen und stand quer zur Straße. Der Unfall gab Rätsel auf, zumal die automatischen Weichen vorher schon durch Rückfallsperren kontaktmäßig gesichert wurden. Der zweite Stromabnehmer hätte das Umschlagen der Weiche nicht auslösen dürfen. Die Schäden an den neuen Wagen stellten sich als nur gering heraus, sie konnten in kurzer Zeit

Juli 1974 – Fernlinie K mit GT 8 S-Doppelzug an der Haltestelle Görgesheide

Okt. 1974 – Ein neuer GT 8 S-Achtachser als Linie E 3 in der kleinen Gleisschleife Staufenplatz in Grafenberg

1974 – Endschleife Gerresheim/Bf mit Verbandszug der Linie E 3 und GT 8 S-Achtachser der Linie 3

Febr. 1976 – Fernlinie K mit GT 8 S-Achtachser an der Haltestelle Meererbusch, im Hintergrund die Trafo-Station mit Stationsgebäude

Sept. 1977 – Linie 9 mit GT 8 S-Achtachser am Hauptbahnhof.

behoben werden. Der Doppelzug-Versuch auf der K wurde einige Zeit später nachgeholt.
In den Jahren 1974–75 lieferte die DÜWAG nach und nach die bestellten 65 Achtachser, Wagennummern 3001–3065, aus. Vier weitere, Wagennummern 3101–3104, Baujahr 1975, bekamen im Mittelteil an einer Wagenseite eine kleine Küche. Das mittlere Fenster wurde mit Milchglas versehen. Diese vier Wagen hatten im Mittelteil keine Türen, Anordnung 2-2/-/2. Das Mittelstück trägt die Aufschrift „Speisewagen", die sonst rot lackierte Schürze ist im Mittelstück rot/weiß gewürfelt. Im Mittelteil und an den ersten Seitenfenstern zum vorderen und hinteren Wagenteil hin befinden sich zwischen den Abteilsitzen schmale Tische. Ansonsten haben die Wagen an den Fenstern nur kleine Ablagetischchen. Serviert durch einen Kellner oder Kellnerin wurden auf der Fernlinie D wie bisher Getränke aller Art, Suppen und kleine Imbisse.
Ab 1976 fuhren auf der Fernlinie D nur noch die neuen Zweirichtungs-Achtachser, meistens solo, nur in der Frühspitze verkehrten einige Kurse als Doppelzug, der zweite Wagen natürlich ohne Speiseabteil. Die Zugfolge lag bei 30 Minuten, in der Hauptverkehrszeit alle 20 Minuten. Da die Duisburger Verkehrsgesellschaft keine ähnlichen Wagen beschaffte, stellte die Rheinbahn nun alle Wagenumläufe. Falls ein Speisewagen-Achtachser mal nicht betriebsfähig war, wurden Wagen aus der Reihe 3001–3065 eingesetzt.
Die freigewordenen Einrichtungs-Achtachser mit Speiseabteil Nr. 2497–99 setzte man jetzt auf den Lokallinien ein, meistens auf der Linie 10. Die Küche wurde später ausgebaut. Das gleiche machte die Duisburger Verkehrsgesellschaft mit ihren Achtachsern.
Die Fernlinie K sah man bereits im Frühsommer 1974 fast nur noch mit den neuen rot/weißen Zweirichtungs-Achtachsern fahren, in den verkehrsschwachen Stunden solo, in der Hauptverkehrszeit stets mit Doppelzügen. Die K verkehrte ab Mitte der siebziger Jahre montags bis freitags von 6 bis 19 Uhr alle 20 Minuten, samstags und sonntags dagegen alle 30 Minuten. Die beiden noch vorhandenen Umbau-Achtach-

Ein Sonderzug (GT 8-Speisewagen) steht am 13. September 1975 in der Gleisschleife Neuss/Stadthalle.

Dezember 1977 – Ein GT 8 S-Achtachser (Nr. 3052) wurde 1977 für Versuchsfahrten nach Norwegen ausgeliehen; die Aufnahme zeigt ihn als Linie 9 im winterlichen Oslo.

17. Mai 1979 – Linie 8 auf der Beethovenstraße. Daß der GT 8 S-Typ auf der 8 eingesetzt wurde, geschah recht selten. Sie setzten in Hamm an der Kuhstraße ohne Gleiskehre um.

ser K 53 U blieben auf der K als E-Wagen. Da diese beiden Wagen nur noch solo eingesetzt wurden, entfernte man die Scharfenberg-Kupplungen. Die 1953 gebauten Vierachs-Beiwagen Nr. 1201–02 (frühere Speisewagen) wurden bereits 1975 ausgemustert, die zwei anderen Beiwagen Nr. 1203–04 ein Jahr später.

Die Triebwagen des Typs K 66, Wagennummer 1265–69, stationierte man jetzt im Betriebshof Derendorf. Sie verkehrten meistens auf der Linie 2, des sonntags, wenn die 2 Betriebsruhe hatte, auch auf der Linie 12 nach Ratingen. Hin und wieder sah man auch einen Wagen dieses Typs auf der Linie 8 zwischen Hamm und Heinrichstraße. Da diese Wagen nun ohne Beiwagen verkehrten, nahm man auch ihnen die Scharfenberg-Kupplungen ab. Die Beiwagen des Typs K 66, Nr. 1205–07, fuhren meistens auf der Linie 18 zwischen Rheinstadion und Benrath. Da sie als Einrichtungsfahrzeuge eingesetzt wurden, stellte man die Türen auf einer Wagenseite zu, verlängerte den Wagenboden bis zur stillgelegten Tür und entfernte die hintere Scharfenberg-Kupplung.

Die übrigen neuen Achtachser, die auf der K nicht benötigt wurden, ließ die Rheinbahn in den nächsten Jahren auf fast allen Linien verkehren. Ständig sah man sie damals auf den Linien 3 und 9.

Anfang 1976 ereigneten sich auf der Fernlinie K mit den rot/weißen Wagen zwei schwere Unfälle. Im Januar stieß ein Zug auf einer Straßenkreuzung in Fischeln mit einem Lastwagen zusammen. Der Triebwagen Nr. 3033, Baujahr 1974, wurde aus den Schienen getragen und schwer beschädigt. Ende Februar wurde vormittags ein K-Bahn-Zug wegen einer Betriebsstörung kurz vor der Station Haus Meer aufgehalten. Trotz Blocksicherungssignal prallte der nachfolgende Zug (Wagen-Nr. 3032) – es war sehr neblig – auf den haltenden Achtachser auf. Es gab mehrere Verletzte, die Stirnfronten der Kontrahenten wurden sehr stark eingedrückt. Die Waggonfabrik mußte anschließend neue Triebköpfe einbauen.

Umbau von Straßenbahn-Gelenkwagen Mitte der siebziger Jahre

1974 wurden die Fernbahn-Triebwagen umgenummert, man nahm sie in die 2000er Triebwagenreihe. Die beiden Umbau-Achtachser K 53 U Nr. 1262 und 1263 erhielten die Nummern 2262 und 2263, die Wagen des Typs K 66 Nr. 1265–69 die neuen Wagennummern 2265 bis 2269. Außerdem erhielten alle Straßenbahnwagen nach und nach eine rote Absetzfarbe, anstelle der grauen. Die rote Farbe galt bisher als Erkennungszeichen für Fernbahnlinien.

Die drei Einrichtungs-Achtachser mit Speiseabteil Nr. 2497–99, die jetzt vornehmlich auf der Linie 10 verkehrten, baute die Rheinbahn-Hauptwerkstatt bis 1976 zu normalen Achtachsern um. Die Küche, die Tische und der Doppelscheinwerfer an der Bugseite wurden ausgebaut. Jetzt hatten sie nur noch einen Scheinwerfer, wie die anderen Motorwagen. Das Wageninnere erhielt bei der Renovierung eine neue Bestuhlung im üblichen Grau, die bisherigen roten Polstersitze verschwanden. Neu lackiert wurden sie ebenfalls. Es waren jetzt 68 Sitz- und 161 Stehplätze vorhanden. Wegen einiger engen Innenstadt-Kurven bekamen die drei Achtachser Nr. 2497–2499 (die Wagennummern wurden nicht geändert) aufgrund ihres längeren Mittelteils an den betreffenden Gleisbogen Kreuzungsverbot mit entgegenkommenden Zügen. Sie zeigten an der Stirnfront ein Kreuz auf weißem Grund. Nachdem die betreffenden Gleiskurven neu ausgebaut wurden, hob man 1982 die Kreuzungseinschränkung für die drei Achtachser auf. Das Kreuz an der Stirnfront verschwand.

Die 1972–73 geplante Aktivierung des Schienenverkehrs erforderte auch eine Vergrößerung der Wagenkapazität. Neben der Neuwagenbeschaffung des Typs GT 8 S bestellte die Rheinbahn bei der DÜWAG 35 Mittelteile mit je einem Jakobsdrehgestell, um Sechsachser durch Einfügung des Mittelstücks zu achtachsigen Gelenkwagen umzubauen. Folgende Sechsachser-Nummernreihen, Baujahr 1961–65, wurden für den Umbau herangezogen: Nr. 2421–2430, 2433–2440, 2601–2615 und 2621–2623. Bei den letzten drei Wagen handelte es sich um die früheren Neusser Sechsachser Nr. 41–43.

Diese neuen Achtachser, umgebaut in den Jahren 1974 bis 1976, waren wie die anderen 25,6 m lang, Eigengewicht 25,4 t, und hatten jetzt 59–61 Sitz- und etwa 160 Stehplätze. Die motorische Leistung von zweimal 100 kWh blieb. Bei dem Umbau wurden die Wagen außen und innen renoviert. Man gab ihnen folgende neue Wagennummern: 2751–2768 (früher 2421–2440) und 2851–2867 (früher 2601–2623).

Die bei Beginn des Einmannbetriebes angebrachten Beschilderungen wurden in diesen Jahren vereinfacht. Die Triebwagen zeigten wie die neuen Wagen des Typs GT 8 S rechts an der Stirnfront ein „S", die Falttüren erhielten seitlich neue Hinweise: „Kasse beim Fahrer". Alle anderen Beschriftungen verschwanden.

Die Gelenk- und Großraum-Triebwagen wurden nach und nach mit Funk ausgerüstet. Jeder Fahrer konnte sich jetzt mit seiner Leitstelle durch Sprechfunk verständigen und umgekehrt. Ein „F" unterhalb der Stirnscheibe deutet darauf hin. Außerdem bekamen die Zielkästen der Großraum- und Gelenkwagen neue Rollbänder mit den jetzt in Frage kommenden Endstellen. Neue Zielkästen wurden auch an der rechten Wagenseite am oberen Rand von zwei Seitenfenstern angebracht. Dabei baute man die jeweilige obere Lüftungsklappe aus. Nach außen zeigten diese Kästen die Bezeichnungen der beiden Endstellen mit der Liniennummer, nach innen den Streckenverlauf mit Haltestellen. An der linken Wagenseite im hinteren Teil zeigte ein weiterer Kasten am oberen Rand eines Fensters die Liniennummer an. Auch hier wurde ein Rollband eingebaut. Die vierachsigen Beiwagen rüstete man in gleicher Weise aus.

Neben verbesserten Arbeitswagen, aus Stahlaufbau-Zweiachsern umgebaut, wurden auch neue Fahrschulwagen in Dienst gestellt. 1969 baute die Rheinbahn den Vierachs-Triebwagen Nr. 2029, Baujahr 1954, mit entsprechenden Einrichtungen zu einem Fahrschulwagen um, neue Wagennummer 5101. Die mittlere Doppeltür wurde entfernt. 1977 folgte ein zweiter Fahrschulwagen Nr. 5103, der aus dem früheren Neusser Vierachser Nr. 36 hergerichtet wurde. Dieser Wagen hat vorn und hinten Fahrerstände, die mittleren Türen baute man ebenfalls zu. Die neuen Lehrwagen haben innen einen Unterrichtsraum mit Schreibpulten, entsprechenden Sitzen, Lehrtafeln und hinter dem Fahrersitz ein Bedienungspult für den kontrollierenden Fahrlehrer. Er kann also jederzeit in die Schaltvorgänge des Fahrschülers eingreifen.

Im April 1979 nahm die Rheinbahn einen neuen Schienenschleifwagen Nr. 5164 in Betrieb. Hier wurde der Vierachsbeiwagen Nr. 1834 (früherer Motorwagen) entsprechend umgebaut, u. a. erhielt er zwischen den beiden Drehgestellen zwei zusätzliche Drehgestelle mit Schleifsteinrädern. Gleichzeitig musterte man die alten Schienenschleifwagen aus.

Die früheren Neusser Zweirichtungs-Sechsachser Nr. 38–40, neue Rheinbahn-Nummern 1281–83, baute man in der Betriebswerkstatt Handweiser in den Jahren 1977–1980 ebenfalls um; aus ihnen wurden Einrichtungsfahrzeuge. Ein Fahrerpult wurde ausgebaut, die linken Türen durch Wandstücke verschlossen, anstelle der vorderen Einfachtür baute man eine Doppeltür ein, jetzige Anordnung: 2-2/1-2. Die Schaffnersitze verschwanden ebenfalls. Am Fahrzeugheck wurde die Liniennummernhaube entfernt, der Zielkasten verblecht und eine Scharfenberg-Kupplung eingesetzt. Die Wagen erhielten eine neue Bestuhlung und konnten jetzt 45 Sitz- und etwa 130 Stehplätze anbieten. Das Fassungsvermögen wurde also erhöht.

Sie bekamen die neuen Wagennummern 2701–2703. Der Triebwagen Nr. 2701 wurde 1977 in Dienst gestellt, Nr. 2702 im Jahre 1979 und Nr. 2703 schließlich 1980. Unterstützt durch neue Lackierung boten sie gegenüber früher ein völlig anderes Bild und konnten nun, wie gesagt, mehr Fahrgäste aufnehmen.

Ab 1974, als die neuen GT 8 S-Achtachser in Betrieb genommen wurden, setzte man die Niederflur- und Verbands-Zweiachser nicht mehr im Personenverkehr ein, auch als E-Züge hatten sie ausgedient. Neben den neuen rot/weißen Wagen fuhren nur noch Sechsachser und Achtachser mit und ohne Beiwagen, sowie die Vierachs-Großraumzüge über Düsseldorfs Straßen, letzte fast ausschließlich auf den Linien 4, 14 und 15.

Achtachser mit Vierachsbeiwagen verkehrten auf den Linien 1, 7 und 10, Achtachser ohne Beiwagen auf den Linien 2, 3, E 3, E 5, 9 und 11, Sechs-Achtachser mit Beiwagen sah man auf den Linien 5, 6, 8, 12 und 18. Dies war keine Norm, Änderungen in den Zugzusammenstellungen waren jederzeit möglich, zumal auch die neuen rot/weißen Wagen auf den genannten Linien mit eingesetzt wurden. Die HVZ-Linie 16 verkehrte mit Sechsachsern ohne Beiwagen, die 19, der Umsetzstelle in Oberrath wegen, ausschließlich mit neuen GT 8 S-Achtachsern, ebenso wie die Fernlinien D und K. Außer GT 8 S-Wagen fuhren auf der 3 und auf der 9 hier und da noch Einrichtungs-Achtachser.

In den siebziger Jahren schlug nun auch für die Niederflur- und Verbands-Zweiachser die Todesstunde. Niederflurwagen, die in Unfälle verwickelt wurden, reparierte man seit einigen Jahren nicht mehr, sondern verschrottete sie, so den Triebwagen Nr. 363, Baujahr 1942, der als Linie 16/E im August 1970 in Neuss einen schweren Unfall erlitt. Die Niederflur-Trieb- und Beiwagen, Baujahr 1937–42, wurden fast ausnahmslos bis 1974 ausgemustert. Als Museumswagen blieben der Triebwagen Nr. 267 und der Beiwagen Nr. 316 erhalten.

1974 wurden auch die Aufbau-Triebwagen (Verbandstyp) Nr. 365–374 sowie die Beiwagen Nr. 340–348 verschrottet. Im nächsten Jahr folgten die Verbandsbeiwagen Nr. 600–655. Der Beiwagen Nr. 637 fand als Cafeteria im Rheinischen Landeskrankenhaus in Grafenberg am 29. Juni 1974 eine neue Bleibe. Bis 1977 musterte man 9 Verbandstriebwagen

Der frühere Neusser Sechsachser Nr. 39 (Rheinbahn 1282) wurde im Betriebshof Handweiser zum Ein-Richtungs-Sechsachser Nr. 2702 umgebaut. Die Aufnahme vom Dezember 1977 zeigt vorn die künftige Heckseite.

26. September 1979 – Der fertig umgebaute Tw 2702 (ex Neuß) im Betriebshof Handweiser.

aus der Reihe 375–394 aus. Der Triebwagen Nr. 390 wurde 1976 nach Essen verkauft, wo er für die normalspurige Stadtbahnstrecke als Arbeitswagen umgebaut wurde (dort ATW 690).
5 Triebwagen baute die Rheinbahn in den Jahren 1970–1981 für eigene Zwecke als Arbeitstriebwagen um. Ein Triebwagen der Verbandsreihe, Nr. 380, bleibt zusammen mit dem Beiwagen Nr. 643 als Museumswagen erhalten. Die restlichen vier Verbands-Triebwagen dienen in verschiedenen Betriebshöfen als Rangier- oder Schleppwagen. Beim Umbau zu Arbeits- oder Rangierwagen erhielten sie u. a. Scharfenberg-Kupplungen.
1976 und 1977 wurden von den zuerst beschafften Vierachsbeiwagen, Baujahr 1951, Nummernreihe 1605–1616, neun Wagen ebenfalls ausgemustert, d. h., sie wurden ausgeschlachtet und die verwendbaren Teile für die Reparatur anderer Großraumwagen gelagert. Die Wagenkästen, und was sonst nicht mehr zu gebrauchen war, landeten auf dem Schrotthaufen. Das gleiche Schicksal ereilte 1981 den Vierachsbeiwagen Nr. 1833 (früherer Motorwagen).

Neubau der Oberkasseler Rheinbrücke

Provisorien leben meistens länger als geplant, das konnte man auch von der 1948 eröffneten Oberkasseler Dauerbehelfsbrücke sagen. Die inzwischen gebauten Nord- und Rheinkniebrücken zogen einen großen Teil des rheinüberschreitenden Verkehrs auf sich, so daß die in den fünfziger Jahren tagtäglich auftretenden Staus auf der Oberkasseler Brücke unterblieben. Nachdem 1969 die Kniebrücke fertiggestellt war, sollte nun die Dauerbehelfsbrücke durch ein neues breiteres Bauwerk ersetzt werden.

Auf der Oberkasseler Brücke, der im Mai 1948 in Betrieb genommenen Dauerbehelfsbrücke, gab es Verkehrsstaus verschiedenster Art.

Man konnte diese Brücke nicht ohne weiteres stillegen, sie abreißen und an deren Stelle eine neue bauen, zumal dort auch vier Straßenbahnlinien verkehrten. Rat und Verwaltung der Stadt Düsseldorf faßten daher den Beschluß, neben der alten Behelfsbrücke rheinaufwärts auf provisorischen Pfeilern ein neues Bauwerk zu errichten. Später, nach Abriß des alten Rheinübergangs, sollte dann die neue Brücke durch Querverschub in ihre richtige Lage gebracht werden. Die seitliche Verschiebung einer solch großen und schweren Brücke war Mitte der siebziger Jahre noch ein Novum.
1971 begann man, auf den Oberkasseler Wiesen und am Schloßufer Behelfsbetonpfeiler zu bauen, außerdem einen Strompfeiler nahe dem Oberkasseler Ufer, der später den Mittelpylon tragen sollte. Gleichzeitig baute man auf beiden Uferseiten große Materiallager, Bauschuppen usw. auf. Die Stahlkonstruktionen der neuen 35 m breiten Brücke, es war wiederum ein Kastenprofil, wurden hauptsächlich auf der Oberkasseler Seite erstellt. Am Altstadtufer baute man die Brückenkonstruktion nur bis zum Strom/Werftpfeiler.
In den nächsten zwei Jahren schob sich die neue Brücke von Oberkassel her Meter um Meter über den Rhein, bis daß sie den provisorischen Pfeiler am Werftufer erreichte. Während die Nordbrücke noch vier Pylone hat, die Rheinkniebrücke zwei, weist die Oberkasseler Brücke nur einen Mittelpylon auf, der nach beiden Seiten die Schrägseilaufhängung trägt. Das neue Bauwerk trägt rechts und links des Mittelpylons den Straßenbahnkörper, an beiden Seiten je zweispurige Autofahrstraßen, anschließend Rad- und Fußwege. Die Straßenbahngleise wurden schwellenlos auf Gummiplatten verlegt. Am Luegplatz und am Schloßufer baute man auf Stahlkonstruktionen S-kurvenartige Rampen zur neuen Brücke hin. Diese provisorischen Rampen hatten in der Mitte ebenfalls den Bahnkörper, rechts und links Autofahrstraßen usw. Bereits am 21. Februar 1974 fuhr die Straßenbahn über ihre neue Brückenstrecke, zunächst mit dem südlichen Richtungsgleis, anschließend auch mit dem nördlichen. Im Juli 1974 floß der Gesamtverkehr über die neuen Brückenfahrbahnen. Auch Fußgänger und Radfahrer nahmen die neuen Wege in Benutz.
Nun ging man an den Abbau der alten Behelfs-Konstruktionen, und zwar im freien Vor- bzw. Abbau über den Rhein. Sodann wurden die alten Pfeiler aus den Jahren 1896–97 auf der Düsseldorfer und Oberkasseler Seite abgetragen, was der Solidität dieser Pfeiler wegen ziemlich schwierig war. Immer wieder mußten kleinere Sprengungen angesetzt werden. Neue Brückenpfeiler in ihrer jetzigen Form und Lage wurden erstellt. Zwischen den Behelfspfeilern, auf welchen die neue Brücke z. Z. ruhte, und den endgültigen Stützen wurden Betongleitbalken mit einer chemischen Beschichtung gebaut. Diese Beschichtung sollte das Gleiten beim Querverschub möglich machen.
Am 7. und 8. April 1976 erfolgte dann der Brückenverschub in die endgültige Lage. Die vorher diskutierten Befürchtungen erwiesen sich als gegenstandslos, alles verlief glatt, sogar schneller als geplant. Motoren drückten die Brückenkonstruktion an mehreren Stellen langsam, etwa 3,6 m je Stunde, in ihre endgültige Stellung. Vorher wurde die Brücke von den provisorischen Rampen getrennt. Das Schauspiel lockte trotz schlechter Witterung viele Leute an, darunter auch Brückenfachleute von nah und fern. Am Nachmittag des 8. April war alles gelaufen.
Die neue Brücke wurde nun an die bestehenden Rampen am Luegplatz und am Hofgartenufer angeschlossen. Die Rheinbahn baute in den nächsten Tagen am Luegplatz und an der Rheinhalle neue Gleise ein. Gleichzeitig wurde die Schleife Luegplatz ausgebaut.
Während der Brückenverschiebung mußte der Verkehr natürlich unterbrochen werden, und zwar vom 3. bis 17. April. Der Autoverkehr wurde über Nord- und Kniebrücke umgeleitet. Die Fernlinie K verkehrte in dieser Zeit, von Krefeld kommend, nur bis Belsenplatz. Die Linie 5 fuhr folgenden Weg: Düsseldorf/Hauptbahnhof – Graf-Adolf-Platz – Bilker Kirche – Südbrücke – Neuss – Handweiser – Heerdt – Belsenplatz – eingleisige Strecke am alten Bahnhof – Hansa-Allee – Lörick. Die 10 verkehrte zwischen Eller/Vennhauser Allee – Oberbilk – Berliner Allee und Wilhelm-Marx-Haus, die 15 von Holthausen bis Ratinger Tor, wo im Gleisbogen zur Hofgartenrampe einige Wochen zuvor ein Gleiswechsel eingebaut wurde. Die 15 bekam in diesen zwei Wochen die neuen GT 8 S-Achtachser zugeteilt. Eine Linie E 5 fuhr außerdem von Hauptbahnhof über Jan-Wellem-Platz zum Ratinger Tor. Sie wurde mit den Zweirichtungs-Achtachsern des Typs K 66 betrieben.
Den unterbrochenen Straßenbahnbetrieb ersetzte vom 3. bis

August 1974 – Linien 10 und 15 auf der provisorischen Hofgartenrampe zur neuen Oberkasseler Rheinbrücke, die seitlich neben der alten Dauer-Behelfsbrücke errichtet wurde.

August 1974 – Linie 5 (Sechsachser mit Beiwagen) in der S-Kurve auf der Oberkasseler Rampe zur neuen Rheinbrücke.

Bei regnerischem Wetter fand am 7./8. April 1976 die Querverschiebung der neuen Oberkasseler Rheinbrücke in ihre endgültige Lage statt. Auf dem Bild hat die Brücke die Hälfte ihrer Verschiebung bereits hinter sich. Die Gleise auf der provisorischen Oberkasseler Rampe haben keine Anbindung mehr.

April 1976 – Linie 5 auf dem Verbindungsgleis am Belsenplatz vor dem alten Oberkasseler Bahnhof. Wegen Sperrung der Oberkasseler Rheinbrücke fuhr die Linie 5 vom Düsseldorfer Hauptbahnhof über Südbrücke, Neuß, Heerdt nach Lörick. Die Linie 10 entfiel vorübergehend auf diesem Abschnitt.

8. April 1976 – Die Nahtstelle zwischen Brücke und neuer Rampe auf der Düsseldorfer Seite. Deutlich ist die kunststoffbeschichtete Gleitbahn zu erkennen.

April 1976 – Linie E 5 (Typ K 66) und ein Arbeits-Tw des Verbandstyps am Gleiswechsel Ratinger Tor. Wegen Sperrung bzw. Verschiebung der Oberkasseler Rheinbrücke in ihre endgültige Lage verkehrte eine Linie E 5 zwischen Hauptbahnhof und Ratinger Tor als Ersatz für die Linien 5, 10 und K.

Am 16. April 1976 befahren die Straßenbahnen wieder die neue Oberkasseler Brücke, nun in ihrer richtigen Lage. Auf dem Bild die Haltestelle Luegplatz.

7. April 1976 – Fernlinie K während der Brückenverschiebung in der Gleisschleife Oberkassel/Rheinbahn-Haus.

Linie 5 auf der neuen Oberkasseler Rheinbrücke in Fahrtrichtung Hauptbahnhof (Februar 1978)

17. April eine Buslinie 25, die mit Gelenkbussen verkehrte, mit folgendem Linienweg: Belsenplatz – Luegplatz – Kaiser-Wilhelm-Ring – Kniebrücke – Graf-Adolf-Platz – Jan-Wellem-Platz. Sie fuhr alle 4 Minuten, in der Hauptverkehrszeit alle 2 Minuten. Daß die Busse trotzdem oft überbesetzt waren, braucht man eigentlich gar nicht zu erwähnen. Ab 18. April 1976 fuhren die Linien K, 5, 10 und 15 zwischen Ratinger Tor und Luegplatz wieder ihren gewohnten Weg.
Die provisorischen Pfeiler, die Gleitbalken und die Stahlrampen baute man nun ab. An der Oberkasseler Brückenrampe entstanden rechts und links neue Grünanlagen. Wo die Rheinische Bahngesellschaft in den Jahren 1896–98 die erste Düsseldorfer Brücke errichtete, spannte sich jetzt eine neue breite Oberkasseler Brücke über den Rhein.

Linien-Änderungen und Baumaßnahmen von 1975 bis 1980

Bei verschiedenen Lokallinien wurde Mitte der siebziger Jahre die Zugfolge von bisher 12 auf 10 Minuten verdichtet, so bei den Linien 1, 3, 10 (HVZ), 11, 12, 14 und 18.
Am 28. September 1975 erhielt die HVZ-Linie E 3 die neue Liniennummer 13, sie verkehrte alle 10 Minuten von Gerresheim/Schönaustraße über Grafenberg, Jan-Wellem-Platz, Graf-Adolf-Platz, Bilk/Bf. bis zum Gleisdreieck Volmerswerther Straße, wie die Linie 3. Später, nachdem auf der Aachener Straße ein Gleiswechsel eingebaut worden war, fuhr sie nur bis zum Aachener Platz. Damit kehrte die Linienziffer 13 nach 54 Jahren auf ihren Ursprungs-Linienweg nach Gerresheim zurück.
Im Herbst 1975 baute die Rheinbahn auf der westlichen Seite der Worringer Straße, neben dem früheren Postamt 1, ein drittes Gleis ein, mit Doppelzufahrt zu den Fahrgleisen in Richtung Hauptbahnhof. Ab 15. November 1975 wurde die Fernlinie K über Jan-Wellem-Platz hinaus, über Martin-Luther-Platz und Bismarckstraße, bis zum Düsseldorfer Hauptbahnhof verlängert. Die K hatte jetzt eine Linienlänge von 22,4 km. Da sie am Jan-Wellem-Platz bisher eine lange Ruhepause hatte, war bei der Verlängerung zum Hauptbahnhof kein zusätzlicher Umlauf nötig. Bei einem 30-Minuten-Abstand verkehrten nach wie vor 4 Züge, ab 1976, als die K alle 20 Minuten fuhr, waren 6 Kurse im Einsatz.
Am 6. Februar 1976 war es 100 Jahre her, daß auf Düsseldorfs Straßen die erste Pferdebahn verkehrte. Aus finanziellen Gründen veranstaltete die Rheinbahn, wie es andere Verkehrsunternehmen machten, kein „Fest“ mit Ansprachen, Sonderfahrten, Betriebshofbesichtigungen usw. Lediglich im März 1971, als die Rheinische Bahngesellschaft ihr 75jähriges Bestehen beging, gab es eine kleine Veranstaltung. In einigen Depots, z. B. am Handweiser und in Derendorf, fanden Fahrzeugschauen statt, eine Festschrift wurde herausgegeben. Bei dieser Gelegenheit, also im März 1971, zeigte die Rheinbahn auch ihre Museumswagen aus den Baujahren 1921 bis 1954 vor.
Düsseldorfer Straßenbahnfreunde „feierten“ am 6. Februar

Juli 1979 – Linie 10 (Achtachser mit Vierachs-Beiwagen) auf der Luegallee in Oberkassel.

Februar 1978 – Linie 3 am Gleisdreieck Volmerswerther Straße (Endstelle)

Im Dezember 1977 macht die Fernlinie K an der Endstelle Düsseldorf Hbf auf dem dritten Gleis an der Worringer Straße Pause. Rechts Linie 7 in Richtung Eller.

Okt. 1980 – Doppelzug der 76 (früher K) auf dem kürzlich fertiggestellten Bahndamm (Stadtbahn-Vorlaufbetrieb) zwischen Königshof und Dießem in Richtung Krefeld.

Febr. 1978 – GT 8 S-Achtachser der Fernlinie K neben dem alten Bahnhofsgebäude in Osterath, das weiterhin als Restaurant dient.

1976 trotzdem das 100jährige Ereignis mit einer Sonderfahrt auf dem Düsseldorfer Schienennetz. Eingesetzt wurde der Museums-Triebwagen Nr. 954, Baujahr 1928, mit dem Verbandsbeiwagen Nr. 643, Baujahr 1954. Der Triebwagen zeigte auf dem Linienschild die Zahl 100.
Im Frühjahr 1977 begann die Rheinbahn, die Strecke der Fernlinie K zwischen den Haltestellen Königshof und Diessem hochzulegen. Es wurden hierbei niveaugleiche Kreuzungen mit zwei Autostraßen und einer Werksbahn beseitigt. Die K befuhr während der Bauzeit eine eingleisige Umleitungsstrecke westlich der Baustelle. Im März 1979 war die neue Dammstrecke mit drei Brücken fertig. Die Fernlinie K erhielt damit eine kleine Beschleunigung. Die Umleitungsstrecke wurde wieder entfernt und westlich der neuen Bahntrasse Grünanlagen angepflanzt.
Das alte Stellwerksgebäude an der Station Haus Meer wurde 1977 abgerissen, ebenso der daneben liegende alte Güterschuppen mit seiner Rolltür und der kleinen Rampe. Die Bahnleitstelle bekam an dieser Stelle ein neues bungalowartiges Bauwerk.

Da die Fahrgastzahlen auf der Strecke der Linie 10 zwischen Innenstadt und Eller Ende der siebziger Jahre rückläufig waren, verkehrte die HVZ-Linie 16 (Wilhelm-Marx-Haus – Eller) ab 2. November 1977 nachmittags nicht mehr, sondern von montags bis freitags nur noch in den Morgenstunden. Gleichzeitig verlängerte man sie vom Jan-Wellem-Platz über Kaiser- und Kaiserswerther Straße bis zur Schleife Reeser Platz.
1978 führte die Rheinbahn auf ihren Straßenbahn- und Buslinien den Wabentarif ein. Es war eine Vorstufe zu dem von der Landesregierung geplanten überregionalen Verkehrsverbund. Das Rheinbahn-Verkehrsgebiet wurde in Waben aufgeteilt, jede Wabe hatte einen bestimmten Durchmesser (bis etwa 5 km). Dabei entfiel die bisherige Aufteilung in Orts- und Ferntarif. Neue Fahrscheine und neue Vierfahrtenkarten wurden eingeführt.
In diesem Jahr rückte man die Gleise der Linie 7 zwischen Worringer Platz und Rheinbahn-Hauptwerkstatt nach Süden, so daß am nördlichen Straßenrand eine Fahrspur für Autos frei wurde. Bisher lag das Gleis am Bürgersteigrand.

Im April 1978 befährt die Linie 5 die Südbrücken-Rampe in Hamm in Richtung Unterbilk.

Im April 1978 fährt ein Zug der Linie 7 auf der Reisholzer Straße in Lierenfeld.

April 1978 – Linie 5 im neu geschaffenen Fußgängerbereich in der Neusser Innenstadt, Nähe Haltestelle Markt.

Die 7 konnte jetzt die Haltestelle Worringer Platz in Richtung Hauptbahnhof besser anfahren, ohne von Autos blokkiert zu werden. Die Zufahrtsgleise zur Hauptwerkstatt vom am südlichen Straßenrand liegenden dritten Gleis blieben unverändert.

In Neuss legte die dortige Stadtverwaltung Ende der siebziger Jahre auf der Nieder- und Oberstraße von der Erft- bis zur Zollstraße einen durchgehenden Fußgängerbereich an. Hier befinden sich zahlreiche Kaufhäuser und Geschäfte, das Rathaus und der Marktplatz, also das Neusser Einkaufszentrum. Vorher wurde der Autoverkehr aus diesem engen Straßenzug herausgenommen und umgeleitet.

Mitte der siebziger Jahre hatten die Neusser Stadtväter ihre frühere Abneigung gegen den Straßenbahnbetrieb in der Innenstadt aufgegeben und ließen die Linie 5 nun auch im neuen Fußgängerbereich verkehren. Bei den Straßenbauarbeiten wurden die Gleise der 5 größtenteils erneuert, die Bürgersteige in Fußgängerzonen-Art neu ausgelegt, die Gleiszone mit Verbundsteinen gepflastert. Die Linie 5 durfte in der Fußgängerzone nicht schneller als 25 km/h fahren. 1982 waren die letzten Arbeiten zwischen Markt und Zollstraße beendet. Hier wurden die Straßenbahngleise teilweise verschwenkt.

Im Dezember 1978 durchfährt die Linie 5 den weihnachtlich geschmückten Fußgängerbereich in Neuß.

Der Verkehr auf der Krefelder Strecke, insbesondere zwischen Jan-Wellem-Platz und Osterath, nahm in diesen Jahren erfreulicherweise zu. Die Rheinbahn verlängerte die Linie 10 ab 5. Juni 1979 in den Nachmittagsstunden alle 20 Minuten von Lörick über Büderich, Haus Meer bis Osterath/Hoterheide, wo sie die bereits vorhandene Gleisschleife benutzte. Die 10 fuhr weiterhin mit Einrichtungs-Achtachsern und Vierachsbeiwagen. Die Zwischenzüge setzten in der Schleife Lörick um. In den Morgenstunden von 6 bis 8 Uhr fuhren auf der Fernlinie K zwischen den Planzügen alle 20 Minuten E-Wagen, und zwar von Hoterheide, teils auch von Fischeln, bis Schleife Jan-Wellem-Platz. Damit bekam die K in der Hauptverkehrszeit auf ihrem unteren Streckenabschnitt 10-Minuten-Betrieb. Eingesetzt wurden auf dieser E-Linie die beiden Umbau-Achtachser Nr. 2262 und 2263, die neuen rot/weißen Wagen und auch Einrichtungs-Achtachser.

In den Jahren 1979–1981 erhielt der Gleiskörper der Linien D und 11 zwischen den Haltestellen Freiligrathplatz und Lohausen eine Verschwenkung nach Osten, um hier ein umfangreiches Kreuzungsbauwerk für die spätere A 44 zu errichten. Ab 1981 fuhren die D und 11 wieder auf ihrer alten Trasse und kreuzten die neue Autobahn (A 44) mittels einer Brücke.

1979 baute die Rheinbahn in Unterrath auf freigeräumtem Gelände zwischen Unterrather und Hamborner Straße in der Nähe des Unterrather Bahnhofs (inzwischen S-Bahn-Station geworden) statt der Gleiskehre eine großzügige Schleife mit zwei Haltestellengleisen in Nord-Süd-Richtung für die Linien 2 und 7. Die frühere Schleife Unterrath östlich des Kittelbaches (früher von der Linie 21, später von der 2 befahren) wurde bei dieser Gelegenheit abgetragen.

Im westlichen Schleifenbereich baute man außerdem zwei Abstellgleise für Beiwagen der Linie 7 ein, die durch Zurücksetzen vom nördlichen Schleifen-Scheitelpunkt aus erreicht wurden. Die Linie 7 nahm die neue Anlage am 10. September 1979 in Betrieb, die 2 am 1. Oktober.

Ebenfalls im Herbst 1979 wurde der Streckenabschnitt der Linien 4 und 8 auf der Harkortstraße zwischen Graf-Adolf-Straße und Mintropplatz dreigleisig. Das mittlere Gleis diente jetzt den in der Schleife Mintrop-/Stresemannplatz umsetzenden E-Zügen als Warteglels, um einen Verkehrsstau auf der Mintropstraße und am Stresemannplatz zu vermeiden. Rechts und links dieses neuen Wartegleises verliefen nun die beiden Streckengleise der Linien 4 und 8.

Am 1. Januar 1980 hatte das Straßenbahn-Streckennetz der

November 1979 – Die im Herbst 1979 erbaute neue Schleifenanlage Unterrath Bf für die Linien 2 und 7; links abgestellte Beiwagen der Linie 7

Rheinbahn eine Länge von 154,8 km, unter den bundesdeutschen Verkehrsbetrieben eine Spitzenstellung. In anderen westdeutschen Städten wurde das Bahnnetz in den letzten 25 Jahren kräftiger reduziert, sofern der Straßenbahnbetrieb nicht völlig aufgegeben wurde. Die meisten Überlandlinien verschwanden ebenso.

Bei Einführung des neuen Fahrplanes am 1. Juni 1980 tauschte man die Streckenäste der Linien 3 und 12 gegenseitig aus. Die 3 und 13 fuhren jetzt nur noch bis zur Schleife Kirchplatz/Kirchfeldstraße, die 12 von ihrer bisherigen Endstelle Wilhelm-Marx-Haus weiter über Graf-Adolf-Platz, Bilk/Bahnhof zum Gleisdreieck Volmerswerther Straße.

In den Jahren 1979–1982 setzte die Rheinbahn den zweigleisigen Streckenausbau der Linie 12 auf Ratinger Stadtgebiet fort. Nachdem man einige Vorgärten auf der Düsseldorfer Straße reduziert und ein paar Böschungsmeter abgetragen hatte, konnte die Rheinbahn die Strecke der 12 von der Eisenbahn-Unterführung am Mädchenheim bis zur Endschleife Ratingen durchgehend mit einem zweiten Gleis versehen. Beide Gleise lagen auf eigenem Bahnkörper am östlichen Straßenrand. Hin und wieder wurden zwischen Bürgersteigrand und Gleis Schutzgitter eingebaut. Gleichzeitig legte man die Haltestellen Mädchenheim, Europaring und Weststraße neu an mit Schachbrett-Plattierung, Schutzgittern und Wartehäuschen.

Abgesehen von der Gleisverschlingung an der Eisenbahn-Unterführung war die Strecke der Linie 12 ab 6. März 1982 durchgehend zweigleisig befahrbar, etwa 85 Jahre nach Inbetriebnahme dieser städteverbindenden Linie.

Die Einführung des Verkehrsverbundes Rhein/Ruhr am 1. Januar 1980

Die Initiative für einen überregionalen Verkehrsverbund Rhein/Ruhr (VRR) ging von der Landesregierung Nordrhein-Westfalen aus. Dieser Verbund umfaßt ein Gebiet von Niederkrüchten im Westen bis Dortmund im Osten, von Haltern im Norden bis Monheim im Süden. Eigentlich hätte er Rhein/Ruhr/Wupper heißen müssen, denn die Städte Wuppertal, Solingen, Remscheid und Hagen gehören dazu. Die Idee war, mit einem Fahrschein, z. B. von Krefeld bis Remscheid, fahren zu können, ohne zwischendurch andere Tarif-Fahrscheine lösen zu müssen. Gleichzeitig sollten Linienführungen, Fahrpläne, Ausgestaltung der Verkehrswege, Fahrzeugbeschaffungen usw. aufeinander abgestimmt werden, bzw. nach einheitlichen Richtlinien erfolgen. Auch aus dieser Richtung und nicht nur über den Fahrpreis sollte die Attraktivität des öffentlichen Personen-Nahverkehrs wesentlich gesteigert werden.

Nicht alle Verkehrsexperten waren von dieser Idee begeistert. Es war ein Novum, ein Gebiet von dieser Größe mit un-

Oktober 1980 – GT 8 S-Doppelzug der Fernlinie 76 auf dem Ostwall in Krefeld; Vier-Schienen-Gleise zusammen mit der meterspurigen Krefelder Straßenbahn

Mai 1981 – Beim doppelgleisigen Ausbau der Strecke der Linie 712 zwischen Eckamp und Ratingen/Weststr. mußte die Durchfahrt unter der Eisenbahnbrücke eingleisig bleiben; sie wurde als Gleisverschlingung ausgeführt.

Linie 712 mit Achtachser K 66 im Mai 1981 auf der eingleisigen Strecke Düsseldorfer Straße in Ratingen (Nähe Europa-Ring). 1982 wurde die Strecke doppelgleisig ausgebaut.

19. Januar 1980 – Linie 706 auf der Kasernenstraße, Nähe Benrather Straße. Ab Januar 1980 führten alle Linien (außer Fernlinien) aufgrund des Verkehrsverbundes Rhein-Ruhr dreistellige Linienziffern. Düsseldorf erhielt die Kennziffer »7«.

18. Februar 1980 – Aufgrund einer Sperrung der Düsseldorfer Innenstadt (Rosenmontagszug) verkehrte der Umbau-Achtachser K 53 U Nr. 2263 als E-Wagen zwischen Handweiser und Ratinger Tor/Gleiswechsel.

terschiedlichen Wirtschaftsräumen und Verkehrsbrennpunkten zusammenzufassen. Die anderen Verkehrsverbunde, wie Hamburg, Frankfurt und München, gehen von nur einem starken Mittelpunkt aus und verzweigen sich ins Umland. Hier an Rhein, Ruhr und Wupper mußte eine große Anzahl von Verkehrsbrennpunkten unter einen Hut gebracht werden.

Bis zum Herbst 1979 hatten es die Landesbehörden nun geschafft, alle großen und kleinen Verkehrsunternehmen im vorgesehenen Raum zum Beitritt zu bewegen, auch wieder mit der leisen Drohung, daß nicht beitrittswillige Unternehmen künftig nicht mehr mit öffentlichen Zuschüssen rechnen könnten. In Düsseldorf hatte man vorher von einer West-Ost-Schiene von Mönchengladbach über Neuss, Düsseldorf, Wuppertal bis Hagen gesprochen. Aber diese Pläne fanden bei der Landesregierung kein Ohr.

Das VRR-Gebiet teilte man in Waben unterschiedlicher Größen, wozu die Verkehrsunternehmen bereits Vorarbeit geleistet hatten, und Tarifgebiete auf. Die Waben, sich in einem gewissen Maße überschneidend, teilten die einzelnen Stadtgebiete ein. Die Tarifgebiete grenzten die einzelnen Regionen voneinander ab. 5 Preisstufen wurden eingeführt. Außer einheitlichen Fahrscheinen gab es jetzt verbilligte Sammelkarten (Vierfahrtenkarten) für die Preisstufen 1 und 2. Nicht nur alle S-Bahnen, Stadtbahnen, Straßenbahnen und Buslinien kann man mit diesen einheitlichen Fahrtausweisen benutzen, auch zahlreiche Nahverkehrszüge der Bundesbahn, die im VRR-Gebiet verkehren. Während die Fahrpreise in den Innenstadtbereichen gegenüber den Vorjahren in etwa gleich blieben, ermäßigten sich die Zwischenortstarife und Langstrecken-Fahrkarten wesentlich. Dazu kamen noch einheitliche Wochen- und Monatskarten sowie Seniorenkarten. Um die Bahn- und Buslinien einheitlich zu kennzeichnen, erhielten die einzelnen Städte und Regionen Kennziffern, sie gehen von 0 bis 9. Düsseldorf und Umgebung bekamen die Kennziffer 7, die linksrheinischen Buslinien die Ziffer 8. Diese Kennziffer mußte den Liniennummern vorangestellt werden. Die Duisburger Straßenbahnlinie 9 (Dinslaken Huckingen) z. B. hieß jetzt 909, weil diese Region die Kennziffer 9 bekam.

Die Rheinbahn benannte ihre Straßenbahnlinien wie folgt um: Am 26. November 1979 die Linien 1 bis 6 in 701 bis 706,

Linie 701 in der Benrather Schloßkurve (Dezember 1980)

Linie 701 auf der Bonner Straße in Holthausen in Richtung Wersten (Dezember 1980)

Linie 718 im Dezember 1980 auf der Kölner Landstraße in Wersten, Nähe Opladener Straße.

Linie 704 in der Gleisschleife Christophstraße am Stoffeler Kapellchen im Dezember 1980

Febr. 1981 – Linie 706 an der Haltestelle Auf'm Hennekamp/Himmelgeister Straße in Richtung Brehmplatz.

Mai 1981 – Linie 708 in der Gleiskehre Hamm neben dem Bahnkörper der Eisenbahnstrecke Düsseldorf – Neuß.

Mai 1980 – Linie 703 auf der Aachener Straße an der Haltestelle Südring

23. Mai 1980 – Linie 709 an der Haltestelle Poststraße. Vorübergehend zeigten verschiedene GT 8 S-Wagen schwarze Linienziffern auf weißem Grund.

am 27. November die Linien 7 bis 11 in 707 bis 711, am 4. Dezember die Linien 12 bis 16 und 18 bis 19 in 712 bis 716 und 718 bis 719, am 29. Dezember die Fernlinie K in 76 und Fernlinie D in 79. Alles mußte geändert werden, nicht nur Liniennummernkästen, Rollbänder, auch Fahrpläne, Fahrplantafeln usw.
In den ohnehin schon engen Liniennummernhauben und -kästchen mußten nun dreistellige Linienziffern untergebracht werden, was ein genaues Hinsehen nötig machte, wollte man nicht die falsche Linie erwischen. Die Schnellbahnlinien bekamen im VRR-Gebiet übrigens zweistellige Ziffern.
Die Verluste des neuen Verkehrsverbundes (seit etwa 20 Jahren fuhren alle Verkehrsunternehmen Verluste ein) übernahmen nach einem gewissen Schlüssel die Landesregierung und die einzelnen Städte und Gemeinden. In den ersten beiden Jahren steigerte sich das Fahrgastaufkommen im VRR-Bereich durchschnittlich um etwa 10 %. Es war gebietsmäßig unterschiedlich. Seit 1982, als die Fahrpreise Anfang 1982 und 1983 wieder erhöht werden mußten, geht es mit den Beförderungsziffern aber wieder abwärts.
Die Defizite steigen nun weiter. Der Verbund forderte seine Mitgliedsunternehmen 1983 zu Einsparungen und Fahrplanverdünnung auf. Wie es weitergeht, muß man abwarten.
Übrigens, das VRR-Gebiet deckt sich im großen und ganzen mit dem zusammenhängenden Meterspur-Straßenbahnnetz an Rhein, Ruhr und Wupper aus der Vorkriegszeit, das in dieser Größe und Dichte in Europa an der Spitze stand, nur noch vergleichbar mit den belgischen Überland-Meterspurbahnen der Nationalen Belgischen Kleinbahn-Gesellschaft, das heute bis auf kleine Reste ebenfalls der Vergangenheit angehört. Die Normalspur-Straßenbahnlinien waren an Rhein und Ruhr damals in der Minderheit.
Wer weiß eigentlich noch, daß man 1939 mit einem Meterspur-Straßenbahnzug, sofern man diese Sonderfahrt durchgeführt hätte, z. B. in West-Ost-Richtung durchgehend von Rheydt-Odenkirchen über Krefeld, Moers, über die Homberg-Ruhrorter Rheinbrücke, Hamborn, Sterkrade, Bottrop, Gladbeck, Buer, Herten, Recklinghausen bis Brambauer nördlich von Dortmund fahren konnte? Oder z. B. in Nord-Süd-Richtung durchgehend von Dorsten über Marl, Recklinghausen, Herne, Bochum, Hattingen, Langenberg, Neviges, Elberfeld, Cronenfeld, Remscheid bis Wermelskirchen? Heute sind diese Meterspurnetze bzw. Überlandlinien weitgehend verschwunden.

Düsseldorfs erste Stadtbahnstrecken, Beschaffung des Stadtbahnwagens B

Nach etwa 8 Jahren U-Bahn-Bauarbeiten war die Tunnelstrecke von der Fischerstraße bis zum Opernhaus nahezu fertig. Die Düsseldorfer Stadtvertretung entschied, daß diese etwa 2 km lange U-Strecke vorab in Betrieb genommen werden sollte. Man rüstete daher 1981 den Tunnel mit Gleisen, Fahrleitungen, Signalanlagen usw. aus, ebenso die Bahnhöfe Klever und Nordstraße. An der Klever Straße führten Treppen ins Untergeschoß, an der Nordstraße auch Rolltreppen. Südlich der Bankstraße und der Abzweigung zur Umleitungsstrecke Kaiserswerther Straße führten die Gleise von der Fischerstraße in den Tunnel, südlich des Ratinger Tores bis zur Haltestelle Opernhaus wieder heraus. Hier wurde der Bahnkörper der Oberkasseler Linien auf der Heinrich-Heine-Allee rechts und links umfahren. In Nord-Süd-Richtung hält die Stadtbahn separat an der westlichen Seite der Haltestellenanlage Opernhaus. In der Gegenrichtung benutzt die Stadtbahn das Haltegleis zusammen mit den Oberkasseler Linien. In Nord-Süd-Richtung baute man an der Haltestelle Kennedydamm ein Vorsortiergleis ein, damit die Bahnen vor der Rampe wegen eines Fahrdrahtkontaktes nicht noch einmal abbremsen müssen.
1980 begann die Rheinbahn, auf der Strecke von Kaiserswerth bis zum Freiligrathplatz und weiter auf dem viergleisigen Bahnkörper bis zum Reeser Platz neue Fahrleitungsmasten aufzustellen. Es waren ausschließlich Betonmasten, welche die neue schwerere Schnellfahrleitung, eine nachgespannte Hochkettenanlage nach Stadtbahn-Baunormalien, tragen sollten. Die Mastenanlage setzte sich bis zum Kennedydamm fort. Bei der Montage der neuen Fahrleitungen wurde an einigen Wochenenden der Bahnbetrieb durch Omnibusse als „Schienenersatzverkehr" ersetzt.
Im Jahre 1937 war die seinerzeitige Straßenbahn-Oberleitung zwischen den Beleuchtungsmasten aufgehängt worden. Die neuen Betonmasten, jetzt zahlreicher und auf dem Bahnkörper plump wirkend, lösten in der Öffentlichkeit und bei der Stadtvertretung einen großen Wirbel aus. Dabei stellte sich heraus, daß vor der Aufstellung zwischen Rheinbahn-Leitung und Stadtvertretung bzw. Stadtverwaltung keine Absprache stattfand. Schmalere Stahlmasten, natürlich etwas teurer, und bei anderer Anordnung hätten wohl ein besseres Bild abgegeben. Jetzt war, schon aus finanziellen Gründen, aber nichts mehr zu ändern.

Die 1973–74 beschafften Zweirichtungs-Achtachser GT 8 S waren für die jetzt vorgesehenen Hochbahnsteige zu niedrig und die Stirnfronten für den U-Bahn-Betrieb zu sehr verjüngt. Die Umbau-Arbeiten nahm die DÜWAG vor. Die Stirnfronten wurden asymmetrisch, um die vorderen rechten Türen näher an die Bahnsteigkante heranzubringen. Durch Änderungen an den Drehgestellen erhöhte man den Wagenboden auf etwa 1000 mm über Schienenoberkante, also 120 mm höher als bisher. Gleichzeitig erhielten die Einstiege eine zusätzliche Stufe, die Falttüren wurden bis zum Wagenboden verkürzt. Bei der Türöffnung schob sich jetzt die unterste vierte Stufe elektromechanisch nach vorne, die dritte Stufe war fest eingebaut, die zweite glitt nach der Türschließung auf Führungsschienen nach oben und verlängerte im Innern die erste Stufe (Wagenboden) nach vorne bis zur Falttür. Gleichzeitig verschloß die zweite Stufe an der Wagenseite durch ein rotes Blech den Einstieg nach außen. Alle Bewegungen werden vom Fahrpult durch Knopfdruck gesteuert.

Die neuen Trittstufen werden nur bei Haltestellen im Straßenniveau benötigt, bei Hochbahnsteigen öffnet sich lediglich die Doppeltür, Bahnsteig und Wagenboden befinden sich in gleicher Höhe. Die Stirnfronten der umgebauten Wagen, neue Typenbezeichnung GT 8 SU, sehen aus, als hätte die Straßenbahn rechts eine „dicke Backe". 1980 ließ die Rheinbahn 10 Wagen umbauen, bis 1982 waren es 20 Stück, neue Wagennummern 3201–3220. Der erste Umbauwagen Nr. 3201 wurde ab Frühjahr 1981 auf verschiedenen Linien eingesetzt, um seine Tauglichkeit zu prüfen. Meistens verkehrte er auf der Linie 715 (Oberkassel – Holthausen).
Die vier rot/weißen Achtachser mit Speiseabteil der Fernlinie 79 (Düsseldorf – Duisburg) baute man 1981 in gleicher Weise um. Die Wagennummern 3101–3104 änderte man nicht. Der Wagen Nr. 3102 erlitt im Sommer 1980 nach Blitzeinschlag einen Brandschaden, er wurde bei der Wiederherstellung gleich zu einem GT 8 SU umgebaut.
Von den für Tunnelstrecken vorgesehenen Stadtbahnwagen,

10. April 1981 – Umbau-GT 8 S Nr. 3201 auf der Linie 715 an der neu hergerichteten Haltestelle Opernhaus

Typ B, bestellte die Rheinbahn bei der DÜWAG 12 Stück. Der erste wurde im März 1981 geliefert. Bereits im Herbst 1978 mietete die Rheinbahn von der Essener Verkehrs AG den Stadtbahnwagen Nr. 5027 für Versuchsfahrten auf dem Düsseldorfer Gleisnetz an. Die Wagennummer blieb, die Eigentumsbezeichnung wurde in „Rheinische Bahngesellschaft AG" geändert. Die Probefahrten erfolgten ab 7. Dezember 1978, meistens in den Nachtstunden, im Liniendienst setzte man diesen Wagen nicht ein. In der Innenstadt reichten die Gleismittenabstände für eine Kreuzung mit anderen Wagen an einigen Stellen nicht aus. Auch Geräuschmeßfahrten mit verkleideten Drehgestellen fanden statt. Bei Veranstaltungen hinsichtlich des U-Bahn-Baus wurde der Wagen Nr. 5027 auch als Demonstrationsobjekt aufgestellt, einmal auf der Heinrich-Heine-Allee, zum anderen auf dem Bahnhofsvorplatz.

Es war ursprünglich nicht daran gedacht, den B-Wagen für die Stadtbahn Rhein-Ruhr heranzuziehen. Hier sollte eigentlich der Stadtbahnwagen A verkehren, ein Doppelwagen ohne Faltenbalg-Übergang, jeder Wagen etwa 18 m lang, bei welchen es noch nicht klar war, ob diese Wagen mit seitlicher Stromschiene oder mit Oberleitung oder mit beiden Stromzuführungsarten ausgerüstet werden sollten. Diesen Typ auch auf der Stadtbahn Rhein-Sieg einzusetzen, war aber nicht möglich, da die Stadt Köln auf ihren seit 1968 eröffneten U-Strecken engere Kurvenradien eingebaut hatte. Diese Kölner U-Strecken mit seitlichen normalhohen Bahnsteigen wurden von den üblichen Einrichtungs-Straßenbahnwagen befahren.

Nun wurde für Köln ein neuer Wagen konzipiert, etwa 26,9 m lang, mit 6 Achsen und einem Jakobsdrehgestell, Stadtbahnwagen B genannt, der auch in Doppel- und Dreifachtraktion verkehren und engere Kurven durchfahren konnte. 1973 waren die ersten B-Wagen auf Kölner Straßenbahnlinien zu sehen.

Für einen Stadtbahn-Vorlaufbetrieb, also Mischbetrieb mit Strecken im Straßenniveau, war der A-Wagen nicht geeignet. Ein reiner Stadtbahnbetrieb verläuft ausschließlich auf eigener Trasse, mal im Tunnel, mal aufgeständert, mal auf besonderen Bahnkörpern, vom übrigen Verkehr abgeschottet, sowie stets durch U-Bahnhöfe oder ebenerdige Stationen mit Hochbahnsteigen. Die Stadtbahngesellschaft entschied sich nun für den Stadtbahnwagen B, der Typ A wurde vorläufig auf „Eis gelegt".

Der B-Wagen ist also ein Sechsachser mit einer Länge von 26,9 m und einer Breite von 2,65 m. Er kann, wie der Düsseldorfer Typ GT 8 S, aber nicht alle engen Kurven befahren. Bei seiner größeren Breite (Typ GT 8 S nur 2,4 m) besitzt er auf jeder Fensterseite Doppelsitze, insgesamt 72 Sitz- und 187 Stehplätze (Maximal-Besetzung), Eigengewicht ca. 39 t, also wesentlich schwerer als bisherige Straßenbahntypen. Die Düsseldorfer B-Wagen haben ein neues Antriebssystem, und zwar Drehstrommotore mit Chopper-Steuerung, Leistung je Motor 235 kWh, Hersteller Siemens/BBC. Beim Bremsvorgang wird Strom in die Fahrleitung zurückgespeist. Die Höchstgeschwindigkeit liegt bei 80 km/h, daher auch die Typbezeichnung „B 80".

Der Wagen hat nur einen Einholm-Stromabnehmer, und zwar in Wagenmitte neben dem Jakobsdrehgestell. Stromabnehmer, Zielbänder und Linienummern werden wiederum elektrisch bewegt. Die Wagenbodenhöhe beträgt 1000 mm. Nur drei Trittstufen sind vorhanden, die bei niedrigen Bahnsteigen wie beim GT 8 SU gewälzt und vorgeschoben werden. Die Tritthöhe zwischen Mittelstufe und Vorschubtritt ist ziemlich groß. Die Scharfenberg-Kupplung ist gegenüber dem GT 8 SU-Wagen anders gestaltet. Ein Kuppeln mit anderen Typen ist also nicht möglich. Im Vergleich zum GT 8 S wirkt der B-Wagen kantiger und bulliger. Er ist ebenfalls rot/weiß lackiert. An den Stirnseiten hat der B-Wagen Einfachtüren, sonst zur Wagenmitte hin zwei Doppelfalttüren, Türanordnung: 1-2-2/2-2-1. Die Rheinbahn gab den neuen B-Wagen die Wagennummern 4001 bis 4012. Hinweise an den Seitenwänden auf den Einmannbetrieb fanden sich nicht mehr.

Im Sommer 1981 wurde die Endstelle Kaiserswerth/Kalkumer Schloßallee umgebaut. Anstelle der Gleisschleife entstand parallel zur Duisburger Strecke ein langgestreckter Mittelbahnsteig mit Stumpfgleisen rechts und links. Gleichzeitig erhielt die Fernlinie 79 an der Kalkumer Schloßallee eine Haltestelle mit Seitenbahnsteigen. Die neue Anlage wurde am 29. September 1981 in Betrieb genommen. Das Gelände der früheren Gleisschleife benötigte man für ein neues Unterwerk. Seit dem 29. September konnte die Linie 711, der neuen Umsetzstelle wegen, nur noch mit GT 8 S-Achtachsern verkehren. Die Verbindung zwischen Stumpfgleisen und den Streckengleisen stellten Weichen und ein Gleiswechsel her.

Am 3. Oktober 1981 in den Vormittagsstunden wurde die erste Düsseldorfer U-Bahn-Strecke zwischen Kennedydamm

10. April 1981 – Der erste Stadtbahnwagen B 80 Nr. 4001 im Betriebshof Handweiser, noch ohne Eigentumsbezeichnung.

B 80 Tw Nr. 4003 als Linie 711 im U-Bahnhof Nordstraße. Diese Aufnahme vom 2. August 1981 entstand als Werbefoto noch vor Eröffnung des Tunnelbetriebes.

April 1982 – Linie 711 mit Stadtbahnwagen B 80 auf der Kaiserswerther Straße an der Haltestelle Uerdinger Straße.

3. Mai 1982 – B 80-Wagen Nr. 4002 als Linie E 79 am Jan-Wellem-Platz. Es handelte sich um eine Probefahrt – die B-Wagen waren zu diesem Zeitpunkt auf der Linie 79 noch nicht eingesetzt.

und Opernhaus mit feierlichen Ansprachen seitens der Stadtoberen, der Stadtbahn- und Rheinbahnleitung im U-Bahnhof Klever Straße, eröffnet; außerdem mit Musikkapellen und Informationsständen in den U-Bahnhöfen. Die Ehrengäste fuhren mit dem ersten festlich geschmückten B-Wagen-Doppelzug, es führte der Wagen Nr. 4010, vom Kenneydamm in die Tunnelstrecke ein.
Anschließend konnte sich Düsseldorfs Bevölkerung mit dem neuen Verkehrsweg vertraut machen. Eine Linie 711 mit rotem Strich verkehrte kostenlos vom Jan-Wellem-Platz über Opernhaus, U-Tunnel, Reeser Platz zum Freiligrathplatz. Eingesetzt wurden B-Wagen und GT 8 SU in Doppeltraktion, sie waren stets vollbesetzt. Jeder wollte mal mit der neuen U-Bahn fahren. Außerdem ließ die Rheinbahn vier Museumszüge aus den Baujahren 1921–1954 ebenfalls als Linie 711 mit rotem Strich verkehren, aber mit anderem Linienweg: Schleife Bastionstraße – Wilhelm-Marx-Haus – Jan-Wellem-Platz – Kaiserstraße – Umleitungsstrecke Kaiserswerther Straße – Reeser Platz. An diesem Tage fuhren die Linien 79, 711 und 718 noch über die Umleitungsstrecke, die 718 noch mit Einrichtungs-Gelenkzügen von Holthausen bis Messe/Stadion.
Am nächsten Tag, am 4. Oktober 1981, wurde der Fahrplan geändert und es verkehrten folgende Stadtbahnlinien:

Linie 79: Duisburg/Hbf. – Huckingen – Kaiserswerth – Lohausen – Golzheim – U/Tunnel – Wilhelm-Marx-Haus – Graf-Adolf-Platz – Hauptbahnhof mit GT 8 SU-Wagen, Zugfolge alle 20 Minuten,

Linie 711: Kaiserswerth – Lohausen – Golzheim – U/Tunnel – Jan-Wellem-Platz mit Stadtbahnwagen B, Zugfolge alle 20 Minuten,

Linie 718: Messe/Stadion – Golzheim – U/Tunnel – Jan-Wellem-Platz – Hauptbahnhof mit GT 8 SU-Wagen, Zugfolge alle 10 Minuten.

Auf der Linie 79 konnten bisher noch keine Stadtbahnwagen eingesetzt werden, weil im Duisburger Stadtgebiet die Gleismittenabstände für 2,65 m breite Wagen zu gering sind. Auch in Düsseldorf auf dem Abschnitt Jan-Wellem-Platz – Hauptbahnhof konnten die breiten Wagen noch nicht verkehren. Daher mußte die 711 mit ihren B-Wagen am Jan-Wellem-Platz enden.
Die Linien 79 und 711 ergänzten sich zwischen Opernhaus und Kaiserswerth zu einem 10-Minuten-Abstand. Für die 79 richtete man neue zusätzliche Haltestellen ein: Kaiserswerth/Kalkumer Schloßallee, Kittelbachstraße, Alte Landstraße, Freiligrathplatz, Reeser Platz, Golzheimer Platz, Kennedydamm. Auf dem Abschnitt Opernhaus – Hauptbahnhof hielt die 79 an jeder Haltestelle. Außer Vormittagsstunden führte die 79 ab 4. Oktober werktags Doppelwagen mit. In den Zielkästen war folgendes zu lesen: „Duisburg/Hbf., zweiter Wagen nur bis Wittlaer".
Nördlich der Station Wittlaer baute die Rheinbahn 1981 zwischen den beiden Richtungsgleisen ein drittes Gleis mit entsprechenden Weichen ein. Der in Wittlaer abgekuppelte

3. Oktober 1981 – Eröffnung des Tunnelabschnittes Kennedydamm – Opernhaus für die Linien 79, 711 und 718. Der Eröffnungszug (B 80-Doppelzug) fährt an der Klever Straße in den Tunnel ein.

Linie 711 gestrichen (B 80-Doppelzug) bei der Einfahrt in den Hofgartentunnel am 3. Oktober 1981

Oktober 1981 – Linie 79 (Düsseldorf – Duisburg) mit GT 8 SU-Doppelzug am Stresemannplatz in Düsseldorf (Streckenabschnitt Graf-Adolf-Platz – Hauptbahnhof).

zweite Wagen wurde von einem Standposten auf das mittlere Abstellgleis gefahren und nach Ankunft des Gegenzuges aus Duisburg diesem in Richtung Düsseldorf angehängt.
In den ersten Tagen und Wochen gab es auf der Tunnelstrekke manche Pannen mit mehr oder weniger Verspätungen. Mal blieben Stadtbahnzüge im Tunnel stecken. Dann fuhren die Linien 79, 711 und 718 wieder über die Umleitungsstrekke Kaiserswerther Straße. Die Rheinbahn führte die Störungen auf Mängel im Signalwesen, auf „Kinderkrankheiten" des neuen Drehstromantriebes und auf mangelnde Schulung des Fahrpersonals zurück. Die Zeit für Versuchsfahrten auf der Tunnelstrecke wäre zu kurz gewesen. Nach einiger Zeit hatte sich aber alles eingespielt, und der Tunnelbetrieb ging nun klaglos über die Bühne.
Die Umleitungsstrecke auf der unteren Kaiserswerther Straße bleibt vorerst erhalten, um bei Stadion-Veranstaltungen und Fußballspielen die Fahrgastmassen mit Einrichtungszügen zwischen Rheinstadion und Jan-Wellem-Platz bzw. Hauptbahnhof befördern zu können. Die verfügbaren B-Wagen und GT 8 SU-Züge reichen dafür nicht aus. Andererseits können Einrichtungszüge auf Düsseldorfer U-Strecken nicht verkehren.
Auch bei den Straßenbahnlinien änderte sich ab 4. Oktober 1981 einiges. Die Linien 715 (Holthausen – Oberkassel) und 716 (HVZ-Linie Reeser Platz – Eller) wurden eingestellt. Da die Linie 718 nur noch bis Hauptbahnhof verkehrte, schuf die Rheinbahn eine neue Linie 717 mit folgendem Weg: Oberkassel/Rheinbahnhaus – Ratinger Tor – Jan-Wellem-Platz – Bismarckstraße – Hauptbahnhof – Oberbilk – Wersten – Holthausen, in der Hauptverkehrszeit bis Benrath/ Btf., Zugfolge alle 10 Minuten. Diese Strecke fuhr vor einigen Jahren die Linie 18, und zwar ebenfalls vom Rheinbahnhaus in Oberkassel bis Holthausen. In den Zeiten des Spitzenverkehrs wird die neue 717 durch eine Linie 717 gestrichen zwischen Hauptbahnhof – Oberbilk – Wersten – Holthausen verstärkt. Die Linie 717 verkehrt mit Sechsachsern und Vierachsbeiwagen, die 717 gestrichen nur mit Sechsachsern.
Die Linie 703 verlängerte man werktags alle 20 Minuten über Kirchplatz hinaus über Stoffeln, Wersten bis Holthausen/ Schleife; in der Hauptverkehrszeit fährt sie sogar alle 10 Minuten bis Holthausen. Sie übernahm damit die Funktion der eingestellten 715.
Die Linie 705 wurde geteilt. Ab 4. Oktober verkehrte sie nur noch zwischen Düsseldorf/Hbf. und Neuss/Stadthalle, Zugfolge alle 12 Minuten, in der Hauptverkehrszeit alle 10 Minuten. Sie wurde jetzt mit Achtachsern und Vierachsbeiwagen betrieben, samstags und sonntags allerdings ohne Beiwagen.
Den südlichen Streckenast der 705 übernahm die Linie 709 mit folgendem neuen Weg: Grafenberg – Flingern – Hauptbahnhof – Graf-Adolf-Platz – Bilker Kirche – Südfriedhof – Südbrücke – Neuss/Stadthalle – Neuss/Bf. Sie verkehrte alle 12 Minuten mit Sechsachsern und Vierachsbeiwagen. In der Neusser Innenstadt überlagerten sich die Linien 705 und 709. Vorher wurde die Schleife Neuss/Bf. – Theodor-Heuss-Platz „herumgedreht". Durch Einbau neuer Weichen lag nun die Einfahrt am Marienkirchplatz, die Ausfahrt am Möbelkaufhaus. Lediglich ein Gleisbogen vom Kaufhaus in Richtung Düsseldorfer Straße blieb erhalten. Die 709 konnte jetzt in dieser Gleisschleife umkehren.
Die bisherige HVZ-Linie 719 fuhr nun den ganzen Tag über alle 12 Minuten vom Hauptbahnhof bis Südfriedhof, um die Linie 709 auf diesem Abschnitt zu verstärken. Hier verkehrte die 705 ja nicht mehr. In der Hauptverkehrszeit fuhr die 719 wie bisher zwischen Oberrath und Südfriedhof, in der Frühspitze sogar über Südfriedhof hinaus bis Neuss/Bahnhof.
In den letzten 10 Jahren baute die Landesregierung ihre Ministerien auf freiem Gelände zwischen Poststraße und Mannesmannufer neu auf, südlich der Neusser Straße entstanden neue Bürohochhäuser eines Baukonzerns und anderer Firmen. Dadurch erhöhte sich das Fahrgastaufkommen, besonders in den Hauptverkehrsstunden. Jetzt verkehrte zusätzlich alle 12 Minuten eine HVZ-Linie 709 gestrichen mit Großraumzügen oder Achtachsern zwischen Hauptbahnhof, Graf-Adolf-Platz und Schleife Fürstenwall.
Auf den übrigen Straßenbahnlinien blieb es bei der bisherigen Wagenverteilung. Die Linien 703 und 713 verkehrten meistens wieder mit Einrichtungs-Achtachsern, aber nach wie vor ohne Beiwagen. Durch den Umbau waren jetzt weniger GT 8 S-Wagen verfügbar. Die Linien 76 und 719 fuhren aber ausschließlich mit diesem Wagentyp. In den Abendstunden und sonntagvormittags wurden die Linien 705 und 717 zu einer durchgehenden Linie zusammengelegt. Dann verkehrten auch auf dieser Linie größtenteils GT 8 S-Wagen.
Die Linie 707 (Unterrath-Eller) fuhr ab 4. Oktober 1981 alle 10 Minuten, bisher alle 12 Minuten. Durch den Fortfall der Linie 711 auf dem Abschnitt Duisburger Straße–Hauptbahnhof mußte die Zugfolge verdichtet werden. Die geänderte Linienführung der 711 durch den U-Bahn-Tunnel bis Jan-Wellem-Platz wurde in den nächsten Monaten zu einem Dauerstreitpunkt zwischen der Rheinbahn und einer Interessenge-

meinschaft von Geschäftsleuten und Bürgern. Man wollte die 711 wieder auf ihre frühere Strecke zurückführen, die Geschäfte an der Nordstraße und im Bereich Tonhallen-/Schadowstraße/Wehrhahn seien aus Richtung Stockum und Golzheim nur noch durch Umsteigen und damit umständlich zu erreichen. Unterschriften wurden gesammelt und die Tagespresse bemüht.
Es blieb aber bei der neuen Linienführung. Durch Initiative der Stadtväter führte man allerdings ab Juli 1982 eine Buslinie 722 im 20-Minuten-Takt von Stockum über Kaiserswerther Straße, Jägerhof bis zur Liesegangstraße (früher Tonhalle) ein, sie folgte also der früheren 711-Strecke. Gut besetzt war sie aber selten. Um eine bessere Umsteigemöglichkeit zwischen Stadtbahn und Straßenbahn zu schaffen, richtete die Rheinbahn Anfang 1982 an der Ecke Nord-/Kaiserstraße für die Linien 701, 702 und 714 eine neue Haltestellte „Nordstraße" ein.
In den Jahren 1981–82 wurde die Kurve um den Schloßweiher in Benrath gleis- und straßenmäßig neu ausgebaut. An der Einmündung Erich-Müller-Straße wurden die Gleise gespreizt, um eine Linksabbiegespur für Autos zu bekommen. In diesen Monaten fuhren die Linien 701 und 717 im Baubereich eingleisig.
Auch im Frühjahr 1981 sah man auf Düsseldorfs Straßen gelegentlich noch Zweiachstriebwagen mit Holzaufbau aus den Baujahren 1921–25, allerdings nur als Arbeits- oder Werkstattwagen. Sie zogen meist einen Bauanhänger oder einen Sandkastenwagen in Richtung Betriebshof Handweiser, mal einen defekten Gelenktriebwagen vom Depot Derendorf zur Hauptwerkstatt. Zu diesem Zweck hatte man sie etwas umgebaut, als Arbeitswagen lackiert, mit Funk, neuen Wechselblinkern und Schlußleuchten versehen, mit Scharfenberg-Kupplungen und mit Doppelwippen an den Scherenstromabnehmern ausgestattet.
Was tat sich nun bei den Ruhrgebiets-Stadtbahnen, mit welchen die Rheinbahn durch die Stadtbahngesellschaft seit einigen Jahren verbunden war? In den Städten Duisburg, Mülheim, Essen, Bochum, Gelsenkirchen, Herne und Dortmund waren einige Tunnelabschnitte mal kürzer, mal länger im Rohbau fertig. Stadtbahnmäßig betrieben wurden im Jahre 1982 nur folgende Strecken: Essen/Wiener Platz – Heissen – Mülheim/Hauptbahnhof durch die Linie U 18, Essen/Universität–Margarethenhöhe durch die Linie U 17, dazu der Abschnitt Porscheplatz–Essen/Stadtpark als U-Meterspurstrecke verschiedener Straßenbahnlinien. In Bochum fuhren die Linien 308 und 318 von Bochum/Süd durch die Tunnelröhre unter dem Bochumer Hauptbahnhof hinweg bis zum Ruhrstadion ebenfalls auf Meterspur. In Dortmund kam Ende Mai 1983 eine kurze Tunnelstrecke vom Bahnhof Hörde bis Clarenberg hinzu.
1983 hatte sich die wirtschaftliche Lage im Ruhrgebiet durch weitere Arbeitslosigkeit, insbesondere im Stahlbereich, verschärft. Die Einwohnerzahlen gehen von Jahr zu Jahr weiter zurück. Von neuen Industrieansiedlungen ist kaum etwas zu sehen. Von 250 km langen Stadtbahnstrecken, wie seinerzeit geplant, spricht heute keiner mehr. Die Bauarbeiten konzentrieren sich zur Zeit auf die inneren Bereiche der genannten Städte. Einige Gesellschaften sind bereits aus der Stadtbahngesellschaft ausgeschieden, u. a. die Vestische Straßenbahn, die ihre letzte Straßenbahnlinie im Frühjahr 1982 auf Busbetrieb umstellte. Weitere Busumstellungen im Ruhrgebiet sind in den nächsten Jahren zu erwarten. Die Stadtbahnpläne innerhalb der Bereiche Gladbeck, Buer, Herten, Recklinghausen wurden bereits ersatzlos gestrichen bzw. zu den Akten gelegt.
Von Herne/Bahnhof bis Bochum/Nord liegt übrigens seit

Einige Triebwagen des Baujahres 1921 erlebten noch ihren sechzigsten Geburtstag. Hier Tw 5121 ex 575 im März 1981 als Arbeitstriebwagen auf der Heerdter Landstraße; er wurde inzwischen mit Funk, Blinkleuchten, Doppelwippe und Scharfenbergkupplungen ausgerüstet.

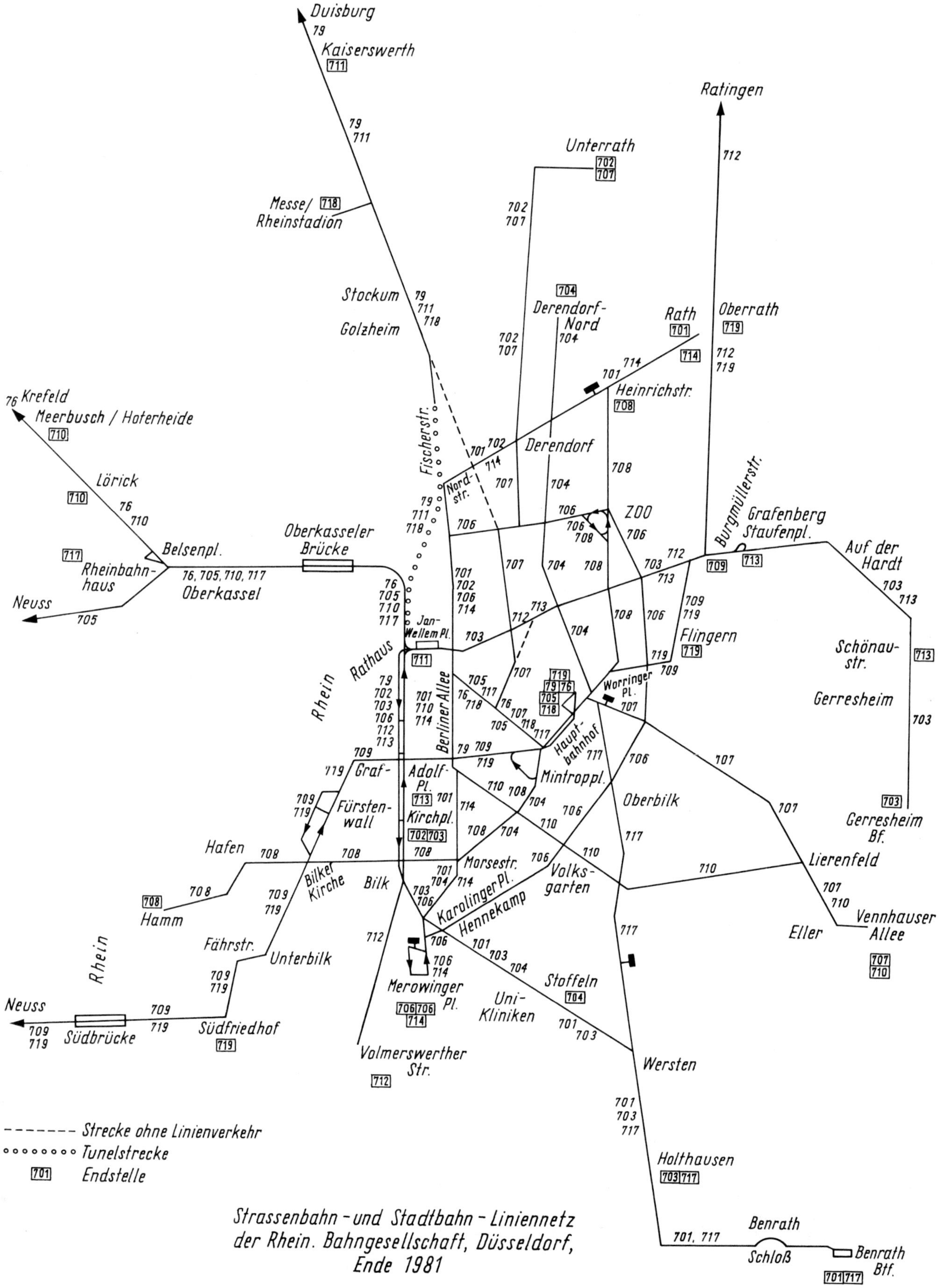

Strassenbahn- und Stadtbahn-Liniennetz der Rhein. Bahngesellschaft, Düsseldorf, Ende 1981

über 5 Jahren eine im Rohbau fertige Tunnelröhre brach, weil die Strecke von Herne über Bochum/Hauptbahnhof bis zur Ruhruniversität in Hustadt bzw. Querenburg in Normalspur ausgeführt werden soll, für die Umspurung im Bochumer Süden bis Querenburg aber keine Mittel verfügbar sind. Die Meterspurlinie 305 fuhr daher 1983 weiterhin ihren alten Weg, teilweise auf der Tunneldecke in wieder hergerichteten Straßen mit eigenem Gleiskörper, in Herne/Süd teils auch auf der eingleisigen Umfahrungsstrecke.
Um Tunnelstrecken in Zukunft besser auslasten zu können, will man im Ruhrgebiet auch Busse durch die Röhren führen. Dafür kommen, der fehlenden Abzugsschächte wegen, selbstverständlich nur Oberleitungs- oder Batteriebusse in Frage. Die Omnibusse müssen dann über den Gleiskörper „spurgeführt" werden. Eine entsprechende oberirdische Versuchsanlage ist seit 1982 in Essen in Betrieb, und zwar von der Wittenbergstraße bis zum Stadtwaldplatz. Auf dem Bahnkörper der Straßenbahn wurden Betonfahr- und Leitplanken für Busse verlegt und eine Obus-Fahrleitung installiert. Eine Obus-Linie verkehrt jetzt mit der Meterspurlinie 104 auf gleicher Trasse. Der Begriff „Spurbus" hat im Ruhrgebiet in den letzten Jahren steigende Bedeutung erlangt.

Stadtbahn- und Straßenbahn-Linienplan im Jahre 1981

Ende 1981 verkehrten in Düsseldorf folgende Stadtbahnlinien:

Linie 79: Duisburg/Hauptbahnhof – Wanheim – Huckingen – Kesselsberg – Wittlaer – Kaiserswerth – Lohausen – Stockum – Golzheim – U/Tunnel – Opernhaus – Wilhelm-Marx-Haus – Graf-Adolf-Platz – Düsseldorf/Hauptbahnhof.

Linie 711: Kaiserswerth – Lohausen – Stockum – Golzheim – U/Tunnel – Opernhaus – Jan-Wellem-Platz

Linie 718: Messe/Rheinstadion – Stockum – Golzheim – U/Tunnel – Opernhaus – Jan-Wellem-Platz – Bismarckstraße – Hauptbahnhof

Dazu folgende Straßenbahnlinien:

Linie 76: Krefeld/Rheinstraße – Diessem – Fischeln – Osterath – Haus Meer – Büderich – Lörick – Oberkassel – Ratinger Tor – Jan-Wellem-Platz – Bismarckstraße – Düss./Hauptbahnhof

Linie 701: Rath/Bahnhof – Derendorf – Dreieck – Nordstraße – Jan-Wellem-Platz – Berliner Allee – Corneliusstraße – Karolingerplatz – Witzelstraße

Mai 1981 — Linie 708 mit Achtachser des Typs K 66 (früher auf der Fernlinie K eingesetzt) auf der Kirchfeldstraße am Fürstenplatz

Linie 712 auf der Friedrichstraße am Bilker Bahnhof, Mai 1981

Mai 1981 – Linie 709 mit GT 8 S auf der Flurstraße in Flingern, Nähe Dorotheenplatz

Mai 1981 – Linie 703 auf der Benderstraße in Gerresheim

Mai 1981 – Linie 701 auf der Münsterstraße in Rath; im Hintergrund die Eisenbahnbrücke der S-Bahn Düsseldorf – Essen.

Mai 1981 – Linie 702 am »Dreieck« in Derendorf, Kreuzung Collenbach-/Nord-Münsterstraße.

Mai 1981 – Linien 702 und 703 in der Gleisschleife Bilk/Kirchplatz; die Endstelle liegt in der Kirchfeldstraße.

– Stoffeln – Wersten – Holthausen – Benrath/Betriebshof

Linie 702: Unterrath/Bahnhof – Kalkumer Straße – Spichernplatz – Dreieck – Nordstraße – Jan-Wellem-Platz – Wilhelm-Marx-Haus – Graf-Adolf-Platz – Kirchplatz, samstagnachmittags und sonntags kein Verkehr

Linie 703: Gerresheim/Bahnhof – Schönaustraße – Auf der Hardt – Grafenberg – Uhlandstraße – Schadowstraße – Jan-Wellem-Platz – Wilhelm-Marx-Haus – Graf-Adolf-Platz – Kirchplatz, alle 20 Minuten weiter über Bilk/Bahnhof – Stoffeln – Wersten – Holthausen, außer samstags und sonntags

Linie 704: Derendorf/Nord – Rather Straße – Schloßstraße – Pempelforter Straße – Hauptbahnhof – Fürstenplatz – Karolingerplatz – Witzelstraße – Stoffeln

Linie 705: Neuss/Stadthalle – Neuss/Bahnhof – Handweiser – Heerdt – Oberkassel – Ratinger Tor – Jan-Wellem-Platz – Bismarckstraße – Düsseldorf/Hauptbahnhof

Linie 706: (Rundlinie): Merowingerplatz – Auf'm Hennekamp – Volksgarten – Oberbilk – Flingern-Zoo/Brehmplatz – S-Bahnhof/Zoo – Stockkampstraße – Marienhospital – Sternstraße – Jan-Wellem-Platz – Wilhelm-Marx-Haus – Graf-Adolf-Platz – Bilk/Bahnhof – Karolingerplatz – Am Steinberg

Linie 707: Unterrath/Bahnhof – Kalkumer Straße – Spichernplatz – Dreieck – Marienhospital – Tonhallenstraße – Hauptbahnhof – Erkrather Straße – Lierenfeld – Eller/Vennhauser Allee

Linie 708: Heinrichstraße – Zoo/Brehmplatz – Uhlandstraße – Ackerstraße – Hauptbahnhof – Fürstenplatz – Bilker Allee – Bilker Kirche – Hafen – Hamm

Linie 709: Grafenberg/Burgmüllerstraße – Flingern – Ackerstraße – Hauptbahnhof – Graf-Adolf-Platz – Bilker Kirche – Fährstraße – Südfriedhof – Südbrücke – Neuss/Stadthalle – Neuss/Bahnhof

Linie 709 gestrichen: (HVZ-Linie) Hauptbahnhof – Graf-Adolf-Platz – Schleife Fürstenwall

Linie 710: Lörick – Hansa-Allee – Oberkassel – Ratinger Tor – Jan-Wellem-Platz – Berliner Allee – Hüttenstraße – Oberbilk – Lierenfeld – Eller/Vennhauser Allee

Linie 712: Ratingen – Oberrath – Schlüterstraße – Uhlandstraße – Schadowstraße – Jan-Wellem-Platz – Wilhelm-Marx-Haus – Graf-Adolf-Platz – Bilk/Bahnhof – Aachener Platz – Volmerswerther Straße

Linie 713: (HVZ-Linie): Gerresheim/Schönaustraße – Grafenberg – Uhlandstraße – Schadowstraße – Jan-Wellem-Platz – Wilhelm-Marx-Haus – Graf-Adolf-Platz – Kirchplatz

Linie 714 (HVZ-Linie): Rath/Bahnhof – Derendorf – Dreieck – Nordstraße – Jan-Wellem-Platz – Berliner Allee – Corneliusstraße – Karolingerplatz – Am Steinberg

Linie 717: Oberkassel/Rheinbahnhaus – Ratinger Tor – Jan-Wellem-Platz – Bismarckstraße – Hauptbahnhof – Oberbilk – Wersten – Holthausen – HVZ bis Benrath/Betriebshof

Linie 717 gestrichen (HVZ-Linie): Schleife Mintropplatz – Hauptbahnhof – Oberbilk – Wersten – Holthausen

Linie 719: Hauptbahnhof – Graf-Adolf-Platz – Bilker Kirche – Fährstraße – Südfriedhof, als HVZ-Linie: Oberrath – Schlüterstraße – Flingern – Ackerstraße – Hauptbahnhof – Graf-Adolf-Platz – Bilker Kirche – Fährstraße – Südfriedhof – Südbrücke – Neuss/Stadthalle – Neuss/Bahnhof.

Linie 709 im Oktober 1981 am Neusser Obertor; die neue Streckenführung der 709 galt ab 3. Oktober 1981.

Linie 719 (GT 8 S) im Oktober 1981 auf der eingleisigen Richtungsstrecke Lorettostraße in Richtung Graf-Adolf-Platz; im Hintergrund die Bilker Kirche.

21. August 1981 – Während der Sommerferien wurden die beiden noch vorhandenen K 53 U-Achtachser Nr. 2262 und 2263 auch wieder im Liniendienst eingesetzt, sonst aber nur noch als E-Wagen auf der Krefelder Strecke. Tw 2262 als Linie 76 an der Haltestelle Jan-Wellem-Platz. In diesen Wochen fuhren die Wagen der 76 solo.

Juli 1982 – Linie 703 (GT 8 S) an der Haltestelle Morper Straße, Nähe Gerresheim/Bf; links stehen alte Häuser der Glashütten-Siedlung. Das Zielschild wurde irrtümlich nicht gewechselt; es müßte »Kirchplatz« lauten.

Juli 1982 – Linie 719 in der Gleisschleife Flingern/Bruchstraße.

1982, Beseitigung des Bahnübergangs am Staufenplatz

Am 23. Mai 1982, bei Einführung des neuen Fahrplanes, reduzierte man die Fahrten der HVZ-Linie 713 bis Gerresheim/Schönaustraße auf wenige Kurse, die meisten Fahrten der 713 endeten, vom Kirchplatz kommend, in der Schleife Grafenberg/Staufenplatz. Die alle 10 Minuten verkehrende Buslinie 725 (Altstadt – Hauptbahnhof – Flingerbroich – Gerresheim/Krankenhaus) hat in den letzten Jahren mehr Fahrgäste in Richtung Gerresheim/Mitte auf sich gezogen. Das Fahrgastaufkommen der Straßenbahnlinien 703/713 reduzierte sich.
Die Linie 714, die schon seit 5 Jahren nur noch in der Hauptverkehrszeit in Betrieb war, wurde ab 23. Mai praktisch aufgelassen, nur in den Morgenstunden verkehrten noch einige Wagenzüge. Hier nehmen die S-Bahn-Linien in Richtung Derendorf und Rath der Straßenbahn ein gewisses Fahrgastvolumen fort. In den fünfziger Jahren noch hatte die Linie 1 mit ihren Nebenlinien in Düsseldorf das größte Fahrgastaufkommen. Auch Industrie-Stillegungen im Rather Raum wirkten sich jetzt aus.
Das größte Düsseldorfer Ereignis im Jahre 1982 war die Fertigstellung des neuen Eisenbahntunnels in Grafenberg und damit die Beseitigung der Eisenbahnschranken am Staufenplatz. Aufgrund des in den sechziger und siebziger Jahren wesentlich gestiegenen Autoverkehrs war der niveaugleiche Bahnübergang am Staufenplatz das Düsseldorfer Verkehrshindernis Nr. 1. Auch der Straßenbahnverkehr erlitt oft Verspätungen.
Schon vor dem Ersten Weltkrieg gab es Pläne, die Güterstrecke Rath–Eller hochzulegen und am Staufenplatz eine Unterführung einzubauen. Andere wollten damals die Eisenbahnstrecke in einem Tunnel durch den Grafenberger Wald führen. Als die Bundesbahnpläne Ende der sechziger/Anfang der siebziger Jahre akut wurden und die Bahn auf einen Damm gelegt werden sollte, bildete sich eine Aktionsgemeinschaft Grafenberger Bürger gegen diesen Plan. Man wollte den Wald und die Gutenbergstraße nicht durch einen Damm abgeschnürt wissen. Die doppelgleisige Güterstrecke sollte unter die Erde in einen Tunnel verlegt werden. Auch die Düsseldorfer Ratsherren unterstützten diesen Vorschlag. Nachdem die Stadt Düsseldorf sich bereiterklärte, einen großen Teil der Mehrkosten zu tragen, wurde der Tunnelplan von der Bundesbahn angenommen.
Nun begannen umfangreiche Erd- und Bauarbeiten zwischen Ostpark und Rath. Östlich der bisherigen Strecke wurde ein Betontunnel in die Erde versenkt, er begann an der Limburgstraße und endete kurz vor Rath. Vom Ostpark senkte sich jetzt eine Rampe bis zum Tunnelbeginn an der Limburgstraße/Staufenplatz. Drei niveaugleiche Bahnübergänge wurden dadurch beseitigt: Am Staufenplatz, an der Graf-Recke-Straße und am Mörsenbroicher Weg. Am 3. August 1982 fuhr der erste Güterzug durch den Tunnel.
Bereits am 14. Juli wurde der Übergang Staufenplatz wegen fortschreitender Bauarbeiten geschlossen, der Autoverkehr großräumig umgeleitet. Die Straßenbahnschleife Staufenplatz (zuletzt von der Linie 713 befahren) wurde schon früher stillgelegt. Es war nur die kleine Schleife, die große Gleisschleife war nach Ausbau der Weichen seit etwa 10 Jahren unbenutzt. Die Linie 713 mußte bei ihren verkürzten Fahrten in der Schleife Burgmüllerstraße oder auf der Limburgstraße (Zufahrtgleise zum früheren Depot) umsetzen. Die Umsetzstelle Limburgstraße legte man am 2. Juli und die Gleisschleife an der Burgmüllerstraße am 14. Juli still. Etwa sechs Wochen lang war der Straßenbahnbetrieb am Staufenplatz unterbrochen. Die Fahrgäste mußten über einen provisorischen Fußgängerüberweg von einer Straßenbahn zur anderen gehen.
In diesen Wochen wurden auf den Linien 703 und 709 nur Zweirichtungs-Achtachser GT 8 S eingesetzt, auf der 703 tageweise auch Achtachser des Typs K 66. Die 713 verkehrte während der Sommerferien nicht. Die von Gerresheim kommende 703 wendete über einen provisorischen Gleiswechsel am Jägerhaus, die 703 aus Richtung Innenstadt und die 709 über einen Gleiswechsel auf der Grafenberger Allee an der Ecke Irmgardstraße. Den Zwischenraum mußten die Fahrgäste also zu Fuß überbrücken.
Während dieser Zeit wurden die Gleisanlagen von der Ludenberger Straße bis Irmgardstraße grundlegend erneuert. Die Gleise auf dem Staufenplatz, auf der Limburgstraße und die Schleife Burgmüllerstraße entfernte man. Unter Einbeziehung des südlichen Teiles des Staufenplatzes schuf man eine breite neue Straße, die sich am früheren Bahnübergang zur Vautierstraße und zur Grafenberger Allee hin teilte. Mehrere Ampelanlagen wurden installiert. Die Straßenbahn erhielt vom Jägerhaus bis zur Grimmstraße einen eigenen Bahnkörper mit einer neuen Haltestellenanlage an der Burgmüllerstraße.

Linie 709 auf neuen Gleisen am Staufenplatz in Grafenberg (November 1982). An dieser Stelle befand sich früher der niveaugleiche Bahnübergang (Eisenbahn-Güterstrecke Rath – Eller). Im Vordergrund das Vorsortiergleis zur neuen Gleisschleife Staufenplatz.

Eine neue doppelgleisige Schleife für die Linien 709 und 713 fand südlich des Staufenplatzes zwischen Hardtstraße und Jägerhaus ihren Platz. Vorsortiergleise von der Haltestelle Burgmüllerstraße führten zur neuen Schleifenanlage. Die Strecke war für die Linie 703 bereits am 14. August wieder durchgehend befahrbar.
Nach den Feierlichkeiten am 28. August 1982 wurden die neuen Gleisanlagen offiziell in Betrieb genommen, die Linie 709 war inzwischen bis zum Staufenplatz verlängert worden. Auch der Autoverkehr rollte über die neuen Fahrstraßen. Nicht nur Bierzelte, Würstchenbuden, alte Postkutschen auf dem Staufenplatz, auch die vier Museums-Straßenbahnzüge, Baujahr 1921 bis 1954, waren in der neuen Gleisschleife zu finden. Sie verkehrten an diesem Tage auf einem Rundkurs von Grafenberg/Staufenplatz über Uhlandstraße, Jan-Wellem-Platz, Graf-Adolf-Platz, Hauptbahnhof, Flingern wieder bis Grafenberg/Staufenplatz. Etwa 84 Jahre lang ratterten die Straßenbahnräder am Staufenplatz über die Eisenbahngleise. Jetzt ging es ruhiger und schneller zu. Es war die erste Düsseldorfer elektrische Straßenbahnlinie, die 1898 die Eisenbahnschienen am Bahnübergang Staufenplatz kreuzte.
1983 pflanzte die Stadtverwaltung auf dem früheren Eisenbahnkörper Bäume und Sträucher an, die Grünanlage wird in den nächsten Jahren heranwachsen. Ein Fußgänger- und Fahrradweg ist auch schon angelegt.
Im Sommer 1982 wurde der Straßenzug Wehrhahn/Grafenberger Allee vom Industriehaus bis zur Uhlandstraße neu gestaltet. Die Bürgersteige wurden verkleinert und für den Autoverkehr neue Fahrspuren geschaffen. Gleichzeitig erneuerte die Rheinbahn ihre Gleise. Die Straßenbahn bekam auf diesem Abschnitt eigene Fahrspuren, zum Teil einen besonderen Bahnkörper. Auf der Wehrhahnbrücke errichtete man eine neue Haltestelle mit Seitenbahnsteigen, „S-Bahnhof Wehrhahn“, um einen Umsteigeverkehr zu den drei S-Bahn-Linien zu ermöglichen. Auch die stadteinwärtsführende Haltestelle Uhlandstraße der Linien 703, 712 und 713 erhielt einen Seitenbahnsteig.
Vom 1. bis 5. September 1982 fand in Düsseldorf der Deutsche Katholikentag statt. Hunderttausende, meist junge Leute, besuchten die zahlreichen Veranstaltungen, die meistens im Rheinstadion stattfanden. Die Straßenbahnen waren an diesen Tagen sehr gefragt. Zur Bewältigung des starken Verkehrs mußte die Rheinbahn sich bei der Duisburger Verkehrsgesellschaft 8 Einrichtungs-Achtachser mit Vierachsbeiwagen ausleihen, der eigene Wagenpark reichte nicht aus. Die Duisburger Fahrer wurden eine Woche vorher auf ihren Fahrzeugen im Düsseldorfer Stadtverkehr geschult.
In kurzen Abständen von wenigen Minuten verkehrten an diesen Tagen die Achtachser und Sechsachser mit Beiwagen zwischen Hauptbahnhof und Rheinstadion, dazwischen die orange/gelben Duisburger Straßenbahnzüge. Die Strecke führte über Bismarckstraße, Berliner Allee, Stern-, Duisburger Straße bzw. Nordstraße, Umleitungsstrecke Kaiserswert-

Ein Achtachser der Linie 701 in der Waschanlage des Betriebshofs Derendorf am 21. August 1982

21. April 1982 – HVZ-Linie 717 gestrichen in Wartestellung auf dem mittleren Gleis in der Harkortstraße (Schleife Hauptbahnhof).

7. August 1982 – Wegen Bauarbeiten am früheren Bahnübergang Staufenplatz wurde die Linie 703 mehrere Wochen lang geteilt. Die GT8 S-Wagen des Abschnittes Gerresheim/Bf – Grafenberg setzten am 7. August bereits auf neu verlegten Gleisen am Stufenplatz bzw. über den Gleiswechsel in der Ludenberger Straße um. Die Fahrgäste gingen zu Fuß über die Baustelle bis zur Irmgardstraße, wo sie in den zweiten Linienast der 703 in Richtung Innenstadt einstiegen.

Während des Deutschen Katholikentages im September 1982 wurden auch Duisburger Straßenbahnzüge in Düsseldorf eingesetzt. Ein Duisburger Achtachser in der Schleife Hauptbahnhof an der Karlstraße.

September 1982 — Die Veranstaltungen während des Katholikentages fanden nicht nur im Rheinstadion, sondern auch im Hofgarten statt. Hier ein Einsatzzug als Linie 707 gestrichen zwischen Hauptbahnhof und Spichernplatz an der provisorischen Haltestelle Malkasten.

her Straße, Reeser Platz zum Stadion. Auch die HVZ-Linie 717 gestrichen fuhr nachmittags über Hauptbahnhof hinaus bis zum Rheinstadion. Außerdem verkehrten vom Jan-Wellem-Platz durch den U/Tunnel bis zum Stadion GT 8 SU- und B-Wagen-Doppelzüge als Linie 718 gestrichen.
Der Autoverkehr zu den Veranstaltungen war nicht zu stark, die Staus auf den Zufahrtsstraßen hielten sich in Grenzen. Man hatte in den ersten Septembertagen das Gefühl, die „Straßenbahn ist wieder in". Die Tagungsleitung bedankte sich hinterher bei der Rheinbahn-Leitung für die gute Bewältigung der Transportprobleme.
Nachdem im Dezember 1980 ein Versuch, die Schadowstraße von der Berliner Allee bis zur Liesegangstraße für den Autoverkehr zu sperren, wegen unzureichender Ausschilderung mißlang, wollten die Geschäftsanlieger der Schadowstraße und die Stadtväter nun den südlichen Bürgersteig um die Autofahrspur erweitern und als Fußgängerzone herrichten. Die Autos benutzten in West-Ost-Richtung jetzt ausschließlich die Gleiszone der Straßenbahn.
Die Arbeiten zur Verbreiterung des südlichen Gehsteiges begannen im Herbst 1982 und waren Ende November beendet. Der Gehsteig wurde in Fußgängerzonenmanier mit bunten Steinen und Platten ausgelegt, Bäume wurden gepflanzt, Blumenkübel aufgestellt und Sitzgruppen geschaffen. Dadurch hat die Schadowstraße, Düsseldorfs umsatzstärkste Einkaufsstraße, zweifellos an Attraktivität gewonnen. Die Linien 703, 712 und 713 kommen zu bestimmten Tagesstunden aber nicht schnell voran.

Das Jahr 1983

Ende 1982/Anfang 1983 wurden an den Gleisanlagen am Jan-Wellem-Platz verschiedene Reparaturen ausgeführt, Weichen und Bremsstrecken erneuert und die Kurvenradien in Richtung Hauptbahnhof etwas vergrößert, damit später hier auch B-Wagen verkehren können. Die Schleife Jan-Wellem-Platz bekam unterhalb der Stelzenstraße eine Weiche und größere Kurvenradien, damit die Linie 711 mit ihren B-Wagen in beide Schleifengleise einfahren konnte, um bei Gleisbesetzung mit Doppelzügen einen Wagenstau am Jan-Wellem-Platz zu vermeiden.

14. Februar 1983 — Am Rosenmontag verkehrten Einsatzzüge der Linie 701 zwischen Rath und Am Steinberg. Linie 701 gestrichen mit Vierachserzug (sonst auf der Linie 714 eingesetzt) auf der Kaiserstraße an der Haltestelle Sternstraße.

14. Februar 1983 — Am Rosenmontag wurde auch die Linie 717 »närrisch«. Sie verkehrte wegen des Rosenmontagzuges vom Jan-Wellem-Platz über die Strecke der Linie 706 nach Oberbilk und Holthausen. Linie 717 gestrichen an der Haltestelle Schumannstraße im Zuge der Lindemannstraße.

Die bei der DÜWAG für ausländische Verkehrsgesellschaften gebauten Straßenbahn- und Stadtbahnwagen wurden auf Rheinbahngleisen erprobt, namentlich auf der Krefelder Strecke. Im November 1982 waren es achtachsige Gelenkwagen für Rotterdam, im März 1983 Achtachser für die künftige Stadtbahn in Tunis/Nordafrika, die aufgrund ihrer Wagenform und Farbgebung im Düsseldorfer Streckennetz auffielen.

Ab 1982 ging die Rheinbahn dazu über, an einigen Straßenbahn-Haltestellen mit Seiteninseln auch Omnibusse halten zu lassen, sofern genügend Freiraum zur Verfügung stand, z. B. an den neuen Haltestellen-Anlagen Burgmüllerstraße, Uhlandstraße, S-Bahnhof Wehrhahn, Pempelforter Straße, Graf-Adolf-Platz usw. Die separaten Bus-Haltestellen an Bürgersteigen neben Straßenbahn-Haltepunkten konnten somit entfallen.

In diesen Jahren bekamen alle Haltestellen nach und nach neue Schilder, wie sie vom Verkehrsverbund Rhein/Ruhr vorgeschlagen worden waren. Es sind große eckige Tafeln, die ein großes „H" zeigen, dazu die Haltestellen-Bezeichnung, die Liniennummer mit Fahrtziel und die Nummer der Wabe, in der sich die Haltestelle befindet. Wird die Strecke von mehreren Linien befahren, so sind alle Liniennummern mit Endstellen angeführt. In der Mitte des Pfahles in Augenhöhe befinden sich die Fahrpläne der betreffenden Linien sowie ein Wabenorientierungsbild.

Am 16. Februar 1983 entstand im Duisburger Betriebshof Grunewald durch Kurzschluß ein Großfeuer, welchem eine ältere Wagenhalle und zahlreiche Straßenbahnwagen zum Opfer fielen. Durch die Glut des Großbrandes stürzte das Dach der Wagenhalle ein. Fünf Duisburger Einrichtungs-Achtachser und ein Vierachsbeiwagen wurden gänzlich zerstört, andere Wagen beschädigt. Außerdem brannte der Duisburger Partywagen Nr. 1176, der Harkort-Sechsachser, Baujahr 1928, vollkommen aus. Bei diesem Großbrand ging auch der Rheinbahn-Achtachser der Linie 79, Wagennummer 3211, Typ GT 8 SU, verloren. Er mußte verschrottet werden. Ein anderer GT 8 SU-Wagen wurde leicht beschädigt.

Im Betriebshof Handweiser errichtete die Rheinbahn in den beiden letzten Jahren auf freiem Gelände, bisher Gleislager, eine neue große Wagenhalle mit Aufstell- und Wartungsgleisen, die speziell für die im Depot Handweiser zu stationierenden Stadtbahnwagen (B-Wagen und GT 8 SU) gedacht ist. Am 2C. Mai 1983 wurde sie in vollem Umfang in Betrieb genommen, vorher wurden nur einige Depot-Gleise benutzt. Gleichzeitig legte man eine ältere Wagenhalle still.

1982–83 erhielten einige Einrichtungs-Achtachser der 2700er Reihe eine Grundüberholung mit kleinen technischen Verbesserungen. Es handelt sich hierbei um Wagen, die Mitte der siebziger Jahre durch Einfügen eines Mittelstückes vom Sechs- zum Achtachser umgebaut wurden. Dabei wurden die renovierten Wagen Nr. 2764 bis 2768 in 2964 bis 2968 umgenummert, also in eine neue 2900er Triebwagenreihe. Hinweise auf Fensterleisten „Kasse beim Fahrer" oder ähnliches wurden bei der Neulackierung nicht mehr angebracht. Auch das „S" an der Stirnfront fehlt jetzt bei fast allen Wagen. Man setzt den Einmannbetrieb nun als bekannt voraus.

Ende Mai und Anfang Juni feierte der Stadtteil Bilk ein Jubiläum, es sollte das 599. Jahr seit Gründung des damaligen Ortes Billick sein. Straßenfeste mit musikalischen Darbietungen wurden veranstaltet sowie Verkaufsstände, Bierzelte usw. errichtet. Die Rheinbahn ließ am 29. Mai und am 4. Juni zwei Museumszüge, Baujahr 1928 und 1937, verkehren, und zwar auf einem Rundkurs: Bilker Allee, Bilker Kirche, Kavalleriestraße, Graf-Adolf-Platz, Corneliusstraße, Bilker Allee. An der Flora wurde eine zusätzliche Haltestelle errichtet. Die beiden Triebwagen, Nr. 267 und 954, zeigten als Liniennummer die Zahl 599.

Bei Einführung des neuen Fahrplanes am 29. Mai 1983 wurden Sparmaßnahmen wirksam. In den letzten Jahren waren die Fahrgastzahlen samstags und sonntags weiter zurückgegangen. Die Wagengestellung sollte der verringerten Nachfrage angepaßt werden. Aufgrund des weiter steigenden Defizites stellten Stadtvertretung und Verkehrsverbund die Signale auf Einsparung.

Beim Busbetrieb stellte man zwei unrentable Linien ein, die Anzahl der Straßenbahnlinien wurde aber nicht reduziert. An Samstagen fuhr die Straßenbahn nur noch alle 15 Minuten. In den frühen Sonntagsstunden begann ein 30-Minuten-Betrieb, der vormittags auf 20 Minuten, sonntagnachmittags auf 15 Minuten verdichtet wurde. Folgende Straßenbahnlinien verkehrten werktags alle 10 Minuten: 701, 702, 703, 707, 710, 712, 713, 717 und 718, alle 12 Minuten die Linien 704, 705, 706, 708, 709 und 719. In der Hauptverkehrszeit fuhren die Linien 705, 706, 709 und 719 aber ebenfalls alle 10 Minuten.

Bei den Linien 76, 79 und 711 bestand werktags ein 20-Minuten-Betrieb, abends, samstags und sonntags ein 30-Minuten-Abstand. Auf dem Abschnitt Opernhaus-Kaiserswerth boten die Linien 79 und 711 zusammen einen 10-Minuten- bzw. einen 15-Minuten-Verkehr an. Die Linie 712 blieb auch weiterhin dabei, samstags und sonntags nur alle 20 Minuten bis Ratingen zu fahren, die Zwischenzüge (dann GT 8 S-Wagen) setzten in Oberrath um. Nur die Linien 703 und 712 verkehrten auch sonntagnachmittags alle 10 Minuten. Die HVZ-Linie 713 fuhr werktagnachmittags von 16 bis 18 Uhr zwischen Kirchplatz und Grafenberg/Staufenplatz, morgens und ab 18 Uhr bis Gerresheim/Schönaustraße. Der abendliche Zugabstand war bei allen Linien (außer 76, 79 und 711) schon seit Jahren auf 20 Minuten festgelegt. HVZ-Linien, auch die 702 und 719, stellten ihren Betrieb gegen 19 Uhr ein. Die Linien 705 und 717 wurden abends und sonntagvormittags weiterhin zusammengelegt.

Die Linie 719 hatte ab 22. August 1983 einen vielfältigen Fahrplan. In der Hauptverkehrszeit verkehrte sie zwischen Oberrath und Neuss/Stadthalle, nicht mehr bis Neuss/Bahnhof, ab 17.30 Uhr nur noch bis Flingern, also nicht bis Oberrath. Ansonsten fuhr sie weiterhin zwischen Hauptbahnhof und Südfriedhof. Die HVZ-Linie 714 verkehrte werktags mit drei Kursen in der Frühspitze.

Unfälle mit Straßenbahnen gibt es leider immer wieder. Man möchte aber sagen, daß die Anzahl der Zusammenstöße gegenüber früher, als noch die zweiachsigen Wagen fuhren, abgenommen hat. Die neuen Gelenkwagen haben kürzere Bremsstrecken. Durch eine schnelle Notbremsung wird mancher Zusammenprall mit anderen Verkehrsteilnehmern vermieden. Dabei passiert es aber zuweilen, daß stehende Fahrgäste im Wagen zu Fall kommen; hin und wieder gab es auch Knochenbrüche.

Der 23. Juni 1983 war für die Rheinbahn ein „schwarzer Tag"; drei schwere Unfälle waren zu verzeichnen. Im Bereich der U-Bahn-Baustelle auf der Berliner Allee riß einem Zug der Linie 701 der Stromabnehmer ab. Die Verkehrsstokkung konnte aber nach einer halben Stunde behoben werden. Schwerer verlief der Unfall an der Endstelle Kaiserswerth, als ein Zug der 79 auf den Weichenanlagen entgleiste und quer zum Bahnkörper stand. Eine Weichenzunge soll hier der Verursacher gewesen sein. Bis der GT 8 SU-Zug wieder aufgegleist war, vergingen mehrere Stunden. Busse als „Schienenersatz-Verkehr" mußten aushelfen.

In Heerdt an der Straßenkreuzung Kribbenstraße hatte ein Achtachser mit Beiwagen der Linie 705 einen schweren Zusammenstoß mit einem Lastkraftwagen, der beim Abbiegen nicht auf die herannahende Straßenbahn achtete. Der Achtachser, der an der Stirnfront stark beschädigt wurde, stand, ebenfalls aus den Schienen gehoben, quer auf dem Bahnkörper. Es gab mehrere Verletzte. Die Betriebsunterbrechung dauerte wiederum mehrere Stunden. Die Fahrgäste mußten mit Bussen weiterbefördert werden.

Auf der Linie 76 (Düsseldorf – Krefeld) verkehrten in den letzten Monaten neben den GT 8 S-Zügen auch Doppelzüge mit den umgebauten rot/weißen Wagen (GT 8 SU). Für die Fahrgäste der 76 waren die anderen Trittstufen mit „Schieber" noch ungewohnt. Die Umbau-Achtachser Nr. 2262 und 2263, Baujahr 1953, versahen als E-Wagen weiterhin ihren Dienst. In den Sommerferien bemerkte man sie wiederum im Plandienst der 76, aber weiterhin ohne Beiwagen.

1983 baute die Rheinbahn die Gleisschleife der früheren Neusser Straßenbahn an der Stadthalle grundlegend um. Das Umfeld wurde geräumt, Bäume und ein alter Erdbunker entfernt, die Erft erhielt an dieser Stelle neue Brücken. In den Sommermonaten entstand eine neue Schleifenanlage in etwa rechteckiger Form mit neuen doppelgleisigen Zufahrten, die „landeinwärts" gerückt wurden, aus Richtung Südbrücke und vom Obertor her. Die äußeren Gleise dieses Rechtecks befährt die Linie 709, die inneren vom Obertor her die 705 und aus Richtung Südbrücke die 719. Im nördlichen Teil der rechteckigen Gleisanlage liegen nebeneinander die Haltestellen der Linien 709 und 705, am südlichen Rand halten die Linien 709 und 719.

Die Haltestellen erhielten Platten im Schachbrettmuster. An dieser neuen Anlage kann man jetzt, unbehindert vom Autoverkehr, in die Neusser Buslinien umsteigen. Ende August waren die Gleisanlagen betriebsbereit. Die restlichen Bauarbeiten und die gärtnerische Ausgestaltung werden gegen Jahresende abgeschlossen sein.

Ein anderes Neubauprojekt der Rheinbahn war in diesem Jahre am Hauptbahnhof die Errichtung einer neuen dreigleisigen Schleifenanlage auf dem Gelände des früheren Postamtes 1 zwischen Kurfürsten- und Worringer Straße. Die bisherige Schleife Hauptbahnhof mit dem Auto-Parkplatz muß geräumt werden, der Platz wird im nächsten Jahr mit Geschäftshäusern bebaut.

Die Zufahrt zur neuen Schleife erfolgt aus Richtung Kurfürstenstraße, die Ausfahrt aus den drei Wartegleisen liegt auf der Worringer Straße. Die Streckengleise zwischen Bahnhofsvorplatz und Worringer Platz wurden gleichzeitig neu trassiert, die vier Seitenbahnsteige der Haltestelle Hauptbahnhof nach Norden verlängert. Benutzt wird die neue Schleifenanlage von den Linien 76, 79, 705, 709 gestrichen, 718 und 719. Die Gleisradien können später auch von Stadtbahnwagen B befahren werden. Anfang 1984 werden die Bauarbeiten abgeschlossen sein.

Auch der Stadtbahnbau bzw. die Tunnelarbeiten gingen 1983 weiter. Die unterirdischen Röhren wurden abschnittweise vom Wilhelm-Marx-Haus in Richtung Hauptbahnhof weitergeführt. Die Baugruben an der Königsallee, auf der Stein- und Friedrich-Ebert-Straße beeinträchtigen den Straßenbahnverkehr jetzt kaum noch. Lediglich Gleisverschwenkungen auf der Berliner Allee, am Martin-Luther-Platz und auf der Oststraße waren notwendig, damit einmal die Linien 701 und 710, zum anderen die Linie 707 um die Baustellen herumfahren konnten.

Als die Betondeckel an der Straßenkreuzung Bismarck-/Kreuzstraße eingebaut wurden, mußten die Linien 76, 705, 717 und 718 an einigen Wochenenden ihren Weg statt über Bismarckstraße über die Berliner Allee und Graf-Adolf-Straße nehmen. Dabei wurde der vor drei Jahren am Horten-Kaufhaus eingebaute Gleisabzweig von der Berliner Allee zur Graf-Adolf-Straße in Richtung Hauptbahnhof benutzt.

Bis 1988 soll der Tunnelabschnitt vom Wilhelm-Marx-Haus bis Hauptbahnhof fertiggestellt sein, sofern die Finanzmittel von Bund und Land in der vorgesehenen Höhe bereitgestellt werden. Gleichzeitig soll auch der neue Verknüpfungspunkt Hauptbahnhof zwischen S-Bahn und Stadtbahn in Betrieb gehen. Die Stadtbahnlinien können dann vom Kennedydamm bis zum Hauptbahnhof unterirdisch verkehren.

Die Stadtbahn-Tunnelröhren will man unter den Hauptbahnhof hinweg bis zur Kölner bzw. bis zur Erkrather Straße führen. An der Kölner Straße soll die Linie 717 über Rampen in ihre bisherige Position gelangen. Auf der Erkrather Straße, kurz vor der Ronsdorfer Straße, soll die Linie 710 wieder das „Tageslicht erblicken". Sie verkehrt dann nicht mehr über Hüttenstraße und Oberbilk, sondern anstelle der 707 über Hauptbahnhof, Erkrather Straße nach Lierenfeld und Eller. Für die Linien 76, 79, 705, 711 und 718 will man östlich des Hauptbahnhofs unterirdisch eine Umsetz- und Abstellanlage schaffen.

Die Oberkasseler Linien 76, 705, 710 und 717 sollen 1988 über die Rampe am Ratinger Tor ebenfalls in das U-Bahn-System geführt werden. Die Strecken nach Lörick, Krefeld und Neuss wären, soweit wie möglich bzw. nötig, stadtbahnmäßig auszubauen. Die Heerdter Landstraße und die Burgunderstraße würden streckenweise eigene Bahnkörper erhalten. Außerdem wären die oberirdischen Strecken von der Erkrather Straße bis Eller und von der Kölner Straße bis Benrath ebenfalls in Stadtbahn-Manier auszugestalten, auch hier

Oktober 1983 – Linie 718 im Messeverkehr an der Haltestelle Kennedydamm, Doppelzug aus umgebauten GT 8 S, jetzt GT 8 SU.

Mai 1983 – Umbau-Achtachser Nr. 2262 (K 53 U) als Sonderzug auf der Hansastraße in Krefeld. Nr. 2262 wurde 1984 als Ersatzteilspender abgestellt.

Juli 1983 – Linie 79 (Düsseldorf – Duisburg) mit GT8 SU-Doppelzug in der Gleiskurve Kasernen-/Haroldstraße am Graf-Adolf-Platz. Die weiße Linie auf der Haltestellen-Insel weist die Fahrgäste auf das Ausschwenken der Stadtbahnwagen hin.

Juli 1983 – Linie 709 im Neusser Fußgängerbereich zwischen Markt und Zollstraße. Sie ist ein Beispiel dafür, wie man eine Straßenbahn in eine Fußgängerzone integrieren kann.

September 1983 – Linien 705 und 719 (GT8 S) in der neuen Gleisschleife Neuß/Stadthalle; die Haltstellen befinden sich am Nordrand der Schleife.

wieder die Möglichkeit vorausgesetzt. Im Herbst 1982 wurden, der schlechten Finanzlage wegen, von der Düsseldorfer Stadtvertretung und auch von der Stadtbahngesellschaft Einsparmaßnahmen bei der Herrichtung von Stadtbahnstrecken signalisiert. Auch der Tunnelausbau soll kostengünstiger vorgenommen werden.

Weitere Stadtbahnwagen, Typ B 80 (die Zahl 80 steht für die Höchstgeschwindigkeit), wurden von der Rheinbahn bereits in Auftrag gegeben. Darüber hinaus sind im letzten Jahr zusätzliche GT 8 S-Wagen zu GT 8 SU umgebaut worden, und zwar die Wagen Nr. 3021 bis 3026 und 3029 bis 3032, neue Wagennummern 3221 bis 3226 und 3229 bis 3232. Weitere Wagen sollen folgen. Aufgrund der zusätzlich umgebauten rot-weißen Wagen konnte die Linie 718 in diesem Jahr bei Messeveranstaltungen und dergleichen mit Doppelwagen (GT 8 SU) verkehren, außerdem werktags in der Frühspitze.

In den letzten 25 Jahren wurden in der Bundesrepublik Straßenbahnen ständig weniger, in zahlreichen Städten und Gemeinden sind sie vollkommen aus den Straßen verschwunden. In Düsseldorf werden sie aber noch weiterfahren, so daß beim 100. Gründungsjubiläum der Rheinischen Bahngesellschaft im Jahre 1996 nicht nur Museumswagen, sondern auch Straßenbahnzüge im Linienverkehr zu sehen sein werden.

21. April 1984 – Linie 707 gestrichen mit GT8 S am Hauptbahnhof. Bei Betriebsstörungen auf der 707 werden Züge der 719 herangezogen und auf der 707 eingesetzt. Hier verkehrte ein solcher Zug auf dem Abschnitt Eller – Hauptbahnhof.

6. Juli 1984 – Linie 706 mit Solo-Vierachstriebwagen an der Haltestelle Lindemannstraße. Werktags ab 19 Uhr fährt die 706 mit Vierachstriebwagen ohne Beiwagen, ein ungewohnter Anblick, da im Düsseldorfer Netz sonst lange Gelenkzüge zu beobachten sind.

Wagenpark-Liste Düsseldorfer Straßenbahn

Triebwagen

001: Reihe 78.96 (zweiachsige Wagen)

Sieben Wagen der Städtischen Straßenbahn und drei Wagen der Kleinbahn Grafenberg – Rath – Ratingen; die letzteren wurden 1901 von der Stadt Düsseldorf übernommen. Die Numerierung der Wagen ist unklar; bewiesen sind die Nummern 78, 81 und 84. Vermutlich trugen die städtischen Wagen die Nummern 81 - 87; das folgt daraus, daß 1896 insgesamt achtzig Pferdebahnwagen vorhanden waren. Dann wurden die ersten Triebwagen und danach noch weitere acht Pferdebahnwagen geliefert, die die Nummern 88 - 95 erhalten haben müssen. Bei der Übernahme der Kleinbahn waren die Nummern 96 - 100 noch unbesetzt; hier wurden die Wagen des Typs 002 eingereiht. Einer der drei Wagen des Typs 001 erhielt die Nummer 96, die beiden anderen wurden in die bereits durch den Umbau von Pferdebahnwagen in Beiwagen für den elektrischen Betrieb entstandenen Lücken eingenummert; darunter ist die bewiesene Nummer 78. Die Nummer des letzten Wagens ist unbekannt geblieben, die hier angegegbene Nummer 80 ist willkürlich gewählt.

1896	: Neu 81-87 (?)
1901	: Zugang 78, 80^{I} (?), 96^{I} (?) Baujahr 1896 ex Grafenberg - Rath - Ratingen
1906	: Tw 78, 80-87, 96^{I}= Bw 401-410

002: Reihe 97 - 100 (zweiachsige Wagen)

Vier Wagen der Kleinbahn Grafenberg – Rath – Ratingen müssen sich gemäß den vorliegenden Unterlagen von dem ersten Typ unterschieden haben, möglicherweise nur in der Motorenstärke. Der Verbleib dieser Wagen konnte nicht geklärt werden; es ist auch nicht ganz sicher, ob der im Jahre 1944 nachweislich zerstörte Triebwagen 99 aus dieser Reihe stammt.

1901	: Zugang 97^{I}-100^{I} (?) Baujahr 1897 ex Grafenberg - Rath - Ratingen
Vor 1921	: 97^{I}-100^{I} = Atw
1923	: 1 Atw = a
Nach 1923	: 2 Atw = a
1944	: 99^{I} = KV

003: Reihe 101 - 240 (zweiachsige Wagen)

Die ursprünglich mit offenen Plattformen versehenen Triebwagen wurden mehrfach umgebaut und bei dieser Gelegenheit auch umgenummert. Einige dieser Umnumerierungen sind bekannt geworden; da sich bis zum Schluß die Nummernreihe 101 - 240 nicht änderte, kann man davon ausgehen, daß zumindest bei den Umbauten vor 1921 die Nummern ausgetauscht worden sind. Eine zweite Umnumerierung hat dann in den dreißiger Jahren stattgefunden, wobei hier dann die noch als Arbeitswagen vorhandenen Triebwagen nummernmäßig von den noch im Personenverkehr befindlichen Triebwagen getrennt werden sollten. Unter den zahlreichen Wagen, die zwischen 1921 und 1937 abgegangen sind, befinden sich zahlreiche Verkäufe an andere Betriebe. Vermutlich 25 Wagen sollen zusammen mit 38 Beiwagen des Typs 503 nach Berlin (dort 1588-1650) verkauft worden sein. Landsberg/Warthe erhielt sechs Wagen, die dort als Triebwagen 13-15 und Beiwagen 16-18 eingesetzt wurden. Zwei Triebwagen kamen nach Rostock und erhielten dort die Nummern 22 und 23. Weitere Verkäufe sind nicht auszuschließen.

1899	: Neu 101 - 120
1900	: Neu 121 - 196
1901	: Neu 197 - 213
1902	: Neu 214 - 240
?	: 107^{I} = 158^{II}(?), 111^{I} = 122^{II}, 122^{I} = 111^{II}(?), 158^{I} = 107^{II}, 164^{I} = 201^{II}, 166^{I} = 203^{II}, 167^{I} = 170^{II}, 170^{I} = 167^{II}(?), 201^{I} = 164^{II}(?), 203^{I} = 166^{II}(?)
1913	: 214^{I} = 237^{II}, 237^{I} = 214^{II}(?)
1918	: 199^{I} = 209^{II}, 209^{I} = 199^{II}(?)
1921-1937	: 128^{I}, 129^{I}, 132 - 135, 157, 159 - 163, 165, 166^{II}, 212, 214^{II}, 215, 217 - 227, 229 - 232, 236 = a oder verkauft; 216 = Bw
1924	: 173 = Lehr-Triebwagen
1927	: 10 Tw = Bw; 21 Tw = Atw; 123 = Reklame-Tw
Vor 1929	: 102^{I} = a
1929	: 11 Tw = Bw; 105 = Atw
1929-1934	: 131^{I}, 156, 213 = a
1932	: 6 Tw = Atw
Vor 1933	: 104^{I}, 126^{I}, 127^{I}, 177 = Atw
1933	: 112^{I} = Atw 102^{II}; 125^{I} = Atw
1934	: 107 = Atw; 234 = Atw 128^{II}, 237^{II} = Atw 131^{II}
Nach 1934	: 233 = a
Vor 1935	: 106^{I} = Atw
1935	: 205 = Atw, 106^{I} = a
1935-1937	: 110^{I}, 113^{I} = a, 228 = a
1936	: 130 = Atw
Ca. 1936	: 111^{II} = Ausstellungswagen = Museumswagen 80^{II}
Vor 1937	: 102^{I}, 103^{I}, 108^{I}, 117^{I}, 120^{I}, 123^{I}, 124^{I} = Atw; 235 = Atw; 129^{II}, 114^{I}, 121^{I}, 128^{I}, 129^{I}, 158 = a
1937	: 116^{I}, 118^{I}, 124^{I} = a, 182 = Atw
1937-1938	: 191 = Atw
Nach 1937	: 101^{I}, 189 = a; 178, 195, 198^{II}, 207 = Atw
1938	: 109^{I}, 117^{I}, 208, 210, 238, 240 = a; 183, 197 = Atw
1939	: 115^{I}, 119^{I}, 120^{I}, 122^{II}, 125^{I}-127^{I}, 176, 200, 202, 204, 206, 209^{II}, 211, 239 = a; 164, 201^{II} = Atw
1940	: Atw 130 = Tw 130
1941	: 168, 170^{II} = 185, 199^{II} = Atw
1942	: 167^{II}, 169, 171, 174, 175, 186, 190, 194, 196, 198= Kattowitz 381-390; 173 = KV; 187 = Atw
Vor 1943	: 172 = Atw
1943	: 181, 184 = KV, 102^{II} = a
1944	: 108^{I}, 129^{II}, 130, 178, 193, 195, 207 = KV, 177 = Atw
Nach 1944	: 192 = Atw

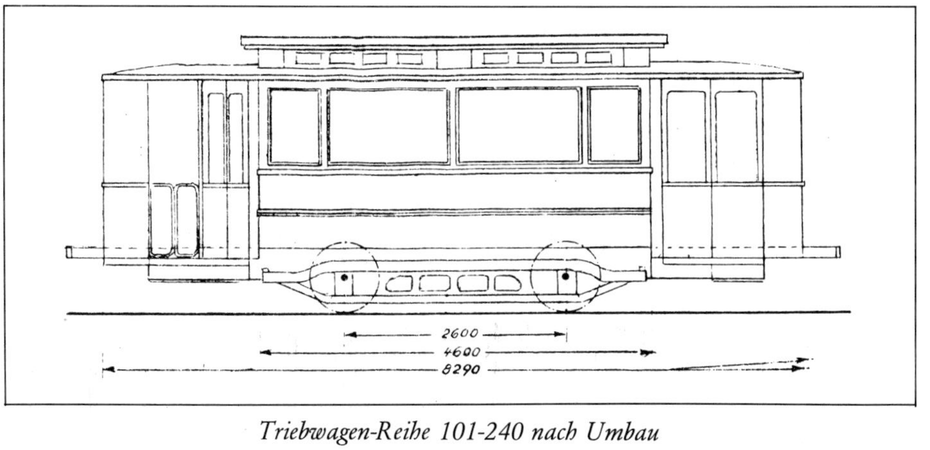

Triebwagen-Reihe 101-240 nach Umbau

1945 : 179, 180, 182, 183=Atw
Nach 1947: 188=Atw
1948 : 104^{I}=a
1951 : 128^{II}=a (nach KV)
1952 : 80^{II}=a
1953 : 105^{I}=a
1954 : 205=1135^{II}
1956 : 177=a
1957 : 107^{II}, 172=a
1958 : 131^{II}, 168, 170^{II}, 179, 180, 185, 187, 191, 192, 199^{II}, 201^{I}=a
1959 : 1135^{II}=a
1960 : 188, 203^{II}=a, 197=5197
1961 : 5197=a

004: Reihe 500 (vierachsiger Sprengwagen)

1908 : Neu 500^{I}
Vor 1912 : 500^{I}=50
1951 : 50=a (nach KV)

005: Reihe 411 - 420 (zweiachsige Wagen)

1909 : Neu 411-420
1944 : 411=KV, Fahrgestell möglicherweise Abw 1573, 414, 419=KV
1945 : 415=KV
1947 : 413=Atw
1951 : 412, 416, 418=a (nach KV)
1958 : 417, 420=a
1960 : 413=a

008: Reihe 496 - 501 (zweiachsige Triebwagen)

Der Triebwagen 500^{II} wurde als Salonwagen mit einer besonderen Ausstattung geliefert.

1912 : Neu 496-499, 500^{II}, 501
1930 : 500^{II} zum normalen Triebwagen umgebaut
1944 : 497, 500^{II}=KV
1951 : 496=a (nach KV)
1962 : 498, 499, 501=a

009: Reihe 502 - 515 (zweiachsige Triebwagen)

1912 : Neu 504-515
1913 : Neu 502-503
1943 : 503, 513-515=KV
1958 : 508=Atw
1960 : 507, 510, 512=Atw
1962 : 504=Atw, 502, 505, 506, 509-511=a
1964 : 507, 508=a
1966 : 504, 512=a

010: Reihe 516 - 525 (zweiachsige Triebwagen)

1913 : Neu 516-525
1942 : 516-525 = Posen 70-79

011: Reihe 51 (vierachsiger Sprengwagen)

1913 : Neu 51
1967 : Neuaufbau unter Verwendung des KS-Bw 40
1970 : 51=5151
1976 : 5151=abgestellt
1977 : 5151 an Straßenbahnmuseum Wehmingen

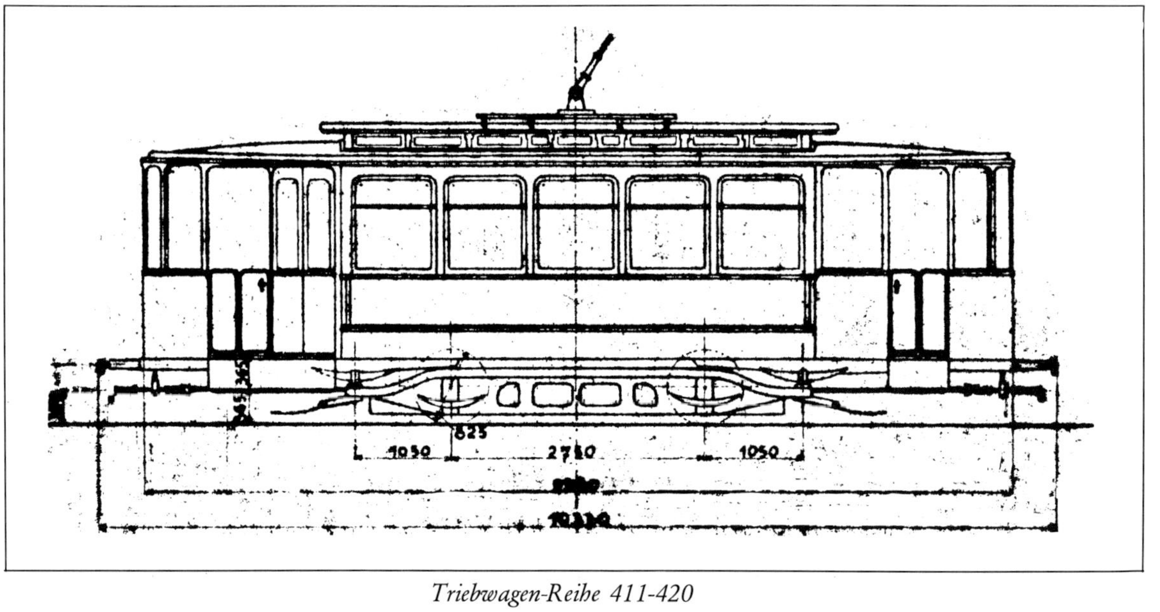

Triebwagen-Reihe 411-420

006: Reihe 421 - 448 (zweiachsige Wagen)

1909 : Neu 421-446, dazu zwei Reserve-Fahrgestelle
1910 : Neu 447-448 (auf den Reserve-Fahrgestellen)
1943 : 427, 429, 431, 434=KV
1944 : 421-424, 439, 446=KV
1951 : 433=a (nach KV)
1958 : 425, 428, 430, 435-438, 440, 441, 444, 445, 447, 448=a
1959 : 426, 442=a
1960 : 432=Atw=a, 443=a

007: Reihe 449 - 495 (zweiachsige Triebwagen)

1911 : Neu 449-478
1912 : Neu 479-495
1940 : 469, 494=KV
1942 : 485, 490=KV
1943 : 450, 455, 466, 468, 472-474, 476, 477, 480, 484, 488=KV
1944 : 449, 475=KV
1951 : 454, 460, 465, 483, 492=a (nach KV)
1958 : 451, 452, 456-459, 461, 463, 464, 471, 478, 491, 493=a
1959 : 453, 462, 467, 470, 479, 481, 486, 487, 495=a
1960 : 482, 489=a

012: Reihe 526 - 545 (zweiachsige Triebwagen)

1913 : Neu 526-535
1914 : Neu 536-545
1943 : 527, 533, 535, 536, 538, 539, 542, 543=KV
1944 : 532=KV
1949 : 529 = Lehrtriebwagen (nach KV)
1958 : 540=a
1961 : 537=a
1962 : 526, 531=Atw, 526, 528, 530, 534, 541, 544, 545=a
1966 : 531=a
1970 : 529 = 5102
1976 : 5102 abgestellt
1977 : 5102 an Straßenbahnmuseum Wehmingen

013: Reihe 546 - 569 (zweiachsige Triebwagen)

1918 : Neu 546-555 (ohne elektrische Ausrüstung)
1919 : 546-555 in Betrieb; neu 556-560 oder 562; neu 560 oder 562 (ohne elektrische Ausrüstung)
1921 : Alle Wagen in Betrieb
1942 : 551, 557, 561, 562=KV
1943 : 547, 549, 553, 567=KV
1944 : 568=KV
1959 : 563=a
1960 : 564=Atw

1961	: 550, 558=a
1962	: 548, 552, 555, 560, 566, 569=Atw, 554, 556, 565, 566=a
1964	: 546, 555, 559=a
1965	: 564=a
1966	: 548, 552, 560=a
1967	: 569=a

014: Reihe 52 (zweiachsiger Gütertriebwagen)

1918	: Neu 52
1960	: 52=a

015: Reihe 53 (vierachsiger Gütertriebwagen)

1918	: Neu 53
1960	: 53=a

016: Reihe 54 (zweiachsiger Schleifwagen)

1918	: Neu 54
1964	: 54=a

017: Reihe 570 - 599 (zweiachsige Triebwagen)

1919	: Neu 570-582 (ohne elektrische Ausrüstung)
1921	: 570-582 in Betrieb; Neu 583-599
1943	: 570, 571, 573, 574, 578, 584, 590, 595, 597, 598=KV
1944	: 576=KV
1962	: 591, 593=Atw, 572=a
1964	: 575, 579, 588=Atw
1965	: 591, 599=a
1966	: 581, 582=Atw, 589=a
1967	: 588, 594=a
1968	: 577, 585-587, 592, 593, 596=a
1969	: 583 = Museumswagen, 579, 580=a
1970	: 575, 581, 582 = 5121-5123, 5122-5123=a

Rheinische Bahngesellschaft, Düsseldorf-Oberkassel

101: Reihe 1 - 16 (vierachsige Triebwagen)

1898	: Neu 1^{I}-8^{I}
1900	: Neu 10^{I}
1901	: Neu 9^{I}, 11-13
1902	: Neu 14-16; 4^{I}, 6^{I}=Bw
1905	: 16= Bw
1906	: 16 wieder Tw
1911	: 1^{I} = Güterwagen 90
1913	: 10^{I} nach Unfall Abw 78
1916	: 13 = 10^{II} (sehr wahrscheinlich, aber nicht bestätigt)
1917	: 7^{I}, 14 = 254, 257
1918	: 3^{I} = 251
1919	: 15, 90 = 258, 241
1920	: 5^{I}, 8^{I} = 252, 255
1921	: 2^{I} = 1007
Um 1922	: 9^{I}, 10^{II}, 12 = 1009^{I}, 1010, 1008^{I}; 241, 251, 252, 254, 255, 257, 258 = 1241, 1251^{I}, 1252^{I}, 1254^{I}, 1255^{I}, 1257^{I}, 1258^{I}
1923	: 11 = 1256^{I}
1925	: 16 = 1259
1930	: 1007^{I} - 1009^{I}, 1010 = 1260, 1261^{I} - 1263^{I}
1939	: 1241 = a
1944	: 1259 mit Kriegsschäden abgestellt
?	: 1252^{I}, 1254^{I}, 1258^{I}, 1261^{I} - 1263^{I} mit Kriegsschäden abgestellt
1951	: 1252^{I}, 1254^{I}, 1258^{I}, 1259, 1261^{I} - 1263^{I} = a
1952	: 1251^{I}, 1255^{I} - 1257^{I}, 1260 = 1451, 1455 - 1457, 1460
1955	: 1451, 1455 - 1457, 1460 = a

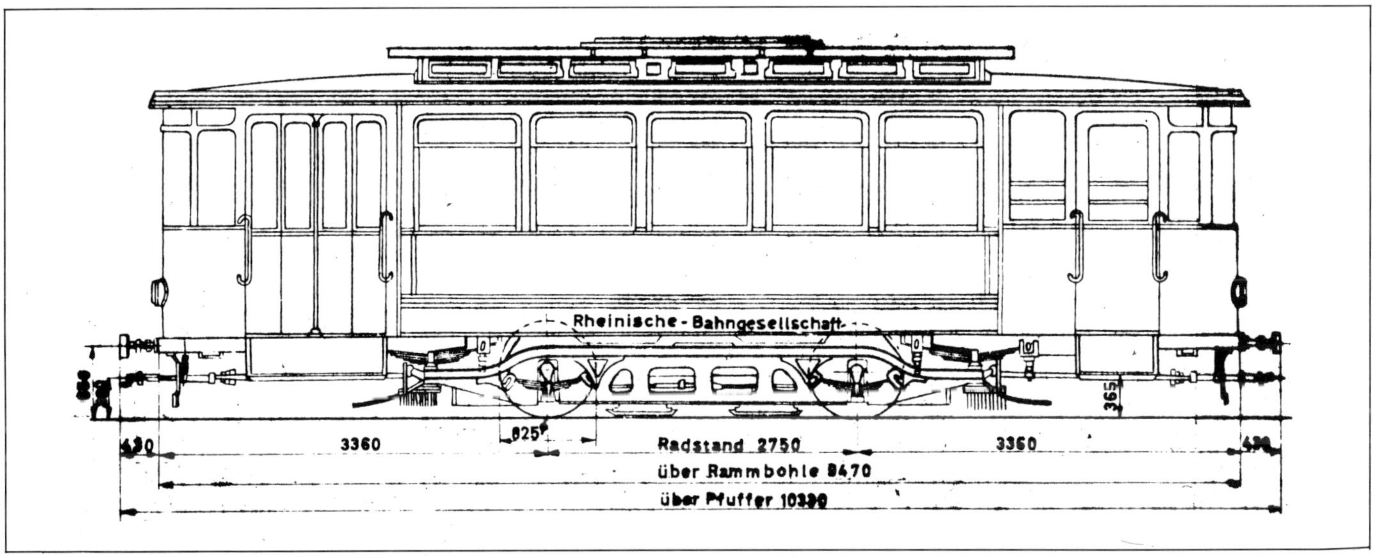

Triebwagen-Reihe 918-927

018: Reihe 901 - 917 (zweiachsige Triebwagen)

1921	: Neu 901-902
1922	: Neu 903-907
1923	: Neu 909-913
1924	: Neu 908, 914-917
1943	: 906=KV
1958	: 916=Atw
1960	: 908=Atw
1961	: 903, 904, 909, 911=a
1962	: 917=Atw, 901, 902, 907, 910, 913, 914=a
1963	: 905=Atw
1964	: 915=a
1965	: 912=Atw
1966	: 908=a
1968	: 917=a
1970	: 905, 912, 916 = 5142-5144
1971	: 5142, 5143=a

102: Reihe 21 - 30 (zweiachsige Triebwagen)

1898	: Neu 21 - 24, 25^{I}, 26 - 27
1899	: Neu 28 - 30
1915	: 21 - 24, 25^{I} verkauft (angeblich in die Türkei)
?	: 27 - 28 = Atw
1920	: 26 = Atw
Um 1922	: 27 - 28 = 1027 - 1028 (nicht bestätigt)
?	: 29 - 30, 1027 = a
1926	: 26 = a
1943	: 1028 = a

103: Reihe 51 (zweiachsiger Arbeitstriebwagen)

1900	: Neu 51
?	: 51 = 250
?	: 250 = a

104: Reihe 31 - 37 (zweiachsige Triebwagen)

1901	: Neu 31 - 36
1902	: Neu 37
1916	: 35 - 36 verkauft (einer davon zur Dürener Eisenbahn/ Tw 14)
?	: 31, 32, 37 = 161, 162, 165 (nicht bestätigt)
1920	: 33 - 34 = 163 - 164
Um 1922	: 161 - 165 = 1161^{I} - 1163^{I}, 1164 - 1165
Vor 1926	: 1161^{I} - 1162 = a
1926	: 1163^{I} - 1165^{I} = 1161^{II} - 1163^{II}
?	: 1161^{II} - 1162^{II} nach Kriegsschäden abgestellt
1943	: 1163^{II} nach Kriegsschaden abgestellt
1951	: 1161^{II} - 1163^{II} = a

105: Reihe 99 (zweiachsiger Arbeitstriebwagen)

Vor 1902	: Neu 99
1917	: 99 = 91
ca. 1926	: 91 = a

106: Reihe 100 - 110 (zweiachsige Triebwagen)

1905	: Neu 101^{I}, 102 - 110
1908	: Neu 100
1916	: 101^{I} nach Unfall = a; 100 = 101^{II}; 106 nach Umbau = 159
1919	: 105 = 132
1920	: 104, 107 - 109 = 131, 133, 134, 1135^{I}
1921	: 110 = 1136
1922	: 101^{II}, 102 = Atw; 131 - 134 = 1131 - 1134, 159 = 1159
?	: 103 = Verbleib unbekannt
1922-1937	: 102 = a
1925-1937	: 101^{II} = a
1926	: 1135^{I}, 1136 = 1129 - 1130
1932	: 1129, 1133 = Meterspur
1933	: 1131, 1132 = Meterspur
1936	: 1132 = Atw
1940	: 1133 = Atw
Nach 1940	: 1131 = Atw
1942	: 1129 = Atw
1943	: 1159 = KV
1955	: 1134 = Atw
1957	: 1129 = abgestellt; 1130 = Atw
1958	: 1129 = a
1960	: 1130, 1131, 1133, 1134 = a
1962	: 1132 = a

107: Reihe 6 (vierachsiger Triebwagen)

1906	: 6^{II} übernommen, Baujahr 1902, für Ausstellung
1918	: 6^{II} = 253
Um 1922	: 253 = 1253
1932	: 1253 = a

108: Reihe 38 (zweiachsiger Triebwagen)

1910	: Neu 38
?	: 38 = (128 ? =) 1128 (Vermutung, nicht bestätigt)
Ca. 1932	: 1128 = Meterspur
1936	: 1128 nach Unfall = a

109: Reihe 18 - 27 (zweiachsige Triebwagen, Meterspur)

1911	: Neu 18 - 27 (Bj. 1897, ex Berg. Kleinbahn 18 - 27)
Nach 1911	: 25 = a
Nach 1912	: 24 = a
Nach 1913	: 19,11, 26 = a
Nach 1914	: 20 = a
Nach 1916	: 21 = a
Nach 1918	: 18 = a
Nach 1925	: 23 = a
Nach 1935	: 27 = a

110: Reihe 33 . 36 (zweiachsige Triebwagen, Meterspur)

1911	: Neu 33, 34, 36 (Baujahr 1899, ex Bergische Kleinbahn 33,34, 36)
Nach 1924	: 33 = a
?	: 36 = Atw
Nach 1928	: 36 = a
Nach 1930	: 34 = a

111: Reihe 41 . 46 (zweiachsige Triebwagen, Meterspur)

1911	: Neu 41, 42, 45, 46 (Baujahr 1899, ex Bergische Kleinbahn 41, 42, 45, 46)
Nach 1913	: 45, 46 = a
Nach 1914	: 41 = a
Nach 1931	: 42 = a

112: Reihe 101 - 106 (vierachsige Triebwagen, Meterspur)

1911	: Neu 101 - 105, 106^{I} (Baujahr 1899, ex Bergische Kleinbahn 101 - 106)
Nach 1913	: 106^{I} = a
Nach 1934	: 102, 104 = a
Nach 1935	: 101, 103, 105 = a

113: Reihe 108 - 109 (vierachsige Triebwagen, Meterspur)

1911	: Neu 108^{I} - 109^{I} (Baujahr 1906, ex Bergische Kleinbahn 108 - 109)
1925	: 108^{I} - 109^{I} = Atw 106^{II}, 107^{I}
1929	: 106^{II} = Iserlohn 69
1930	: 107^{I} = Mainz 200

114: Reihe 78 - 79 (zweiachsige Triebwagen, Meterspur)

1911	: Neu 78 - 79 (Baujahr 1907, ex Bergische Kleinbahn 78 - 79)
1935	: 78 = Atw
Nach 1935	: 78 = a
1936	: 79 = a

115: Reihe 200 - 205 (vierachsige Triebwagen)

1912	: Neu 200 - 205
1917	: 200 = 1^{II}
1919	: 202, 204, 205 = 3^{II}, 5^{II}, 6^{II}
?	: 201, 203 = 2^{II}, 4^{II} oder direkt 1002, 1004
Um 1922	: 1^{II} - 6^{II} = 1001 - 1006
1941	: 1002 nach Unfall = a
1942	: 1004 = KV
1955	: 1005 nach Unfall = a
1959	: 1001, 1003, 1006 = a

116: Reihe 120 - 126 (zweiachsige Triebwagen)

1913	: Neu 120 - 126
Nach 1919	: 120 = 127
1922	: 126 - 127 = 1126 -1127
Um 1922	: 121 - 125 = 1121 - 1125
?	: 1122 nach Kriegsschaden abgestellt
1943	: 1126 = KV
1944	: 1124 = KV (Fahrgestell 1956 = Turmwagen 1124)
1951	: 1122 = a
1958	: 1121, 1123, 1125, 1127 = Atw
1960	: 1121, 1125, 1127 = a
1962	: 1123 = a

117: Reihe 150 - 155 (zweiachsige Triebwagen)

1913	: Neu 150 - 155
Nach 1916	: 150 nach Unfall = Atw 246 (nicht bestätigt)
1922	: 154 = 1154
Um 1922	: 151 - 153, 155, 246 = 1151 - 1153, 1155, 1246
?	: 1151 - 1152 nach Kriegsschäden abgestellt
1946	: 1246 = a
1951	: 1151 - 1152 = a
1958	: 1153 - 1155 = Atw
1960	: 1155 = a
1965	: 1153 = a
1967	: 1154 = a

118: Reihe 156 - 158 (zweiachsige Triebwagen)

1914	: Neu 156 - 158
Um 1922	: 156 - 158 = 1156 - 1158
1942	: 1158 = KV
1944	: 1157 = KV
1958	: 1156 = Atw
1962	: 1156 = a

119: Reihe 120 - 126 (zweiachsige Triebwagen, Meterspur)

1914	: Neu 120 - 126
1937	: 126 nach Brand = a

1959 : 125 = a
1960 : 120, 122 - 124 = Atw; 121 = a
1962 : 120, 122 - 124 = a

120: Reihe 22 (zweiachsige Lokomotive)

Nach 1916: Neu 22^II (möglicherweise unter Verwendung des Fahrgestells des unfallzerstörten Tw 101^I)
Um 1922 : 22^II = 1022
1931 : 1022 verkauft an Stadtwerke Düsseldorf

121: Reihe 25 (zweiachsiger Sprengwagen)

1920 : Neu 25^II
Um 1922 : 25^II = 1025
? : 1025 nach Kriegsschaden abgestellt
1953 : 1025 = a

122: Reihe 1024 (zweiachsige Lokomotive)

1921 : Neu 1024
1952 : 1024 = Meterspur
1962 : 1024 = a

Rheinische Bahngesellschaft, Düsseldorf (nach1922)

301: Reihe 1023 (zweiachsige Lokomotive)

1923 : Neu 1023
1960 : 1023 = a

302: Reihe 918 - 927 (zweiachsige Triebwagen)

1925 : Neu 918 - 927
1944 : 918, 927 = KV
1961 : 920, 922 = a
1962 : 924 = Atw; 919, 923, 926 = a
1965 : 921, 925 = a
1970 : 924 = 5111

303: Reihe 1021 (zweiachsige Lokomotive, Meterspur)

1925 : Neu 1021 (unter Verwendung von Abw 1400)
? : 1021 = Regelspur
1950 : 1021 = Stadtwerke Düsseldorf

304: Reihe 1019 (zweiachsige Lokomotive)

1925 : Neu 1019
1960 : 1019 = a

305: Reihe 1020 (zweiachsige Lokomotive)

1925 : Neu 1020
1942 : 1020 = KV

306: Reihe 1011 - 1013 (vierachsige Triebwagen)

1925 : Neu 1011 - 1013
1930 : 1011 - 1013 = 1007^II - 1009^II
1943 : 1009^II = KV
? : 1007^II - 1008^II nach Kriegsschäden abgestellt
1951 : 1007^II = a
1953 : 1008^II = a

307: Reihe 90 (zweiachsiger Saugtriebwagen)

1926 : Neu 90
? : 90 nach Kriegsschaden abgestellt
1951 : 90 = a

308: Reihe 91 - 92 (zweiachsige Kipptriebwagen)

1926 : Neu 91 - 92
1943 : 91 - 92 = Bw 91 - 92

309: Reihe 89 (zweiachsiger Saugtriebwagen)

1927 : Neu 89
1965 : 89 = a

310: Reihe 928 - 977 (zweiachsige Triebwagen)

1927 : Neu 928
1928 : Neu 929 - 962
1929 : Neu 963 - 971, 972^I, 973 - 977
1940 : 958, 973 = KV
1942 : 968, 970 = KV
1943 : 931, 936, 950 - 952, 962, 964, 969, 975, 976 = KV
1944 : 928, 930, 932, 933 = KV; 977 nach Unfall = a
1965 : 935 = a
1966 : 929, 937, 938, 949, 953, 960, 974 = a; 955 = Karlsruhe 955; 971 = Atw
1967 : 941, 942, 944, 959, 967 = a; 963 = a, Fahrgestell für Atw 972^II
1968 : 934, 939, 940, 945 - 948, 956, 961, 966, 972^I = a; 965 = Atw
1969 : 943, 957, 965 = a
1970 : 971 = 5171
1976 : 5171 = a (954 als Museumswagen vorhanden)

311: Reihe 49 (zweiachsiger Gütertriebwagen)

1927 : Neu 49 ex Abw 49 (Baujahr 1916)
1960 : 49 = a

312: Reihe 47 - 48 (zweiachsige Schweißtriebwagen)

1928 : Neu 47 - 48 ex Abw 41^I - 42^I (Baujahr 1917)
1957 : 47 = a
1958 : 48 = a

313: Reihe 243 - 244 (zweiachsige Zwillingstriebwagen)

1928 : Neu 243 - 244
1931 : 243 = Einzeltriebwagen
1932 : 244 = Einzeltriebwagen
1969 : 244 = Atw; 243 = a
1970 : 244 = 5141

314: Reihe 241 - 242 (zweiachsige Zwillingstriebwagen)

1928 : Neu 241 - 242
1931 : 241 - 242 = Bw 241 - 242 (Motoren in 243 - 244)

315: Reihe 93 (vierachsiger Kran-Triebwagen)

1928 : Neu 93
1970 : 93 = 5181
1974 : 5181 = a

316: Reihe 94 (zweiachsiger Schleiftriebwagen)

1930 : Neu 94
1970 : 94 = 5162

317: Reihe 95 (2x zweiachsiger Doppel-Saugtriebwagen)

1930 : Neu 95
1969 : 95 = a

318: Reihe 1935 (zweiachsiger Triebwagen)

1935 : Neu 1935
1963 : 1935 = abgestellt
1966 : 1935 = a

319: Reihe 106 - 119 (vierachsige Triebwagen, Meterspur)

1935 : Neu 110 - 113
1936 : Neu 106^II - 109^II, 114 - 119
1940 : 108^II = a nach Brand
1942 : 113 = KV
1943 : 106^II, 111 = KV
1962 : 109^II = Stern & Hafferl 26.105; 112 = Stern & Hafferl Ersatzteillager
1963 : 107^II, 114 - 117 = Aachen 1021 - 1025; 110, 118, 119 = Stern & Hafferl 23.104, 20.108, 26.106

320: Reihe 1936 (zweiachsiger Triebwagen)

1936 : Neu 1936 (Inbetriebnahme 1937)
1943 : 1936 = KV

321: Reihe 250 . 364 (zweiachsige Triebwagen)

1937 : Neu 250 - 269
1941 : Neu 270 - 286
1942 : Neu 287 - 296; 273 = KV; 284, 294 = KV, Fahrgestelle in 350 - 351
1943 : Neu 350 - 364; 262, 264, 265, 364 = KV
1944 : 250, 254, 356, 359 = KV
1969 : 251, 252, 260, 268, 269, 277, 285, 286, 288 - 290, 293, 296, 351, 362 = a

1970	: 255, 256, 258, 266, 272, 280, 360, 363 = a
1971	: 287, 354, 358 = a
1972	: 253 = a
1973	: 259, 281, 282, 291 = a
1974	: 261, 270, 271, 274 - 276, 278, 279, 283, 292, 350, 352, 353, 355, 357, 361 = a; 257 = Straßenbahnmuseum Wehmingen; 263 = IHS; 295 = Bergische Museumsbahnen (ohne Motoren)
1978	: 263 = a; 267 als Museumswagen noch vorhanden

322: Reihe 96 (vierachsiger Krantriebwagen)

1937	: Neu 96^{II} (Baujahr 1929, ex Abw 96)
1970	: 96^{II} = 5182

323: Reihe 1 . 17 (zweiachsige Triebwagen)

1937	: Neu 1^{I}, 2^{I}, 4^{I}, 5^{I}, 7^{I}, 9^{I}, 10^{I}, 13^{I} - 17^{I} (Baujahre 1909 - 1910, ex Mettmann 1 . 17)
1938	: 4^{I}, 5^{I}, 14^{I} - 16^{I} = Neunkirchen 18 - 22
1939	: 1^{I}, 2^{I}, 7^{I}, 9^{I}, 10^{I}, 13^{I}, 17^{I} = Graz 131 - 137

324: Reihe 11 . 29 (zweiachsige Triebwagen)

1937	: Neu 11^{I}, 12^{I}, 18^{I} - 29^{I} (Bj 1924, ex Mettmann 11 . 29)
1939	: 11^{I}, 18^{I}, 21^{I}, 29^{I} = Graz 141 - 144; 12^{I}, 22^{I} - 28^{I}, 19^{I}, 20^{I} = 1^{II}, 2^{II}, 3, 4^{II} - 10^{II}
1940	: 5^{II}, 7^{II} = Strausberg 14, 16; 9^{II}, 10^{II} = 5^{III}, 7^{III}
1948	: 4^{II}, 7^{III} leihweise nach Kleve
1949	: 4^{II}, 7^{III} wieder zurück
1955	: 3 = Atw
1956	: 5^{III} = Atw
1957	: 2^{II} = Atw 1312; 6^{II}, 8^{II} = Atw
1958	: 1^{II} = Atw 1313; 4^{II}, 7^{III} = Atw
1960	: 4^{II}, 6^{II}, 7^{III}, 1313 = a
1962	: 3, 5^{III}, 8^{II}, 1312 = a

325: Reihe 100 (zweiachsige Ellok)

1937	: Neu 100^{II} (Baujahr 1924, ex Mettmann 100)
1970	: 100^{II} = 5100

326: Reihe 17 - 21 (vierachsige Triebwagen)

1938	: Neu 17^{II}-21^{II} (Baujahr 1926, ex Düsseldorf-Duisburg 17-21)
1944	: 20^{II} nach Kriegsschaden abgestellt
1945	: 20^{II} = a (nach Brand)
1963	: Neu 20^{III} (Baujahr 1926, ex Duisburg 14, ex Düsseldorf-Duisburg 14)
1965	: 17^{II}-19^{II}, 21^{II} = a
1967	: 20^{III} = a

327: Reihe 37 . 55 (zweiachsige Triebwagen)

1943	: Neu 37, 40, 41, 49, 55 leihweise ex Magdeburg
1944	: 37, 40, 41, 49, 55 zurück nach Magdeburg

328: Reihe 190 . 285 (zweiachsige Triebwagen)

1943	: Neu 190, 205, 217, 276, 285 leihweise ex Frankfurt/M
1944	: 190, 205, 217, 276, 285 zurück nach Frankfurt

329: Reihe 2151 - 2157 (zweiachsige Triebwagen)

1943	: Neu 2151 - 2157 leihweise ex Wien
1948	: 2151 - 2157 zurück nach Wien

330: Reihe 5446 . 5492 (zweiachsige Triebwagen)

1943	: Neu 5446, 5457, 5460, 5485, 5492 leihweise ex Berlin
1948	: 5446, 5457, 5485, 5492 zurück nach Berlin

331: Reihe 501 . 583 (zweiachsige Triebwagen)

1943	: Neu 501, 509, 531, 539, 541, 545, 549, 551, 553, 561, 565, 571, 577, 579, 583 leihweise ex Rom
1948	: 501, 509, 531, 539, 541, 545, 549, 551, 553, 561, 565, 571, 577, 579, 583 zurück nach Rom (Einsatz nur 545 und 577)

332: Reihe 164 - 166 (vierachsige Triebwagen)

1944	: Neu 164 - 166 leihweise ex Oslo
1946	: 164 - 166 zurück nach Oslo (ohne Einsatz)

333: Reihe 1089 (zweiachsiger Triebwagen)

1944	: Neu 1089 leihweise ex Breslau
?	: 1089 nach Kriegsschaden abgestellt
1951	: 1089 = a

334: Reihe 151 . 274 (zweiachsige Triebwagen)

1945	: Neu 151 - 158, 250 - 260, 262 - 264, 266 - 274 leihweise ex Den Haag
1947	: 151 - 158, 250 - 260, 262 - 264, 266 - 274 zurück nach Den Haag (davon 154, 155, 157, 158, 251, 253, 256, 257, 259, 260, 264, 267, 269, 270 ohne Einsatz)

335: Reihe 247 . 296 (zweiachsige Triebwagen)

?	: Neu 247, 268, 294 - 296 leihweise ex Amsterdam
1945	: 296 = KV
1947	: 247, 268, 294, 295 sowie Fahrgestell 296 ohne Einsatz zurück nach Amsterdam

336: Reihe 200 (vierachsiger Triebwagen)

1946	: Neu 200 leihweise ex Den Haag
1947	: 200 zurück nach Den Haag (wahrsch. ohne Einsatz)

337: Reihe 365 - 374 (zweiachsige Triebwagen)

1950	: Neu 365 - 374
1972	: 373 = a
1973	: 371 = a
1974	: 365 - 370, 372, 374 = a

338: Reihe 46 (zweiachsiger Schienenschleifwagen)

1950	: Neu 46
1970	: 46 = 5161
1974	: 5161 = a

339: Reihe 375 - 394 (zweiachsige Triebwagen)

1950	: Neu 375 - 390
1951	: Neu 391 - 394
1970	: 382, 384 = Atw 5231, 5221
1971	: 381, 385, 387 = a
1972	: 386, 391 = a; 392 = Atw 5232
1973	: 388 = a
1974	: 376 = a
1975	: 375 = a; 378 - 380, 389, 393, 394 = nicht mehr im Personenverkehr
1976	: 390 = Essen Atw 690; 377 = Atw 5233
1977	: 383 = a (Elektrische Ausrüstung nach Essen)
1981	: 394 = Atw 5234

340: Reihe 22 (vierachsiger Triebwagen)

1951	: Neu 22^{II}
1952	: 22^{II} = 2001
1967	: 2001 = Bw 2001

341: Reihe 25 - 26 (vierachsige Triebwagen)

1951	: Neu 25^{II}
1952	: Neu 26^{III}; 25^{II}, 26^{III} = 2004 - 2005
1960	: 2004 - 2005 = Bw 2004 - 2005

342: Reihe 24 . 32 (zweiachsige Triebwagen)

1952	: Neu 24^{II}, 26^{IIII}, 27^{II}, 28^{II}, 30 - 32 Baujahr 1929, leihweise ex Siegen 24, 26 - 28, 30
1954	: Nach Ankauf: 31 = 25^{III}, 32 = 29^{II}
1958	: 30 = a (nach Brand)
1962	: 24^{II} = a
1964	: 25^{III} = a
1965	: 26^{IIII}, 27^{II} - 29^{II} = a

343: Reihe 1251 - 1258 (vierachsige Triebwagen)

1953	: Neu 1251^{II} - 1258^{II} (Drehgestelle Baujahr 1939)
1963	: 1252^{II}+1257^{II}, 1253^{II}+1258^{II}, 1254^{II}+1255^{II} = Gelenktw 1262^{II}, 1263^{II}, 1264
1964	: 1251^{II}+1256^{II} = Gelenktw 1261^{II}

344: Reihe 2002 . 2032 (vierachsige Triebwagen)

1953	: Neu 2023^{I} - 2024^{I}
1954	: 2023^{I} - 2024^{I} = 2033 - 2034; Neu 2008 - 2022, 2023^{II}, 2024^{II}, 2025 - 2032

1955 : Neu 2002, 2003, 2006, 2007
1966 : 2020^{I}+Bw 1604 = Gelenktw 2020^{II}
1967 : 2002 - 2003, 2031 - 2034 = Bw 2002 - 2003, 2033 - 2034
1968 : 2021, 2025 - 2028 = Bw 2021, 2025 - 2028
1970 : 2006 - 2019, 2022, 2023^{II}, 2024^{II}, 2030 = 2101 - 2118; 2029 = Lehrtriebwagen 5101
1976 : Neu Schienenschleiftriebwagen 5164 ex Bw 1834 ex Bw 2034 ex Tw 2034

345: Reihe 9 - 11 (zweiachsige Triebwagen)

1954 : Neu 9^{III}, 10^{III}, 11^{II} (Bj. 1915, ex Gummersbach 1 - 3)
1956 : 10^{III} = Atw 1310
1957 : 9^{III}, 11^{II} = Atw 9^{III}, 1311
1960 : 9^{III} = a
1962 : 1311 = a
1970 : 1310 = 5112

346: Reihe 12 (zweiachsiger Triebwagen)

1954 : Neu 12^{II} (Baujahr 1927, ex Gummersbach 6)
1956 : 12^{II} = Atw
1959 : 12^{II} = 1012^{II}
1960 : 1012^{II} = a

347: Reihe 2201 - 2215 (vierachsige Triebwagen)

1955 : Neu 2201 - 2212
1956 : Neu 2213 - 2215
1959 : 2201 - 2204, 2211 - 2215 = Bw
1960 : 2205 - 2210 = Bw

348: Reihe 11 - 16 (zweiachsige Triebwagen)

1956 : Neu 13^{II} - 16^{II} (Baujahr 1944, ex Siegen 35 - 38)
1959 : Neu 11^{III} - 12^{III} (Baujahr 1944, ex Siegen 33 - 34)
1965 : 11^{III} = Atw
1966 : 12^{III} = Atw
1967 : 13^{II} = Atw
1968 : 14^{II} = Atw
1970 : 11^{III} = 5131 = a; 12^{III} = a; 13^{II} - 14^{II} = 5132 - 5133; 15^{II} = Bonn Atw A21; 16^{II} = Atw = 5134
1974 : 5132, 5134 = a

349: Reihe 2301 . 2615 (sechsachsige Triebwagen)

1956 : Neu 2301 - 2302, 2401 - 2410, 2501 - 2509
1957 : Neu 2303 - 2309, 2311 - 2313, 2411 - 2413, 2510 - 2514
1958 : Neu 2314 - 2320, 2414 - 2420, 2515 - 2520, 2551
1961 : Neu 2421 - 2440
1965 : Neu 2601 - 2615
1969 : 2551 = 8x-Tw; Neu 2310 (Baujahr 1957, ex 8x-Tw)
1974 : 2601 - 2615 = 8x-Tw 2751 - 2765
1976 : 2421 - 2430, 2434 - 2440 = 8x-Tw 2851 - 2867

350: Reihe 2310 . 2559 (achtachsige Triebwagen)

1957 : Neu 2310
1958 : Neu 2351 - 2352, 2451 - 2452, 2552
1959 : Neu 2353 - 2358, 2453 - 2458, 2553 - 2559
1969 : 2310 = 6x-Tw; Neu 2551 (Baujahr 1957, ex 6x-Tw)

351: Reihe 10 (zweiachsiger Triebwagen)

1959 : Neu 10^{IIII} (Baujahr 1950, ex Siegen 39)
1974 : 10^{IIII} = nicht mehr im Personenverkehr

352: Reihe 2497 - 2499 (achtachsige Triebwagen mit Speiseabteil)

1960 : Neu 2497 - 2498
1961 : Neu 2499
1976 : 2499 ohne Speiseabteil
1977 : 2497 - 2498 ohne Speiseabteil

353: Reihe 1261 - 1264 (achtachsige Triebwagen)

1963 : Neu 1262^{II}, 1263^{II}, 1264 Baujahr 1953 ex 1252^{II}+1257^{II}, 1253^{II}+1258^{II}, 1254^{II}+1255^{II}
1964 : Neu 1261^{II} Baujahr 1953 ex 1251^{II}+1256^{II}
1966 : 1261^{II} = a nach Unfall
1974 : 1262^{II}, 1263^{II}, 1264 = 2262 - 2264
1975 : 2264 = a nach Unfall

354: Reihe 2020 (achtachsiger Triebwagen)

1966 : Neu 2020^{II} ex 2020^{I}+1604
1970 : 2020^{II} = 2151

355: Reihe 1265 - 1269 (achtachsige Triebwagen)

1966 : Neu 1265 - 1269
1974 : 1265 - 1269 = 2265 - 2269

356: Reihe 2651 . 2867 (achtachsige Triebwagen)

1968 : Neu 2651 - 2654
1969 : Neu 2655 - 2673
1974 : Neu 2751 - 2768 Baujahr 1965 ex 6x-Tw 2601 - 2615, 2621 - 2623 (ex Neuss 41 - 43)
1976 : Neu 2851 - 2867 Baujahr 1961 ex 6x-Tw 2421 - 2430, 2433 - 2440
1982 : 2765 - 2768 = 2965 - 2968

357: Reihe 972 (zweiachsiger Saugtriebwagen)

1969 : Neu 972^{II} (Fahrgestell Baujahr 1929 ex Tw 963)
1970 : 972^{II} = 5172

358: Reihe 2621 - 2623 (sechsachsige Triebwagen)

1970 : Neu 2623 (Baujahr 1965, ex Neuss 43)
1971 : Neu 2621 - 2622 (Baujahr 1965, ex Neuss 41 - 42)
1974 : 2621 - 2623 = 8x-Tw

359: Reihe 1281 - 1283 (sechsachsige Triebwagen)

1971 : Neu 1282 - 1283 (Baujahr 1961, ex Neuss 39 - 40)
1977 : Neu 2701 (Bj. 1961, ex Neuss 38, übern. 1971)
1979 : 1282 = 2702 (nach Umbau)
1980 : 1283 = 2703 (nach Umbau)

360: Reihe 5201 (zweiachsige Lokomotive)

1971 : Ellok angekauft (Baujahr 1917, ex Neuss 201, ex Wuppertal 601; vorges. Wagen-Nr. 5201, z.Zt. abgestellt)

361: Reihe 5103 (vierachsiger Lehrtriebwagen)

1976 : Neu 5103 (Bj. 1955, ex Neuss 36, angekauft 1971)

362: Reihe 3001 - 3065 (achtachsige Triebwagen)

1973 : Neu 3001 - 3006
1974 : Neu 3007 - 3050
1975 : Neu 3051 - 3065
1981 : 3001 - 3020 = 3201 - 3220 nach Umbau
1983 : 3021 - 3026 = 3221 - 3226 nach Umbau; 3029 - 3033 = 3229 - 3233 nach Umbau; 3211 = a (nach Brand)

363: Reihe 3101 - 3104 (achtachsige Triebwagen mit Speiseabteil)

1975 : Neu 3101 - 3104

364: Reihe 4001 - 4012 (sechsachsige Triebwagen)

1981 : Neu 4001 - 4012

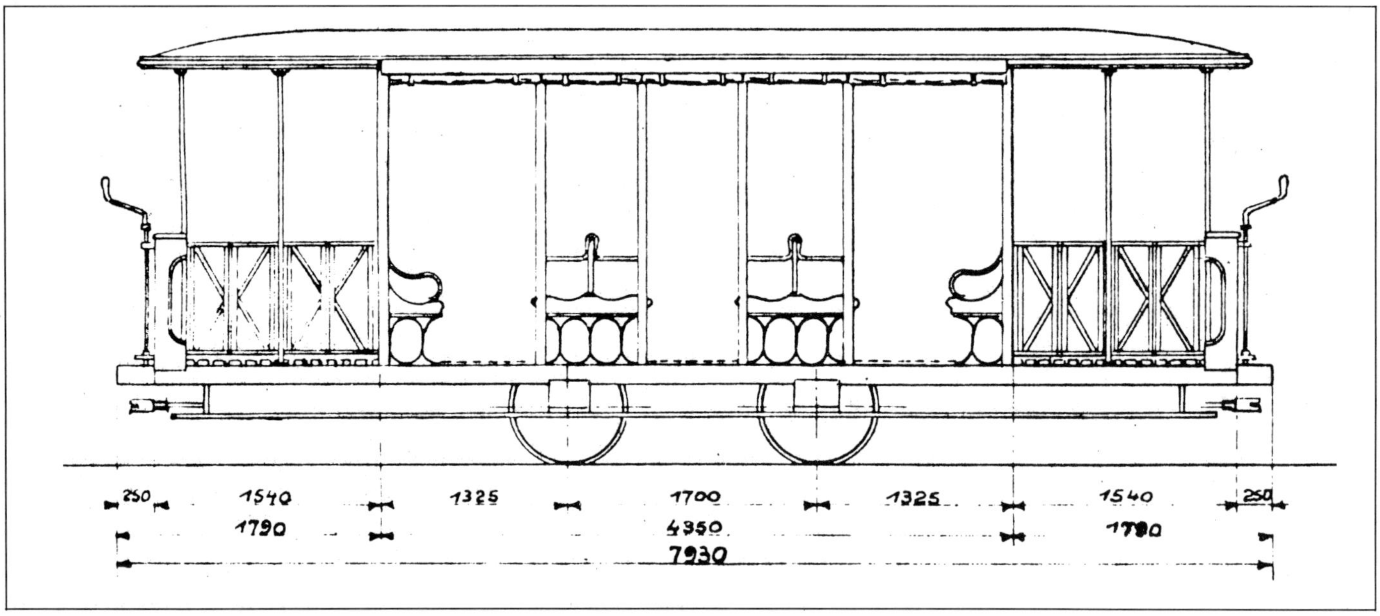

Reihe Bw 254, 257-259, 261, 262, 267, 270 (offene große Beiwagen mit Mittelgang)

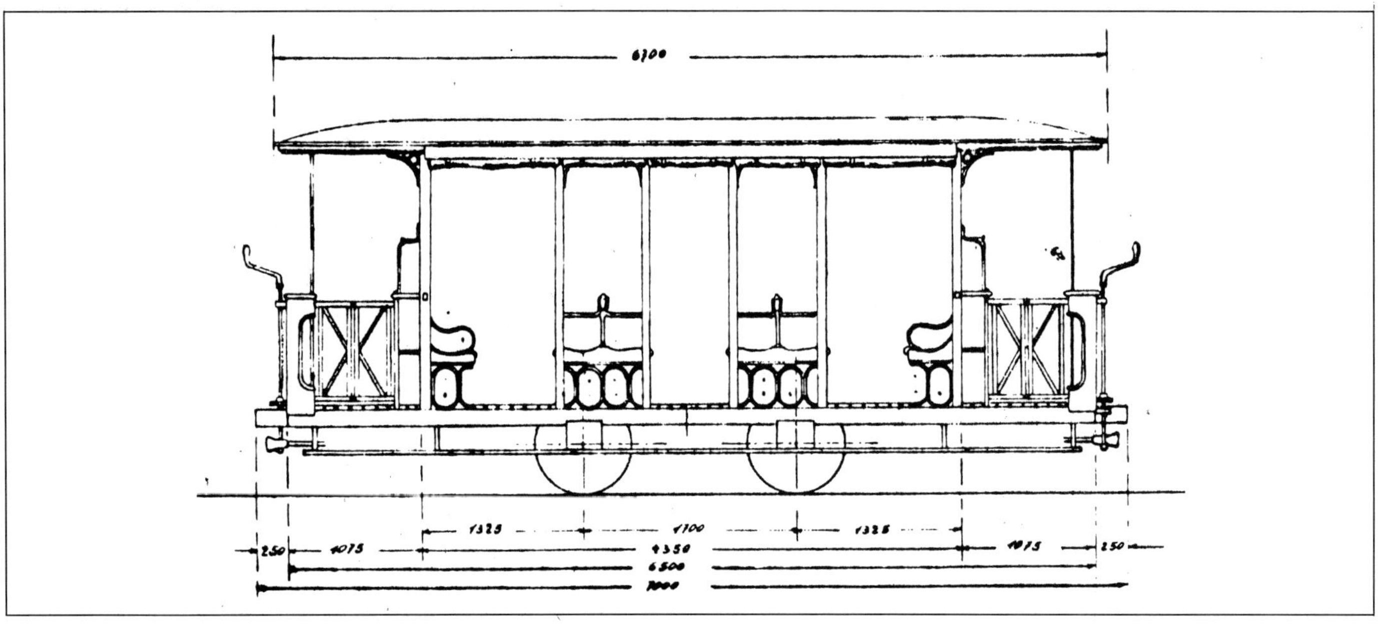

Kleine offene Beiwagen mit Mittelgang (Wagennummern unbekannt)

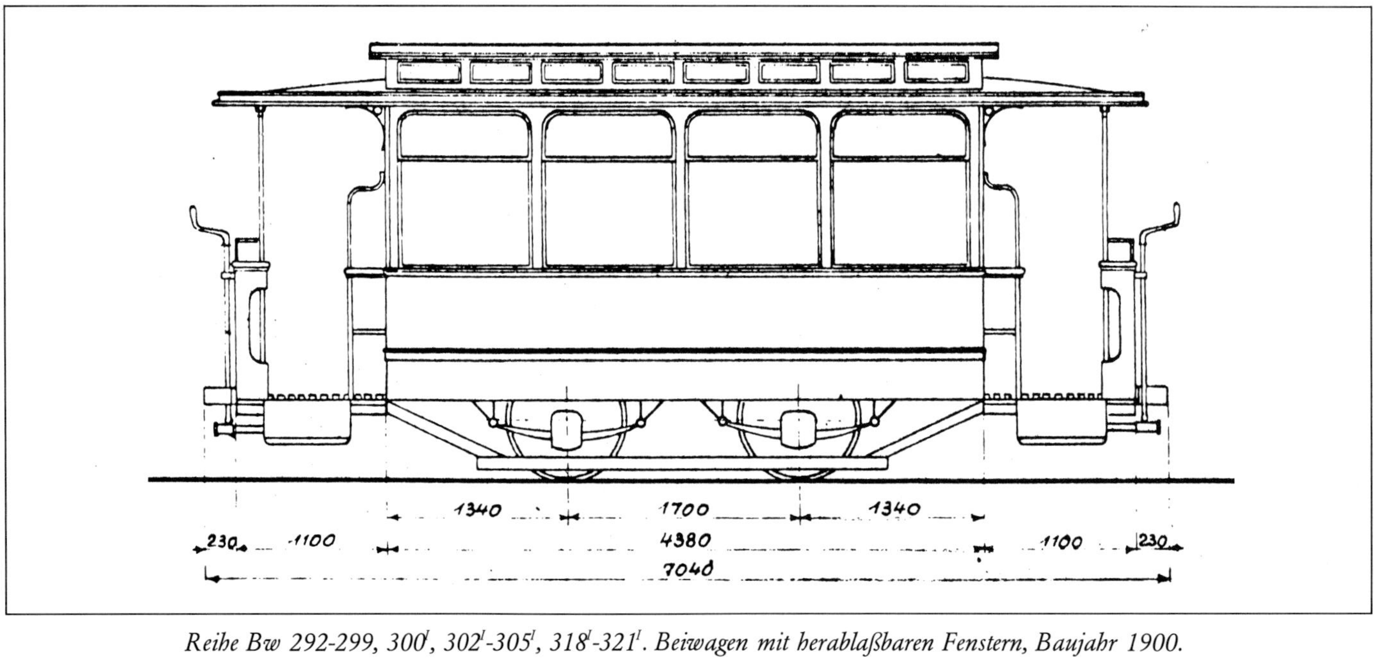

Reihe Bw 292-299, 300^{I}, 302^{I}-305^{I}, 318^{I}-321^{I}. Beiwagen mit herablaßbaren Fenstern, Baujahr 1900.

Beiwagen der Düsseldorfer Straßenbahn

501: Reihe 1 . 95 (Pferdebahnwagen)

Die Numerierung dieser Wagen ist unbekannt; aus verschiedenen Bildern ergibt sich aber, daß zumindest die Nummern 1 bis 78 belegt waren. Wagen 78 ist sowohl als Pferdebahnwagen als auch als elektrischer Triebwagen nachgewiesen. Daraus kann man schließen, daß dieser Beiwagen entweder umnumeriert oder aber — mit einer anderen Nummer — zu einem elektrischen Beiwagen umgebaut wurde. In keinem Falle ist bekannt, was aus den einzelnen Wagen geworden ist.

Die hier angegebenen Daten stützen sich daher ausschließlich auf Vermutungen und sind lediglich in der Summe richtig. Bei den Pferdebahnwagen waren mindestens drei Typen vorhanden; eine nummernmäßige Abtrennung ist aber bisher nicht möglich.

1876	: Neu 1^{I} - 9^{I}
1877	: Neu 10^{I}
1879	: Neu 11^{I}-17^{I}
1880	: Neu 18^{I}-20^{I}, 21, 22^{I}, 23^{I}, 24, 25^{I}-28^{I}
1889	: Neu 29^{I}-33^{I}
1891	: Neu 34^{I}-38^{I}
1892	: Neu 39^{I}-46^{I}
1893	: Neu 47^{I}-49^{I}, 50-54, 55^{I}-66^{I}
1894	: Neu 67^{I}
1895	: Neu 68^{I}, 69^{I}
1896	: Neu 70^{I}-79^{I}, 80
1897	: Neu 88 95
1899	: 16 Wagen zu Beiwagen Reihe 251-325 umgebaut
1900	: 5 Wagen zu Salzwagen 1-5 umgeb.; zwei Wg. = a
1901	: 2 Wagen zu Salzwagen 6^{II}-7^{II} umgebaut
1902	: 1 Wagen zu Salzwagen 8^{II} umgebaut
1903	: 1 Wagen zu Bw 334^{I} umgebaut; ein Wagen zu Salzwagen 9^{II} umgebaut; 22 Wagen Abgang ungeklärt, vermutlich abgestellt oder a
1904	: 22 Wagen Umbau zu Bw 340^{I}-350^{I}; 3 Wagen zu Bw 337^{I}-339^{I} umgebaut; 13 Wagen Abgang ungeklärt, vermutlich abgestellt oder a; Salzwagen 1 = a; Bw 334^{I} Abgang ungeklärt, wahrscheinlich zu Schienenreinigungswagen 10^{II} umgebaut
1906	: zwei abgestellte Wagen = Salzwagen 11^{II}-12^{II}
1907	: Schienenreinigungswagen 10^{II} = a
1909	: Salzbw 2-3 = a; zwei abgestellte Bw = Salzwagen 3^{II}, 10^{III}; zwei abgestellte Wagen = Schienenreinigungswagen 1^{II}-2^{II}
1912	: ein abgestellter Wagen = Salzwagen 13^{II}
1917	: ein abgestellter Wagen = Salzwagen 14^{II}; Schienenreinigungswagen 1^{II}-2^{II} = a
Vor 1937	: Salzwagen 5-6^{II} = a
1937-1939	: Salzwagen 11^{II} = a
1937 1945	: Bw 337^{I}-339^{I} = a
1942	: Salzwagen 7^{II} = a
1943	: Salzwagen 3^{II}, 4^{II}, 8^{II}, 9^{II}, 10^{III}, 12^{II}, 13^{II} = a
1957	: Abw 14^{II}=1314
1970	: Abw 1314 = 5371

502: Reihe 251 - 333 (zweiachsige Wagen)

Ursprünglich offene Sommerwagen, davon 75 mit seitlichem Einstieg und 8 mit Mittelgang. Die ständig wechselnden Baujahre lassen auf eine Umnumerierung schließen; irgendwelche Ansatzpunkte für eine Erstnumerierung sind aber nicht bekannt.

1908 wurden sechs, 1909 zehn, 1910 acht, 1911 fünf, 1919 dreizehn und 1920 acht Wagen umgebaut. Aus der Reihe 251 - 333 dürften die Aachener Beiwagen 631, 639 - 649 stammen. Auch die 1922 in Mainz in Betrieb genommenen Beiwagen 145 - 148 dürften aus dieser Reihe stammen; Abgang aus Düsseldorf wahrscheinlich dann am 21. Dezember 1921.

1896	: Neu 8 Wagen, davon vier Kleinbahn Grafenberg – Ratingen; Anfangsnummern unbekannt, später Bw 254, 257-259, 261, 262, 267, 270
1899	: Zugang 16 Wagen ex Pferdebahn
1900	: Neu 22 Wagen, darunter 292-299, 300^{I}, 302^{I}-305^{I}, 318^{I}-321^{I}
1901	: Neu 29 Wagen zzgl. der vier Bw ex Grafenberg – Ratingen
1902	: Wahrscheinlich Umnumerierung der vorhandenen Bw in 251-299, 300^{I}-325^{I}; neu Bw 326^{I}-333^{I} ex Ausstellungsbahn (Baujahr 1902)
1907	: 1 Bw (301^{I}?) Umbau in Krankentransport-Bw
1913	: 3 Bw (326^{I}-328^{I}?) verkauft
etwa 1915	: 251-253 = Krankentransport-Bw
1921	: 275, 285, 286, 289 Abgang ungeklärt; vermutlich Umbau in Salzbw 15^{II} und Bahnmeister-Mannschaftswagen 22^{II}, 23^{II} und 26^{II}; vier Bw verkauft
1921-1937	: 251-253, 276-279, 281-284, 287, 288, 290, 291, 303^{I}, 306^{I}-310^{I}, 316^{I}, 317^{I}, 322^{I}-325^{I}, 330^{I}, 332^{I} Abgang (Einzelheiten ungeklärt; ein Bw verm. Salzbw 2^{III})
1924	: 256, 260, 268, 269, 271, 272 (?), 273, 274 = Schwerin 256 . 274
1925-1937	: 292, 294-299, 300^{I}, 301^{I}, 304^{I}, 311^{I}, 312^{I}, 318^{I}, 319^{I}, 321^{I} = a
Vor 1929	: 22^{II}, 23^{II}, 26^{II} = Plattformwagen 22^{II}, 23^{II}, 25^{II}
1929-1930	: 25^{II} = a
1935-1937	: 320^{I} = a, evtl. Umbau in Museumswagen 28^{III}
Vor 1937	: 305^{I}, 313^{I}, 314^{I} = Abw; 264, 329^{I}, 331^{I}, 333^{I} = Museumswagen; 22^{II}, 23^{II} = a
1937	: 280, 293 = a
1938	: 255, 257, 259, 261, 266, 267, 302^{I} = a
1939	: 15^{II}, 254, 258, 262, 263, 265, 270, 315^{I} = a
Nach 1945	: 313^{I} = a
1948	: 2^{III} = a
1950-1954	: 305^{I} = a
1951	: 28^{III} = a
Nach 1952	: 264 = a
1953	: 329^{I}, 331^{I}, 333^{I} = a
1955	: 314 = a

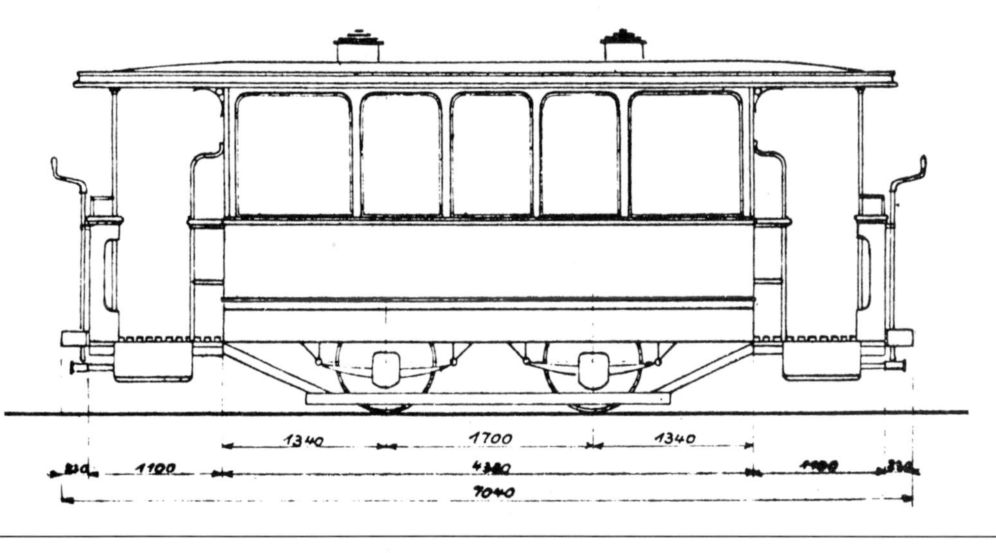

Beiwagen mit einschraubbaren Fenstern (Wagennummern unbekannt)

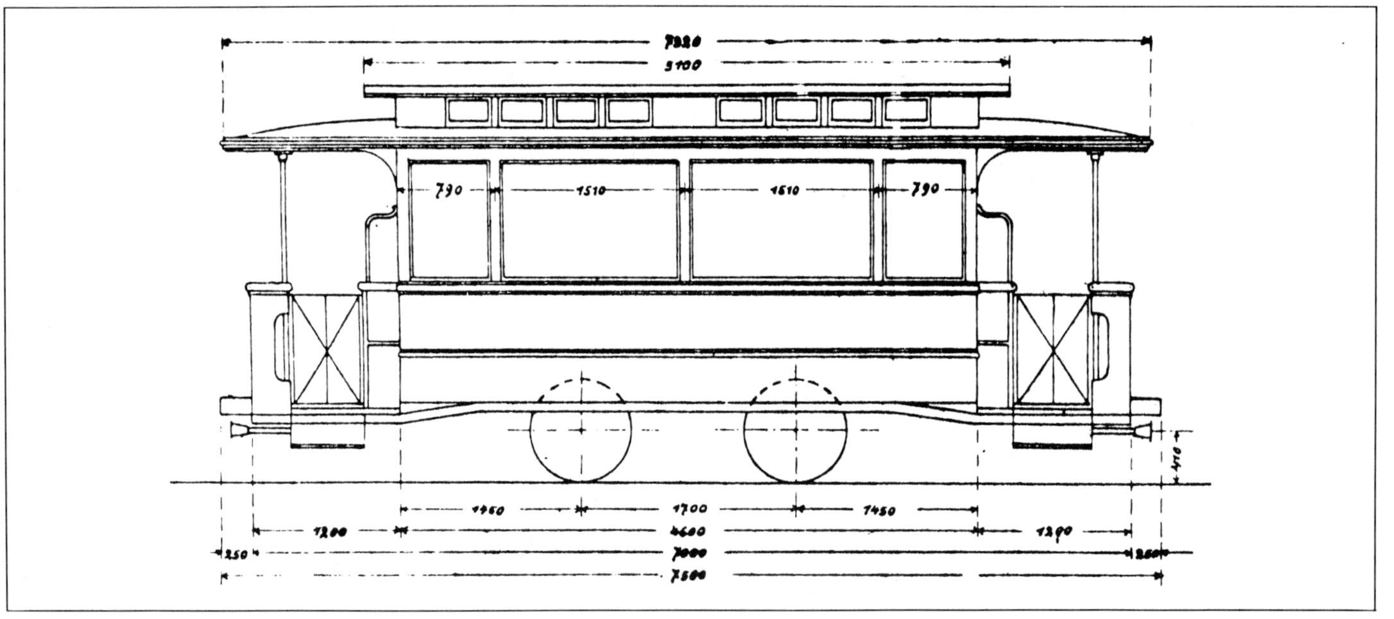

Beiwagen-Reihe 351-400

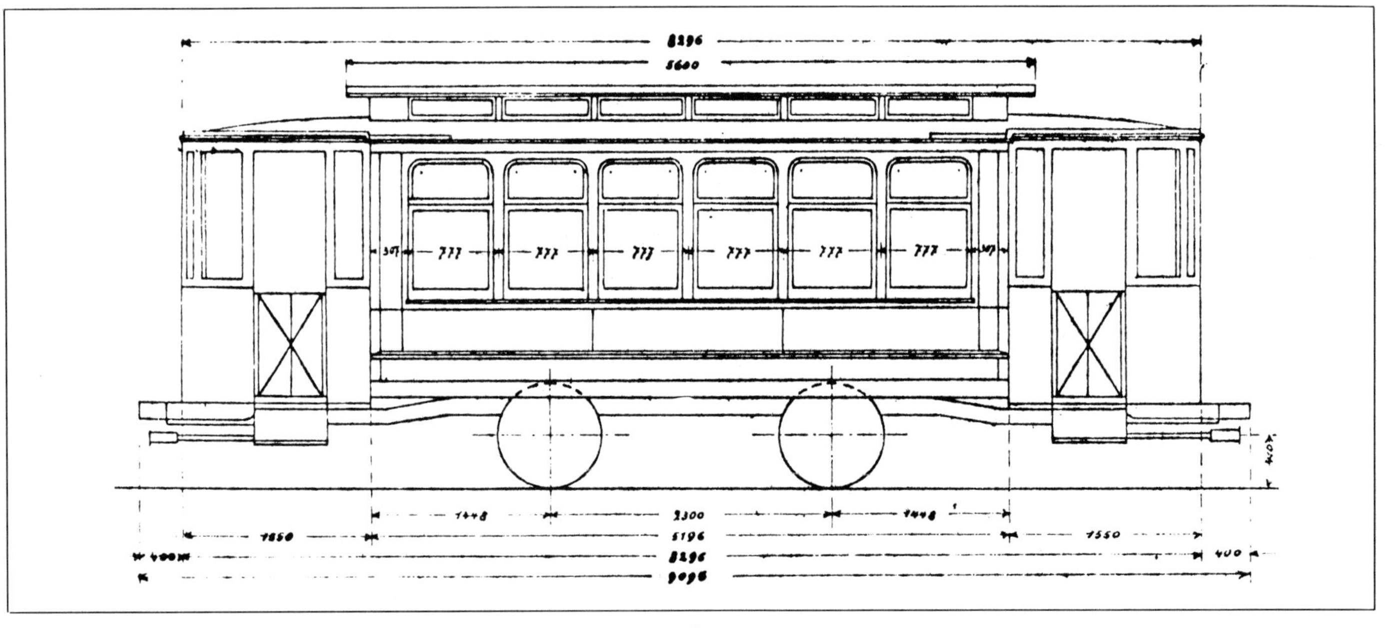

Beiwagen 336[I] (Prototyp-Wagen)

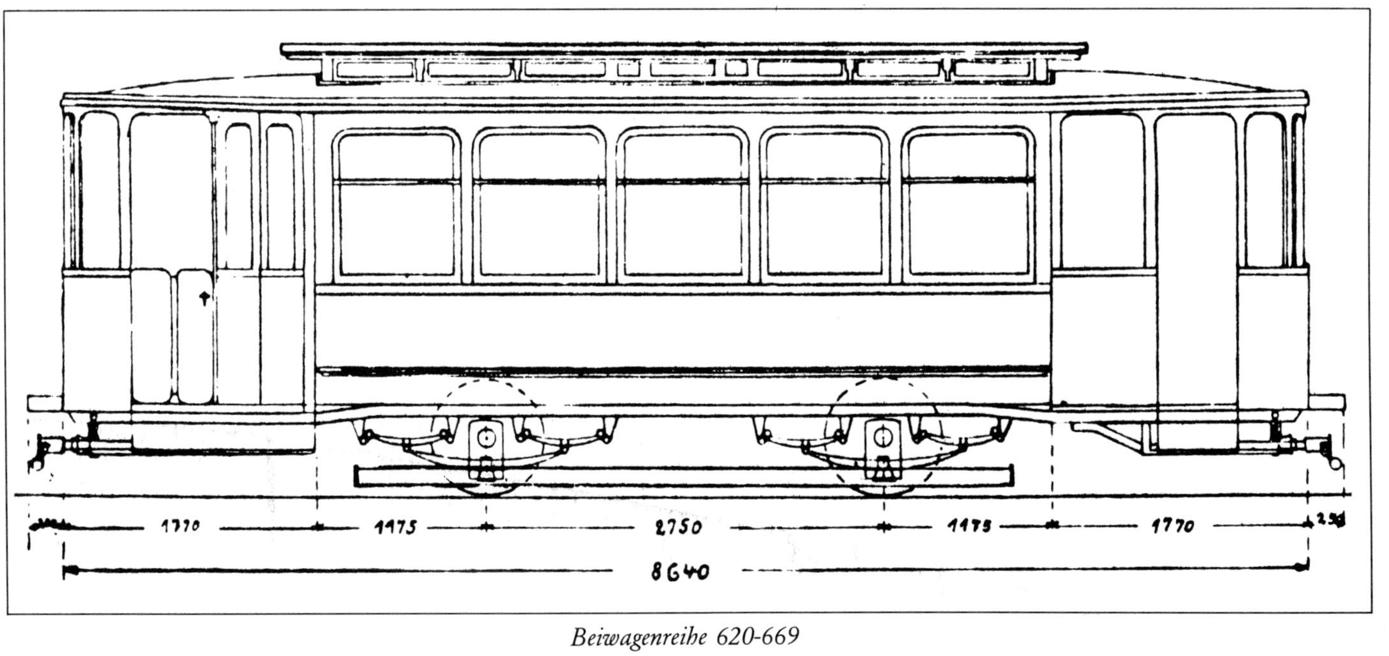

Beiwagenreihe 620-669

503: Reihe 351 - 400 (zweiachsige Wagen)

Der Verbleib aller Wagen dieser Reihe, die zur Triebwagenreihe 101 - 240 paßte, ist unbekannt. Es dürfte aber anzunehmen sein, daß diese Wagen um 1922 verkauft worden sind und zwölf davon nach Rostock (dort 45 - 56) kamen. Die restlichen 38 Wagen dürften nach Berlin gegangen sein und dort zusammen mit 25 Triebwagen der Reihe 101 - 240 die Beiwagenreihe 1588 - 1650 gebildet haben.

1901 : Neu 351-400
Etwa 1922 : 351-400 Abgang ungeklärt (Siehe oben)

504: Reihe 340 - 350 (zweiachsige Wagen)

Diese Reihe entstand durch den Zusammenbau von je zwei Pferdebahnwagen (s. Reihe 501). Es ist nicht bekannt, aus welchen Pferdebahnwagen die einzelnen Wagen gebaut wurden.

1904 : Neu 340^{I}-348^{I}, 349-350
1921-1937 : Abgang 340^{I}-348^{I}, 349-350 ungeklärt (wahrsch. = a)

505: Reihe 401 - 410 (zweiachsige Beiwagen)

Umbau aus Triebwagen des Baujahres 1896 (s. Reihe 001). Aufgrund von Bildmaterial ist davon auszugehen, daß die Aachener Beiwagen 630, 632 - 638 aus dieser Reihe stammen; der Verbleib der beiden übrigen Wagen ist ungeklärt.

1904 : Neu 401-404, 405^{I}, 406^{I}, 407-410 ex Tw-Reihe 78-100
Nach 1921 : Abgang 401-404, 405^{I}, 406^{I}, 407-410 ungeklärt (s.o.)

506: Reihe 335 (zweiachsiger Beiwagen)

1906 : Neu 335^{I}
1938 : 335^{I} = a

507: Reihe 336 (zweiachsiger Beiwagen)

1906 : Neu 336^{I}
1932 : 336^{I} = Abw
1945 : Abw 336^{I} = KV

508: Reihe 600 - 619 (zweiachsige Beiwagen)

1911 : Neu 600^{I}-619^{I}
1941 : 601^{I} = 613^{II}, 603^{I} = 615^{II}, 607^{I} = 616^{II}, 613^{I} = 601^{II}, 615^{I} = 603^{II}, 616^{I} = 607^{II}, 610^{I}-612^{I}, 613^{II}, 614^{I}, 615^{II}, 616^{II}, 617^{I}- 619^{I} = Warschau 1610-1619
1942 : 600^{I}, 601^{II}, 602^{I}, 603^{II}, 604^{I}-606^{I}, 607^{II}, 608^{I}, 609^{I} = Warschau 1600-1609

509: Reihe 620 - 669 (zweiachsige Beiwagen)

1912 : Neu 620^{I}-639^{I}, 649^{I}
1913 : Neu 640^{I}-648^{I}
1915 : Neu 650^{I}-655^{I}, 656-669
1941 : 632^{I}, 665 = KV
1943 : 628^{I}, 636^{I}, 637^{I}, 648^{I}, 651^{I}, 656, 661, 667, 668 = KV
1944 : 633^{I} = KV
1945 : 644^{I} = KV
1951 : 657 = a (nach Kriegsschaden)
1953 : 620^{I}-627^{I}, 629^{I}-631^{I}, 634^{I}, 635^{I}, 638^{I}, 639^{I} = 220 . 239
1954 : 640^{I}-643^{I}, 645^{I}-647^{I}, 649^{I}, 650^{I}, 651^{I}-655^{I}, 658-660 = 204-215, 216^{II}, 217-219
1958 : 210-212, 217, 221, 224, 230, 238, 663 = a
1959 : 209, 213, 216^{II}, 219, 227, 229, 239, 666 = a
1960 : 204-208, 214, 215, 218, 220, 222, 223, 225, 226, 231, 234, 235, 662, 664, 669 = a

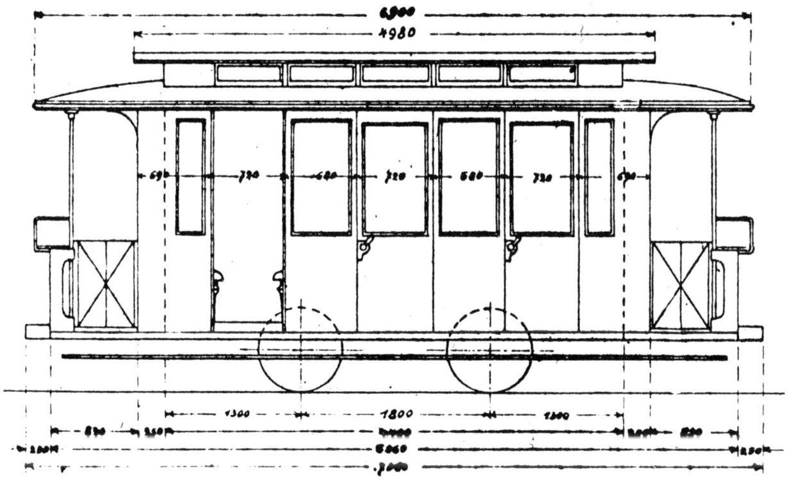

Verwandlungsbeiwagen 335^{I}

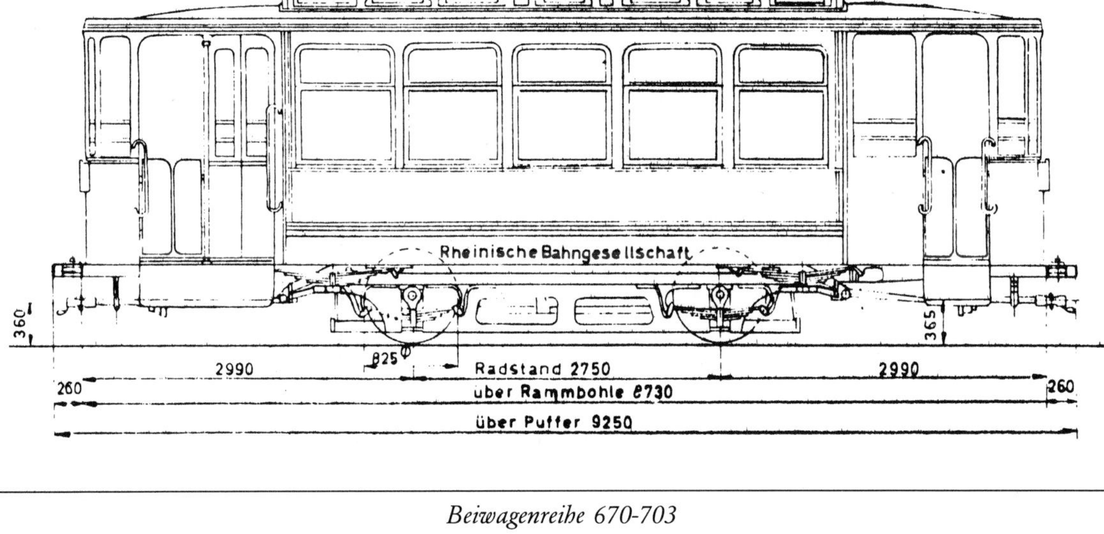

Beiwagenreihe 670-703

510: Reihe 670 - 703 (zweiachsige Beiwagen)

1916 : Neu 670-689
1917 : Neu 690-694
1918 : Neu 695-703
1941 : 673 = KV
1943 : 676, 690 = KV
1944 : 681-683, 688 = KV
1958 : 670-672, 674, 675, 679, 689, 697, 699 = a
1959 : 684, 686, 691-693, 696 = a
1960 : 677, 678, 680, 685, 687, 694, 695, 698, 700-703 = a

511: Reihe 30 (zweiachsiger offener 10 t-Güterwagen ex 1000 mm)

1917 : Zugang 30^{II} ex Ausstellung (Baujahr 1902)
1957 : 30^{II} = 1330
1960 : 1330 = a

512: Reihe 31 - 38 (zweiachsige offene 10 t-Güterwagen)

1917 : Neu 31-38
1942 : 33 = KV
1943 : 43 = KV
1951 : 34 = a (nach Kriegsschaden)
1952 : 31, 32, 35-38 = a

513: Reihe 39 - 42, 45 - 49 (zweiachsige 8 t-Güterwagen)

1915 : Neu 45^{II}-48^{II}
1916 : Neu 49^{II}
1917 : Neu 39^{II}-42^{II}
1927 : 49^{II} = Atw 49
1928 : 41^{II}, 42^{II} = Atw 47-48
1928-1929 : 45^{II} = 41^{III}
1929 : 47^{II}-48^{II} = 42^{III}, 45^{III}
1929-1930 : 46^{II} = a
1931 : 45^{III} = 8^{III}
Nach 1937: 42^{III} = a
1939 : 39^{II}, 40^{II}, 41^{II} = a
1951 : 8^{III} = abgestellt
1955 : 8^{III} = a

514: Reihe 43 (zweiachsiger Selbstentlader)

1916 : Neu 43^{II}
1960 : 43^{II} = a

515: Reihe 44 (zweiachsiger offener 7,5 t-Güterwagen)

1915 : Neu 44^{II}
Um 1956 : 44^{II} = a

516: Reihe 704 - 705 (zweiachsige Beiwagen)

1919 : Neu 704-705
1962 : 704 = a
1964 : 705 = a

517: Reihe 55 - 79 (zweiachsige offene 10 t-Güterwagen)

1919 : Neu 55^{II}-79^{II}
1927 : 65^{II}, 74^{II}, 79^{II} in Loren umgebaut
Nach 1927: 74^{II} in Kabeltrommel-Wagen umgebaut
1930 : 75^{II}, 76^{II} = a
1934 : 79^{II} in Tankwagen umgebaut
1951 : 72^{II} = a (nach Kriegsschaden)
1952 : 56^{II}, 57^{II}, 63^{II} = a
1955 : 60^{II}, 71^{II} = a
Um 1956 : 61^{II} = 1361; 67^{II} = a
1960 : 55^{II}, 59^{II}, 62^{II}, 64^{II}, 69^{II}, 73^{II}, 79^{II}, 1361 = a
Um 1960 : 58^{II} = 5058
1964 : 5058 = a
1966 : 77^{II} = a
1969 : 66^{II} = a
1970 : 65^{II}, 71^{II}, 74^{II}, 78^{II} = 5311, 5312, 5361, 5313; 70^{II} = a
1974 : 5361 = a
1975 : 5313 = a
1976 : 5311 = a

518: Reihe 27 - 29 (zweiachsige Kastenkipper)

1918 : Neu 27^{II}-29^{II}
Vor 1937 : 27^{II}, 29^{II} = a
1937 : 28^{II} = a

519: Reihe 17 - 20 (zweiachsige Müllwagen)

Im Jahre 1917 kaufte die Düsseldorfer Straßenbahn vier Fahrgestelle von einer anderen Bahn; was aus diesen Fahrgestellen geworden ist, konnte nicht ermittelt werden. Am wahrscheinlichsten ist eine Verwendung unter diesen Müllwagen.

Vor 1921 : Neu 17^{II}-18^{II}
Nach 1921: Neu 19^{II}-20^{II}
Vor 1937 : 17^{II}, 19^{II}, 20^{II} = a
1943 : 18^{II} = a

520: Reihe 16 (zweiachsiger Schweißwagen)

Über diesen Wagen gibt es kaum Unterlagen, so daß auch nicht geklärt ist, woher das Untergestell kam. Die Möglichkeit, daß hier ein alt gekauftes Untergestell (s. Reihe 519) verwendet wurde, ist nicht auszuschließen.

1920 : Neu 16^{II}
1927-1937 : 16^{II} = a

Rheinische Bahngesellschaft, Düsseldorf-Oberkassel

Beiwagen

601: Reihe 14 . 46 (vierachsige Beiwagen)

1898 : Neu 14-16 (nach anderen Unterlagen vier Beiwagen)
1899 : Neu 17-20
1900 : Neu 41-46 (nach anderen Unterlagen fünf Wagen)
Vor 1902 : Neu 1, 4, 6, 10 ex Tw
Um 1903 : 1, 10 = Tw
1906 : 15 = 48
Um 1906 : 14, 16 = 47, 49 (nicht bestätigt)
1907 : 6 = 50 (nicht bestätigt)
Nach 1916: 4, 18, 19 = 61^{II}, 63^{II}, 64^{II} (nicht bestätigt)
Nach 1917: 20 = 65^{II} (nicht bestätigt)
Nach 1919: 17 = 62^{II} (nicht bestätigt)
Um 1922 : 61^{II}-65^{II} = 1061-1063, 1064^{I}-1065^{I} (nicht bestätigt); 41-50 = 1041-1050
Vor 1925 : 1064^{I}-1065^{I} = a
1930-1935 : 1042 = a
1930-1937 : 1049-1050, 1061-1063 = a
1931-1932 : 1044 = a
1932 : 1046 = a
? : 1045, 1047 nach Kriegsschaden abgestellt
1945 : 1041 = KV
1951 : 1045, 1047 = a
1953 : 1043 = a
1954 : 1048 = a

602: Reihe 80 - 81 (vierachsige Beiwagen)

Vor 1902 : Neu 80^{I}-81^{I} (angeblich alt gekaufte Mitteleinstieg-Wagen für Dampfbahn Meererbusch - Uerdingen
Um 1908 : 81^{I} = a; 80^{I} = Abw
Nach 1919: 80^{I} = 307 (nicht bestätigt)
1922 : 307 = 1307^{I}
1944 : 1307^{I} nach Kriegsschaden abgestellt
? : 1307^{I} = a

603: Reihe 91 - 98 (vierachsige Güterwagen)

1898 : Neu 91^{I} - 93^{I}, 94, 95
1902 : Neu 96-97
1902-1914 : Neu 98
Nach 1916: 93-98 = 322-327 (nicht bestätigt)
1917 : 91 = 99
? : 99 = a
1922 : 322 = 1322
Um 1922 : 323-327 = 1323-1327
1926 : 92 = a
1929 : 1327 = a; 1326 evtl = a
1929-1937 : 1323 = a
1939 : 1322, 1324, 1325 = a; 1326 evtl = a

604: Reihe 76 - 77 (vierachsige Arbeitsbeiwagen)

Vor 1902 : Neu 76-77
Vor 1914 : 76-77 = a

605: Reihe 51 . 81 (zweiachsige Beiwagen)
(z.T. offene Sommerwagen, die später teilw. umgebaut wurden)
1898-1901 : Neu 51-52, 64, 65^{I}
1900 : Neu 61^{I}
1901 : Neu 53-56, 62^{I}, 63^{I}
1902 : Neu 57-60
1904 : Neu 66^{I}, 81^{II}
1907 : Neu 67^{I}
1908 : 81^{II} = 68^{I}
1914 : 54-55 = a
1916 : 52, 53, 56, 68^{I} = Bückeburg 1-4; 61^{I}, 64 = verkauft
Nach 1916: 65^{I}-67^{I} = a (möglicherweise ganz oder nur die Fahrgestelle an Std. Straßenbahn für Müllwagen 16-18, 20 verkauft; Verkauf Bw 66 bestätigt)
Vor 1917 : 62^{I}-63^{I} = 85^{II}-86^{II}
1918 : 60 = 84^{II}
1921 : 57 = 1081
Um 1922 : 58, 59 = (82^{II}, 83^{II} – nicht bestätigt) = 1082, 1083; 84^{II}-86^{II} = 1084-1086
Nach 1922: 51 = a
1934 : 1083-1085 = Meterspur
1935 : 1081, 1082, 1086 = Meterspur
1959 : 1081-1086 = a

606: Reihe 69 . 78 (zweiachsige Güterbeiwagen)
1903-1914 : Neu 69^{I}, 70^{I}, 71-74, 78
Vor 1914 : 78 = a
? : 74 = a
? : 72 nach Kriegsschaden abgestellt
1951 : 72 = a
Um 1953 : 71 = a
1960 : 69^{I}, 70^{I}, 73 = a

607: Reihe 75 (zweiachsiger Güterbeiwagen)
1903-1914 : Neu 75
Um 1930 : 75 = a

608: Reihe 79 (vierachsiger Güterbeiwagen)
1903-1914 : Neu 79
? : 79 = Zweiachser (nicht bestätigt)
1960 : 79 = a

609: Reihe 81 . 89 (zweiachsige Güterbeiwagen)
1903-1914 : Neu 81^{III}, 82^{I}, 88^{I}, 89^{I}
? : 81^{III}, 82^{I}, 88^{I}, 89^{I} = 300, 301, 303, 304 (nicht bestätigt)
Um 1922 : 300, 301, 303, 304 = 1300, 1301, 1303, 1304
1929-1930 : 1304 = a
Vor 1937 : 1303 = a
1939 : 1301 = a
1969 : 1300 = a

610: Reihe 111 - 119 (zweiachsige Beiwagen)
1906 : Neu 111-114
1908 : Neu 115-119
Nach 1916: 118-119 = a (verkauft?)
1921 : 111 = 1087
Um 1922 : 112-117 = 1088-1093
1934 : 1087-1089 Meterspur
1935 : 1090-1093 Meterspur
1959 : 1088-1093 = a

611: Reihe 302 (vierachsiger Güterbeiwagen)
1910 : Neu 302 (evtl. unter anderer Nummer)
Um 1922 : 302 = 1302
Um 1969 : 1302 = a

612: Reihe 328 - 329 (zweiachsige Güterbeiwagen)
1910 : Neu 328 (evtl. unter anderer Nummer)
Um 1910 : Neu 329 (evtl. unter anderer Nummer)
Um 1922 : 328-329 = 1328^{I}-1329^{I}
1929 : 1329^{I} = a
1939 : 1328^{I} = a

613: Reihe 153 - 164 (zweiachsige Beiwagen, Meterspur)
1911 : Neu 153-164 (Baujahr 1899, ex Bergische Kleinbahn 153-164)
1925-1937 : 160 = a
1930-1937 : 161, 163, 164 = a
Nach 1930: 153-155, 159 = a
1931-1935 : 162 = a
Nach 1931: 156, 158 = a
1942 : 157 = a

614: Reihe 180, 182 (vierachsige Beiwagen, Meterspur)
1911 : Neu 180, 182 (Baujahr 1899/1900, ex Bergische Kleinbahn 180, 182)
1932-1937 : 180 = a
1939 : 182 = a

615: Reihe 192 - 193 (zweiachsige Beiwagen, Meterspur)
1911 : Neu 192-193 (Baujahr 1905, ex Bergische Kleinbahn 192-193)
1925-1937 : 193 = a
Vor 1937 : 192 = Abw
1956 : 192 = 397
1960 : 397 = a

616: Reihe 199 - 200 (zweiachsige Beiwagen, Meterspur)
1911 : Neu 199-200 (Baujahr 1907, ex Bergische Kleinbahn 199-200)
Um 1936 : 199-200 = a

617: Reihe 311 - 318 (zweiachsige Arbeitsbeiwagen, Meterspur)
1911 : Neu 311-318 (Baujahr 1902, ex Bergische Kleinbahn 311-318)
1929 : 312-318 = a
1931 : 311 = a

618: Reihe 369 (zweiachsiger Arbeitsbeiwagen, Meterspur)
1911 : Neu 369 (Baujahr 1906, ex Bergische Kleinbahn 369)
1928 : 369 = a

619: Reihe 373 - 383 (zweiachsige Arbeitsbeiwagen, Meterspur)
1911 : Neu 373-383 (Baujahr nach 1906, ex Bergische Kleinbahn 373-383)
Nach 1924: 382 = a
1929 : 373, 374, 377, 383 = a
1931 : 378 = a
1932 : 379-381 = a
1956 : 375, 376 = 1375, 1376
1960 : 1375, 1376 = a

620: Reihe 385 . 389 (zweiachsige Arbeitsbeiwagen, Meterspur)
1911 : Neu 385, 387, 389 (Baujahr 1904, ex Bergische Kleinbahn 385, 387, 389)
1929 : 385, 389 = a
1932 : 387 = a

621: Reihe 390 - 395 (zweiachsige Arbeitsbeiwagen, Meterspur)
1911 : Neu 390-395 (Baujahr 1904, ex Bergische Kleinbahn 390-395)
1931 : 390, 392, 395 = a
1932 : 391, 396 = a
1932-1937 : 393 = a

622: Reihe 401 - 402 (zweiachsige Arbeitsbeiwagen, Meterspur)
1911 : Neu 401 - 402 (Baujahr unbekannt, ex Bergische Kleinbahn 401-402 – nicht bestätigt)
1960 : 401-402 = a

623: Reihe 221 - 225 (vierachsige Beiwagen)
1912 : Neu 221-225
1917 : 222 = 67^{II}
1918 : 225 = 70^{II}
Um 1922 : 221, 223, 224 = (66^{II}, 68^{II}, 69^{II} – nicht bestätigt) = 1066, 1068, 1069^{I}, 67^{II}, 70^{II} = 1067, 1070^{I}

Um 1925 : 1070^{I} = 1065^{II}
1928 : 1069^{I} = 1064^{II}
? : 1065^{II} nach Kriegsschaden abgestellt
1953 : 1064^{II}, 1066 = Duisburg 60, 59, 1065^{II} = a
1958 : 1067 = a
1959 : 1068 = a

624: Reihe 175 - 180 (zweiachsige Beiwagen)

1913 : Neu 175-180
Um 1922 : 175-180 = 1175-1180
1943 : 1175 = KV
1959 : 1176, 1180 = a
1960 : 1177-1179 = a

625: Reihe 78 (vierachsiger Güterbeiwagen)

1913 : Neu 78 (Baujahr 1900, ex Tw 10 nach Unfall)
Um 1922 : 78 = 321 = 1321 (nicht bestätigt)
1930 : 1321 = a

626: Reihe 181 - 192 (zweiachsige Beiwagen)

1914 : Neu 181-192
Um 1922 : 181-192 = 1181-1192
1939 : 1184, 1185, 1188, 1192 = Rostock in Reihe 50-55
1942 : 1189 = KV; 1191 = a
1943 : 1183 = KV; 1187 = Abw 1550
1958 : 1186, 1190 = a
1959 : 1180 = a
1960 : 1181, 1182, 1550 = a

627: Reihe 83 - 86 (zweiachsige Güterbeiwagen)

1915 : Neu 83^{I}-86^{I}
1943 : 83^{I} = KV
1960 : 84^{I}-86^{I} = a

628: Reihe 87 (zweiachsiger Güterbeiwagen)

1915 : Neu 87
1928 : 87 umgebaut
1952 : 87 = a

629: Reihe 351 - 354 (zweiachsige Güterbeiwagen)

1915 : Neu 351-354
Um 1922 : 351-354 = 1351-1354
1955 : 1351-1352 = a
1957 : 1353-1354 = a

630: Reihe 401 . 410 (zweiachsige Güterbeiwagen)

Um 1920 : Neu 2 (möglicherweise auch 1,3,4); Neu 410
? : 2 = 402; evtl. 1, 3, 4 = 401, 403, 404
Um 1922 : 401-404, 410 = 1401-1404, 1410
Vor 1937 : 1410 = a
Nach 1950: 1401, 1402, 1404 = a
1960 : 1403 = a

631: Reihe 410 - 454 (zweiachsige Güterbeiwagen)

Vor 1919 : Neu 410-434
? : Neu 435-454
Um 1922 : 410-454 = 1410-1454
1929 : 1415, 1431-1434 = a
? : 1435-1454 = a
Vor 1929 : 1410-1414, 1416-1430 = a

632: Reihe 193 - 200 (zweiachsige Beiwagen)

1918 : Neu 193-200
Um 1922 : 193-200 = 1193-1197, 1198^{I}, 1199, 1200
1939 : 1194, 1198^{I} = Rostock in Reihe 50-55
1943 : 1196 = Abw 1551
1944 : 1195 = KV
? : 1551 nach Kriegsschaden abgestellt
1951 : 1551 = a
1952 : 1200 = 1198^{II}
1958 : 1198^{II}, 1199 = a
1959 : 1197 = a

633: Reihe 305 - 306 (zweiachsige Güterbeiwagen)

1919 : Neu 305-306
Um 1922 : 305-306 = 1305-1306
1939 : 1305-1306 = a

634: Reihe 600 (zweiachsiger Turmbeiwagen)

? : Neu 600
Um 1922 : 600 = 1600
1952 : 1600 = 1300^{II}
1957 : 1300^{II} Umbau zum Flachwagen
1969 : 1300^{II} = a

635: Reihe 601 (zweiachsiger Schneepflug)

? : Neu 601
Um 1922 : 601 = 1601^{I}
1930 : 1601^{I} = a

636: Reihe 602 (zweiachsiger Bauwagen)

? : Neu 602
Um 1922 : 602 = 1602^{I}
Nach 1926: 1602^{I} = a

637: Reihe 603 (zweiachsiger Schienenwagen)

? : Neu 603
Um 1922 : 603 = 1603^{I}
1952 : 1603^{I} = 1303^{II}
1955 : 1303^{II} = a

638: Reihe 455 - 462 (zweiachsige Güterbeiwagen)

1920 : Neu 455-459, 462
? : Neu 460, 461
Um 1922 : 455-462 = 1455-1462
1930 : 1455, 1456, 1459, 1460, 1462 = a
? : 1457, 1458, 1461 = a

Rheinische Bahngesellschaft, Düsseldorf

(nach 1922)

Beiwagen

701: Reihe 706 - 730 (zweiachsige Beiwagen)

1922 : Neu 706-730
1942 : 708, 712 = KV
1943 : 715, 717 = KV
1944 : 713 = KV
1945 : 719, 729 = KV
1961 : 723 = a
1962 : 710, 724 = a
1964 : 706, 716, 718, 722, 726, 727, 730 = a
1965 : 709, 720, 725 = a
1966 : 721 = a
1968 : 707, 711, 714, 728 = a

702: Reihe 1355 - 1360 (zweiachsige Güterbeiwagen)

1923 : Neu 1355-1360
1944 : 1360 = KV
1955 : 1355, 1359 = a
1957 : 1356, 1357 = a
1960 : 1358 = 5358
1964 : 5358 = a

703: Reihe 1381 - 1400 (zweiachsige Güterbeiwagen)

1923 : Neu 1381-1395
? : Neu 1396-1400
1925 : 1400 = Ellok 1021
1929 : 1398 = a
1952 : 1394 = a
1955 : 1381 = a
1956 : 1383, 1386, 1387, 1389, 1395 = a
1960 : 1382, 1384, 1388, 1391, 1393 = a
? : 1385, 1390, 1392, 1396, 1397, 1399 = a

704: Reihe 1480 - 1509 (zweiachsige Güterbeiwagen)

1923 : Neu 1480-1509
1952 : 1480, 1481, 1485, 1489-1491, 1497, 1498, 1506, 1508, 1509 = a
1955 : 1486, 1501, 1504, 1507 = a
1956 : 1484, 1487, 1496, 1500, 1503 = a
1957 : 1482, 1502 = a
1960 : 1483, 1488, 1492-1495, 1499, 1505 = a

705: Reihe 731 - 750 (zweiachsige Beiwagen)

1924	: Neu 731-745
1925	: Neu 746-750
1943	: 731, 737 = KV
1961	: 747 = a
1962	: 734, 738, 739, 748 = a
1964	: 732, 736, 741, 746, 749, 750 = a
1965	: 735, 743, 744 = a
1966	: 742 = a
1967	: 733 = a
1968	: 740, 745 = a

706: Reihe 751 - 785 (zweiachsige Beiwagen)

1925	: Neu 751-785
1943	: 758, 761, 779, 781 = KV
1944	: 752, 756, 759, 786 = KV
1962	: 751, 753, 757, 762, 766, 767, 772, 773, 775, 776, 780, 785 = a
1964	: 754, 755, 763, 771, 778 = a
1965	: 768, 774, 777, 782-784 = a
1966	: 764, 765 = a
1967	: 760 = a
1968	: 770 = a
1969	: 769 = a

707: Reihe 1069 - 1072 (vierachsige Beiwg. mit Speiseabteil)

1924	: Neu 1070^{II}, 1071, 1072^{I}
1929	: Neu 1069^{II}, 1070^{II} = 1072^{II}; 1072^{I} = 1070^{III} (nicht bestätigt)
1942	: 1071 = KV
1945	: 1070^{III} = a nach Brand
1962	: 1069^{II} Speiseabteil ausgebaut
1963	: 1072^{II} Speiseabteil ausgebaut
1965	: 1069^{II}, 1072^{II} = a

708: Reihe 1073 - 1080 (vierachsige Beiwagen)

1924	: Neu 1073-1077
1925	: Neu 1078-1080
1944	: 1075 nach Kriegsschaden abgestellt
1953	: 1075 = a
1961	: 1076, 1077, 1080 = a
1965	: 1073, 1074, 1078, 1079 = a

709: Reihe 786 - 810 (zweiachsige Beiwagen)

1925	: Neu 786-810
1942	: 802 = KV
1943	: 787, 805 = KV
1944	: 786, 791, 792, 796 = KV
1961	: 794 = a
1962	: 789, 790, 795, 799-801, 809, 810 = a
1964	: 788, 798 = a
1965	: 793, 804 = a
1966	: 806 = a
1968	: 803, 807, 808 = a; 797 noch als Museumswagen vorhanden

710: Reihe 811 - 820 (zweiachsige Beiwagen)

1926	: Neu 811-820
1961	: 813 = a
1962	: 811, 812, 816-820 = a
1964	: 814 = a
1968	: 815 = a

711: Reihe 821 - 830 (zweiachsige Beiwagen)

1926	: Neu 821-830
1943	: 830 = KV
1961	: 826 = a
1962	: 821, 824, 825, 827, 828 = a; 823 = Abw
1965	: 822, 829 = a
?	: 823 = a

712: Reihe 80 - 81 (zweiachsige Kastenkipper-Beiwagen)

1926	: Neu 80^{II}, 81
1970	: 80^{II}, 81 = 5301-5302

713: Reihe ? (zweiachsige Beiwagen)

1927	: Neu 10 Stück ex Tw (Baujahre 1899-1902)
1929	: Neu 11 Stück ex Tw (Baujahre 1899-1902); einzige bekannte Beiwagen-Nummer = 216
Vor 1937	: Alle Bw = a

714: Reihe 831 . 890 (zweiachsige Beiwagen)

1927	: Neu 831-846
1929	: Neu 866-890
1941	: 866 = KV
1942	: 890 = KV
1943	: 843, 867, 875 = KV
1944	: 880 = KV
1959	: 831-838 = Meterspur
1960	: 839 = Meterspur
1962	: 831-839 = Regelspur
1965	: 836, 840, 842, 870, 874, 878, 889 = a
1966	: 835, 839, 844, 868, 872, 877 = a
1967	: 831-833, 841, 876, 882, 884, 886 = a
1968	: 834, 846, 869, 871, 879, 883, 885 = a; 887 = a nach Brand
1969	: 837, 838, 845, 873, 881, 888 = a

715: Reihe 847 - 865 (zweiachsige Beiwagen)

1927	: Neu 847-850
1929	: Neu 851-865
1942	: 863 = KV
1944	: 848 = KV
1965	: 847, 852, 855, 861 = a
1966	: 857, 859, 862, 864 = a
1967	: 850, 851, 856, 860 = a
1968	: 853 = a
1969	: 849, 854, 865 = a; 858 als Museumswagen vorhanden

716: Reihe 87 (zweiachsiger Spreng-Beiwagen)

1928	: Neu 87 (Baujahr 1915, ex ?)
1952	: 87 = a

717: Reihe 97 - 98 (zweiachs. Schienentransport-Beiwg.)

1929	: Neu 97-98
1967	: 97-98 = a

718: Reihe 241 - 242 (zweiachsige Beiwagen)

1931	: Neu 241-242 (Baujahr 1928, ex Tw 241-242)
1944	: 241-242 = KV

719: Reihe 96 (zweiachsiger Kran-Beiwagen)

1929	: Neu 96
1937	: 96 = Tw 96^{II}

720: Reihe 300 - 339 (zweiachsige Beiwagen)

1937	: Neu 300^{II}-319^{II}
1941	: Neu 320^{II}-331^{II}
1943	: Neu 332^{II}-339^{II}, 321^{II} = KV; 332^{II}-335^{II} = KV ohne Einsatz
1944	: 310^{II}, 313^{II}, 315^{II}, 328^{II} = KV
1969	: 322^{II}, 326^{II}, 327^{II}, 330^{II}, 339^{II} = a
1970	: 319^{II}, 336^{II} = a
1971	: 304^{II} = a
1972	: 301^{II}, 306^{II}-308^{II}, 311^{II}, 317^{II}, 323^{II}, 329^{II}, 331^{II}, 338^{II} = a
1973	: 318^{II}, 324^{II}, 337^{II} = a
1974	: 300^{II}, 302^{II}, 303^{II}, 305^{II}, 312^{II}, 314^{II}, 325^{II} = a; 309^{II} = abgestellt; 320^{II} = Straßenbahnmuseum Wehmingen; 316^{II} als Museumswagen vorhanden

721: Reihe 30 - 35 (zweiachsige Beiwagen)

1937	: Neu 30^{III}-35^{III} (Baujahr 1910, ex Mettmann 30-35)
1940	: 30^{III}, 32^{III} = Berlin 1201-1202
1948	: 31^{III} und 34^{III} leihweise für drei Monate in Kleve
1956	: 35^{III} = a
1957	: 33^{III} = Abw
1958	: 31^{III}, 34^{III} = a
1960	: 33^{III} = a

722: Reihe 36 - 39 (zweiachsige Beiwagen)

1937	: Neu 36^{III}-39^{III} (Baujahr 1924, ex Mettmann 36-39)
1940	: 36^{III}-39^{III} = Berlin 1203-1206

723: Reihe 70 (zweiachsiger Turmbeiwagen)

1937	: Neu 70^{III} (Baujahr 1909, ex Mettmann 70)
Um 1953	: 70^{III} = a

724: Reihe 71 (zweiachsiger Salzbeiwagen)

1937 : Neu 71^{III} (Baujahr 1910, ex Mettmann 71)
? : 71^{III} = Flachwagen
1970 : 71^{III} = 5312

725: Reihe 72 (zweiachsiger Sandbeiwagen)

1937 : Neu 72^{III} (Baujahr 1910, ex Mettmann 72)
1955 : 72^{III} = a

726: Reihe 73 (zweiachsiger Tankbeiwagen)

1937 : Neu 73^{III} (Baujahr 1921, ex Mettmann 73)
1955 : 73^{III} = 45^{IIII}
1958 : 45^{IIII} = a

727: Reihe 75 (zweiachsiger O-Wagen)

1937 : Neu 75^{III} (Baujahr 1921, ex Mettmann 75)
1955 : 75^{III} = a

728: Reihe 56 . 62 (vierachsige Beiwagen)

1938 : Neu 59^{III}-62^{III} (Baujahr 1926, ex Düsseldorf-Duisburg 59-62)
1942 : 62^{III} = KV
1944 : 59^{III} = KV
1963 : Neu 56^{III}-57^{III} (ex Duisburg 56-57 ex Düsseldorf-Duisburg 56-57)
1965 : 60^{III}-61^{III} = a
1967 : 56^{III}-57^{III} = a

729: Reihe 28 - 29
(zweiachsige Transport-Beiwagen für Meterspur)

1941 : Neu 28^{IIII}, 29^{III}
1957 : 28^{IIII}, 29^{III} = 1328^{II}-1329^{II}
1965 : 1328^{II}-1329^{II} = a

730: Reihe 91 - 92 (zweiachsige Kipp-Beiwagen)

1943 : Neu 91^{II}-92^{II} (Baujahr 1926, ex Tw 91-92)
1970 : 91^{II}-92^{II} = 5303-5304

731: Reihe 1510 . 1536 (zweiachsige Gemüse-Beiwagen)

1943 : Neu 1510-1518 (Aufbau auf Fahrgestellen von KV-Beiwagen)
1944 : Neu 1519-1520, 1525-1536 (Aufbau auf Fahrgestellen von KV-Beiwagen); 1517 = KV
1952 : 1510-1513, 1515, 1516, 1518, 1519, 1525, 1527-1534, 1536 = a
1960 : 1526, 1535 = a; 1520 = 5520
1967 : 1514 = a
1968 : 5520 = a

732: Reihe 234 . 432 (zweiachsige Beiwagen)

1943 : Neu 318, 332, 336, 416 leihweise ex Rom
1944 : Neu 334, 422, 432 leihweise ex Rom
? : Neu 234, 324, 328, 342, leihweise ex Rom; als Schrott angeliefert und = a
1948 : 318, 332, 334, 336, 416, 422, 432, 432 zurück nach Rom ohne Einsatz

733: Reihe 897 - 898 (zweiachsige Beiwagen)

? : Neu 897-898 leihweise ex Amsterdam
1947 : 897-898 zurück nach Amsterdam, wahrscheinlich ohne Einsatz

734: Reihe 550 . 570 (zweiachsige Beiwagen)

1945 : Neu: 550, 551, 553-570 leihweise ex Den Haag
1947 : 550, 551, 553-570 zurück nach Den Haag, davon 550, 551, 553, 554, 557-561, 563-565, 567, 568, 570 ohne Einsatz

735: Reihe 152 (zweiachsiger Beiwagen)

? : Neu 152 leihweise ex Den Haag
1946 : 152 nach Duisburg ohne Einsatz

736: Reihe 599 - 600 (zweiachsige Beiwagen)

? : 599-600 leihweise ex Amsterdam
1947 : 599-600 zurück nach Amsterdam ohne Einsatz

737: Reihe 403 - 404 (zweiachs. Schienentransport-Beiwg.)

1947 : Neu 403^{II}-404^{II}
1956 : 403^{II}-404^{II} = a

738: Reihe 1560 - 1579 (zweiachsige Kipper-Beiwagen)

1947 : Neu 1560-1569 (Aufbau auf Fahrg. von KV-Wagen)
1948 : Neu 1570-1579 (Aufbau auf Fahrg. von KV-Wagen)
1960 : 1561-1567 = a
1964 : 1560 = a
1966 : 1568 = a
1970 : 1571, 1572, 1575-1577, 1579 = 5341-5346; 1569, 1570, 1573, 1574, 1578 = 5351-5355
1972 : 5351-5355 = a
1977 : 5345, 5346 = Hannover 1851-1852

739: Reihe 1307 (vierachsiger Schienen-Beiwagen)

Es ist ungeklärt, ob es sich um die zweite Besetzung handelt oder ob der KV-Wagen der ersten Besetzung wiederaufgearbeitet wurde.
1949 : Neu 1307^{II} (Drehgestelle vermutlich ex 1041)
1970 : 1307^{II} = 5321^{I}
1974 : 5321^{I} = a

740: Reihe 892 . 897 (zweiachsige Beiwagen)

1949 : Neu 892 (Baujahr 1928; ex NBM 33)
1950 : Neu 897 (Baujahr 1928; ex NBM 32)
1959 : 892 = a
1960 : 897 = a

741: Reihe 891 . 898 (zweiachsige Beiwagen)

1949 : Neu 891 (Baujahr 1930; ex NBM 96)
1950 : Neu 893-895 (Baujahr 1930, ex NBM 92, 94, 95); Neu 896-897 (Baujahr 1930, ex NBM 91, 93)
1958 : 893, 895 = a
1960 : 891, 894, 896, 898 = a

742: Reihe 340 - 348 (zweiachsige Beiwagen)

1950 : Neu 340^{II}-348^{II} auf Fahrgestellen von KV-Beiwagen
1972 : 342^{II} = a
1973 : 346^{II} = a
1974 : 340^{II}, 341^{II}, 343^{II}-345^{II}, 347^{II}, 348^{II} = a

743: Reihe 405 - 406 (zweiachs. Schienentransport-Beiwg.)

1950 : Neu 405^{II} (Fahrgestell Baujahr 1916); Neu 406^{II}
1970 : 405^{II}-406^{II}= 5331
1975 : 5331 = a

744: Reihe 62 . 65 (vierachsige Beiwagen)

1951 : Neu 62^{IIII}, 65^{III}
1952 : 62^{IIII} = 1601^{II}; 65^{III} = 1604^{II}
1966 : 1604^{II} = Gl-Tw 2020

745: Reihe 1602 . 1616 (vierachsige Beiwagen)

1952 : Neu 1602^{II}, 1603^{II}, 1605-1616
1976 : 1602^{II}, 1603^{II}, 1607, 1610, 1612-1615 = a; 1608 = abgestellt
1977 : 1608 = a

746: Reihe 600 - 655 (zweiachsige Beiwagen)

1952 : Neu 600^{II}, 601^{III}, 602^{II}, 603^{III}, 604^{II}-606^{II}, 607^{III}, 608^{II}-612^{II}, 613^{III}, 614^{II}, 615^{III}, 616^{III}, 617^{II}-619^{II}
1953 : Neu 620^{II}-635^{II}
1954 : Neu 636^{II}-655^{II}
1970 : 602^{II} = a
1971 : 613^{III}, 614^{II} = a
1972 : 607^{III}, 611^{II}, 632^{II}, 636^{II}, 644^{II}, 645^{II}, 648^{II}, 650^{II}, 652^{II} = a
1973 : 610^{II}, 612^{II}, 615^{III}, 617^{II}, 620^{II}, 625^{II}, 629^{II}, 637^{II}, 640^{II}, 642^{II}, 646^{II}, 649^{II}, 651^{II} = a
1974 : 600^{II}, 603^{III}, 606^{II}, 608^{II}, 609^{II}, 616^{III}, 619^{II}, 621^{II}-623^{II}, 626^{II}-628^{II}, 630^{II}, 634^{II}, 635^{II}, 638^{II}, 641^{II}, 647^{II}, 653^{II} = a; 604^{II}, 605^{II} = abgestellt
1975 : 601^{III}, 604^{II}, 618^{II}, 631^{II}, 639^{II}, 654^{II}, 655^{II} = a; 624^{II}, 633^{II}, 643^{II} = abgestellt
1976 : 624^{II} = a; 643^{II} als Museumswagen vorhanden

747: Reihe 332 - 333 (zweiachsige Beiwagen)

1953 : Neu 332^{III}-333^{III} (Baujahr 1949, ex Gießen 11-12)
1966 : 332^{III}-333^{III} = Frankfurt 1465-1466

748: Reihe 1201 - 1202 (vierachsige Beiwg. mit Speiseabt.)

1953 : Neu 1201-1202
1964 : 1201-1202 = normale Beiwagen
1975 : 1201-1202 = a

749: Reihe 1203 - 1204 (vierachsige Beiwagen)

1953 : Neu 1203-1204
1976 : 1203-1204 = a

750: Reihe 22 (zweiachsiger Beiwagen)

1954 : Neu 22^{III} (Baujahr 1915, ex Gummersbach 22)
1958 : 22^{III} = a

751: Reihe 23 (zweiachsiger Beiwagen)

1954 : Neu 23^{II} Baujahr 1909, ex Gummersbach 23, ex Unna-Kamen-Werne 31)
1958 : 23^{II} = a

752: Reihe 1617 - 1632 (vierachsige Beiwagen)

1954 : Neu 1617-1626
1955 : Neu 1627-1632

753: Reihe 1124 (zweiachs. Turm-Beiwg. mit VW-Motor)

1956 : Neu 1124 (Fahrgestell ex Tw 1124, Baujahr 1913)
1970 : 1124 = 5372 = a

754: Reihe 30 - 42 (zweiachsige Beiwagen)

1952 : Neu 109, 115 (Baujahr 1946, leihw. ex Siegen 109, 115)
1954 : 109, 115 nach Ankauf = 36^{IIII}, 38^{IIII}; Neu 37^{IIII} (Baujahr 1946, ex Siegen 110)
1956 : Neu 39^{IIII}-42^{IIII} (Baujahr 1946, ex Siegen 116-119)
1959 : Neu 30^{IIII}-35^{IIII} (Baujahr 1946, ex Siegen 108-114, 115^{II} ex 107)
1966 : 30^{IIII}-39^{IIII}, 41^{IIII}, 42^{IIII} = Frankfurt 1453-1464
1967 : 40^{IIII} = a (Plattformen in Atw 5151)

755: Reihe 2201 - 2215 (vierachsige Beiwagen)

1959 : Neu 2201-2204, 2211-2215 (Baujahr 1955/56 ex Triebwagen 2201-2204, 2211-2215)
1960 : Neu 2205-2210 (Baujahr 1955, ex Tw 2205-2210)
1970 : 2201-2215 = 1801-1815

756: Reihe 1633 - 1700 (vierachsige Beiwagen)

1960 : Neu 1633-1672, 1679-1680
1961 : Neu 1673-1678, 1681-1700

757: Reihe 43 - 44 (zweiachsige Beiwagen)

1959 : Neu 43^{III}-44^{III} (Baujahr 1950, ex Siegen 120-121)
1974 : 43^{III}-44^{III} = nicht mehr im Personenverkehr

758: Reihe 2001 . 2034 (vierachsige Beiwagen)

1960 : Neu 2004-2005 (Baujahr 1951/52, ex Triebwagen 2004-2005)
1967 : Neu 2001-2003, 2031-2034 (Baujahr 1953/54, ex Triebwagen 2001-2003, 2031-2034)
1968 : Neu 2021, 2025-2028 (Baujahr 1954, ex Triebwagen 2021, 2025-2028)
1970 : 2001-2005, 2021, 2025-2028, 2031-2034 = 1821-1834
1976 : 1833 = abgestellt; 1834 = Arbeitstw 5164
1981 : 1833 = a

759: Reihe 1205 - 1207 (vierachsige Beiwagen)

1966 : Neu 1205 - 1207

760: Reihe 5321 (vierachsiger Schienen-Beiwagen)

1976 : Neu 5321^{II}

Im Benrather Netz wurden die damals noch neuen Vierachser auch gerne bei privaten Jubiläen angemietet.

Zeittafel

29. 8. 1875 Konzessionserteilung zum Bau einer Pferdebahn
19. 1. 1876 Lieferung der ersten Pferdebahnwagen
1. 2. 1876 Fertigstellung der Gleisanlagen und erste Probefahrt auf der Strecke Burgplatz – Bergisch-Märkischer Bahnhof
3. 2. 1876 Probefahrt auf der Teilstrecke Burgplatz – Tonhalle
5. 2. 1876 Restlieferung der Pferdebahnwagen
6. 2. 1876 Am heutigen Sonntag wird die Pferdebahn eröffnet
20. 2. 1876 Königsallee ans Gleisnetz angeschlossen
31. 3. 1876 Eröffnung der Linien Bergisch-Märkischer Bahnhof – Bahnstraße – Oststraße – Wehrhahn – Rheinischer Bahnhof und Corneliusplatz – Nordstraße (Luftballon)
4. 6. 1876 Eröffnung der Strecke zum Zoo
14. 6. 1876 Inbetriebnahme Rheinischer Bahnhof – Tiergartenstraße
16. 10. 1876 Köln-Mindener Bahnhof – Friedrichstraße
22. 12. 1876 Inbetriebnahme des ersten Betriebshofes an der Nordstraße und Abriß des provisorischen Schuppens am Burgplatz
1877 Die Linie zum Zoo wird statt durch die Tiergartenstraße nunmehr durch Rethelstraße und Herderstraße geführt
10. 8. 1888 Der Betrieb in der Friedrichstraße wird wieder aufgenommen, jedoch getrennt von den anderen Linien wegen Befahrens der Eisenbahngleise
6. 9. 1888 300 Meter Gleis zum Rheinischen Bahnhof sind infolge der Beseitigung der Rampe in Wegfall gekommen
1891 Die Friedrichstraße wird nach Beseitigung des Niveau-Übergangs an das übrige Netz angeschlossen
3. 7. 1892 Eröffnung der doppelgleisigen Strecke Corneliusplatz – Hauptbahnhof
13. 8. 1892 Verlängerung dieser Linie über Kölner Straße bis Hildener Straße in Oberbilk
10. 1892 Feste Haltestellen werden eingerichtet
13. 11. 1892 Die Strecke zum Zoo führt ab Grafenberger Allee nicht mehr durch die Rethelstraße, sondern durch die Uhlandstraße
1893 In Betrieb genommen wird das Teilstück Graf-Adolf-Platz – Poststraße mit Anschluß an die Friedrichstraße und Kasernenstraße
10. 11. 1893 Die Strecke nach Bilk wird eröffnet; gleichzeitig wird der Betriebshof Erkrather Straße in Betrieb genommen
1894 Eröffnung der doppelgleisigen Strecke Kavalleriestraße – Lorettostraße bis Neusser Straße. Die schon vorhandenen Strecken Nordstraße – Kaiserstraße – Königsallee – Friedrichstraße – Flora sowie Corneliusplatz – Schadowstraße bis Schützenstraße werden zweigleisig betrieben
28. 8. 1894 Verlängerung von Nordstraße bis Blücherstraße
14. 10. 1894 Das zweite Gleis Corneliusplatz – Theater wird befahren
23. 5. 1895 Die erste für elektrischen Betrieb vorgesehene Strecke Schützenstraße – Grafenberg – wird provisorisch mit Pferden betrieben, und zwar bis Haniel & Lueg, am 29. 9. 1895 dann bis Staufenplatz
27. 1. 1896 Eröffnung der elektrischen Strecke Schützenstraße – Grafenberg und mit Gleisanschluß hieran die Kleinbahn Grafenberg – Rath
1896 Inbetriebnahme der Teilstrecken Haroldstraße – Hafen, Friedrichstraße – Bilk Bahnhof sowie Blücherstraße – Derendorf Markt
1897 Die Strecken Blücherstraße – Collenbachstraße sowie Roßstraße bis Friedhof werden eröffnet
1. 8. 1897 Das Teilstück Bilker Allee/Ecke Friedrichstraße – Bilk Bahnhof wird wegen zu geringer Benutzung vorläufig eingestellt
20. 11. 1897 Verlängerung der Kleinbahn von Rath bis Ratingen
1898 Die Gleise aus der Kasernenstraße werden in die Hohe Straße verlegt
28. 7. 1898 Die Strecke nach Grafenberg wird um 100 Meter bis „Jägerhaus" verlängert
14. 8. 1898 Eröffnung der Strecke Hauptbahnhof – Oststraße – Tonhallenstraße – Jacobistraße
5. 9. 1898 Verlängerung dieser Linie über Duisburger Straße – Sternstraße – Blücherstraße mit Anschluß an die Friedhofslinie
10. 12. 1898 Eröffnung der meterspurigen Strecke Hilden – Benrath
12. 12. 1898 Verlängerung dieser Strecke bis Kölner Straße/Ecke Schmiedestraße in Düsseldorf
15. 12. 1898 Die Rheinische Bahngesellschaft eröffnet die Fernbahn Ratinger Tor – Krefeld
12. 1. 1899 Eröffnung der Strecke Hilden – Ohligs
25. 3. 1899 Eröffnung der Strecke Hilden – Haan
1. 7. 1899 Die Kleinbahn Grafenberg – Rath – Ratingen wird vom Stadtnetz abgetrennt und in Rath für die Kleinbahn ein Betriebshof in Betrieb genommen
10. 7. 1899 Eröffnung der Strecke von Haan bis Vohwinkel als Dampfbetrieb
29. 7. 1899 Diese Strecke ist elektrifiziert
5. 9. 1899 Die elektrischen Strecken Zoo – Rathaus und Schützenstraße – Kölner Straße werden in Betrieb genommen
18. 10. 1899 Die Teilstrecken Worringer Platz – Erkrather Straße und Erkrather Straße – Hauptbahnhof werden eröffnet
1. 11. 1899 Die Strecke Düsseldorf – Kaiserswerth wird eröffnet
6. 11. 1899 Vom Ratinger Tor wird ein Gleis durch die Ratinger Straße zum unteren Rheinwerft gelegt
25. 11. 1899 Die von Krefeld kommende Fernbahn wird vom Ratinger Tor bis Graf-Adolf-Platz verlängert
2. 2. 1900 Eröffnung der elektrischen Strecke Hauptbahnhof – Nordfriedhof
9. 2. 1900 Die Linie Schützenstraße – Graf-Adolf-Platz wird eröffnet
14. 4. 1900 Inbetriebnahme der Strecke Hauptbahnhof – Derendorf
12. 6. 1900 Die Teilstrecken Oberbilk – Hauptbahnhof – Flingerstraße – Rathaus und Corneliusplatz – Graf-Adolf-Platz – Friedrichstraße – Flora werden eröffnet; ebenfalls die westliche Alleestraße bis Flingerstraße/Ecke Mittelstraße und die Linie Hauptbahnhof – Graf-Adolf-Platz – Haroldstraße – Hafen
21. 6. 1900 In Düsseldorf fährt die letzte Pferdebahn

1. 7. 1900 Übernahme der Straßenbahn in städtische Regie

15. 8. 1900 Verlängerung der Strecke Düsseldorf -- Kaiserswerth bis Duisburg

18. 9. 1900 Inbetriebnahme der Strecke Kölner Straße – Ellerstraße – Mintropstraße – Graf-Adolf-Platz

20. 3. 1901 Die Rheinische Bahngesellschaft eröffnet den Lokalbetrieb nach Lörick

5. 8. 1901 Die Strecke Meererbusch – Uerdingen wird als Dampfbetrieb mit 4 Lokomotiven eröffnet

21. 12. 1901 Die Strecke nach Neuss wird in Betrieb genommen

1901 Ein neuer Betriebshof Oberkassel mit 12 Gleisen wird in Benutz genommen

11. 1. 1902 Die Strecke Schützenstraße – Grafenberg ist zweigleisig ausgebaut

1. 3. 1902 Die Grafenberger Linie wird von Schützenstraße bis Schadowplatz verlängert

15. 3. 1902 Ein neuer Betriebshof Münsterstraße wird in Benutz genommen

25. 4. 1902 Die Ausstellungslinie Bergerufer – Rathausufer – Schloßufer – Bendemannstraße – Kunsthalle sowie die Schleife Hauptbahnhof – Karlstraße – Immermannstraße werden eröffnet; zugleich wird für die Dauer der Ausstellung die Teilstrecke Sternstraße – Collenbachstraße eingestellt

27. 4. 1902 Die Strecke Meererbusch – Uerdingen ist elektrifiziert

1. 5. 1902 Eröffnung der Linien Grafenberg – Gerresheim Rathaus sowie Rathaus – Mintropplatz – Oberbilk – Eller

21. 10. 1902 Verlängerung Gerresheim Rathaus bis Gerresheim Bahnhof

29. 4. 1903 Wegen Bauarbeiten auf der Kaiserswerther Straße wird die von Duisburg kommende Kleinbahn zwischen Golzheimer Kapelle und Nordstraße bis 15. 9. 1903 eingestellt; provisorisch führt in dieser Zeit ein Gleis von Golzheimer Kapelle über Uerdinger Straße zum Nordfriedhof

1. 5. 1903 Der Betriebshof Grafenberg wird in Benutz genommen

10. 11. 1905 Neu in Betrieb genommen werden die Strekken Pempelforter Straße – Derendorfer Straße bis Schloßstraße, Ackerstraße – Beethovenstraße bis Grafenberger Allee sowie die Schleife Friedrichstraße – Adersstraße – Königsallee

1906 Die Linien-Numerierung wird eingeführt und derzeit folgende Linien betrieben:
Linie 1 Derendorf – Graf-Adolf-Platz – Unterbilk
Linie 2 Hauptbahnhof – Nordfriedhof
Linie 3 Rathaus – Gerresheim
Linie 4 Schadowplatz – Zoo
Linie 5 Rathaus – Hauptbahnhof – Oberbilk
Linie 6 Rathaus – Graf-Adolf-Platz – Oberbilk – Eller
Linie 7 Hafen – Graf-Adolf-Platz – Wehrhahn – Uhlandstraße
Linie 8 Bilker Kirche – Graf-Adolf-Platz – Hauptbahnhof – Zoo
Linie 9 Hauptbahnhof – Wehrhahn – Schloßstraße
Linie 11 Haniel & Lueg – Ratingen
Gleichzeitig betreibt die Rheinische Bahngesellschaft folgende Linien:
Linie A Graf-Adolf-Platz – Krefeld
Linie B Graf-Adolf-Platz – Neuss
Linie C Graf-Adolf-Platz – Uerdingen
Linie D Graf-Adolf-Platz – Lörick

14. 8. 1906 Neu eingerichtet wird Linie 10 Zoo – Stockkampstraße – Sternstraße – Nordstraße (grünes Schild mit weißer Schrift)

1. 12. 1906 Linie 1 wird ab Graf-Adolf-Platz zum Karolingerplatz, Linie 7 durch Corneliusstraße – Bilker Allee zur Bilker Kirche geführt. Linie 8 wird bis Fährstraße verlängert und Linie 9 von Hauptbahnhof zur Hafenamtstraße geführt

1907 Linie 3 wird von Gerresheim bis Grafenberg verkürzt und Linie 11 in Linie 12 umgewandelt. Neu eingerichtet wird Linie 13 Grafenberg – Gerresheim

14. 5. 1907 Linie 1 von Karolingerplatz bis Moorenplatz verlängert

19. 11. 1907 Linien A und B vorübergehend von Graf-Adolf-Platz bis Hauptbahnhof verlängert

1908 Linie 9 verkehrt jetzt zwischen Hafen und Schlachthof; neu eingerichtet wird Linie 14 Derendorf Yorkstraße – Rath Bahnhof; der Betriebshof Himmelgeist wird eröffnet

24. 2. 1908 Linie A wird von Graf-Adolf-Platz zur Ratinger Straße zurückgezogen

1. 4. 1908 Am Graf-Adolf-Platz wird eine neue Gleisschleife für die Linien der Rheinbahn in Betrieb genommen

18. 5. 1908 Linie 13 in der Hauptverkehrszeit von Grafenberg bis Hauptbahnhof verlängert

27. 5. 1908 Während des Einbaus der Gleiskreuzung am Breidenbacher Hof wird das Theatergleis stillgelegt

20. 7. 1908 Linie A fährt wieder bis Graf-Adolf-Platz

1909 Linie 1 wird von Derendorf bis Rath Bahnhof verlängert und Linie 14 eingestellt

15. 11. 1909 Linie 2 von Hauptbahnhof bis Flingern verlängert;
Linie 10 verkehrt zwischen Fischerstraße und Volksgarten

9. 12. 1909 Linie C von Uerdingen bis Kaldenhausen verlängert

15. 5. 1910 Linie 12 wird von Haniel & Lueg bis Mendelssohnstraße verlängert und Linie 13 verkehrt zwischen Mendelssohnstraße und Gerresheim; bis November 1910 gibt es die Linien 1A, 6A und 6B

12. 8. 1910 Linie 8 wird von Fährstraße bis Südfriedhof verlängert

25. 11. 1910 Die Brehmstraße wird an das Verkehrsnetz angeschlossen

15. 4. 1911 Doppelgleisiger Ausbau Klever Straße – Kaiserswerther Straße

15. 5. 1911 Linie 10 verkehrt zwischen Volksgarten und Stockum

26. 7. 1911 Doppelgleisiger Ausbau Karolingerplatz – Himmelgeister Straße bis Krankenanstalten mit Schleife am Stoffeler Kapellchen

1. 10. 1911 Die Rheinbahn übernimmt das Benrather Netz;
der Betriebshof Trompet wird in Benutz genommen

1. 11. 1911 Linie 13 wird bis Schadowplatz verlängert, eine neue Linie 14 Flingern – Karolingerplatz in Betrieb genommen und Linie 2 wieder zum Hauptbahnhof zurückgezogen

2. 12. 1911 Doppelgleisiger Ausbau Rather Kreuzweg – Rath Bahnhof

16. 12. 1911 Doppelgleisiger Ausbau der Benderstraße;

Linie C von Kaldenhausen bis Moers verlängert

20. 12. 1911 Linie 15 Elberfelder Straße – Eller wird eröffnet

23. 2. 1912 Linie B nach Neuss fährt nicht mehr über den Rheindamm, sondern durch Heerdt

26. 5. 1912 Die Endschleife Staufenplatz wird in Betrieb genommen

25. 6. 1912 Eine neue Linie 16 Hauptbahnhof – Regierung wird eingeführt

28. 6. 1912 Doppelgleisiger Ausbau der Mühlenstraße

1. 8. 1912 Linie 14 von Flingern bis Grafenberg verlängert

21. 8. 1912 Linie 14 wird von Grafenberg bis Gerresheim Markt verlängert und Linie 7 über Bilker Kirche hinaus durch die Gladbacher Straße zur Franziusstraße geführt

1. 11. 1912 Eine neue Linie 11 verkehrt zwischen Rathaus und Zoo über Stern- und Stockkampstraße

1. 12. 1912 Neue Endstellen für die Linie 6 Bendemannstraße, für die Linie 11 Burgplatz

14. 12. 1912 Linie 10 wird von Volksgarten durch die Oberbilker Allee bis Schmiedestraße verlängert

1. 10. 1913 Linie 11 wird von Brehmplatz durch die Graf-Recke-Straße bis Düsseltal verlängert

1. 7. 1914 Linie 10 bis Kölner Landstraße verlängert

1. 8. 1914 Linien 4 und 16 eingestellt

26. 10. 1914 Linie 18 Oberbilk – Holthausen wird eröffnet

1. 7. 1916 Der Betriebshof Wersten wird in Betrieb genommen

21. 8. 1916 Linie 18 bis Niederheid verlängert

1. 12. 1916 Linie 18 bis Rheinfähre verlängert

1. 6. 1917 Linie 18 verkehrt zwischen Hauptbahnhof und Benrath Bahnhof

7. 8. 1918 Die Kreis Mettmanner Straßenbahn wird vorübergehend von Bergische Landstraße bis Staufenplatz verlängert

4. 12. 1918 Belgische Besatzung sperrt den Straßenbahnbetrieb über die Oberkasseler Brücke

1919 Linie 13 verkehrt zwischen Grafenberg und Gerresheim, Linie 15 statt durch Klosterstraße jetzt durch Bismarckstraße; Linie 5 eingestellt

1. 4. 1919 Schleife Luegplatz wird in Betrieb genommen

9. 10. 1919 Die Oberkasseler Brücke wird für Linie A wieder freigegeben

21. 1. 1920 Linie C wieder bis Graf-Adolf-Platz durchgeführt

26. 1. 1920 Linie D wieder bis Graf-Adolf-Platz durchgeführt

15. 9. 1920 Strecke Fischeln – Dießem zweigleisig ausgebaut

1. 12. 1920 Als Kleinbahn gibt es vorübergehend die Linien Grafenberg – Neuss (Rosengarten) und Benrath – Lörick, und zwar ohne Liniennummern

1. 10. 1921 Linie 3 von Grafenberg bis Gerresheim verlängert,
Linie 7 von Uhlandstraße bis Heinrichstraße verlängert,
Linie 14 von Gerresheim bis Grafenberg verkürzt,
Linien 11 und 13 eingestellt,
Linie B in 16, Linie D in 17 umbenannt

12. 12. 1921 Linie 8 Südfriedhof – Zoo und
Linie 9 Hafen – Schlachthof werden geändert;
Linie 8 verkehrt jetzt zwischen Hafen und Zoo,
Linie 9 zwischen Fährstraße und Rheinmetall

1922 Ein Trieb- und ein Beiwagen der Rheinbahn sind auf der Gewerbeausstellung in München zu sehen

1. 1. 1922 Zusammenschluß der Düsseldorfer Straßenbahn mit der Rheinischen Bahngesellschaft

24. 2. 1922 Strecke Meererbusch – Osterath zweigleisig ausgebaut

22. 5. 1923 Von der Besatzung sind bis 2. 6. 1923 die Linien 3, 12, 16 verboten

14. 6. 1923 Französische Besatzung verbietet bis 28. 6. 1923 die Linie 1 zwischen Derendorf und Rath

1924 Linie 2 in der Hauptverkehrszeit von Hauptbahnhof bis Eller verlängert; der Betriebshof Dießem wird in Benutz genommen; erstmals in Europa werden auf der Fernstrecke nach Krefeld Speisewagen eingesetzt

12. 4. 1924 Linie 8 von Hafenamtstraße bis Hamm verlängert

1. 5. 1924 Linie 3 verkehrt zwischen Schadowplatz und Gerresheim,
Linie 9 bis Südfriedhof durchgelegt und Linie 15 von Elberfelder Straße bis Rathaus verlängert

16. 7. 1924 Linie 18 wird von Hauptbahnhof bis Rathaus verlängert, gleichzeitig fährt Linie 15 über Klosterstraße

7. 9. 1924 Linie 3 bis Rathaus verlängert; Linie 7 verkehrt zwischen Hafen und Unterrath; Linie 12 von Ratingen bis Graf-Adolf-Platz; neu eingerichtet Linie 5 Oberbilk – Heinrichstraße

20. 9. 1924 Wiedereröffnung der Linie 4 Corneliusplatz – Zoo

1. 10. 1924 Strecke Osterath – Fischeln zweigleisig ausgebaut

6. 10. 1924 Linie 12 verkehrt zwischen Ratingen und Schadowplatz

1. 12. 1924 Im Linienweg der Linien 4, 5, 6 und 16 treten Veränderungen ein, Linie 4 verkehrt zwischen Elberfelder Straße und Heinrichstraße, Linie 5 zwischen Burscheider Straße und Schlachthof, Linie 6 zwischen Eller und Zoo, Linie 16 wird von Hauptbahnhof bis Flingern verlängert

6. 4. 1925 Linie 4 bis Belsenplatz verlängert

1. 5. 1925 Linie 16 von Flingern wieder zum Hauptbahnhof zurückgezogen

1. 10. 1925 Der neue Betriebshof Derendorf wird seiner Bestimmung übergeben

11. 10. 1925 Eine neue Linie D Handweiser – Meererbusch wird eingerichtet

18. 4. 1926 Die Gleisanlagen am Stadion werden in Betrieb genommen

20. 4. 1926 Die verbreiterte Oberkasseler Brücke wird eingeweiht

8. 5. 1926 Anläßlich der Ausstellung verkehrt bis 18. 10. 1926
Linie G Hauptbahnhof – Gesolei

1. 6. 1926 Linie 5 fährt zwischen Schlachthof und Oberbilk
Linie 10 verkehrt bis 17. 10. 1926 bis Holthausen, eine neue
Linie 11 Hauptbahnhof – Kaiserswerth wird eingesetzt,
Linie 17 wird bis 17. 10. 1926 von Graf-Adolf-Platz bis Hauptbahnhof verlängert. Die Linie D Handweiser – Meererbusch wird in Linie B umbenannt, und die Fernbahn nach Duisburg erhält die Linienbezeichnung D. Der neue Fernbahnhof Graf-Adolf-Platz wird in Betrieb

genommen
18. 10. 1926 Linie 5 nimmt einen anderen Fahrtweg: Oberbilk – Schadowplatz
6. 11. 1926 Linie 4 bis Heerdter Schleife (Wiesenstraße) verlängert
6. 12. 1926 Linie B wird bis Neuss Bahnhof durchgeführt
14. 4. 1927 Um 16.22 Uhr fährt erstmals die Linie 17 über Graf-Adolf-Platz hinaus nach Volmerswerth
15. 5. 1927 Linie 5 fährt jetzt von Holthausen zum Rathaus, Linie 6 von Zoo bis Düsseltal und Linie 10 von Stockum bis Stadion verlängert
16. 1. 1928 Die Endhaltestelle der Linien 12 und 15 wird in die Elberfelder Straße verlegt; Linie 15 fährt gleichzeitig nicht mehr über Elberfelder Straße – Hindenburgwall – Corneliusplatz, sondern in umgekehrter Richtung
6. 3. 1928 Das westliche Gleis der neuen Anlage Hindenburgwall ist fertiggestellt; bis zum Abschluß des Umbaues verkehrt Linie 16 über Breite Straße – Graf-Adolf-Platz – zum Hauptbahnhof, Linie 4 über Breite Straße – Graf-Adolf-Platz – Königsallee – Schadowstraße zum Zoo, die von Oberbilk kommende Linie 6 nur bis Kunsthalle und die vom Zoo kommende Linie 6 über Graf-Adolf-Platz zurück zum Zoo
1. 5. 1928 Linie 4 zum Belsenplatz verkürzt, Linie 6 von Düsseltal wieder zum Zoo zurückgenommen und Linie B fährt wieder ihre ursprüngliche Route: Handweiser – Meererbusch
12. 5. 1928 Umbau Hindenburgwall abgeschlossen
1. 7. 1928 Der Betriebshof Heerdt wird seiner Bestimmung übergeben als Ersatz für das bisherige Depot an der Hansa-Allee
4. 7. 1928 Linie 14 wird von Karolingerplatz über Witzelstraße nach Auf'm Hennekamp geführt
1. 11. 1928 Eine neue Linie 13 wird als Rundlinie in Betrieb genommen: Zoo – Hauptbahnhof – Unterbilk – Königsallee – Sternstraße – Zoo
22. 4. 1929 Linie 13 von Zoo bis Düsseltal verlängert
26. 9. 1929 Linie 4 wieder bis Heerdt (Wiesenstraße) verlängert
12. 10. 1929 Linie 16 wird jetzt als Rundlinie betrieben und fährt erstmals über die neueingeweihte Südbrücke; gleichzeitig fährt Linie 9 über Völklinger Straße zum Südfriedhof
1930 Der Bahnhofsvorplatz wird umgebaut
6. 1. 1930 Wegen Änderung der Eisenbahnüberquerung werden die Meterspurlinien zum Betriebshof Benrath zurückgenommen
15. 5. 1930 Zwischen Fährstraße und Adersstiftung verkehrt ein Pendelwagen als Linie 9
1931 Nur während der Sommermonate verkehrt eine Linie 11 E zwischen Graf-Adolf-Platz und Kaiserswerth
15. 2. 1931 Linie 13 wird eingestellt und Linie 6 bis Düsseltal verlängert
15. 6. 1931 Auf Linie 6 gibt es einen Pendelbetrieb von Hildener Straße bis Eller, der am 15. 7. 1931 eingestellt wird, und die Linie 6 erhält ihren neuen Endpunkt in Oberbilk
26. 6. 1931 Schleife Uerdinger Straße wird in Betrieb genommen
10. 9. 1931 Zur besseren Unterscheidung gibt es jetzt:
Linie 16 schwarz Hauptbahnhof – Neuss über Oberkassel und
Linie 16 rot Hauptbahnhof – Neuss über Unterbilk
18. 10. 1931 Linie 5 wird eingestellt
21. 6. 1932 Linie B Handweiser – Meererbusch in Linie 20 umbenannt
24. 10. 1932 Linie 2 fährt jetzt ganztägig zwischen Nordfriedhof und Hauptbahnhof, Linie 4 wieder zum Belsenplatz verkürzt; der Pendelbetrieb Fährstraße – Adersstiftung wird eingestellt
15. 7. 1933 Eisenbahnunterführung Hildener Straße fertiggestellt
30. 10. 1933 Linie 18 von Benrath Bahnhof bis Benrath Betriebshof verlängert
18. 11. 1933 Linie 10 wird von Oberbilk bis Vennhauser Allee verlängert
14. 5. 1934 Linie 6 bis 14. 10. 1934 nach Holthausen durchgeführt
14. 10. 1934 Linie 1 wird von Krankenanstalten bis Holthausen verlängert
5. 11. 1934 Weitere Verlängerung der Linie 1 bis Benrath Betriebshof
15. 5. 1935 Linie 20 Handweiser – Meererbusch wird in Linie 30 umbenannt und eine neue Linie 20 Stoffeler Straße – Uerdinger Straße eingeführt. Gleichzeitig neu eingerichtet werden die Verstärkungslinien 24 Grafenberg – Hafenamtstraße, Linie 28 Düsseltal – Fährstraße und Linie 29 Schlachthof – Auf'm Hennekamp
10. 9. 1935 Der Brehmplatz ist umgestaltet und Linie 6 wird jetzt als Rundlinie betrieben: Oberbilk – Graf-Adolf-Platz – Altstadt – Brehmplatz – Kruppstraße
11. 11. 1935 Linie 8 vom Brehmplatz zur neuen Umsetzstelle Grunerstraße verlängert
18. 5. 1936 Linie 10 wegen Bauarbeiten bis 9. 6. 1936 zwischen Uerdinger Straße und Stadion eingestellt
10. 6. 1936 Viergleisiger Ausbau der Kaiserswerther Straße
20. 10. 1936 Linie 28 bis Adersstiftung durchgelegt; neu in Betrieb genommen wird Linie 21 als Ersatz für Linie 1 mit rotem Strich über das neue Teilstück Witzelstraße – Moorenplatz; Linie 1 fährt vorübergehend tagsüber durch die Himmelgeister Straße
9. 12. 1936 Die Kreis-Mettmanner Straßenbahn stellt die Strecke Mettmann – Auf der Hardt ein
22. 2. 1937 Die Schleife Reeser Platz wird in Betrieb genommen
11. 4. 1937 Die Linie A wird in Linie K, die Linie C in Linie M umbenannt, nachdem 1935 die Linie nach Ohligs schon die Bezeichnung O und die nach Vohwinkel die Bezeichnung V erhalten hatte
14. 4. 1937 Die Rheinbahn übernimmt die Kreis Mettmanner Straßenbahn mit folgenden Strecken:
Mettmann – Vohwinkel (eröffnet am 19. 7. 1909)
Wülfrath – Tönisheide (eröffnet am 19. 7. 1909)
Mettmann – Wülfrath (eröffnet am 6. 6. 1928)
18. 4. 1937 Schleife Stockumer Kirchstraße wird in Betrieb genommen
8. 5. 1937 Während der Ausstellung „Schaffendes Volk" verkehren bis 18. 10. 1937 zwei Linien A, Linie A rot Graf-Adolf-Platz – Reeser Platz und Linie A schwarz Hauptbahnhof – Stockumer Kirchstraße
1. 8. 1937 Die große Schleife Hauptbahnhof – Kurfürstenstraße – Karlstraße wird in Betrieb genommen
3. 10. 1937 Linie 14 wird über Himmelgeister Straße zu

den Krankenanstalten geführt, Linie 21 verkehrt zwischen Betriebshof Derendorf und Auf'm Hennekamp, Linie 24 zwischen Adersstiftung und Grafenberg, Linie 28 zwischen Düsseltal und Hafenamtstraße, Linie 4 wird werktags von Heinrichstraße bis Rath verlängert, ab 15. 5. 1938 auch sonntags

15. 5. 1938 Linie 1 fährt über Witzelstraße, Linie 21 zwischen Auf'm Hennekamp und Flughafenstraße. Neu eingerichtet wird Linie 27 Hafen – Staufenplatz, Linie N Mettmann – Wülfrath wird eingestellt und Linie T (bisher Wieden – Tönisheide) verkehrt jetzt zwischen Wieden und Wülfrath

15. 5. 1939 Linie 4 von Rath bis Grunerstraße verkürzt, Linie 8 von Grunerstraße bis Heinrichstraße und in der Hauptverkehrszeit bis Rath Bahnhof verlängert; Linie 20 von Reeser Platz bis Freiligrathplatz und Linie 21 von Auf'm Hennekamp bis Christophstraße verlängert; auf Linie 28 verkehrt abends ein Pendelwagen zwischen Zoo und Düsseltal;
Linie 27 eingestellt

8. 9. 1939 Linie 21 von Christophstraße bis Auf'm Hennekamp verkürzt

1. 12. 1939 Buslinien 52 und 53 fahren zwischen Adersstraße und Ratingen als Straßenbahn

8. 12. 1939 Erstmals werden „E"-Schilder eingeführt und zunächst eine Linie 15 E betrieben

1. 1. 1940 Linie T Wieden – Wülfrath wird an die Wuppertaler Stadtwerke abgetreten

12. 2. 1940 Linie 21 fährt statt über Breite Straße über Königsallee;
Linie 8 von Rath Bahnhof bis Heinrichstraße verkürzt;
Linien 20, 24, 28 und 29 eingestellt

16. 4. 1940 Schleife Merziger Straße – Straßburger Straße wird nicht mehr benutzt, statt dessen Umsetzstelle Rheinmetall

12. 7. 1940 Linie 6 von Kruppstraße bis hinter die Bahnunterführung zum Volksgarten verlängert

24. 10. 1940 Linie 15 E von Elberfelder Straße bis Belsenplatz verlängert

28. 10. 1940 Der Bus-Ersatzverkehr der Linien 52 und 53, der vorübergehend von Adersstraße bis Ratingen als Straßenbahn betrieben wurde, wird eingestellt

8. 12. 1940 Durch Bombeneinwirkung sind die ersten Wagenverluste zu beklagen: 4 Triebwagen, 3 Beiwagen

16. 12. 1940 Linie 4 von Belsenplatz bis Handweiser verlängert; wieder eingeführt werden Linie 24 Burgmüllerstraße – Fährstraße, Linie 29 Rheinmetall – Auf'm Hennekamp und Linie 20, die statt über Sternstraße – Duisburger Straße jetzt über Kaiserstraße und Nordstraße fährt

27. 12. 1941 Ein Beiwagen durch Bomben zerstört

8. 3. 1942 Linie 2 verkehrt jetzt zwischen Hafen und Nordfriedhof,
Linie 7 zwischen Hauptbahnhof und Unterrath

1. 4. 1942 Linie 16 rot wird in Linie 26 umbenannt

15. 6. 1942 Linie 4 von Handweiser zum Belsenplatz zurückgenommen;
Linien 20, 24 und 29 werden eingestellt; neu eingerichtet
Linie 23 Elberfelder Straße – Schönaustraße

16. 8. 1942 2 Triebwagen fallen den Bomben zum Opfer

10. 9. 1942 13 Triebwagen und 8 Beiwagen Kriegsverlust

29. 1. 1943 Linie 4 vorübergehend nach Düsseltal geführt

3. 3. 1943 1 Triebwagen und 1 Beiwagen Kriegsverlust

12. 6. 1943 Linien 4 und 6 kriegsbedingt eingestellt;
15 Triebwagen und 12 Beiwagen Kriegsverlust

3. 11. 1943 Linien 9 und 14 nach Angriff eingestellt
48 Triebwagen und 19 Beiwagen Kriegsverlust, von letzteren u. a. 4 gerade gelieferte Niederflur-Beiwagen, die noch nicht im Einsatz waren

26. 11. 1943 Linie 9 wieder eingerichtet, jetzt Südfriedhof – Burgmüllerstraße

1. 1944 Berliner Triebwagen sind auf Linie 10 im Einsatz

23. 4. 1944 11 Triebwagen und 8 Beiwagen Kriegsverlust

4. 9. 1944 Die ersten schaffnerlosen Beiwagen („Z"-Wagen) werden auf den Linien 11, 12 und 15 eingesetzt

18. 9. 1944 Linie 2 verkehrt zwischen Nordfriedhof und Sternstraße
Linie 3 zwischen Elberfelder Straße und Gerresheim,
Linie 21 zwischen Adersstraße und Flughafenstraße,
Linie 12 von Elberfelder Straße zum Schadowplatz verkürzt,
Linie 23 eingestellt

19. 10. 1944 2 Triebwagen und 2 Beiwagen Kriegsverlust

2. 11. 1944 24 Triebwagen und 11 Beiwagen Kriegsverlust

27. 11. 1944 1 Triebwagen und 2 Beiwagen Kriegsverlust

8. 12. 1944 1 Triebwagen und 1 Beiwagen Kriegsverlust

6. 2. 1945 Linie W wegen Strommangels eingestellt

28. 2. 1945 Linien 26 und M eingestellt

1. 3. 1945 Linie 8 verkehrt zwischen Hauptbahnhof und Hamm,
Linie 17 nur rechtsrheinisch zwischen Christophstraße und Rath Bahnhof, Linie 0 wird eingestellt, ebenfalls um 17 Uhr Linie 30

2. 3. 1945 Um 9 Uhr wird Linie 8 eingestellt, um 10 Uhr Linie 16, die noch die Strecke Hauptbahnhof – Belsenplatz befuhr, um 12 Uhr Linie K eingestellt, die mit Einzelwagen noch bis Lörick fuhr, um 17 Uhr folgt Linie D, ebenfalls eingestellt werden die Linien 10 und 17

3. 3. 1945 Um 9 Uhr wird Linie 1 (zuletzt Rath – Dreieck), Linie 7, Linie 9 und Linie 11 (zuletzt Nordstraße – Kaiserswerth) eingestellt, ebenfalls eingestellt wird Linie 2

5. 3. 1945 2 Triebwagen Kriegsverlust

6. 3. 1945 Linie 3 pendelt noch zwischen Mendelssohnstraße und Grafenberg und wird am gleichen Tag ebenfalls noch eingestellt

7. 3. 1945 Linie 18 (zuletzt Wersten – Benrath) und Linie V (zuletzt Benrath – Haan) werden eingestellt

8. 3. 1945 Linie 15, die noch zwischen Betriebshof Erkrather Straße und Eller pendelte, wird um 9 Uhr eingestellt. Damit ruht der Straßenbahnbetrieb vollständig; die genauen Betriebseinstellungen der Linien 12 und 21 waren nicht zu ermitteln

11. 4. 1945 1 Triebwagen und 5 Beiwagen durch Artilleriebeschuß zerstört. Damit sind insgesamt 125 Triebwagen und 73 Beiwagen durch Bombeneinwirkung total zerstört gewesen. Hinzu kommen 26 Triebwagen und 3 Beiwagen, die stark beschädigt nach Kriegsende verschrottet wurden. In diesen Zahlen sind 12 Arbeitstriebwagen und 1 Arbeitsbeiwagen enthalten, ehemalige Personenwagen.
Das Gleisnetz wurde Stück für Stück wieder

betriebsfähig gemacht, und zwar:

8. 6. 1945 Linie 3 Schadowplatz – Gerresheim, Linie 18 Schadowplatz – Benrath über Klosterstraße, Linie 0 Benrath – Ohligs

18. 6. 1945 Linie W Mettmann – Wieden

20. 6. 1945 Linie W Mettmann – Vohwinkel
Linie V Hilden – Haan, Gräfrather Straße

22. 6. 1945 Linie V Hilden – Haan, Krickhaus

23. 6. 1945 Linie 3 Wilhelm-Marx-Haus – Gerresheim, Linie 18 Wilhelm-Marx-Haus – Benrath über Bismarckstraße

2. 7. 1945 Linie 16 Luegplatz – Handweiser
Linie K Luegplatz – Meererbusch

5. 7. 1945 Linie 16 Luegplatz – Neuss, Düsseldorfer Straße

7. 7. 1945 Linie V Benrath – Haan, Krickhaus

10. 7. 1945 Linie 17 Luegplatz – Lörick

12. 7. 1945 Linie 7 Hauptbahnhof – Flughafenstraße
Linie 10 Stoffeler Straße – Schlesische Straße
Linie 15 Betriebshof Erkrather Straße – Eller

24. 7. 1945 Linie 3 Schadowplatz – Gerresheim

29. 7. 1945 Linie K Luegplatz – Osterath

2. 8. 1945 Linie M Luegplatz – Strümp, Weiche

5. 8. 1945 Linie K Luegplatz – Fischeln

9. 8. 1945 Linie 1 Kunsthalle – Werstener Dorfstraße
Linie 3 Wilhelm-Marx-Haus – Gerresheim

11. 8. 1945 Linie 16 Luegplatz – Neuss Bahnhof

12. 8. 1945 Linie K Luegplatz – Dießem

13. 8. 1945 Linie M Luegplatz – Strümp Dorf

24. 8. 1945 Linie 1 Spichernplatz – Werstener Dorfstraße
Linie 3 Rathaus – Gerresheim
Linie 18 Rathaus – Benrath

26. 8. 1945 Linie M Luegplatz – Lank

3. 9. 1945 Linie V Benrath – Vohwinkel

8. 9. 1945 Linie M Luegplatz – Stratum

9. 9. 1945 Linie 1 Rath Bahnhof – Werstener Dorfstraße

17. 9. 1945 Linie 10 Sternstraße – Vennhauser Allee

21. 9. 1945 Linie M Luegplatz – Uerdingen Rathaus

23. 9. 1945 Linie 10 Reeser Platz – Vennhauser Allee

27. 9. 1945 Linie M Luegplatz – Uerdingen, Kastanienstraße

11. 10. 1945 Linie 10 Freiligrathplatz – Vennhauser Allee

23. 10. 1945 Linie M Luegplatz – Trompet

27. 10. 1945 Linie 9 Burgmüllerstraße – Fährstraße

31. 10. 1945 Linie 9 Burgmüllerstraße – Südfriedhof

5. 11. 1945 Linie 16 Luegplatz – Neuss, Alexianerkloster

12. 11. 1945 Linie M Luegplatz – Moers

25. 11. 1945 Linie 11 Hauptbahnhof – Alte Landstraße
Linie 15 Rathaus – Eller

8. 12. 1945 Linie 30 Handweiser – Meererbusch

10. 12. 1945 Linie 1 Rath Bahnhof – Burscheider Straße

12. 1. 1946 Linie K fährt wieder von Luegplatz bis Krefeld, Rheinstraße

28. 1. 1946 Eine neue Linie 5 Hauptbahnhof – Volmerswerther Straße wird eingerichtet

1. 2. 1946 Linie 5 bis Volmerswerther Deich verlängert

4. 2. 1946 Bis 11. 5. 1946 pendelt ein Einzelwagen als Fernlinie E zwischen Kittelbachstraße und Wittlaer

11. 5. 1946 Linie 11 bis Kaiserswerth durchgeführt

15. 5. 1946 Linie D fährt wieder

3. 8. 1946 Linie 12 fährt wieder

22. 8. 1946 Linie 5 von Hauptbahnhof bis Brehmplatz verlängert

1. 11. 1946 Linie 8 verkehrt wieder und Linie 5 wird vom Brehmplatz wieder zum Hauptbahnhof zurückgenommen

2. 4. 1947 Linie 1 von Wersten bis Holthausen verlängert

1. 7. 1947 Linie 14 wird wieder eingesetzt: Heinrich-Ehrhardt-Straße – Christophstraße; gleichzeitig fährt Linie 1 wieder über Witzelstraße statt über Himmelgeister Straße

1. 8. 1947 Linie 2 fährt zwischen Marienhospital und Nordfriedhof

29. 9. 1947 Linie 1 bis Benrath verlängert und Linie 23 Rathaus – Schönaustraße wieder in Betrieb

3. 11. 1947 Linie 10 von Freiligrathplatz bis Stadion verlängert

11. 12. 1947 Linie B Graf-Adolf-Platz – Rheinbrücke wird eingeführt

22. 3. 1948 Linie 7 von Flughafenstraße bis Unterrath Bahnhof verlängert

29. 5. 1948 Die Oberkasseler Brücke wird wieder in Betrieb genommen, damit fahren die Linien 16, 17, K und M vorkriegsmäßig; Linien 5 und B eingestellt. Linie 15 verkehrt zwischen Eller und Belsenplatz

14. 6. 1948 Linie 2 verkehrt wieder zwischen Hauptbahnhof und Nordfriedhof

1. 8. 1948 Eine neue Linie 4 Heinrich-Ehrhardt-Straße – Hafenamtstraße wird eingesetzt und Linie 14 von Bruchstraße zur Christophstraße geführt. Wieder eingerichtet wird Linie 21 Flughafenstraße – Auf'm Hennekamp

1. 9. 1948 Linie 6 fährt von Brehmplatz bis Graf-Adolf-Platz

1. 10. 1948 Linie 16 von Neuss Alexianerkloster bis Selikumer Straße verkürzt

8. 11. 1948 Linie 20 Reeser Platz – Vennhauser Allee wird wieder betrieben

1. 1. 1949 Linie 8 von Brehmplatz bis Heinrichstraße verlängert

1. 4. 1949 Linie 6 ist wieder Rundlinie: Markenstraße – Volksgarten

1. 6. 1949 Linien 10 und 20 werden über Sternstraße – Duisburger Straße geführt

15. 3. 1950 Linie 21 von Auf'm Hennekamp bis Christophstraße verlängert

11. 4. 1950 Linien 1 und 21 fahren statt über Königsallee jetzt über Breite Straße

14. 5. 1950 Streckenänderung der Linien 4 und 14:
Linie 4 Krankenanstalten – Schlachthof
Linie 14 Hafen – Bruchstraße

19. 3. 1951 Linie 29 Fährstraße – Bruchstraße wieder eingeführt

16. 5. 1951 Die Schleife Burgplatz wird in Betrieb genommen, damit fährt die Straßenbahn nicht mehr durch die Flingerstraße

30. 5. 1951 Der erste Großraumzug ist da, wird auf der Ausstellung „Schiene und Straße" in Essen gezeigt und verkehrt ab September 1951 auf Linie 11

23. 10. 1951 Die Straßenbahn fährt über die Kasernenstraße

17. 11. 1951 Linie 16 rot fährt über die wieder aufgebaute Südbrücke

19. 11. 1951 Linie 29 von Bruchstraße bis Burgmüllerstraße verlängert

17. 5. 1952 Linie W Mettmann – Vohwinkel eingestellt

18. 5. 1952 Linie 6 verkehrt als Rundlinie: Steinberg – Brehmplatz – Volksgarten; Betrieb zwischen Graf-Adolf-Straße und Markenstraße eingestellt

25. 8. 1952 Wegen Bauarbeiten werden bis 10. 7. 1953 die Linien 3, 18 und 23 über Grabbeplatz geleitet

5. 10. 1952 Linie 29 bis Bruchstraße verkürzt; Linie 8 bis 30. 11. 1952 von Heinrichstraße bis Rath Bahnhof verlängert

1. 11. 1952	Linie 16 rot in Linie 26 umbenannt
12. 1. 1953	Linie 29 verkehrt zwischen Bruchstraße und Hubertusstraße
19. 1. 1953	Die Schleife Schönaustraße wird eingebaut
29. 5. 1953	Linien D, 10, 11 und 20 fahren statt über Kaiserswerther Straße jetzt über Stern-, Duisburger, Venloer, Fischerstraße
2. 5. 1954	Linie 6 fährt über Hennekamp und ist damit echte Rundlinie; Linie 30 wird eingestellt
1. 7. 1954	Linien D, 10 und 20 fahren nur noch über Fischerstraße, nicht mehr über Duisburger, Venloer Straße, Linie 11 fährt über Duisburger, Venloer Straße zur Fischerstraße; die Umsetzstelle der Linie 4 vor Rheinmetall wird aufgegeben und statt dessen die Schleife Merziger Straße – Straßburger Straße benutzt
31. 7. 1954	Linie 21 von Flughafenstraße bis Unterrath Schleife verlängert
2. 5. 1955	Linie 6 von Steinberg bis Christophstraße verlängert, Linie 20 von Reeser Platz bis Freiligrathplatz verlängert, Linie 21 von Christophstraße bis Am Steinberg verkürzt
12. 5. 1955	Linie 16 fährt wegen Streckenbauarbeiten bis 5. 12. 1955 über Heerdter Rheindeich
16. 7. 1955	Linie 10 wird aus der Königsallee herausgenommen und durch die Berliner Allee geführt
31. 3. 1956	Linie 14 wird eingestellt
15. 8. 1956	Linien 2, 7 und 11 fahren in Richtung Hauptbahnhof jetzt über die Bismarckstraße
1. 9. 1956	Linie 20 wird in 10 E, Linie 23 in 3 E und Linie 29 in 9 E umbenannt
20. 12. 1956	Linien 1, 6, 17 und 21 fahren ab Kirchplatz über Elisabethstraße zum Bahnhof Bilk
21. 4. 1957	Linie 6 wird von Christophstraße bis Am Steinberg zurückgezogen und Linie 21 von Am Steinberg bis Christophstraße verlängert
15. 10. 1957	Zwischen Volmerswerther Straße und Volmerswerther Deich wird ein Pendeltriebwagen als Linie E eingesetzt
16. 2. 1958	Die Schleife Merowingerplatz wird in Betrieb genommen
2. 7. 1958	Linien 2, 7 und 11 fahren in beiden Richtungen über die Bismarckstraße; Friedrich-Ebert-Straße jetzt ohne Straßenbahn
20. 10. 1958	Linie M wird eingestellt
1. 8. 1960	Linie 2 Hauptbahnhof – Nordfriedhof wird eingestellt und Linie 21 Am Steinberg – Unterrath Schleife in Linie 2 umbenannt
26. 12. 1960	Linie 10 wird aus der Hofgartenstraße herausgenommen und ab Kaiserstraße zur Heinrich-Heine-Allee geleitet
2. 3. 1961	Die Schleife Ratingen wird in Betrieb genommen
7. 5. 1961	Linie V wird eingestellt
29. 9. 1961	Linien 15 und 18 fahren nicht mehr über Karlstraße – Kurfürstenstraße, sondern über Worringer Straße
2. 10. 1961	Die Linien 7 und 18 werden vereint zu Linie 7/18
8. 11. 1961	Die Linien 1 und 10 fahren über Jan-Wellem-Platz und Berliner Allee
2. 1. 1962	Der Pendelbetrieb nach Volmerswerth wird eingestellt
15. 4. 1962	Linie 0 wird eingestellt
17. 4. 1962	Der umgestaltete Worringer Platz wird befahren
14. 6. 1962	Die Schleife Schadowplatz wird aufgehoben und Linie 12 bis Burgplatz durchgeführt
30. 10. 1962	Die Gleisanlagen Jan-Wellem-Platz und Schleife Wilhelm-Marx-Haus werden in Betrieb genommen, damit ist die Altstadt ganz ohne Straßenbahnverkehr
16. 4. 1964	Die Straßenbahn wird aus der Moorenstraße herausgenommen
16. 11. 1965	Die Umsetzstelle Grunerstraße wird aufgegeben
21. 12. 1965	Das Gleisdreieck in Hamm wird in Betrieb genommen
28. 5. 1967	Linie 15 wird eingestellt, nach Eller fährt jetzt Linie 7 Linie 18 verkehrt zwischen Benrath und Belsenplatz
29. 3. 1968	Die Schleife Heinrichstraße wird in Betrieb genommen
6. 5. 1968	Linie 8 fährt über Bilker Allee und Gladbacher Straße
15. 3. 1969	Die neue Schleife Belsenplatz wird in Betrieb genommen
13. 5. 1969	Die Straßenbahn fährt durch die Neusser Straße
18. 6. 1969	Inbetriebnahme der Gleisschleife Fürstenwall
16. 10. 1969	Der Betriebshof Grafenberg wird aufgegeben
16. 1. 1970	Die Behelfsbrücke Franklinstraße wird befahren
22. 9. 1970	Die neue Schleife am Stadion wird in Betrieb genommen
21. 8. 1971	Eine neue Linie 20 Hauptbahnhof – Messe/Stadion wird eingerichtet
28. 5. 1972	Linien 16 und 26 werden zu Linie 5 zusammengezogen; Linie 11 in der Hauptverkehrszeit über Hauptbahnhof bis Holthausen verlängert
21. 7. 1973	Linie 11 fährt nicht mehr durch die Venloer Straße
23. 7. 1973	Linien 10 und D fahren in südlicher Richtung über Kaiserswerther Straße – Nordstraße – Kaiserstraße; in Gegenrichtung über Sternstraße – Duisburger Straße – Kaiserswerther Straße; Fischerstraße ohne Straßenbahn; Linie 11 über Kaiserswerther Straße – Duisburger Straße zum Hauptbahnhof
29. 7. 1973	Linienweg-Änderungen: Linie 2 Unterrath Schleife – Wilhelm-Marx-Haus, während der Hauptverkehrszeit bis Kirchplatz, Linie 3 Gerresheim – Volmerswerth, Linie 10 Eller – Lörick, Linie 18 Benrath – Stadion. Neu eingerichtet: Linie 14 Am Steinberg – Rath Bahnhof und Linie 15 Holthausen – Oberkassel Linien 17 und 20 werden eingestellt
29. 8. 1973	Der erste achtachsige Zweirichtungsgelenkwagen Nr. 3001 wird geliefert und geht auf Probefahrt
30. 11. 1973	TW 3001 kommt erstmals zum Einsatz
21. 1. 1974	Die Schleife Luegplatz wird aufgegeben
21. 2. 1974	Die Straßenbahnen fahren über die neue Oberkasseler Brücke
17. 8. 1974	Die neue Franklinbrücke wird in Betrieb genommen und Linie 6 in südlicher Richtung durch die Humboldtstraße geführt
29. 9. 1974	Zwei neue Verstärkungslinien werden eingesetzt: Linie 16 Wilhelm-Marx-Haus – Eller und Linie 19 Fürstenwall – Oberrath
4. 4. 1975	Linie 8 fährt stadteinwärts über Rethelstraße und Humboldtstraße

28. 9. 1975	Neu eingerichtet: Linie 13 Gerresheim Mitte – Volmerswerther Straße
15. 11. 1975	Linie K wird von Jan-Wellem-Platz bis Hauptbahnhof verlängert mit Kopfgleis in der Worringer Straße
6. 2. 1976	100 Jahre Straßenbahnen in Düsseldorf
3. 4. 1976	Wegen des Brückenverschubs verkehren bis 15. 4. 1976 Linie 5 Neuss – Lörick, Linie 10 Eller – Wilhelm-Marx-Haus, Linie 15 Holthausen – Ratinger Tor, Linie K Krefeld – Belsenplatz
2. 11. 1977	Linie 16 verkehrt zwischen Eller und Reeser Platz, jedoch nur morgens zur Hauptverkehrszeit
5. 6. 1979	Linie 10 wird nachmittags zur Hauptverkehrszeit von Lörick bis Meerbusch-Hoterheide verlängert
25. 8. 1979	Die Straßenbahnen fahren statt durch die östliche Flingerstraße jetzt über Bolkerstraße und Hunsrückenstraße
1. 10. 1979	Linie 2 von Unterrath Schleife bis Unterrath Bahnhof verlängert
26. 11. 1979	Linien 1–6 in 701–706 umbenannt
27. 11. 1979	Linien 7–11 in 707–711 umbenannt
4. 12. 1979	Linien 12–16 und 18–19 in 712–716 und 718–719 umbenannt
29. 12. 1979	Linie K in 76 und Linie D in 79 umbenannt
1. 6. 1980	Linien 703 und 713 von Volmerswerther Straße bis Kirchplatz verkürzt, Linie 712 von Wilhelm-Marx-Haus bis Volmerswerther Straße verlängert
9. 1. 1981	Schleife Bastionstraße wird in Betrieb genommen
29. 9. 1981	Schleife Kaiserswerth durch eine Umsetzstelle ersetzt
4. 10. 1981	Zwischen Opernhaus und Kennedydamm nehmen die Linien 711, 718 und 79 den Tunnelbetrieb auf; Linie 79 von Jan-Wellem-Platz bis Hauptbahnhof verlängert, Linie 703 in der Hauptverkehrszeit von Kirchplatz bis Holthausen verlängert. Weitere Linienwegänderungen: Linie 705 Hauptbahnhof – Oberkassel – Neuss Stadthalle Linie 709 Grafenberg – Südfriedhof – Neuss Bahnhof, Linie 711 Jan-Wellem-Platz – Kaiserswerth, Linie 719 von Fürstenwall bis Südfriedhof verlängert Neu eingerichtet: Linie 717 Oberkassel – Hauptbahnhof – Holthausen (-Benrath). Linien 715 und 716 eingestellt
6. 3. 1982	Die Strecke nach Ratingen ist nunmehr durchgehend zweigleisig ausgebaut
7. 3. 1982	Schleife Staufenplatz wird aufgegeben
23. 5. 1982	Linie 713 von Gerresheim Mitte bis Grafenberg verkürzt, Linie 714 fährt nur noch morgens zur Hauptverkehrszeit
2. 7. 1982	Die Umsetzstelle Limburgstraße wird aufgegeben
14. 7. 1982	Bahnübergang Staufenplatz wegen Bauarbeiten gesperrt und Schleife Burgmüllerstraße aufgegeben
14. 8. 1982	Der Staufenplatz wird wieder befahren und Linie 709 zur dortigen neuen Schleife geführt
20. 5. 1983	Alte Wagenhalle Heerdt geschlossen und durch einen Neubau ersetzt

Literatur-Hinweise

Dr. Weidenhaupt, „Kleine Geschichte der Stadt Düsseldorf",
Dr. Vossen, „Düsseldorf linksrheinisch, einst und jetzt",
Vom Endt, „Düsseldorf, wie es war", Teil 1,
Odenthal, „Düsseldorf, wie es war", Teil 2,
Prasuhn, „Von der Kleinbahn zur Städteschnellbahn",
Reimann/Frenz, „Die Bahnen des RWE",
Löttgers/Reimann, „Zwischen Wupper und Ruhr",
Schild/Waltking, „Die Rheinbahn",
„Der Stadtverkehr", Bielefeld, verschiedene Artikel,
Eisenbahn-Magazin, Düsseldorf, verschiedene Artikel,
„Rheinische Post", Düsseldorf, verschiedene Artikel,
Rheinbahn-Zeitschrift „Das Rad", verschiedene Artikel,
Schweers/Wall, „Bilder von der Duisburger Straßenbahn",
Bommermann, „Das Benrather Schmalspurnetz",

Stadtarchiv Düsseldorf
Landesarchiv Schloß Kalkum

Verzeichnis der Bildurheber

(angegeben sind die Seitenzahlen: o = oben, m = Mitte, u = unten)

Bellingrodt	117m	124o	129	166u	174u					
Höltge	212u									
Jacobi	164	165	191	195o	195m	195u	197o	197u	198o	198u
	203o	203m	203u	204o	204m	204u	206u	209ol	209or	209m
	209u	211	212o	213	214o	214u	215o	215u	216o	216u
	218	220o	220m	220u	221o	221u	222	223o	223m	223u
	225o	225u	226	227o	227u	228o	231o	233o	233m	233u
	234o	234m	234u	235o	235u	236o	236u	237o	237m	237u
	238o	238u	239o	239u	240o	240u	241o	241m	242u	243o
	243m	243u	244o	244m	244u	248m	249o	249u	250	251
	253	254o	254m	254u	255o	255m	255u	256	257o	257u
	258	259o	264o	264u	265o	265m	265u			
Zeh	57u	148u	150	154	155o	155m	161	162	163	166o
	169	170	174o	175o	175u	183	184	186o	193	206o
	206m	224o	224u	228u	229u	231u	235m	241u	242o	245
	246	247	248o	248u	257m	259u	260o	260m	260u	261o
	261u	262	266o	266u						
Slg. Zeh	9	12o	12m	12u	16	18u	25	28o	28u	29
	30o	30m	30u	32	33o	38m	38u	40	41	42o
	42m	42u	43o	43m	43u	47	49u	52o	52u	57o
	57m	59o	590	61	62	63	64	65	66u	67
	68u	72	73o	73u	75	77o	77u	78	79	82
	91u	92o	92u	94o	94u	98	101	105	110o	113ol
	113u	116	118	107	123o	127o	127u	128	130	131o
	131u	133o	133m	133u	139	142	147	148o	153o	153u
	158	160o	160m	186u	199	229o	232			
Slg. Zeh/Rheinbahn-Archiv	18o	26o	26u	33u	34	35	38o	49o	50	55
	56	58	59u	60o	60m	60u	66o	69	80o	80u
	81o	81u	86	88	91o	93	95	99	102	103o
	103u	104	106	107	108	110u	112	113or	113o	117o
	117o	123m	123u	124m	124u	132o	132u	138o	138m	138u
	153m	155u	171o	171u	172	177	179	192	283	